in cattedra
Concorsi Scuola

COMPENDIO DELLE NUOVE AVVERTENZE GENERALI E METODOLOGIE DIDATTICHE

a cura di **Anna Maria Di Nocera** e **Iolanda Pepe**

II EDIZIONE

Come accedere alle nostre risorse online

Se hai uno smartphone, per utilizzare il QR Code devi utilizzare un lettore di QR Code.
Se non hai un lettore di QR Code sul tuo smartphone, puoi scaricarlo da iTunes (se hai un iPhone) o da Play Store (se hai uno smartphone Android).
Scaricato il lettore, utilizzalo per **inquadrare il QR Code che trovi su questa pagina** con la fotocamera del tuo smartphone. Una volta inquadrato e riconosciuto il QR Code, avrai automaticamente il link per accedere alle nostre risorse online.
Se, invece, non hai uno smartphone puoi accedere alle nostre risorse online direttamente utilizzando questo indirizzo nel tuo browser:

www.simone.it/d/526_b1

In entrambi i casi, registrati sulla pagina che ti abbiamo indicato (in alto a destra, nel box, **Area Riservata**, clicca sul link **Registrati**). Terminata la registrazione dovrai attendere una mail con la password che ti è stata assegnata.
Ricevuta la password **accedi all'Area Riservata** e potrai scaricare i contenuti online.
Per accedere ad alcuni contenuti è necessario digitare il **Codice identificativo** che hai ricevuto **via email** da **Amazon**.

Le espansioni online allegate al presente volume sono valide fino alla data di pubblicazione della successiva edizione.

Copyright © 2020 Simone s.r.l.
Via Francesco Caracciolo, 11
80122 Napoli
www.simone.it

Tutti i diritti riservati
È vietata la riproduzione anche parziale
e con qualsiasi mezzo senza l'autorizzazione scritta dell'editore.

Gennaio 2020
526/B1 • Compendio delle Nuove avvertenze generali e Metodologie didattiche

Si ringrazia per la preziosa collaborazione la dott.ssa Chiara Palladino

Questo volume è stato stampato presso:
PL PRINT s.r.l.
Via Don Minzoni, 302, Cercola (NA)

Per tenerti informato sul concorso visita:
- la nostra pagina dedicata ai concorsi nella scuola *www.concorsiacattedra.it* e il portale *Simoneconcorsi.it*
- la nostra pagina Facebook (*www.facebook.com/SimoneConcorsi*)
- il gruppo Facebook *Concorsi a cattedre - Edizioni Simone*

La pubblicazione di questo volume, pur curato con scrupolosa attenzione dagli Autori e dalla redazione, non comporta alcuna assunzione di responsabilità da parte degli stessi e della Casa editrice per eventuali errori, incongruenze o difformità dai contenuti delle prove effettivamente somministrate in sede di concorso.
Tuttavia per continuare a migliorare la qualità delle sue pubblicazioni e renderle sempre più mirate alle esigenze dei lettori, la Edizioni Simone sarà lieta di ricevere segnalazioni o osservazioni all'indirizzo *info@simone.it*

PREMESSA

Negli ultimi concorsi a cattedra è sempre più sentita l'esigenza di valutare la padronanza da parte degli aspiranti insegnanti non solo delle discipline, ma soprattutto delle **competenze didattiche**. Non basta, quindi, conoscere a perfezione le materie di insegnamento ma è sempre più necessario dimostrare di essere capaci di insegnarle nel contesto scuola tenendo conto di tutte le sue innumerevoli variabili.

Potremmo riassumere il quadro delle competenze richieste all'insegnante in tre ambiti:
— **aspetti pedagogici** (con cenni alle neuroscienze, alla psicologia dello sviluppo e alla pedagogia);
— **aspetti didattici** (stili di apprendimento, didattica inclusiva per BES e DSA, metodologie didattiche e nuove tecnologie a servizio dell'apprendimento ecc.);
— **aspetti normativi** relativi sia all'organizzazione del sistema scuola in Italia, sia alle norme specifiche italiane ed europee, che l'insegnante deve quotidianamente applicare nell'ambito della sua autonomia didattica (come la normativa sulla programmazione, la valutazione, la continuità didattica, l'orientamento, le stesse Indicazioni nazionali e le Linee guida, e le numerose Note ministeriali).

Si tratta peraltro di *aspetti molto complessi* e in stretta interrelazione tra loro: si pensi all'influenza che le varie teorie dell'educazione hanno avuto sulle stesse riforme legislative adottate nel corso degli anni.

Alcune discipline come la pedagogia e la psicologia dell'età evolutiva presuppongono inoltre competenze scientifiche. La didattica, di matrice filosofica, nasce, invece, con un forte grado di astrazione ma deve poi essere declinata nella pratica adattandosi, nell'ottica della programmazione e didattica personalizzata, ai diversi stili di apprendimento di bambini e ragazzi. Parlare quindi di didattica e delle sue metodologie in senso generale è una contraddizione in termini: *ogni docente*, infatti, *deve nella pratica inventarsi il suo modello di insegnamento e utilizzare le tecniche didattiche più appropriate* in funzione non solo della materia che insegna, non solo della classe che ha dinanzi, ma addirittura del singolo studente.

Al concorso però tutte queste metodiche sono, più o meno direttamente, oggetto di prova di esame. E l'aspirante docente dovrà dimostrare di avere dimestichezza con tutti i fondamenti teorici e normativi che poi dovrà applicare nella pratica.

Questo **Compendio** fornisce, dunque, a chi si prepara al concorso — e *ha poco tempo per farlo* — tutti i fondamenti delle discipline richieste dalle cosiddette Avvertenze generali, senza inutili approfondimenti accademici e digressioni teoriche e senza sovrabbondanza di nozioni giuridiche. Alla trattazione è stato dato un **taglio sintetico ma esaustivo e dal forte impatto pratico**: impatto pratico che è possibile riscontrare non solo nella parte sulle norme che regolano la scuola e le attività dell'insegnante, ma anche in quella sui metodi didattici che pure hanno matrice in correnti teoriche come l'attivismo, il cognitivismo ecc.

Il Compendio si struttura in **due parti**:

— **Parte Prima** – *Fondamenti della psicologia dello sviluppo, della psicologia dell'apprendimento e metodologie didattiche* in cui oltre a una sintetica panoramica delle posizioni dei maggiori pedagogisti e psicologi dell'età evolutiva, si dà particolare risalto ai **metodi**, alle **tecniche** e agli **strumenti della didattica applicata**: da quelli più tradizionali a quelli più innovativi, anche se ancora poco utilizzati nelle nostre aule scolastiche;
— **Parte Seconda** – *Legislazione e normativa scolastica*, che presenta un quadro sintetico delle principali norme che regolano la scuola, soprattutto quelle che sono funzionali all'insegnamento e più o meno direttamente influenzano anche la didattica (disciplina dell'offerta formativa, normativa sulla programmazione, valutazione scolastica e degli apprendimenti, norme sull'inclusione scolastica ecc.) con particolare riguardo a Indicazioni nazionali, Linee guida e Note ministeriali. Questa Parte è aggiornata alle ultime novità normative, tra cui il nuovo Ministero dell'Istruzione (D.L. n. 1/2020).

Completano il testo un utile **Glossario** con i termini essenziali e le più comuni sigle utilizzate nell'ambito della scuola, e numerose **espansioni online** tra cui le *Indicazioni nazionali e Linee guida* e alcuni *modelli di atto* come progettazioni curricolari, PTOF e altri materiali di approfondimento.

In ultimo i suoi **destinatari**. Un compendio è di per sé una sintesi e questo libro è particolarmente indirizzato:

— a chi ha poco tempo per studiare;
— a chi, avendo approfondito lo studio su vari testi, appunti e altri materiali vuole una visione organica e sintetica di quanto studiato;
— a chi avendo già studiato in passato alcuni argomenti, ora vuole solo ripassarli prima del concorso;
— a chi già insegna a scuola, ma in previsione delle prove di concorso, vuole dare un inquadramento teorico alla sua esperienza didattica.

Fondamenti della psicologia dello sviluppo, della psicologia dell'apprendimento e metodologie didattiche

Sommario Parte I

1 | Teorie della psicologia dello sviluppo e dell'apprendimento

2 | Le teorie psicoanalitiche dello sviluppo

3 | Sviluppo psicologico e apprendimento

4 | Pedagogia e modelli educativi

5 | Stili di apprendimento e di insegnamento

6 | La competenza emotiva del docente

7 | La relazione educativa

8 | La relazione scuola-famiglia e le agenzie educative

9 | Didattica e metodologie

10 | Scuola delle competenze e documenti europei in materia educativa

11 | Strumenti e tecnologie per la didattica

12 | Le competenze di lingua straniera degli insegnanti

1
Teorie della psicologia dello sviluppo e dell'apprendimento

La scuola è un *articolato sistema educativo*. Per aiutare gli allievi a intraprendere un proprio percorso formativo e di sviluppo, il docente necessita di un sapere vastissimo che va molto oltre le tradizionali competenze disciplinari. Deve, infatti, possedere robuste conoscenze pedagogiche, psicologiche, metodologico-didattiche, normative, relazionali e comunicative, trasferendole in chiave pratica e sapendole empiricamente riadattare a seconda del contesto in cui opera e soprattutto degli allievi che si trova di fronte.

In questi primi Capitoli affronteremo gli elementi e le teorie fondamentali della psicologia dello sviluppo e dell'educazione. Tutte in qualche modo hanno influenzato e influenzano l'impostazione strutturale e «normativa» del modello scuola e quindi anche la didattica applicata dei docenti.

1 La psicologia dello sviluppo

La **psicologia** è stata riconosciuta come scienza autonoma solo nel secolo XVII.

Essa si pone *tre obiettivi fondamentali* che possono essere così sintetizzati: *descrivere* le caratteristiche psichiche dell'uomo; *individuare* le interdipendenze tra i fattori psichici descritti; *comprendere* fenomeni e comportamenti in relazione all'età del soggetto, all'ambiente di vita, alle caratteristiche ereditarie.

In particolare la **psicologia dello sviluppo** si occupa dello studio dei *cambiamenti che si verificano nel comportamento umano nel corso della vita*.

Alcuni psicologi dello sviluppo studiano i cambiamenti che avvengono lungo tutto l'arco della vita, dalla nascita fino alla morte; altri, invece, concentrano la loro attenzione su un settore più limitato, ad esempio quello dell'infanzia oppure quello della vecchiaia.

Una considerevole mole di studi in psicologia dello sviluppo prende in considerazione il periodo dell'infanzia se non addirittura quello della primissima infanzia, concentrando le ricerche sulle trasformazioni del neonato che evolve e matura rapidamente.

Nello sviluppo, i cambiamenti che si osservano sono certamente a carico del **sistema fisico**, ma sono anche **emotivi, relazionali** e **psicologici**.

Gli psicologi dello sviluppo si occupano di come evolvono varie funzioni psicologiche di base come ad esempio le **emozioni**, l'**attenzione** e la **percezione**, le **competenze cognitive**, **comunicative** e **linguistiche**, di come si sviluppano i comportamenti prosociali e antisociali fino ad arrivare, nell'adolescenza, tra i 12 e i 22 anni, allo studio del modo di pensare e di *come si forma l'identità personale* di un individuo.

Le ricerche condotte dalla psicologia dello sviluppo si avvalgono sia di *metodi di studio naturalistici sia di metodi sperimentali*:
— i **metodi naturalistici** sono in grado di descrivere come si verifica lo sviluppo nella vita reale, anche se è evidente il limite concernente l'impossibilità di controllare quali siano le variabili responsabili del cambiamento;
— i **metodi sperimentali** permettono di individuare le variabili responsabili dei cambiamenti evolutivi anche se gli studi che *si svolgono in laboratorio* hanno il difetto di allontanarsi in modo anche considerevole da ciò che accade nel mondo reale.

Molte comunque sono **le teorie e le scuole della psicologia** che hanno delineato le tappe più importanti dello sviluppo evolutivo della personalità, ponendo alla base delle indagini prevalentemente gli aspetti innati, ossia trasmessi per via ereditaria, o quelli acquisiti dall'individuo nel corso del suo processo di crescita.

L'applicazione della psicologia al campo dell'educazione prende, invece, avvio con la pubblicazione nel 1919 ad opera di Thorndike sul *Journal of Educational Psychology*, la prima rivista di psicologia dell'educazione, del primo manifesto della disciplina in cui si sostiene l'*applicabilità di leggi, metodi e tecniche della psicologia a tutti i settori e gli ambiti educativi.*

2 Il processo di apprendimento: principali teorie

Nella sua definizione più semplice l'**apprendimento** è il processo mediante il quale **il comportamento viene modificato dall'esperienza.**

L'apprendimento riguarda sia l'acquisizione di «risposte» completamente nuove, sia il variare della frequenza con cui si manifesta un'azione già compresa nel repertorio di un soggetto.

Volendo adottare una definizione che ha riscosso un certo consenso: «*l'apprendimento è una modifica relativamente stabile del comportamento prodotta dall'esperienza che permette all'uomo di adattarsi alle situazioni nuove*».

Si distinguono **forme di apprendimento**:
— **elementare**, legato alle reazioni più semplici;
— **complesso o cognitivo** che coinvolge funzioni psichiche superiori, quali l'intelligenza e la creatività.

La **teoria dell'apprendimento elementare** si occupa del comportamento manifesto del bambino e considera molto importante l'incidenza che l'*ambiente* e l'*esperienza* hanno sulla crescita. Le trasformazioni che si verificano nelle abitudini e nei modi di pensare, sono così dovute all'*imitazione di modelli* forniti dall'ambiente.

Tra le teorie dell'apprendimento elementare sono compresi il **condizionamento classico** e il **condizionamento strumentale**.

Di queste e di molte altre teorie sull'apprendimento tratteremo nei prossimi paragrafi.

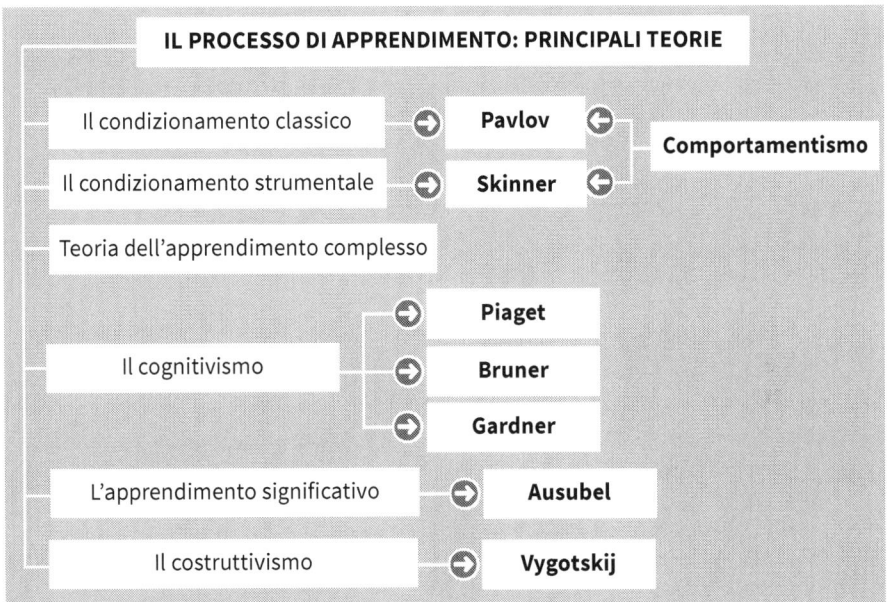

3 Il condizionamento classico

Lo studio dell'apprendimento ha assunto una particolare rilevanza agli inizi del Novecento grazie soprattutto alle ricerche sperimentali sul condizionamento effettuate da Pavlov e Skinner.

Il medico e fisiologo russo **Ivan Petrovich Pavlov** (1849-1936) è considerato l'ideatore delle forme di apprendimento riconducibili al **condizionamento classico**, ossia ad un nuovo legame associativo tra stimolo e risposta. Egli, con un esperimento condotto sul cane, associò uno stimolo incondizionato (**la vista del cibo**) ad uno stimolo condizionato (**suono di un campanello**) e dimostrò che una risposta incondizionata (**la salivazione del cane**) veniva prodotta anche al solo suono del campanello. Il ripetersi dell'associazione tra stimolo incondizionato e stimolo condizionato fu definito «*rinforzo*».

Il contributo fornito da Pavlov allo studio del comportamento ha rappresentato un importante punto di riferimento per tutti i ricercatori che considerano il condizionamento un vero e proprio metodo per lo studio dell'apprendimento umano.

4 Il condizionamento strumentale o operante

Nel condizionamento classico il soggetto non svolge alcuna attività in quanto è lo sperimentatore ad agire. Nel **condizionamento strumentale**, invece, deve essere l'individuo a compiere una determinata azione per ottenere una ricompensa o per evitare una punizione.

Al riguardo lo psicologo statunitense **Burrhus Skinner** (1904-1990), tra i più influenti esponenti del comportamentismo, propose il superamento della rigida meccanicità del condizionamento classico di Pavlov, introducendo una teoria più articolata e dinamica, fondata sulla relazione tra le risposte dell'individuo e l'azione dell'ambiente: il *condizionamento operante*. Gli esperimenti di Skinner condotti sui topi, che riuscivano ad imparare una serie di movimenti sulla base di un meccanismo di *ricompensa*, trovarono riscontro in ambito scolastico dove lo studioso tentò di applicare all'istruzione le teorie stimolo-risposta. Egli, servendosi delle cosiddette «**macchine per insegnare**», introdusse nella scuole l'*istruzione programmata*. Tale forma di apprendimento era fondata sulla convinzione che quando gli studenti capiscono da soli che una risposta è esatta, essi ricevono un *rinforzo* positivo (un apprezzamento verbale, un buon voto etc.) o negativo (un rimprovero, un voto basso) ed aumentano le probabilità che essi ricordino e ripetano la risposta data.

In entrambi i casi (esperimenti di Pavolv e di Skinner) si tratta di *condizionamento*, cioè di un meccanismo di apprendimento basato sulla *ripetizione di esperienze* che **trascurano le variabili soggettive**, puntando esclusivamente al raggiungimento della prestazione voluta. Tali modelli possono risultare efficaci per imparare gesti e operazioni semplici, ma sono poco efficaci per apprendimenti più complessi.

Secondo le teorie skinneriane, l'istruzione deve essere programmata attraverso metodi lineari che guidino l'allievo ad *autovalutare il proprio apprendimento*. L'insegnante ha il compito di fornire rinforzi positivi e immediati, assicurando all'alunno un rendimento ottimale. Skinner formula, infatti, la teoria dell'apprendimento come **istruzione programmata** che modella gli esiti degli studenti, introducendo le tecnologie per l'insegnamento, «macchine per insegnare», basate sul principio che il riscontro vero/falso vada costantemente fornito all'alunno per favorirne il continuo processo di acquisizione di conoscenze.

Le ricerche di Skinner determinano conseguenze interessanti a livello metodologico: le macchine per insegnare sono strumenti finalizzati a verificare e rinforzare gli apprendimenti acquisiti. Le nozioni, suddivise in sezioni e graduate per difficoltà, vengono sottoposte al soggetto che apprende che, in caso di risposta esatta, riceve un rinforzo per procedere a quelle successive. Molti studiosi indicano la nascita delle **tecnologie didattiche** o almeno l'impiego nei processi di istruzione di un *apparato tecnologico-stumentale*, con la pubblicazione di un contributo di Skinner in «*The science of learning and the art of the teaching*» del 1954. Alla base delle sue analisi vi sono alcuni principi fondamentali: non avere troppa fretta di conseguire gli obiettivi di apprendimento, imponendo un ritmo che gli allievi non sono in grado di sostenere, ma rispettare i tempi di ognuno; evitare che le risposte sbagliate restino senza correzione e che quelle corrette non siano adeguatamente gratificate.

Un'evoluzione di tale modello di insegnamento/apprendimento è costituita dal **mastery learning** (*apprendimento per padronanza*), metodologia teorizzata da Bloom nel 1979, fondata sul presupposto che tutti gli studenti possono raggiungere un'adeguata comprensione su una materia, grazie alla scomposizione e alla semplificazione del compito.

5 Il comportamentismo

Il **comportamentismo**, anche detto *behaviorismo* (dall'inglese *behaviour*, «comportamento»), è una delle *grandi tendenze di pensiero della psicologia moderna*, particolarmente vivace tra il 1915 e il 1950 negli Stati Uniti, dove prese origine dagli studi di **John Watson** (1878-1958). Secondo questo modello, l'oggetto della psicologia diventa non più la coscienza o l'attività mentale, ma il *comportamento*, inteso generalmente come «quello che l'uomo (o l'animale) fa» di visibile e osservabile. Il comportamento, come abbiamo visto, è la risposta o la *reazione* (R) di ordine fisico o fisiologico che un organismo produce in presenza di uno stimolo (S). *Alla coscienza viene dunque negata ogni dimensione psicologica*, e anche fondamentali processi psicologici di ordine cognitivo come il linguaggio e il pensiero sono ricondotti a fatti di ordine meramente fisico e fisiologico.

Il comportamentismo, che è basato sui principi del condizionamento classico e operante, considera, come detto, **lo sviluppo come una serie di condizionamenti esercitati dall'ambiente**.

L'apprendimento si verifica, dunque, *lentamente* attraverso una **serie di prove ed errori** che porta al consolidamento delle reazioni. Gli *stimoli ambientali*, quindi, modellano il comportamento individuale e incidono sul suo sviluppo cognitivo.

6 La teoria dell'apprendimento complesso o cognitivo

Come detto, l'**apprendimento complesso** fa riferimento generalmente a quegli aspetti connessi alle dimensioni più articolate del comportamento, coinvolgendo le *funzioni psichiche superiori*: il pensiero, l'intuizione, l'intelligenza, la creatività.

Max Wertheimer, psicologo ceco (1880-1943), precursore delle teorie cognitive, sviluppò la prima indagine sistematica sui *processi cognitivi superiori*. Egli si occupò, in particolare, dell'apprendimento intuitivo degli studenti che incontrava nelle scuole durante lo svolgimento della sua funzione di ispettore scolastico. Secondo Wertheimer ciò che il soggetto percepisce non è un insieme di elementi catturati dai sensi, bensì una totalità strutturata dall'intervento della mente.

I suoi studi si collocano nell'ambito della **psicologia della forma** o **Gestalt**, sviluppatasi in Germania nella prima metà del Novecento, per la quale il pensiero non solo si realizza in termini di strutture globali ma agisce produttivamente in quanto, se riesce a modificare una struttura, crea nuove soluzioni.

La psicologia della forma costituisce una decisa reazione ad ogni associazionismo, stabilendo il ruolo della funzione cognitiva nel costruire e dare forma all'esperienza sensoriale. In questo modello risulta determinante l'organizzazione degli elementi che costituiscono un apprendimento: **non contano i singoli fattori ma i rapporti che li collegano e la loro capacità di costituire una struttura significativa, definita «forma».**

È compito dell'insegnante, dunque, presentare agli studenti il problema in modo tale che i vari elementi che lo compongono risultino organizzati in insiemi.

7 Il cognitivismo

La **psicologia del cognitivimo**, nei suoi molteplici indirizzi, contrapponendosi alle teorie comportamentistiche, esamina i processi dell'individuo che apprende, reagendo alle sollecitazioni dell'ambiente e costruendo modelli sempre più avanzati di conoscenza. Il cognitivismo, che nasce verso la fine degli anni '50 del secolo scorso (il termine risale però al libro di U. Neisser «*Psicologia cognitivista*» del 1967), *rifiuta le premesse teoriche del comportamentismo*, privilegiando lo studio della struttura del pensiero e non i dati immediatamente osservabili del comportamento.

Per i cognitivisti, apprendere significa collegare le informazioni in strutture di pensiero e *costruire forme di conoscenza* perché la mente, non solo percepisce lo stimolo, ma lo seleziona, lo elabora, attribuendo ad esso un significato.

In estrema sintesi si può affermare che nel modello cognitivista, l'apprendimento si verifica mediante il modello S – M – R, in quanto tra lo stimolo e la risposta si colloca la *componente interna*, la mente, che in base alle caratteristiche individuali organizza la conoscenza, conferendo senso all'esperienza.

Tra i principali autori che hanno influenzato la psicologia cognitiva vi sono: **Jean Piaget** (considerato il precursore del cognitivismo), **Jerome Bruner**, **Howard Gardner**.

8 Jean Piaget

Psicologo svizzero, **Jean Piaget** (1896-1980), è stato uno dei maggiori studiosi dell'età evolutiva; definì **l'intelligenza come la più alta forma di adattamento dell'organismo all'ambiente** e alle situazioni nuove; criticò aspramente il comportamentismo, nella convinzione che l'attività cognitiva costituisca un processo complesso, non riducibile a un insieme concatenato di stimoli dell'ambiente e risposte del soggetto.

Piaget dimostrò, innanzitutto, l'esistenza di una *differenza qualitativa* tra le modalità di pensiero del bambino e quelle dell'adulto e, successivamente, che il concetto di capacità cognitiva, e quindi di intelligenza, è strettamente legato alla capacità di *adattamento all'ambiente sociale e fisico*. Ciò che spinge la persona a formare strutture mentali sempre più complesse e organizzate lungo lo sviluppo cognitivo è il *fattore d'equilibrio*, che costituisce «una proprietà intrinseca e costitutiva della vita organica e mentale». Lo sviluppo ha quindi un'origine individuale e fattori esterni come l'ambiente e le interazioni sociali possono favorire o meno lo sviluppo, ma *non ne costituiscono la causa*.

La sua teoria parte da tre assunti fondamentali:
— la conoscenza ha lo scopo di aiutare l'individuo ad adattarsi al mondo in cui vive;
— il bambino è attivo ed inventivo;
— la conoscenza viene acquisita mediante l'interazione con l'ambiente.

Secondo la teoria cognitiva dello psicologo ginevrino *lo sviluppo intellettivo avviene attraverso la progressiva trasformazione delle strutture cognitive* che, da strutture elementari, a poco a poco si trasformano in strutture più complesse grazie all'attività del soggetto in interazione con l'ambiente.

Tale sviluppo è determinato da due processi: l'**assimilazione e** l'**accomodamento**.

L'assimilazione e l'accomodamento accompagnano tutto il percorso cognitivo della persona:
— l'**assimilazione** consiste nell'incorporazione di un evento o di un oggetto in uno schema comportamentale o cognitivo già acquisito dal soggetto. In pratica il bambino decodifica un'esperienza in base a elementi che gli sono già noti;
— l'**accomodamento** consiste nella modifica della struttura cognitiva o dello schema comportamentale per accogliere nuovi oggetti o eventi che fino a quel momento erano ignoti.

I due processi si alternano alla costante ricerca di un **equilibrio** ovvero di una forma di controllo della realtà esterna. Quando una nuova informazione non risulta immediatamente interpretabile in base agli schemi esistenti, il soggetto entra in uno *stato di disequilibrio* e cerca di trovare un nuovo equilibrio modificando i suoi schemi cognitivi includendovi le nuove conoscenze acquisite.

Nei suoi studi sull'età evolutiva, Piaget rilevò la presenza di *momenti dello sviluppo nei quali prevale l'assimilazione, momenti nei quali prevale l'accomodamento e momenti di relativo equilibrio*. Ancor più, individuò delle differenze sostanziali nel modo con il quale, nelle sue diverse età, l'individuo si accosta alla realtà esterna. Elaborò, dunque, una distinzione degli **stadi dello sviluppo cognitivo** descrivendo *quattro periodi fondamentali* dello stesso, **comuni a tutti gli individui** e che si susseguono sempre nello stesso ordine.

1. Lo **stadio dell'intelligenza senso-motoria** si presenta nel periodo che va dalla nascita ai 2 anni circa di età. In questo periodo il bambino utilizza i sensi e le abilità motorie per esplorare e relazionarsi con ciò che lo circonda, evolvendo gradualmente dal sottostadio dei meri riflessi e dell'*egocentrismo radicale* a quello dell'inizio della *rappresentazione dell'oggetto* e della simbolizzazione, passando attraverso periodi intermedi di utilizzazione di *schemi di azione* via via più complessi:
— le **reazioni riflesse** (primo mese): il bambino agisce attraverso schemi sensomotori rigidi innati (suzione, riflessi prensili etc.);
— le **reazioni circolari primarie** (tra il secondo e il quarto mese di vita): il bambino ripete un'azione casuale per ritrovarne gli effetti gradevoli;

— le **reazioni circolari secondarie** (tra il quarto mese e l'ottavo mese): il bambino orienta i suoi comportamenti verso l'ambiente esterno, cercando di afferrare e muovere gli oggetti e osservando i risultati delle sue azioni;
— le **reazioni circolari terziarie** (dai 12 ai 18 mesi): nasce l'interesse per la novità e, dunque, si passa ad una sperimentazione continua;
— la **rappresentazione cognitiva** (dai 18 ai 24 mesi): il bambino apprende il concetto di «permanenza dell'oggetto», ovvero che gli oggetti della realtà circostante esistono anche se non sono presenti e non li vede.

L'intelligenza senso-motoria porta ad un risultato molto importante: la costruzione del reale, attraverso l'organizzazione delle principali categorie dell'azione: *spazio*, *tempo*, *causalità percettiva*.

2. Lo stadio preoperatorio o dell'intelligenza intuitiva va dai 2 ai 6-7 anni. In questo stadio il bambino è in grado di usare i simboli. Un **simbolo** è un'entità utilizzata per rappresentarne un'altra. Grazie al linguaggio il bambino diventa capace di ricostruire le azioni passate attraverso il *racconto* e di anticipare le azioni future con la *rappresentazione verbale*.

Lo stadio dai 2 ai 7 anni comprende due fasi:
— la **fase del pensiero simbolico preconcettuale** (dai 2 ai 4 anni), durante la quale appare un'attività di tipo simbolico in quanto il bambino utilizza oggetti per rappresentarne altri. Si tratta del **gioco creativo o simbolico** nel quale il bimbo usa, per esempio, una scatola per rappresentare un tavolo, una sedia per rappresentare un cavallo etc.
— la **fase del pensiero intuitivo** (dai 4 ai 7 anni) nel corso della quale il bambino acquista sempre maggiore consapevolezza dei molteplici aspetti degli oggetti e comincia a consolidarsi la capacità di raggruppare e di classificare gli oggetti.

In tale periodo il **pensiero è irreversibile** in quanto consente unicamente la rievocazione di eventi o azioni a livello unidirezionale, escludendo la possibilità di considerare anche azioni mentali inverse.

In particolare sono osservabili due aspetti peculiari:
— l'**egocentrismo**, ossia la tendenza a non considerare una realtà diversa da quella che appare al bambino a livello percettivo;
— il **realismo**, ossia la tendenza a far prevalere l'attività percettiva su quella rappresentativa e, quindi, a considerare solo ciò che si presenta concretamente

3. Lo stadio delle operazioni concrete o reversibili va dai 7 agli 11 anni. Il termine **operazioni** si riferisce a operazioni logiche o principi utilizzati nella soluzione di problemi. Il bambino in questo stadio non solo utilizza i simboli ma è in grado di manipolarli in modo logico. Un'importante conquista è l'acquisizione del concetto di **reversibilità**, ossia la capacità di considerare che gli effetti di un'operazione possono essere annullati da un'operazione inversa (addizione/sottrazione, moltiplicazione/

divisione). Prendendo una palla di creta e manipolandola per trasformarla in tante palline il bambino è conscio del fatto che riunendo le palline la quantità sarà invariata. Prima del salto operatorio il bambino non è in grado di distribuire in serie più di 2 oggetti, ma questa non è un'incapacità come sostiene Piaget, quanto piuttosto un limite della memoria a breve termine.

Le operazioni in questo periodo risultano legate ai concetti di: *conservazione o invarianza, classificazione* e *seriazione*.

L'**invarianza o conservazione** si verifica quando il bambino si rende conto che una sostanza conserva la sua quantità pur attraverso una serie di mutamenti delle caratteristiche percettive (forma, peso, volume). Il bambino nello stadio pre-operatorio, per esempio, è convinto che la quantità di liquido contenuto in un contenitore alto e stretto è maggiore di quella contenuta in un contenitore basso e largo (ma dotato dello stesso volume) e a nulla varranno dimostrazioni e travasi. Un bambino nello stadio delle operazioni concrete è invece in grado di coordinare la percezione del cambio di forma con il giudizio ragionato che la quantità di liquido spostato è la stessa.

La **classificazione** è la capacità di formare insiemi omogenei o eterogenei di oggetti, stabilendo relazioni (più grande, più piccolo, più basso, più chiaro).

La **seriazione** consiste nella capacità di disporre in ordine seriale un gruppo di oggetti (in ordine di peso, di lunghezza etc.), dimostrando di saper cogliere la relazione tra l'oggetto che precede e quello che segue.

In questo stadio, il linguaggio egocentrico sparisce e il bambino diviene sempre più capace di *cooperare*. Le operazioni concrete contribuiscono, infatti, allo **sviluppo della socializzazione** grazie a tre principali tipi di azioni: *i giochi con le regole, le azioni in comune* e *gli scambi verbali*.

Anche l'affettività, dapprima centrata sui complessi familiari, amplia la sua sfera a mano a mano che si moltiplicano i rapporti sociali e i sentimenti morali.

4. Lo **stadio delle operazioni formali o intellettuali astratte** interessa il periodo compreso dagli 11 ai 14 anni di età. Il bambino che si trova nello stadio delle operazioni concrete ha delle difficoltà ad applicare le sue competenze a situazioni astratte, in quanto le operazioni intellettive si basano unicamente sugli oggetti che possono essere manipolati e sottoposti ad esperienze concrete. L'adolescenza è caratterizzata dalla capacità di utilizzare il cosiddetto **pensiero ipotetico**, ossia la riflessione libera e staccata dal reale, in quanto il soggetto non ha bisogno di tenere l'oggetto dinanzi a sé ma può ragionare in termini ipotetici.

Le caratteristiche principali dello stadio delle operazioni formali sono:
— la capacità di ragionare su situazioni ipotetiche;
— la ricerca sistematica delle ipotesi, ossia di tutte le possibili soluzioni di un problema;
— la capacità di elaborare operazioni astratte;
— la capacità di scoprire la contraddittorietà di idee e di affermazioni;
— la ricerca dei principi sui quali occorre basare la propria concezione del mondo.

In questa fase si verificano anche importanti progressi nel campo della reversibilità in quanto il fanciullo acquisisce due nuove forme di operazioni:
1. l'**inversione**, la cui caratteristica è data dal fatto che un'operazione iniziale assieme a quella inversa rende possibile l'annullamento delle operazioni stesse (x + A − A = x);
2. la **reciprocità o simmetria** la cui caratteristica è data dal fatto che l'operazione iniziale composta con la sua azione reciproca annulla la differenza iniziale (se A < B e B < A allora A = B).

L'*intelligenza*, secondo Piaget, *raggiunge in questa fase la sua massima espressione*; i nuovi strumenti deduttivi rendono possibile la costruzione delle idee e dei valori legati ai progetti per il futuro.

La ricaduta delle teorie di Piaget sulle scienze dell'educazione è stata di notevole rilievo; il punto più problematico della sua concezione rispetto alle applicazioni educative è la tesi (a suo dire abbondantemente dimostrata a livello sperimentale, ma sulla quale ancora oggi non c'è accordo tra gli studiosi) secondo cui **i tempi e la successione delle fasi di sviluppo psicologico sono sostanzialmente immodificabili**, togliendo così rilevanza ed efficacia all'intervento dell'ambiente che non può cambiare né accelerare questi aspetti. Da questa prospettiva la dimensione educativa potrebbe, dunque, creare soltanto le condizioni più adatte per lo sviluppo cognitivo, senza mai orientarlo però in maniera determinante.

9 Jerome Bruner e lo strutturalismo pedagogico

Il portavoce dell'approccio cognitivo all'apprendimento in America è considerato lo psicologo statunitense **Jerome Seymour Bruner** (1915-2016), uno tra i principali critici della concezione comportamentista. Egli ritiene che qualunque concetto, anche il più complesso, possa tradursi in codici accessibili al pensiero del bambino.

Lo studente deve essere aiutato, dunque, a comprendere i nessi logici, l'organizzazione intrinseca della realtà attraverso l'adozione di un approccio alla scoperta che solleciti la ricerca di soluzioni in modo autonomo.

Secondo Bruner il processo formativo ha il compito di **insegnare a pensare**. Le *discipline* rappresentano gli strumenti utili per conseguire tale fine, in quanto costituiscono specifici modi di pensare fenomeni e problemi; esse si basano su idee fondamentali che possono essere insegnate a tutte le età, purché si sappia tener conto dei modi di rappresentazione della conoscenza di ogni individuo, delle differenti capacità e potenzialità che caratterizzano la personalità di ciascuno.

Lo psicologo statunitense ha elaborato una concezione fondata sul dinamismo della mente nell'atto del percepire e apprendere. L'*individuo presenta un meccanismo di percezione selettiva degli elementi della realtà*. La selezione è in effetti dovuta a strutture mentali intrinseche che già la Gestalt aveva proposto, ma queste strutture non sono semplici meccanismi innati e statici di organizzazione del percepito, ma mutevoli forme fortemente influenzate da esperienze passate, bisogni e interessi sviluppati dall'individuo. L'individuo, quindi, percepisce il mondo a seconda di come le sue **strutture mentali interne** selezionano il materiale percepito e queste strutture sono in continua evoluzione e cambiamento, in funzione di nuovi accomodamenti ed apprendimenti di cui il soggetto fa esperienza.

L'intelligenza secondo Buner va intesa quindi come *progressivo sviluppo di strategie utili per ordinare e semplificare i dati provenienti dalla realtà esterna.*

Bruner ha formulato una vera e propria **teoria dell'istruzione** in base alla quale l'attività del pensiero è un *processo costruttivo* che produce strutture di conoscenza attraverso tre fasi:
— **fase della rappresentazione operativa o attiva**, grazie alla quale il soggetto conosce un oggetto per l'uso che ne fa e apprende attraverso l'azione diretta;
— **fase della rappresentazione iconica**, nel corso della quale il soggetto conosce un oggetto della realtà esterna attraverso l'immagine, ossia immaginandolo e rappresentandolo visivamente;
— **fase della rappresentazione simbolica**, durante la quale il soggetto apprende attraverso il linguaggio, mediante in quale vengono espressi concetti ed esperienze.

Queste fasi non sono rigidamente collegate all'età cronologica, in quanto le loro modalità di rappresentazione rimangono attive per tutta la vita. Ne deriva l'importanza di *strutturare il percorso formativo sulla ricerca e sulla scoperta*.

Su queste basi Bruner considera l'**apprendimento come un processo attivo**, in cui il soggetto costruisce nuove idee o concetti a partire dalle proprie conoscenze passate e presenti. Gli strumenti che permettono all'individuo di crescere all'interno di una cultura vengono forniti dal sistema stesso a cui egli appartiene: in tal modo la cultura da un lato rappresenta l'articolata rete di influenze e di *input* che consentono lo sviluppo mentale del bambino, dall'altro gli fornisce anche l'insieme degli strumenti e dei contenuti, indirizzando i suoi apprendimenti e la costruzione della sua concezione del mondo. In definitiva, l'*apprendimento e il pensiero sono collocati in un certo contesto culturale e si sviluppano sempre a partire dall'uso delle risorse culturali disponibili.*

La vita mentale va dunque considerata come un processo intimamente dinamico e comunicativo, che si sviluppa con l'aiuto di *codici culturali, tradizioni, relazioni sociali*, e le strutture stesse della conoscenza individuale si delineano, nel tempo, all'interno di contesti specifici. L'apprendimento si produce nell'ambito di una varietà di pratiche socialmente e culturalmente determinate (leggere, scrivere, eseguire operazioni aritmetiche, insegnare, lavorare etc.) e si configura come un fenomeno sociale in cui intervengono molti elementi diversi, ma tutti ugualmente attivi: il linguaggio, le strumentazioni, le immagini, i ruoli sociali, i sistemi di giudizio, le regole, gli stili di vita e così via.

In conclusione: l'*educazione non ha luogo solo nelle aule scolastiche, ma anche, e in pari grado, nelle famiglie, per la strada, nei luoghi di lavoro*, cioè ovunque vi sia un *incontro* e un *confronto* fra soggetti diversi.

Con questi presupposti per Bruner la cultura svolge un ruolo fondamentale nello sviluppo dell'individuo (tanto che la sua teoria prende anche il nome di **culturalismo**).

10 Howard Gardner

Lo psicologo e docente statunitense **Howard Gardner** (1943), a seguito delle ricerche effettuate su soggetti affetti da lesioni neuropsicologiche, ha elaborato la **teoria delle «intelligenze multiple»** in cui sostiene una concezione multidimensionale dell'intelligenza, concepita come un insieme differenziato di competenze, ciascuna autonoma e con basi neurofisiologiche specifiche presenti nel bambino sin dalla nascita.

Gardner, allievo di Bruner, ha proposto un *modello complesso di intelligenza*: quest'ultima viene presentata come una struttura articolata in una pluralità di *formae mentis*, cioè di distinte **forme di intelligenza**, ciascuna delle quali caratterizzata da specifiche abilità.

Contestando il concetto di intelligenza di stampo piagetiano, come capacità generica di risolvere i problemi e coincidente con una visione monodimensionale della mente, egli afferma una concezione pluralistica dell'intelligenza, che si manifesta in varie forme e dà luogo a *diversi stili cognitivi individuali*. Ogni individuo, pertanto, possiede un potenziale intellettivo quantitativamente e qualitativamente differenziabile, anche se usa in modo prevalente una intelligenza o una combinazione di più intelligenze e seleziona gli stimoli ambientali, organizzandoli secondo procedure specifiche e differenziate.

Ogni intelligenza è un complesso sistema neurobiologico, con proprie regole di funzionamento, non subordinabili ad altre. Nell'espressione di molte abilità umane concorrono diverse intelligenze la cui attività è quasi sempre collaborativa e interrelata in modo diverso da individuo a individuo.

Grazie a una serie di ricerche empiriche e di letteratura su soggetti affetti da lesioni di tipo neuropsicologico, Gardner ha identificato, in una prima fase dei suoi studi, **sette tipologie differenziate di «intelligenza»**, ognuna localizzata in parti differenti del cervello e deputata a differenti settori dell'attività umana:

— l'**Intelligenza logico/matematica**, che coinvolge sia l'emisfero cerebrale sinistro, che ricorda i simboli aritmetici, che quello di destra, nel quale vengono elaborati i concetti. È intesa come capacità di usare i numeri in maniera efficace e di ragionare in maniera deduttiva;
— l'**Intelligenza linguistico/verbale**, ossia la capacità di usare le parole in modo chiaro ed efficace sia oralmente che per iscritto. Questa intelligenza include padronanza nel manipolare la sintassi o la struttura del linguaggio, la fonologia, i suoni, la semantica, oltre che nell'uso pratico della lingua;
— l'**Intelligenza corporeo-cinestetica**, concepita come abilità nell'uso del proprio corpo per esprimere idee e sentimenti e nell'uso delle proprie mani per produrre o trasformare cose. Questa intelligenza include specifiche abilità fisiche quali la coordinazione, la forza, la flessibilità e la velocità;

- l'**Intelligenza visivo/spaziale** concernente la capacità di percepire accuratamente forme e oggetti nello spazio. Questa intelligenza implica sensibilità verso il colore, la linea, la forma, lo spazio. Include una sviluppata memoria per i dettagli ambientali e le caratteristiche esteriori delle figure, la capacità di orientarsi in luoghi intricati e di riconoscere oggetti tridimensionali in base a schemi mentali piuttosto complessi;
- l'**Intelligenza musicale**, normalmente collocata nell'emisfero destro del cervello, è la capacità di percepire, discriminare, trasformare ed esprimere forme musicali, in particolare la capacità di discriminare con precisione altezza dei suoni, timbri e ritmi. Chi ne è dotato solitamente ha uno spiccato talento per l'uso di uno o più strumenti musicali, o per la modulazione canora della propria voce;
- l'**Intelligenza intrapersonale** riguarda la capacità di comprendere la propria individualità, di avere un'accurata descrizione di sé, la coscienza dei propri stati d'animo più profondi, delle proprie intenzioni e dei desideri più profondi, ma anche la capacità di autodisciplina, autostima e di incanalare le proprie emozioni in forme socialmente accettabili;
- l'**Intelligenza interpersonale** coinvolge tutto il cervello, ma principalmente i lobi pre-frontali e riguarda la capacità di ascolto, di comprensione degli altri, delle loro esigenze, delle paure, degli stati d'animo, nonché la capacità di creare situazioni sociali favorevoli, di promuovere modelli sociali efficaci e di lavorare in gruppo in modo cooperativo.

In seguito, nel corso degli anni '90, ha proposto l'aggiunta di **altri due tipi di intelligenza**:
- l'**Intelligenza naturalistica**, relativa al riconoscimento e alla classificazione di oggetti naturali, cogliendo le relazioni tra di essi;
- l'**Intelligenza esistenziale o teoretica** che rappresenta la capacità di riflettere consapevolmente sui grandi temi concernenti l'esistenza, come la natura dell'universo e la coscienza umana, e più in generale l'attitudine al ragionamento astratto per categorie concettuali universali.

11 L'apprendimento significativo di Ausubel

Il ricercatore statunitense **David Ausubel** (1919-2008), seguace di Piaget, ha fornito un importante contributo nel campo dell'apprendimento. Egli reagisce alla sopravalutazione dell'apprendimento per scoperta e formula una concezione che anticipa le posizioni costruttiviste degli anni '70 su due aspetti:
a) l'**apprendimento è significativo** quando il soggetto, assimilando quanto appreso nelle proprie strutture cognitive, conferisce ad esso un significato;
b) gli **organizzatori anticipati** costituiscono materiali di rinforzo dell'impalcatura concettuale (idee-chiave), utili per collegare i nuovi apprendimenti con quello che il soggetto già conosce.

Ausubel critica la teoria comportamentista e individua la differenza tra **apprendimento significativo** e **apprendimento meccanico**, fornendo una concezione di intelligenza come «*capacità funzionale molteplice e plurideterminata*».

Ausubel distingue due diverse dimensioni fondamentali dell'apprendimento:

- la prima si riferisce alle **modalità di acquisizione dell'informazione**, cioè ai canali attraverso i quali una nuova unità di contenuto perviene all'individuo.

  Questa prima dimensione contrappone due distinti canali di apprendimento:
  a. l'**apprendimento per ricezione**, in cui l'informazione già strutturata viene trasmessa all'individuo direttamente da altri e quindi recepita in modo passivo;
  b. l'**apprendimento per scoperta**, nel quale il soggetto viene a diretto contatto con una nuova informazione in modo attivo e totalmente autonomo;

- la seconda dimensione concerne, invece, le **modalità di assimilazione dell'informazione acquisita**, cioè le forme in cui una nuova unità di contenuto viene incorporata all'interno delle precedenti conoscenze dell'individuo e delle sue strutture di pensiero.

  Si distinguono anche in questo caso due forme contrapposte di apprendimento:
  a. l'**apprendimento significativo**, in cui la nuova acquisizione viene efficacemente *collegata* con l'insieme delle strutture di conoscenza già in possesso dell'individuo, eventualmente procedendo ad una loro più articolata riorganizzazione; la nuova acquisizione si integra in tal modo nella sua struttura cognitiva;
  b. l'**apprendimento meccanico**, nel quale la nuova acquisizione non trova alcun collegamento con la struttura cognitiva e viene *assimilata isolatamente*, con l'inevitabile conseguenza di dover ricorrere a procedimenti meramente ripetitivi per memorizzarla.

L'intersecazione delle due diverse dimensioni analizzate da Ausubel dà luogo ad una matrice a 2 entrate, nella quale sono contemplati 4 tipi di apprendimento:

— **meccanico per ricezione**
— **meccanico per scoperta**
— **significativo per ricezione**
— **significativo per scoperta**.

Affinché un apprendimento sia significativo, ovvero dotato di senso, è necessario, secondo Ausubel, che le *nuove informazioni vadano ad «agganciarsi» a esperienze e cognizioni pregresse del discente*, così da creare in lui associazioni e mappe mentali che agevolano la memorizzazione. Da questa relazione nascono delle reti che sostengono e alimentano la conoscenza, in un processo continuo di consolidamento delle competenze e sviluppo di nuove abilità.

LO SCHEMA DI AUSUBEL

		Meccanico	Significativo
PRIMO STADIO DELL'APPRENDIMENTO (ACCESSO ALL'INFORMAZIONE)	**Ricezione**	**Meccanico per ricezione** L'informazione è presentata al discente nella sua forma definitiva e questi deve soltanto memorizzarla	**Significativo per ricezione** L'informazione è presentata al discente nella sua forma definitiva e questi la mette in relazione con le sue conoscenze pregresse
	Scoperta	**Meccanico per scoperta** Il discente perviene per scoperta autonoma ad almeno una parte dell'informazione e si limita a memorizzarla.	**Significativo per scoperta** Il discente prende conoscenza dell'informazione in modo autonomo e quindi la mette in relazione con la sua struttura cognitiva

L'apprendimento significativo, inoltre, **può avvenire per scoperta**: il docente non deve limitarsi a trasferire contenuti, bensì è opportuno che egli induca lo studente a comprendere da sé i processi e le dinamiche che regolano i fenomeni oggetto di studio. A questo scopo, si rivelano particolarmente efficaci le *attività laboratoriali*, gli esercizi di *problem solving,* le uscite didattiche e la messa in campo di tutti quegli *strumenti applicativi* funzionali allo studio della disciplina d'insegnamento.

Lo schema concettuale proposto da Ausubel ha il merito di porre in rilievo tre corollari importanti per la messa a punto di adeguate strategie metodologiche orientate all'apprendimento:

1. il primo riguarda l'evidente necessità di tenere in costante considerazione la struttura cognitiva e il bagaglio di conoscenze e di esperienze del soggetto che apprende, così da fare in modo che le informazioni che egli acquisisce assumano per lui la massima significatività e siano efficacemente integrate nella rete di acquisizioni precedenti.
A questo riguardo Ausubel propone il ricorso ai cosiddetti **concetti organizzatori anticipati**, cioè a principi organizzativi da offrire preliminarmente, che forniscano sia una visione generale di un certo insieme di contenuti, sia un quadro di riferimento che consenta successivamente di collocare e collegare in modo significativo le informazioni che si stanno via via acquisendo;
2. in secondo luogo, Ausubel, sottolineando la natura indipendente delle due dimensioni considerate, ha posto fine a quella concezione, tanto diffusa quanto ambigua, secondo cui qualsiasi apprendimento per ricezione deve essere sempre per sua natura meccanico ed ogni apprendimento per scoperta deve essere a sua volta sempre necessariamente significativo;
3. in terzo luogo, l'apprendimento significativo presenta notevoli vantaggi rispetto a quello meccanico in quanto le **conoscenze acquisite in modo significativo vengono ricordate più a lungo**, rendono più facile il successivo apprendimento di argomenti simili, possono essere applicate ad un'ampia varietà di nuovi problemi o contesti.

12 Il costruttivismo

Un ulteriore modello teorico di apprendimento, definito **costruttivismo**, si presenta per certi versi come una sintesi dei precedenti (per molti il costruttivismo è solo una corrente del cognitivismo). Esso attribuisce un ruolo determinante alle *preconoscenze possedute dal soggetto prima dell'apprendimento*. Ogni conoscenza nuova va sempre a collocarsi in un'intelaiatura di conoscenze pregresse che danno significato e costituiscono il presupposto per nuove conoscenze.

Centrale, nella visione del costruttivismo, è il «**contesto**» **nel quale si attua l'apprendimento**.

Al riguardo lo psicologo sovietico **Lev Vygotskij** (di cui tratteremo ampiamente più avanti) sostiene che la crescita mentale è in gran parte determinata dagli strumenti culturali trasmessi da altre persone: lo *sviluppo cognitivo avviene*, quindi, *all'interno di un contesto sociale, storicamente e culturalmente definito*.

Ne deriva che l'apprendimento si basa sullo **sforzo attivo del soggetto che agisce in collaborazione con altre persone più competenti**.

Nella teoria di Lev Vygotskij la **zona di sviluppo prossimale** (ZSP) è un concetto fondamentale che serve a spiegare come l'apprendimento del bambino si svolga con l'aiuto degli altri. La ZSP è definita come la distanza tra il livello di sviluppo attuale e il livello di sviluppo potenziale, che può essere raggiunto con l'aiuto di altre persone, adulti o pari con un livello di competenza maggiore. Come Piaget, sostiene l'idea che l'individuo sia l'artefice del proprio funzionamento mentale grazie all'attività, al fare, ma Vygotskij, a differenza dell'approccio piagetiano, non ritiene che il bambino passi attraverso diversi stadi e dunque sia di volta in volta pronto ad apprendere nuove conoscenze che prima non era in grado di acquisire bensì pone l'accento sul **contesto socio-culturale**, quale fattore determinante per la definizione delle funzioni mentali individuali.

Zona di sviluppo potenziale
Zona di sviluppo prossimale
Zona di sviluppo attuale

Secondo la teoria costruttivista, il sapere, dunque, non esiste indipendentemente dal soggetto che conosce. La **conoscenza** non è mai, perciò, oggettiva, ma è sempre **una soggettiva costruzione di significato**, in base a proprie sensazioni, conoscenze, credenze, emozioni.

Ogni individuo ha una propria visione personale della realtà e comprende il mondo attraverso la costruzione di concetti e categorie che lo organizzano, in parte li adatta per renderli compatibili con quelli degli altri. La conoscenza è, quindi sempre individuale e non è possibile trasmettere il significato che si attribuisce ad un concetto, in quanto questo è sempre influenzato dall'esperienza personale. *Il sistema di costrutti di un individuo varia, dunque, in base alla sua esperienza e all'ambiente in cui vive.*

Nell'ambito didattico, il costruttivismo rinnega qualsiasi forma di metodologia di insegnamento trasmissivo (no lezione frontale, sì a qualsiasi tipo di tecnica didattica che ricorre all'*esperienza*) e il docente può offrire allo studente solo stimoli ed orientamenti. Uno dei maggiori esponenti del costruttivismo, insieme a Piaget e Vygotskij, fu G. A. Kelly.

Secondo lo psicologo statunitense **George Alexander Kelly** (1905-1967), ciascuno percepisce e interpreta il mondo in base a un **proprio punto di vista**, dal quale dipendono non solo le opinioni ma anche i comportamenti.

Secondo questa teoria, la personalità degli individui può essere considerata come un organismo dinamico che, sulla scorta dell'esperienza, elabora specifici «**costruzioni mentali**» che determinano poi gli atteggiamenti esteriori.

Per «**costrutto**» Kelly intende gli *schemi* che l'individuo costruisce *per conoscere gli eventi*. I costrutti hanno essenzialmente queste caratteristiche:
— costituiscono delle modalità di **percezione**, di **interpretazione** e di **anticipazione** dei fatti e dei fenomeni;
— sono **dinamici** e non statici: la nostra esperienza quotidiana implica processi di *consolidamento* di alcuni aspetti del nostro modo di vedere le cose, e la revisione o l'abbandono di altri;
— sono delle *astrazioni mentali* in base alle quali l'individuo attribuisce significati alle proprie esperienze.

Un'evoluzione della teoria costruttivista è il **sociocostruttivismo** che pone l'accento sul ruolo che le **relazioni sociali** rivestono nell'apprendimento. L'interazione consente, infatti, di arricchire la propria prospettiva attraverso il punto di vista altrui, e da ciò scaturisce, secondo i sociocostruttivisti, un miglioramento delle proprie performance e abilità.

In base a questa teoria, l'attività cognitiva dell'essere umano si esprime quasi interamente nel rapporto col mondo esterno, e solo dallo scambio tra l'individuo e il suo ambiente si può crescere e imparare.

La conoscenza è, quindi, una **costruzione** che scaturisce dal confronto e dallo *scambio sociale*, cioè dalla condivisione di informazioni con coloro che si trovano a fronteggiare lo stesso problema. In quest'ottica, il **lavoro di gruppo** diventa fondamentale.

Secondo il modello costruttivista l'insegnamento-apprendimento è **azione per scoperta**, condivisa da studenti e docente.

Ai contenuti preordinati e alle tappe di apprendimento dell'istruzione programmata, i costruttivisti sostituiscono l'impiego di **apprendimenti modulari**, caratterizzati da obiettivi specifici e omogenei nei contenuti. Ogni modulo, in quanto segmento autosufficiente del curriculum disciplinare può essere sostituito all'interno del percorso formativo, secondo sequenzialità differenti, in relazione alle caratteristiche e ai bisogni degli studenti.

	TEORIA DELL'APPRENDIMENTO		
	Comportamentismo	**Cognitivismo**	**Costruttivismo**
Principi fondamentali	La psicologia può studiare solo il comportamento degli individui perché solo questo è osservabile. L'apprendimento avviene attraverso un meccanismo prevedibile e controllabile di *stimolo-risposta*. Per Skinner alla sequenza «stimolo-risposta» si aggiunge il «rinforzo» (ricompensa). L'individuo è in questo meccanismo **soggetto passivo**.	La mente umana funziona come un *elaboratore* (attivo) delle informazioni che le arrivano attraverso i *canali sensoriali*. Il cervello le riceve, le memorizza e le rielabora.	La conoscenza è una costruzione dell'esperienza personale. Non esiste dunque una conoscenza oggettiva. La conoscenza è sempre il risultato di una *costruzione soggettiva* che fa tesoro delle proprie esperienze.
Il ruolo dell'insegnante	• Stabilisce obiettivi prefissati. • Definisce gli stimoli utili per l'apprendimento passando da contenuti elementari a contenuti più complessi. • Attua strategie di rinforzo per aumentare il rendimento.	• Sostiene con varie strategie i processi di memorizzazione. • Evidenzia i collegamenti tra le informazioni già acquisite dagli allievi e le nuove (*sequencing*). • Crea ambienti di apprendimento favorevoli.	• Guida il processo di costruzione della conoscenza, presentando l'informazione in vari modi differenti. • Stimola il pensiero divergente. • Sitmola l'apprendimento cooperativo. • Sviluppa conoscenze e abilità.

13 Ambiente e sviluppo secondo Vygotskij

Le tesi dello psicologo russo **Lev Vygotskij** (1896-1934) divergono in misura netta dalla contemporanea psicologia genetica di Piaget. Infatti, Vygotskij considera centrale per lo sviluppo della psiche, come abbiamo visto, non tanto l'aspetto della maturazione biologica e della costruzione attiva di conoscenze, quanto l'**influenza specifica del contesto sociale**. I sistemi mentali di rappresentazione, secondo questa prospettiva, non derivano, come per Piaget, dal rapporto dell'individuo con il mondo fisico, ma vengono generati dal contesto socio-culturale.

Per Vygotskij l'interazione tra individuo e ambiente avviene attraverso due tipi di strumenti:

— **strumenti materiali**, consistenti in oggetti più o meno complessi di cui l'individuo si serve per entrare in contatto con l'ambiente, costituito da elementi sia fisici che umani;

— **strumenti psicologici**, a loro volta rappresentati dal linguaggio, da sistemi di numerazione e di calcolo, dalla scrittura, dall'arte etc.

Tali strumenti, insieme all'interazione con i propri simili, mettono il soggetto in condizione di sviluppare **funzioni psichiche elevate**, fra cui:
— il ragionamento;
— la volontà;
— il pensiero e la memoria logica;
— i concetti astratti;
— le capacità progettuali in rapporto al raggiungimento di un obiettivo.

Le funzioni psichiche superiori dipendono in prima istanza dallo **sviluppo storico** delle società umane, piuttosto che dall'evoluzione biologica della specie o dell'individuo stesso. Vygotskij sostiene che le interazioni sociali consentono e determinano nell'individuo l'acquisizione di quegli strumenti culturali, materiali e psicologici che sono alla base dello sviluppo, il quale procede in rapporto alla **legge di sviluppo delle funzioni psichiche superiori**.

Secondo questa legge l'individuo si serve delle funzioni psichiche superiori in due modalità differenti, una propedeutica all'altra:
— nel primo caso ne fa un uso **interpsichico**, ovvero in relazione ad attività interpersonali;
— successivamente, quando avrà interiorizzato tali strumenti, ne farà un uso **intrapsichico**, ovvero legato al dialogo interno volto ai fini più disparati, come la progettazione, la riflessione, il ragionamento astratto etc.

Questi due livelli individuati da Vygotskij nello sviluppo delle funzioni psichiche superiori riguardano lo sviluppo di tutte le abilità che il soggetto acquisisce nel corso della propria vita, cosicché è possibile distinguere:
— un **livello attuale**, rappresentato dai comportamenti che il soggetto ha già appreso e interiorizzato;
— un **livello potenziale**, consistente in capacità ancora latenti o in formazione che possono trovare concretezza solo attraverso il supporto dell'interazione sociale.

Il processo di mutamento e quindi lo sviluppo dell'individuo avvengono, come detto (→ par. 12), nel contesto della «**zona di sviluppo prossimale**», che si riferisce ad ogni situazione utile per condurre il soggetto oltre il proprio livello attuale di funzionamento. La zona o le zone di sviluppo prossimale sono rappresentate dalla differenza tra «il livello attuale di sviluppo così com'è determinato dal problem-solving autonomo» e quello potenziale, più complesso del precedente, «così com'è determinato attraverso il problem-solving sotto la guida di un adulto o in collaborazione con i propri pari più capaci».

14 Linee essenziali della psicologia umanistica

La **psicologia umanistica**, conosciuta anche con l'appellativo di **Terza Forza**, si sviluppa nell'ambito del pensiero psicologico come prospettiva sociale agli inizi degli anni Settanta negli USA ad opera di **Abraham Maslow** (1908-1970) e di **Carl Rogers** (1902-1987) che individuarono nel bisogno di crescita e di affermazione le principali spinte di ogni comportamento umano, e nel senso di autostima il presupposto fondamentale dell'equilibrio di ciascun individuo.

La definizione di «psicologia umanistica» fu coniata nel 1954 da un gruppo di psicologi, guidati da Abraham Maslow, durante l'atto di fondazione dell'Associazione di Psicologia Umanistica, il cui programma prevedeva di «studiare le dinamiche emozionali e le caratteristiche comportamentali di un'esistenza umana piena e vitale».

14.1 Il pensiero di Carl Rogers

Per Rogers l'**educatore è un facilitatore** che deve innanzitutto costruire un rapporto di fiducia e sicurezza emotiva con l'alunno, da cui scaturirà il processo di trasformazione, di educazione e formazione della persona. L'istruzione deve, quindi, puntare sul metodo più che sui contenuti, e seguire i cambiamenti che nella società moderna sono rapidissimi (→ anche Cap. 7, par. 6)..

Affinché l'insegnamento sia efficace e significativo è necessario spostare l'*attenzione sul protagonista della relazione educativa*. L'educatore ha il compito di «**insegnare ad imparare**», cioè fornire agli studenti gli strumenti metodologici necessari per usare consapevolmente le conoscenze e renderle spendibili sul piano concreto ed operativo.

In particolare l'**autovalutazione dei processi di apprendimento** consente al soggetto di monitorare il proprio percorso didattico con i relativi esiti di soddisfazione e coinvolgimento per i risultati conseguiti. Si parla a tal proposito, in ambito psicologico ed educativo, di **metacognizione** che rappresenta l'insieme delle tecniche adoperate per riflettere sul proprio sviluppo cognitivo, per esercitare un controllo sui meccanismi di pensiero e indirizzare l'apprendimento. Con il processo metacognitivo viene messo in atto un meccanismo di modulazione dell'apprendimento che si sviluppa attraverso la consapevolezza degli strumenti cognitivi e delle strategie da adottare per favorire l'apprendimento, ma anche dei tempi e dei modi per utilizzare le nuove conoscenze nei vari contesti.

Termine coniato nel 1971 da J. Flavell, la metacognizione, cui tendono tutti i più recenti metodi educativi, è un processo di autoriflessione sul fenomeno conoscitivo, su cosa e come stiamo imparando e su quali sono le motivazioni che ci spingono a imparare la tal cosa.

14.2 Il ruolo della motivazione e la teoria di Maslow

Il concetto di «**motivazione**» caratterizza fattori dinamici del comportamento e, in particolare, il processo che tende all'organizzazione di attività per il conseguimento di una meta.

Oggetto primario di studio delle motivazioni è costituito, dunque, dall'analisi dei fattori e dei meccanismi che conducono l'organismo ad agire e a tendere verso determinate mete.

Una classificazione abituale è quella che distingue le motivazioni in: **primarie o innate** e **secondarie o apprese**.

Le **motivazioni primarie** sono collegate con i bisogni fisiologici; le **motivazioni secondarie** sono connesse con i processi di apprendimento.

In particolare le motivazioni primarie o innate (fame, sete, sonno) sono determinate da processi organici interni che, alterando l'equilibrio del soggetto, producono uno stato di disagio. Queste motivazioni, sulle quali non ha agito alcuna forma di apprendimento, comprendono sia i bisogni fondamentali, sia esigenze come il bisogno di attività, di esplorazione dell'ambiente. Si tratta però di una classificazione non rigida. I comportamenti innati, infatti, non sono del tutto immodificabili ma, a contatto con l'esperienza, sono suscettibili di cambiamento, così come i comportamenti appresi possono trovare le loro radici in strutture cerebrali ereditarie.

Tra il 1943 e il 1954 **Abraham Maslow** elaborò la teoria dei *bisogni* e delle *motivazioni*. L'assunto di fondo proposto da Maslow è che i **bisogni sono gerarchici**: perché nasca il desiderio di soddisfare quelli della categoria successiva, è necessario che quelli della categoria precedente siano già stati soddisfatti.

L'evoluzione della persona è legata alla soddisfazione dei suoi bisogni primari, diversamente la persona «non potrà essere sana né fisicamente, né mentalmente» e solo quando le necessità elementari sono state soddisfatte, la persona è in grado di spostare la propria attenzione verso aspetti meno materiali e più elevati, provando nuovi bisogni.

LA PIRAMIDE DEI BISOGNI DI MASLOW

5) Autorealizzazione
4) Bisogni di stima
3) Bisogni di appartenenza
2) Bisogni di sicurezza
1) Bisogni fisiologici

1) **Bisogni fisiologici**: fame, sete, sonno, potersi coprire e ripararsi dal freddo, sono i *bisogni fondamentali* connessi con la sopravvivenza.
2) **Bisogni di sicurezza**: devono garantire all'individuo protezione e tranquillità.
3) **Bisogno di appartenenza**: consiste nella necessità di sentirsi parte di un gruppo, di essere amato, di amare e di cooperare con gli altri (è molto sentito nell'adolescenza)
4) **Bisogno di stima**: riguarda il bisogno di essere rispettato, apprezzato ed approvato, di sentirsi competente e produttivo.
5) **Bisogno di autorealizzazione**: inteso come esigenza di realizzare la propria identità e di portare a compimento le proprie aspettative, nonché di occupare una posizione soddisfacente nel proprio gruppo.

La **piramide di Maslow** evidenzia come nell'apprendimento sia coinvolta soprattutto la **sfera emotiva**. Risulta necessario, infatti, che si costruisca un livello relazionale positivo intorno all'alunno. In particolare assume un rilievo preminente lo **stile comunicativo del docente** che deve saper infondere fiducia. È importante, inoltre, la motivazione professionale dello stesso insegnante, in quanto in una relazione personale e coinvolgente, qual è quella che si instaura tra docente e studenti, l'educazione indiretta e l'esempio svolgono una funzione trainante.

In termini operativi bisogna tener conto del fatto che le persone sono generalmente indotte a rendere molto quando:

— ritengono il loro impegno direttamente proporzionale al risultato;
— i contenuti proposti risultano significativi;
— si sentono gratificate nello sforzo compiuto;
— ritengono che l'obiettivo da conseguire sarà gratificante.

2
Le teorie psicoanalitiche dello sviluppo

Le **teorie psicoanalitiche** hanno apportato un notevole contributo alla psicologia dello sviluppo centrando il lavoro di ricerca soprattutto su quei fattori dinamici del comportamento umano e animale che attivano e spingono un organismo al raggiungimento di una meta, ovvero quelli *legati alla motivazione* piuttosto che agli aspetti cognitivi del comportamento, subordinati invece soprattutto allo sviluppo di abilità.

Esistono, come sappiamo, diversi tipi di motivazioni e metterlo in evidenza ci dà la possibilità di introdurre la *complessità dell'indagine psicoanalitica*, della quale si presenta in questa sede solo un breve accenno volto a fornire al lettore una visione d'insieme completa sulle teorie dello sviluppo. In questo capitolo riportiamo una breve sintesi quasi meramente elencativa dei principali studiosi e delle loro teorie: infatti, i vari approcci psicoanalitici per molti versi esulano dalle normali competenze di un docente in quanto spesso focalizzati sulle nevrosi.

In particolare esistono **motivazioni**:

— **consce o inconsce**;
— **semplici o articolate**;
— **transitorie o permanenti**;
— **fisiologiche o sociali**. Nello specifico, le motivazioni fisiologiche e quelle sociali sono dette, in ambito psicoanalitico, rispettivamente anche **primarie e secondarie**; in particolar modo nelle motivazioni secondarie è possibile distinguere la sfera degli «ideali».

1 L'approccio psicoanalitico di S. Freud e A. Freud

La teoria freudiana ha fornito una base concettuale molto ampia per la psicologia dello sviluppo. **Sigmund Freud** (1856-1939) mise in evidenza come durante i primi anni di vita si gettino le fondamenta della personalità dell'individuo adulto, che si sviluppa sulla base dei vari tentativi, utili o frustranti, che il soggetto attua al fine di fronteggiare i conflitti che progressivamente si presentano; per tale ragione lo *sviluppo infantile di un soggetto* risulta essere oggetto di studio privilegiato nell'ambito della psicologia.

Per Freud gli elementi essenziali della personalità dell'individuo sono tre:

— **conscio**, tutto ciò di cui l'individuo è consapevole;
— **inconscio**, esperienze, prevalentemente negative, avute durante l'infanzia, i cui ricordi sono stati annullati, ossia *rimossi* dalla parte cosciente della psiche;
— **preconscio**, una zona di confine tra il conscio e l'inconscio.

I conflitti che il soggetto deve affrontare si presentano con una «**sequenza invariante**» e dipendono dalla possibilità di scaricare o meno l'energia pulsionale su oggetti esterni o interiorizzati mediante zone specifiche che cambiano a seconda dello stadio dello sviluppo psicosessuale in cui si trova l'individuo in questione. In questo senso proprio la tesi di una **sessualità pensata come sviluppo** rappresenta indubbiamente la parte del discorso di Freud che ha avuto il maggior seguito. A livello generale, i punti fondamentali dei suoi *Tre saggi* sono l'originale interpretazione della «perversione» come attività sessuale che sia volta non alla procreazione, bensì alla ricerca del piacere fine a sé stesso e la critica al preconcetto che la sessualità appartenga solo all'età adulta.

Per Freud, l'evoluzione del bambino passa attraverso alcuni **stati psicosessuali**, ognuno caratterizzato da una particolare zona erogena del corpo umano che, dunque, è fonte di piacere. Durante il suo sviluppo ogni bambino passa attraverso questi stadi: *stadio orale* (12-18 mesi); *stadio anale* (18-36 mesi); *stadio uretrale*; *stadio fallico* (3-6 anni); *stadio di latenza* (6-12 anno); *stadio genitale* (12-18 anni).

Una delle opere più importanti per la psicoanalisi infantile della studiosa viennese **Anna Freud** (1895-1982), figlia di Sigmund Freud e ideale continuatrice della sua opera, è *L'Io e i meccanismi di difesa* (1936), in cui vengono approfonditi i contenuti dell'Io in rapporto alle domande pulsionali e alle attività difensive.

Le misure difensive legate al Super-io, tipiche delle **nevrosi** degli adulti, scaturiscono dalle proibizioni del Super-io e dal suo ruolo di controllo dei desideri pulsionali. Le misure difensive connesse all'angoscia del reale, proprie delle nevrosi infantili, nascono dall'incapacità del bambino di fronteggiare le difficoltà che derivano dal mondo esterno.

L'autrice sostiene che la linea evolutiva tipica di un individuo è costituita da **otto fasi evolutive**, lungo un percorso di base che va dalla dipendenza totale dell'infante dalla madre alla relativa indipendenza del giovane adulto. Ciò che segna in senso normale o patologico lo sviluppo del bambino sono le effettive situazioni nelle quali si svolge il rapporto del bambino con il mondo. Lo sviluppo di ogni bambino è contrassegnato da momenti e percorsi tipici e problematici che riflettono l'intreccio di vari fattori interni ed esterni.

2 Winnicott: dalla psicoanalisi infantile al concetto di Sé

Dall'opera di **Donald Winnicott** (1896-1971) emerge una stretta connessione tra pratica clinica ed elaborazione concettuale. Nella sua teoria, centrale è lo studio dell'**influenza dell'ambiente** nello sviluppo del soggetto che si esprime nella relazione di legame e di separazione tra madre e bambino. Vengono introdotte, per chiarire queste problematiche, le importanti nozioni di «continuità dell'essere», di «gioco» e soprattutto di «oggetto transizionale».

Il punto di partenza è la prima immagine materna che il bambino si procura successivamente allo stadio affettivo-simbiotico della gestazione. Il neonato percepisce una sorta di mamma-ambiente empaticamente protettiva. È il cosiddetto **holding**, termine intraducibile che indica il complesso della gestualità materna: cullare, sostenere, proteggere affettivamente. La **continuità d'essere** è per Winnicott la possibilità che l'io del bambino possa strutturarsi senza soffrire l'urto dell'ambiente.

Per garantire il delicatissimo passaggio dalla condizione di onnipotenza (in cui il bambino protetto nell'*holding* immagina di vivere i primi mesi di vita) alla condizione di separazione, alla prima strutturazione della soggettività c'è bisogno che si instauri tra mamma e bambino uno spazio simbolico, ludico/creativo. È questo lo spazio del **gioco**, in cui si inseriscono i cosiddetti **oggetti transizionali**: animali di peluche, pezzi di stoffa che il bimbo tiene con sé nei momenti d'angoscia, nelle situazioni di distacco.

Secondo Winnicott nel percorso dell'individuazione, nel passaggio cioè dalla fase fusionale a quella soggettiva, il bambino scopre l'esistenza del mondo esterno. Se prima considerava gli oggetti esterni una sua creazione o il frutto di un'allucinazione (oggetti **soggettivi** li definisce Winnicott), nell'impatto con l'ambiente il bimbo si disillude ed è costretto a riconoscere l'esistenza dell'alterità, a costo di perdere la precedente condizione di onnipotenza. La figura materna avrà allora il compito di stimolare dapprima l'illusione del bambino, poi il disincanto. Proprio in questa seconda fase l'area transizionale attiverà le potenzialità simboliche del bambino, originando quella dimensione di **prassi ludica** che negli adulti diventerà arte, lavoro, cultura.

3 Lo sviluppo psico-sociale di Erikson

Erik Erikson (1902-1994), psicoanalista statunitense di origine tedesca, estende il campo d'indagine della concezione freudiana, elaborando una sequenza di stadi di sviluppo che vanno dalla prima infanzia all'età matura, in cui alla dimensione psico-sessuale di Freud va aggiunta la **dimensione psico-sociale**.

Erikson divide il ciclo di vita dell'uomo in **otto età**, disposte in sequenza ordinata che si ripete in tutti gli individui (sia pure con delle variazioni), anche se appartenenti a culture diverse. Tra un ciclo e l'altro l'individuo si trova a dover affrontare costantemente delle specifiche «**crisi**» **psico-sociali**, sullo sfondo delle quali si colloca il problema dell'identità. Ciascuna delle otto svolte risulta centrale nel periodo specifico in cui avviene, ma ricompare, in altre forme, lungo tutto l'arco della vita.

La grande novità di Erikson rispetto a Freud consiste nel ritenere che *lo sviluppo psico-sociale continui oltre l'adolescenza* e prosegua per tutta la vita dell'individuo.

La **prima fase** di Erikson inizia con la nascita ed è centrata sull'acquisizione di una **fiducia di base** e della sua controparte, la **sfiducia di base**: entrambe sono necessarie ai fini dello sviluppo, poiché andranno successivamente integrate. La fiducia di base viene acquisita, secondo Erikson, grazie alle continue esperienze positive (soprattutto di tipo sensoriale: accadimento, carezze, suono della voce) garantite dalla figura materna. Gli elementi negativi, derivanti ad esempio dalle provvisorie assenze della madre, possono essere sopportati proprio grazie all'acquisita fiducia di base.

La **seconda fase** è un periodo caratterizzato dal **controllo** e dalla **disciplina** che il bambino comincia a sperimentare su se stesso: egli apprende progressivamente a sottoporre i propri bisogni e desideri al principio di realtà, limitando il proprio egocentrismo di base e iniziando a percepire psicologicamente la presenza degli altri. È in questa fase che nascono la coscienza etica, i sensi di autocontrollo, di volontà e di autonomia.

La **terza fase** è quella propriamente **psico-sociale**. L'autocontrollo e la volontà si rafforzano; l'attività principale del bambino, a questa età, è il **gioco**, nel quale egli sperimenta le proprie «abilità» cognitive e manuali, impara a conoscere la realtà, sperimenta processi imitativi e di identificazione nei confronti dei compagni: tutto ciò che Erikson definisce «**iniziativa**». Nasce, però, anche il **senso di colpa**: il bambino sente che per raggiungere i propri fini può potenzialmente utilizzare qualsiasi mezzo, anche l'aggressività.

La **quarta fase** corrisponde al periodo di «latenza» dello sviluppo psico-sessuale freudiano. Emerge qui una prima forma di **senso di competenza e di efficacia**. Si tratta di uno stadio in cui il bambino inizia ad impegnare le proprie energie in compiti più maturi rispetto a quelli sostanzialmente ludici della terza fase: attività scolastiche, sportive, artistiche, impegni che richiedono responsabilità diventano dominanti (per tale motivo Erikson compendia questo periodo nella definizione di «**industriosità**»). Si tratta di un momento piuttosto delicato dello sviluppo: la sicurezza e la padronanza delle proprie capacità operative costituiranno, infatti, la premessa necessaria per il futuro sviluppo della competenza lavorativa. Disagi e conflitti in questa fase potrebbero dunque generare un sentimento di inferiorità nei confronti degli altri: si tratta di uno stadio in cui il bambino comincia a confrontarsi con tipologie di educazione formale, scolastica, istituzionale, trovandosi costantemente esposto alle proprie reazioni emotive.

La **quinta fase** è fondamentale nell'economia dello sviluppo psichico, sociale e cognitivo dell'individuo. Oltre ai profondi mutamenti biologici (pensiamo allo sviluppo fisico e sessuale), l'**adolescente** si trova di fronte al problema psicologico di sviluppare un senso di **identità stabile**, molto diverso da quelli vissuti nelle fasi precedenti, più mutevoli e differenziati. Inizia cioè a prendere consapevolezza dei tratti fondamentali della propria personalità, delle proprie attitudini, dei desideri, delle aspirazioni, delle potenzialità, ma anche dei propri limiti.

La transizione dall'infanzia all'età adulta è dunque un momento complesso che vede la compresenza di due tendenze in lotta: una spinge verso un mondo adulto ancora sconosciuto, un'altra appare dominata dal rifiuto di abbandonare le sicurezze dell'universo cognitivo e affettivo tipico dell'infanzia. Secondo Erikson, in tale fase l'adolescente rischia in qualunque momento di disperdersi, non trovando il senso, il percorso, la «tenuta» della sua integrità psichica. La **crisi di identità** nasce proprio dai suoi tentativi di superare questa confusione e questa ambivalenza per lasciare libero spazio alla propria personalità, con le caratteristiche di stabilità, di coerenza e di unicità rispetto agli altri. È in questa fase, infatti, che si genera il senso di **aderenza ai propri schemi fondamentali di riferimento**, che si concretizza lungo fasi conflittuali come l'ossessione delle mode, l'adesione a forme ideologiche contrastanti, l'appartenenza a gruppi di coetanei fortemente coesi che confermino l'adeguatezza dei propri valori, ma anche l'idealizzazione dei sentimenti affettivi e amorosi, spesso vissuti in modo drammaticamente conflittuale.

Con la **sesta fase** ha inizio l'età adulta propriamente detta. Il cardine è ancora una volta l'**amore**. Ma mentre nell'infanzia e nell'adolescenza esso viene vissuto come una sorta di bisogno indifferenziato, in questa fase diventa una dimensione più matura: le relazioni sociali, sessuali e di amicizia appaiono come scelte di *legare* la propria individualità a quella di altre persone. L'amore viene dunque inteso come impegno nella relazione, come compartecipazione a tutte le attività fondamentali della vita. Il rischio consiste nel fallimento di questo forte investimento emotivo nella ricerca dell'altro, cioè nell'isolamento affettivo e sentimentale.

La **settima fase** segna il periodo della **generatività**. Siamo al momento della vita delle persone adulte in cui si manifesta appieno la propria capacità produttiva nel campo lavorativo, nell'impegno sociale, nella cura della famiglia. Nel caso in cui la possibilità di «generare» (a tutti i livelli, non solo a quello fisico) venisse impedita, c'è il rischio che la personalità regredisca e si abbandoni ad un senso di vuoto, di impoverimento: un blocco che Erikson definisce efficacemente come «**stagnazione**».

L'**ottava fase** presuppone l'idea della personalità umana come un lungo processo evolutivo che si estende fino alla vecchiaia. In questo periodo il polo conflittuale è rappresentato dalle dimensioni dell'**integrità** e della **disperazione**. Nella vecchiaia giunge, infatti, il momento della riflessione sulla propria esistenza, del bilancio su ciò che si è realizzato. È un periodo che può prevedere un'affermazione finale della propria individualità, caratterizzata da un senso di «integrità», oppure al contrario da un senso di fallimento e rimpianto (con relativi stati clinici depressivi).

STADI DELLO SVILUPPO PSICO-SOCIALE SECONDO ERIKSON			
Stadio	**Crisi psico-sociali**	**Relazioni sociali**	**Modalità psico-sociali**
Da 0 a 1 anno Stadio orale	dare / avere	figura materna	fiducia / sfiducia
Da 2 a 3 anni Stadio anale	autonomia / vergogna e dubbio	genitori	trattenere / lasciar andare
Da 4 a 5 anni Stadio infantile	iniziativa / senso di colpa	famiglia	fare, tentare e giocare / non agire
Da 6 a 12 anni Stadio di latenza	industriosità / inferiorità	parenti/amici/ scuola	agire, fare insieme agli altri / isolarsi
Da 13 a 20 anni Adolescenza	identità / confusione dei ruoli	gruppo dei pari/ associazioni/ comitiva	essere se stesso / non essere se stesso
Da 20 a 35 anni Genitalità	intimità / isolamento	amici / partner	trovarsi in un altro / perdersi in un altro. Cooperazione/competizione
Da 35 a 60 anni	generatività / stagnazione	divisione del lavoro	prendersi cura di qualcuno / trascurare gli altri
Oltre i 60 anni	integrità dell'Io / disperazione	totalità del genere umano	essere attraverso l'essere stato

4 La teoria dell'attaccamento di Bowlby

All'inizio degli anni Settanta, all'interno degli studi cognitivi, si è imposta una *corrente di ispirazione etologica*. Gli studiosi che si rifanno a tale orientamento hanno sostenuto, in particolare, che *tra l'individuo e l'ambiente si crea un rapporto di interdipendenza* che influenza il processo evolutivo del soggetto nelle diverse tappe, oltre che lo sviluppo della sua personalità. **John Bowlby** (1907-1990) è lo studioso che maggiormente ha inciso, col suo lavoro, nel condurre l'**etologia**, ovvero lo studio del comportamento di una specie nel proprio ambiente naturale, all'attenzione della psicologia dello sviluppo.

Le sue osservazioni su neonati separati precocemente, e per lungo tempo, dalla madre evidenziarono che un attaccamento sociale precoce tra il neonato e chi se ne prende cura (*caregiver*) è alla base di uno sviluppo normale.

A partire da questo nuovo presupposto Bowlby, pur ritenendo valida la pratica psicoanalitica, sviluppò una serie di critiche sull'assetto teorico della psicoanalisi.

In prima istanza valorizzò il *ruolo dell'ambiente* nello studio e nella comprensione dei disturbi psichici, piuttosto che il ruolo delle fantasie inconsce; criticò, inoltre, la teoria degli istinti e delle pulsioni, sostenendo che durante l'infanzia il conseguimento del piacere non avviene attraverso una scarica pulsionale, come per gli psicoanalisti di impostazione freudiana, ma attraverso esperienze che favoriscono l'attaccamento, come l'affetto, l'amore, la protezione, la prossimità, la cura; lo sviluppo del soggetto, quindi, non dipende dal soddisfacimento sessuale, ma dall'appagamento del bisogno di instaurare legami di affetto.

Il punto di partenza delle sue riflessioni teoriche è riscontrabile nelle osservazioni del **legame tra madre e figlio nei primati**. Egli ipotizzò che l'attaccamento fosse una funzione importante nell'evoluzione di una specie in quanto ne favorisce la sopravvivenza. Nella storia dell'evoluzione, infatti, in molti riflessi dei cuccioli si intravede la loro «predisposizione biologica a tenersi vicino agli adulti della specie», probabilmente per ricercare protezione dai predatori o da fattori ambientali di vario tipo ancora sconosciuti, quindi la loro funzionalità sembrerebbe volta alla sopravvivenza.

Il tipo di legame con la figura di riferimento, che dipende, come si può intuire, dalla sensibilità e dalla disponibilità del *caregiver* (letteralmente «colui che apporta cura»), definisce la sicurezza d'attaccamento e la formazione di **modelli operativi interni (MOI)**, i quali definiranno i comportamenti relazionali futuri. Con la crescita, l'attaccamento iniziale che si viene a formare tramite la relazione materna primaria o con un *caregiver* di riferimento si modifica e si estende ad altre figure, sia interne che esterne alla famiglia, fino a ridursi notevolmente.

L'attaccamento può essere:
— di tipo sicuro;
— di tipo insicuro.

L'**attaccamento di tipo sicuro** si sviluppa se il bambino sente di avere dalla figura di riferimento protezione, senso di sicurezza, affetto, mentre l'**attaccamento di tipo insicuro** si sviluppa quando il bambino nutre nei confronti della figura di riferimento, sentimenti quali instabilità, prudenza, eccessiva dipendenza, paura dell'abbandono.

Il *modello di attaccamento* che si sviluppa nel corso dei primi anni di vita caratterizza la relazione con la figura di riferimento durante l'infanzia, ma successivamente diviene un *aspetto della personalità e un modello relazionale* per i futuri rapporti. Per tale ragione è fondamentale sviluppare un tipo di attaccamento adeguato, poiché da esso dipende un idoneo sviluppo della persona. Infatti, stati di angoscia e depressione, in cui un soggetto può imbattersi in età adulta, possono essere ricondotti a periodi in cui la persona ha fatto esperienza di disperazione, angoscia e distacco durante l'infanzia. Ad esempio, l'esperienza di separazione dalla figura di riferimento rappresenta uno dei più gravi eventi traumatici per un bambino e naturalmente incide notevolmente sullo sviluppo del legame di attaccamento, ma si manifesta attraverso diverse modalità di comportamento.

Tali diversità dipendono da molteplici variabili, fra cui:
— la durata e il periodo in cui si verifica la separazione;
— le «capacità di resilienza» (elasticità, flessibilità) del soggetto e le caratteristiche dell'ambiente.

Le ricerche di Bowlby hanno evidenziato che la separazione dalla figura di riferimento può essere suddivisa in tre momenti: la **protesta**, la **disperazione** e il **distacco**. Può risultare più facile viverla e superarla in presenza di circostanze favorevoli, come la presenza di un fratello, la presenza di un'altra persona che riesce a sostituire in maniera ottimale il *caregiver*, oppure un ambiente accogliente.

Attualmente l'approccio etologico fornisce, da un punto di vista teorico, il principale supporto concettuale per una prospettiva dello sviluppo umano dal punto di vista dell'evoluzione.

5 Ainsworth e la *Strange Situation Procedure*

La qualità del legame d'attaccamento è stata molto investigata dalla collaboratrice di Bowlby, **Mary Ainsworth** (1913-1999), che con la tecnica dell'**osservazione naturalistica** sulla coppia madre-bambino ha realizzato molte ricerche, in condizioni di bisogno di protezione per il bambino.

La Ainsworth ha così potuto mettere in evidenza che le modalità di richiesta di protezione messe in atto dai bambini sono diverse da quelle di risposta da parte della madre. Ella ha creato, per poter osservare e stabilire le differenze dell'attaccamento riguardanti il bambino nel primo anno di vita, la *Strange Situation Procedure* (SSP), che ha reso pubblica nel 1978. Si tratta di una procedura di valutazione della qualità dell'attaccamento nel bambino che si svolge in laboratorio. La Ainsworth pone il bambino in una situazione di pericolo, in maniera tale da farlo sentire in difficoltà fino ad attivare il bisogno d'attaccamento per ricevere protezione.

La *Strange Situation Procedure* (SSP) è una tecnica che si compone di otto fasi.

Tali stadi, che sottopongono il bambino ad una crescente situazione stressante, possono essere descritti con questo esempio:

1. Un bambino entra in una stanza con la madre.
2. Il bambino permane nella stanza con la madre e, in un angolo, sono posti dei giocattoli.
3. Nella stanza entra in silenzio un adulto estraneo, il quale incomincia a parlare con la madre e in seguito coinvolge il bambino in qualche gioco.
4. Il bambino si separa dalla madre, giacché quest'ultima esce dalla stanza, e rimane con l'estraneo.
5. L'estraneo, dopo il rientro della madre del bambino, abbandona la stanza.
6. Il bambino rimane, poiché la madre esce di nuovo, da solo nella stanza.
7. L'estraneo rientra nella stanza e cerca, se necessario, di consolare il bambino.
8. La madre rientra nella stanza.

La successione della SSP permette d'identificare e di definire **gli stili o le categorie d'attaccamento** che il bambino, attraverso le qualità del legame, realizza con la figura di riferimento.

Gli esperimenti di Ainsworth e gli studi di Bowlby hanno, in maniera evidente, dimostrato che la separazione di un bambino dalla figura di riferimento produce ansia e frena l'esplorazione. I bambini non riescono, in tal modo, ad acquisire autonomia e indipendenza dalla madre. Anzi, numerosi disturbi della vita adulta sono ascrivibili proprio agli stress dell'esperienze negative per gli stili d'attaccamento errati.

6 Selman e il role-taking

Un importante contributo sullo sviluppo sociale dell'individuo è stato fornito dallo psicologo statunitense **Robert Selman** (1942) che, sul finire degli anni Settanta del secolo scorso, ha elaborato la teoria del **role-taking** (*assunzione di ruolo*). I suoi studi ruotano intorno alla capacità, da parte dell'individuo, di distinguere sé dagli altri. In continuità con la teoria piagetiana dello sviluppo, Selman ha individuato **cinque stadi** (articolati a partire da un *Livello 0* fino ad un *Livello 4*) che conducono l'essere umano al progressivo superamento dell'egocentrismo infantile fino al riconoscimento degli altri e delle loro prospettive.

Nel corso dei suoi studi Selman ha analizzato le abilità e competenze sociali dei bambini, ossia la capacità di porsi nella prospettiva altrui per capire i differenti punti di vista degli altri.

Gli stadi o livelli di Selman riguardano lo sviluppo dell'individuo compreso tra i 4 e i 12 anni di vita:

— *Livello 0* (**stadio egocentrico**): intorno ai 4 e fino ai 6 anni, il bambino non è in grado di differenziare la sua prospettiva da quella degli altri. I sentimenti e il punto di vista altrui vengono intesi come simili ai propri, né vengono intese le ragioni e le motivazioni che determinano comportamenti ed emozioni degli altri.

— *Livello 1* (**stadio oggettivo**): il bambino tra i 6 e gli 8 anni riesce a cogliere la soggettività degli altri e riconosce il fatto che le persone possono interpretare uno stesso evento in maniera differente. Ciò che ancora sfugge alla capacità del bambino in questa fase è l'abilità di calarsi nei panni altrui, uscire dalla propria prospettiva per assumere il punto di vista di un altro individuo e confrontarsi insieme su tali differenze.

— *Livello 2* (**stadio auto-riflessivo**): tra gli 8 e i 10 anni, il bambino è in grado di capire che la sua prospettiva non è l'unica possibile in una data situazione. Egli sa cogliere il rapporto di causalità tra un movente ed un'azione e tra un evento ed un'espressione emotiva. Il soggetto riesce, inoltre, a comprendere le ragioni dei suoi comportamenti e a fare previsioni circa le reazioni altrui.

— *Livello 3* (**stadio reciproco**): superati i 10 anni, il soggetto è in grado di perfezionare la capacità di relazionarsi con gli altri assumendo l'altrui punto di vista in un dato contesto.

— *Livello 4* (**stadio sociale o convenzionale**): a partire dai 14 anni, l'individuo ha introiettato le principali regole dell'interazione sociale, riesce a riconoscere i ruoli e comprendere le aspettative che da essi derivano. È in grado di interagire nei gruppi e di decodificare i comportamenti e le emozioni altrui nei diversi contesti in cui si trova ad interagire.

3
Sviluppo psicologico e apprendimento

Quelle che abbiamo esposto nei capitoli precedenti sono solo alcune delle teorie che nel tempo si sono succedute nell'ambito della psicologia dello sviluppo e dell'educazione, spesso influenzate da differenti approcci medico-scientifici (si pensi all'influenza di alcune teorie psicoanalitiche che abbiamo appena accennato o dell'evoluzione degli studi sul cervello che si sono succeduti nel tempo).

Esse rimangono però a livello teorico. Cercheremo in questo capitolo di trarre alcune conclusioni di carattere pratico e utili per poter affrontare poi lo studio degli stili di apprendimento e delle pratiche didattiche che interessano maggiormente la professionalità del docente.

1 Età evolutiva e apprendimento

I modi o gli itinerari dell'apprendimento possono essere diversi e ciascuno di essi è da utilizzare prevalentemente, ma non unicamente, non tanto e non solo in relazione alle diverse tappe dell'età evolutiva, ma soprattutto in rapporto all'oggetto dell'apprendimento. Ad esempio, è possibile imparare a nuotare solo facendo esperienza diretta del nuoto (**apprendimento pratico**), ma ciò non significa che siano privi di valore l'osservazione del modo di nuotare di un esperto nuotatore (**apprendimento iconico o per immagini**) o i suggerimenti e le lezioni di un maestro di nuoto (**apprendimento simbolico**, che utilizza, cioè, i simboli del linguaggio verbale).

È bene che l'apprendimento scolastico prenda avvio, tutte le volte che ciò sia possibile, dall'esperienza diretta e dalla manipolazione, ma ciò nulla toglie alla necessità di avviare gradualmente l'allievo ad un'osservazione sempre più attenta della realtà, all'uso consapevole dei simboli dei linguaggi fondamentali e all'acquisizione dei concetti basilari delle varie discipline.

Occorre ora considerare alcuni diversi **tipi di apprendimento** e, nello stesso tempo, l'insieme delle circostanze in presenza delle quali si verifica ciascuno di essi (*condizioni dell'apprendimento*).

In estrema sintesi, si possono prendere in esame 6 tipi di apprendimento fondamentali:

1. **apprendimento per stimolo-risposta** (o S-R);
2. **concatenazione motoria o verbale**;
3. **apprendimento per discriminazione**;
4. **apprendimento di concetti**;
5. **apprendimento di princìpi (o regole)**;
6. **soluzione di problemi** (*problem solving*).

È da notare subito che la gerarchia del suddetto elenco (dove il primo tipo corrisponde all'apprendimento più semplice ed il sesto a quello più complesso) consiste nel fatto che ogni livello di apprendimento costituisce il presupposto per il conseguimento dei livelli superiori: ad esempio, un bambino non potrà apprendere una concatenazione (ovvero una sequenza ordinata di azioni) se prima non avrà imparato a reagire opportunamente a un determinato stimolo.

Inoltre, bisogna tener presente che tutti i tipi di apprendimento si possono riscontrare sia nei bambini che negli adulti. Non è vero, quindi, che gli apprendimenti più semplici (elementari) sono tipici dei bambini e che quelli più complessi (apprendimenti di concetti, di regole etc.) possono appartenere solo agli adulti. Ad esempio, una qualunque persona, indipendentemente dall'età, che fosse intenzionata a conseguire la patente di guida, dovrebbe non solo apprendere a discriminare (cioè a distinguere) le diverse parti dell'auto, in particolare del motore, ma dovrebbe anche imparare a rispondere con prontezza a determinati stimoli e a concatenare diversi movimenti (concatenazione motoria), come quelli necessari all'avviamento dell'auto.

Cade opportuna, a questo punto, un'altra riflessione: **gli apprendimenti elementari** (quelli indicati ai primi tre livelli) **sono possibili anche negli animali**. Ad esempio, un cane si comporta in un certo modo al comando del suo padrone perché ha appreso a dare una certa risposta a un determinato stimolo (alla voce, cioè, del suo padrone, articolata in un particolare modo); può eseguire ordinatamente una serie di movimenti (alzarsi sulle zampe posteriori, tendere una delle zampe anteriori, muovere la testa in una certa direzione) perché ha appreso una concatenazione motoria; così come può distinguere le varie persone che fanno parte della famiglia del suo padrone e le loro voci perché ha già sperimentato un apprendimento per discriminazione. Si tratta degli stessi tipi di apprendimento che un bambino realizza nei primi anni di vita: rispondere con un sorriso alla voce di un genitore, distinguere i propri giocattoli, concatenare due o più parole per formare una frase (*concatenazione verbale*) o due o più movimenti per eseguire spostamenti nello spazio (*concatenazione motoria*), pronunciare la parola «gatto» quando vede la figura dell'animale etc.

In questa sede approfondiremo, seppur brevemente, gli apprendimenti cognitivi degli **ultimi tre livelli**, che sono **propri dell'esperienza didattica dell'insegnante**.

1.1 L'apprendimento di concetti

L'**apprendimento di concetti** è della massima importanza a tutti i livelli dell'educazione. Nel bambino l'acquisizione di concetti ha inizio molto probabilmente in concomitanza con l'acquisizione dei simboli del linguaggio verbale. Egli apprende allora a designare con il medesimo termine linguistico un numero assai grande di oggetti: dirà che sono «animali» sia le formiche che i cavalli, nonostante le notevolissime differenze anatomiche. Si può dire che un bambino acquisisca un **concetto** quando impara a trattare una classe o un gruppo di stimoli come equivalenti. Ad esempio, l'acquisizione del concetto di «triangolo» implica che sia la chiara consapevolezza di ciò che distingue un elemento della classe dei triangoli da un elemento appartenente ad un'altra classe di figure geometriche piane (*discriminazione tra classi*), sia il riconoscimento della possibilità di estendere a tutti gli elementi della classe dei triangoli le caratteristiche proprie di tali figure geometriche (essere una figura convessa, chiusa, con tre angoli e tre lati).

Il docente di scuola primaria a cui spetta il compito di promuovere l'acquisizione, da parte dei suoi alunni, dei quadri concettuali di base nell'ambito dell'alfabetizzazione culturale dovrà considerare fondamentali gli interventi didattici finalizzati a tale scopo. Più in generale, è auspicabile che ogni docente dedichi tutto il tempo necessario a promuovere l'acquisizione, da parte degli alunni, dei concetti di base che costituiscono, per così dire, la struttura portante, le idee-chiave di ciascuna disciplina (ad esempio, in matematica sono fondamentali i concetti di «numero», «forma», «lunghezza», «rapporto», «angolo», «perpendicolarità» etc.). In seguito la stessa cura dovrà essere posta nel verificare che ciascuno dei concetti di base sia stato correttamente acquisito.

Uno degli errori più gravi in cui è possibile incorrere nell'attività di verifica è ritenere sufficiente che lo scolaro enunci una definizione esatta per dedurne che abbia acquisito il concetto: ad esempio, non è raro il caso di alunni che sanno ben ripetere la definizione di «linea verticale», senza aver per nulla afferrato, però, il concetto di «verticalità».

1.2 L'apprendimento di principi (o regole)

L'**apprendimento di princìpi (o regole)**, a sua volta, presuppone l'acquisizione del livello precedente di apprendimento, in quanto richiede di saper mettere in relazione due o più concetti. Ad esempio, il noto *principio di Archimede*, secondo cui «*ogni corpo immerso in un fluido (liquido o gas) riceve una spinta verticale dal basso verso l'alto, uguale per intensità al peso del volume del fluido spostato*», non può essere compreso se non sono chiari i concetti di «fluido», «peso specifico» etc.; così come, analogamente, l'apprendimento della semplice regola secondo cui l'area di un rettangolo si calcola moltiplicando la base per l'altezza presuppone che siano stati acquisiti i concetti di «area», «rettangolo», «lunghezza», «larghezza», «misura», «moltiplicazione» etc.

Da ciò consegue che il docente, per guidare efficacemente i suoi allievi all'apprendimento di regole, dovrà anzitutto controllare che siano stati chiaramente compresi i concetti da mettere in relazione. Tale verifica è necessaria sia che il docente abbia intenzione di procedere successivamente all'enunciazione della regola, sia che voglia, invece, guidare gli allievi a scoprirla. Per quanto riguarda poi la verifica dell'avvenuto apprendimento della regola (o del principio) nel suo complesso, non è sufficiente che l'alunno la enunci, poiché potrebbe aver imparato l'enunciazione come una catena verbale e non come una relazione tra concetti. Una prova di verifica più attendibile potrebbe consistere nel proporre all'alunno di applicare ad un caso particolare il principio o la regola appresi (ad esempio, calcolare la misura della superficie di una delle facce di una scatola a forma di parallelepipedo).

1.3 Il problem solving

Il ***problem solving* (soluzione di problemi)**, infine, è il tipo più complesso di apprendimento, anche se, a ben vedere, si tratta della *naturale estensione dell'apprendimento di regole*, nel senso che i fattori che rendono possibile l'apprendimento mediante la soluzione di problemi corrispondono proprio alle regole apprese in precedenza. Non si tratta, però, della semplice applicazione di regole già note.

La situazione problematica, nella cui soluzione il soggetto è impegnato, deve presentare per lui carattere di novità, nel senso che non deve rientrare in situazioni identiche a quelle risolte precedentemente. Allorché si trova (o è posto) in una situazione problematica, il soggetto cerca di richiamare alla mente la regola o il principio che, in rapporto all'ipotesi scelta, può offrirgli la maggiore garanzia di soluzione.

Evidente, quindi, il grosso errore in cui incorrono coloro i quali ritengono che il *problem solving* possa essere conseguito con un minimo di istruzione e di conoscenza di regole, senza rendersi conto che *la «soluzione di un problema» rappresenta soltanto il momento finale di una sequenza di apprendimento che si estende*, con valenza retrospettiva, *su tutta una serie di altri apprendimenti che devono averlo necessariamente preceduto*.

Per avere successo il *problem solving* deve essere basato sulla precedente conquista e sul ricordo di regole; esso comporta, cioè, la combinazione di regole apprese in precedenza in una nuova regola di ordine superiore atta a risolvere il problema, dopodiché la soluzione trovata può essere estesa anche ad altri problemi dello stesso tipo. Sotto questo profilo il *problem solving* genera ulteriore apprendimento e favorisce l'acquisizione di nuove capacità che, proprio perché acquisite nel corso di un apprendimento autonomo, si rivelano resistenti all'oblio.

Al fine di favorire il conseguimento, da parte degli allievi, di un obiettivo educativo di fondamentale importanza, quale lo sviluppo del pensiero produttivo (o creativo), occorre che il docente abbia piena consapevolezza delle condizioni che possono ostacolare questo sviluppo.

Nell'ambito di tali **condizioni ostative** assumono particolare rilievo:
— la scarsa fiducia dell'alunno nelle proprie possibilità, con conseguente atteggiamento di dipendenza dall'adulto;
— l'eccessiva preoccupazione di sbagliare (ogni docente dovrebbe rassicurare esplicitamente gli allievi e mettere in risalto la valenza positiva dell'errore);
— la presenza di strutture percettive «forti» che riducono la possibilità di individuare una diversa organizzazione delle parti o degli elementi utili alla soluzione (può servire da esempio l'incapacità di alcuni allievi di distinguere un trapezio allorché

tale figura geometrica viene disegnata in maniera diversa da come essi l'hanno sempre percepita);
— il considerare «banale» un evento o una situazione, che costituisce spesso un'insidia al processo creativo perché impedisce di vedere il problema;
— la cosiddetta *fissità funzionale*, intesa come rigidità di determinati procedimenti mentali e operativi (l'uso consueto di un oggetto impedisce di vedere mentalmente altri e diversi modi di utilizzazione dello stesso oggetto).

2 Lo sviluppo psicologico in età scolare

Il **periodo evolutivo tra i sei e i dodici anni** viene indicato come lo **stadio della fanciullezza** o, secondo la terminologia della psicoanalisi, **periodo di latenza**. Esso è caratterizzato dalla diminuzione della psicosessualità infantile che ha perduto il suo ruolo determinante a causa del superamento, da parte del bambino, delle situazioni complessuali del periodo antecedente (*complesso edipico*), coincidente con l'apparente cessazione delle pulsioni nei confronti del genitore dello stesso sesso, che non assumono forme evidenti di comportamento, ma si presentano in maniera sublimata, in accordo con le norme imposte dalle nuove forme di socializzazione (in concomitanza, cioè, con l'*ingresso nella scuola*). In pratica il bambino, in questa fase del suo sviluppo, si convince dell'inutilità della competizione con il genitore dello stesso sesso e, inibendo ogni pulsione, rimanda la soddisfazione del bisogno di un affetto sessualizzato ed esclusivo. In tal modo dà un primo assetto alla propria personalità.

Anche se il periodo di latenza si presenta molto più sereno dei precedenti per l'assenza di situazioni conflittuali, non sfugge l'intensità della vita emotiva dei ragazzi di questa età, che si proietta sulla realtà ambientale e sociale: infatti, i rapporti con le persone che gli sono intorno (genitori, insegnanti, amici) vengono vissuti prevalentemente in maniera emotiva e soggettiva.

Per ciò che riguarda la **formazione della personalità**, il bambino che si accinge a fare ingresso nella scuola primaria (anche se ha già frequentato la scuola dell'infanzia) si trova ad affrontare una serie di problemi di adattamento a un nuovo ambiente che lo obbligano a regolare le proprie azioni sulla dimensione della personalità dell'insegnante e dei compagni.

Affinché lo sviluppo psichico si realizzi nella forma più completa, è importante che le nuove persone «autoritarie» (gli *adulti* che vivono nel mondo della scuola, in particolare gli *insegnanti*) svolgano un'azione stimolante, in modo da consentire al bambino di perseguire un'**autonomia educativa**, ma senza ricreare nella scuola situazioni negative di tipo parentale (cioè perpetuando, anche in ambito scolastico, contesti, carenze, ruoli tipici dell'ambiente familiare). Se l'insegnante mostrerà disponibilità, comprensione e solidarietà, senza mai abusare del proprio potere o della gracilità affettiva dell'allievo, lo sviluppo del bambino procederà in modo positivo ed egli potrà realizzare e conquistare nuove modalità sociali di attuazione di sé.

3 L'adolescenza

La **preadolescenza** è la fase della vita dell'individuo che va dai 9 ai 12-13 anni, abbracciando il periodo scolastico dagli ultimi anni della primaria a tutto il ciclo della scuola secondaria di primo grado, mentre l'*adolescenza* abbraccia la fascia d'età che va dai 12-15 anni (*prima adolescenza*) ai 16-20 anni (*seconda adolescenza*).

L'**adolescenza** rappresenta una fase di transizione cruciale nello sviluppo dell'individuo per diverse ragioni: tra le principali si possono annoverare la maturazione puberale, lo sviluppo intellettuale e l'accesso a nuovi contesti, come ad esempio quello lavorativo. Durante questo periodo il soggetto è sottoposto a considerevoli mutamenti somatici assai repentini, dai quali consegue un mutamento nell'immagine di sé e nei rapporti con gli altri, che tuttavia poggia sulla struttura sottostante e quindi conserva soluzioni di continuità determinanti con le età precedenti.

Secondo molti stereotipi l'adolescenza è considerata l'**età della ribellione, della turbolenza, della sregolatezza**. Peraltro nel mondo occidentale la soglia della «crisi adolescenziale» si è fortemente abbassata: la maturazione fisica dei ragazzi avviene ad un'età (11-12 anni) che, fino a qualche decennio fa, era considerata parte integrante dell'infanzia. Tuttavia, tale maturazione fisica non va di pari passo con quella psichica e cognitiva, la qual cosa determina fortissimi scompensi capaci di generare smarrimento e insicurezza.

Il già citato psicoanalista tedesco Erik Erikson attribuisce al periodo adolescenziale, da lui situato nella fascia d'età compresa tra i 12 e i 20 anni, una **valenza fondamentale per lo sviluppo dell'identità personale adulta**, sollecitata dall'ambiente che, a partire da questo momento, comincia a chiedere al ragazzo comportamenti adulti.

A tale riguardo altri studiosi mettono in evidenza le ambivalenze presenti nella nostra società, che destabilizzano ulteriormente l'adattamento del soggetto alla moltitudine dei mutamenti in corso: da una parte, infatti, egli si trova a dover affrontare le richieste sociali di assunzione di responsabilità e di autonomia; dall'altra, anche il contesto deve adattarsi a un individuo nuovo e in continua trasformazione e non sempre le cure e il controllo da parte del nucleo familiare o del contesto scolastico rispettano o entrano in sintonia con tali mutamenti. In particolare, non sempre è naturale o privo di scossoni il processo fondamentale ma carico di incertezze, di «desatellizzazione» dal pianeta famiglia, le quali assumono forme disparate che vanno dall'*insicurezza alla ribellione* vera e propria. Quest'ultima, non di rado, si accompagna a scelte disadattanti e, in certi casi, devianti rispetto alle norme morali e giuridiche (utilizzo di droghe, alcool, o partecipazione a gruppi che adottano comportamenti antisociali).

Gli insegnanti, soprattutto quelli delle scuole secondarie di secondo grado, devono quindi cimentarsi con alunni nei confronti dei quali gli strumenti pedagogici e didattici tradizionali non sono più efficaci. L'adolescente tende a rendersi indipendente dalle figure parentali che in precedenza costituivano un punto di riferimento e ricerca nuove identità affettive che si estrinsecano nel *gruppo*.

In questo contesto il docente può diventare una figura di riferimento: il suo sforzo educativo deve essere indirizzato a promuovere un **apprendimento centrato sull'acquisizione dei contenuti**, potenziando una **didattica basata sulla ricerca e sul lavoro di squadra**, piuttosto che un apprendimento focalizzato sull'Io e sulla competizione. Infatti, quest'ultimo tipo di apprendimento (tipico di materie, come matematica, chimica e fisica, in cui le valutazioni sono tendenzialmente fatte «l'uno rispetto all'altro» e in cui lo studente tende a raggiungere il voto «più alto») è fortemente competitivo e normalmente crea situazioni di insicurezza e frustrazione per chi non riesce a raggiungere i risultati sperati, nonché di isolamento rispetto al gruppo degli studenti che invece risultano più bravi.

L'adolescenza rappresenta il momento in cui l'individuo è alla ricerca di sé, di quello che è e, soprattutto, di ciò che potrà essere: è in tale contesto che gli adolescenti scelgono modelli a cui cercano di assomigliare. In questo la scuola, ma soprattutto il singolo docente, può offrire un valido sostegno, proponendo modelli forti e stimolanti in cui il ragazzo può immedesimarsi. Tali modelli possono essere per lo più tratti dalla **lettura**, che costituisce il principale e più efficace esercizio di immedesimazione. Il lettore, infatti, immergendosi nella lettura, nella psicologia dei personaggi e nella storia, si astrae da sé e si immedesima in un personaggio «altro», cosicché la lettura diventa esperienza emozionale, oltre che un indiretto spunto di riflessione sul reale.

4
Pedagogia e modelli educativi

1 Il campo di studio della pedagogia

La **pedagogia** è una disciplina finalizzata allo **studio sistematico dell'educazione e dell'istruzione nei diversi contesti e nelle diverse fasi del ciclo di vita dell'uomo**.

La maggiore difficoltà da affrontare, quando si voglia comprendere il ruolo di tale disciplina e dell'azione educativa nel mondo contemporaneo, deriva dall'estrema complessità del suo oggetto di studio. La pedagogia, infatti, ha radici nella storia stessa dell'umanità e nell'evoluzione del pensiero dell'uomo.

La pedagogia è una disciplina che per un lungo periodo è stata *subordinata alla filosofia*, sviluppando approcci di tipo teoretico ed etico, critico-dialettico e filosofico-ermeneutico. Solo a partire dalla seconda metà del Novecento si può assistere all'avvio di un suo difficile percorso scientifico con il progressivo distacco dalla filosofia e con l'*applicazione del metodo sperimentale* e l'accertamento oggettivo dei fatti.

D'altra parte va evidenziato che mentre in passato i problemi formativi e le relative ipotesi risolutive erano ispirati indissolubilmente a filoni ideologici ben precisi, nel mondo contemporaneo la presenza di vari fattori di mutamento sociale e l'aumento considerevole delle analisi interpretative della realtà hanno determinato la diffusione di una molteplicità di concezioni e pratiche educative. La cultura del nostro tempo può essere definita «pluralistica», in quanto differenti sono gli ideali, i valori, le visioni del mondo, le norme e gli schemi di comportamento che regolano la vita individuale e sociale; il progetto educativo, di conseguenza, non può che avere un *carattere pluralistico*, se non vuole tradire la sua funzione di formazione integrale dell'uomo e del cittadino, come persona aperta alla società e al contesto di vita.

La *pedagogia si fonda su principi teorici ma è caratterizzata anche dall'operatività*, ossia dalla pratica educativa, in quanto prende in esame, da un lato, le finalità dell'educazione, dall'altra i mezzi necessari per raggiungerle, anche in rapporto ai fattori dello sviluppo psico-fisico del soggetto, avvalendosi del contributo di altre scienze.

La pedagogia si muove, infatti, in uno spazio di interdisciplinarietà: avendo come oggetto di studio la **relazione tra istruzione-educazione-formazione**, necessita dei risultati e delle tesi ottenute in altri ambiti disciplinari, quali quello psicologico, sociologico, filosofico, scientifico, sociale etc.

Suo precipuo compito è dotare il soggetto degli strumenti culturali, etici, sociali necessari per affrontare il percorso di vita. Essa è, dunque, impegnata a dare risposta da un lato ai bisogni e agli interessi testimoniati dal soggetto in educazione, dall'altro ai modelli sociali e civili rappresentati dai «saperi» e dai «valori» della società e della cultura contemporanee. Per tale motivo tende all'integrazione di tutti gli aspetti in cui si esprimono i processi formativi dell'infanzia, dell'adolescenza, della giovinezza e dell'età adulta.

Il linguaggio della pedagogia si è costruito spesso intorno al **binomio istruzione-educazione**, individuando nel primo termine il processo corrispondente a un apprendimento prevalentemente cognitivo e nel secondo un più generale processo di formazione della persona anche nei suoi aspetti affettivi, emotivi ed etici.

L'**istruzione** è stata, in passato, prevalente appannaggio dell'istituzione scolastica mentre l'**educazione** è stata attribuita ad altre agenzie formative, prima fra tutte la famiglia. Progressivamente si è costruito lo spazio della **formazione**, categoria capace di comprendere aspetti diversi del complesso percorso di crescita e competenze sempre nuove.

Le riforme che hanno riorganizzato il sistema di istruzione e formazione negli ultimi anni hanno proposto un diverso rapporto tra i termini: l'*educazione* è oggi concepita come contenitore generale al cui interno si colloca il **sistema dell'istruzione**, garantito dalle istituzioni scolastiche, e il **sistema della formazione** principalmente di tipo professionale. D'altra parte ogni termine va concepito in una relazione sistemica con gli altri, in quanto non c'è istruzione che non sia anche attenzione agli aspetti educativi, non c'è formazione senza un'attenzione ai contenuti di studio e al tempo stesso a una visione integrale dello sviluppo della persona.

2 Evoluzione storica dei principali modelli educativi

2.1 La pedagogia classica

I principali modelli e ducativi che hanno disegnato gli scenari pedagogici della storia della scuola italiana, fanno riferimento a precise idee di conoscenza e di apprendimento da cui discendono le diverse caratteristiche della **didattica**, intesa come pratica e metodo del processo di insegnamento/apprendimento.

Il **modello classico** ha nell'*insegnamento* il fondamentale quadro di riferimento: *l'insegnante e i contenuti sono ritenuti fondanti* per la formazione dei giovani, il punto di partenza è il docente e la sua capacità di trasmettere ciò che sa.

L'insegnante organizza e ordina il proprio insegnamento; i contenuti sono sistematizzati secondo una logica di organizzazione disciplinare certamente avvalorata dalla nostra tradizione culturale; lo strumento tipico di questo modello è la **lezione** che può essere *trasmissivo-recettiva* o *dialogica*. Il destinatario non è il singolo studente ma un **gruppo-classe**, considerato mediamente omogeneo sia in ordine alle modalità di apprendimento, sia in ordine alle motivazioni. L'idea di conoscenza che ritroviamo in questo modello è decontestualizzata rispetto ai vissuti dei soggetti coinvolti.

Tali aspetti si possono collegare all'impostazione pedagogica della **scuola gentiliana**, ossia alla tendenza a educare ed istruire attraverso le discipline (varata nel 1923 la Riforma gentile è rimasta in vigore fino al 1962, ma ha influenzato la didattica della scuola italiana anche per molti decenni dopo).

2.2 La pedagogia del Settecento

Jean-Jacques Rousseau (1712-1789) è considerato il padre della pedagogia moderna. Pur essendo vissuto in pieno Illuminismo, secondo lo studioso le scienze e le arti non hanno né agevolato il progresso morale dell'uomo né migliorato i costumi, piuttosto hanno favorito la corruzione etica. L'uomo può liberarsi dagli effetti negativi della civiltà tentando di realizzare una società che recuperi l'innocenza originaria e si fondi sui valori della libertà e dell'uguaglianza. La sua più celebre opera è l'*Emilio*, un romanzo pedagogico in cinque libri, in cui espone i principi chiave della sua teoria dell'educazione.

Secondo Rousseau l'educazione deve poter essere:
— **naturale**, in quanto il fanciullo va sottratto all'influenza della società corrotta ed educato a contatto con la natura;
— **negativa**, in quanto l'insegnante non deve affermare aprioristicamente ciò che è giusto e ciò che non lo è, ma deve lasciare che il bene e il male siano autonomamente scoperti dal discente;
— **indiretta**, ossia volta a stimolare con opportune strategie l'apprendimento e l'interesse dell'allievo.

Animato da finalità umanitarie, il pedagogista svizzero **Johann Heinrich Pestalozzi** (1746-1827) accoglie il principio di Rousseau, secondo cui l'educazione va concepita nella dimensione della libera azione del soggetto e dell'autonomo sviluppo psico-fisico, ma in una prospettiva completamente nuova. Per Pestalozzi l'educazione va concepita in un'ottica popolare, in quanto va rivolta a qualsiasi strato sociale. A differenza di Rousseau, Pestalozzi sostiene che il percorso educativo non può essere scisso dalla concretezza dell'ambiente di vita, dalla società e dal lavoro.

2.3 La pedagogia dell'Ottocento

La pedagogia del Romanticismo è ispirata allo sviluppo delle potenzialità dello spirito umano. Il principale esponente può essere considerato **Friedrich Frobel** (1782-1852), che risentì fortemente delle teorie dell'idealismo romantico.

Fondò in Germania il primo **Kindergarten** (giardino d'infanzia), nella convinzione che il bambino può essere autenticamente formato solo a contatto con la natura. Il bambino è considerato dal pedagogista, attivo e creativo, in quanto possiede straordinarie potenzialità che l'educazione deve far esplodere, attraverso il linguaggio, il gioco e le attività espressive.

2.4 La Pedagogia del Neoidealismo

La Riforma Gentile del 1923 ristruttura completamente tutto l'ordinamento scolastico italiano dando ad esso un impianto che lo caratterizzerà per circa 80 anni. **Giovanni Gentile** (1875-1944) propugna sul piano filosofico un concetto di realtà come divenire dell'atto pensante, soggettività che si rende concreta. Ne deriva una pedagogia che concepisce l'*educazione in termini di sviluppo spirituale* ed attribuisce, di contro alle concezioni sostenute dall'attivismo, un *ruolo fondamentale all'insegnante, alla sua cultura, alla sua autorità*.

Nel Novecento in ambito cattolico prevale anche la **corrente spiritualistica** rappresentata da **Jacques Maritain** (1882-1973). Per tale corrente filosofica il fondamento della realtà è Dio, entità trascendente da cui provengono principi, valori morali ed etici che nel rapporto educativo debbono essere trasmessi dal maestro all'allievo. Nel *modello spiritualista cattolico* si considera l'importanza del soggetto che deve essere educato a valori morali ed essere aiutato a impegnarsi in una società dove i singoli soggetti, liberi e autonomi, sono chiamati a cooperare tra loro per la realizzazione del bene comune. Da questa impostazione, si sviluppa in campo pedagogico una nuova prospettiva, ispirata al pensiero di **Karl Marx** (1818-1883), che esalta una formazione intesa come associazione di lavoro produttivo e istruzione essenzialmente scientifica, attraverso la conciliazione di lavoro manuale e intellettuale.

Il nome più conosciuto della pedagogia marxista novecentesca è quello di **Anton Semenovyč Makarenko** (1888-1939) che operò nel clima sociale della Russia post-rivoluzionaria, ma un ruolo fondamentale deve essere riconosciuto anche all'italiano **Antonio Gramsci** (1891-1937) che operò negli anni '60 in piena contestazione del sistema capitalistico.

3 L'attivismo pedagogico

Siamo alla fine del 1800 quando *viene posto al centro del processo educativo il soggetto educando* di cui si esalta la naturale disposizione ad apprendere e conoscere. L'educazione è intesa come promozione sociale dell'allievo quale futuro membro di una società democratica che proprio dalla sua partecipazione attiva, critica, consapevole potrà essere conservata o pacificamente migliorata. Riconoscendo l'attitudine positiva del soggetto all'attività e alla partecipazione, l'insegnante parte da problemi reali, dagli interessi e dai bisogni dell'allievo che cresce e li utilizza come punto di partenza per l'apprendimento.

L'**attivismo pedagogico** è la più significativa corrente del rinnovamento delle concezioni educative dei primi decenni del '900. Un libro famoso di H. Key, «*Il secolo del bambino*» (1901) apre la stagione dell'attivismo europeo e americano, fondata su un concetto essenziale, idea-guida di tutte le correnti di rinnovamento pedagogico: il **puerocentrismo**. Si tratta di un concetto che riconosce il protagonismo essenziale del bambino in ogni processo educativo. L'attivismo presenta, altresì, una forte *valorizzazione del fare* nell'ambito dell'apprendimento. Al centro del lavoro scolastico devono collocarsi le attività manuali, il gioco, il lavoro. L'opera degli attivisti è connotata dall'*antintellettualismo*, ossia dalla svalutazione o dal ridimensionamento dei programmi formativi esclusivamente culturali.

I grandi esponenti dell'attivismo europeo-americano sono **John Dewey** (1859-1952), autore dell'opera «*Il mio credo pedagogico*», e **Maria Montessori** (1870-1952) prima donna italiana laureata in medicina, fondatrice della «*Casa dei bambini*».

Dewey, fedele interprete della cultura americana del 1900, ha influito molto sullo sviluppo della odierna pedagogia. La sua formazione è influenzata da una corrente filosofica tipicamente americana, il **pragmatismo**, secondo cui la verità o la validità di una teoria è legata alla sua verifica pratica. Egli, di conseguenza, considera l'individuo non uno spettatore passivo ma un attivo interlocutore che agisce, aprendosi all'impegno, alla collaborazione e al confronto con gli altri.

Dewey, riferendosi all'avvento della società nuova e della democrazia, sostiene che occorre far conseguire al fanciullo la piena padronanza di se stesso, lo sviluppo completo di tutte le potenzialità e l'autonomia di giudizio per comprendere le condizioni in cui dovrà operare.

In Italia si afferma invece il modello educativo di **Maria Montessori**. Nelle *Case dei bambini* montessoriane viene stimolata l'attività autonoma, predisponendo un ambiente educativo dotato di arredi costruiti su misura dei piccoli allievi e di sussidi scientificamente studiati.

La pedagogia montessoriana interpreta uno dei temi più vivi dell'attivismo: la liberazione dal peso dell'educazione tradizionale che non riconosce i diritti dell'infanzia.

Montessori non è stata l'unica protagonista dell'attivismo pedagogico italiano, altre figure meritevoli di attenzione sono state le sorelle **Rosa** e **Carolina Agazzi** e **Giuseppina Pizzigoni**.

4 La pedagogia del Novecento

Nella seconda metà del Novecento avviene un cambiamento epocale: la pedagogia finora considerata come sapere unico sull'educazione, grazie soprattutto ai contributi di Dewey si trasforma in **scienze dell'educazione**, in cui confluiscono molte discipline positive: dalla psicologia dello sviluppo alla sociologia e all'antropologia, dalla neurologia alla psicoanalisi. Dal primato della *filosofia* quale scienza dell'anima, che aveva impregnato tutta la pedagogia fino agli inizi del '900, si passa alla *pedagogia sperimentale*, e poi definitivamente alle *scienze psicopedagogiche*.

La **pedagogia sperimentale**, di cui ne sono un esempio gli studi di Montessori, nasce nella seconda metà dell'800, in cui con il Positivismo tende ad applicare il metodo scientifico induttivo e sperimentale fondato sui fatti, a tutte le discipline.

Nel passaggio dalla pedagogia alle scienze dell'educazione, il sapere pedagogico che in origine era un sapere prevalentemente filosofico, pragmatico e normativo, diventa un sapere *ipercomplesso* in cui confluiscono più saperi empirici che richiedono una analisi e sperimentazione continua e che non possono ricondursi ad alcuna soluzione unitaria e «normativa». Il pedagogo è chiamato, quindi, ad un continuo lavoro di analisi critica e di interpretazione dell'esperienza.

La pedagogia dell'ultimo secolo si ispira così agli studi della *psicologia scientifica* di Dewey, Decroly, Claparede, Montessori, che possono tutti farsi rientrare in quello che è definito *attivismo pedagogico*, ma la vera svolta si ha negli anni Sessanta, con Bruner, che, muovendo forti critiche all'interpretazione di Dewey, dà avvio in Europa a una riforma dei programmi scolastici, alla costruzione dei curricoli e ai principi della progettazione didattica. In questo periodo influenzano la pedagogia, gli studi sociologici di Marx, Durkheim e Weber che affrontano temi come l'integrazione sociale in ambito scolastico, la trasmissione dei pregiudizi e dell'ideologia dominante attraverso l'istruzione, le caratteristiche politico-sociali dei sistemi scolastici, le relazioni tra scuola, classi sociali e mercato del lavoro.

Ancora la pedagogia subisce l'influenza della psicoanalisi: Freud ridefinisce il concetto di infanzia, il ruolo dei rapporti interfamiliari e dell'emotività/affettività.

La pedagogia del Novecento guarda anche agli *aspetti politico-ideologici*. Durante le contestazioni degli anni '60 e '70 sono messi in evidenza, nell'ambito di studi sociologici, i rapporti tra educazione e società, tra processi sociali e processi formativi; la scuola è vista non estranea a ideologie politiche contestate e soprattutto strumento non neutrale di riproduzione della società, uno strumento «pericoloso» di educazione e manipolazione delle masse che devono invece essere «liberate» dalla cultura dominante.

La pedagogia si richiama allora nuovamente alla *psicologia* dando valore alla «creatività», al pensiero divergente e alla individualizzazione della didattica; mentre dal punto di vista sociologico la scuola diventa un luogo di trasmissione culturale di *impronta costruttivista*, e la sua azione fattore fondamentale per il recupero degli alunni in ambienti disagiati e deprivati.

Ispirandosi a Bruner, l'istituzione scolastica diventa così il fondamento del progresso e della riforma sociale, ma per far questo, deve aggiornarsi continuamente e con essa gli educatori e gli insegnanti.

5
Stili di apprendimento e di insegnamento

1 Stile di apprendimento, stile cognitivo, stile di insegnamento

L'**apprendimento** è l'acquisizione di conoscenze in vista di uno scopo. Si tratta di un processo complesso, che, come dimostrato dagli studi psicopedagogici, è il risultato dell'esperienza e dell'acquisizione di nuove conoscenze e comportamenti (in questo senso può essere definito *esperenziale*). Si *compone di elementi verbali, emotivi, motori, percettivi e di abilità nella risoluzione di problemi* (e in questo senso può essere definito *multifattoriale*).

A volte l'apprendimento si sviluppa come un percorso per gradi, un lento processo di raccolta di conoscenze (*apprendimento continuo*). Altre volte, invece, l'apprendimento è immediato e creativo, uno spot che permette di cogliere in modo subitaneo i processi della conoscenza (*apprendimento discontinuo*).

Oggi le teorie pedagogiche più condivise ritengono che l'**apprendimento sia un processo continuo e progressivo**, che si sviluppa **lungo tutto l'arco di vita, e che non esclude atti creativi**: questi sono resi possibili dalla qualità degli apprendimenti precedenti.

In psicologia vengono distinti vari tipi di apprendimento:

— **apprendimento accidentale**, quando avviene in modo casuale (ad esempio guardando un film o leggendo un giornale) e **apprendimento intenzionale** quando il soggetto volutamente si predispone ad apprendere (come avviene a scuola);
— **apprendimento passivo**, tipico della didattica tradizionale di tipo trasmissivo in cui l'alunno deve solo recepire e memorizzare quanto detto dall'insegnante, e **apprendimento attivo**, tipico dell'apprendimento centrato sullo studente in cui questo è consapevole del proprio processo di apprendimento ed è protagonista all'interno dell'ambiente di apprendimento in cui opera. L'apprendimento attivo è stimolato, come vedremo, dall'uso delle tecnologie informatiche (TIC) nella didattica.

Ognuno però apprende in maniera diversa, ha cioè un suo **stile di apprendimento preferenziale**.

Gli **stili di apprendimento** rappresentano le caratteristiche secondo cui i diversi individui apprendono; ogni persona adotta particolari processi per arrivare ad apprendere, strategie personali preferenziali di apprendimento indipendentemente dalle caratteristiche specifiche del compito. Lo stile di apprendimento è in sostanza l'approccio all'apprendimento preferito da una persona.

Nell'ambito dei processi di apprendimento non vanno, inoltre, trascurati i fattori legati alla *personalità dell'allievo*, quali le sue modalità d'interazione sociale, le competenze emotive e gli atteggiamenti.

Lo stile di apprendimento tiene conto, quindi:
— delle caratteristiche individuali nell'approccio ai problemi;
— delle differenti strategie nell'elaborare le informazioni;
— delle differenti strategie nel ridurre in categorie ed utilizzare le informazioni;
— delle differenze cognitive e motivazionali;
— delle differenze di personalità.

Lo stile di apprendimento è a sua volta solo un aspetto di quello che viene definito stile cognitivo.

Per **stile cognitivo** si intendono le modalità preferenziali con cui gli individui elaborano l'informazione nel corso di compiti diversi: è la modalità di elaborazione dell'informazione che la persona adotta in modo prevalente, che permane nel tempo e si generalizza a compiti diversi (Boscolo).

Gli stili cognitivi di ognuno influenzano la strategia adottata per cercare di imparare (il proprio stile di apprendimento) e determinano anche il processo di acquisizione della conoscenza e le probabilità che tale processo abbia successo in relazione alle caratteristiche del compito.

Lo stile cognitivo tiene conto:
— delle differenze individuali nei principi generali dell'organizzazione cognitiva (in relazione alla semplificazione e alla coerenza);
— delle diverse tendenze soggettive, internamente coerenti, che quindi non si riferiscono al funzionamento cognitivo generale (per esempio la memoria per un particolare tipo di esperienze).

Il termine fa riferimento alle differenze di personalità e alle differenze genetiche e indotte dall'esperienza, nelle capacità e nel funzionamento cognitivo. Di fatto, opera una mediazione tra *motivazione, emozione* e *cognizione*.

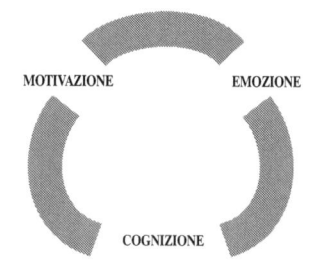

MOTIVAZIONE   EMOZIONE

COGNIZIONE

Lo *stile cognitivo riguarda*, dunque, *la globalità dell'individuo*, quindi non solo il suo approccio alle cognizioni, ma anche i suoi atteggiamenti, il modo di rapportarsi agli altri o di reagire a situazioni inconsuete: così, si parla di stile dipendente o indipendente, riflessivo o impulsivo, convergente o divergente etc.

Molte variabili dello stile cognitivo riflettono tendenze individuali rispetto allo sviluppo dell'organizzazione e del funzionamento cognitivo.

Tali **tendenze** sono riscontrabili in tutti gli individui di tutte le età, ma in particolari soggetti sono decisamente più o meno accentuate.

Alcune caratteristiche generali dell'organizzazione e del funzionamento cognitivo sono le tendenze a:

— **differenziare progressivamente**, in relazione all'approccio a settori completamente nuovi, o a nuovi elementi di settori già noti;
— **semplificare**, al fine di ridurre l'onere dei concetti da acquisire, nei processi di astrazione, formazione di concetti, di categorie, generalizzazione e assimilazione parzializzata;
— **dimenticare selettivamente**, in relazione a nuove idee non familiari o contrastanti con i contenuti già presenti nel proprio bagaglio cognitivo.

Queste tendenze vanno coniugate con:

— *il tempo*: imparare rapidamente, in un arco di tempo breve oppure procedere con lentezza e continuità;
— *lo spazio*: riuscire a concentrarsi anche in un ambiente rumoroso e disordinato, oppure aver bisogno di ordine e calma;
— *gli altri*: apprendere più facilmente attraverso la discussione e il rapporto interpersonale oppure riuscire a concentrarsi esclusivamente da soli;
— *gli strumenti di lavoro*: basarsi sulla propria memoria o avere la necessità di consultare appunti, libri, banche dati;
— *le valutazioni*: sottoporsi frequentemente a giudizi parziali o chiedere la valutazione solo a lavoro terminato.

Le modalità di elaborazione dell'informazione, ossia lo stile cognitivo che un alunno utilizza prevalentemente, così come lo stile di apprendimento che preferisce influenzano inevitabilmente il suo rendimento scolastico e il docente dovrebbe tenerne conto nell'ottica anche di una didattica personalizzata. Si noti che ogni insegnante inconsciamente tende a riproporre il proprio stile di apprendimento ma in realtà il suo **stile di insegnamento** deve tendere a *strategie di insegnamento* diverse per permettere ai singoli studenti di sperimentare e trovare il proprio stile di apprendimento.

Per favorire l'apprendimento è necessario, quindi, che ognuno conosca e adotti il proprio stile, ma *prima deve fare esperienza con stili differenti*, imparando a riconoscerne le caratteristiche e le particolarità. In questo la scuola deve aiutare.

Ogni persona apprende, quindi, in maniera diversa elaborando una propria strategia adeguata alla sua personalità e ai suoi bisogni.

Sono state individuate **strategie di apprendimento preferenziali** efficaci per categorie di individui; accanto ad esse, vanno sperimentate strategie sempre diverse. L'individuazione delle strategie si deve necessariamente basare sulla relazione sistematica tra i risultati conseguiti con i metodi usati per ottenerli.

Propedeutica alla definizione delle strategie è la individuazione dei supporti che le condizionano, che non saranno mai imposti ma devono essere discussi e concordati con i discenti.

Verranno quindi selezionati:
- *l'ambiente più favorevole* alla concentrazione e allo studio: saranno verificate le singole esigenze, quali il bisogno di lavorare isolati, alla presenza dei familiari o di un gruppo etc.;
- i *materiali* che favoriscano lo studio (computer, lavagna luminosa, penne, gomma, evidenziatore, quaderni etc.);
- le *modalità del processo*, collegate ai differenti stili cognitivi;
- un *tutor* o un *esperto* che periodicamente verifichi se e quanto si è appreso;
- un *gruppo di lavoro* con cui condividere il percorso;
- i *tempi* più favorevoli allo studio, nell'arco della giornata o della settimana.

1.1 Canali sensoriali e stili di apprendimento

I canali di accesso alle informazioni sono i **canali sensoriali** (vista, udito etc.). Ciascuno ha un canale sensoriale privilegiato nell'ambito del proprio stile di apprendimento. Il docente, nello sviluppare le sue strategie di insegnamento destinate ad aiutare gli allievi a individuare il proprio stile di apprendimento, deve tener conto anche dei *canali sensoriali privilegiati degli allievi*.

Canale sensoriale privilegiato	Stile di apprendimento	Strategie di apprendimento preferenziali
Visivo-verbale	Preferenza per la letto-scrittura: imparo leggendo	— Riassumere per iscritto — Prendere appunti e rileggerli — Ricevere istruzioni o spiegazioni scritte — Leggere libri di testo — Usare grafici e diagrammi accompagnati da spiegazioni scritte
Visivo-non verbale (o spaziale)	Preferenza per immagini, disegni, simboli, mappe concettuali, video etc. (*visual learning*)	— Usare il colore nel testo — Consultare gli indici testuali prima di affrontare il capitolo di un libro — Utilizzare mappe con parole chiave, disegni, immagini, grafici — Creare immagini mentali di ciò che si ascolta o studia
Uditivo	Preferenza per l'ascolto: imparo ascoltando. Preferenza per le lezioni frontali o il *cooperative learning*	— Seguire con attenzione le lezioni in classe — Registrare le lezioni — Chiedere spiegazioni orali — Utilizzare audiolibri — Utilizzare le sintesi vocali — Leggere e ripetere ad alta voce — Studiare in coppia

Canale sensoriale privilegiato	Stile di apprendimento	Strategie di apprendimento preferenziali
Cinestetico	Preferenza per attività concrete: imparo toccando o facendo	— Alternare momenti di studio con momenti di pausa — Fare esempi concreti — Fare esercitazioni pratiche (quando la disciplina lo consente) — Creare mappe, grafici e diagrammi

2 I diversi stili cognitivi

La costituzione di un ambiente di apprendimento si basa sui diversi stili cognitivi e sull'attivazione di meccanismi che consentano di sviluppare, accanto alle conoscenze, le competenze individuali.

Gli stili cognitivi si distinguono in:

Stile globale	Stile analitico
— Parte dal generale per arrivare al particolare — Privilegia una visione d'insieme — Attribuisce maggiore importanza alla visione d'insieme piuttosto che ai dettagli	— Scorpora il generale in segmenti — Analizza il singolo segmento — Elabora il segmento — Assembla i diversi segmenti per giungere a una visione di insieme

Stile dipendente dal campo	Stile indipendente dal campo
— Cerca di stare sempre con gli stessi compagni — Utilizza solo i propri materiali — Imita i comportamenti del gruppo — Ha bisogno di ricevere stimoli, indicazioni, valutazioni dai compagni e dagli insegnanti — È portato alla globalità e alla realtà sociale	— Socializza con tutti — È in grado di utilizzare i diversi materiali che gli vengono forniti — Mantiene lo stesso comportamento in contesti e con gruppi diversi — Non cerca l'approvazione degli altri — Si interessa più alle cose che alle persone

Stile verbale	Stile visuale
— Segue la lettura di un brano senza sottolineare o evidenziare — Per memorizzare utilizza il riassunto e la ripetizione orale — Associa a una parola una frase o un'altra parola	— La sua attenzione è catturata dalle parti grafiche e dalle immagini — Evidenzia le parti importanti di un testo — La memorizzazione è favorita da schemi, mappe, grafici — Associa ad una parola un'immagine

Stile convergente	Stile divergente
— Utilizza procedure e strategie già applicate in contesti simili — Richiama esercizi, procedure, attività scolastiche già affrontati — Tende a memorizzare	— Applica procedure e strategie non utilizzate — Recupera esperienze e conoscenze non scolastiche — Crede nelle proprie capacità — Collega e raffronta le conoscenze

Stile risolutore	Stile assimilatore
— Cerca soluzioni rapide in tempi brevi — Utilizza le conoscenze e le risorse a disposizione — Limita la soluzione al problema contingente	— Ricerca una soluzione globale, che vada oltre al problema contingente — Sviluppa procedure articolate — Collega e raffronta problemi e soluzioni

Stile sistematico	Stile intuitivo
— Ha bisogno di indicazioni complete, precise e chiare — È generalmente l'ultimo a consegnare una verifica o un lavoro — Parla poco — Chiede informazioni e chiarimenti	— Interpreta facilmente un compito — Non necessita di indicazioni dettagliate — È rapido nell'eseguire e nel consegnare le verifiche e i lavori — Esprime ipotesi e congetture personali

Stile impulsivo	Stile intuitivo
— Prende la parola con facilità — Improvvisa le argomentazioni via via che procede nell'esposizione — Risponde precipitosamente alle domande — Consegna rapidamente i lavori	— Non prende la parola se non è invitato — Deve sentirsi sicuro e tranquillo prima di parlare — Teme di sbagliare — Necessita di tempi di elaborazione lenti

Gli **stili cognitivi** sono spesso identificati anche come **stili intellettivi** quando in particolare si fa riferimento all'intelligenza e alle sue particolari attitudini (come in Gardner, Goleman, Feldman).

3 Gli stili intellettivi e le diverse forme di intelligenza

L'idea che l'intelligenza non sia un'abilità monolitica, ma che vi siano invece **forme diverse di intelligenza**, è andata affermandosi sul finire del secolo scorso. Secondo questa prospettiva, l'intelligenza è considerata una **struttura articolata**, scomponibile in elementi (o «**fattori**») che corrispondono a distinte abilità indagabili attraverso appropriate metodologie sperimentali e di analisi statistica.

Se si parte dal presupposto che *l'intelligenza è un'entità composta da vari elementi*, il problema diventa quello di stabilire quanti e quali sono i suoi fattori.

In particolare, come abbiamo visto, **Gardner** ha sconfessato la teoria classica sull'intelligenza come fattore unitario misurabile tramite un QI, per affermare che gli esseri umani non hanno un'unica *forma mentis* generale, ma esistono un numero variabile di facoltà diverse, in parte indipendenti tra loro (→ Cap. 1 par. 10).

La specificità di ciascuna forma di intelligenza sarebbe determinata, secondo Gardner, da una **diversa base biologica** (ciascuna intelligenza sarebbe localizzata in una diversa struttura cerebrale) **e da differenze psicologiche** relative al *tipo di stimoli* che vengono processati (stimoli verbali, visivi, numerici), al *modo* in cui essi sono elaborati (in modo sequenziale, in modo simultaneo), alle *strategie* che presiedono alla loro elaborazione (deduttive, analitiche, intuitive), alle *caratteristiche* che assumono le risposte fornite dal soggetto e agli *aspetti* che ne determinano la rilevanza (precisione, velocità, completezza, originalità).

Gardner ipotizza l'esistenza di **nove forme di intelligenza** che ovviamente incidono significativamente sullo stile di apprendimento: ciò che una persona sa fare o sa dire non è detto che possa farlo o dirla un'altra persona anche profondendo molto impegno. *Lo stile di apprendimento*, è, dunque, *il «prolungamento» dello stile intellettivo/cognitivo di ciascun individuo* che in base ad esso elabora le sue strategie sia nella percezione della realtà, sia nella elaborazione delle conoscenze, sia nei rapporti interpersonali. Spetta agli insegnanti portare gli alunni alla consapevolezza dei propri personali stili cognitivi e alla scelta delle proprie strategie di apprendimento.

La pedagogia moderna (per l'influsso soprattutto della psicoanalisi) ha poi riconosciuto l'importanza della *componente emotiva* sul comportamento e sull'identità umana: l'**affettività**, intesa come sfera dei sentimenti e delle reazioni emotive, **condiziona l'apprendimento e i processi cognitivi**.

La cultura contemporanea ritiene ogni individuo un'organizzazione dinamica in cui i comportamenti, le funzioni cognitive, la comunicazione, le emozioni sono in interazione reciproca. Ogni individuo, come sottolineato precedentemente, funziona come un **sistema**. In esso ogni movimento provoca una modificazione a tutti i livelli.

Anche le **neuroscienze** sostengono la *necessità di affrontare seriamente la questione delle emozioni per il miglioramento della relazione con se stessi e con gli altri* e propongono già nei bambini un'**alfabetizzazione emozionale**, destinata a insegnare loro a distinguere gli stati emotivi e ad esprimerli in maniera sana.

Lo psicologo statunitense **Daniel Goleman** (1946), come vedremo anche più avanti, definisce **intelligenza emotiva** la capacità di gestire e monitorare i propri sentimenti e quelli altrui al fine di raggiungere obiettivi.

La capacità individuale di gestire il proprio mondo interiore si acquisisce all'interno della relazione. È nel relazionarsi con gli altri che si impara a pensare. Educare alle emozioni significa offrire le opportunità necessarie per apprendere, identificare, gestire e modulare la propria interiorità. In tal senso le figure adulte di riferimento — genitori, insegnanti, educatori etc. — nella relazione devono aprirsi all'ascolto, alla condivisione, alla sintonizzazione empatica, per promuovere cambiamenti costruttivi, adattivi ed evolutivi nei soggetti in formazione.

L'**apprendimento nasce**, dunque, **attraverso un processo che è affettivo e cognitivo insieme**. Solo l'insegnante che permette ai propri allievi attraverso la partecipazione attiva, la corresponsabilità e la cooperazione, di sviluppare i propri interessi otterrà una maggiore fissazione di quanto appreso perché laddove si realizza una partecipazione affettiva, l'apprendimento si lega maggiormente alla rete cognitiva dell'allievo.

Il docente che intende realmente aiutare l'alunno in modo da attuare la pienezza del suo potenziale educativo è mosso da amore pedagogico; è pertanto un **insegnante affettivo**. L'insegnante affettivo nell'azione educativa deve percorrere l'itinerario del dialogo, della reciprocità, dell'ascolto attivo, della condivisione dei vissuti, delle esperienze e degli scambi anche al di fuori della classe.

4 Metodi di insegnamento e tipi di lezione

I **metodi di insegnamento** si possono raggruppare in quattro grandi categorie:
— **metodi trasmissivo-espositivi** (o cattedratici), fondati sulla lezione frontale e unidirezionale;
— **metodi attivo-operativi** (di matrice attivistica), fondati sull'azione e la partecipazione attiva dell'alunno all'acquisizione della conoscenza;
— **metodi sistematico-programmati** (di ispirazione comportamentista), fondati su programmi strutturati presentati agli alunni attraverso le «macchine per insegnare» della cosiddetta *istruzione programmata*, e secondo due principali tipi o modelli di programmazione: «*lineare*» di Burrhus Skinner; «*ramificato*» di Norman Crowder. I due programmi si distinguono tra di loro per la diversa concezione dell'«errore» che ne è alla base: negativa per Skinner, positiva per Crowder;
— **metodi euristici o della ricerca** (di ispirazione pedagogico-scientifica), fondati sull'indagine conoscitiva (problema, ipotesi, verifica).

4.1 La lezione frontale

La **lezione frontale** appartiene ai *metodi denominati trasmissivo-espositivi*, ed è un tipico esempio di «comunicazione unidirezionale», la cui principale caratteristica è un'esposizione *prevalentemente verbale*. Questo tipo di strutturazione è considerata la più tradizionale, ma in realtà si diversifica persino dalla **lezione classica**, nata nel Medioevo.

Nel tardo Medioevo, l'epoca in cui si sviluppò la filosofia scolastica, il docente (*scholasticus*) teneva le proprie lezioni nei chiostri e nelle università. La scuola si proponeva come nuovo metodo di studio distinto dalle accademie e dai licei dell'antichità, attraverso lo studio sistematico dei testi sacri cristiani e l'uso della *lectio* e della *disputatio*, ovvero del commento e della discussione del testo. La lezione, infatti, rappresentava una forma di reale confronto problematico e dialettico tra le opinioni degli allievi, i quali innanzi tutto studiavano accuratamente il testo del docente con il quale poi dibattevano nel corso della lezione per chiarire eventuali dubbi.

I metodi di lezione utilizzati quotidianamente nelle aule sono fondamentalmente di tre tipi:
— **metodo puro:** si basa su una concezione sostanzialmente ricettiva dell'apprendimento. L'insegnante spiega e gli studenti ascoltano. Benché presupponga l'ascolto attivo da parte dell'allievo, si riduce alla trasmissione unidirezionale dell'informazione;
— **metodo interrogativo:** detto anche *attivo*, si rifà in qualche modo al modello di apprendimento socratico, basato sul dialogo e sulla maieutica. In questo caso l'origine etimologica si può rintracciare nel termine latino *quaestio* (o *disputatio*), ovvero discussione tra il docente e gli allievi. Durante o dopo l'esposizione il docente formula domande agli studenti. Lo scopo fondamentale dell'interrogazione è il *feedback*: verificare se il messaggio è stato compreso correttamente e, in caso negativo, modificarlo e riformularlo;
— **metodo partecipativo:** durante la lezione gli studenti possono porre domande e intervenire secondo modalità negoziate: periodi di ascolto (fase passiva) si alternano a periodi di intervento (fase attiva). La partecipazione degli studenti si completa con esercizi applicativi o altre attività comuni.

Per quanto riguarda gli *obiettivi formativi*, possiamo affermare che, sebbene esistano diversi tipi di lezione, la lezione frontale, sia nella forma classica, sia nelle forme più recenti, può essere impiegata efficacemente solo per il raggiungimento di *obiettivi formativi di miglioramento di conoscenze teoriche*.

Nella **lezione condotta con il metodo puro** l'insegnante, «solo» di fronte alla classe, trasmette *ex cathedra* i saperi cercando di farsi comprendere e di mantenere alto l'interesse degli alunni. La lezione è cioè impostata su un *modello unidirezionale*, in cui vi è la trasmissione del sapere dal docente, che è l'attore principale, agli allievi che hanno un ruolo sostanzialmente passivo.

Le informazioni vengono trasferite attraverso la parola del docente, la lettura di un testo ma oggi sempre più anche attraverso l'uso di strumenti multimediali (LIM, software dedicati all'insegnamento della disciplina etc.).

La **lezione frontale**, che recentemente sembra essere particolarmente invisa ai didatticisti (anche se rimane l'attività d'aula preferita dagli insegnanti) presenta indubbi **vantaggi**:
— permette, infatti, di trasferire i contenuti in maniera logica e consequenziale, in un tempo variabile ma calibrato sulle esigenze della classe;
— permette di mantenere un maggiore controllo degli allievi che tendenzialmente sono costretti al silenzio;

— per l'insegnante l'organizzazione della lezione è sicuramente più facile, in quanto il suo sforzo è limitato a «spiegare» determinati contenuti, limitandosi a individuare solo le strategie utili per tenere viva la tensione d'apprendimento e catturare l'attenzione. Per far ciò, trattandosi di un modello comunicativo prevalentemente verbale, l'insegnante in genere si affida a semplici *mutazioni del registro comunicativo*, come l'inserimento di testi narrativi, la problematizzazione del contenuto proposto, l'interazione verbale con gli allievi. Possono essere molto utili anche alcuni supporti visivi come schemi, proiezioni di immagini, schizzi sulla lavagna etc.

Per poter realizzare un'efficace lezione frontale il docente deve avere dunque, oltre che competenze disciplinari, una **buona competenza comunicativa**, quasi quanto quella di un attore davanti al suo pubblico.

Lo **svantaggio** principale della lezione frontale è l'impossibilità di verificare il *feedback* dell'apprendimento da parte della classe, in quanto agli allievi non sempre è permesso di interagire.

Essa è caratterizzata da uniformità della comunicazione didattica oltre che dalla verticalità della comunicazione (che è evidentemente asimmetrica: da un emittente a più destinatari); gli allievi/riceventi svolgono un ruolo prevalentemente passivo, secondo uno schema tradizionale in cui l'insegnamento era il semplice trasferimento di conoscenze da docente a studenti.

La lezione frontale, dunque, soffre il limite dell'eccessiva dipendenza della lezione dalle competenze e dalla capacità comunicativa e didattica dell'insegnante.

Alcuni di questi limiti possono essere superati introducendo approcci più orientati al confronto, allo scambio e all'apprendimento cooperativo come nel caso della lezione dialogata.

4.2 La lezione dialogata o socratica

La **lezione dialogata**, condotta con il **metodo interrogativo**, si potrebbe definire un'applicazione dell'antichissima *maieutica* socratica che usa il *dialogo*, come strumento per la trasmissione del sapere. È **centrata sullo studente** il quale riflettendo sulle domande e formulando le risposte a poco a poco conquista delle conoscenze. Nella lezione centrata sull'allievo l'elemento di riferimento non è la disciplina, bensì il soggetto che apprende (i suoi bisogni, i suoi interessi).

Fondamento di questo tipo di lezione è la possibilità fornita agli studenti di confrontarsi con un nuovo sapere partendo dalle proprie conoscenze pregresse (che devono essere ben acquisite), analizzandole e facendone sintesi: le nuove «conoscenze» emergono, infatti, dal dibattito della classe provocato dal docente.

Al contrario della lezione frontale, il suo obiettivo principale non è solo la trasmissione di determinati contenuti, ma soprattutto lo *sviluppo delle capacità di ragionamento e di analisi dei concetti*, nonché lo *sviluppo delle capacità espositive e relazionali*.

Il ruolo e le capacità dell'insegnante sono determinanti per la buona riuscita del processo di apprendimento: il docente deve non solo stimolare le domande e le risposte degli studenti nonché l'interazione della classe, ma deve saper «improvvisare» e riprogettare in corsa il suo percorso didattico.

L'insegnante deve, in particolare, preoccuparsi di garantire un **costante coinvolgimento** del gruppo (attraverso discussioni, esercitazioni applicative) e l'interazione costante con gli allievi (sollecitando racconti di esperienze personali etc.).

È innegabile che la lezione socratica sia un modello didattico affascinante e molto stimolante per gli studenti: essi sono incoraggiati a pensare e a esprimere il loro pensiero, mentre consapevolmente acquisiscono nuove conoscenze. Di fatto questo modello di lezione presenta però anche alcuni **svantaggi**: in primo luogo essa è concretamente applicabile *solo per argomenti analizzabili in via logico-deduttiva* (ne è un tipico esempio la filosofia). Il docente che progetta questo tipo di lezione deve avere inoltre ben chiari gli aspetti su cui i ragazzi dovranno focalizzarsi: la non linearità della lezione porta con sé il rischio di divagazioni e di generare dunque confusione sui contenuti. Si tratta poi di un modello didattico che richiede un tempo per l'apprendimento «maggiore» rispetto a quello della lezione frontale.

Senza contare che la buona riuscita di questo tipo di lezione dipende anche dal *livello cognitivo e motivazionale della classe*: non sempre allo stimolo del docente i ragazzi rispondono con domande utili per proseguire la discussione (a volte rispondono con il silenzio, spesso con battute) o al contrario, se fortemente interessati può essere difficile controllare che il dialogo tra gli allievi si sviluppi con un ordine che favorisca la comprensione.

4.3 La lezione partecipata

Per compensare vantaggi e svantaggi della lezione frontale e dialogata, normalmente gli insegnanti ricorrono a un tipo di lezione «mista» che si basa sul **metodo partecipativo** (cd. **lezione partecipata**). L'insegnante conduce una lezione di tipo «trasmissivo», ma gli studenti di volta in volta sono sollecitati a rispondere a domande specifiche, a porre interrogativi, a esporre idee. L'insegnante, che determina, come nella lezione tradizionale, tempi, argomenti e percorsi da svolgere, apporta però dei correttivi alla rigidità dello schema della lezione frontale, stabilendo una interazione con gli studenti che quindi, in determinanti momenti, sono chiamati a partecipare.

5 Neuroscienze e apprendimento

Il cervello è il risultato di milioni di anni di evoluzione, è composto da **miliardi di cellule nervose** che stabiliscono contatti con migliaia di altre cellule, formando un complicato sistema di reti in continua trasformazione. Ogni cervello è un unicum irripetibile in virtù della varietà di questi contatti, influenzati dall'ambiente esterno e differenti da soggetto a soggetto in virtù delle diverse matrici genetiche e di soggettive interazioni cognitive, affettive e culturali con l'ambiente. Questo quadro così complesso è molto difficile da spiegare e nonostante i progressi che avvengono nello studio del cervello, restano ancora molti interrogativi aperti.

Due scienze in particolare e con prospettive differenti cercano di dare risposta ad alcuni di questi interrogativi:

— le **neuroscienze**, che approfondiscono la *struttura fisica del cervello* per analizzarne il funzionamento;
— la **psicologia**, che si occupa del *comportamento dell'uomo* analizzandone i processi mentali attraverso la ricerca sperimentale. La **psicologia cognitiva**, in particolare, si giova dell'apporto della cibernetica e dell'intelligenza artificiale.

Le **neuroscienze** studiano il sistema nervoso centrale e periferico relativamente alla struttura, alla funzione, allo sviluppo, alla biochimica, alla fisiologia, alla farmacologia e alla patologia. Questo studio è interdisciplinare e coinvolge vari livelli (da quello molecolare, a quello cellulare cioè neuronale, fino al sistema nervoso nella sua totalità). Al livello superiore, i metodi delle neuroscienze si legano con le scienze cognitive e con la filosofia della mente per cui si può parlare di *neuroscienze cognitive*. Tra i temi più importanti di cui si occupano le neuroscienze c'è:

— il funzionamento dei **neurotrasmettitori** nelle sinapsi;
— il funzionamento delle **strutture neurali** relativamente più semplici di altri organismi;
— come i **geni** contribuiscono allo sviluppo neurale nell'embrione e durante la vita;
— i **meccanismi biologici** alla base dell'apprendimento;
— la struttura e il funzionamento dei **circuiti neurali** complessi nella **percezione**, nella **memoria** e nel **linguaggio**. I metodi principali che sono adottati sono gli studi anatomo-clinici, le attivazioni funzionali e la sperimentazione animale.

Alla base delle neuroscienze c'è il riconoscimento dell'interazione tra discipline apparentemente distanti, quali la biologia e la psicologia. In effetti, tra le scienze umane, la biologia è quella che maggiormente aiuta a riflettere sul concetto di natura e, di conseguenza, sul tema dell'**interazione tra uomo e ambiente**.

Alcuni antropologi, come **Arnold Gehlen** (1904-1976), hanno definito l'uomo come un «**animale indebolito**», cioè dotato di un insufficiente corredo istintuale e quindi bisognoso di un surplus di sforzo cognitivo per adeguarsi al mondo. Da questo punto di vista, l'essere umano, a differenza dell'animale, vive necessariamente una condizione di forte *mediazione cognitiva e simbolica* con l'ambiente circostante: il suo rapporto con il mondo non è un processo spontaneo, innato e dominato dall'istinto come per gli animali. Piuttosto, esso è sempre l'esito di un **lungo processo di apprendimento** e **di sviluppo delle capacità cognitive**.

Di fronte alla sua insufficienza biologica, dunque, l'uomo può contrapporre una impressionante **capacità di adattamento** che gli proviene dallo sviluppo dei processi psichici superiori (*pensiero, memoria, linguaggio*) e dalla sua **attitudine tecnica**, che gli permette di intervenire sul mondo e di modificarlo. In questo senso, la specie umana è quella che è maggiormente segnata dal fenomeno dell'**apprendimento** (uno scimpanzé esaurisce nel giro di pochi mesi la propria maturazione cerebrale con un raddoppiamento del peso del cervello, mentre lo sviluppo cerebrale umano dura per oltre quindici anni, e il peso del cervello aumenta di cinque volte rispetto alla nascita).

Questi dati scientifici pongono alla pedagogia tre spunti di riflessione relativi all'interazione tra natura e tecnica:

— la natura umana in quanto caratterizzata dalla **capacità tecnica**;

- la **trasformazione della natura umana** rispetto alla tecnica (si pensi a come l'invenzione della scrittura, della stampa e dei media in genere hanno influenzato lo sviluppo delle capacità cognitive, logiche, audio-visive);
- il rischio di una **sopraffazione della tecnica** sul mondo naturale.

È quindi necessario riflettere sull'interazione e l'equilibrio tra natura e tecnica, e in questa riflessione la *pedagogia* interagisce con la *biologia* e con la *cibernetica* (intesa come sapere emblematico dell'evoluzione della ricerca tecnologica).

In particolare, per la pedagogia è fondamentale l'apporto della **teoria evoluzionista** che legge il mondo biologico attraverso i concetti di evoluzione, cambiamento e differenza. Dal punto di vista evoluzionista, infatti:
- non esiste una natura originariamente già data e immutabile;
- si dà piuttosto una **evoluzione continua** (inizialmente ritenuta lineare, per essere poi riformulata come caratterizzata da una andamento intermittent);
- sussiste una sostanziale continuità tra le specie viventi;
- la stessa **mente umana** (considerata in continuità con il cervello) risulta essere un **prodotto dell'evoluzione** e organizzazione delle strutture cerebrali, strettamente collegate agli stimoli che giungono dall'ambiente.

Se la natura umana è intrinsecamente creativa e quindi legata alla tecnica e allo stesso tempo dalla tecnica influenzata, è necessario considerare **natura e tecnica** come **strettamente connesse**. Alla luce di questa interconnessione, si fa chiaro l'interesse per la **cibernetica** e per il dibattito sul rapporto tra **cervello** e **macchine pensanti**: il rischio che si pone di fronte a queste ricerche è una semplice assimilazione tra mente e computer, per cui è necessario sottolineare gli elementi di somiglianza e le differenze radicali.

Gli influssi fondamentali di queste due scienze e di queste prospettive sulla pedagogia riguardano, dunque, il piano dei rapporti tra **natura** (patrimonio neurofisiolologico) e **apprendimento**, e quello dei rapporti tra **intelligenza umana** e **intelligenza artificiale**.

Rispetto al *binomio natura/apprendimento* la pedagogia dovrà:
- ideare percorsi formativi che favoriscano lo **scambio e l'interazione** tra patrimonio genetico e stimoli ambientali;
- **valorizzare le differenze** del cervello umano individuando i processi formativi;
- facilitare un **intervento tempestivo** nei periodi di massima capacità di apprendimento;
- organizzare l'offerta formativa per favorire e ottimizzare la naturale capacità e tendenza all'apprendimento.

Rispetto al *binomio intelligenza naturale/intelligenza artificiale* la pedagogia dovrà approfondire:
- i **codici** attraverso i quali si elaborano le informazioni;
- **l'ampliamento** e **l'integrazione linguistica** offerta dal sistema multimediale;

— i problemi che dipendono dall'esposizione a stimoli ambientali **eccessivamente frantumati** e disarticolati e dall'impoverimento che deriva dalla deprivazione di stimoli;
— il rapporto **computer/scuola/bambino**.

Così verso la metà del Novecento si sviluppano delle ricerche che approfondiscono il tema dell'**analogia tra mente e computer** per chiarire meccanismi e processi dell'intelligenza umana, il suo sviluppo, le sue caratteristiche strategiche, il suo modo di apprendere, la sua interazione con il linguaggio.

6 Neuroscienze e cognitivismo

La **psicologia cognitiva** (o **cognitivismo**) è un studio del comportamento e della vita mentale, caratterizzata da un approccio interdisciplinare, in quanto in essa convergono metodi, quadri di riferimento teorici, dati empirici di discipline diverse (la psicologia, la linguistica, le scienze sociali, le neuroscienze e le scienze biologiche in genere, l'informatica e l'intelligenza artificiale, la matematica e la fisica, la filosofia). L'obiettivo della psicologia cognitiva consiste nello *stabilire una connessione tra lo studio dei* **comportamenti** *e delle* **capacità cognitive** *negli esseri umani e nella riproduzione di questi in* **sistemi artificiali**.

La psicologia cognitiva, cui abbiamo già accennato al Cap. 1, par. 7, è uno dei più importanti movimenti della psicologia contemporanea secondo il quale la mente umana funziona elaborando attivamente informazioni che le giungono tramite gli **organi sensoriali**, in analogia con i meccanismi di tipo cibernetico. A differenza di altri modelli precedenti (ad esempio il comportamentismo), il cognitivismo non costituisce un sistema teorico organizzato e coerente: la sua prima formulazione teorica è stata realizzata dallo psicologo statunitense di origine tedesca **Ulrich Neisser** (1928-2012) almeno dieci anni dopo la comparsa delle prime tecniche sperimentali definibili come cognitiviste.

Le influenze che hanno inciso sulla nascita delle teorie cognitiviste sono molte ed eterogenee: le più recenti possono essere individuate nella teoria **dell'informazione** e nella **cibernetica**, che forniscono un modello dell'organismo umano come sistema complesso in grado di ricevere **informazioni** (*input*), di elaborarle compiendo scelte fra gli **elementi in entrata**, di porre in atto sui dati selezionati una *serie di trasformazioni* e un immagazzinamento rapido ed efficace, di raggiungere decisioni dipendenti dai risultati dell'elaborazione compiuta e **non predeterminate in partenza** (output), dagli stimoli ambientali in entrata, come era nel modello comportamentista.

I primi esperimenti cognitivisti vengono condotti in Inghilterra: dai risultati emerge che la mente umana si comporta come un meccanismo capace di **autocorrezione** a determinati intervalli; che la mente può selezionare in modo molto preciso le informazioni in arrivo (**teoria del filtro**); che il soggetto conoscente interagisce con l'ambiente circostante, non limitandosi a recepirne passivamente le sollecitazioni (come nella prospettiva comportamentista), ma continuamente verificando la congruenza fra il proprio progetto comportamentale e le condizioni oggettive esistenti. Negli anni successivi si differenziano diversi filoni di ricerca cognitivista che si focalizzano su *percezione, memoria, attenzione, vigilanza, ragionamento* (il cosiddetto **problem solving**) e soprattutto il *linguaggio* (ambito in cui sono fondamentali i contributi di Noam Chomsky).

Come già detto, la differenza di impostazione e di ambiti di competenza ha portato a lungo neuroscienze e psicologia a procedere separatamente. Dagli anni Settanta del Novecento, però, con la revisione della *divisione tra mente e cervello*, è avvenuta una svolta che pone in dialogo e in raccordo neuroscienze e psicologia, cercando di superare l'idea di una incomunicabilità tra il livello biologico del cervello e il livello legato al pensiero.

Due fattori hanno aiutato il **superamento della concezione dualista mente-cervello**:
— l'irruzione della **complessità** in campo epistemologico: la scienza fa propria l'idea che la realtà è fatta di sistemi complessi, pertanto la vita mentale è una proprietà del sistema-individuo, e non può essere *ridotta* alla componenti fisiche (*non si possono prevedere i comportamenti solo conoscendo le componenti fisiche*);
— l'uso di **applicazioni informatiche simulative** che permettono di studiare i sistemi complessi (mentre gli strumenti tradizionali come l'esperimento si prestano essenzialmente allo studio di sistemi semplici).

Con l'apporto del paradigma della complessità e della metodologia della simulazione si è potuta superare, o meglio integrare, l'idea secondo la quale la mente è il *software* del cervello, con l'idea che bisogna partire dalla struttura delle *singole componenti elementari dell'apparato neurofisiologico per comprendere la mente*. Non si tratta più di dividere studio del corpo e studio della mente, ma di approfondire il **complesso sistema mente-corpo**.

Il risultato che offrono gli studi che seguono questa prospettiva è che il modo in cui un pensiero si determina dipende da due elementi:
— la struttura cerebrale **geneticamente determinata**;
— e l'influsso culturale dell'**ambiente esterno** sul cervello.

Il vantaggio che ha l'uomo rispetto ad altri esseri viventi è proprio in questa maggiore influenzabilità da parte dell'esterno: vale a dire che evolutivamente **è vantaggioso che il cervello sia meno vincolato alla propria formazione biologica**, in favore di una maggiore formazione sinaptica in dipendenza dall'ambiente di vita. Le conseguenze sono un maggiore sviluppo del pensiero, un arricchimento della comunicazione tra individui, un'intensificazione dei legami sociali, e la maggiore originalità di ogni soggetto.

6.1 Conclusioni

Vediamo più in dettaglio alcune riflessioni in campo pedagogico che conseguono le conoscenze che vengono dalle neuroscienze. Presenteremo cinque punti fondamentali.
— **Offerte formative per l'infanzia**: fin dalla nascita il cervello deve nutrirsi di informazioni, è questo un bisogno fondamentale del bambino, per cui è necessario

predisporre e **attrezzare ambienti adatti per la formazione** che consentano un esercizio del pensiero che permetta di realizzare al meglio le potenzialità di ogni individuo. È necessario prevenire la perdita di potenziale mentale offendo un ambiente di vita cognitivamente e affettivamente ricco.

— **Offerte formative tempestive per i periodi critici**: per poter stabilire al meglio interventi pedagogici mirati, è necessario individuare quali sono i **periodi critici** in cui determinate capacità cognitive emergono, si stabilizzano o sono inaccessibili. Anche nel caso di un individuo di «talento», l'assenza di questo progetto educativo che offra un sostegno positivo e «al momento giusto», potrebbe arrivare a risultati solamente mediocri. Bisogna dunque valorizzare l'idea di Maria Montessori secondo la quale bisogna presentare ai bambini **numerose e varie sollecitazioni**, in modo da intercettare per tempo e positivamente la capacità cognitive che devono avere un sostegno esterno per poter venire fuori e progredire.

— **Offerte formative che valorizzino le differenze**: sia la base fisiologica, sia l'evoluzione di essa in rapporto all'ambiente di vita, contribuiscono a fare di ogni individuo un *unicum*, caratterizzato dunque da specifiche differenze rispetto agli altri. Bisogna pertanto comprendere e valorizzare queste differenti propensioni intellettuali già in età precoce, in modo da permettere che si sviluppino al meglio. Questo significa permettere un percorso all'occorrenza individualizzato a quegli individui che presentano alcune spiccate propensioni e capacità o bisogni speciali sul piano educativo.

— **Qualità della formazione**: la *pedagogia deve essere alleata con la didattica* al fine di sfruttare al meglio le conoscenze che ci giungono dalle neuroscienze, in particolare la consapevolezza di quanto influisca l'ambiente esterno sulla **formazione neurologica** dell'individuo. *Il contesto educativo è dato da tanti fattori concomitanti: il tempo, lo spazio, i mediatori culturali, il clima affettivo, le relazioni interpersonali* etc., ed è particolarmente importante che tutti questi fattori siano bene organizzati per sostenere la naturale tendenza all'apprendimento.

— **Promozione di un pensiero ecologico**: riassumiamo con l'espressione *pensiero ecologico* un particolare modo di intendere il mondo che deriva dalla consapevolezza della *partecipazione dell'uomo alla natura* comune degli esseri viventi; della **propensione naturale** dell'uomo alla cultura e alla tecnica; della *compartecipazione* dell'uomo all'ambiente in cui vive, secondo un **approccio ecosistemico** e non più *antropocentrico*.

6
La competenza emotiva del docente

Le *scienze dell'educazione*, in particolare la pedagogia e la psicologia, hanno messo in evidenza la radice emotiva del comportamento e dell'identità umana, opponendosi al dualismo attuato dal pensiero greco-cristiano fra sentimento e ragione, considerati come elementi inconciliabili fra loro.

A partire dal 1700, i sentimenti hanno assunto una valenza educativa e formativa che li ha posti alla base della costruzione di una personalità armonica, non più fondata sul dominio della razionalità. In particolare con **Rousseau** l'educazione, da attuare in modo naturale, deve porre al centro l'individuo stesso con i suoi sentimenti e i suoi stati d'animo.

Spetta a **Piaget** l'aver chiaramente posto in evidenza, sin dalla fase senso-motoria, l'*inseparabilità della vita affettiva da quella cognitiva*, sottolineando quanto sia necessaria, per lo sviluppo armonico della personalità del bambino, l'**interazione fra cognizione e affettività**.

Grazie all'apporto degli studi sociologici e psicologici, oggi si riconoscono i sentimenti come trama fondativa e unitaria del sé, sulla quale costruire l'identità della persona. Le emozioni sono, pertanto, gli elementi che determinando le scelte, condizionano il modo di agire e l'apprendimento di ciascun individuo.

1 L'intelligenza emotiva

Se la nostra intelligenza razionale ci permette di capire la realtà concreta e tangibile, l'intelligenza emotiva si rivolge all'osservazione e all'analisi delle emozioni.

Secondo vari autori, l'**intelligenza emotiva** è un aspetto dell'intelligenza legato alla capacità di **riconoscere, utilizzare, comprendere** e **gestire** in modo consapevole le proprie e le altrui emozioni.

L'intelligenza emotiva è stata trattata la prima volta nel **1990** dai professori **Peter Salovey** e **John D. Mayer** che la definirono quale «*capacità di controllare i sentimenti e le emozioni proprie ed altrui, distinguere tra di esse e utilizzare queste informazioni per guidare i propri pensieri e le proprie azioni*».

Lo psicologo statunitense **Gardner**, a seguito delle ricerche effettuate su soggetti affetti da lesioni neuropsicologiche, ha poi elaborato la teoria delle «intelligenze multiple» in cui, come visto, sostiene una concezione multidimensionale dell'intelligenza, concepita come un insieme differenziato di competenze, ciascuna autonoma e con basi neurofisiologiche specifiche presenti nel bambino sin dalla nascita.

Egli soprattutto ha evidenziato il ruolo centrale per l'apprendimento dei diversi profili di intelligenza.

In Gardner la nozione di **intelligenza emotiva** è descritta nelle due forme di intelligenza intrapersonale e interpersonale:
- l'**intelligenza intrapersonale**, ricordiamo, riguarda la capacità di comprendere la propria individualità, di avere un'accurata descrizione di sé, la coscienza dei propri stati d'animo, delle proprie intenzioni e dei desideri più profondi;
- l'**intelligenza interpersonale** riguarda la capacità di ascolto, di comprensione degli altri, nonché la capacità di creare situazioni sociali favorevoli e di lavorare in gruppo in modo cooperativo. Riconoscere le emozioni negli altri è una delle abilità sociali più importanti che accresce le capacità empatiche e le competenze sociali.

Gardner identifica, quindi, *quattro abilità distinte come componenti dell'intelligenza interpersonale*:
- la **capacità di organizzare gruppi**, quale capacità principale del leader che riesce a coordinare gli sforzi di un gruppo di persone;
- la **capacità di negoziare**, che si riscontra nel mediatore, ossia in chi sa prevenire, gestire, risolvere i conflitti;
- la **capacità di stabilire legami personali**, tipica dote dell'empatia, consentendo di entrare in relazione con gli altri;
- la **capacità d'analisi della situazione sociale**, intesa come capacità di riconoscere e comprendere le motivazioni e le preoccupazioni altrui.

Il tema dell'intelligenza emotiva è stato successivamente trattato nel **1995** da **Daniel Goleman**, psicologo e scrittore statunitense, nel libro *Emotional Intelligence*. Molto interessante è la definizione dell'**empatia** data da Goleman, come *capacità dell'individuo di entrare in contatto con gli altri e leggere i messaggi veicolati da canali di comunicazione non verbale*: il tono di voce, i gesti, l'espressione del volto, la mimica.

Goleman distingue due principali sottocategorie dell'intelligenza emotiva:
- le **competenze personali**, riferite alla capacità di cogliere i diversi aspetti della propria vita emozionale;
- le **competenze sociali**, relative alla maniera con cui comprendiamo gli altri e ci rapportiamo ad essi.

L'**intelligenza emotiva personale** comprende la *consapevolezza di sé*; permette un'autovalutazione obiettiva delle proprie capacità e dei propri limiti, così da riuscire a proporsi mete realistiche, scegliendo poi le risorse personali più adeguate per raggiungerle. Anche l'*autocontrollo* fa parte delle competenze personali: esso implica la capacità di dominare le proprie emozioni, esprimendole in forme socialmente accettabili. Tra le competenze personali può essere collocata anche la capacità di alimentare la propria **motivazione**, mantenendola anche di fronte alle difficoltà o quando le cose non vanno come previste.

L'**intelligenza emotiva sociale** è costituita da quell'insieme di caratteristiche che ci permettono di relazionarci positivamente con gli altri e di interagire in modo costruttivo con essi.

2 Emozioni, stati d'animo, sentimenti

In ambito psicologico, le **emozioni** vengono considerate come reazioni ad uno stimolo ambientale, di breve durata, che provocano cambiamenti a tre livelli:
- **fisiologico**: modificazioni fisiche e fisiologiche (respirazione, pressione arteriosa, battito cardiaco, digestione, circolazione etc.)
- **comportamentale**: cambiano le espressioni facciali, la postura, il tono della voce e le reazioni;
- **psicologico:** si altera il controllo di sé e delle proprie abilità cognitive.

Tutte le emozioni sono essenzialmente *impulsi ad agire*, piani di azione di cui l'evoluzione ci ha dotato per gestire rapidamente le emergenze della vita. La radice stessa della parola emozione è il verbo latino *moveo* «muovere», con l'aggiunta del prefisso «e» («movimento da»), per indicare che in ogni emozione è implicita una tendenza ad agire.

Si tratta di inclinazioni biologiche a un certo tipo di evento, situazione, esperienza o accadimento che vengono ulteriormente modificate dai vissuti soggettivi e dalla cultura di appartenenza.

In termini evolutivi la principale funzione delle emozioni consiste nel rendere più efficace la reazione dell'individuo a situazioni in cui per la sopravvivenza si rende necessaria una risposta immediata, che non utilizzi cioè processi cognitivi ed elaborazione cosciente.

Le emozioni rivestono anche una *funzione relazionale* (comunicazione agli altri delle proprie reazioni psicofisiologiche) e una *funzione autoregolativa* (comprensione delle proprie modificazioni psicofisiologiche). Si differenziano quindi dai sentimenti e dagli stati d'animo.

Mentre le emozioni sono risposte intense, temporalmente circoscritte e di breve durata ma di alta intensità, gli **stati d'animo** sono caratterizzati da bassa e maggiore intensità/durata. Gli stati d'animo possono, in determinate circostanze, «predisporre» a determinate emozioni.

Con il termine **sentimento** si intende poi la capacità di provare sensazioni ed emozioni in modo consapevole. A differenza dell'emozione e dello stato d'animo, il sentimento presenta una maggiore durata.

Nella tradizione razionalista del XVII secolo, l'emozione era considerata un fattore di distorsione e di disturbo del comportamento razionale; per questo motivo era ritenuta **priva di interesse scientifico.** L'attività razionale era considerata la base dalla quale partire per spiegare le azioni umane; l'emozione perturbante assumeva, dunque, la qualità di attributo negativo, perché aspetto non razionale dell'esistenza.

A questa visione negativa delle emozioni bisogna contrapporre quella, certamente rivoluzionaria, di **Charles Darwin** (1809-1882) il quale considerò l'emozione, al pari del comportamento e della «vita mentale» degli animali, come un elemento di **adattamento per la sopravvivenza della specie** e perciò rientrante nella logica evoluzionistica. Per Darwin le reazioni fisiologiche collegate all'emozione si sono via via evolute per i loro vantaggi ai fini dell'adattamento all'ambiente.

La teoria darwiniana si concentra principalmente sull'espressione delle emozioni e ne definisce la natura *innata* in quanto osservabile sin dai primi anni di vita, ed *universale* in quanto costante in qualunque paese del mondo.

Darwin nel 1872 pubblicò l'opera *L'espressione delle emozioni nell'uomo e negli animali* con lo scopo di dimostrare che le espressioni delle emozioni sono innate, universali e che traggono origine da quelle animali. Egli evidenziò che le espressioni facciali delle emozioni:

— mostrano nei neonati e nei bambini la medesima forma che hanno negli adulti;
— sono identiche in persone nate cieche e in individui normovedenti;
— sono simili in razze ed etnie molto diverse e geograficamente distanti;
— assumono una forma simile in molti animali, specialmente nei primati.

Nel corso dell'evoluzione della specie, accanto o in sostituzione alla loro funzione adattiva originaria, le espressioni delle emozioni hanno assunto una **funzione comunicativa**, finalizzata a indicare esteriormente lo stato emotivo provato dall'individuo.

Le emozioni costituiscono una componente fondamentale della personalità infantile. In particolare secondo **Sigmund Freud** costituiscono elementi fondanti per penetrare nel profondo della psiche umana, al di là del conscio e anche oltre il subconscio. Per questo motivo, nella logica deterministica che la psicoanalisi condivide con la biologia, l'emozione, come vissuto affettivo e come impulso, diventa *una chiave per aprire la porta chiusa della razionalità* e penetrare nella psiche umana.

Secondo alcune teorie psicoanalitiche, la modalità che ognuno di noi ripropone per relazionarsi agli altri e con la realtà, sembra *rinviare ai rapporti interpersonali dei primi anni di vita*, ovvero ad affetti e comportamenti strutturati durante l'infanzia nell'ambito familiare e soprattutto al rapporto con la madre, che rappresenta la sicurezza e la disponibilità, e al padre, che incarna l'interiorizzazione del dovere. In ogni relazione interpersonale significativa, quindi, si ripropongono inconsapevolmente modelli relazionali vissuti nell'infanzia con i genitori.

3 L'empatia

L'**intelligenza emotiva** è composta da **cinque fondamentali abilità**: la consapevolezza emotiva, il controllo emotivo, la motivazione, l'empatia e le competenze sociali. Una delle componenti più importanti di questo aspetto dell'intelligenza è costituita dall'**empatia**, ossia dalla capacità di riconoscere le emozioni e i sentimenti negli altri, riuscendo a comprenderne i punti di vista, gli interessi e le difficoltà interiori.

L'empatia è un atteggiamento verso gli altri caratterizzato da un impegno di comprensione dell'altro, escludendo ogni attitudine affettiva personale (simpatia, antipatia) e ogni giudizio morale. Essa implica anche la capacità di mettersi nei panni degli altri, di comprendere a fondo i loro pensieri e sentimenti, al di là di ciò che viene espresso verbalmente. Si può intuire che la comprensione empatica è decisamente più profonda di quella intellettuale e richiede una sensibilità molto fine.

Per il docente, soprattutto nei primi anni di scolarità, è molto importante captare le spie emozionali degli alunni, cogliere i segnali non verbali quali indicatori di stati d'animo e intuire quale valore rivestano le diverse esperienze di vita.

Il primo a parlare di empatia è stato **Carl Rogers** secondo il quale «*L'empatia è l'atto con il quale un soggetto esce da se stesso per comprendere qualcun altro senza, tuttavia, provare realmente le medesime emozioni dell'altro*». Si tratta perciò della capacità di penetrare nell'universo soggettivo altrui pur mantenendo la possibilità di essere obiettivi.

Per Rogers la comprensione empatica ha una posizione centrale all'interno della **relazione educativa** che significa innanzitutto «difendere e incrementare il potenziale di umanità dell'alunno».

Diverso è il significato dell'**entropatia**, individuata da **Edmund Husserl** (1859-1938) quale riconoscimento dell'alterità, nel senso che l'altro viene riconosciuto attraverso le sensazioni e le emozioni che produce e non conosciuto come dato oggettivo esterno.

Così se Goleman parte dall'immedesimazione come modalità per comprendere l'altro, Husserl parte dal decentramento e dal riconoscimento dell'**altro come diverso da sé** per giungere, infine, alla comprensione dell'altro come simile a noi. Poiché ogni essere umano è portatore di pregiudizi che intralciano la comprensione dell'altro, occorre riconoscerli, sospenderli e tentare di porsi in ascolto dell'altro, ritrovandolo simile a noi.

4 Lo sviluppo delle emozioni

Per quanto concerne lo **sviluppo delle emozioni** occorre far riferimento a due principali teorie.

La **teoria della differenziazione** presuppone che alla nascita sia presente uno *stato emotivo indifferenziato*, che va poi specificandosi in stati emotivi di sconforto e piacere e successivamente arricchendosi e suddividendosi in emozioni via via più definite e complesse. Secondo i sostenitori di tale teoria, i processi gerarchicamente più semplici sono pre-programmati e operanti già *alla nascita*, mentre quelli che occupano un ordine più elevato, svolgendo un ruolo di controllo e modulazione della risposta emotiva, si presentano successivamente nel corso dello sviluppo psicosociale dell'individuo.

La seconda **teoria detta «differenziale»** ipotizza una dotazione innata in età neonatale di alcune emozioni primarie fondamentali già differenziate, e deve il suo maggiore approfondimento ad alcuni autori che intorno agli anni '60, ripresero il pensiero di Darwin e proposero la concezione psicoevoluzionistica delle emozioni, secondo cui le emozioni sono strettamente associate alla realizzazione di **scopi universali**, connessi con la sopravvivenza della specie e dell'individuo.

In particolare **Ekman** e **Izard** (1972-1994) hanno dato particolare sviluppo a questa prospettiva teorica. Innanzitutto, essi avanzano l'ipotesi dell'esistenza delle emozioni primarie; le altre emozioni sono miste o secondarie o complesse.

Per **Paul Ekman** (1934) l'esperienza emotiva dell'uomo è riconducibile ad alcune **emozioni di base**, dette **primarie**, connesse alla sopravvivenza individuale e della specie (*rabbia, gioia, tristezza, paura, disgusto e sorpresa*).

Le emozioni semplici sono innate e presenti in tutte le culture e servono a fornire risposte efficaci a problemi di adattamento; hanno caratteristiche universali a livello espressivo e fisiologico, sono di breve durata, e sono finalizzate alla sopravvivenza dell'individuo e della specie.

Le **emozioni più complesse**, definite **secondarie**, derivano da quelle primarie e compaiono nel corso della crescita dopo il secondo anno di vita; sono espressione dell'emergere della consapevolezza di sé e, perciò, sono definite anche **emozioni apprese o sociali** (*colpa, vergogna, orgoglio, gelosia*).

Come già studiato, lo **sviluppo emotivo del bambino** si concretizza e si svolge **all'interno di una relazione**. L'evoluzione affettiva del bambino è la storia dei suoi rapporti con le persone che svolgono una funzione fondamentale per la sua crescita.

All'inizio della sua storia il bambino conosce il mondo attraverso la figura della **madre**. Da questo primo rapporto molto esclusivo, il mondo esterno del bambino gradualmente si arricchisce, fino a comprendere il padre, i fratelli, i nonni, gli amici, la scuola e così via.

Nell'interazione con l'ambiente, costituito quindi all'inizio sostanzialmente dai genitori, il bambino costruisce schemi di comportamento con l'altro che **tenderà a riprodurre per tutta la vita**.

Nel corso di tale sviluppo il bambino percorre una serie di tappe cruciali, di momenti significativi di crescita, di crisi, capaci di determinare progressi, ma anche pericoli e conflitti.

5 La regolazione degli stati emotivi

Se le emozioni rappresentano degli elementi basilari agli scambi interpersonali sin dalla nascita e per tutto l'arco della vita, la capacità di gestirle costituisce una funzione indispensabile per lo sviluppo sociale ottimale.

Percepire un'emozione non è sufficiente per un sano sviluppo dell'individuo, in quanto la sola percezione tende alla scarica della pulsione in modo immediato, indifferenziato e per lo più disadattato.

La **regolazione affettiva** è l'insieme dei processi attraverso i quali l'individuo influenza le emozioni che prova, quando le prova, in che modo le esprime. Ogni emozione è diversa dalle altre e possiede caratteristiche peculiari che la rendono unica. Solitamente l'altalenarsi delle esperienze emotive avviene al di sotto della soglia di consapevolezza, pur derivando da esperienze concrete. Succede spesso, per esempio, di provare tristezza o rabbia, senza conoscerne con certezza le cause. La regolazione affettiva a questo livello svolge, dunque, una funzione adattiva, in quanto permette l'adattamento ai diversi contesti ambientali.

La regolazione delle emozioni è alla base dei processi di organizzazione del sé, e le *comunicazioni emotive* che si stabiliscono tra genitore e figlio influenzano profondamente lo sviluppo delle capacità di autorganizzazione del bambino. I bambini hanno bisogno di imparare, fin da quando sono piccoli, ad individuare, gestire e modulare il proprio mondo emozionale interno, per riuscire a sviluppare adeguati livelli di autonomia, autostima e competenze relazionali, senza rimanere intrappolati in un mondo pulsionale con scarse capacità di adattamento alle esigenze della crescita e della realtà.

Le prime forme di **regolazione delle emozioni** sono legate, dunque, all'educazione impartita dai genitori, alla loro capacità di incoraggiare comportamenti conformi alle attese sociali e alla promozione nel bambino della capacità di autoregolarsi, nel rispetto dei propri bisogni di autonomia. Attraverso il comportamento dei genitori e di tutti coloro che si prendono cura di lui, il bambino può amplificare e consolidare un certo tipo di risposta emotiva o, al contrario, limitarla.

Man mano che il bambino cresce, la differenziazione di emozioni primarie in emozioni secondarie diventa sempre più sofisticata, e stati emozionali semplici vengono progressivamente affiancati da emozioni più complesse. Successivamente si differenziano anche le emozioni più complesse e «sociali» come *nostalgia*, *gelosia* e *orgoglio*.

Per poter conoscere a fondo i sentimenti degli altri è necessario innanzitutto conoscere i propri. Essere consapevoli delle proprie emozioni permette, infatti, di controllare i propri comportamenti e di conseguenza **capire meglio gli altri**.

Ciò implica la capacità di identificare i bisogni e i desideri personali, riconoscere quali cose, persone o situazioni generano in se stessi le diverse emozioni, come queste si manifestano, come si esprimono e le conseguenze che ne derivano.

L'incapacità di identificare le proprie emozioni e di esprimerle può determinare veri e propri disturbi della personalità. Tale incapacità nel verbalizzare le proprie emozioni non è da considerare come una difficoltà di tipo espressivo ma come una vera e propria limitazione nell'elaborare le emozioni e costruire il proprio mondo interiore. Il saper riconoscere e controllare le proprie emozioni è, dunque, la chiave del benessere psicologico.

Riconoscere ed identificare le proprie emozioni per meglio comprenderle e gestirle non è immediato né semplice. L'educazione al riconoscimento e alla gestione delle proprie emozioni è un lavoro continuo che migliora il benessere e la qualità della vita.

6 La competenza emotiva del docente

Dagli anni '90 del Novecento ad oggi è emersa l'importanza della **componente emotiva nel processo di apprendimento**.

Le informazioni che il bambino riceve diventano significative attraverso un processo di interiorizzazione e saranno tanto più efficaci quanto più la dimensione emotiva sarà stata vissuta nella relazione genitoriale. Il rapporto genitore-figlio diventa, con l'ingresso a scuola, un segmento di una rete di relazioni più allargate, con i compagni e soprattutto con l'insegnante.

Ogni **relazione educativa tra insegnante e alunno** deve essere incontro e scambio, partecipazione ed alleanza. L'**insegnante affettivo** nell'azione educativa deve percorrere l'itinerario del dialogo, della reciprocità e dell'integrazione comunicativa. La relazione educativa si costruisce giorno per giorno, a partire dal reciproco sentire e si consolida grazie alla condivisione di un vissuto, intermediario di scambi e di attività con gli alunni. È molto importante, dunque, che tra insegnante e bambino si crei un rapporto di fiducia e di stima che si consolidi in un *dialogo diretto*.

Come afferma Rogers, la scuola non è solo il luogo dove si impara, ma è anche l'ambiente in cui occorre far entrare le emozioni, l'esperienza e il vissuto di ciascun bambino. Il rischio è non riuscire a decodificare i messaggi indiretti mandati dall'alunno, magari sotto forma di *aggressività* o di *iperattività*. La capacità di ascolto attivo, la capacità di comprensione delle dinamiche di gruppo e la disponibilità a mettersi in gioco devono essere *piene competenze del docente*.

Infine, l'attenzione del docente deve essere rivolta, non solo alla personalità psicologica di ogni singolo discente, ma anche alle dinamiche interne al gruppo-classe.

Il docente deve, dunque, possedere **competenza emotiva**, concetto che presuppone la presenza di:

— *conoscenze* (delle proprie e altrui emozioni, delle regole di espressione delle emozioni, del linguaggio emotivo)
— *abilità di comportamento* (come la capacità di regolare le proprie emozioni).

La competenza emotiva si esprime in tre dimensioni:

— **espressione emozionale** → utilizzare i gesti per esprimere messaggi emotivi non verbali, dimostrare coinvolgimento empatico, manifestare emozioni sociali, essere consapevoli che è possibile controllare l'espressione manifesta di emozioni socialmente disapprovate;
— **comprensione emozionale** → discernere i propri stati emotivi, discernere gli stati emotivi altrui, utilizzare il vocabolario emotivo;
— **regolazione emozionale** → fronteggiare le emozioni negative e quelle positive o le situazioni che le suscitano, «sovraregolare» strategicamente l'esperienza e l'espressione delle emozioni.

Alcune forme di disagio, stati d'ansia e disorganizzazione, problemi di autostima e insicurezza, dipendono dalle prime esperienze di apprendimento e devono assolutamente essere presi in considerazione dal docente. I processi di apprendimento hanno, inoltre, luogo prevalentemente nell'ambito di un contesto relazionale, pertanto la qualità delle interazioni comunicative influenza la peculiarità delle esperienze di apprendimento stesso.

La **relazione educativa docente/alunno** è una relazione orientata ad uno scopo: l'apprendimento. È compito del docente adottare le strategie più opportune per ascoltare, conoscere, motivare, guidare gli alunni.

Nell'ambito del rapporto didattico, *sintonizzazione affettiva* significa porre l'accento sul fatto che non tutti gli allievi hanno le stesse esigenze, i medesimi bisogni e tempi di apprendimento.

L'insegnante dovrebbe avere un occhio di riguardo per gli allievi più emotivi o con difficoltà di apprendimento, e dovrebbe tenere conto del fatto che la maggior parte dei bambini non potrà soddisfare gli standard di rendimento raggiunti da alcuni di loro particolarmente dotati. La sensibilità nei confronti specifici di ogni singolo alunno richiede la capacità di riconoscere, anche a se stessi, il cambiamento di interessi e di esigenze dell'allievo, in rapporto ai diversi momenti e ai passaggi del suo sviluppo.

L'allievo è un soggetto che interagisce con i suoi simili, per cui la sua comunicazione diventa significativa solo se messa in relazione all'ambiente in cui si verifica e alle persone presenti.

L'insegnante deve saper decifrare e gestire, non solo le *dinamiche individuali*, ma anche *quelle di gruppo*. Per instaurare una relazione affettiva con i propri alunni, il docente non deve mai perdere di vista le caratteristiche del gruppo-classe o del gruppo-sezione nel quale lavora e le dinamiche complesse, a volte contraddittorie, che si vengono a determinare, poiché ogni classe o sezione si configura come un gruppo di apprendimento strutturato in due livelli: il *livello formale*, razionale, caratterizzato dal raggiungimento di finalità didattiche, ed il *livello informale*, emotivo, con prevalenti finalità relazionali e di socializzazione.

La relazione comunicativa autentica che tenga conto dei messaggi degli alunni è dunque un momento fondamentale nella vita della classe.

7
La relazione educativa

1 La capacità relazionale dell'uomo

La *relazione* in generale può essere definita come il legame, il rapporto esistente tra persone o cose, o fenomeni etc. I motivi per i quali le persone si relazionano tra loro sono molteplici, ma probabilmente **la spinta a stabilire delle relazioni è insita nella natura stessa dell'uomo**: basti pensare alla capacità tipica dell'essere umano: il linguaggio; la singola persona si riconosce solo in riferimento all'altro, e attraverso l'incontro con l'altro viene sottolineata la sua unicità e la sua differenza.

Oltre alla relazione «io-tu», «io-mondo», è da considerare anche la *relazione dell'io con se stesso*, con il suo corpo, la sua mente, le sue emozioni etc. Ogni individuo è organizzato, anch'esso, in un sistema dinamico in cui i diversi livelli e parti, il corpo, i comportamenti, la comunicazione, le funzioni cognitive, le emozioni, sono in relazione/interazione tra loro e questo sistema così complesso, a sua volta, è continuamente in relazione/interazione con il mondo e con gli altri individui. L'identità personale, ciò che noi pensiamo di noi stessi e ciò che pensiamo che gli altri pensino di noi, viene a costruirsi, pezzo dopo pezzo, in tutti gli scambi di parole e di azioni che abbiamo con gli altri esseri umani. In tal senso è palese che **l'identità di ognuno si forma in virtù della relazione**, del vincolo e dei condizionamenti che si stabiliscono sia con gli altri individui sia con l'ambiente che ci circonda.

Ogni relazione implica dunque uno scambio, un'iterazione, o meglio sempre una comunicazione: dell'io con se stesso, dell'io con l'altro, dell'io col mondo.

1.1 Watzlawick e Bauman

È impossibile separare la relazione dalla comunicazione. La teoria dei sistemi (→ *infra*) suggerisce che la comunicazione stessa funziona come un sistema, come un insieme di elementi e processi che si influenzano a vicenda. Ogni segmento comunicativo diviene comprensibile solo se considerato nella rete di segmenti comunicativi di cui fa parte.

Paul Watzlawick (1921-2007), studioso dell'approccio sistemico e della pragmatica della comunicazione umana, ha dichiarato che **non si può non comunicare**. La comunicazione è intesa come comportamento, perché ogni comportamento umano comunica qualcosa: le parole, la mimica, i gesti, le posizioni, le azioni etc.

Come già sottolineato, la relazione è intrinseca all'uomo e relazione è innanzitutto comunicazione. Tutto *il comportamento umano è comunicazione e tutta la comunicazione influenza il comportamento umano*.

Secondo Watzlawick, la *relazione è un sistema dove i comportamenti sono circolari*: non è possibile stabilire quale sia la causa e quale l'effetto, cosa viene prima e cosa dopo. Ogni comportamento è, insieme, azione e risposta a un altro comportamento.

Per il sociologo polacco **Zygmunt Bauman** (1925-2017) «il fallimento di una relazione è quasi sempre un fallimento di comunicazione». Uno dei prerequisiti di un buon comunicatore è la sua capacità di **saper ascoltare**. L'**ascolto attivo** si pone alla base di ogni relazione positiva tra persone. Tale abilità comunicativa si fonda sull'empatia, sull'accettazione, sulla creazione di un clima non giudicante e valuta la comunicazione non verbale oltre a quella verbale.

2 L'approccio sistemico

L'*olismo* (da *holos*, che in greco significa «tutto») è un approccio conoscitivo che attribuisce un'importanza particolare alla totalità di un essere per capire il comportamento delle parti che lo compongono. Questo principio vale per l'universo, per la società e per gli organismi viventi: non si può capire l'attività di un organo senza considerare le sue interazioni con la vita dell'organismo che lo include. Ogni momento della vita quotidiana, ogni fatto, influenza in modo complesso la totalità dell'universo.

Il **sistemismo** in un certo senso completa l'approccio olistico perché tenta di capire il comportamento degli esseri viventi tenendo conto della *loro stretta interdipendenza*. Il modello sistemico intende la realtà o meglio ogni essere o organizzazione, dalla cellula all'essere umano, dalla famiglia alla società, come un **sistema organico**, composto di parti integranti, che vive in relazione con contesti più ampi che a loro volta costituiscono dei sistemi. Secondo la **teoria generale dei sistemi**, che fa capo al biologo austriaco **Ludwig von Bertalanffy** (1901-1972), tutto ciò che succede sul nostro pianeta è complesso, composto da aspetti, elementi e fattori correlati fra loro, per cui è necessario sviluppare un pensiero appunto sistemico, che non consideri isolatamente ciò che isolato non è.

Per esempio, il nostro corpo è un sistema complicato dove vari sotto-sistemi operano in modo coordinato: lo scheletro, i muscoli, la pelle, il sistema circolatorio, il sistema respiratorio, gli organi di senso etc., e ognuno non può vivere senza il supporto degli altri. L'uomo e l'ambiente sono a loro volta due sotto-sistemi di un contesto più grande e non possono essere concepiti come separati.

La vita di ciascun soggetto nel mondo è quindi interdipendente dagli altri e dall'ambiente, perciò ogni essere vivente è in relazione col «sistema» che lo circonda.

2.1 Il modello ecologico di Bronfenbrenner

Lo psicologo di origini russe **Urie Bronfenbrenner** (1917-2005) è uno dei più noti studiosi dell'**interazione tra l'individuo e il suo ambiente**. Il suo approccio è definito *ecologico* proprio in virtù dell'attenzione che egli mostra per la *dimensione sociale e ambientale* in cui il soggetto nasce e sviluppa le sue competenze.

Per Bronfenbrenner, lo sviluppo del singolo individuo è imprescindibile da quello del *sistema* in cui egli si muove; l'ambiente esterno, secondo lo psicologo russo, non è infatti un elemento piatto e immutabile, bensì una dimensione che cresce e si modifica insieme agli individui che lo popolano.

Bronfenbrenner elabora allora un modello che tiene conto sia dell'individuo sia dei contesti, focalizzando l'attenzione anche sulle variazioni storico-sociali che intervengono nel tempo.

Questo approccio studia le relazioni in maniera circolare: l'individuo e l'ambiente crescono nel corso della loro interazione; il comportamento di un individuo modifica il sistema di cui fa parte, e il sistema a sua volta influenza il soggetto in questione.

Brofenbrenner individua una serie di strutture che influiscono sullo sviluppo delle persone. Non si tratta di elementi distinti, ma di insiemi inclusi gli uni negli altri:
— **Microsistema**: è l'ambiente più prossimo in cui vive l'individuo in un dato momento della sua evoluzione. Si compone delle relazioni, delle attività e delle esperienze vissute ad esempio a casa, a scuola o nel gruppo più vicino di amici e parenti.
— **Mesosistema**: è una zona di relazione tra due o più insiemi; il bambino, ad esempio, partecipa quotidianamente al microsistema casa e al microsistema scuola. Le connessioni e gli scambi tra questi due insiemi danno vita al mesosistema.
— **Esosistema**: in questo ambito ricadono quegli eventi che, seppur non direttamente in contatto con il bambino, ne influenzano lo sviluppo. Cattivi rapporti tra i genitori e alcuni parenti, ad esempio, seppur non direttamente partecipi della vita del piccolo, hanno comunque ripercussioni sul suo umore e sul suo clima familiare.
— **Macrosistema**: è il contesto sociale di riferimento, composto dalle leggi, dalle norme e dai valori della società in cui il bambino è inserito. Naturalmente si tratta di elementi che avranno un grosso peso sulla sua formazione culturale e sociale.

Sul piano della **relazione educativa**, questo approccio richiede una particolare attenzione circa il **mesosistema scuola-famiglia**; per un corretto sviluppo del bambino, infatti, i due microsistemi casa e scuola dovrebbero interagire al fine di individuare strategie mirate al raggiungimento di obiettivi comuni.

3 Il pensiero complesso teorizzato da Morin

La teoria della complessità ha tra i suoi principali esponenti il filosofo **Edgar Morin** (1921) che, nel suo testo *I sette saperi necessari all'educazione del futuro*, specifica quali sono gli elementi che caratterizzano un approccio educativo di tipo «complesso», e cioè che tiene conto di tutti gli aspetti e delle relazioni che formano il tessuto sociale:
— il *contesto*: è l'insieme di elementi, idee e fatti che danno senso a un evento. Esso è importante per determinare il senso, per interpretare, in quanto la conoscenza delle informazioni o dei dati isolati non è sufficiente. Bisogna porre informazioni e dati nel loro contesto affinché essi abbiano senso;
— il *globale* (le relazioni tra tutto e parti) «è più del contesto» e rappresenta «l'insieme contenente parti diverse che a esso sono legate». Una società, ad esempio,

è l'insieme di molteplici contesti. Ne deriva che risulta impossibile conoscere le parti senza conoscere il tutto (e viceversa). A tale proposito, Morin sottolinea che «la società in quanto tutto è presente all'interno di ogni individuo nel suo linguaggio, nel suo sapere, nei suoi doveri, nelle sue norme»;
— il *multidimensionale* è rappresentato dalle «unità complesse, come l'essere umano o la società. Così l'essere umano è nel contempo biologico, psichico, sociale, affettivo, razionale etc. La società comprende dimensioni storiche, economiche, sociologiche, religiose etc.». Ciascuna realtà, quindi, ha più sfaccettature ed è definita «multidimensionale».

Il termine **complesso** deriva dal latino *complexus* che significa «tessuto insieme». Secondo Morin «si ha complessità quando sono inseparabili i differenti elementi che costituiscono un tutto (come l'economico, il politico, il sociologico, lo psicologico, l'affettivo etc.). La complessità è perciò il legame tra l'unità e la molteplicità». Il **pensiero complesso**, dunque, intende la *realtà come composta di relazioni*. Esso deve affrontare la difficoltà di misurarsi con quell'*unità molteplice* che è la relazione stessa. L'educazione deve promuovere una conoscenza basata sulla capacità di riferirsi al complesso, al contesto, al globale, in modo multidimensionale.

4 Modelli educativi e strategie di relazione

Fino al XV secolo la relazione educativa è sempre stata incentrata sulla figura dell'adulto, per cui il legame tra educatore ed educando si traduceva in un **rapporto adultocentrico** nell'ambito del quale l'educando subiva passivamente l'azione dell'insegnante autoritario.

Solo dal XVI secolo in poi, con il consolidarsi del sapere in campo psicologico, l'attenzione degli studiosi si è spostata dall'adulto all'allievo. Pensatori come Comenio, Locke e Rousseau furono i primi a teorizzare un tipo di educazione ispirato al «**puerocentrismo**» (centralità dell'allievo). Si è continuato, però, a considerare l'educando in termini di singolarità, nelle sue caratteristiche psicologiche o funzionali — come l'attenzione, la capacità di apprendimento etc. — senza prendere in considerazione la questione della *relazione* e dell'interattività tra *docente e discente*.

Secondo alcuni studiosi, tra cui Jerome Bruner, i modelli educativi e quindi di relazione educativa, sono al tempo stesso culturalmente *condizionati*, perché creati dalla società, e *condizionanti*, perché tendono a creare la società secondo il modo in cui la descrivono.

La **trasmissione dei modelli educativi** dipende dal loro essere parte integrante di una cultura. Ciò significa che essi **sono saldamente collegati alle concezioni e alle forme di organizzazione di ciascuna società**. Ad esempio, in un regime autoritario la metodologia educativa sarà regolata dal condizionamento; l'educando sarà un soggetto passivo e dipendente dal docente, il quale tenderà a inculcargli una cultura già confezionata allo scopo di integrarlo nel sistema sociale.

Storicamente i modelli di educazione si sono evoluti e adattati alle società. Con l'esplosione industriale del Novecento i processi educativi miravano alla formazione di soggetti dotati di capacità pratiche, ovvero specialisti capaci di padroneggiare un sapere in particolare.

Un nuovo modello educativo (e quindi di relazione) adatto ai nostri tempi avverte, invece, l'esigenza di educare un soggetto polivalente che non accetta passivamente il dato della tradizione ma se ne appropria con una personale ricerca critica. Nelle società attuali si è inclini a pensare al rapporto ideale educatore-educando come a un **rapporto dialogico di reciprocità educativa**. Oggi è diffuso il concetto di relazionalità educativa intesa essenzialmente come un rapporto in cui si *prendono in considerazione anche gli aspetti emotivi delle varie persone coinvolte*.

5 La relazione insegnante-allievo

Come detto, la costruzione e la gestione della relazione insegnante-allievo rappresenta un obiettivo imprescindibile per la realizzazione del processo educativo e didattico. Per comprendere la dinamica interattiva che contraddistingue tale relazione è necessario far capo ancora alla *teoria sistemica*.

Applicando questa teoria ai processi educativi ne consegue che l'individuo è considerato capace di interagire all'interno di un sistema dinamico, in cui una rete di fattori sociali e psicologici si mette in moto per creare le condizioni utili affinché si realizzi il processo didattico.

Il punto nevralgico del rapporto insegnante-allievo è la **comunicazione**, che è sempre *bidirezionale*; il docente da *stimolo* può diventare *reagente* e l'allievo da reagente può diventare stimolo. Quindi, in tale rapporto si verifica di continuo una *reversibilità dei ruoli*. Inoltre, il *sistema didattico* non opera nel vuoto ma in contesti vivi, ossia in una *situazione didattica* che opera a sua volta all'interno della *situazione sociale*.

Ciò che è importante comprendere della complicata professione dell'insegnante e della gestione della relazione con gli allievi è che il **docente svolge due funzioni**: una propriamente **didattica**, che consiste nell'insegnare i fondamenti di una disciplina; l'altra **educativa** che consiste nell'accompagnare l'allievo, attraverso la conoscenza, verso una crescita non solo intellettuale, ma soprattutto umana.

L'**autorevolezza** si realizza così se riconosciuta dagli allievi, che individuano nella persona dell'insegnante una serie di peculiarità: comportamenti adeguati, competenza, capacità di comunicare efficacemente, equità nell'esigere dagli altri quanto esigono da sé, equilibrio psichico che permette di evitare l'aggressività, di ammettere i propri errori senza complessi e di saper gestire i conflitti al loro sorgere senza timore e autocensura.

5.1 Caratteristiche della relazione educativa

La relazione educativa è produttrice di conoscenze; essa costituisce un incontro che arricchisce tutti i soggetti coinvolti e crea esperienze, cultura, valori, credenze e punti di vista che inducono a una continua trasformazione sia dell'educatore sia dell'educando. Accanto a questa *dimensione intersoggettiva* ne sussiste un'altra *intrasoggettiva*: entrambi i soggetti della relazione educativa, prima del ruolo di docente e di discente che rivestono, possiedono un'identità personale da cui non si può prescindere.

Il rapporto che si stabilisce tra i due soggetti risente fortemente della differenza di ruolo che intercorre tra chi insegna e chi impara. Tale **asimmetria** è un **elemento costitutivo della relazione educativa**: essa consente l'attuarsi di questo rapporto in quanto sottolinea la diversità che deve sussistere tra i termini di una relazione. Si tratta di una diversità che non riguarda il piano esistenziale e che non crea disequilibrio poiché è esclusivamente **legata al patrimonio di conoscenze che il docente possiede e alla sua autorità**. Differenza, dunque, non vuol dire disuguaglianza, ma possesso di conoscenze e di esperienze di vita diverse. Il docente insegna e arricchisce la relazione con il suo sapere; il discente impara e contribuisce facendo richiesta e tesoro di quel sapere.

Elementi fondanti della relazione educativa sono:

— le **caratteristiche della personalità**.

Esiste un'interazione continua tra le caratteristiche della personalità dell'insegnante, quelle degli studenti e il contesto socio-ambientale in cui agisce la scuola. I tratti di personalità dell'insegnante, quindi, non sono rigidi ma influenzati dal contesto scolastico, dalla realtà sociale e dal comportamento degli alunni. Ricerche psicopedagogiche hanno accertato che alcune caratteristiche della personalità aumentano l'efficacia didattica e relazionale. Tra esse: la cordialità, l'apertura mentale, l'empatia, la creatività, la capacità di trasmettere passione, coerenza, obiettività;

— la **comunicazione**.

La comunicazione, come già sottolineato, è il fulcro di ogni rapporto e quindi anche della relazione insegnante-allievo. L'atto educativo e didattico è un **rapporto comunicativo intenzionale**, nel senso che il messaggio trasmesso è diretto verso un fine già determinato. Nell'insegnamento il fine è quello di promuovere l'apprendimento: in tal senso, l'insegnante deve comunicare rispettando la semplicità, l'ordine e la brevità del messaggio. La comunicazione, peraltro, è pregna di componenti psicologiche che non devono sfuggire all'attenzione del docente;

— la **formazione culturale e professionale** e le **metodologie didattiche utilizzate**.

Ogni insegnante deve possedere *in primis* una **solida formazione culturale e professionale** acquisita attraverso specifici studi e abilitazioni, e poi quelle *competenze sociali e psicologiche* utili a gestire l'insegnamento come un processo innanzitutto relazionale. La realizzazione del processo didattico presuppone che l'insegnante sappia strutturare il suo metodo di insegnamento e le sue procedure didattiche, che sappia mettere in campo tecniche, **strategie e mezzi per realizzare il processo di apprendimento**.

La sua **professionalità educativa** è basata soprattutto sulla capacità di utilizzo di una molteplicità di procedure didattiche da adattare alle situazioni scolastiche e sull'acquisizione progressiva di un suo stile, partendo dalle proprie esperienze oltre che dal proprio sapere. La professionalità dell'insegnante consiste, dunque, nel programmare le attività didattiche secondo un progetto educativo che rispetti le esigenze e le motivazioni di ogni allievo.

Gli atteggiamenti che il docente assume rappresentano l'espressione delle sue esperienze esistenziali, dei suoi valori, delle sue capacità, motivazioni e aspettative che influenzano l'educazione e l'apprendimento. Proprio per via di queste implicazioni, sono fattori di fondamentale importanza: la capacità di autoanalisi dell'insegnante; la consapevolezza della sua influenza sull'intero processo educativo dell'allievo, ossia sull'incremento delle sue capacità di apprendimento, riflessione e critica, oltre che sulla promozione della sua personalità.

6 L'insegnamento centrato sullo studente di Rogers

Secondo lo psicologo **Carl Rogers** (1902-1987), l'**apprendimento dipende in buona parte dal comportamento dell'insegnante**, che deve favorire, come già visto, un clima positivo di accettazione e assenza di tensioni.

Rogers menziona in tal senso l'**insegnamento «centrato sullo studente»** e suggerisce all'insegnante di raggiungere una serie di **mete educative**: dall'atteggiamento flessibile alla capacità di sostenere conflitti; dall'osservazione delle proprie azioni all'accettazione di sé; dalla propensione di comunicare agli altri le proprie esperienze alla capacità di promuovere un comportamento collaborante e creativo. La realizzazione di queste mete educative consente di sviluppare in maniera armonica e globale la personalità degli alunni.

Inoltre, nello svolgimento del suo ruolo, il docente assume alcuni comportamenti (valutazioni, aspettative, coinvolgimenti emotivi etc.) che dipendono dalla propria personalità e dalle caratteristiche dell'ambiente scolastico, ai quali corrispondono i comportamenti di apprendimento degli allievi. Le modalità di comportamento che si richiedono all'insegnante devono sempre essere relative al tipo di attività didattica da attuare.

Nella società attuale, sottoposta a un'incessante evoluzione, il compito dell'insegnante non può esaurirsi nel mero istruire; piuttosto, si concretizza nell'educare, nel **saper rendere gli allievi protagonisti attivi delle proprie esistenze**. Ciò implica da parte dell'insegnante capacità di consulenza, affiancamento, sostegno, incoraggiamento per promuovere personalità mature e autonome, capaci, nel futuro, di autoeducarsi. L'insegnante, nella costruzione e nella gestione quotidiana della relazione educativa, deve essere in grado di cogliere attraverso uno sguardo sistemico la correlazione dei numerosi aspetti che con essa si presentano.

L'**efficacia dell'azione educativa** dipende, quindi, in larga misura dalla **relazione** che si instaura **tra insegnante e allievo**. Una buona relazione educativa faciliterà il sapere, il saper fare e il saper essere. Una relazione non ben gestita, troppo amicale, oppure troppo autoritaria e direttiva, rischia di influire negativamente sul percorso di apprendimento e di crescita personale dell'allievo.

Secondo Rogers, l'*apprendimento* è veramente *significativo* quando il contenuto è vissuto dallo studente come rilevante per la soddisfazione dei suoi bisogni e delle sue finalità personali, quando lo studente è parte attiva del processo di insegnamento-apprendimento.

La scuola, scriveva Rogers intorno al 1968, non fa sufficiente educazione per la vita, invece bisognerebbe dedicarsi all'**apprendimento significativo**, cioè insegnare le cose che davvero contano per gli allievi, che si integrano nel loro progetto di vita, cose che gli stessi allievi giudicano importanti e investono di **carica motivazionale e affettiva** (→ anche par. 9).

Già nel Cinquecento Michel de Montaigne (1533-1592) scrisse «meglio una testa ben fatta che una testa ben piena»; **Edgar Morin** ha ripreso questo concetto distinguendo tra una «testa ben piena» nella quale il sapere è solo accumulato e una «testa ben fatta» che sa collegare i saperi (umanistico e scientifico) e sa dare loro senso. Morin suggerisce di ripristinare la finalità della «testa ben fatta» per poter rispondere alle formidabili sfide della globalità e della complessità nella vita quotidiana, sociale, politica, nazionale e mondiale.

Partendo dalla sua esperienza personale di insegnante Rogers, attraverso l'approccio centrato sullo studente, propone la realizzazione di un apprendimento che, non essendo focalizzato unicamente sugli aspetti cognitivi, stimoli un **coinvolgimento globale della personalità degli allievi**: un apprendimento che coniughi il piano cognitivo, quello affettivo ed esperienziale e che stimoli l'**autoconsapevolezza** e l'**autovalutazione** nello studente, sviluppi l'impegno personale, la capacità di iniziativa e l'identificazione di soluzioni democratiche e collaborative ai problemi. L'educazione centrata sulla persona, ovvero sullo studente, richiede che qualsiasi metodo di lavoro e di valutazione sia esente da minacciosità e rinunci all'uso coercitivo del potere senza, però, sfociare nel permissivismo.

L'insegnante, in quest'ottica, diventa una risorsa per gli allievi che agevola il loro processo di apprendimento: egli mette a disposizione degli studenti la propria professionalità e le proprie conoscenze senza imporre nulla; dal canto loro, gli allievi si muovono in modo del tutto autonomo seguendo i propri obiettivi personali. In altre parole Rogers sostiene che l'insegnante deve essere un «**facilitatore**» dell'**apprendimento** ed elenca i *requisiti* che dovrebbe avere un docente che desideri approcciare in questo modo l'attività didattica:

— fiducia profonda nella capacità dell'essere umano di sviluppare le proprie potenzialità;
— sincerità, lealtà, stima e rispetto per gli studenti, per i loro sentimenti e le loro opinioni;
— capacità di comprendere le reazioni degli studenti dal di dentro e di comprendere come appare loro il processo educativo.

7 Le professioni educative

Tra le molte definizioni plausibili della società attuale («post-moderna» e «post-industriale», dell'«informazione» etc.), una delle più pregnanti è proprio quella di **società della formazione».

I processi formativi appaiono sempre più multiformi e tendono a diventare determinanti in ordine alla finalità di consentire un adeguato sviluppo degli individui nel contesto di una realtà quotidiana in cui l'innovazione dei saperi, delle competenze, delle conoscenze specifiche risulta ormai decisiva. Basta pensare all'importanza delle nuove tecnologie, all'utilizzo di Internet, alla conoscenza delle lingue straniere: tutti elementi divenuti imprescindibili nel bagaglio di conoscenze di un cittadino che voglia dirsi realmente e positivamente integrato nell'ambiente socio-culturale. Evidentemente si tratta di processi complessi, la cui padronanza richiede l'intervento di **professionisti dell'educazione** capaci di muoversi lungo direttrici comportamentali specifiche e differenziate che attraversano tutto il corpo sociale, poiché si tratta di essere, di volta in volta, genitore, insegnante, formatore, comunicatore etc.

In questo nuovo contesto la **didattica**, ossia la scienza che studia la pratica dell'insegnamento, diventa determinante. In ogni caso appare del tutto superata la concezione, che per lungo tempo ha influenzato la scuola e la sua stessa organizzazione, di Giovanni Gentile per il quale qualunque approccio didattico era da considerarsi inutile, in quanto «*chi sa, sa anche insegnare*». A causa di questa impostazione, agli insegnanti della scuola secondaria in Italia non sono mai state richieste specifiche competenze didattiche, pedagogiche o psicologiche, tanto che solo negli ultimi anni la situazione può dirsi cambiata.

7.1 L'insegnante riflessivo

Tutte le figure professionali, sia quelle tradizionali sia, soprattutto, quelle delineatesi più di recente (si pensi a coloro che operano nel campo dei *new media*, della *multimedialità*, del *web*, figure praticamente inesistenti fino a pochi decenni fa), risultano costantemente impegnate nell'aggiornamento della propria «identità» lavorativa, spinte come sono a cercare di comprendere nel modo più efficace possibile i propri compiti specifici, definendo le conoscenze necessarie e valutando esattamente il rapporto tra competenze e richieste provenienti dal mercato del lavoro.

In questa situazione, una condizione particolare è quella dei **professionisti del settore educativo** (insegnanti di ogni livello e grado, formatori in genere), dei quali da tempo la ricerca socio-pedagogica si è impegnata a ridefinire il profilo, in funzione sia dell'evoluzione e delle caratteristiche della professione docente, sia, soprattutto, del suo ruolo sociale.

Al centro della professionalità docente devono allora collocarsi:
— la **competenza**, cioè il «*capitale culturale*» di base, come lo ha efficacemente definito il sociologo francese Pierre Bourdieu, in altre parole, il bagaglio scientifico degli insegnanti;

— il complesso delle **abilità**, ossia le capacità di *saper fare*, di intervenire, integrate dal pieno possesso di tecniche specifiche;
— la dimensione della **riflessività**, cioè la caratteristica (cognitiva e culturale insieme) che permette a chi opera nel campo della formazione o dell'educazione di riuscire ad avere uno sguardo critico su se stesso, sui suoi compiti e sulle sue stesse competenze.

Evidentemente, tra competenze, abilità e riflessività sussiste un rapporto assai articolato. I tre elementi, infatti, si richiamano costantemente: svolgere un ruolo educativo nella società della formazione o della conoscenza significa penetrare a fondo in processi socio-pedagogici dalle molte facce e di fronte ai quali si deve ricorrere ad un insieme oltremodo articolato di saperi. Si tratta di un insieme composto di singole **competenze** nate dall'acquisizione di conoscenze di cui va sempre valutato il potenziale educativo e misurato il grado di trasferibilità: **non tutto è insegnabile, non tutto è utile insegnare**. Soprattutto, però, le singole competenze non possono più essere (come nella didattica tradizionale) oggetto di trattazioni puramente tecniche, ma devono articolarsi in base ai differenti contesti formativi, secondo un processo di adattamento alle singole realtà e agli specifici target educativi (si pensi alla difficoltà di utilizzare modi e stili educativi uniformi in *classi multietniche* o composte da studenti provenienti da diversi contesti socio-culturali).

L'insegnante di oggi non può più prescindere, dunque, da competenze sociologiche, antropologiche, psicologiche, comunicative e, più in generale, da tutto ciò che possa essere utilizzabile per «illuminare» i singoli casi educativi. Naturalmente il bagaglio tecnico-scientifico rimane centrale nella professionalità docente, per cui merita di continuare ad avere la dovuta importanza nella formazione degli educatori. Da solo, però, il sapere nozionistico non basta: c'è bisogno anche di quell'aspetto che abbiamo definito *riflessività*, intesa come la capacità di **ripensare e contestualizzare costantemente il proprio agire educativo** e i suoi fondamenti teorici, pratici e ideologici. La professionalità educativa deve dunque appropriarsi di tutti questi aspetti se vuole partecipare a pieno titolo ad un processo aperto quale è quello formativo, in modo particolare nelle società attuali così mobili, aperte ed instabili.

La *riflessività* si sviluppa in un'ottica di pedagogia critica. Il suo compito specifico è quello di far riflettere il formatore sugli stessi dati di partenza dei suoi saperi e sui reali fondamenti che stanno alla base dei percorsi operativi attivati. Riflettere sui propri presupposti, per qualsiasi figura del campo scientifico e culturale, significa *rimettere a punto se stessi* anche e soprattutto rispetto alle proprie finalità generali. Pertanto la dimensione della riflessività non risulta centrale solo per la professionalità educativa, ma anche per tutte quelle professioni che si esercitano e si definiscono nel «trattamento» dei soggetti, *in primis* quelle mediche e psicologiche.

8 La comunicazione intersoggettiva docente-allievo

L'insegnante dovrebbe sempre essere disposto al dialogo e alla comunicazione con lo studente, ma sono i soggetti nelle loro singolarità e unicità ad incontrarsi e a dialogare: l'agire comunicativo del docente, quindi, non può essere sempre uguale a se stesso.

Ottimizzare una comunicazione vuol dire curarne la **chiarezza**. Se il messaggio raggiunge il destinatario in maniera chiara, precisa e completa, la comunicazione perviene ad ottimi risultati e può essere definita efficace. Ottimizzare, però, non vuol dire solo rendere ben comprensibile il messaggio in termini di ascolto, ma anche e soprattutto ricorrere alla sua *semplificazione* e, all'occorrenza, economizzare sugli effetti di *ridondanza*.

La comunicazione ha forse un'unica, vera regola: il **saper ascoltare**, così da poter individuare anche le *mappe* del nostro interlocutore, ossia l'insieme di conoscenze linguistiche, culturali ed emozionali da lui utilizzate, le quali sono sempre specifiche e individuali, dunque mai uguali alle nostre. L'esperienza di ogni individuo, infatti, deriva dalla parzialità della sua percezione, che non coglie l'intera realtà fenomenica, ma la seleziona, cancellando i dati su cui non pone attenzione e scegliendo quelli che invece vengono inseriti in apposite *categorie* per poterli semplificare. Pertanto diventa fondamentale lo sforzo di un continuo **ascolto attivo** (→ *infra*), perché comprendere l'altro, quanto più possibile, agevola notevolmente l'intero processo comunicativo.

Nel 1981 lo psicologo tedesco **F.S. von Thun** (1944) propose, a tale riguardo, un modello comunicativo che mette in primo piano la **rivelazione di sé**: ogni volta che qualcuno si esprime, rivela, in realtà, sempre qualcosa del suo privato, che così diventa essenziale per il suo interlocutore. Di conseguenza la vera e propria interazione comunicativa è possibile solo tenendo conto della presenza di diverse componenti pratiche e verbali, che partecipano all'esperienza della comunicazione non solo sul piano linguistico, ma anche per ciò che riguarda tutti gli aspetti non verbali interni all'atto comunicativo stesso. Nella comunicazione il «peso» del contenuto del messaggio rispetto ad altri elementi, come la *gestualità* (il linguaggio del corpo) o il *tono di voce*, è per certi versi secondario, il che significa, in altre parole, che **come si comunica** può essere più efficace e determinante di **cosa si comunica**.

In ogni forma di comunicazione ciascuno presuppone che il proprio punto di vista e quello dell'interlocutore corrispondano (*idealizzazione dell'interscambiabilità dei punti di vista*); le differenze personali sono ritenute marginali e si dà per scontato che l'interlocutore, nell'atto comunicativo, intenda e capisca anche ciò che non è detto espressamente. Questo, però, non sempre avviene: il docente, in particolare, si trova spesso a comunicare con *interlocutori difficili*, per cui deve acquisire tutte le tecniche utili per una comunicazione (e un insegnamento) efficace.

Per facilitare un rapporto comunicativo è necessario:
— cercare di instaurare prevalentemente un **rapporto empatico** con gli altri, intendendo per *empatia* la capacità di mettersi al posto di un'altra persona, di capire il comportamento degli altri sulla base della propria esperienza;

— garantire, attraverso la **ridondanza**, una migliore comunicazione e un più alto livello di ricettività. La *ridondanza* consiste nel ripetere, con modalità diverse, sempre la stessa informazione o lo stesso concetto;
— far sempre corrispondere a un contenuto razionale del linguaggio un'attenta e adeguata risposta di **comportamento emotivo** (ad esempio, evitare di lodare con freddezza o con un tono di voce altero);
— creare le giuste condizioni affinché sia il docente (che in questo tipo di rapporto comunicativo ricopre, normalmente, il ruolo di *emittente*) che lo studente (il *ricevente*) siano in grado di comprendere e rispettare i reciproci ruoli;
— individuare, quando si verificano, i **disturbi della comunicazione** e analizzarli in maniera attenta e rigorosa, così da poterli eliminare;
— *evitare* di valutare gli altri con *atteggiamenti moralistici*;
— favorire la ricerca dell'identità personale, sociale e professionale.

Il rapporto comunicativo può comunque essere ostacolato da diversi fattori; ad esempio:

— la **distrazione dello studente**, che può dipendere da mancanza d'interesse o stanchezza, oppure da disturbi esterni;
— la **saturazione**, che può scaturire dall'impossibilità dell'allievo di accogliere, per sopraggiunta stanchezza, ulteriori messaggi;
— l'**inadeguatezza dei canali**, che si verifica quando l'informazione viene trasmessa attraverso canali difettosi;
— l'esistenza di **codici incompatibili**, come accade, ad esempio, quando il docente e l'alunno parlano lingue diverse.

In tutti questi casi l'attività didattica dell'insegnante, per quanto ben strutturata, può risultare scarsamente efficace.

9 L'insegnante affettivo e la relazione educativa

Tra **processi emotivi e apprendimento** esiste una profonda connessione, poiché quest'ultimo, come ha sostenuto il pedagogista austriaco Martin Buber (1878-1965), sostenitore dell'importanza del dialogo in tutte le relazioni umane, «si sviluppa sempre all'interno di una **relazione affettiva**».

L'essere umano, secondo Buber, non si realizza senza comunicare con gli altri. Anche tra insegnante e alunno è necessario che si crei un dialogo profondo fondato su un sentimento di reciproca fiducia. Questo perché l'apprendimento non può essere una passiva assimilazione di contenuti preconfezionati, ma deve avvenire nell'ambito di un contesto relazionale, nel quale anche la qualità delle interazioni comunicative diventano variabili che influenzano lo stesso processo apprendimento.

Alcune forme di disagio sociale, il successo o l'insuccesso scolastico, l'insorgere di stati d'ansia e di problemi di autostima e insicurezza, spesso sono riconducibili proprio alle prime esperienze di apprendimento. Alcuni studiosi, tra cui Bloom, sostengono infatti che **affettività**, **motivazione** e **apprendimento** siano tra loro interconnessi poiché il ruolo dell'affettività nei processi di conoscenza, comprensione e socializzazione che avvengono nell'ambiente scolastico è sempre rilevante e talvolta determinante.

Alcune teorie di matrice psicoanalitica hanno ipotizzato che ciascun individuo tende a riproporre, per relazionarsi agli altri e con la realtà esterna, i rapporti interpersonali vissuti nei primi anni di vita, in particolare i comportamenti strutturati durante l'infanzia, soprattutto il rapporto con i genitori: la figura materna rappresenta per il bambino la sicurezza e la disponibilità, mentre il padre incarna l'interiorizzazione del dovere. Inconsapevolmente questi modelli si ripropongono in ogni relazione interpersonale significativa (*transfert*), che riattivano nel soggetto la relazione primaria. Nessuna esperienza, quindi, viene perduta, ma rimane nella mente: si creano così modelli operativi interni pronti ad essere riattivati quando si presenta una situazione analoga ad una già vissuta.

Nell'ultimo decennio si è registrato, perciò, nei contesti scolastici un crescente interesse per temi quali l'*intelligenza emotiva*, l'*alfabetizzazione emozionale* e *socio-affettiva*, l'*affettività*, argomenti un tempo considerati di pertinenza di psicologi e limitati nella scuola alla cosiddetta *didattica speciale*.

Pur riconoscendo che la determinazione e l'espansione della personalità si fondano sul potere di autocostruzione che è proprio di ogni individuo, anche l'insegnante svolge un'importante funzione nei processi di differenziazione e strutturazione dell'io dell'alunno. Il docente mosso da autentico **amore pedagogico** partecipa a un'esperienza emozionale dove la condivisione del percorso formativo si fonda su un rapporto di reciprocità senza la quale l'evento educativo sarebbe davvero solo condizionamento e coercizione. Essere insegnante affettivo significa, perciò, valorizzare la soggettività e l'alterità dei propri alunni.

L'**insegnante «affettivo»** si pone in maniera equidistante sia nei confronti degli autoritarismi che dei permissivismi e si propone come **guida autorevole**, riconosciuto dagli alunni «come persona che possiede competenze oggettive. L'insegnante non autoritario, ma autorevole, non genera paure, ma promuove fiducia e si rende protagonista di una relazione stimolante e rassicurante, che favorisce nell'alunno l'acquisizione dell'autonomia e dell'autostima.

Il docente affettivo, inoltre, è aperto all'ambiente circostante e al dialogo con la classe sulle questioni che riguardano la società e il mondo attuale.

Compito fondamentale del docente diventa quello di creare un *setting* di apprendimento in cui la scelta e l'utilizzazione delle strategie didattiche più idonee al raggiungimento dei vari obiettivi pedagogici avvengono nell'ambito di una relazione di aiuto e incoraggiamento. Ma per poter attuare un vero *setting* operativo è necessario che l'insegnante possieda **tre tipi essenziali di capacità** di:

— **ascolto attivo**;

> Per **ascolto attivo** si intende un ascolto empatico, che comporta anche è la capacità di intuire e leggere fra le righe, di captare le spie emozionali, di cogliere anche i segnali non verbali indicatori di uno stato d'animo e di intuire senza lasciarsi guidare dai propri schemi di attribuzione di significato: diventa così possibile comprendere atteggiamenti e

comportamenti apparentemente assurdi, e rispondere soddisfacendo i bisogni specifici di un soggetto. Un ambiente educativo capace di agire in questo senso integra e sostiene la struttura della persona in difficoltà e, allo stesso tempo, crea un clima di fiducia. Come abbiamo visto, per Rogers la comprensione empatica ha una posizione centrale all'interno della relazione educativa che significa innanzitutto «difendere e incrementare il potenziale di umanità dell'alunno».

— **comprensione delle dinamiche di gruppo**;

È importante che il docente non perda mai di vista le **caratteristiche del gruppo-classe** nel quale lavora e le dinamiche complesse, a volte contraddittorie, che si vengono a determinare, in quanto la classe si configura come un gruppo di apprendimento strutturato in due livelli: un livello *formale*, impegnato nel raggiungimento di finalità didattiche, e un livello *informale*, emotivo, con prevalenti finalità relazionali e di socializzazione. Spesso le due parti entrano in conflitto, fino a diventare un ostacolo per l'apprendimento. Le difficoltà comunicative nel gruppo-classe non devono scoraggiare ma, anzi, motivare maggiormente l'insegnante a mantenere un atteggiamento di apertura e ricezione verso i messaggi verbali e non verbali degli allievi.

— **introspezione**.

La disponibilità empatica implica che l'insegnante eviti una visione egocentrica e accetti di porsi in una condizione di apertura e disponibilità anche mettendosi in discussione.

Talvolta tra alunni e insegnanti si instaurano modalità relazionali inadeguate e strategie difensive che inibiscono ogni forma di rapporto empatico e di dialogo. In questi casi da parte degli alunni si mettono in atto tre tipi di strategie difensive: l'*evasione*, la *seduzione* o la *ribellione*. L'**evasione** è propria dell'alunno insicuro e timido, che sfugge alla relazione comunicativa e affettiva: può provocare nell'insegnante ansia ed imbarazzo; la **seduzione** è la strategia difensiva tipica dell'alunno che cerca di conquistare l'insegnante con false promesse, nel tentativo di farsi accettare e quindi di dominarlo; la terza modalità è la **ribellione** nei confronti dell'autorità.

Altre volte sono gli insegnanti che tendono a eludere la relazione con un atteggiamento troppo tecnico e razionale oppure cercando di conquistarsi i propri allievi per dimostrare agli occhi di colleghi, genitori, superiori etc. che sono bravi (patologia narcisistica). Infine ci sono casi in cui un insegnante, per difendersi dall'ostilità degli allievi, assume un ruolo punitivo e autoritario.

Nell'ambito del rapporto didattico, **sintonizzazione affettiva** significa, dunque, porre l'accento sul fatto che non tutti gli allievi hanno le stesse esigenze di apprendimento. Un insegnante dovrebbe avere un occhio di riguardo per gli allievi più emotivi o con difficoltà ad apprendere, tenendo conto del fatto che la maggior parte degli alunni non potrà soddisfare gli standard di rendimento raggiunti da quelli particolarmente dotati.

8
La relazione scuola-famiglia e le agenzie educative

1 Educazione e socializzazione

L'uomo si è dato un'organizzazione per vivere nel modo migliore possibile e ha stabilito delle **regole**, la cui presenza è necessaria per lo svolgimento pratico di tutte le attività collettive, dal gioco al lavoro: si tratta delle **leggi codificate** che regolano la vita sociale, politica ed economica, ma anche di **norme comportamentali** che non sono codificate.

Attraverso l'apprendimento, che avviene attraverso messaggi diretti e indiretti, l'individuo impara a interpretare un preciso ruolo nella società in cui vive.

L'apprendimento dei ruoli corrispondenti al proprio *status* è un processo che investe tutta la vita di un individuo, che consiste nella **conoscenza e assimilazione del sistema di valori** del contesto sociale in cui si vive. Questo processo è chiamato **socializzazione** e — per quanto separato dall'educazione in senso stretto — coinvolge le modalità dell'apprendimento umano e della cultura (in tutte le sue accezioni) attraverso processi di interiorizzazione, che si raggiungono mediante forme di comunicazione sia diretta che indiretta. La socializzazione è, dunque, l'**apprendimento delle regole** dello stare con gli altri previste dal sistema in cui si vive.

I processi di socializzazione iniziano nella prima infanzia, quando il bambino impara a soddisfare i suoi bisogni attraverso un processo di interazione sociale in cui è premiato o punito. L'apprendimento dei ruoli non riguarda tuttavia solo l'infanzia, bensì tutto l'arco della vita e si innesta sulla **struttura della personalità** che si forma nei primi anni di vita.

Una delle discipline che offrono maggiori spunti di riflessione all'insegnamento è, quindi, la **sociologia**, che studia l'influsso dei sistemi sociali sui modelli di socializzazione e sul contrasto tra *autorità* (intesa come vincolo istituzionale) e *libertà* (cioè autonomia del soggetto), evidenziando come la famiglia, la scuola e il territorio si manifestino sia col volto dell'autorità, sia come luoghi in cui esplicare e acquisire la libertà.

Il processo di socializzazione è una forma di interazione con l'ambiente socioculturale che porta l'individuo ad *assumere dei modelli ai quali adattarsi*. Questo non implica, comunque, la perdita di personalità e individualità da parte del soggetto, il quale fin dall'inizio della sua esistenza è persona sociale e quindi portatore di caratteristiche proprie e personali. La socializzazione deve poi essere intesa come un *continuum*, cioè come un processo costante di mediazione fra gli impulsi e i sentimenti del mondo interiore (punto di vista soggettivo) e il contesto esterno (punto di vista oggettivo), grazie al quale si forma e matura la personalità.

Come già detto, la **prima forma di socializzazione**, quella che avviene nei primi anni di vita *tra il bambino e la madre*, ha un ruolo fondamentale nella formazione della personalità, per quanto oggi questo rapporto abbia perso il carattere di unicità grazie alla maggiore partecipazione paterna alle prime cure e alla presenza di altre figure adulte che contribuiscono all'educazione del bambino (baby-sitter, nonni, educatori di asili nido).

Successivamente la *famiglia* e la *scuola*, i principali agenti di socializzazione, svolgono un ruolo fondamentale per l'impostazione del processo di socializzazione, sotto il duplice profilo della *dipendenza* ed *emancipazione* da un lato e del *conformismo* e della *liberazione* dall'altro, per cui la loro funzione è stata spesso oggetto di studio delle diverse correnti sociologiche.

1.1 Il ruolo della famiglia

Negli ultimi decenni la famiglia ha subito numerose **trasformazioni strutturali**: è cambiato il ruolo della donna nella società e quindi anche nella famiglia:
— sono in aumento i *single* e le famiglie costituite da coniugi senza figli;
— è in crescita il numero delle nascite al di fuori del matrimonio;
— diminuiscono le famiglie con più nuclei familiari (ad esempio, quelle basate sulla coabitazione di nonni e genitori), ma aumentano i nuclei familiari ricostruiti (di coniugi divorziati con figli avuti dalle precedenti unioni);
— sono sempre più frequenti anche varie forme di genitorialità che nascono all'interno di coppie omosessuali.

Malgrado questi cambiamenti, la famiglia non ha perso la propria importanza rispetto al processo di socializzazione. D'altra parte, anche il modello tradizionale di famiglia è tutt'altro che univoco, poiché anche in passato esistevano differenze notevoli tra le diverse realtà geografiche, economiche e sociali.

L'istituzione familiare è dunque caratterizzata da una *molteplicità di forme* e da una grande *adattabilità* ai diversi contesti in cui essa si sviluppa. La famiglia, che sia tradizionale o reimpostata nei modi che abbiamo elencato, è inoltre necessariamente inserita in una rete sociale di supporto (non solo per i bambini, ma anche per gli anziani), che a sua volta, proprio nel supportare le famiglie, facilita la socializzazione. Si attua così un **sistema formativo integrato** che media il rapporto tra individuo e società.

Tratteremo ancora del ruolo dei modelli familiari nei par. 3 e seguenti.

1.2 La funzione della scuola

Un altro elemento fondamentale per la costruzione del processo di socializzazione è ovviamente la scuola (→ anche *infra* par. 2). Nel corso del Novecento la crescita della scolarizzazione e la drastica riduzione dell'analfabetismo hanno portato *la scuola al centro del processo formativo*, sebbene tale istituzione non sia stata adeguatamente e opportunamente supportata. L'impostazione di un modello scolastico, del resto, è spesso combattuta tra una volontà di stabilizzazione e conformità alle idee della classe sociale dominante e una tendenza all'affrancamento da esse. Si dibatte, inoltre, sull'effettiva capacità di garantire l'uguaglianza delle opportunità formative e sulle forme di discriminazione che possono rimanere anche quando sia garantito a tutti l'accesso alla formazione scolastica. Nonostante ciò, resta innegabile il ruolo fondamentale della scuola come mezzo di *emancipazione sociale* e di *presa di coscienza* da parte delle classi subalterne e meno agiate.

La **scuola di massa** è, dunque, un potente e indispensabile **mezzo di democrazia e di progresso sociale**. Pertanto il dibattito attuale è volto alla progettazione di una scuola che possa garantire il più possibile l'*uguaglianza formativa per tutti*. Il primo passo da compiere per rendere possibile questa uguaglianza non è l'imposizione di un modello scolastico unico al quale tutti debbano conformarsi, bensì, all'opposto, l'adeguamento del modello scolastico alle esigenze di ogni singolo alunno, che assume un ruolo da protagonista nella costruzione di una società democratica alla quale egli stesso è educato.

1.3 Il ruolo della città e del territorio

Definire cosa sia il territorio e quale ruolo abbia nel processo formativo non è semplice. La **città**, ad esempio, è il domicilio, il luogo di lavoro, la scuola, i luoghi di socializzazione, i servizi sociali e culturali che integrano il ruolo della scuola. È il luogo della vita quotidiana e lo spazio dei desideri. Quella offerta dalla città è una socializzazione che l'individuo sceglie da solo, che non è formalizzata e che è diffusa in forme diverse (amicizia, lavoro, condivisione).

Tuttavia, spesso si presentano forme standardizzate, rigide e strumentali legate ai modelli di consumo e alla stratificazione sociale che, di fatto, impediscono al singolo di scegliere autonomamente il proprio modello di socializzazione. È quindi fondamentale acquisire una consapevolezza che permetta di far valere la libertà del singolo.

1.4 Le ricadute sulla formazione

Le conseguenze che si possono trarre da quanto detto ruotano attorno a due nuclei fondamentali:
1. è fondamentale la **continuità formativa** tra i vari luoghi e le diverse istituzioni in cui avviene la socializzazione (famiglia, scuola, città);
2. esiste una relazione diretta tra *democrazia e uguaglianza delle opportunità formative*.

Tutti i luoghi di socializzazione favoriscono la conquista dell'**autonomia intellettuale ed etico-sociale**, ma nello stesso tempo rischiano anche di favorire, all'opposto, l'omologazione e la standardizzazione delle idee. È dunque fondamentale che *famiglia, scuola e società* siano consapevoli di questa duplice possibilità e *cooperino nella realizzazione di un modello improntato alla crescita democratica e responsabile del singolo*. La pedagogia deve dunque valorizzare l'apporto che ciascuna struttura formativa può offrire, favorendo il collegamento tra le diverse sedi e opportunità di socializzazione.

2 La scuola come agenzia di socializzazione

Ovviamente **la scuola conserva un ruolo primario nel processo di formazione e socializzazione**, in quanto luogo specializzato e finalizzato proprio al compimento di questo processo. Alle istituzioni scolastiche spetta il compito di valorizzare le peculiarità di ciascuno e per guidare i singoli verso il rispetto delle differenze. La scuola, infatti, è il luogo privilegiato in cui far valere il *diritto alla differenza*, attraverso strategie didattiche attente alle specificità dei vari studenti, è una comunità in cui si impara insieme e si apprende l'uno dall'altro, sperimentando lo scambio comunicativo e relazionale. L'apprendimento è dunque condiviso e legato alla socializzazione, poiché nel contesto scolastico l'**imparare a ragionare** e l'**imparare a stare insieme** vanno di pari passo.

Il sociologo francese Émile Durkheim (1858-1917) definisce la scuola come *microcosmo sociale*, poiché in essa individua la cosiddetta **prima «agenzia di socializzazione»**. In effetti, la classe scolastica della scuola dell'infanzia costituisce spesso, per il bambino, il *luogo della prima uscita dall'ambito familiare*. In essa si possono realizzare differenti forme di socializzazione, da quelle tradizionali, che si concentrano sulle materie di studio e sul risultato dei singoli allievi, a quelle progressiste, che favoriscono invece l'autonomia degli studenti e il lavoro di cooperazione e di collaborazione.

Il processo di socializzazione è inoltre oggi più esteso negli anni, grazie alla graduale espansione dell'istruzione, che ha determinato l'aumento del tempo di vita medio destinato all'educazione, per cui il contributo della formazione scolastica (e delle relazioni che in essa si compiono) allo sviluppo dell'identità personale è indubbiamente di notevole rilievo.

Per poter partecipare in maniera proficua ad una struttura sociale, occorre sviluppare alcune particolari attitudini, come ad esempio la capacità di **controllo** delle proprie azioni e dei propri istinti e l'abilità nell'ottenere riconoscimento e successo grazie ad un comportamento razionale e adeguato alle specifiche situazioni. All'interno delle dinamiche di socializzazione emerge una costante dialettica tra i **bisogni** e le **preferenze conformi** ai modelli socialmente prevalenti e la volontà di **autodeterminazione**: ne emergono due paradigmi, di cui uno *volontaristico* e uno *deterministico*, che prevalgono alternativamente nelle diverse situazioni in cui viene richiesta plasticità o determinazione. La stessa cultura, del resto, è relativa e arbitraria, e in nessun caso ha caratteri universali, per cui può incontrare o meno il favore dei singoli, la cui specificità deriva dall'incontro di numerose variabili, come ad esempio gli aspetti personali, familiari o le esperienze vissute. In effetti, esistono diversi apparati di tipo sociale e ideologico che condizionano il nostro approccio con le esperienze e le relazioni con gli altri, come ad esempio l'atteggiamento religioso, familiare o culturale, per cui la stessa *riproduzione sociale* attraverso la scuola non potrebbe certo avvenire senza difficoltà.

In definitiva, quindi, emerge come la partecipazione attiva degli studenti ai processi di scolarizzazione porti con sé atteggiamenti diversi, che vanno dall'accettazione entusiastica al rifiuto sistematico delle proposte curriculari: in ogni caso, gli allievi si fanno interpreti dei contenuti ricevuti, che rielaborano in forme autonome diversificate, giungendo spesso a negoziazioni e convergenze ma, a volte, anche a lotte e contraddizioni.

3 La famiglia e i suoi modelli educativi

I differenti modelli familiari si ripercuotono in maniera evidente sugli stimoli che vengono dati al bambino in direzione dell'istruzione e della formazione; lo stesso rapporto tra genitori e figli tende a cambiare in base ai valori sociali di riferimento.

In generale, è possibile individuare almeno **tre modelli educativi parentali**, che producono diversi comportamenti infantili, vale a dire:

— uno stile **repressivo**, che valorizza l'obbedienza, la tradizione e il rispetto dell'ordine e che provoca ripercussioni negative sulla socializzazione dei figli, che crescono in assenza di creatività, di autonomia e di competenza sociale;
— uno stile **indulgente** e **permissivo**, che si mostra tollerante nei confronti dei bisogni dei figli, evitando restrizioni e castighi, ma al tempo stesso esigente nei confronti delle aspettative di maturazione e di responsabilità e che può generare atteggiamenti ribelli e comportamenti aggressivi, non facilitando in tal modo il conseguimento dell'autonomia personale, della consapevolezza e della responsabilità;
— infine, uno stile **autorevole** ma basato sulla reciprocità, *democratico*, in cui i genitori partono dal presupposto che nella famiglia esistono diritti e doveri per tutti e si mostrano sensibili alle necessità e alle richieste dei figli, cercando però di stimolarli a soddisfare anche le loro esigenze di adulti. I genitori si mostrano in questo caso fermi e decisi in merito a **regole** e **obblighi**, specificandone però la necessità attraverso il **dialogo** e il **ragionamento**, stimolando, cioè, il confronto e la comunicazione.

Quest'ultimo stile si mostra in genere molto valido e comporta conseguenze decisamente positive nel processo di socializzazione dei figli, favorendo l'autostima e l'autocontrollo, il senso di iniziativa personale e di responsabilità, come pure la curiosità e la risolutezza. Ciò determina una particolare **attitudine verso il vivere sociale** e una spiccata **competenza cognitiva**, di controllo e di attenzione. In effetti, se le regole non sono arbitrarie, ma razionali e giustificate, hanno effetti positivi sulla socializzazione infantile, mentre la permissività totale o l'autoritarismo irrazionale danno risultati negativi.

In linea generale, sembra emergere una netta distinzione tra due tipi di ambiente familiare: quello basato sulle caratteristiche **individuali** e quello fondato sul **conformismo**. È però vero che numerose ricerche sugli stili educativi parentali hanno evidenziato che non vi è un determinismo sociale che pregiudichi in modo definitivo il futuro scolastico dei bambini. Si può però certamente considerare che se le modalità di socializzazione familiare e scolastica tendono a convergere, le probabilità di una buona riuscita scolastica sono decisamente più alte.

4 I rapporti tra genitori e insegnanti

All'interno delle scuole possono essere pianificati progetti appropriati per sviluppare l'interazione con le famiglie; i genitori, infatti, si sentono più coinvolti se le scuole stabiliscono programmi che includono **forme di collaborazione**, mentre gli insegnanti si mostrano più disponibili nei loro confronti se si apre un dialogo complessivo sull'educazione dei bambini. Gli alunni, infine, si mostrano maggiormente positivi e riescono meglio nei compiti di apprendimento se le famiglie partecipano con modalità specifiche e produttive.

Oggi, in tutte le famiglie è sentita la preoccupazione per la scolarizzazione dei figli, e il **sostegno scolastico** rappresenta ormai una pratica diffusa nelle attività domestiche. Non mancano pertanto segnali positivi ottenuti proprio grazie al costante supporto da parte dei genitori, supporto che, però, deve essere sempre preceduto dall'impegno personale da parte degli allievi. Naturalmente, permangono delle differenze legate soprattutto alla **diversità di risorse materiali e di istruzion**e presenti nelle famiglie, ma in genere è possibile affermare che l'impegno e la presenza dei genitori nel percorso scolastico dei figli ha effetti decisamente positivi.

La constatazione che scuola e famiglie lavorano entrambe su uno stesso soggetto potrebbe comportare una sorta di «concorrenza», anche in virtù del fatto che mentre gli insegnanti mettono in primo piano l'allievo, in un'ottica universalistica, i genitori si concentrano sul proprio figlio, in un'ottica particolaristica e affettiva. Per evitare conflitti e incomprensioni è pertanto importante che l'ambito familiare e quello scolastico, con i rispettivi ruoli, rimangano distinti e separati.

In realtà, il rapporto tra genitori e insegnanti è molto complesso: possono, infatti, esserci genitori che mostrano **esigenze eccessive** o che arrivano a una inopportuna **ingerenza** nella scuola, mentre altri possono mostrare **scarsa motivazione** e partecipazione alla vita scolastica dei figli e poca fiducia nel rapporto con i loro insegnanti. Si può pertanto affermare che la collaborazione tra insegnanti e genitori è senz'altro utile ma certamente difficile da realizzare, in quanto impone un costante confronto e una continua negoziazione.

Si distinguono *diversi modelli comunicativi degli insegnanti* nelle relazioni con la famiglia:
— *comunicazione direttiva*: il docente si pone come figura istituzionale, rappresenta la scuola e la comunicazione si basa sul giudizio, è prevalentemente valutativa, gerarchica e non c'è spazio per i genitori;
— *comunicazione genitoriale*: il docente mostra comprensione e atteggiamenti di accudimento nei confronti dei genitori;
— *comunicazione competente*: la comunicazione è di tipo empatico, docenti e genitori condividono il percorso scolastico finalizzato a obiettivi di apprendimento e relazione.

I *modelli comunicativi genitoriali* fanno riferimento, invece, a genitori:
- *sfidanti* che non riconoscono l'autorevolezza dell'insegnante;
- *sottomessi* che delegano all'insegnante;
- *assenti* nel rapporto con i docenti;
- *partecipativi*: che collaborano e partecipano in quanto la scuola è considerata luogo di crescita per il proprio figlio.

Una scuola pubblica ha senz'altro bisogno di dialogare con le famiglie, senza però sottomettersi alle esigenze particolaristiche dei propri utenti, al punto da consentire interventi nelle metodologie o nei contenuti didattici. A tal fine, sono certamente auspicabili le esperienze di **pratiche educative parentali**, che consentano di sostenere le famiglie e gli insegnanti nella ricerca di confronto e dialogo. Gli insegnanti dovrebbero in primo luogo aiutare le famiglie a migliorare le loro aspirazioni per i figli, stimolandoli così verso il successo scolastico, e dovrebbero poi curare i rapporti indiretti tra la scuola e la famiglia, come ad esempio le *comunicazioni scritte* ma, soprattutto, l'immagine dell'ambiente scolastico che il bambino trasmette in famiglia, al fine da avviare un rapporto sereno e aperto, concentrato sui bisogni educativi e formativi dei più piccoli.

5 Scuola e rapporti tra «pari»

In ambito psico-sociologico, un «**gruppo di pari**» è definito da una collettività i cui membri hanno la caratteristica comune di *avere la stessa età*: tra gli adolescenti è in genere caratterizzato da un'elevata *solidarietà sociale* e da un codice di comportamento in genere *estraneo ai valori degli adulti*, che dimostra un marcato senso di **appartenenza** e che sembra fortemente necessario per lo sviluppo dell'autostima e per la costruzione della personalità e dell'identità. Probabilmente, la centralità del gruppo in età adolescenziale è dovuta alla situazione egalitaria che esso rappresenta, perché al suo interno sono presenti solo coetanei con situazioni simili e con analogo sviluppo, per cui le relazioni sono basate sulla reciprocità e sull'uguaglianza e si evolvono in maniera paritaria.

Nei bambini, invece, si assiste ad un'**interazione di qualità** in presenza del passaggio dall'egocentrismo all'altruismo, attraverso la promozione e la realizzazione di condotte associative e collaborative. Inizialmente, nella scuola dell'infanzia, i bambini stanno semplicemente nello stesso spazio, intrattenendosi spesso con solitari monologhi; intorno ai quattro anni, però, iniziano le interazioni e gli scambi positivi, che devono essere opportunamente rafforzati.

Nel corso dell'insegnamento primario, la qualità dell'integrazione tende a progredire e i contatti con i compagni di scuola si fanno più **vari e complessi**: in questa fase, il bambino più socievole viene in genere ricercato molto spesso dai compagni e pertanto riceve maggiori opportunità di progredire nell'apprendimento sociale; al contrario, il **bambino** più timido o **meno socievole**, essendo meno ricercato o addirittura respinto, matura delle difficoltà a superare la sua scarsa socievolezza.

L'insegnante, attraverso un'osservazione attenta, sostenuta da **indici sociometrici** opportunamente predisposti per monitorare gli eventi sociali in corso, può predisporre interventi migliorativi che sostengano gli allievi con maggiori difficoltà di socializzazione, ad esempio attivando pratiche di lavoro di gruppo che coinvolgano adeguatamente i soggetti socialmente più deboli.

Con il progredire dell'età le relazioni tra pari evolvono nella direzione dello **sviluppo delle competenze sociali**, cioè delle capacità di interagire con gli altri, di comunicare e di risolvere i conflitti. Tale progressione consente il superamento della dipendenza emotiva verso i genitori, sviluppando così l'autonomia personale e l'interazione nella complessità della realtà sociale. Nell'età infantile, le interazioni sono molto più frequenti tra pari dello stesso sesso, mentre nell'adolescenza si sviluppano anche relazioni eterosessuali, che potranno favorire lo sviluppo di una condotta adeguata tra i generi e contribuire, così, alla maturazione dell'identità adulta.

6 Il contesto ambientale

Abbiamo visto come l'*ambiente* sia considerato un elemento in grado di condizionare lo sviluppo psico-fisico del bambino e dell'adolescente. Nel pensiero dei vari psicologi e pedagogisti, l'ambiente, sappiamo, può assumere un ruolo più o meno importante, ma è ormai acclamato che gli stimoli provenienti dall'esterno incidano profondamente sullo sviluppo dell'individuo e quindi sulla sua personalità. Lo stile di vita della società attuale è spesso causa, infatti, di **disagio psico-fisico** per i giovani, soprattutto per i più piccoli.

L'**urbanizzazione** ha limitato gli **spazi fruibili dai bambini**. Così, se un tempo il *cortile* era il più importante punto di gioco e d'incontro, oggi il luogo di socializzazione è invece costituito, nelle ipotesi migliori, da *aree verdi appositamente attrezzate*, le quali, però, non sempre vengono utilizzate, soprattutto a causa dei ritmi di vita particolarmente frenetici dei genitori.

Di conseguenza la scuola rappresenta il principale luogo d'incontro e di gioco collettivo, mentre le ore pomeridiane del doposcuola si trascorrono generalmente a casa, in compagnia di **TV, computer e cellulari**.

Questa situazione non giova all'espressione della **creatività** dello studente, che si trova poco a contatto con la realtà naturale e troppo esposto a quella artificiale, davanti alla quale è *passivo*, assorbendo spesso *modelli di competizione e di aggressività* che riflette nelle relazioni con i coetanei e con gli adulti. Il web, in particolare, fornisce un'enormità di informazioni, di fronte alle quali il giovane appare praticamente indifeso perché sprovvisto di adeguati strumenti di comprensione e discriminazione, cosicché risulta incapace di distinguere la finzione dalla realtà. Inoltre, la passività davanti allo schermo inibisce la formazione del **senso critico** e dell'abilità di valutazione, capacità necessarie per la formazione di una propria identità di pensiero.

Ciò vale pure per la **pubblicità**, sempre più «occulta» sul web, che il giovane «subisce» perché privo, anche in questo caso, di quegli strumenti di discriminazione che gli permetterebbero di emanciparsi dagli slogan secondo i quali «*l'acquisto e il consumo generano felicità*».

La **scuola** rimane, quindi, il luogo dove il bambino ha le maggiori possibilità di relazionarsi con gli altri (coetanei e adulti), di sperimentare e di sviluppare sé stesso.

La scuola è anche il luogo in cui è possibile evidenziare molti dei disturbi dei ragazzi, come l'aggressività, i disagi comportamentali, i disordini dell'alimentazione etc. Anche in questo caso la risposta giusta a queste problematiche consiste, in primo luogo, nell'ascoltare lo studente per favorire lo sviluppo armonioso della sua personalità.

7 Scuola ed extrascuola

Con l'espressione «**educazione informale**» si intende ogni tipo di intervento educativo caratterizzato da elementi formativi *non programmati in partenza*, e quindi legati alle occasioni che si verificano, anche casualmente, nella vita quotidiana. Questo modello per lungo tempo è stato considerato inferiore rispetto a quello basato sull'**istruzione formale**, cioè su quel tipo di azione educativa che prevede una programmazione consapevole e intenzionale del processo formativo. Ciò ha fatto sì che qualsiasi attività non svolta nell'ambito scolastico venisse considerata come un semplice accessorio nel percorso formativo dell'individuo. Certo, è piuttosto evidente che di fronte alla precisa identità che possiede la scuola nella nostra società, la *formazione extrascolastica appare tuttora un luogo dagli incerti confini*.

Tuttavia, risulta importante sottolineare che se proviamo a riflettere in un'ottica globale — l'unica utile per comprendere una società complessa come quella contemporanea — essa può diventare un'area fondamentale in cui sono chiamati ad agire tutti gli educatori.

La cosiddetta **extra-scuola** fa riferimento principalmente a un'educazione gestita da **associazioni culturali e sportive**, da **gruppi autonomi**, da **comunità** di ambito religioso, da partiti o movimenti politici che svolgono compiti educativi eterogenei che vanno dal recupero scolastico alla prevenzione del disagio sociale, dall'organizzazione del tempo libero alla cooperazione internazionale e molto altro.

Si capisce così come, sempre di più, alla formazione generale dell'individuo concorrono, oltre alla scuola tradizionale, anche altri ambiti: tutto ciò permette di delineare un'idea di **formazione permanente**, vale a dire una dimensione educativa in cui viene posto l'accento su molteplici percorsi personali basati sulla continuità e varietà dell'apprendimento in tutto il corso della vita.

La coscienza dell'importanza dell'educazione extrascolastica è cresciuta negli ultimi anni simmetricamente alla scoperta che la maggior parte degli apprendimenti avviene attualmente al di fuori della scuola: basti pensare all'influsso esercitato dalla **televisione** prima, e da **Internet** poi, le due grandi rivoluzioni del mondo contemporaneo.

9 Didattica e metodologie[*]

1 Epistemologia della didattica

Il termine «**didattica**» evoca l'etimologia greca *didàskein* ossia *insegnare*, e, pertanto, indica l'arte di insegnare; consiste nel processo d'insegnamento e si traduce nelle **procedure adottate per esporre i contenuti di apprendimento**. In questo senso *si distingue dalla pedagogia*, il cui campo di indagine è costituito dalla riflessione teorica preliminare al processo di formazione e di istruzione.

La didattica è una vera e propria *scienza dell'educazione*, distinta dalle altre, rispetto alle quali, però, mantiene uno stretto collegamento, poiché non può esistere una didattica separata dalla riflessione pedagogica, dalla psicologia, dalla docimologia e, in particolare, dalla metodologia, con cui realizza un'implicazione reciproca.

In altre parole, *la «didattica» concerne il complesso di interventi volti a progettare, allestire, gestire, valutare «ambienti di apprendimento», cioè speciali contesti che favoriscono particolari processi acquisitivi in soggetti inesperti.*

La didattica pone al centro della propria riflessione teorica e operativa l'**interazione tra il soggetto che apprende e i contenuti di apprendimento**, sia riferiti alle conoscenze, sia a modelli di comportamento socio-emotivo. La comunicazione della didattica si attua attraverso la trasmissione, dei contenuti e dei modelli formativi, dalle istituzioni e dalle agenzie di educazione ai soggetti del processo educativo.

In altre parole, la didattica mette in comunicazione le dimensioni di sviluppo delle diverse età generazionali (gli stadi cognitivi e socio-affettivi delle singole età evolutive) con gli oggetti simbolico-culturali (le strutture della conoscenza umanistica e scientifica, e i modelli di vita sociale da queste generati) all'interno delle istituzioni formative.

La didattica ha un contenuto esplicito, rappresentato dalla progettazione curricolare della scuola, e un contenuto implicito, costituito dall'organizzazione delle risorse spazio-temporali e strumentali di cui si dispone. In quanto **scienza della relazione educativa**, la didattica valorizza l'intero repertorio dei codici di trasmissione della cultura: *suono, immagine, lingua scritta e orale, alfabeto elettronico e multimediale* etc. La natura intenzionale dell'intervento didattico, la sua coerenza con le dimensioni dello sviluppo del soggetto in apprendimento, la correttezza epi-

---

[*] Per un approfondimento dei temi relativi alla didattica e alle sue metodologie si veda L. Gallo e I. Pepe, *Manuale delle metodologie e tecnologie didattiche*, Edizioni Simone, 2019.

stemologica dei saperi che si ritiene indispensabile debbano essere appresi, sono le esigenze imprescindibili del processo di insegnamento, gli elementi costitutivi della struttura della didattica.

Gli studi sulla didattica sono stati realizzati storicamente in direzioni diverse, concentrandosi inizialmente sul gestore del processo, ossia sull'insegnante, sull'organizzazione di strumentazioni e metodologie in un secondo tempo, infine sugli elementi interpersonali e sugli aspetti della relazione educativa e della comunicazione.

Nella **logica tradizionale**, la **lezione frontale**, svolta e controllata in ogni sua parte dal docente, costituisce la struttura più idonea a trasferire l'universo dei saperi e delle conoscenze. Si tratta di una struttura caratterizzata dalla netta separazione del momento dell'insegnamento dal momento dell'apprendimento, a vantaggio del primo, in quanto l'agito, l'appreso, l'assimilato degli studenti è relegato in altri spazi e tempi della vita scolastica.

La **didattica della scuola attiva**, prevalentemente di stampo deweyano, ha il merito di aver posto l'allievo al centro di qualunque itinerario formativo, garantendo l'incontro tra le dimensioni di sviluppo della persona e i «saperi». Tale più ampia prospettiva, nata da un'approfondita riflessione pedagogica, mira a un intervento didattico che si propone di perseguire obiettivi formativi partendo dalla persona, dai suoi bisogni e motivazioni, e di *rendere gli obiettivi disciplinari funzionali al perseguimento di quelli formativi, per loro natura trasversali alle diverse aree del sapere*.

Negli anni Cinquanta, a seguito di contributi diversi e in taluni casi contrapposti, quali il comportamentismo di Skinner e la nascita del cognitivismo, si presero le distanze dalla tradizione educativa. Gli orientamenti che emersero da tali prospettive concordavano sull'esigenza di definire un approccio scientifico e razionale dell'organizzazione didattica. Nel corso degli anni Settanta la diffusione del personal computer rinforzò un orientamento razionalistico della didattica, ispirato al cognitivismo.

Nel corso degli anni Ottanta, come abbiamo visto, cominciò a farsi strada l'idea che la realtà sia una costruzione in gran parte derivata dalla nostra esperienza, rivendicando la molteplicità delle intelligenze (Gardner).

In tale prospettiva la scuola ha aperto le porte alle procedure, alle **tecniche sia formali sia informali**, sia strutturate sia non strutturate, valorizzando tutte le virtualità formative dell'ambiente scolastico: spazi, tempi, strumentazioni, tecniche.

2 La gestione del gruppo classe

La gestione della sezione (scuola infanzia) e della classe (scuola primaria e secondaria) comprende tutte le strategie e gli strumenti che un insegnante deve porre in atto per promuovere il coinvolgimento e la cooperazione dell'allievo nelle attività educative e didattiche al fine di creare un produttivo ambiente di lavoro. L'**insegnante** è innanzitutto un **facilitatore delle relazioni** e le sue modalità di gestire le situazioni e il gruppo assumono una notevole rilevanza al fine di motivare

gli alunni ad apprendere, cercando di soddisfare i loro bisogni individuali. A tal fine è opportuno:
— conoscere le principali dinamiche che si instaurano all'interno di un gruppo (comunicazione, leadership, gestione dei conflitti, ruoli formali e informali);
— facilitare la comunicazione fra i componenti del gruppo;
— prediligere una metodologia di lavoro di tipo attivo, favorendo e sviluppando l'ascolto e i lavori di gruppo, seguiti da momenti di condivisione e confronto verbale dei propri vissuti e delle proprie esperienze.

Le ricerche condotte sul gruppo hanno dimostrato, infatti, che le sezioni e le classi che funzionano bene sono quelle in cui gli insegnanti compiono sforzi costanti per creare e mantenere le condizioni che sviluppano l'apprendimento. Ciò implica che lo **spazio** sia attentamente suddiviso in settori utili per lo svolgimento delle varie attività educative, che la **comunicazione** sia efficace, che l'**autocontrollo personale** costituisca uno dei principali pilastri del lavoro.

L'insegnante in questo contesto formativo è chiamato ad assumere uno stile educativo rispettoso della dignità delle persone, *informativo e non di controllo*, chiarendo sempre le ragioni delle direttive impartite.

La classe è sostanzialmente formata da *due strutture*: una esterna, centrata sul **compito** e una interna, centrata sulle **relazioni**. Queste due strutture possono coalizzarsi in funzione di uno stesso scopo oppure entrare in collisione rendendo la vita scolastica un contesto connotato da notevoli difficoltà operative.

La parte esterna del gruppo rappresenta, a tutti gli effetti, la funzione istituzionale: per gli alunni, nel momento in cui entrano in una scuola, è necessario adeguarsi a una serie di regole e di norme in vista del raggiungimento di performance significative di apprendimento. Definire adeguatamente quest'area non solo è importante ma essenziale. *Il gruppo presenta componenti socio-emotivo-relazionali piuttosto forti e non sempre consapevoli* da parte degli stessi alunni. Nel momento in cui si forma il gruppo-classe si strutturano *processi di immedesimazione reciproca* da parte dei singoli componenti che portano a trasformarlo in un organismo vero: un condensato di emozioni, di spontaneità, di intrecci relazionali e comunicazionali. *Compito dell'insegnante*, anche dal punto di vista didattico, è *creare sintonizzazione fra le componenti socio-affettive e quelle dell'apprendimento*, favorendo il sostegno reciproco tra gli alunni, in particolare fra quelli che hanno raggiunto determinate capacità e gli altri, mediante un processo di scambio, di interazione positiva, di collaborazione.

Risulta più facile per gli alunni acquisire *esempi* significativi dai compagni piuttosto che dagli insegnanti. Per tali ragioni l'insegnante deve poter assumere le funzioni di un *regista* di un processo che sono gli alunni stessi a vivere in prima persona.

Il gruppo-classe è un luogo di lavoro sistematico, un laboratorio creativo in cui gli alunni continuamente sono in situazione di tensione formativa e necessitano di una didattica che sia motivazionalmente ancorata alle basi emotive e relazionali di ciascuno dei componenti. Il segreto di questo tipo di processo è la **restituzione al**

gruppo, ossia la capacità del docente di utilizzare gli spunti problematici, i conflitti, le difficoltà, le inquietudini come momenti di lavoro che il gruppo si assume, ma anche il saper dedicare particolare cura alla promozione dei legami cooperativi fra i componenti del gruppo, alla gestione degli inevitabili conflitti indotti dalla socializzazione, costruendo l'ambiente-scuola come luogo accogliente, coinvolgendo in questo compito gli alunni stessi. Sono, infatti, importanti le condizioni che favoriscono lo star bene a scuola, al fine di ottenere la partecipazione più ampia dei bambini e degli adolescenti a un progetto educativo condiviso.

3 La didattica motivazionale

L'apprendimento è un processo attraverso il quale il soggetto, elaborando le proprie esperienze, modifica il proprio comportamento e le proprie conoscenze per adattarsi in maniera autonoma alle sollecitazioni provenienti dal suo stato personale e dall'ambiente. In tale prospettiva l'insegnante è l'animatore che agevola, organizza, sollecita le occasioni di apprendimento. Al docente si richiedono: preparazione didattica, capacità di comunicazione, competenza in campo psicopedagogico, aggiornamento continuo, capacità organizzative, atteggiamento problematico e critico verso ciò che si insegna, conoscenza dei problemi sociali, disponibilità al confronto.

Esistono numerosi fattori che condizionano l'apprendimento, il primo dei quali è la **motivazione** (che consiste nel fornire stimoli emotivo-affettivi, incoraggiando, dando fiducia, sapendo rispettare i tempi personali). Un buon insegnante, oggi, è colui che sa coniugare attività di progettazione, programmazione, valutazione con attività di motivazione, animazione, gratificazione degli alunni e di gestione della classe. Ne deriva l'importanza che rivestono il modo di presentare l'argomento, l'uso dei linguaggi verbali e non verbali, l'impiego dei media tecnologici, il tipo di lavoro da assegnare agli alunni, l'utilizzo delle dinamiche di gruppo attivate nella classe: espedienti importantissimi per conseguire dei buoni risultati di apprendimento.

Il docente nell'attività di insegnamento deve tenere conto della specificità di ogni alunno, vero protagonista del processo educativo. **Una corretta metodologia didattica deve partire sempre dall'alunno**, cioè dalla sua situazione di partenza (di carattere non solo cognitivo ma anche socio-relazionale), quindi dai *prerequisiti* che possiede in relazione ai contenuti disciplinari da apprendere e dalle conoscenze pregresse, sulle quali occorre innestare le nuove. In tal modo l'apprendimento potrà diventare realmente significativo per gli alunni, poiché fondato sui loro interessi, sui bisogni formativi, sulla realtà socio–culturale in cui vivono, capace di mantenere alto il livello motivazionale e l'interesse e premiando l'applicazione.

La didattica motivazionale dedica, perciò, molta attenzione al **contesto della scuola** e della classe in cui il bambino è inserito; essa tende alla promozione di attività di socializzazione ai fini di una reale integrazione, attraverso adeguati training che favoriscano comportamenti di aiuto reciproco e di collaborazione.

Le esperienze di apprendimento più motivanti per gli studenti sono quelle più attive. È quindi importante usare strategie didattiche finalizzate a coinvolgerli fattivamente nel processo di apprendimento.

I programmi di sviluppo delle abilità sociali e le diverse forme di tutoring tra pari influenzano, inoltre, positivamente il livello di relazione e di sviluppo dell'apprendimento dell'intero gruppo-classe. Gli scambi tra pari non dipendono automaticamente dall'inserimento nel gruppo ma dall'effettiva e reciproca partecipazione alle attività, da stimolare anche attraverso metodologie che consentano di approfondire la reciproca conoscenza.

4 L'individualizzazione dell'insegnamento

La **didattica individualizzata** è nata a seguito degli studi sui meccanismi della mente umana e sui processi attraverso cui si realizza l'apprendimento.

Le modalità di apprendimento degli individui variano, infatti, sia in rapporto al «tempo» che ciascuno impiega per giungere all'acquisizione di determinate nozioni, sia in rapporto alla «modalità», in quanto ogni persona utilizza in maniera predominante una delle «vie d'ingresso», ossia uno dei recettori sensoriali che rendono possibile il contatto tra il mondo esterno e la mente dell'individuo.

Allo scopo risultano efficaci le *didattiche metacognitive*, l'apprendimento cooperativo, il tutoring.

La **didattica metacognitiva** favorisce l'efficacia del processo apprenditivo in quanto interviene sia sulle conoscenze del proprio funzionamento cognitivo (compito, strategie, applicazione), sia sulle abilità di previsione, di pianificazione, di monitoraggio e di autovalutazione, elevando il livello di consapevolezza dell'alunno e migliorando le sue prestazioni.

L'**apprendimento cooperativo** (→ *infra*) è un metodo di insegnamento basato sulle risorse degli allievi che apprendono cooperando in gruppo per il conseguimento di un obiettivo comune.

Il **tutoring** (→ *infra*) rappresenta una tecnica di lavoro individualizzato che organizza un contesto apprenditivo in cui gli alunni, con ruolo scambievole, esercitano la funzione di tutor ed allievo.

La promozione del successo formativo per tutti gli alunni, indipendentemente dalle condizioni di partenza siano esse socioeconomiche o individuali, richiede un approccio multidimensionale fondato principalmente sulla qualità delle relazioni interpersonali, sull'individualizzazione dei metodi didattici in rapporto alle differenze di ciascuno, sulla flessibilità dell'organizzazione didattica.

5 La personalizzazione educativa

Una didattica fondamentale, al fine della differenziazione del processo di insegnamento/apprendimento in considerazione dei bisogni e delle specifiche capacità di ogni alunno, è quella della **personalizzazione educativa**.

Essa si differenzia dall'individualizzazione dell'insegnamento perché, mentre quest'ultima attiene soprattutto alle strategie che possono portare al perseguimento degli obiettivi comuni alla classe, riferendosi perciò sia agli *aspetti metodologico-didattici* sia agli *aspetti organizzativi*, la personalizzazione attiene anche agli obiettivi formativi del singolo alunno, che, assieme agli obiettivi formativi definiti a livello di istituzione scolastica e di singola classe, concorrono alla promozione delle identità personali.

La prospettiva della **personalizzazione** non costituisce una novità assoluta nell'ambito del processo educativo, in quanto rielabora, alla luce di nuove esigenze, un motivo ricorrente nella cultura pedagogica del secolo scorso. Studiosi come Claparède, Decroly, Montessori misero in atto soluzioni operative che ancora oggi costituiscono motivo di riflessione, come la costituzione di gruppi di livello e l'istruzione graduata, rispondente alle capacità individuali. La personalizzazione prevede una **declinazione dell'intervento educativo sulle esigenze della persona**: si tratta non solo di rispettare i tempi di sviluppo e le forme dell'apprendimento, ma anche di porre riguardo alle attitudini, ai luoghi e alle situazioni di vita del soggetto in formazione, alle sue potenzialità e possibilità di riuscita. Ciò consente il passaggio dalla logica funzionalistica (legata agli apprendimenti) alla tendenza a farsi carico della persona nella sua globalità cognitiva, affettiva e relazionale.

Alla base di tale concezione vi è la convinzione che per garantire il **successo formativo** e soprattutto per assicurare la valorizzazione delle identità personali, sociali, culturali e professionali, non si può fare affidamento sulla scuola dell'uniformità, sulla scuola uguale per tutti gli alunni, ma è necessaria una «*scuola su misura*», in cui venga realizzata la **personalizzazione degli obiettivi formativi e delle metodologie educative e didattiche**. Il principio di personalizzazione ribadisce, dunque, la centralità della persona e delinea un modello di didattica che fa riferimento a tre elementi fondamentali:

- gli **obiettivi formativi di apprendimento personalizzati**, cioè adattati ai ritmi evolutivi di ciascun allievo;
- il **pluralismo delle metodologie**, ossia l'integrazione e la differenziazione degli interventi didattici;
- il **processo di orientamento del soggetto in apprendimento**, teso a svilupparne le potenzialità cognitive, incoraggiando le prime manifestazioni attitudinali e la progressiva strutturazione del progetto personale di vita.

Con la personalizzazione si persegue l'obiettivo di creare itinerari differenziati, attenti alle esigenze ma anche alle capacità personali, al fine di ridurre gli insuccessi e rendere più significativa e produttiva l'esperienza di apprendimento. Tale strategia implica la messa a punto di nuove forme di organizzazione didattica e di sviluppo di processi del «sapere» e del «saper fare» coerenti con le capacità, i ritmi e i tempi di sviluppo degli alunni. Si tratta, dunque, di *garantire il passaggio dagli «obiettivi generali del processo educativo» e dagli «obiettivi specifici di apprendimento»*, individuati dalle Indicazioni nazionali, *agli indicatori formativi adatti e significativi per i singoli allievi*.

6 La didattica per competenze

La necessità di fornire ai giovani le competenze di base necessarie per la prosecuzione degli studi e per l'inserimento nel mondo del lavoro nasce dalle strategie dell'Unione Europea finalizzate alla crescita economica e all'occupazione (→ Cap. 10), nonché allo sviluppo sostenibile, in quanto si propone di aiutare le persone ad adeguarsi ai contesti di vita in continuo cambiamento.

Una didattica per lo sviluppo delle competenze è una **didattica attiva e partecipata**, in quanto il sapere appreso viene immediatamente messo in gioco e diventa risorsa operativa.

Le competenze, infatti, non sono un obiettivo puramente cognitivo, che possa essere raggiunto con didattiche trasmissive, ma implicano didattiche che rendano il sapere concreto e spendibile quotidianamente.

Varie metodologie e pratiche didattiche, derivate anche da approcci psicopedagogici differenti, si ispirano direttamente o indirettamente allo sviluppo di competenze di diverso tipo (cognitive, sociali, emotive) e facilitano il loro raggiungimento da parte dell'allievo: la didattica per progetti, il *mastery learning* (apprendimento per la padronanza), la didattica per problemi (problem solving), la didattica per scoperta (basata sulla metodologia di ricerca), le didattiche metacognitive, l'apprendimento cooperativo (*cooperative learning*) e in generale le didattiche costruttiviste. Le analizzeremo nei prossimi paragrafi.

7 Metodologie e modelli didattici

Ogni modello di insegnamento può essere applicato in ambito formativo mediante specifiche **metodologie didattiche**. In sintesi si tratta di *azioni strategiche di insegnamento, rese flessibili dal docente in base alle concrete situazioni formative e alle particolari caratteristiche degli alunni.*

Con il termine «metodo» s'intende, dunque, un insieme di procedure che guidano e orientano il processo educativo, rendendolo efficace. La scelta del metodo presuppone una valutazione sulle modalità operative da adottare e sull'individuazione dei mezzi e degli strumenti ritenuti più opportuni per la specifica situazione e in relazione ai bisogni degli alunni.

Il regolamento dell'autonomia, D.P.R. n. 275/1999, descrive la progettazione quale strumento di costruzione e sviluppo dell'**autonomia organizzativa e didattica** di ogni istituzione scolastica: «*L'autonomia... si sostanzia nella scelta libera e programmata di metodologie, strumenti, organizzazione e tempi di insegnamento, da adottare nel rispetto della possibile pluralità di opzioni metodologiche, e in ogni iniziativa che sia espressione di libertà progettuale, compresa l'eventuale offerta di insegnamenti opzionali, facoltativi o aggiuntivi e nel rispetto delle esigenze formative degli studenti*».

Al di là delle scelte, i **fattori che caratterizzano l'azione educativa** intenzionale e sistematica sono:

— la *programmazione*, intesa come procedura intenzionale e sistematica;

— il *gruppo-classe*, ovvero il contesto in cui si attua il processo educativo;
— l'*ambiente di apprendimento*;
— la *verifica/valutazione dei processi*.

La **didattica di qualità** deve valorizzare, dunque, le risorse interne della scuola, favorisce lo sviluppo di una rete di alleanze e coinvolgimenti sinergici con tutte le agenzie educative del territorio, per convogliare gli interventi nella direzione delle proprie finalità prevalenti: porre ciascun alunno, indipendentemente dalle sue condizioni di nascita e di vita, nelle condizioni di sviluppare al massimo grado le sue potenzialità, valorizzando la sua unicità-diversità e attuando una differenziazione personalizzata degli interventi e dei servizi, per perseguire traguardi significativi.

Nella scelta delle metodologie didattiche da usare bisogna rivolgere una particolare attenzione ai molteplici aspetti della soggettività, quali: le diverse intelligenze, i vissuti emotivo-affettivi, la qualità dell'integrazione nel contesto ecologico dell'apprendimento.

In particolare, occorre tener conto che le diverse intelligenze danno luogo a *diversi stili cognitivi*, a seconda delle modalità che ognuno di noi impiega per cogliere le informazioni, organizzarle ed elaborarle: non pensiamo tutti allo stesso modo, anche se tendiamo a impiegare strategie che rientrano in classi comportamentali generali.

Nella didattica di qualità il *ruolo del docente è centrale nel motivare l'allievo* all'apprendimento. Per avere successo nell'esecuzione di un compito, lo studente deve imparare a usare le strategie specifiche che il compito richiede, sapere come e quando usarle e con quale costo cognitivo. Egli struttura gradualmente questa competenza attraverso il feedback che riceve dal docente, attribuendo il successo all'impegno profuso e all'uso appropriato della strategia. Il processo di attribuzione non è una caratteristica innata ma si sviluppa in risposta alle aspettative dell'insegnante. Quando l'allievo risolve un compito con l'uso di strategie appropriate, il docente, attraverso il feedback, deve sottolineare l'importanza dell'impegno consapevole e la pertinenza della strategia usata rispetto alla situazione; viceversa, se la strategia adoperata non è corretta, non può limitarsi a generiche esortazioni ma deve far capire all'allievo le ragioni dell'insuccesso, affinché quest'ultimo impari ad attribuire il risultato della prestazione deficitaria all'utilizzo di strategie inadeguate e allo scarso impegno. In tal modo si acquisiscono capacità di autoregolazione, che aumentano il livello di autostima e la motivazione all'apprendimento.

L'abbandono graduale della didattica tradizionale, verificatosi negli ultimi vent'anni, ha determinato perciò lo sviluppo di modalità e procedure didattiche più rispondenti alla struttura reticolare delle conoscenze e, dunque, alla struttura stessa dell'intelligenza.

8 L'istruzione programmata

L'impulso maggiore all'approfondimento dei problemi riguardanti la microanalisi dei processi didattici e alla loro organizzazione sequenziale, anche ai fini valutativi dell'apprendimento e della formazione, è quello offerto dagli studi sull'istruzione programmata. Diffusasi intorno agli anni '50, sulla scia delle teorie behavioriste dell'apprendimento, il modello didattico dell'istruzione programmata trovò ben presto il suo più naturale ambito applicativo nel campo dell'organizzazione e dell'ottimizzazione delle sequenze d'istruzione, da impartirsi mediante le cosiddette *teaching machines* (macchine per insegnare).

Il **processo didattico** secondo l'istruzione programmata prevede:
- l'analisi dettagliata del materiale da apprendere e la sua suddivisione in «**unità di apprendimento**» semplici e chiare;
- l'organizzazione e la presentazione delle unità di apprendimento in una progressione «a piccoli passi», cioè attraverso sequenze logiche molto strette e razionalmente programmate, che escludano la possibilità di errori da parte dello studente (*programmi lineari*) o che prevedano, in caso di errore, la deviazione su unità di apprendimento correttive (*programmi ramificati*);
- la conoscenza immediata del risultato ottenuto dallo studente in corrispondenza di ciascuno degli elementi che compongono la sequenza di apprendimento;
- la notevole adattività del processo didattico al ritmo e alle possibilità di apprendimento del discente, pur rimanendo, l'intera sequenza d'istruzione, un processo dettagliatamente pianificato e composto da un numero finito di elementi. In questo senso il processo didattico assume le caratteristiche e le proprietà di un processo di tipo algoritmico.

9 La didattica modulare

L'attuale legislazione scolastica riconosce alle istituzioni scolastiche, come visto, ampia autonomia nell'organizzazione della didattica che diventa flessibile e, che, in quanto parte integrante della progettazione di classe, viene modulata e ridefinita costantemente, per adeguarsi ai ritmi e agli stili di apprendimento delle diverse «intelligenze» degli allievi. L'istituzione ha come obiettivo primario il *successo scolastico* che persegue mettendo in campo tutte le sue risorse umane e strumentali.

Anche grazie alla flessibilità che l'autonomia scolastica ha riconosciuto alla scuola (D.P.R. n. 275/1999), la **didattica modulare** costituisce oggi un modello operativo *particolarmente diffuso* e sostenuto dagli operatori della formazione, in quanto rende possibile l'adeguamento dei contenuti alle *formae mentis* di ciascun allievo, privilegiando una struttura reticolare delle conoscenze senza dubbio più rispondente alla struttura della mente umana. La modularità rende possibile la scomposizione e la ristrutturazione delle conoscenze in sistemi concettuali aperti, collegabili tra loro, sulla base delle esigenze degli alunni.

Il **modulo** costituisce, dunque, una modalità di lavoro flessibile, altamente strutturata, in cui l'organizzazione del percorso formativo, così come le risorse del tempo e dello spazio, rende possibile la composizione personalizzata di segmenti di

insegnamento/apprendimento che hanno contenuti e ampiezza variabili. Ciascun modulo, in questo senso concepito, rimanda ad alcune idee di fondo:
— la **elementarità**, intesa come nucleo semplice rispetto ad un sistema più complesso;
— l'**unitarietà**, riferita alla completezza e compattezza del suo contenuto;
— la **flessibilità**, ossia la possibilità di organizzare i contenuti in maniera flessibile ed adeguata alle esigenze di chi apprende i diversi elementi di cui si compone.

Da tali presupposti può scaturire che *alunni di classi diverse partecipino al medesimo modulo formativo*, i team docenti si aggreghino sulla base delle discipline di volta in volta interessate al modulo, l'orario annuale delle lezioni sia articolato, scandendolo secondo il monte ore necessario a ciascun modulo.

Per impostare un percorso modulare, occorre definire con chiarezza le conoscenze e le competenze di base che l'allievo possiede e, quindi, procedere all'individuazione degli obiettivi da conseguire a fine percorso, dei contenuti e degli strumenti necessari. La **progettazione modulare** va articolata in modo che l'allievo possa procedere gradualmente e per tappe successive all'acquisizione di contenuti, conoscenze e competenze, individuando le eventuali interconnessioni tra moduli e propedeuticità rispetto agli apprendimenti successivi. In questa prospettiva l'organizzazione modulare rende possibile l'**individualizzazione** del processo di insegnamento-apprendimento in relazione ai tempi e ai modi di apprendere degli allievi, secondo le possibilità cognitive degli stessi allievi. L'intervento del docente deve poter garantire, di volta in volta, la scelta, tra i moduli, di quello che risponde maggiormente al percorso che ciascun alunno, individualmente o in gruppo, sta realizzando, attivando le capacità di autorganizzazione delle esperienze e delle conoscenze. L'accertamento e la socializzazione dei risultati favoriscono la circolarità delle esperienze e rendono possibile anche la rielaborazione delle stesse in situazioni e momenti diversi.

Dal punto di vita organizzativo la didattica modulare rende possibile il «ritorno» sui moduli di base anche in momenti diversi o nel corso di anni successivi, così da »recuperare« quei contenuti e quei processi che servono a promuovere lo sviluppo costruttivo di nuovi apprendimenti.

10 La didattica per concetti

Accanto ad altri modelli di didattica, che conservano una sostanziale validità dal punto di vista teorico e procedurale, lo sviluppo e la notevole affermazione dei linguaggi dell'immagine e degli strumenti grafici di rappresentazione e collegamento delle conoscenze, hanno determinato l'affermarsi della **didattica per concetti**. Si tratta di una modalità operativa che fonda le sue radici nella psicologia cognitivista e, in particolare, nell'idea dell'apprendimento inteso come processo continuo di rielaborazione di nuovi elementi, grazie al ruolo attivo del soggetto.

La didattica concettuale si avvale di uno strumento essenziale: la **mappa concettuale**, che rende possibile il trasferimento sul piano grafico e iconico di un insieme di elementi concettuali. Scegliere la logica grafica significa abbandonare la logica lineare del linguaggio verbale e scritto e adottare la logica reticolare e ipertestuale che si presenta sotto forma di ramificazione di elementi. Tale struttura grafica, che rende possibile l'esame delle diverse componenti del medesimo concetto, è di certo più vicina alla struttura mentale del soggetto che apprende.

La rete concettuale può essere costruita a partire dai risultati della ricerca scientifica sull'argomento, per poi effettuare una ricognizione dei concetti in possesso di ciascun alunno, legittimando i concetti sufficientemente completi. In questo modo, l'insegnante scopre l'universo semantico di ogni alunno, tentando di volta in volta di chiarire il senso delle costruzioni proposte.

10.1 La mappa concettuale

La mappa concettuale è una rappresentazione grafica della conoscenza; uno strumento utile per far emergere i significati insiti nei materiali da apprendere, che raccoglie una rete di informazioni riguardanti la struttura della conoscenza.

Le mappe concettuali sono utili:
— **per l'alunno**, in quanto consentono di:
  - collegare nuove e pregresse conoscenze;
  - schematizzare e rendere espliciti i significati nascosti in una rete di proposizioni;
  - mettere a fuoco le idee chiave;
  - pianificare le operazioni da compiere;
  - sintetizzare ciò che è stato imparato;
  - stimolare la creatività;
  - favorire l'apprendimento metacognitivo;
  - sfruttare la memoria visiva.
  - favorire la discussione;
— **per l'insegnante** in quanto:
  - rappresentano il percorso da seguire, concordare e organizzare con gli studenti;
  - identificano le conoscenze corrette, sbagliate, incomplete.

11 Il lavoro di gruppo

Il «**gruppo classe**» è per l'alunno un importante punto di riferimento affettivo, psicologico e relazionale. Sin dai primi anni di scuola, nella classe il bambino impara a giocare, a comunicare, a collaborare, a gestire i conflitti, le emozioni, le gioie e le paure. Il senso d'appartenenza al gruppo è fonte di grande rassicurazione affettiva di fronte alle prove e difficoltà che ogni studente incontra nella vita scolastica. La ***coesione* del gruppo-classe** (come ogni altro raggruppamento anche temporaneo di alunni) non è perciò né un punto di partenza, né una tappa naturale ma costituisce un obiettivo che deve essere intenzionalmente perseguito.

Ogni azione dell'insegnante dovrebbe contenere questo *valore aggiunto*; ogni azione dovrebbe perciò avere, al di là del suo obiettivo specifico, un effetto positivo sulla dinamica relazionale del gruppo. Il gruppo è l'ambito nel quale gli individui tendono naturalmente a collocarsi e a riconoscersi, la palestra in cui si formano in relazione agli altri e all'ambiente, il luogo in cui sviluppano le proprie possibilità di espressione e di interazione, ampliando la propria sfera socio-affettiva, costruendo la propria autonomia e il proprio senso di responsabilità. Il gruppo, in altre parole, è il luogo in cui avviene la gran parte dei processi attraverso i quali il fanciullo costruirà la propria identità, la percezione di sé e degli altri.

Una strategia didattica molto potenziata con l'autonomia organizzativa e didattica è costituita dal **lavoro di gruppo**, ossia da attività che si organizzano in gruppi, costituiti da alunni di una stessa classe o anche di due o più classi. Un gruppo non è semplicemente un insieme di persone vicine tra loro, ma un insieme di persone, in *interazione* psico-sociale che sono in *reciproca dipendenza* e agiscono in ruoli specifici con l'obiettivo di realizzare fini o interessi comuni. Il gruppo, dunque, moltiplica le occasioni di attività e diventa anche un contesto variabile che si compone e si ricompone a seconda delle attività e degli argomenti da realizzare. Di conseguenza, affinché un gruppo esista, è necessario che tra i suoi partecipanti ci sia *un'influenza reciproca*, che, cioè, i singoli individui interagiscano tra di loro e che il gruppo come tale incida, a sua volta, sul comportamento di ogni individuo.

Vari sono i criteri utilizzati per la costituzione dei gruppi, in relazione alle diverse esigenze educative: i **gruppi omogenei**, da adottare durante lo svolgimento di percorsi educativi più complessi, consentono di differenziare gli obiettivi, i contenuti e di prevedere più approcci a una medesima tematica, in relazione al livello conoscitivo degli allievi di ciascun gruppo; i **gruppi eterogenei**, preferibili nel corso di attività che richiedono collaborazione e scambio di esperienze, rendono possibili forti dinamiche di tutorage e di scambio.

Tale interazione che consente di valorizzare l'apporto personale, risulta vantaggiosa per i più capaci, in quanto concorre fortemente al loro processo di formazione etico-sociale, motivandoli e spingendoli a mettersi a disposizione dei compagni in difficoltà; questi ultimi, d'altra parte, riescono spesso a comunicare e a comprendere più dai compagni che dagli adulti, utilizzando forme di comunicazione verbale e iconica. Il linguaggio è, infatti, un elemento di grande importanza sia all'interno del gruppo, sia nei rapporti tra i gruppi. Le forme della comunicazione sono numerose: da quelle orali a quelle scritte, a tutte quelle ottenute con i mezzi informatici.

Accanto alla prevalente attività didattica svolta col gruppo-classe possono essere realizzate attività per **classi aperte**, ossia per gruppi di alunni provenienti da classi diverse. L'organizzazione va strutturata in maniera tale da agevolare l'articolazione flessibile dei gruppi di allievi e diversificare l'offerta formativa.

Per favorire il lavoro di gruppo è possibile sperimentare vari metodi e tecniche didattiche come il *cooperative learning*, lo *student team learning*, il *group Investigation*.

11.1 Il *cooperative learning* (apprendimento cooperativo)

L'*apprendimento cooperativo* è un metodo didattico in cui la variabile significativa è la *cooperazione*; esso utilizza **piccoli gruppi** in cui gli studenti lavorano insieme per migliorare reciprocamente il loro apprendimento e si differenzia, quindi, sia dall'apprendimento competitivo sia da quello individualistico.

Il *cooperative learning* può essere applicato a ogni compito, ogni materia e ogni curricolo. Con il *cooperative learning* gli studenti ottengono migliori risultati, realizzano una maggiore capacità di integrazione sociale e di benessere psicologico, migliorano le competenze sociali e una maggiore capacità di affrontare le difficoltà e lo stress.

Le caratteristiche dei gruppi che sperimentano il *cooperative learning* sono:

1. gli studenti sanno che il loro successo dipende dallo sforzo congiunto del gruppo, il successo del gruppo non può prescindere dal successo del singolo e viceversa. Ogni singolo componente si assume la responsabilità del proprio apprendimento e di quello dei compagni;
2. gli alunni ritengono se stessi e gli altri ugualmente responsabili per lo svolgimento di un compito che permetta di raggiungere il loro obiettivo comune;
3. gli alunni lavorano e producono insieme, si scambiano aiuto, informazioni, assistenza, spiegazioni e incoraggiamento;
4. agli alunni sono insegnate delle abilità sociali di cui devono far uso per coordinare i loro sforzi e raggiungere i loro obiettivi. Assumono importanza sia le abilità cognitive richieste dal compito che quelle sociali necessarie per far funzionare bene il lavoro di gruppo e tutti gli alunni accettano la responsabilità di sostenere un ruolo di guida;
5. i gruppi verificano se gli obiettivi siano stati effettivamente raggiunti e valutano la qualità del lavoro di gruppo. Il risultato è che l'efficacia complessiva del gruppo è superiore alla somma di quella delle sue parti e che tutti gli studenti forniscono prestazioni scolastiche migliori di quelle che avrebbero dato lavorando da soli.

Le differenze tra un gruppo di *cooperative learning* e un gruppo di apprendimento tradizionale sono indicate nella seguente tabella.

Gruppi di *cooperative learning*	Gruppi tradizionali di apprendimento
interdipendenza positiva	nessuna interdipendenza
valutazione individualizzata	valutazione non individualizzata
leadership condivisa	un unico leader scelto
tutti sono responsabili di tutti	ognuno è responsabile solo di se stesso
si enfatizzano il compito e la qualità dei rapporti fra i membri del gruppo	si enfatizza solo il compito
le competenze sociali si insegnano direttamente	le competenze sociali sono supposte o ignorate
l'insegnante osserva ed interviene	l'insegnante si disinteressa del funzionamento del gruppo
i gruppi controllano la loro efficacia	non si controlla l'autoefficacia del gruppo

Gli elementi essenziali affinché la cooperazione funzioni sono:

1. **Interdipendenza positiva**. A ogni componente del gruppo vengono assegnati ruoli e compiti di uguale importanza e ciascuno deve coordinare i suoi sforzi con quelli altrui nello svolgimento di compiti comuni.

2. **Interazione promozionale faccia a faccia.** Gli allievi, organizzati in piccoli gruppi, in modo da poter interagire con facilità:
   - si prestano scambievolmente aiuto e assistenza;
   - si interscambiano risorse come informazioni e materiali;
   - attivano un feed-back continuo sul modo di procedere, di sostenere le proprie responsabilità al fine di migliorare le prestazioni successive;
   - si stimolano a vicenda promuovendo con la riflessione reciproca una migliore qualità del lavoro e sollecitando l'impegno personale di ciascuno per raggiungere gli scopi di tutto il gruppo;
   - agiscono in modo da dare e ricevere fiducia.
3. **Condivisione della «leadership distribuita».** Non si sceglie né si assegna un leader. Tutti gli alunni del gruppo esercitano le competenze di leadership quando è necessario e appropriato farlo poiché ciascun componente del gruppo è in grado di capire, di imparare e di fornire una prestazione del compito se gli venisse richiesto di completarlo.
4. **Raggruppamento eterogeneo.** I gruppi eterogenei per provenienza sociale, livello di competenza, abilità, interessi e conoscenza risultano essere più efficaci ed evitano l'isolamento dei singoli.
5. **Acquisizione delle competenze sociali.** L'abilità a lavorare in modo efficace in un gruppo deriva dalle competenze che possono essere insegnate e apprese per cui le abilità sociali sono definite, discusse, praticate, osservate e controllate.
6. **Responsabilità individuale e di gruppo.** Il gruppo deve essere responsabile del raggiungimento dei suoi obiettivi e ogni membro lo deve essere nel contribuire con la sua parte di lavoro; l'apporto del singolo nell'apprendimento del gruppo deve essere insostituibile.
   Il gruppo deve definire in modo chiaro gli obiettivi che vuole raggiungere e deve essere in grado di misurare sia i progressi compiuti verso di essi sia gli sforzi individuali di ogni suo componente. La responsabilità individuale è evidenziata a seguito della valutazione delle prestazioni di ogni singolo studente e la successiva discussione dei risultati raggiunti dal gruppo e dal singolo, così che si possa identificare chi richieda più assistenza, sostegno e incoraggiamento nello svolgimento dei compiti assegnati. Un obiettivo dei gruppi di *cooperative learning* è anche quello di rafforzare la competenza individuale di ogni membro del gruppo: gli studenti imparano insieme per potere successivamente fornire prestazioni migliori singolarmente.
7. **Valutazione di gruppo e riflessione sul processo.** I componenti del gruppo verificano e discutono i progressi compiuti verso il raggiungimento degli obiettivi e l'efficacia dei loro rapporti di lavoro. I gruppi devono identificare e descrivere quali azioni degli alunni siano positive o negative e decidere quali tipi di comportamento mantenere o modificare.

11.2 Il *circle time*

Le diverse opportunità di interazione sociale possono includere una grande varietà di esperienze di apprendimento cooperativo.

In particolare **circle time** è un metodo di lavoro ideato con lo scopo di proporre per tutti i gruppi che abbiano uno scopo comune, uno strumento efficace per aumentare la vicinanza emotiva e per risolvere i conflitti. Tale strumento si rivela particolarmente efficace per stimolare ad acquisire conoscenza e *consapevolezza delle proprie ed altrui emozioni*, per gestire le relazioni sociali sia con i pari sia con gli adulti.

Il circle time è, quindi, un **gruppo di discussione su argomenti di diversa natura**, con lo scopo principale di migliorare la comunicazione e far acquisire ai partecipanti le principali abilità comunicative, creare un clima di serenità e di reciproco rispetto, imparare a discutere insieme, ad esprimere le proprie opinioni ad alta voce, a riassumere ciò che è stato detto, ad ascoltare e a chiedere l'ascolto.

12 La didattica del laboratorio

Una delle condizioni essenziali affinché la scuola sia effettivamente un ambiente di esperienze molteplici, di stimoli e di sollecitazioni è la valorizzazione di un clima sociale positivo e di iniziative di collaborazione sempre più intense e produttive.

A tal riguardo l'**organizzazione didattico-metodologica dei laboratori** rende possibile la partecipazione attiva degli alunni al processo di formazione e consente ai docenti la suddivisione dei compiti, in riferimento alle specifiche competenze e alle esperienze realizzate.

Il «**laboratorio**» rappresenta, infatti, un importante luogo d'incontro operativo in cui gli allievi, sotto la guida dell'insegnante, confrontano le loro competenze per la realizzazione di un lavoro condiviso e di tipo collaborativo. Esso risponde alle esigenze di formazione che emergono dalla società dei consumi e della cultura diffusa dai mass-media e dai personal-media, poiché favorisce la comunicazione, contro l'incomunicabilità della società dei consumi; il pensiero divergente, contro il conformismo, la stereotipia e l'omologazione; il movimento, contro la staticità e la fruizione passiva.

All'interno del laboratorio è possibile strutturare percorsi, elaborare manufatti e concretizzare idee progettuali attraverso l'uso di materiali e di specifiche tecniche.

LE ATTIVITÀ LABORATORIALI FAVORISCONO LO SVILUPPO DI:		
ABILITÀ	**CAPACITÀ COGNITIVE**	**CREATIVITÀ**
→ sensoriali → percettive → motorie → linguistiche	↓ produzione ed interpretazione ↓ ***pensiero divergente (scientifico)***	↓ intuizione e immaginazione ↓ ***pensiero divergente (creativo)***

Il **laboratorio** costituisce, dunque, un ambiente educativo e didattico che ribalta l'organizzazione tradizionale dello spazio-aula, della metodologia e del ruolo dell'insegnante.

L'organizzazione didattica dei laboratori si fonda su un'adeguata gestione del tempo e dello spazio che costituiscono le due coordinate sulle quali si fondano le esperienze del bambino e la crescita integrale della personalità. Lo **spazio** (*lo sfondo scenico nel quale si svolgono le attività*) e il **tempo** (*la storicità dell'esperienza*) rappresentano, infatti, variabili mediante le quali relazioni e apprendimenti acquistano una loro identità.

In relazione a queste specifiche connotazioni, nello spazio-laboratorio è necessario prevedere, accanto ad attività di elaborazione, momenti di formalizzazione e di rielaborazione, affinché i percorsi realizzati possano essere documentati e socializzati, accrescendo così il patrimonio esperienziale di ciascun bambino.

Al fine di realizzare un'efficace organizzazione didattico-metodologica delle attività laboratoriali vanno tenuti presenti i seguenti punti nodali:

- formulare proposte aperte e stimolanti;
- creare un ambiente ricco e motivante;
- favorire l'esplorazione e la partecipazione attiva dell'alunno;
- osservare con sistematicità i processi di crescita e di apprendimento;
- prendere parte alle dinamiche di gruppo svolgendo la funzione del «regista» e dell'«organizzatore» delle attività;
- realizzare un archivio per la documentazione delle esperienze.

13 Il *mastery learning*

Quando si parla di individualizzazione dell'insegnamento (→ par. 4) non si può non avere come riferimento la teoria del **mastery lerning** (**apprendimento per la padronanza**), così come elaborata da Bloom e Carrol. Il nucleo concettuale di tale teoria è il seguente: *se si offre a ciascun alunno il tempo di apprendimento che gli è necessario, sarà possibile per ogni alunno raggiungere la padronanza degli obiettivi proposti.*

Il mastery learning mira a portare tutti gli alunni di una classe al massimo livello di apprendimento attraverso l'autocontrollo e l'autoverifica dell'apprendimento; a tale scopo definisce, in maniera minuziosa, obiettivi e contenuti dell'attività didattica e diversifica ritmi, sequenze e rinforzi del lavoro didattico, attraverso una continua verifica dei risultati raggiunti.

Il buon apprendimento è visto come risultante dell'ottimizzazione del tempo necessario per l'apprendimento di ciascun alunno, della motivazione ad apprendere, della possibilità di superare al momento giusto le difficoltà che si presentano.

Per le strategie di *mastery learning* è fondamentale l'*elaborazione di procedure di feedback correttive*, relative alle diverse fasi del processo di insegnamento: quesiti, brevi test progressivi, destinati ad individuare cosa ogni studente abbia appreso di una particolare unità o di un percorso formativo.

14 Il *problem solving*

Il problem solving è una metodologia didattica che collega il piano delle conoscenze disciplinari con quello della *gratificazione individuale*, consentendo di rilevare e risolvere situazioni problematiche in contesti vissuti. Per tali ragioni favorisce l'*approccio alla ricerca nel processo conoscitivo, potenziando lo sviluppo del pensiero critico e del ragionamento*; **si realizza presentando un argomento in forma problematica, così da sollecitarne la risoluzione.**

Tale metodo si adatta alle esigenze di tutti gli ordini di scuola e ai diversi ambiti disciplinari, attivando: la **motivazione**, l'**attenzione**, la **riflessione**, la **discussione**. Rende gli alunni protagonisti del processo conoscitivo e consente di evidenziare che per giungere alla risoluzione di questioni complesse le soluzioni possono essere molteplici.

Il problem solving può essere articolato in quattro fasi:

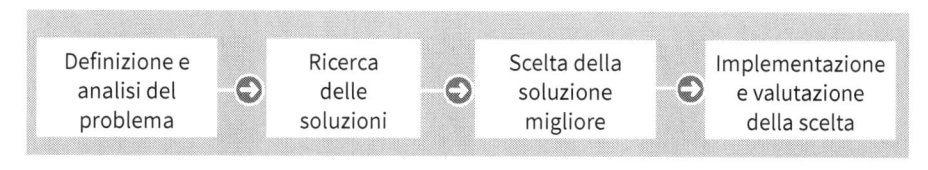

Definizione e analisi del problema ➔ Ricerca delle soluzioni ➔ Scelta della soluzione migliore ➔ Implementazione e valutazione della scelta

1. **Definizione del problema** è la fase in cui è importante individuare e analizzare il problema da risolvere, ricercandone informazioni ed esaminando i dati disponibili per delineare con cura l'area della ricerca.
2. **Ricerca di soluzioni**, nel corso della quale si prospettano le possibili soluzioni e si individua quella più appropriata sia per efficacia sia per economicità. La tecnica che viene utilizzata in questa fase è il brainstorming.
3. **Scelta della soluzione**, fase che consente di prendere una decisione e di definire il percorso da seguire.
4. **Implementazione** è la fase in cui si procede ad adottare la soluzione e a valutare l'efficacia della scelta effettuata.

14.1 Il *focus group*

Il *focus group* può essere utilizzato come metodologia didattica nei percorsi che pongono problemi da risolvere.

La presenza del docente, che svolge funzioni di moderatore, deve essere discreta per consentire al gruppo di operare liberamente, ma anche mirata a evitare inutili protagonismi, polemiche o conflitti e per favorire gli interventi dei più timidi.

Si può procedere partendo da associazioni libere di idee come avviene nel brainstorming, ma successivamente il moderatore deve attivare un processo di discussione dei pensieri esposti, basato sul ragionamento.

Il docente che adotta il focus group deve:
— creare un buon clima;

— stimolare la discussione e facilitare il confronto;
— favorire la partecipazione volontaria e spontanea di tutti;
— mantenere sempre un atteggiamento neutrale;
— fare attenzione non solo ai contenuti degli scambi comunicativi, ma anche alle dinamiche relazionali che si stabiliscono all'interno del gruppo.

15 *Tutoring* e relazione d'aiuto

Il ***tutoring*** o **tecnica di aiuto reciproco** rappresenta una tecnica di lavoro individualizzato che consente di organizzare un contesto apprenditivo in cui gli alunni, con ruolo scambievole, esercitano la **funzione di tutore ed allievo**.

Costituisce, pertanto, una modalità di gestione responsabile della classe che garantisce: sul piano educativo, lo sviluppo del senso di solidarietà fattiva; sul piano dell'insegnamento, lo sviluppo di una più efficace comunicazione didattica.

Concorre fortemente al processo di formazione etico-sociale degli studenti, motivandoli ed orientandoli a mettersi a disposizione dei compagni in situazione di svantaggio.

15.1 Il *peer tutoring*

La metodologia del **peer tutoring** ha avuto origine in Inghilterra, grazie ai due pedagogisti A. Bell e J. Lancaster tra la fine del '700 e gli inizi dell'800. Gli studiosi affrontarono il problema di garantire un'istruzione ad un numero consistente di bambini e ragazzi che, per ragioni economiche, vivevano ai margini della società. Costituirono classi numerosissime per cui gli insegnanti non avevano la possibilità di gestire la relazione educativa e garantire agli studenti un adeguato approccio allo studio. La creazione di *tutor,* ragazzi in genere più grandi che aiutavano nei compiti i più piccoli e meno competenti, sembrò essere l'unica soluzione. In questo processo di mutuo aiuto e supporto reciproco i bambini impararono una serie di abilità di relazione, svilupparono abilità cognitive e acquisirono nuove conoscenze.

Il *peer tutoring*, letteralmente **istruzione fra pari** (conosciuto anche come metodo *peer to peer*) costituisce, dunque, una tecnica didattica in cui gli alunni sono sollecitati a insegnare un determinato concetto o argomento ai loro compagni, imparando a loro volta. I coetanei sono, infatti, molto spesso più efficaci degli adulti in quanto offrono modelli di problem solving più semplici e più vicini a chi deve apprenderli.

L'interazione comporta miglioramenti significativi tanto nello sviluppo cognitivo quanto nella sfera emotivo-relazionale.

Il concetto di *zona prossimale di sviluppo*, derivante dalla teoria vygotskijana, è molto utile per spiegare il notevole vantaggio che gli allievi hanno dall'interazione con i pari. Gli altri, siano essi adulti che coetanei, forniscono, secondo la teoria di Vygotskij, la possibilità di ridurre la distanza esistente tra le abilità di *problem solving* possedute in quel momento e le potenzialità del soggetto.

Il metodo *peer to peer* può essere applicato a piccoli gruppi o coppie *same-age* o *cross-age*, in cui un allievo funge da insegnante all'altro e il docente programma la forma, i contenuti, gli obiettivi, i materiali, la coppia, forma il *tutor* (*tutoring*) e supervisiona costantemente il lavoro.

Attraverso l'aiuto di un coetaneo, i bambini acquisiscono nuove conoscenze in maniera più informale, con ricadute positive non solo sul piano delle competenze, ma anche sulla socializzazione. Tale tecnica, inoltre, sembra rinforzare le abilità dello stesso *alunno-tutor* che, investito del ruolo di facilitatore dell'apprendimento, risulta maggiormente motivato rispetto allo studio. Naturalmente, affinché il processo vada a buon fine, è necessario che si svolga nell'ambito di un progetto ben strutturato nei modi, nei tempi e negli obiettivi fissati dal docente.

16 Lo sfondo integratore

Lo «**sfondo integratore**» è una metodologia didattica particolarmente appropriata per la *scuola dell'infanzia*, che rende i bambini i veri protagonisti del processo educativo attraverso la predisposizione di una trama su cui costruire itinerari didattici integrati. È efficace anche per realizzare dinamiche inclusive.

L'obiettivo è costruire uno sfondo che attivi l'auto-organizzazione cognitiva degli studenti.

L'insegnante opera come «regista» che utilizza soprattutto la negoziazione (tempi, spazi, argomenti), la mediazione, la connessione.

Procedere con lo *sfondo integratore* significa costruire uno scenario affascinante, o comunque sufficientemente ricco di spunti per la costruzione di scenari possibili:
- un **contenitore** dei percorsi didattici finalizzati alla costruzione di un contesto condiviso da tutti, capace di ampliare la risorse dell'azione educativa;
- un **sollecitatore** di situazioni problematiche, che richiedono formulazione di ipotesi e ricerca di soluzioni;
- un **facilitatore** dell'apprendimento attraverso la strutturazione di situazioni motivanti.

17 La didattica per scoperta

La **didattica per scoperta** è lo strumento che consente di tradurre in azioni le intenzioni teoriche. In particolare la pratica consente di evidenziare la qualità e la creatività degli allievi impegnati ad affrontare tematiche cognitive, comportamentali, relazionali e si pone come verifica costante della teoria, nonché come strumento per modificarle e adeguarle continuamente alle nuove situazioni di apprendimento. L'apprendimento che si realizza mediante la scoperta pone l'alunno nelle condizioni di esplorare territori fisici, comportamenti umani, campi disciplinari, si sorprenda e si motivi a riesplorare e ad affrontare nuovi campi d'indagine.

18 La ricerca-azione

È una *strategia* di ricerca che mira a fornire delle risposte efficaci ed efficienti ad un problema *percepito dagli operatori* in un dato contesto; quindi si contrappone alla ricerca accademica calata dall'alto, in quanto prende avvio dall'individuazione di criticità nell'attività concreta di chi opera sul campo e consente di sperimentare linee di intervento adeguate a *quel* contesto.

La ricerca-azione si affida a una comunicazione simmetrica fra i protagonisti con lo scopo di eliminare il rapporto soggetto-oggetto fra i ricercatori ed i loro cooperatori. In tal modo, esalta l'attività di ricerca come agente di cambiamento.

I presupposti epistemologici della ricerca-azione possono essere sintetizzati nei seguenti punti:

- il ricercatore *non può* essere staccato dalla realtà che studia;
- assenza di rigidità delle procedure.
- tecniche e strumenti flessibili, adattabili e sempre modificabili.

Le fasi della ricerca-azione sono:

1. *costituzione del gruppo di ricerca;*
2. *definizione del problema e dell'obiettivo di ricerca;*
3. *costruzione del quadro teorico;*
4. *formulazione delle ipotesi di ricerca e di intervento;*
5. *formulazione del piano di intervento (con definizioni concettuali/operative e protocolli di intervento).*
6. *costruzione degli strumenti di intervento e di monitoraggio;*
7. *formazione degli operatori (se necessario revisione degli strumenti);*
8. *applicazione del piano di intervento (con redazione del relativo diario di bordo).*
9. *rilevazione dei dati di monitoraggio (sul raggiungimento degli obiettivi);*
10. *analisi dei dati raccolti ed interpretazione dei risultati;*
11. *formulazione di un giudizio (analitico e sintetico) su efficacia ed efficienza dell'intervento.*

19 Il *role playing*

Il ***role playing*** (**gioco o interpretazione dei ruoli**) consiste nella simulazione dei comportamenti e degli atteggiamenti adottati generalmente nella vita reale. Gli studenti devono assumere i ruoli assegnati dall'insegnante e comportarsi come farebbero realmente nella situazione data. Questa tecnica ha, pertanto, l'obiettivo di far acquisire la capacità di impersonare un ruolo e di comprendere in profondità ciò che il ruolo richiede. Il role playing non è la ripetizione di un copione, ma una vera e propria recita a soggetto. Riguarda i comportamenti degli individui nelle relazioni interpersonali in precise situazioni operative per scoprire come le persone possono reagire in tali circostanze. Il docente è tenuto a rispettare gli studenti nelle loro scelte e reazioni senza giudicare.

Come ogni tecnica di sensibilizzazione utilizzata a scopi formativi, anche il role playing deve essere utilizzato come tale (a scopi formativi), deve avere delle sequenze strutturate e deve concludersi con una verifica degli apprendimenti.

20 La metodologia della «classe capovolta»

È definita **«flipped classroom»** la metodologia che consente di invertire il tradizionale schema di insegnamento e apprendimento, collocando al centro l'alunno e le sue competenze piuttosto che il docente e le mere conoscenze trasmesse in maniera univoca.

Le attività avvengono in *modalità blended* e, di conseguenza, è fondamentale l'uso delle nuove tecnologie per fornire adeguate risorse agli allievi al di fuori del contesto classe.

L'idea è quella di «capovolgere» la classe, rendendo l'aula non più il luogo di trasmissione di conoscenze da parte del docente ma lo spazio di discussione, in cui si impara a utilizzarle nel confronto con i pari e con l'insegnante.

Tale metodologia fornisce un contributo essenziale per rinnovare l'attività didattica e rappresenta un mezzo privilegiato per la personalizzazione dell'apprendimento e per la sperimentazione di approcci alla ricerca e alla scoperta.

Nasce dall'esigenza di rendere il tempo scolastico più funzionale e rispondente alle esigenze formative degli studenti, rapidamente mutate negli ultimi anni, e di soddisfare le nuove richieste della società, del mondo del lavoro e dell'impresa.

Ogni alunno, nel contesto della flipped classroom, singolarmente o in piccolo gruppo, nel rispetto dei propri tempi, realizza esperienze di apprendimento attivo. L'insegnante fornisce ai ragazzi tutti i materiali utili all'esplorazione autonoma dell'argomento di studio. Questi possono includere: libri, presentazioni, siti web, video tutorial, piattaforme e-learning e link per la specifica disciplina. È fuori dalle mura scolastiche, quindi, che gli studenti hanno modo di realizzare esperienze di ricerca, studio e approfondimento, di produzione collaborativa, mentre l'aula rappresenta il luogo del dialogo, del confronto, dello scambio. Il ruolo del docente è quello del facilitatore, della guida nell'elaborazione attiva, nella ricerca, del supporto alla comprensione, alla condivisione dei saperi e al graduale passaggio dall'ampliamento delle conoscenze all'acquisizione dio capacità e competenze.

21 Altre metodologie di didattica attiva

21.1 L'apprendimento differenziato

Una metodologia particolarmente efficace per la valorizzazione delle diversità nel gruppo classe è quella dell'**apprendimento differenziato** che si propone di attivare un processo di apprendimento basato su compiti autentici, interdisciplinarità e ricerca, mediante la progettazione e la realizzazione di attività sincrone diverse.

I principi su cui si fonda derivano dagli studi realizzati nell'ambito della **pedagogia speciale**.

Il docente ha il compito di individuare le **dimensioni individuali e sociali** della personalità di ogni alunno, di cogliere le **differenze negli stili di apprendimento**, di riconoscere bisogni e talenti, di promuovere le potenzialità. La proposta formativa va, dunque, personalizzata al fine di rendere ogni alunno protagonista del proprio curricolo.

Un aspetto fondamentale per l'apprendimento differenziato è costituito dalla *qualità dell'ambiente educativo*: è necessario definire con cura il setting d'aula, in particolare gli spazi interni, quelli esterni, i laboratori, i tempi, gli strumenti didattici necessari, predisponendo tavoli di lavoro, detti «stazioni», in cui saranno realizzate le attività didattiche.

Successivamente il docente definisce insieme ai suoi alunni le attività da svolgere che saranno registrate sul time-table della giornata. Le attività vanno articolate in brevi step, consentendo agli alunni di ruotare nelle diverse stazioni. La presenza dell'insegnante al tavolo, il suo affiancamento, consentono di adottare in itinere interventi correttivi molto efficaci.

Alla fine delle attività svolte, ogni alunno potrà registrare su un'apposita scheda per l'autovalutazione, i progressi realizzati e i punti di debolezza del suo percorso.

21.2 La didattica dell'aula decentrata

L'esperienza educativa dell'aula decentrata si realizza al di fuori dell'ambiente intenzionalmente attrezzato per rispondere alle esigenze formative, sulla base dei principi del **sistema formativo integrato**, un sistema cui partecipano tutti i contesti in cui si realizza la formazione.

Si tratta di esperienze che possono essere realizzate nell'ambito di una molteplicità di contesti: *non formali*, come l'associazionismo culturale o sportivo, i centri teatrali o ludici, i musei, i gruppi di scout, l'oratorio, etc.; *informali* tra i quali si annoverano tutti i luoghi di vita degli studenti: il cortile, la piazza, il quartiere, il cinema etc. *Tale metodologia prevede che l'aula si «sposti» all'esterno della scuola*, permettendo, attraverso le uscite didattiche sul territorio, un'integrazione tra le attività svolte a scuola e quelle realizzate nell'ambiente esterno, favorendo l'esplorazione di fonti di informazioni diverse e offrendo la possibilità di imparare ad autoregolare comportamenti e a rafforzare la partecipazione responsabile e attiva.

21.3 Lo storytelling

Lo **storytelling** è una tecnica che si fonda sull'arte del raccontare; è impiegata nella didattica in quanto stimola la comunicazione, la comprensione del testo, la rielaborazione dei contenuti a partire da una fase narrativa. Utilizzata nei diversi ordini e gradi di scuola, consente non solo di esplorare il mondo della fiaba, della leggenda, del mito e di tutta la letteratura giovanile (romanzo, teatro, cinema, etc.)

ma anche di costruire conoscenze che passano attraverso brani e testi di vario tipo (storico, scientifico, geografico, artistico etc.).

Per praticare efficacemente lo storytelling è necessario adottare una modalità comunicativa diretta e coinvolgente, capace di far leva anche su aspetti emotivi, in grado di attirare l'attenzione su immagini o contenuti particolarmente rilevanti.

In taluni casi, per stimolare la creatività è possibile introdurre *storyteller,* ovvero fasi in cui il racconto viene interrotto per porre domande gli studenti, in modo da trasferire la narrazione su un piano fortemente partecipato e rendere gli alunni protagonisti della storia.

La narrazione può essere supportata da strumenti digitali che consentono di costruire racconti con elementi di vario tipo: immagini, testi, musica, fotografie, filmati, mappe concettuali, grafici etc. Il *digital storytelling* può essere utilizzato sia dai docenti per introdurre un argomento o presentare un progetto sia dagli studenti per approfondire argomenti specifici.

21.4 Innovative design

Il metodo *innovative design* della didattica è una modalità strutturata e collaborativa volta a generare e a portare a maturazione le idee, la costruzione di saperi e competenze attraverso l'interazione e la laboratorialità.

La progettazione inizia con l'individuazione di uno specifico obiettivo didattico da affrontare; una volta effettuata tale scelta, le attività da proporre agli studenti vanno strutturate in quattro fasi principali, flessibili, tali da supportare un processo di apprendimento significativo e sviluppare la creatività e l'autonomia dei ragazzi:

— 1. **Esplorazione**: analisi e descrizione del contesto, ricerca delle risorse necessarie;
— 2. **Ideazione**: generazione delle possibili idee, analisi e valutazione delle idee raccolte, selezione delle idee efficaci, individuazione dell'idea che si svuol sostenere, indicazione delle risorse necessarie e definizione delle scelte operative;
— 3. **Sviluppo**: adozione delle strategie predefinite, sviluppo pratico dell'idea attraverso fasi cooperative e creative;
— 4. **Valutazione:** autovalutazione, individuazione delle aree di miglioramento, verifica e validazione del prodotto finale.

21.5 L'apprendimento socio-emotivo (S.E.L. – Social emotional learning)

Numerose ricerche condotte in campo psico-pedagogico hanno dimostrato che la promozione delle competenze socio-emotive incide positivamente sugli esiti degli apprendimenti, rafforzando l'autoconsapevolezza, l'autocontrollo, le competenze relazionali e l'assunzione di decisioni responsabili.

Introdotto nel 1994 in USA per promuovere, attraverso specifici programmi, il benessere psicologico ed emotivo degli studenti di scuole di diverso ordine e grado, si è diffuso rapidamente per i vantaggi riscontrati nella gestione del gruppo classe:
— miglioramento della motivazione ad apprendere, delle capacità attentive, mnemoniche e di problem solving;
— miglioramento degli esiti scolastici;
— sviluppo della fiducia nelle proprie capacità;
— sviluppo dell'interesse ad imparare;
— prevenzione della dispersione scolastica e dei comportamenti a rischio.

L'apprendimento socio-emotivo è una modalità di conduzione del lavoro in classe *che fa leva sulle strategie adottate dal docente* per sviluppare relazioni interpersonali positive a partire da un'adeguata gestione delle proprie emozioni, dalla costruzione del senso di autostima e di autoefficacia personali e dallo sviluppo della capacità di apprezzare gli altri, reagendo adeguatamente a pressioni sociali inappropriate e acquisendo la capacità di negoziare la soluzione in caso di contrasti. I comportamenti promossi attraverso tali percorsi, connotati dal senso di responsabilità e di cura nella costruzione e nel mantenimento di relazioni sociali positive, si prestano ad essere facilmente generalizzati al di fuori del contesto scolastico.

21.6 Open space technology (OST)

L'OST (Open Space Technology) è un metodo di coinvolgimento attivo che si propone di sollecitare la partecipazione, il confronto e la soluzione condivisa di problemi. Utilizzato innanzitutto in ambito aziendale, si è più recentemente diffuso a livello didattico e nella formazione «adulta» in quanto consente di realizzare attività di gruppo e di progettazione partecipata.

L'attività ha inizio con la definizione del tema centrale che deve poter essere interessante per tutti coloro che vi partecipano in modo da favorire l'attivazione del confronto.

L'*Open Space Technology* ha bisogno della guida di un facilitatore, esperto nella conduzione di gruppi e capace di essere «neutrale» rispetto al tema generale da cui deriveranno tutti gli argomenti di discussione trattati dai gruppi di lavoro autogestiti dai partecipanti.

I gruppi produrranno, una volta esauriti gli argomenti di discussione, un *report* che unito a quelli degli altri gruppi andrà a formare l'*instant report* di fine lavori.

10
Scuola delle competenze e documenti europei in materia educativa

1 Il concetto di competenza

Diverse sono le definizioni date al termine «competenza». In gran parte convergono sul fatto che il possesso di competenze consente di utilizzare la capacità di orientarsi adeguatamente in determinati campi e di *padroneggiare situazioni complesse*, padronanza che nell'attuale mondo del lavoro è divenuta fondamentale.

Al di là della molteplicità delle definizioni che sono state date al termine (definizioni anche molto diverse a seconda dei contesti e degli approcci teorici di riferimento), la **competenza** può essere concepita come **l'insieme delle conoscenze, delle abilità e degli atteggiamenti** che consentono a un individuo di ottenere risultati utili al proprio adattamento negli ambienti per lui significativi e che si manifesta come capacità di affrontare e padroneggiare i problemi della vita attraverso l'uso di abilità cognitive e sociali.

È possibile distinguere:
— le **competenze cognitive,** disciplinari, professionali, che riguardano l'acquisizione di concetti e strumenti di base di una disciplina;
— le **competenze metacognitive**, che comprendono la consapevolezza e il controllo dei propri processi di apprendimento;
— le **competenze trasversali**, che consentono di affrontare e risolvere problemi, prendere decisioni, sviluppare soluzioni creative, curare il proprio successo formativo.

Ogni scuola, come è noto, predispone il *curricolo* all'interno del Piano dell'Offerta Formativa, nel rispetto delle finalità, dei *traguardi per lo sviluppo di competenze e degli obiettivi formativi previsti dai documenti ministeriali.*

Tali traguardi, posti al termine dei più significativi snodi del percorso curricolare, rappresentano riferimenti per gli insegnanti, indicano piste da percorrere e aiutano a finalizzare l'azione educativa allo sviluppo integrale dell'alunno.

2 Le competenze nel contesto scolastico italiano

L'introduzione del **concetto di competenza** in Italia è relativamente recente.

Esso compare in maniera esplicita nel *1998 con il Regolamento relativo al nuovo esame di stato*. All'art. 1, «Finalità dell'esame di stato», si afferma che: «*L'analisi e la verifica della preparazione di ciascun candidato tendono ad accertare le conoscenze generali e specifiche, le competenze in quanto possesso di abilità, anche di carattere applicativo, e le capacità elaborative, logiche e critiche acquisite*».

Nella legge di **riforma Berlinguer/De Mauro del 2000**, le competenze diventano elementi fondanti tanto che all'art.1 «Sistema educativo di Istruzione e di formazione» si legge: «(...) *La Repubblica assicura a tutti pari opportunità di raggiungere elevati livelli culturali e di sviluppare le conoscenze, le capacità e le competenze, generali e di settore, coerenti con le attitudini e le scelte personali, adeguate all'inserimento nella vita sociale e nel mondo del lavoro anche con riguardo alle specifiche realtà territoriali*».

La legge di **riforma n. 53 del 2003**, all'art. 2 «*Sistema educativo di istruzione e di formazione*» ribadisce che: «*È promosso l'apprendimento in tutto l'arco della vita e sono assicurate a tutti pari opportunità di raggiungere elevati livelli culturali e di sviluppare le capacità e le competenze, attraverso conoscenze e abilità, generali e specifiche, coerenti con le attitudini e le scelte personali, adeguate all'inserimento nella vita sociale e nel mondo del lavoro, anche con riguardo alle dimensioni locali, nazionale ed europea*».

Nel **Profilo educativo, culturale e professionale dello studente** (D.Lgs. n. 59/2004, attuativo del 1° ciclo) vengono precisate le competenze che dovrebbe possedere uno studente alla fine del primo ciclo di istruzione. Un **ragazzo** è riconosciuto **competente** quando, facendo ricorso a tutte le capacità di cui dispone, utilizza le conoscenze e le abilità apprese per:

— esprimere un personale modo di essere e proporlo agli altri;
— risolvere i problemi che di volta in volta incontra;
— riflettere su se stesso e gestire il proprio processo di crescita, anche chiedendo aiuto, quando occorre;
— comprendere, per il loro valore, la complessità dei sistemi simbolici e culturali;
— maturare il senso del bello;
— conferire senso alla vita.

In seguito alla Raccomandazione europea del 2006 le competenze sono definitivamente state recepite nel nostro ordinamento scolastico attraverso le *Indicazioni nazionali*.

3 Le competenze chiave per l'apprendimento permanente (Racc. 18 dicembre 2006)

L'Italia fa parte dell'Unione europea e quindi pur avendo il compito di elaborare le proprie politiche, è soggetta alle indicazioni che l'Unione dà in materia di istruzione e formazione. I settori di istruzione e formazione non sono di competenza dell'Unione europea ma questa **fissa alcuni obiettivi comuni** a tutti gli Stati membri, al fine di *garantire un livello di ricerca e istruzione uniforme per tutti*. Gli Stati, quindi, rimangono sovrani in materia di istruzione e formazione e l'Unione svolge prevalentemente un *ruolo di sostegno delle politiche nazionali*.

Partendo dall'**autonomia scolastica** che caratterizza il nostro sistema di istruzione, a livello europeo essa riflette un processo che, avviato alla fine degli anni Ottanta, ha poi ricevuto un forte impulso dalla sottoscrizione del Trattato di Maastricht nel 1992, col quale venne stabilito che la Comunità Europea contribuisse all'incremento di un'**istruzione di qualità** nel pieno rispetto delle diversità culturali degli Stati membri.

L'art. 126 del TUE (Trattato sull'Unione europea) stabilisce infatti che: «*la Comunità contribuisce allo sviluppo di un'istruzione di qualità incentivando la cooperazione tra Stati membri e, se necessario, sostenendo ed integrando la loro azione nel pieno rispetto della responsabilità degli Stati membri per quanto riguarda il contenuto dell'insegnamento e l'organizzazione del sistema di istruzione, nonché delle loro diversità culturali e linguistiche».*

Il miglioramento del livello formativo generale è stato successivamente ribadito in diversi orientamenti comunitari, fino al **Vertice di Lisbona del 2000** (cd. **Strategia di Lisbona**), incentrato sull'evidenziazione degli obiettivi da raggiungere entro il 2010, tra i quali figuravano:
— l'aumento della qualità e dell'offerta dei sistemi di istruzione e formazione;
— la facilitazione dell'accesso ai sistemi di istruzione e formazione;
— l'apertura dei sistemi di istruzione e formazione al mondo esterno, in particolare agli adulti (*lifelong learning*).

Il 3 marzo 2010 la Commissione europea propose una nuova Strategia per l'Europa, denominata **Europa 2020** che, approvata formalmente nel giugno 2010, rappresentava la prosecuzione della *Strategia di Lisbona* (ormai giunta al termine nel 2010), pur differenziandosi da quest'ultima in virtù delle nuove sfide che l'Unione era chiamata ad affrontare per uscire dalla crisi e per garantire una crescita sostenibile nel futuro.

«Europa 2020» è concentrata, infatti, su quegli ambiti di intervento chiave che possono migliorare la collaborazione tra l'Unione e gli Stati membri e rilanciare l'economia dell'Unione. In particolare, al fine di promuovere la crescita per tutti i membri dell'UE, la nuova Strategia è modulata in funzione dei punti di partenza e delle specificità nazionali tenendo conto dei diversi livelli di sviluppo e delle diverse esigenze degli Stati dell'Unione.

In tale nuovo quadro strategico, la Commissione ha individuato **tre motori di crescita dell'Europa**, da realizzare mediante azioni concrete a livello europeo e nazionale:
— **crescita intelligente** (promuovendo la conoscenza, l'innovazione, l'**istruzione** e la **società digitale**);
— **crescita sostenibile** (rendendo la produzione dell'Europa più efficiente sotto il profilo delle risorse e rilanciando contemporaneamente la competitività dell'UE);
— **crescita inclusiva** (incentivando la partecipazione al mercato del lavoro, **l'acquisizione di competenze** e la lotta alla povertà).

L'obiettivo della **Strategia di Lisbona del 2000** era quello di rendere entro il 2010 il sistema economico europeo basato sulla conoscenza, competitivo e dinamico. Per garantire a tutti l'accesso alle **competenze base** (ossia la combinazione di conoscenze, abilità e attitudini) e favorire l'apprendimento continuo, furono così definite le **competenze chiave che ogni alunno deve raggiungere al termine del periodo obbligatorio di istruzione** o di formazione, e che sono necessarie per la realizzazione e lo sviluppo della personalità, la cittadinanza attiva, l'inclusione sociale e l'occupazione.

Con la **Raccomandazione del Parlamento e del Consiglio 18 dicembre 2006 relativa alle competenze chiave per l'apprendimento permanente** (sostituita nel 2018 da una nuova Raccomandazione (→ *infra*), l'Unione europea ha così invitato gli Stati membri a sviluppare, nell'ambito delle loro politiche educative, strategie per assicurare che:
— l'istruzione e la formazione iniziali offrano a tutti i giovani gli **strumenti per sviluppare le competenze chiave** a un livello tale che li preparino alla vita adulta

e costituiscano la base per ulteriori occasioni di apprendimento, come pure per la vita lavorativa;
— si tenga debitamente conto di quei giovani che, a causa di *svantaggi educativi* determinati da circostanze personali, sociali, culturali o economiche, hanno bisogno di un sostegno particolare per realizzare le loro potenzialità;
— gli adulti siano in grado di sviluppare e aggiornare le loro competenze chiave in *tutto il corso della vita* (*lifelong learning*), con un'attenzione particolare per i gruppi di destinatari riconosciuti prioritari nel contesto nazionale, regionale e/o locale.

Le **competenze chiave** indicate dalla Raccomandazione 2006 sono 8:
1) Comunicazione nella madrelingua.
2) Comunicazione nelle lingue straniere.
3) Competenza matematica e competenze di base in scienza e tecnologia.
4) Competenza digitale.
5) Competenze sociali e civiche.
6) Imparare ad imparare.
7) Spirito di iniziativa e imprenditorialità.
8) Consapevolezza ed espressione culturale.

L'Italia si è uniformata nel tempo alle istruzioni della Raccomandazione del 2006 nelle **Indicazioni nazionali e Linee guida** attualmente vigenti per tutti gli ordini e gradi di scuola, mentre la Commissione europea continua a portare avanti un lavoro di monitoraggio costante, per valutare i progressi che vengono fatti nella realizzazione degli obiettivi stabiliti a Lisbona. I risultati del monitoraggio vengono resi noti attraverso la pubblicazione di rapporti periodici.

Ricordiamo che le raccomandazioni europee costituiscono (al contrario dei Regolamenti e delle Direttive UE) **atti non vincolanti** per gli Stati membri, ma sono finalizzate a sensibilizzare gli Stati ad adottare certi comportamenti considerati di interesse per l'intera comunità europea. Nonostante questo carattere non vincolante, stante l'importanza del tema, l'Italia ha da subito recepito nel proprio ordinamento gran parte dei contenuti della Raccomandazione europea del 2006, nelle Indicazioni nazionali.

3.1 Le competenze chiave di cittadinanza

In Italia le competenze precisate dalla Raccomandazione europea sono state, inoltre, richiamate nell'ambito del **decreto 22 agosto 2007, n. 139** (*Regolamento recante norme in materia di adempimento dell'obbligo di istruzione*) che ha individuato le **competenze chiave di cittadinanza** che ogni cittadino dovrebbe possedere dopo aver assolto il dovere all'istruzione. Esse sono:
— **Imparare ad imparare**: appropriarsi del proprio metodo di studi.
— **Progettare**: sapersi dare obiettivi significativi e realistici.
— **Comunicare**: comprendere e produrre messaggi nelle varie forme comunicative.

— **Collaborare e partecipare**: interagire con gli altri.
— **Agire in modo autonomo e responsabile**: riconoscere il valore delle regole.
— **Risolvere problemi**: affrontare e contribuire a risolvere situazioni problematiche.
— **Individuare collegamenti e relazioni**: possedere strumenti che permettano di affrontare la complessità del vivere nella società.
— **Acquisire ed interpretare l'informazione**: acquisire criticamente l'informazione valutandone l'attendibilità e l'utilità.

4 La Raccomandazione sulle competenze chiave per l'apprendimento permanente del 2018

Il 22 maggio 2018 il Consiglio dell'Unione europea ha adottato una nuova **Raccomandazione sulle competenze chiave per l'apprendimento permanente**: essa rinnova e **sostituisce** la precedente Raccomandazione del 2006.

> **Espansione Web**
> *La Raccomandazione UE sulle competenze chiave 2018*

Anche questa Raccomandazione, in quanto atto non vincolante, fornisce agli Stati membri *solo orientamenti*. Gli Stati restano i soli responsabili dell'organizzazione del loro sistema di istruzione e dei contenuti dell'insegnamento.

Tenendo conto delle profonde trasformazioni economiche, sociali e culturali degli ultimi anni nonché delle gravi difficoltà nello sviluppo delle competenze di base dei più giovani, il documento fa emergere una crescente necessità di **maggiori competenze imprenditoriali, sociali e civiche**. Parallelamente viene sottolineata l'importanza del sostegno al lavoro degli insegnanti, da realizzare attraverso diversi canali.

Le competenze oggi sono cambiate: più posti di lavoro sono automatizzati e le tecnologie svolgono un ruolo maggiore in tutti gli ambiti del lavoro e della vita quotidiana. Dalla lettura della Raccomandazione emerge la presa d'atto della **complessità della società attuale** e della necessità di acquisire maggiori competenze imprenditoriali, sociali e civiche per assicurare resilienza e capacità di adattarsi ai continui cambiamenti del reale. Risulta infatti strategico il riferimento all'importanza di saper valutare i rischi connessi alle trasformazioni, alle capacità di lettura dei contesti e alla necessità di una stato continuo di autoriflessione nonché di controllo dei fenomeni comunicativi e relazionali.

Per far ciò la Raccomandazione insiste su una più forte interrelazione tra forme di apprendimento formale, non formale e informale e sulla necessità di un sostegno sistematico al personale docente per introdurre forme innovative di insegnamento e apprendimento.

Ancora una volta viene dunque ribadita l'importanza che l'UE dà all'istruzione e alla cultura che sono gli strumenti per garantire occupazione, benessere e giustizia sociale. Emerge quindi forte la necessità che tutti i giovani partecipino a una formazione che promuova stili di vita sostenibili, i diritti umani, la parità di genere, la solidarietà e l'inclusione, la cultura non violenta, la diversità culturale, la cittadinanza globale e soprattutto europea (→ *infra*).

Il **Pilastro europeo dei diritti sociali**, adottato dall'UE il 17 novembre 2017 durante il vertice di Göteborg, sancisce come suo primo principio che ogni persona ha diritto a un'istruzione, a una formazione e a un apprendimento permanente di qualità e inclusivi, al fine di mantenere e acquisire competenze che consentono di partecipare pienamente alla società e di gestire con successo le transizioni nel mercato del lavoro. Il documento afferma inoltre il diritto di ogni persona a un'assistenza tempestiva e su misura per migliorare le prospettive di occupazione o di attività autonoma, alla formazione e alla riqualificazione, al proseguimento dell'istruzione e a un sostegno per la ricerca di un impiego. **Promuovere lo sviluppo delle competenze** è, quindi, uno degli obiettivi della prospettiva di uno spazio europeo dell'istruzione che possa «sfruttare a pieno le potenzialità rappresentate da istruzione e cultura quali forze propulsive per l'occupazione, la giustizia sociale e la cittadinanza attiva e mezzi per sperimentare l'identità europea in tutta la sua diversità».

Nel contempo, molte indagini internazionali indicano che una quota costantemente elevata di adolescenti e adulti dispone di **competenze di base insufficienti**. Nel 2015 uno studente su cinque aveva gravi difficoltà nello sviluppo di competenze sufficienti in lettura, matematica e scienze (OCSE Indagine PISA 2015). In alcuni paesi fino a un terzo degli adulti possiedono competenze alfabetiche e aritmetico-matematiche solo ai livelli più bassi. Il 44 % della popolazione dell'Unione possiede competenze digitali scarse, e il 19 % nulle.

È pertanto diventato più importante che mai per l'UE investire nelle competenze di base né deve sorprendere che l'UE, dopo poco più di un decennio, abbia voluto rivedere il quadro di riferimento delle competenze chiave del 2006. Una società che diventa sempre più mobile e digitale deve sempre esplorare nuove modalità di apprendimento.

Abilità quali la capacità di risoluzione di problemi, il pensiero critico, la capacità di cooperare, la creatività, il pensiero computazionale, l'autoregolamentazione sono più importanti che mai nella nostra società in rapida evoluzione. Sono gli strumenti che consentono di sfruttare in tempo reale ciò che si è appreso, al fine di sviluppare nuove idee, nuove teorie, nuovi prodotti e nuove conoscenze.

In questo contesto di continuo cambiamento socio economico, anche **le competenze non possono essere considerate statiche** ma devono cambiare nel corso della vita dell'individuo. In questo senso le nuove competenze chiave vengono declinate in un'ottica meno orientata alle tradizionali materie «scolastiche» (competenze linguistiche, matematiche etc.) ma più informale e «trasversale».

In un mondo in rapido cambiamento ed estremamente interconnesso, ogni persona avrà la necessità di possedere un ampio spettro di abilità e competenze e dovrà svilupparle ininterrottamente nel corso della vita. Le competenze chiave, come definite nel nuovo quadro di riferimento 2018, intendono, quindi, porre le basi per creare società più uguali e più democrati che soddisfano la necessità di una crescita inclusiva e sostenibile, di coesione sociale e di ulteriore sviluppo della cultura democratica.

4.1 Le nuove Competenze chiave

Le competenze sono definite, nella nuova Raccomandazione, come una combinazione di **conoscenze, abilità e atteggiamenti**, in cui:
— la **conoscenza** si compone di fatti e cifre, concetti, idee e teorie che sono già stabiliti e che forniscono le basi per comprendere un certo settore o argomento;
— per **abilità** si intende sapere ed essere capaci di eseguire processi ed applicare le conoscenze esistenti al fine di ottenere risultati;
— gli **atteggiamenti** descrivono la disposizione e la mentalità per agire o reagire a idee, persone o situazioni.

Le competenze chiave sono quelle di cui tutti hanno bisogno per la realizzazione e lo sviluppo personali, l'occupabilità, l'inclusione sociale, uno stile di vita sostenibile, una vita fruttuosa in società pacifiche, una gestione della vita attenta alla salute e la cittadinanza attiva. Esse si sviluppano in una **prospettiva di apprendimento permanente**, dalla prima infanzia a tutta la vita adulta (le competenze chiave non riguardano infatti solo gli studenti ma tutte le persone di qualsiasi età), mediante l'apprendimento formale, non formale e informale in tutti i contesti, compresi la famiglia, la scuola, il luogo di lavoro, il vicinato e altre comunità.

Come già quelle del 2006, le competenze chiave sono considerate **tutte ugualmente importanti**, poiché ciascuna di esse può contribuire a una vita positiva nella società della conoscenza. Molte delle competenze si sovrappongono e sono correlate tra loro: aspetti essenziali a un ambito favoriscono la competenza in un altro. La competenza nelle abilità fondamentali del linguaggio, della lettura, della scrittura e del calcolo e nelle *tecnologie dell'informazione e della comunicazione* (TIC) sono una pietra angolare per l'apprendimento, e il fatto di *imparare a imparare* è utile per tutte le attività di apprendimento. Vi sono poi diverse tematiche che si applicano nel quadro di riferimento: pensiero critico, creatività, iniziativa, capacità di risolvere i problemi, valutazione del rischio, assunzione di decisioni e capacità di gestione costruttiva dei sentimenti svolgono un ruolo importante per tutte e otto le competenze chiave.

Il quadro di riferimento delinea anche stavolta **otto competenze chiave**:
— competenza alfabetica funzionale,
— competenza multilinguistica,
— competenza matematica e competenza in scienze, tecnologia e ingegneria,
— competenza digitale,
— competenza personale, sociale e capacità di imparare a imparare,
— competenza in materia di cittadinanza,
— competenza imprenditoriale,
— competenza in materia di consapevolezza ed espressione culturali.

Agli Stati membri vengono poi raccomandate diverse azioni:
— sostenere il diritto ad un'istruzione, formazione e apprendimento permanente di qualità;

— assicurare a tutti le opportunità di sviluppare le competenze chiave, ed in particolare innalzare le competenze digitali, in materia di cittadinanza e quella imprenditoriale per incoraggiare la creatività e lo spirito di iniziativa dei giovani.

5 La Raccomandazione sulla promozione di valori comuni europei del 2018

A completamento della Raccomandazione sulle competenze chiave, sempre il 17 gennaio 2018 il Consiglio europeo ha adottato anche la **Raccomandazione sulla promozione di valori comuni, di un'istruzione inclusiva e della dimensione europea dell'insegnamento**. Obiettivi della Raccomandazione sono rafforzare la coesione sociale e *contribuire a contrastare l'avanzata del populismo, della xenofobia e della nazionalismo* fonte di divisioni, spesso alimentate dalla diffusione di notizie false (cd. *fake news*).

Può essere utile qui riportare alcuni stralci della Raccomandazione.

«L'Unione si fonda sui valori comuni e i principi generali del rispetto della dignità umana, della libertà, della democrazia, dell'uguaglianza, dello Stato di diritto e del rispetto dei diritti umani, compresi i diritti delle persone appartenenti a minoranze, sanciti dall'articolo 2 del trattato sull'Unione europea. A norma dell'articolo 3 del trattato sull'Unione europea, l'Unione si prefigge di affermare e promuovere i suoi valori.

Ispirata da tali valori, l'Unione è riuscita a riunire paesi, comunità e persone in un progetto politico unico, permettendo all'Europa di vivere **il più lungo periodo di pace della sua storia** che, a sua volta, ha promosso la stabilità sociale e la prosperità economica. L'adozione da parte degli Stati membri dei valori sanciti nel trattato crea un terreno comune che costituisce l'elemento distintivo del modo di vivere e dell'identità europei e che conferisce all'Unione il suo ruolo sulla scena mondiale.

L'Unione e i suoi Stati membri sono chiamati a confrontarsi con varie sfide quali il populismo, la xenofobia, il nazionalismo divisivo, la discriminazione, il diffondersi di notizie false e disinformazione, la radicalizzazione e l'estremismo violento che ne consegue. Questi fenomeni potrebbero costituire una grave minaccia per le fondamenta delle nostre democrazie, compromettere la fiducia nello stato di diritto e nelle istituzioni democratiche e ostacolare un senso comune di appartenenza all'interno e tra le nostre società europee.»

Alcune indagini condotte dall'UE nei Paesi membri hanno evidenziato un **livello notevolmente basso di conoscenza dell'Unione europea** tra i suoi cittadini. Secondo un sondaggio Eurobarometro del 2014, il 44 % delle persone ritiene di avere una comprensione limitata del funzionamento dell'Unione, mentre un'indagine del 2011 mostra che una maggioranza relativa degli intervistati ritiene di non essere bene informata riguardo all'Unione europea. Lo stesso studio ha anche rilevato che un terzo delle persone non conosce il numero esatto di Stati membri che fanno parte dell'Unione. Peraltro, sempre attraverso queste indagini, risulta che l'89% dei giovani europei è d'accordo che i governi nazionali debbano rafforzare l'insegnamento scolastico relativo ai loro diritti e alle loro responsabilità in quanto **cittadini dell'Unione**.

È evidente che *la mancanza di consapevolezza riguardo alle origini dell'Unione, alle ragioni che hanno portato alla sua creazione e al suo funzionamento di base favorisce la disinformazione e impedisce la formazione di opinioni oggettive sulle sue azioni*. La radicalizzazione e l'estremismo violento che ne conseguono rimangono un serio problema in vari Stati membri. È dunque necessario per l'UE **promuovere l'identità europea grazie all'istruzione e alla cultura**, nonché i valori comuni come vettori di coesione sociale e di integrazione; favorire l'attuazione di ambienti di apprendimento partecipativi a tutti i livelli di istruzione, migliorare la formazione degli insegnanti in materia di cittadinanza e di diversità e promuovere l'alfabetizzazione mediatica e la capacità di pensiero critico di tutti i discenti, compresi quelli provenienti da contesti migratori, o da contesti socioeconomici svantaggiati, quelli con bisogni speciali e quelli con disabilità.

«L'istruzione di ogni tipo e a tutti i livelli e fin dalla prima infanzia riveste un ruolo cruciale nella promozione di valori comuni. Essa contribuisce a garantire l'inclusione sociale, offrendo a ogni bambino pari possibilità e pari opportunità di successo. Offre l'opportunità di diventare cittadini attivi e criticamente consapevoli e migliora la comprensione dell'identità europea.»

La promozione di un'identità europea non collide, poi, con le identità nazionali che possono anzi coesistere positivamente senza contraddirsi fra loro. Stando ai risultati di alcune indagini *gli studenti con livelli di conoscenza civica più elevati tendono*, infatti, *ad essere quelli con atteggiamenti più tolleranti*.

11
Strumenti e tecnologie per la didattica

1 I libri di testo

Il libro di testo è, ancora oggi, lo strumento didattico privilegiato per il tramite del quale gli studenti costruiscono il loro percorso di conoscenza e di apprendimento e dovrebbe costituire il **canale preferenziale su cui si attiva la comunicazione didattica**. Il libro di testo deve, però, essere adattabile alle diverse esigenze, integrato e arricchito da altri testi e pubblicazioni, nonché da strumenti didattici alternativi.

L'**adozione dei libri di testo** costituisce un momento particolarmente significativo dell'attività della scuola. L'art. 4 D.P.R. n. 275/1999 stabilisce che la scelta, l'adozione e l'utilizzazione delle metodologie e degli strumenti didattici, ivi compresi i libri di testo, devono essere coerenti con il PTOF e attuate con criteri di trasparenza e tempestività.

L'adozione dei libri di testo rappresenta un momento particolarmente significativo dell'attività della scuola. Essa rientra nei compiti attribuiti al Collegio dei docenti, dopo aver sentito il parere dei Consigli di interclasse (scuola primaria) o di classe (scuola secondaria di primo e di secondo grado) (art. 7 del D.Lgs. n. 297/1994).

La prima fase prevede una **valutazione** dei testi e costituisce un momento di confronto poiché prevede la partecipazione dei genitori alle attività scolastiche e la loro collaborazione con i docenti.

I docenti di disciplina operano una *scelta* confrontandosi e coordinandosi prima tra loro per l'individuazione dei nuovi testi da adottare; in seguito, i proporranno al Consiglio del mese di maggio i testi che intendono adottare, valutandone l'adeguatezza rispetto ai traguardi di competenza.

Gli elenchi aggiornati dei libri di testo (di nuova adozione o di conferma) vanno compilati e presentati il giorno dei Consigli e in questa sede si **approva** la proposta alla presenza dei genitori rappresentanti, i quali insieme ai docenti controfirmano il prospetto generale.

L'adozione dei libri di testo è **deliberata dal Collegio dei docenti** nella *seconda decade di maggio*, su *proposta formale* di delibera dei Consigli di classe. Non è consentito modificare nel corso dell'anno scolastico le scelte adozionali deliberate nel mese di maggio (Nota n. 3503/2016).

La segreteria dell'istituzione scolastica provvede poi ad inviare, per via telematica, gli elenchi dei libri deliberati dal Collegio dei docenti all'AIE (Associazione Italiana Editori). In seguito, l'elenco dei libri di testo definitivi viene pubblicato sul sito Internet dell'istituto e sul portale ministeriale «Scuola in chiaro», dividendo i libri tra obbligatori e consigliati, questi ultimi senza vincolo di acquisto da parte delle famiglie.

I libri di testo *adottati* si distinguono dai testi consigliati. I **testi consigliati** (art. 6, comma 2, L. n. 128/2013), infatti, possono essere indicati dal Collegio dei docenti *solo* nel caso in cui rivestano *carattere monografico* o di *approfondimento* delle discipline di riferimento. Rientra, invece, tra i testi consigliati l'eventuale adozione di singoli contenuti digitali integrativi ovvero la loro adozione in forma disgiunta del libro di testo.

La **scelta dei testi scolastici** è disciplinata dall'**art. 6 comma 1, L. 128/2013**, in base al quale, il Collegio dei docenti può adottare, con formale delibera, libri di testo oppure strumenti alternativi, in coerenza con il PTOF, con gli ordinamenti scolastici e con il limite di spesa stabilito per ciascuna classe di corso.

Tra gli strumenti alternativi, è previsto che le scuole possano **elaborare direttamente** materiale didattico digitale: l'elaborazione di ogni prodotto è affidata ad un docente supervisore che garantisce, anche avvalendosi di altri docenti, la qualità dell'opera sotto il profilo scientifico e didattico. Le linee guida per l'elaborazione di questi materiali non sono state ancora adottate dal MIUR.

Ricordiamo che l'originario **vincolo pluriennale di adozione** è stato abolito (art. 11, L. n. 221/2012): nello specifico, il **vincolo temporale** (introdotto dall'art. 5 D.L. n. 137/2008, conv. in L. 169/2008) di sei anni di adozione dei testi scolastici, così come il vincolo quinquennale di immodificabilità dei contenuti dei testi sono abrogati. Pertanto, le scuole possono confermare i testi già in uso, anche nella prospettiva di limitare, per quanto possibile, i costi a carico delle famiglie, oppure **provvedere all'adozione di nuovi testi**:
— per le classi prime e quarte della scuola primaria,
— per le classi prime della scuola secondaria di primo grado,
— per le classi prime e terze della scuola secondaria di secondo grado.

In caso di nuove adozioni, il Collegio dei docenti deve adottare libri nelle **versioni digitali o miste**, previste nel D.M. n. 781/2013.

SI ricorda, infine, che i docenti sono tenuti a mantenere il costo dell'intera dotazione libraria di ciascuna classe entro determinati «**tetti di spesa**» indicati con decreto del Ministero dell'Istruzione.

In attesa di possibili nuove e ulteriori precisazioni da parte del Ministero, i **tetti di spesa** per l'adozione dei libri di testo sono ancora quelli individuati per le adozioni dell'anno scolastico 2012/2013 (**D.M. n. 43/2012**), con gli opportuni accorgimenti apportati con il **D.M. n. 781/2013**, che ha disposto la **riduzione del tetto di spesa** in percentuale nel caso di nuove adozioni di libri misti (riduzione del 10%) o interamente digitali (riduzione del 30%) al posto di quelli cartacei tradizionali.

Riepilogando, i docenti possono optare:
— per il cd. **libro misto**: si tratta di un libro in parte nel tradizionale formato cartaceo e in parte in formato digitale disponibile su internet. Normalmente il testo

cartaceo viene integrato da materiali supplementari di approfondimento o di esercitazione disponibili in formato .pdf, ma non è raro trovare disponibili altre implementazioni che, sfruttando le capacità dei mezzi multimediali, rendono fruibili a docenti e studenti altre risorse quali video, file audio, esercitazioni interattive etc.
— per **il libro integralmente digitale**: in tal caso il libro di testo viene fornito nella sua interezza in formato elettronico utilizzabile su pc, tablet etc.

In realtà la maggior parte degli insegnanti continua a sottolineare l'utilità del manuale scolastico tradizionale, pur riconoscendo i vantaggi delle tecnologie digitali. Le circolari che riguardano l'adozione dei testi non intendono, infatti, in alcun modo limitare la libertà di scelta dei docenti ma solo richiamare la loro attenzione su alcuni aspetti necessari allo svolgimento delle proprie funzioni.

Il docente che si insedia ad anno scolastico iniziato deve evitare di apportare modifiche di cambiamento del testo già deliberato l'anno precedente. Ogni proposta di sostituzione deve essere vagliata attentamente e giustificata e, sempre per non gravare sull'onere delle famiglie, deve essere consentito l'uso di vocabolari, atlanti, testi classici di edizione diversa da quella adottata dei quali le e gli alunne/i siano in possesso. Può essere abolito o sostituito in parte il libro di testo, ma non è consentita l'esclusione totale del testo scolastico.

2 New media, tecnologie e svolte didattiche

La comunicazione si pone alla base non solo dello sviluppo e del progresso della società moderna, ma anche della **costruzione della conoscenza** degli individui. Attraverso la comunicazione le persone crescono, si confrontano, sviluppano le loro potenzialità, agiscono e progrediscono. In altre parole, intessono trame di rapporti sociali e contribuiscono a configurare la società come un sistema complesso, trasformando abitudini, stili di pensiero e di vita. Una scuola sensibile al cambiamento e responsabile della formazione del soggetto, non può non considerare l'importanza del comunicare. Qualsiasi atteggiamento di resistenza, infatti, entrerebbe inevitabilmente in contrapposizione con la cultura fluida e magmatica delle nuove generazioni, che si riproduce soprattutto per **contatto e immersione**.

Naturalmente, si deve capire se e in quale misura le irruzioni di nuovi linguaggi e di strumenti espressivi attraverso le nuove tecnologie e i nuovi media modifichino il tradizionale modo di intendere la comunicazione e la formazione. Non si tratta solo di aprire la scuola agli **stimoli mediali**, ma prevedere anche **nuove prospettive di insegnamento** adeguate ai cambiamenti sociali.

I sostenitori dell'ingresso dei nuovi media nella didattica ritengono che essi possano essere intesi come qualcosa di più di una semplice questione tecnologica: il loro inserimento a scuola non necessariamente annulla le sue fondamentali funzionalità formative, né sminuisce le finalità educative e le competenze del docente, ma diversifica e arricchisce tecniche e metodi già sperimentati. La multimedialità rappresenta un *orizzonte filosofico*, uno spazio per il pensiero e per l'autorealizzazione, cioè una risorsa che stimola le menti e la creatività delle persone e sviluppa le potenzialità umane.

I media permettono l'integrazione fra i **processi cognitivi per astrazione** (ereditati dalla tradizione) e quelli per **immersione** (inaugurati dalla multimedialità). Gli uni si fondano sul ragionamento logico, gli altri sulla partecipazione, l'immedesimazione e il gioco di percezione fra il sé e lo schermo, che si attiva dal contatto con il medium, trasformando abilità e competenze. Il sapere trasmesso e costruito diventa più aperto, flessibile e legato all'esperienza; l'organizzazione della didattica diventa più dinamica, reticolare e autoregolata sulla base di nuove forme di insegnamento e di apprendimento.

3 I media a scuola

L'introduzione dei media non cancella, però, quello che la scuola è stata in passato e quello che ha faticosamente costruito nel tempo, non elimina la sua storia e il percorso di crescita sociale e culturale, bensì la *interpreta e integra* alle dinamiche che accompagnano lo sviluppo e la crescita dell'uomo nella società contemporanea. In proposito occorre precisare che non è la tecnologia in sé a svolgere un ruolo determinante nella costruzione della vita di una persona, così come della formazione scolastica, perché essa è solo uno stimolo per la crescita cognitiva e sociale degli individui. Il suo valore formativo dipende, dunque, dalle abilità e dalle competenze, dagli interessi e dal coinvolgimento delle persone che la utilizzano, dai modi e i motivi per cui il medium è usato e dall'influenza del contesto circostante.

Va analizzata, pertanto, la maniera in cui **le pratiche dell'insegnamento e dell'apprendimento incontrano la cultura della multimedialità**.

3.1 Scuola e televisione

La scuola tende ad ignorare l'**enorme potere della televisione** soprattutto quella *digitale*, sebbene si tratti di un mezzo che, con la sua enorme diffusione e pervasività, ha sempre di più reinterpretato la realtà, spesso sovrapponendosi e sostituendosi all'esperienza diretta del mondo. Nella sua vocazione fortemente tecnologica, la scuola si è dotata di computer, apparecchi televisivi e videoregistratori, ma della televisione sa poco o nulla, nonostante i bambini e i ragazzi arrivino ogni giorno a scuola in qualche modo già «carichi» delle *immagini e delle emozioni* che hanno ricavato appena qualche ora prima dai programmi televisivi, e nonostante il loro linguaggio, i loro interessi, il loro modo di parlare (il cosiddetto «**stile cognitivo**») e di rapportarsi con se stessi e con il mondo (cosiddetto «**stile affettivo**») risentano potentemente degli **apprendimenti televisivi**.

Dinanzi a tale situazione, cercheremo qui di richiamare alcuni **compiti** che la scuola potrebbe assolvere in questo campo:

— il primo è coerente con il modo di proporsi attuale della scuola — in quanto compito di natura prevalentemente didattica — e può essere formulato come segue: la scuola deve assumere la televisione come **strumento da inserire nella progettazione multimediale** della propria attività di insegnamento, e deve nello stesso tempo «**insegnare» la televisione**. Quest'ultima dovrebbe, infatti, essere al tempo stesso *strumento* e *oggetto* essa stessa di insegnamento.

Con il diffondersi dei mezzi di comunicazione di massa sono aumentate le nostre conoscenze sulla loro **specificità** e, quindi, sulla loro **complementarità**; non a caso, infatti, le indicazioni didattiche che provengono dallo studio delle capacità attivate dai singoli mezzi di comunicazione vanno tutte in direzione di una didattica multimediale. Numerosi programmi televisivi possono così venire accostati ai **documentari didattici**, ai film, al computer per agevolare particolari tipi di apprendimento. Non va dimenticato che ancora oggi nella scuola si fa un ricorso massiccio alla **comunicazione verbale e scritta**, con ricadute vistose sul verbalismo e verso un apprendimento libresco che sembra aver perduto ogni contatto con gli interessi degli alunni e con il mondo della loro più diretta esperienza. La logica delle unità didattiche per **obiettivi** e le esigenze di **verifiche** sempre più puntuali e numerose sembrano aver smarrito la necessaria connessione fra *esperienza e apprendimento*. La televisione soprattutto digitale e on demand offre numerose opportunità di conoscenza soprattutto sugli aspetti più rilevanti della vita sociale nelle sue varie espressioni nello spazio e nel tempo;

— il secondo compito riguarda l'**alfabetizzazione televisiva**, che va perseguita con lo stesso impegno con il quale la scuola provvede all'insegnamento. I bambini e i ragazzi debbono acquisire una **conoscenza critica** dell'intero codice simbolico utilizzato dai media, sia nelle sue componenti visive (struttura della scena, modalità delle inquadrature, impiego dello zoom, dissolvenza, uso dei colori, etc.), **sia nelle sue componenti auditive** (colonna sonora, raccordo tra musica e situazione scenica, voce narrante fuori campo etc.), e per di più devono giungere al possesso degli elementi che concorrono a definire la **struttura** delle produzioni televisive (cartoni animati, storie avventurose, serie etc.), importante soprattutto perché essi possano mantenere all'interno di un quadro coerente l'insieme dei materiali scenici che vengono loro proposti;
— un terzo e ultimo compito della scuola riguarda il **coinvolgimento dei genitori** sull'intera problematica della fruizione televisiva dei minori. Se da diversi anni la scuola si è effettivamente aperta alla società, tuttavia il rapporto scuola-famiglia ha conservato connotazioni fortemente tradizionali, centrate su scambi molto formali e sporadici, quasi sempre legati a problemi didattici; in **assenza di un progetto educativo**, dunque, mancano i presupposti stessi per una partecipazione effettiva delle famiglie. Occorre perciò procedere a delineare progetti pedagogici estesi e finalizzati allo sviluppo di molteplici linee direttive che si prolunghino **oltre la scuola**, nello spazio del tempo libero degli studenti, là dove la scuola può davvero incontrarsi con le famiglie, con le loro richieste in qualche caso di supplenza, quasi sempre di collaborazione.

3.2 Scuola e nuovi media

La **logica mediale** (portata dalla multimedialità) non discute i significati, i contenuti della formazione scolastica, ma propone metodi di comprensione, azione, auto-responsabilità e auto-orientamento.

Per descrivere il processo di **inserimento dei media a scuola** possiamo considerare cinque dimensioni:
— quella **emotiva**, che coinvolge il soggetto e arricchisce la sua personalità attraverso l'uso contemporaneo di più media e l'incrocio di più linguaggi e codici. In tal senso, sono sviluppate contemporaneamente le componenti percettivo-motoria, logico-razionale e affettivo-sociale;
— quella dello **sviluppo cognitivo dell'individuo**, secondo una prospettiva policentrica della formazione;
— quella che **promuove nuove forme di scoperta attiva** e si traduce in nuove strategie organizzative della didattica per i docenti, oltre a stimolanti opportunità di apprendimento per gli alunni;
— quella dell'**interazione fra gli attori scolastici**, che costruiscono la loro conoscenza attraverso itinerari personalizzati di formazione;
— quella relativa all'**apertura del sistema scolastico** al contesto circostante.

La prima trasformazione determinata dall'intervento della multimedialità a scuola riguarda la crescita o lo sviluppo cognitivo dei docenti e degli studenti attraverso l'interazione mediale. Tale sviluppo è progressivo e avviene passando attraverso diverse fasi:
a) imparare *con il* computer e il web;
b) imparare *dal* computer e il web;
c) imparare *il* computer e il web.

Il **con** corrisponde allo strumento, il **dal** enfatizza il ruolo del docente e la terza fase indica la capacità dell'allievo (e del docente) di apprendere il funzionamento del mezzo per programmarlo creativamente e interpretarlo correttamente.

3.3 I media come attivatori mentali

I media permettono all'alunno un apprendimento attivo perché, oltre a offrire accesso a una quantità illimitata di informazioni, mettono alla prova il suo grado di autonomia nello scegliere le opportunità offerte, nel valutare situazioni e prendere decisioni soppesando rischi, costi e benefici.

I media possono essere sia veicoli di **messaggi culturali** sia **attivatori mentali**. Questi, infatti, non sono solo supporti per la didattica, ma anche compagni per interpretare, socializzare, giocare e stabilire un rapporto di confidenza con la realtà circostante, poiché oltre a sviluppare il senso critico, esaltano gli aspetti affettivi e immaginativi dell'individuo.

I media possono diventare **amplificatori della fantasia**, offrono l'opportunità di imparare usufruendo contemporaneamente di più canali percettivi e comunicativi, e aumentano le capacità espressive, attraverso il coinvolgimento plurisensoriale del soggetto.

In particolare, l'ipertestualità e l'ipermedialità, oltre a essere ambienti di esplorazione, consultazione e intermediazione, forniscono agli alunni le giuste motivazioni per imparare e li rendono attivi nel modo di pensare, di essere nel mondo e di soddisfare i propri bisogni. In tal senso, la didattica può essere impostata in modo da favorire l'integrazione tra diversi codici e linguaggi espressivi.

4 Tecnologie e strumenti didattici

Dunque, alla didattica tradizionale, che si fonda sulla parola orale e sul libro, si sono venute affiancando nel tempo le tecnologie didattiche che avvicinano la scuola alle **strumentazioni**, ai **media** e **new-media** presenti nella vita quotidiana.

Possiamo distinguere **cinque categorie di strumenti** a disposizione delle scelte didattiche:

1. **strumentazione manipolativa**: è la più antica. Non fa parte delle tecnologie in senso stretto, perché non si basa su mezzi tecnicamente avanzati, ma viene comunque presa in considerazione perché si ispira a criteri scientifici (ricordiamo il «materiale strutturato» della Montessori). Fanno parte di questo raggruppamento i *sussidi grafici* (es.: tavole illustrate, album, atlanti etc.), i *modelli* (es.: plastici geografici in scala, modelli del corpo umano etc.), gli *strumenti di osservazione e di misura* (es.: numeri in colore, termometri, barometri, lenti, microscopi, tassellazioni, mosaici, tavolette, pallottolieri etc.). In questa categoria rientra, in pratica, la strumentazione che un insegnante predispone e inventa per l'apprendimento;
2. **strumentazione audio** (supporti di tipo uditivo): lettore CD, registratore, radio, laboratorio linguistico, e ora anche smartphone;
3. **strumentazione video** (supporti di tipo visivo): mezzi di riproduzione grafica, come la LIM, il tablet; mezzi di riproduzione delle immagini, come lo smartphone, la fotocamera, la videocamera, il proiettore;
4. **strumentazione audiovisiva** (supporti di tipo audio-visivo integrato): televisione, videoregistratore, cinema, tablet e smartphone, DVD didattici;
5. **strumentazione informatica**: computer, tablet e smartphone. Antesignana della macchina-computer è stata l'istruzione programmata, ideata dallo psicologo comportamentista Skinner, affidata a *macchine per insegnare* (visori di tipo meccanico) o a libri appositamente strutturati, considerati mezzi ottimali per un insegnamento individualizzato. Skinner presentava, tramite la macchina, singole e brevi unità didattiche, con verifica dell'apprendimento e passaggio all'unità successiva solamente se veniva conseguito l'obiettivo previsto, realizzando in questo modo un sistema di apprendimento individuale e controllato.

Quanto ai software quelli che più comunemente si possono impiegare nella didattica sono:
— **programmi di videoscrittura** (o **scrittura elettronica** o **word processor**) usati per elaborare testi;
— **programmi basati su strategie di tipo direttivo** (comportamenti da trasferire al soggetto con un processo di successioni programmate di stimoli e risposte):

sistemi didattici di tipo tutoriale (programmi di apprendimento di discipline che alternano informazioni a domande); esercitazioni;
— **programmi basati su strategie di tipo interattivo** (il soggetto è costruttore delle conoscenze tramite l'interazione con il computer): simulazioni (situazioni problematiche la cui risoluzione avviene attraverso un certo numero di sequenze); **videogiochi** (basati su immagini pilotate da un software interattivo che consente al giocatore di intervenire con alcune scelte).

Si possono individuare (F. Antinucci) tre variabili nell'approccio dei giovani ai giochi interattivi, le quali corrispondono ai tre livelli di sviluppo cognitivo indicati da Piaget:
1. **livello psicomotorio**, in cui le abilità personali del giocatore sono legate a fattori di velocità nei tempi di reazione e di stimolo nella rielaborazione delle informazioni richieste, attraverso l'integrazione di percezione e azione-riflesso;
2. **livello di simulazione**, in cui si stabilisce il pensiero logico-razionale attraverso la capacità di calarsi nel contesto specifico percependolo come «verosimile» (vivere un'avventura con un approccio intuitivo);
3. **livello rappresentativo**, da cui si sviluppa il pensiero simbolico.

Si tratta, cioè, di far imparare qualcosa non solo attraverso il tradizionale «modo simbolico-ricostruttivo», in cui si legge, si studia, si decodifica e si rielabora l'informazione, ma attraverso un «modo senso-motorio» in cui si osserva qualcosa, la si percepisce attraverso i sensi, si interviene con un'azione e si riflette sul processo attuato.
Esistono interessanti esperienze formative di giochi di ruolo *online* documentate dai docenti all'interno di sperimentazioni per verificarne l'impatto sulla didattica.

— **programmi ipertestuali o ipermediali**: mentre un programma di videoscrittura crea e modifica testi sequenziali, un ipertesto produce e modifica associazioni tra testi, consente di interrompere l'avanzamento sequenziale, di inserire (in fase di produzione) o consultare (in fase di fruizione) altre informazioni significative in rapporto al testo. Si può passare da un testo presente sul monitor ad un testo associato secondo percorsi che il lettore stesso può scegliere. Alla tecnologia dell'ipertestualità si è affiancata quella della **multimedialità**, in cui *coesistono testo scritto, immagine statica e/o dinamica, musica, parlato*. Un libro multimediale integra in vario modo testo scritto, immagini, parlato, suono.

Quanto alle potenzialità offerte dalla tecnologia digitale per disabili e BES in generale vedi Cap. 10, Parte II.

5 L'alfabetizzazione mediatica e digitale

Tra le 8 competenze chiave per l'apprendimento permanente, le Raccomandazioni UE del 2006 e del 2018 identificano come competenza di base la **competenza digitale**. Questa non si limita all'uso delle tecnologie digitali, ma presuppone il loro *utilizzo con spirito critico e responsabile* per apprendere, lavorare e partecipare alla società.

La competenza digitale comprende, dunque, l'alfabetizzazione informatica e digitale, la creazione di contenuti digitali inclusa la programmazione e la sicurezza, ma soprattutto l'*alfabetizzazione mediatica*, in particolare per l'uso di Internet e dei social media.

Con **alfabetizzazione mediatica** (o *media education*) si intende un'**attività di tipo didattico ed educativo** finalizzata a sviluppare nei minori, ma anche negli adulti, la capacità di comprendere i diversi media, soprattutto Internet e i social, e le varie tipologie di messaggi, di utilizzarli correttamente, di saper interpretare in maniera critica, di essere in grado di generare un messaggio e quindi di usare in maniera propositiva i media.

L'esigenza di un'alfabetizzazione mediatica nasce dal preoccupante diffondersi a livello planetario di fenomeni quali *sexting, cyberbullismo, hate speech, fake news* etc. I bambini sin dall'età della scuola primaria, spesso lasciati soli nell'utilizzo della rete e dei dispositivi digitali, si scoprono, nonostante siano "nativi digitali", del tutto inermi di fronte all'uso spregiudicato dei media online, e cosa ancora più preoccupante è che sia i docenti sia i genitori risultano ancora essi stessi impreparati a un uso consapevole di Internet. Ecco perché sono numerosi e sempre più ricorrenti i progetti portati avanti da istituzioni europee e nazionali, da scuole, ma anche da semplici associazioni no profit (come *Parole O_Stili*) per diffondere tra docenti, genitori e minori, un'educazione a un uso consapevole e responsabile del web e dei social network.

La preoccupazione generale, soprattutto quando si parla di bambini, si focalizza normalmente su pedopornografia, incontri con sconosciuti incontrati in rete, *sexting* (l'invio, attraverso il cellulare, di immagini e video a sfondo sessuale ad amici, fidanzati, adulti) o *cyberbullismo*. Ma l'attenzione deve essere spostata anche su molti altri e più frequenti pericoli derivanti da:

— *condivisione di contenuti e dati personali* sui social e sugli store online: è necessario apprendere come funzionano i social, i motori di ricerca e cosa succede anche a livello di meccanismi pubblicitari e di marketing, quando si posta qualcosa su un profilo o si fa una ricerca in Rete o si acquista su uno store online, e come queste informazioni possono essere utilizzate da terzi;
— *condivisione di immagini e video* soprattutto se in violazione della **privacy** altrui: i giovani tendono sempre di più a inviare e ricevere, principalmente mediante il cellulare, immagini e video anche sessualmente espliciti, che possono essere diffusi in maniera virale a decine di migliaia di persone in pochi secondi, mettendo in pericolo e marchiando spesso per sempre la propria "reputazione". La **net reputation** non riguarda, infatti, più solo le imprese e i professionisti ma tutte le persone che accedono ad Internet;
— **geolocalizzazione** che può essere utilizzata per individuare la posizione fisica del minore;
— **phishing**, un tipo di truffa online attraverso la quale si convince la vittima ignara a fornire informazioni personali, password o condividere metodi di pagamento

per accedere a giochi e contenuti appetibili per i più piccoli (il phishing via email è diffusissimo);
- **hate speech**, sempre più dilagante sui social. Indica qualsiasi tipo di offesa o incitamento all'odio e all'intolleranza fondata su discriminazione razziale, etnica, religiosa, politica, di genere o di orientamento sessuale etc. ai danni di una persona o di un gruppo;
- *motori di ricerca* attraverso i quali è facile imbattersi in contenuti, immagini o video disturbanti o inquietanti;
- **fake news** *e diffusione virale di contenuti falsi*. Far apprendere ai ragazzi, sin dai loro primi approcci alla rete, come funzionano davvero i social, quali sono i meccanismi che sottintendono alla pubblicità e alla propaganda online, come individuare una fonte attendibile ed evitare fake news e bufale, come districarsi tra i siti che fanno disinformazione e distinguerli da quelli affidabili, è la vera sfida dei prossimi anni. Internet e i social media sono, infatti, strumenti potenti ed è necessario che le persone siano educate a capirne i meccanismi soprattutto quando si tratta di notizie che possono generare odio, falsi allarmismi o incidere sui meccanismi democratici di uno Stato;
- *abuso di videogiochi online* che a volte può sfociare in comportamenti aggressivi e antisociali (**gaming disorder**) creando vera e propria dipendenza.

5.1 Il *coding* a scuola

Nella L. n. 107/2015 si insiste molto sull'**alfabetizzazione digitale**: in ogni classe, a partire dalla scuola primaria, gli alunni devono imparare a risolvere problemi complessi applicando la *logica del paradigma informatico* attraverso un *approccio di tipo ludico*.

Questo progetto è chiamato **coding**, termine che in informatica indica la stesura di un *programma*, una sequenza di istruzioni per realizzare un prodotto digitale.

L'obiettivo è quello di sviluppare il **pensiero computazionale**, cioè un processo mentale per la **risoluzione di problemi** costituito dalla combinazione di metodi applicati solitamente nei calcolatori, nelle reti di comunicazione, nei sistemi e nelle applicazioni software. Perché, per usare un'espressione di Steve Jobs, «tutti dovrebbero *imparare* a programmare un computer, perché è un'attività che ti insegna a *pensare*».

Con il coding, dunque, i bambini anche dell'infanzia e della primaria sviluppano il *pensiero computazionale*, inteso come attitudine a risolvere problemi più o meno complessi: non imparano solo a programmare (non è questo lo scopo del coding) ma programmano per apprendere.

Gli strumenti per il **coding a scuola** sono numerosi e soprattutto divertenti: per esempio **Scratch**, un ambiente di programmazione gratuito con un linguaggio di *programmazione cd. a blocchi*, che si ispira alla **teoria costruzionista dell'apprendimento** e che consente a chiunque di realizzare contenuti interattivi digitali. È un linguaggio di programmazione adatto a studenti, insegnanti e genitori, ed utilizzabile per progetti pedagogici e di intrattenimento che spaziano dalla matematica alla scienza, in quanto consente di realizzare simulazioni, visualizzazione di esperimenti, animazioni, musica, arte interattiva, e semplici giochi.

Il sito **code.org** (organizzato per livelli di difficoltà e target scolastici) è invece ricco di esercizi guidati, molti dei quali sono veri e propri giochi: i bambini sono messi di fronte a sfide risolvendo piccoli problemi come, per esempio, evitare un ostacolo o evitare di farsi catturare dai nemici. Per risolvere il problema devono impegnarsi per capire quale possa essere la possibile soluzione, intanto inconsapevolmente scrivono righe di codice informatico (spostando solo dei blocchetti a ciascuno dei quali corrisponde una funzione e un codice).

Lo scopo per gli alunni è quello quindi non di saper usare o meno un computer ma di **produrre piccoli programmi come videogiochi o brevi sequenze**, sul modello di quanto avviene già in molte scuole straniere, soprattutto anglosassoni.

6 La scuola digitale

Con la dizione «**scuola digitale**» si fa riferimento all'insieme di interventi — che coinvolgono tutti gli attori del sistema scolastico — atti a **potenziare la qualità dell'insegnamento** attraverso la diffusione e lo sviluppo di competenze informatiche e la loro applicazione alle strategie educative.

Negli ultimi anni le tecnologie dell'informazione e della comunicazione si sono diffuse, come abbiamo visto, in modo preponderante all'interno della società e quindi anche della scuola. Ciò ha richiesto e richiede un rinnovamento della strumentazione e l'acquisizione da parte di tutti i docenti di tutte le discipline, di nuove competenze informatiche.

Nell'ambito scolastico sono stati predisposti parecchi **programmi di sviluppo delle tecnologie informatiche**, dotando le scuole di strumentazioni multimediali e telematiche idonee a supportare i processi innovativi attivati. Il presupposto consolidato è che nessun operatore scolastico può svolgere efficacemente le proprie mansioni senza saper gestire con dimestichezza le nuove tecnologie. Per tali ragioni l'amministrazione scolastica ha attivato, nel corso degli anni, **piani di aggiornamento professionale dei docenti** e di tutto il personale scolastico, miranti alla qualificazione dei soggetti in tale settore.

Successivamente l'attenzione si è spostata sulla possibilità di modificare l'**approccio alla didattica delle discipline**, con l'intento non tanto di realizzare attività specifiche nell'ambito dell'ipermedialità quanto di modificare i contenuti culturali e disciplinari consolidati, trasformando le metodologie e le pratiche proprie della didattica. La comunità scolastica ha, quindi, la possibilità di amplificare le opportunità formative utilizzando le **enormi potenzialità insite nel web** e nelle tecnologie informatiche. In concreto le scuole hanno la possibilità di aderire a circuiti di formazione a distanza, di instaurare reti di scuole che collaborano per lo sviluppo professionale del personale, perseguendo in tal modo obiettivi di efficienza ed economicità dei processi attivati.

Il web consente l'**interconnessione** delle scuole, dei docenti e del personale con esperti che operano in settori specifici, superando limiti spaziali che altrimenti ostacolerebbero la piena fruizione di tutte le opportunità formative a disposizione della collettività. In secondo luogo lo scambio di idee ed esperienze tra i docenti può essere considerato una **strategia formativa che amplifica le conoscenze**, generando la costituzione di **gruppi virtuali** che coinvolgono soggetti portatori di opinioni e di vissuti diversi.

Volendo riassumere quanto detto fin qui, le **finalità** insite nell'uso delle tecnologie informatiche nella scuola sono:
— *favorire la padronanza della multimedialità* intesa come capacità di utilizzare i diversi strumenti che le nuove tecnologie mettono a disposizione, riallineando la scuola alla realtà quotidiana ove tali strumenti sono già diffusi;
— incoraggiare l'adozione di *nuovi stili cognitivi* in ambienti di apprendimento più stimolanti che possono far crescere i risultati individuali e di gruppo;
— sostenere la creazione di un «*apprendimento di rete*» globale, che superi la frammentazione degli apprendimenti e le differenze in termini di risultati livellandoli verso l'alto.

È possibile suddividere gli interventi atti a raggiungere tali finalità in quattro categorie:
— **interventi strutturali sulla scuola**, come dotazioni di LIM nelle classi, creazione di aree laboratoriali multimediali, diffusione della connettività Wi-Fi negli edifici scolastici;
— **interventi sugli alunni**, come introduzione della disciplina informatica in tutti gli ordini di scuola, ampliamento del quadro-orario ove già prevista, sviluppo di progetti extracurricolari in tal senso (come l'ECDL), approccio «digitale» alla didattica delle discipline, introduzione del tablet come strumento di studio, interventi sull'editoria digitale (libro di testo misto o interamente elettronico etc.);
— **interventi sui docenti** come attività di formazione riservata agli insegnanti (cd. *piano di aggiornamento professionale*) e in generale a tutto il personale scolastico per un uso più consapevole delle dotazioni digitali messe loro a disposizione;
— **interventi sulle famiglie**: diffusione del registro elettronico, pagelle online, iscrizioni online.

6.1 Il Piano nazionale della Scuola Digitale (PSND)

La necessità di una adeguata **diffusione delle tecnologie digitali** nella scuola ha la sua origine nella già citata Raccomandazione UE 18 dicembre 2006, che dettava le cd. **competenze-chiave dello studente europeo** e che inseriva, appunto, le competenze digitali, fra le otto competenze necessarie.

Ai sensi della Raccomandazione UE: «la competenza digitale consiste nel sapere utilizzare con dimestichezza e spirito critico le tecnologie della società dell'informazione per il lavoro, il tempo libero, la comunicazione», specificando poi, che da un punto di vista strettamente pratico ciò significa usare adeguatamente i mezzi informatici per *reperire, valutare, conservare, produrre, presentare e scambiare informazioni,* anche attraverso un uso consapevole di Internet.

In Italia è possibile ricondurre il processo di digitalizzazione delle scuola ai due **Piani nazionali 2008 e 2015 (PNSD)**: si tratta di *documenti di indirizzo*, dunque non vincolanti normativamente, ma che manifestano l'orientamento del Governo sul tema e che necessitano pertanto poi di singoli provvedimenti di attuazione. Sono stati elaborati dal Ministero dell'Istruzione e finalizzati «alla definizione della strategia complessiva di innovazione della scuola italiana e per un nuovo posizionamento del suo sistema educativo nell'era digitale».

Il **Piano Nazionale della Scuola Digitale del 2008** è il documento che ha dato avvio al processo di digitalizzazione della scuola, attraverso i seguenti interventi:
— *Azione LIM*, per la diffusione capillare della Lavagna Interattiva Multimediale (LIM) nelle classi di tutte le scuole di ogni ordine e grado;
— *Azione Cl@ssi 2.0*, ovvero la sperimentazione su 416 classi di ogni ordine di una azione più incisiva che vada oltre l'uso della LIM (uso del tablet in classe, libri solo digitali). Le classi così individuate operano all'interno di contesti scolastici «tradizionali» al fine di verificare, nell'ambito di un medesimo tessuto socio-culturale, la differenza in termini di risultati di apprendimento della sperimentazione. Quattordici istituti scolastici sono stati poi coinvolti in un progetto ancora più avanzato di totale digitalizzazione (*Azione Scuol@ 2.0*);
— *Azione Editoria digitale scolastica*, finalizzato alla diffusione del libro digitale o misto (cartaceo + espansioni digitali);
— *Azione Wi-fi*, per lo sviluppo della connettività wireless nelle scuole;
— *Azione Poli formativi* con l'individuazione di istituzioni scolastiche (cd. Poli formativi) che, essendo più avanti nel processo di digitalizzazione, sono state incaricate dell'organizzazione e la gestione di corsi di formazione sul digitale rivolti ai docenti. In tal senso va ricordato anche il Regolamento ministeriale 15 febbraio 2011 che ha ulteriormente specificato l'obbligo di formazione dei docenti nell'ambito delle tecnologie multimediali.

Il **Piano nazionale per la scuola digitale 2015** nasce, invece, nell'ambito del più ampio progetto di riforma attuato dalla L. 107/2015 e mira, attraverso l'analisi dei risultati raggiunti dal Piano 2008, a rafforzare il potenziamento

> Espansione Web
> *Il Piano nazionale per la scuola digitale 2015*

della diffusione degli strumenti tecnologici e laboratoriali nella scuola e a perfezionare lo sviluppo delle competenze digitali di tutti gli attori coinvolti (studenti, insegnanti etc.).

Il Piano 2015 è organizzato in **quattro** passaggi fondamentali: **strumenti, competenze e contenuti, formazione, accompagnamento**. Per ognuno di essi sono stati individuati **obiettivi e azioni**.

Come specificato nel PNSD 2015, portare la scuola nell'era digitale non è solo una sfida tecnologica. È una sfida organizzativa, culturale, pedagogica, sociale e generazionale. Le scuole devono, dunque, essere sostenute in un numero di passaggi sempre crescente, che vanno dall'acquisto di dotazioni tecnologiche alla loro configurazione, dalla predisposizione di spazi più accoglienti e aperti all'innovazione, fino alla creazione di politiche organizzative in grado di recepire le esigenze di innovazione del curricolo, dell'orario scolastico e del territorio.

7 La didattica multimediale

All'interno della società attuale, caratterizzata dalla crescente diffusione delle tecnologie informatiche e delle reti elettroniche, la scuola si trova a dover gestire adeguatamente **processi conoscitivi** nei quali lo studente riceve informazioni da una struttura reticolare e deve riuscire a rielaborarle e a interconnetterle nel processo di costruzione della conoscenza.

Le tecnologie dell'istruzione e dell'apprendimento hanno origine con lo psicologo statunitense **Sidney Pressey** (1888-1979), il quale, intorno agli anni Venti del Novecento, progetta le «**macchine per insegnare**», fondate su di una tecnologia molto semplice che fornisce riscontro positivo o negativo alla risoluzione dei quesiti operata dall'utente, permettendogli di passare quindi alla fase successiva. Ma la data ufficiale di nascita delle tecnologie per l'apprendimento è considerata il **1954**, quando un altro psicologo statunitense, **Skinner**, formula la **prima teoria di riferimento delle tecnologie didattiche** con l'intento di descrivere il comportamento e non di spiegarlo.

Con gli studi di Skinner ha origine un nuovo settore disciplinare, denominato *educational technology*; tuttavia in breve tempo i modelli teorici fondanti le tecnologie dell'istruzione si sono allontanati dal comportamentismo di Skinner per avvicinarsi al *cognitivismo*. Secondo questa teoria, oltre all'importanza riservata al raggiungimento degli obiettivi didattici vi è la **valutazione dei fattori cognitivi** che consentono il verificarsi di tale processo. I termini all'interno dei quali si osserva il raggiungimento dell'obiettivo, cioè il processo di apprendimento, sono collegati non tanto alla «quantità» di conoscenze apprese quanto alla «**qualità**» **del processo di apprendimento**.

Affinché le tecnologie dell'informazione e della comunicazione possano essere inserite positivamente nell'ambito della didattica è indispensabile, perciò, prendere coscienza della loro **valenza cognitiva**, cioè delle implicazioni profonde e indiscutibili all'interno dei processi cognitivi e di pensiero degli individui che se ne avvalgono. Un aspetto importante inerente al rapporto tra tecnologia e aspetti psicologici è rappresentato dal **costruttivismo**, teoria che ha segnato l'applicazione di molti prodotti tecnologici alla didattica, soprattutto, a partire dagli anni Novanta, con la diffusione della **ipermedialità**. Secondo tale indirizzo la costruzione della conoscenza si poggia su **mappe cognitive** attraverso le quali il soggetto si orienta per formulare le proprie interpretazioni, costruendo una mappa di significati personali.

Dalle prime macchine per insegnare a oggi, le tecnologie hanno conosciuto un'evidente evoluzione che le ha condotte sino alle più recenti applicazioni.

Si può utilizzare la multimedialità all'interno della didattica in modi diversi:

— come semplice **strumento di insegnamento-apprendimento** inserito nei contesti tradizionali e consolidati delle pratiche educative;
— quale oggetto di insegnamento finalizzato al **padroneggiamento delle strumentazioni**;
— come un ambiente entro il quale **rimodulare le forme, le modalità, i contenuti** dell'insegnamento e dell'apprendimento.

Nell'ambito degli studi condotti sull'uso delle tecnologie informatiche è di rilevanza la **teoria delle «intelligenze multiple»** dello psicologo statunitense Howard Gardner. Studiando i meccanismi cerebrali, questi ha scoperto, come sappiamo, l'esistenza di diversi tipi di intelligenze; Gardner ha introdotto, altresì, l'**uso della multimedialità** utilizzando una didattica capace di *differenziare l'insegnamento*, ponendo come base lo stesso materiale. Difatti le nuove tecnologie sono in perfetta sintonia con queste intelligenze multiple, in quanto permettono di gestire il materiale di studio secondo punti di vista differenti, in corrispondenza alle diverse intelligenze, rappresentando anche strumenti molto efficaci per **colmare le eventuali carenze** e garantendo un'**educazione personalizzata**.

La telematica apre così una nuova linea di comunicazione che permette allo studente di accedere a un **sapere dinamico** che egli stesso approfondisce, mettendone i risultati a disposizione degli altri. Con l'**interattività** si attivano nuovi **interscambi comunicativi tra studenti e professori**, con strumenti quali la videoconferenza, i forum di discussione, le chat, le banche dati, i sistemi di autovalutazione, lo svolgimento degli esami e le bacheche elettroniche, che permettono l'assistenza tutoriale e didattica anche a distanza, e consentono di veicolare la conoscenza direttamente dalla scuola (e dall'università) all'utente.

Il web ha reso possibile anche i nuovi approcci della **formazione a distanza**: oggi in tutta la didattica, sia tradizionale sia legata alla telematica, sta aumentando l'interesse verso la tecnologia del *learning object* **(LO)**, costituito da una risorsa didattica «modulare» erogabile a distanza, utilizzabile su più piattaforme e in differenti formati, con la possibilità, successivamente all'archiviazione dell'oggetto di apprendimento, di riusarlo all'infinito, con enorme risparmio di tempo e di risorse. L'organizzazione pertinente delle sequenze di vari LO danno luogo alla predisposizione di **percorsi formativi «personalizzati»**. L'inserimento delle nuove tecnologie all'interno dei processi formativi genera principalmente motivazione allo studio e all'approfondimento personale, in quanto l'alunno è autonomo nella costruzione attiva della propria conoscenza.

Si sviluppano in tal modo **apprendimenti collaborativi** che permettono di collegare automaticamente il materiale d'apprendimento ai processi, avviando una comunicazione interpersonale che consente anche di esprimere sentimenti, stimolare gli altri e rendere possibile i contatti sociali. All'interno delle «**classi virtuali**» si può aumentare notevolmente la quantità di informazioni, attivando una molteplicità di interazioni fra soggetti di livelli culturali diversi con la sovrapposizione di **esperienze, cultura e ambienti formativi eterogenei**.

In questo nuovo contesto pedagogico e didattico **il docente assume un ruolo di «guida»** che, richiamando la figura del docente-regista di Bruner, progetta scenari di apprendimento e coopera con i suoi allievi per realizzare, insieme, un percorso educativo rispettoso dei diversi stili di apprendimento. Il ruolo del docente è sintetizzato nel concetto di «**scaffolding**» di Bruner, nel quale egli rappresenta un «*adulto competente che offre al discente un'impalcatura di sostegno per le nuove acquisizioni*».

7.1 La reticolarità della comunicazione multimediale

La comunicazione multimediale caratterizza *un'organizzazione efficiente e produttiva*, che sfrutta pienamente le potenzialità offerte dalla tecnologia per facilitare la **circolarità** delle informazioni, l'**interscambio** reciproco dei soggetti, la **visibilità** di quanto posto in essere.

Elemento fondante dell'organizzazione è, pertanto, una comunicazione interna ed esterna situata entro una **logica di rete**; la scuola interagisce con il mondo, con il suo territorio, con tutti i soggetti operanti nel suo contesto di riferimento, sia per recepirne i bisogni sia per trasferire conoscenze, traducendo gli input e le potenzialità in un'offerta formativa efficace.

Fra tutte le risorse informatiche e multimediali ampiamente diffuse nella società attuale, **Internet** è, in buona parte, **il luogo dello scambio privilegiato**; offre, infatti, una svariata tipologia di servizi, tra cui app di messaggistica istantanea, chat, social network, posta elettronica, aree di discussione tematica (forum) e così via.

La logica del sistema reticolare ben s'inserisce all'interno di un altro concetto largamente diffuso, quello dell'**apprendimento cooperativo**: una situazione, cioè, in cui i soggetti che hanno lo stesso obiettivo di apprendimento, lo raggiungono attraverso il lavoro su documenti comuni grazie allo scambio di problemi, idee, informazioni. All'interno di progetti cooperativi i membri hanno la possibilità di **scambiarsi informazioni a distanza**, ma anche possibilità di lavorare su **documenti condivisi**.

L'**interazione** *online*, pur riprendendo alcune caratteristiche dell'interazione *faccia a faccia*, presenta alcune peculiarità:
— permette la **collaborazione fra persone** che, per la distanza, non potrebbero mai farlo;
— crea una **comunità virtuale** che determina la nascita di un senso di appartenenza;
— fa crescere in tutti i soggetti coinvolti la cultura della **rete come elemento di arricchimento individuale**;
— valorizza la **qualità delle azioni informative e di condivisione**;
— determina l'acquisizione di **consapevolezza degli obiettivi e delle finalità dell'organizzazione**.

La crescente multimedialità della comunicazione, le vastissime possibilità di collegamento che offrono le reti, l'organizzazione ipertestuale delle conoscenze, creano ambienti formativi e di lavoro che assimilano e amplificano la **struttura reticolare e complessa dei processi cognitivi**, facendo emergere la valenza delle immagini e del suono nei processi comunicativi. La mente, concepita come una rete complessa e flessibile di nodi fra di loro correlati, s'interfaccia con i nuovi media digitali scorgendovi conoscenze strutturate fortemente connotate dalla creatività e dalle emozioni che essa suscita.

8 La Lavagna Interattiva Multimediale (LIM)

La LIM è una lavagna **interattiva** (consente cioè l'interazione strumento/utente) e **multimediale** (sfrutta più media e codici: testo, immagini, video, audio). Tecnicamente è una periferica del computer.

Si tratta di una grande superficie su cui si visualizza lo schermo del computer grazie ad un proiettore che vi è collegato: ne risulta che tutto quello che può essere visualizzato ed utilizzato sul computer può esserlo anche sulla LIM. Non si tratta però solo di un grande spazio di visualizzazione, ma di una *superficie interattiva* sensibile al tocco di una penna e/o delle dita (a seconda del tipo di tecnologia utilizzata). Sulla LIM, i contenuti visualizzati non sono semplici proiezioni da guardare passivamente, ma *oggetti attivi* che possono essere editati, cliccati, spostati, operando direttamente sulla sua superficie interattiva.

La maggior parte dei produttori di LIM fornisce, insieme all'hardware e ai driver per l'utilizzo, anche un **software** che permette di creare e gestire contenuti digitali in un formato proprietario specifico. L'utilizzo di tale software non è affatto indispensabile: la LIM, in quanto periferica, può essere utilizzata sfruttando semplicemente il sistema operativo del computer o i software tradizionalmente utilizzati sul computer. Ciò non toglie che alcuni di questi software presentano funzioni specificamente progettate per la didattica in aula: si pensi alla possibilità di utilizzare una squadra per il disegno, un compasso digitale, il pentagramma, la carta millimetrata, una simulazione di campo magnetico etc. Alcune funzioni, inoltre, sono studiate specificamente per l'interazione sulla superficie: l'*Optical Character Recognition* (OCR) e lo *sketch recognition*, ad esempio, permettono all'utente di scrivere o disegnare forme geometriche a mano libera lasciando che il software riconosca il testo alfabetico o renda regolare le forme disegnate.

Come qualsiasi altro strumento didattico, la Lim presenta vantaggi e svantaggi.

I **vantaggi** della LIM in classe sono:
- *interattività*; è possibile modificare testi, evidenziare, spostare oggetti ed altro ancora (sollecita cioè la creatività);
- *interfaccia semplice e intuitiva*, tipica dell'universo dei ragazzi con visualizzazione «in grande» e «plateale» (per leggere insieme, condividere);
- *Internet fruibile in classe*, che significa: rapido e continuo accesso a materiali sempre aggiornati; applicazioni direttamente fruibili sulla rete (Web 2.0), vicinanza alla nuova modalità degli alunni di approccio al sapere, che non è più sequenziale e lineare, ma reticolare ed associativa (si procede per mappe mentali;
- *individualizzazione*: in un'ottica di intelligenze multiple, la lavagna sostiene i diversi stili di apprendimento (visivi, uditivi, cinetici);
- *lavoro collaborativo*, con tutto ciò che ne consegue in termini di: *peer tutoring*, crescita di autostima, socializzazione, capacità di problem solving, costruzione attiva del sapere;
- *multimedialità*: attiva i diversi media, con un conseguente potenziamento della comunicazione;
- *multisensorialità*: consente un'esperienza che coinvolge più sensi e per questo emotivamente coinvolgente (entra nel cuore e nella mente); le lezioni diventano «immersive», nel senso che si è del tutto immersi nella manipolazione, gestione delle azioni;
- *permette la memorizzazione e la riutilizzabilità delle lezioni;*
- *può essere un utilissimo strumento compensativo per alunni con BES.*

La LIM ha anche **svantaggi**:
- *costo elevato* per l'acquisto della LIM e della sua manutenzione, il che comporta che spesso la scuola non può rifornire ogni classe di una LIM;
- *disorientamento negli insegnanti* di fronte alla "novità" dello strumento;
- rischio di ridurre le lezioni ad uno show;

- eventuali *rischi di passivizzazione dell'ascolto*;
- rischi di un'eccessiva *semplificazione dei contenuti*;
- possibili rallentamenti delle lezioni per problemi tecnici;
- difficoltà nel controllo del clima di classe: una lezione interattiva può scatenare una vivacità intellettuale che a volte deborda e l'insegnante, assuefatto al silenzio della lezione frontale, deve abituarsi ad un'atmosfera più democratica ed effervescente.

12
Le competenze di lingua straniera degli insegnanti

1 Cittadinanza europea e conoscenza delle lingue

La conoscenza delle lingue straniere è ormai diventata indispensabile per svolgere ogni attività di studio o di lavoro e per sentirsi partecipi come cittadini attivi all'interno dell'Unione Europea. La conoscenza delle lingue straniere diventa un veicolo essenziale anche per i contatti con il resto del mondo sempre più globalizzato, dove è necessario imparare a convivere e a collaborare in maniera costruttiva con culture diverse da quella di appartenenza.

Le più recenti riforme, da ultima quella nota come *Buona scuola*, prevedono un **potenziamento della didattica delle lingue straniere** e si pongono come obiettivo l'apprendimento di lingue differenti da quella madre fin dalla scuola dell'infanzia.

In funzione dei cambiamenti previsti nel sistema scolastico, si rendono necessari per tutto il personale docente una definizione, un *aggiornamento e una riqualificazione del proprio profilo professionale*, in modo da rispondere in maniera adeguata ai nuovi cicli di insegnamento.

Anche nel resto d'Europa, gli studenti iniziano ad apprendere le lingue straniere sempre più precocemente: nella maggior parte dei paesi, lo studio della seconda lingua inizia fra i 6 e i 9 anni. Va anche sottolineato che un numero sempre più elevato di studenti in Europa impara *due lingue straniere*.

L'**inglese** è di gran lunga la lingua straniera più insegnata in quasi tutti i paesi, iniziando dalla scuola primaria. Nella maggior parte dei nazioni europee, l'inglese è seguito dal *tedesco* o dal *francese*, come seconda lingua straniera più diffusa. Lo *spagnolo* si attesta alla terza o quarta posizione.

Nel corso degli anni, l'insegnamento delle lingue è stato uno dei principali campi di indagine della pedagogia: discipline come la linguistica, la sociolinguistica, la psicologia e le scienze dell'educazione, hanno contribuito a fornire nuove strutture didattiche e tecniche di insegnamento.

Le linee guida per l'insegnamento delle lingue straniere sottolineano l'importanza di tutte le competenze di comunicazione *ma in classe la lingua target è poco usata da insegnanti e studenti*. I curricoli di una dozzina di paesi o di regioni raccomandano agli insegnanti di puntare sulle **competenze orali**, come ascoltare e parlare, all'inizio dell'insegnamento delle lingue straniere soprattutto per gli alunni più giovani. Alla fine dell'istruzione obbligatoria, tuttavia, quasi tutti i curricoli danno la stessa importanza a tutte e *quattro le competenze di comunicazione*, e cioè *ascoltare, parlare, leggere e scrivere*. La realtà dei fatti dimostra che più input ricevono gli studenti, più alto è il rendimento. Ciò nonostante, in quasi tutti i paesi, i docenti non usano regolarmente la lingua straniera che insegnano in classe, ma si limitano a usarla solo occasionalmente o, nella migliore delle ipotesi, spesso ma non sempre.

2 Il Quadro Comune Europeo di Riferimento (QCER)

Negli ultimi decenni l'implementazione e la certificazione della conoscenza delle lingue straniere dei cittadini europei è diventato un obiettivo prioritario anche per l'Unione europea e in tale prospettiva sono stati messi a punto vari strumenti, di cui il più importante è il **Quadro Comune Europeo di Riferimento per la conoscenza delle lingue (QCER)**, corrispondente all'inglese *Common European Framework of Reference for Languages (CEFR)*.

Si tratta di un sistema descrittivo che viene usato per *indicare il livello di conoscenza conseguito da chi studia una lingua straniera continentale*.

Tale sistema è stato messo a punto negli anni Novanta dal Consiglio d'Europa, come parte principale del progetto *Language Learning for European Citizenship* (Apprendimento delle Lingue per la Cittadinanza Europea), e si propone di fornire un metodo di accertamento delle conoscenze linguistiche applicabile a tutte le lingue del vecchio continente.

I **sei livelli di riferimento** in cui il QCER si articola (A1, A2, B1, B2, C1 e C2) sono ormai i parametri utilizzati in quasi tutti i Paesi d'Europa per valutare il livello di competenza linguistica individuale e sono sempre più numerosi gli **enti certificatori** delle varie lingue europee che adottano tali denominazioni per le certificazioni da essi rilasciate o, in alternativa, forniscono tabelle di conversione tra le denominazioni dei propri livelli e quelle «standard» del *Quadro Comune di Riferimento*.

Il QCER divide i livelli di competenza in **tre ampie fasce** (*Base*, *Autonomia* e *Padronanza*), articolate a loro volta in due livelli ciascuna. Per ciascuno dei **sei livelli complessivi** viene descritto ciò che un individuo è in grado di fare in dettaglio nei diversi ambiti di competenza: **comprensione scritta**, **comprensione orale**, **produzione scritta** e **produzione orale**.

	BASE
A1	LIVELLO BASE. Comprende e usa espressioni di uso quotidiano e frasi basilari tese a soddisfare bisogni di tipo concreto. Sa presentare se stesso/a e gli altri ed è in grado di fare domande e rispondere su particolari personali come dove abita, le persone che conosce e le cose che possiede. Interagisce in modo semplice purché l'altra persona parli lentamente e chiaramente e sia disposta a collaborare.
A2	LIVELLO ELEMENTARE Comprende frasi ed espressioni usate frequentemente relative ad ambiti di immediata rilevanza (Es. informazioni personali e familiari di base, fare la spesa, la geografia locale, l'occupazione). Comunica in attività semplici e di routine che richiedono un semplice scambio di informazioni su argomenti familiari e comuni. Sa descrivere in termini semplici aspetti del suo background, dell'ambiente circostante, sa esprimere bisogni immediati.
	AUTONOMIA
B1	LIVELLO PRE-INTERMEDIO O DI SOGLIA Comprende i punti chiave di argomenti familiari che riguardano la scuola, il tempo libero etc. Sa muoversi con disinvoltura in situazioni che possono verificarsi mentre viaggia nel paese in cui si parla la lingua. È in grado di produrre un testo semplice relativo ad argomenti che siano familiari o di interesse personale. È in grado di descrivere esperienze ed avvenimenti, sogni, speranze e ambizioni e spiegare brevemente le ragioni delle sue opinioni e dei suoi progetti.
B2	LIVELLO INTERMEDIO Comprende le idee principali di testi complessi su argomenti sia concreti che astratti, comprese le discussioni tecniche nel suo campo di specializzazione. È in grado di interagire con una certa scioltezza e spontaneità che rendono possibile un'interazione naturale con i parlanti nativi senza sforzo per l'interlocutore. Sa produrre un testo chiaro e dettagliato su un'ampia gamma di argomenti e spiegare un punto di vista su un argomento fornendo i pro e i contro delle varie opzioni.
	PADRONANZA
C1	LIVELLO POST INTERMEDIO O DI EFFICIENZA AUTONOMA Comprende un'ampia gamma di testi complessi e lunghi e ne sa riconoscere il significato implicito. Si esprime con scioltezza e naturalezza. Usa la lingua in modo flessibile ed efficace per scopi sociali.
C2	LIVELLO AVANZATO O DI PADRONANZA DELLA LINGUA IN SITUAZIONI COMPLESSE Comprende con facilità praticamente tutto ciò che sente e legge. Sa riassumere informazioni provenienti da diverse fonti sia parlate che scritte, ristrutturando gli argomenti in una presentazione coerente. Sa esprimersi spontaneamente, in modo molto scorrevole e preciso, individuando le più sottili sfumature di significato in situazioni complesse.

TABELLA DI CONVERSIONE DELLE CERTIFICAZIONI RILASCIATE DAI VARI ENTI FORMATORI

Livello	Francese	Inglese	Italiano	Spagnolo	Tedesco
C2	DHEF DALF C2	IELTS ≥8.5 CPE TOEFL 120 Trinity College ISE IV, GESE 12	CELI 5 CILS 4 PLIDA C2	DELE C2	DSH 3 ÖSD C2 (WD)
C1	DS DALF C1	IELTS ≥7 CAE BEC Higher ILEC Pass with Merit Trinity College ISE III, GESE 10, GESE 11	CELI 4 CILS 3 PLIDA C1 DALI C1	DELE C1	DSH 2 ÖSD C1 (OD)
B2	DL DELF B2	IELTS ≥5.5 FCE BEC Vantage ILEC Pass Trinity College ISE II, GESE 7, GESE 8, GESE 9	CELI 3 CILS 2 PLIDA B2 DILI B2	DELE B2	DSH 1 ÖSD B2 (MD)
B1	CEFP 2 DELF B1	IELTS ≥4 PET BEC Preliminary Trinity College ISE I, GESE 5, GESE 6	CELI 2 CILS 1 PLIDA B1 DILI B1	DELE B1	ZD ÖSD B1 (ZD) ÖSD B1 (ZDj)
A2	CEFP 1 DELF A2	IELTS ≥3 KET Trinity College ISE 0, GESE 3, GESE 4	CELI 1 PLIDA A2 DELI A2	DELE A2	SD 2 ÖSD A2 (GD2) ÖSD A2 (KID2)
A1	DELF A1	IELTS ≥2 Trinity College GESE 2	CELI Impatto PLIDA A1	DELE A1	SD 1 ÖSD A1 (GD1) ÖSD A1 (KID1)

3 L'apprendimento multilinguistico nella scuola italiana

La scuola italiana già da molti anni si sta orientando per stimolare l'apprendimento multilinguistico e per sviluppare le competenze non solo linguistiche ma anche interculturali degli studenti.

Il maggior impulso è stato dato dalla **Riforma Moratti** che ha previsto, per le lingue straniere, «l'alfabetizzazione in almeno una lingua dell'Unione europea oltre alla lingua italiana» **a partire dalle prime classi nella scuola primaria** e l'introduzione di una **seconda lingua straniera (L2) nella scuola secondaria di primo grado** (art. 2 L. n. 53/2003).

Il D.Lgs. n. 59/2004 relativo al primo ciclo ha però imposto solo lo studio dell'*inglese nella scuola primaria*; la scelta di un'altra lingua è concessa solamente nella scuola secondaria di primo grado e comunque come seconda lingua rispetto all'inglese.

Di questa seconda lingua ci si dimentica però nella scuola secondaria di secondo grado: l'annunciata adesione alla Raccomandazione europea relativa alle competenze chiave, che prevede la padronanza di più lingue straniere, viene quindi contraddetta dal riferimento esclusivo a una sola lingua.

L'Italia è tra i 14 paesi europei che hanno imposto **l'inglese come lingua obbligatoria**. L'inglese è peraltro quasi sempre la prima lingua straniera studiata, in quanto appunto imposta nella scuola primaria. Questa scelta culturale che, alcuni considerano discutibile, nasce ovviamente dall'uso ormai prevalente dell'inglese come lingua della globalizzazione. Non è un caso, infatti, che l'idioma anglofono sia insegnato al 90% degli alunni in tutta Europa, soprattutto nella scuola primaria.

4 Le competenze linguistiche dei docenti

In questo contesto scolastico e sociale la conoscenza di una lingua straniera diventa quindi fondamentale per qualsiasi insegnante, a prescindere dall'ordine e grado di scuola e della materia insegnata. L'approccio alle risorse di approfondimento online, spesso in lingua straniera, se è tendenzialmente «familiare» agli studenti, diventa dovuto anche per i docenti tutti.

La professionalità del docente necessita, infatti, di approfondire non solo le conoscenze disciplinari e didattiche ma di utilizzare tutti gli *strumenti che Internet offre di supporto per la didattica delle discipline anche in lingua straniera*, di comunicare e collaborare in maniera proficua con colleghi ed esperti lontani, di partecipare a dibattiti e seminari su temi di interesse anche attraverso *webinar* (seminari online).

Senza contare l'incremento della metodologia CLIL (*Content and Language Integrated Learning* – apprendimento integrato di contenuto e lingua) ormai definitivamente introdotta nella scuola secondaria di secondo grado (→ Parte II, Cap. 6, par. 17).

Ecco perché sono sempre più frequenti i **programmi di formazione per i docenti** per l'apprendimento e l'approfondimento di una lingua straniera ed ecco anche il perché dell'accertamento della conoscenza di una lingua straniera comunitaria a livello B2 del QCER richiesto nelle prove selettive dei concorsi a cattedra.

Ricordiamo che il livello B2 prevede che il candidato «Comprenda le idee principali di testi complessi su argomenti sia concreti che astratti, comprese le discussioni tecniche nel suo campo di specializzazione. È in grado di interagire con una certa scioltezza e spontaneità che rendono possibile un'interazione naturale con i parlanti nativi senza sforzo per l'interlocutore. Sa produrre un testo chiaro e dettagliato su un'ampia gamma di argomenti e spiegare un punto di vista su un argomento fornendo i pro e i contro delle varie opzioni».

II

Legislazione e normativa scolastica

Sommario Parte II

1 | Costituzione e scuola

2 | La legge n. 107/2015 e i suoi decreti di attuazione

3 | Autonomia e decentramento in materia di istruzione

4 | Il piano triennale dell'offerta formativa

5 | La governance delle istituzioni scolastiche

6 | Gli ordinamenti scolastici

7 | La valutazione delle istituzioni scolastiche

8 | Verifica e valutazione degli apprendimenti

9 | Lo stato giuridico del docente

10 | Inclusione a scuola

11 | Continuità educativa e orientamento

12 | La scuola italiana nell'ambito del contesto europeo

1
Costituzione e scuola

Oltre ai fondamenti teorici di psicologia e pedagogia, il docente deve padroneggiare anche il sistema di norme e direttive che regolano la scuola in cui opera.

Autonomia didattica, libertà di insegnamento, diritto all'istruzione, progettazione didattica, sono locuzioni abusate ma assolutamente prive di significato se non si conoscono i «paletti» che le norme statali e spesso internazionali (si veda ad esempio quelle dell'Unione europea) impongono nella loro applicazione quotidiana.

In questa Parte II daremo conto del contesto normativo che regola il «sistema scuola» italiano nonché le leggi che incidono direttamente sulla didattica dell'insegnante.

1 La Costituzione italiana

Prima di analizzare i *principi costituzionali* che sono alla base della normativa italiana in materia di istruzione ed educazione, occorre ripercorrere quelli che sono i principi fondamentali della nostra Carta.

La **Costituzione** è la legge fondamentale dello Stato. Essa contiene le norme e i principi relativi all'organizzazione e al funzionamento degli organi dello Stato, nonché le norme riguardanti i diritti e i doveri fondamentali dei cittadini.

La Costituzione italiana fu approvata dall'Assemblea costituente il 22 dicembre 1947 ed è entrata in vigore il 1° gennaio 1948. È una costituzione **lunga** perché, oltre alla norme sull'organizzazione statale, contiene i principi fondamentali che devono ispirare l'azione dei cittadini e dei pubblici poteri. È, inoltre, una Costituzione **rigida**, ossia non può essere modificata da una semplice legge ordinaria, ma solo attraverso un procedimento legislativo (detto *aggravato*) particolarmente lungo e articolato.

La Costituzione italiana si apre con un gruppo di 12 articoli in cui sono poste le fondamenta dell'ordinamento della Repubblica. I più importanti **principi** enunciati in tali articoli sono:

> **Espansione Web**
> *La Costituzione italiana*

— il *principio democratico* (art. 1): rappresenta la norma base del sistema in quanto la Repubblica si fonda sul consenso dei cittadini che sono gli unici legittimi titolari della *sovranità*;
— il *principio personalista e della dignità umana* (artt. 2 e 3): la Repubblica riconosce il primato assoluto della persona e il pieno rispetto delle libertà dell'individuo;
— il *principio di eguaglianza* (art. 3) degli individui sia di fronte alla legge che nella società;
— il riconoscimento e la tutela delle *diversità culturali* (artt. 3, 5 e 6) degli individui (lingua, tradizioni, religione etc.) che non devono rappresentare motivo di discriminazione tra i cittadini;

— il *principio pluralista* (artt. 2 e 3) che esalta le comunità intermedie e le *formazioni sociali* (famiglia, scuola, sindacati, partiti etc.) tra individuo e Stato considerate le sedi più idonee per la crescita e lo sviluppo della personalità;
— il *principio lavorista* (artt. 1 e 4) che colloca il lavoro e i lavoratori al centro della vita del Paese;
— il *principio solidarista* (artt. 2 e 4) che impone ai cittadini di adempiere ai doveri inderogabili di fratellanza e solidarietà e che è alla base dello stesso *Stato sociale* quale è quello italiano, che si assume di conseguenza l'onere di favorire l'accesso all'istruzione generale gratuita, e garantire l'assistenza sanitaria e sociale per tutti, le assicurazioni sociali nonché il sistema pensionistico e previdenziale.

PRINCIPI FONDAMENTALI (ARTT. 1-12 COST.)

Principio democratico (art. 1)
I cittadini sono i reali detentori del potere di indirizzo politico

Principio personalista (art. 2)
I diritti inviolabili sono le posizioni giuridiche della persona considerate essenziali in quanto connaturate alla natura umana

Principio di uguaglianza (art. 3)
I cittadini hanno pari dignità sociale e sono uguali davanti alla legge senza alcun tipo di discriminazione

Principio lavorista (art. 4)
Il lavoro costituisce il valore centrale dell'ordinamento e il criterio guida della politica nazionale

Principio autonomista (art. 5)
Riconoscimento dell'esistenza di centri di potere autonomi, diversi dallo Stato e più vicini ai cittadini

Tutela delle minoranze linguistiche (art. 6)
e delle formazioni sociali che si differenziano dalla maggioranza dei cittadini per diversità etniche e linguistiche

Principio di laicità (art. 7)
Stato e Chiesa sono, ciascuno nel proprio ordine, indipendenti e sovrani

Libertà dei culti (art. 8)
Lo Stato garantisce l'eguale tutela delle diverse religioni come riflesso del sentimento religioso del singolo

Principio culturale e ambientalista (art. 9)
La Repubblica incentiva il progresso culturale e tutela il paesaggio e i beni culturali e ambientali

Adattamento al diritto internazionale (art. 10)
L'ordinamento giuridico italiano si conforma alle norme di diritto internazionale

Promozione della cultura e della scuola (art. 33)

Diritto all'istruzione (art. 34)

Principio pacifista (art. 11)
L'Italia ripudia la guerra come strumento di offesa e di risoluzione delle controversie

Il tricolore italiano come bandiera della Repubblica **(art. 12)**

2 Il ruolo dell'istruzione e della scuola nella Costituzione

La nostra Costituzione dedica alcuni articoli all'**istruzione**, considerata come uno dei fini di cui ogni Stato deve farsi carico per procurare maggiore benessere alla collettività e per migliorare ed elevare le condizioni di vita dei cittadini.

In particolare, *la scuola è considerata ponte di passaggio tra la famiglia*, primigenio nucleo sociale e formativo della persona, *e la società*, luogo naturale di integrazione con gli altri individui e di esplicazione della propria personalità.

Relativamente al mondo dell'istruzione e della scuola, tre sono gli articoli più importanti: artt. 9, 33 e 34 Cost.

Art. 9, comma 1: «*La Repubblica promuove lo sviluppo della cultura e la ricerca scientifica e tecnica*».

Tale articolo consacra lo Stato italiano come **Stato di cultura**, col preciso compito di farsi carico della **promozione culturale dei suoi cittadini**, ovvero di fornire le condizioni e i presupposti per il libero sviluppo della cultura e dell'istruzione, considerate fra i più rilevanti parametri di crescita dell'individuo sotto il profilo personale e civile.

Art. 33: «*L'arte e la scienza sono libere e libero ne è l'insegnamento. La Repubblica detta le norme generali sull'istruzione ed istituisce scuole statali per tutti gli ordini e gradi.*

Enti e privati hanno il diritto di istituire scuole ed istituti di educazione, senza oneri per lo Stato.

La legge, nel fissare i diritti e gli obblighi delle scuole non statali che chiedono la parità, deve assicurare ad esse piena libertà e ai loro alunni un trattamento scolastico equipollente a quello degli alunni di scuole statali.

È prescritto un esame di Stato per l'ammissione ai vari ordini e gradi di scuole o per la conclusione di essi e per l'abilitazione all'esercizio professionale.

Le istituzioni di alta cultura, università ed accademie, hanno il diritto di darsi ordinamenti autonomi nei limiti stabiliti dalle leggi dello Stato.»

Art. 34: «*La scuola è aperta a tutti. L'istruzione inferiore, impartita per almeno otto anni, è obbligatoria e gratuita.*

I capaci e meritevoli, anche se privi di mezzi, hanno diritto di raggiungere i gradi più alti degli studi.

La Repubblica rende effettivo questo diritto con borse di studio, assegni alle famiglie ed altre provvidenze, che devono essere attribuite per concorso.»

Da quanto si è appena letto, gli artt. 33 e 34 disciplinano l'**istruzione scolastica** secondo i seguenti **princìpi**:
— *libertà di insegnamento* (art. 33, comma 1 Cost.);
— *disponibilità di scuole statali* per tutti i tipi, ordini e gradi di istruzione (art. 33, comma 2 Cost.);

- *libero accesso all'istruzione scolastica*, senza alcuna discriminazione (art. 34, comma 1 Cost.);
- *obbligatorietà e gratuità dell'istruzione dell'obbligo* (art. 34, comma 2 Cost.);
- riconoscimento del *diritto allo studio* anche a coloro che sono privi di mezzi, purché capaci e meritevoli, mediante borse di studio, assegni e altre provvidenze da attribuirsi per concorso (art. 34, comma 3 Cost.);
- ammissione, per esami, ai vari gradi dell'istruzione scolastica e dell'abilitazione professionale (art. 33, comma 5 Cost.);
- *libera istituzione di scuole da parte di enti o privati* (art. 33, comma 3 Cost.);
- *parificazione delle scuole private a quelle statali*, quanto agli effetti legali e al riconoscimento professionale del titolo di studio (art. 33, comma 4 Cost.).

Oltre che dallo Stato in prima persona, i compiti sopra indicati sono e devono essere espletati anche da altri soggetti: Regioni, Città metropolitane, Province, Comuni etc.

3 Libertà di insegnamento

Il principio alla base delle norme costituzionali sulla scuola è quello della *libertà di insegnamento* (**comma 1, art. 33 Cost.**): «*L'arte e la scienza sono libere e libero ne è l'insegnamento*». I termini «*arte*» e «*scienza*» devono essere intesi nell'accezione più ampia possibile, in modo da abbracciare qualunque manifestazione dello spirito compatibile con l'insegnamento. Secondo la comune accezione, **la libertà di insegnamento dei docenti** si specifica ulteriormente nella:

- *libertà di manifestare il proprio pensiero* con ogni mezzo possibile di diffusione;
- *libertà di professare qualunque tesi o teoria* si ritenga degna di accettazione;
- libertà di svolgere il proprio insegnamento *secondo il metodo che appaia opportuno adottare*.

È, dunque, riconosciuta al docente la libertà di esercitare le proprie funzioni didattiche e di ricerca scientifica senza vincoli di ordine politico, religioso o comunque ideologico. Tuttavia, la libertà di insegnamento trova dei contemperamenti allorquando si esplica nelle **scuole private**, ossia in quelle particolari organizzazioni scolastiche o universitarie finalizzate al raggiungimento di specifici scopi e portatrici di precise fedi religiose o di particolari indirizzi culturali.

3.1 Autonomia didattica

La libertà nell'insegnamento si estrinseca relativamente all'aspetto del metodo e dei contenuti, nella cosiddetta **autonomia didattica** di cui tratteremo ampiamente più avanti.

L'**art. 1** del Testo unico Scuola (D.Lgs. n. 297/1994) stabilisce appunto che «*ai docenti è garantita la libertà d'insegnamento intesa come autonomia didattica e come* *libera espressione culturale del docente»* e che *«l'esercizio di tale libertà è diretto a promuovere, attraverso un confronto aperto di posizioni culturali, la piena formazione della personalità degli alunni».*

L'insegnamento può essere impartito in qualsiasi luogo, anche isolatamente, sia ai giovani che agli adulti; non è neanche necessario che si rivolga ad una categoria differenziata di soggetti o che questi siano in rapporto di subordinazione rispetto al docente.

La libertà di insegnamento, come tutte le libertà, ha dei limiti. Restano escluse da tutela tutte le manifestazioni propagandistiche di tesi o teorie che non ricevono alcuna garanzia costituzionale. Nell'area di garanzia della libertà d'insegnamento non può essere compresa neanche l'espressione di convinzioni personali opinabili e arbitrarie, bensì solo *l'esposizione di argomenti attuata con metodo scientifico*.

L'insegnamento, inoltre, in qualunque ambito venga esercitato, deve sempre rispettare, quale limite alla sua libera esplicazione, il **rispetto del buon costume, dell'ordine pubblico, della pubblica incolumità**.

Nell'ambito dei comportamenti contrari al *buon costume* vi si possono far rientrare tutti quegli atti o fatti che in un dato momento storico suscitano *scandalo o allarme sociale, violando* il comune senso del pudore o la coscienza collettiva. Il *rispetto dell'ordine pubblico* si traduce nel divieto di introdurre in aula elementi di turbativa sociale e di propaganda sovversiva per le istituzioni dello Stato. Per quanto concerne, invece, il *limite della pubblica incolumità*, esso attiene a quelle *attività pratiche* tecniche o di laboratorio e che, nel momento in cui vengono svolte senza le normali cautele, possono essere pregiudizievoli per l'integrità fisica e la salute degli alunni.

Il legislatore ha poi provveduto a identificare, quali ulteriori limiti alla libertà d'insegnamento, il **rispetto delle norme costituzionali e degli ordinamenti della scuola**, nonché il **rispetto della coscienza morale e civile degli alunni**.

3.2 Libertà della scuola: scuole non statali, paritarie e confessionali

Dal punto di vista strutturale, la libertà d'insegnamento si connota e si qualifica come **libertà della scuola**.

In particolare, il comma 2 dell'**art. 33 Cost.** afferma che «*La Repubblica detta le norme generali sull'istruzione ed istituisce scuole statali per tutti gli ordini e gradi*», cosicché allo Stato competono, in via generale, la predisposizione dei mezzi d'istruzione e la creazione delle norme generali in materia. Tuttavia l'istruzione non è monopolio dello Stato: sempre l'art. 33 Cost. continua: «*Enti e privati hanno il diritto di istituire scuole ed istituti di educazione, senza oneri per lo Stato*».

L'esistenza di due tipi di **scuole (statali e non statali)** è considerata, infatti, garanzia di buon funzionamento per entrambe. Ciò discende, evidentemente, dal principio costituzionale della libertà di manifestazione del pensiero e della libertà di iniziativa economica senza dimenticare che l'esistenza di scuole private accanto a quelle pubbliche giova al mantenimento del pluralismo culturale. La libertà per enti e privati di creare istituti di insegnamento trova tutela, poi, anche nella *Carta dei diritti fondamentali dell'Unione europea* (art. 14).

Lo Stato può anche intervenire a *finanziare scuole o istituti in difficoltà*, ovvero *scuole private* in luoghi nei quali non esistono scuole statali.

3.3 La disciplina giuridica della parità scolastica

Il pluralismo solastico ha ragione di esistere solo se l'istruzione impartita nelle scuole non statali raggiunge gli stessi livelli e obiettivi educativi delle scuole statali, e se alle scuole private è data la possibilità di rilasciare titoli di studio validi ed equiparati a quelli statali.

La possibilità di **parificare ed equiparare gli studi** compiuti in istituti di istruzione privati, a quelli compiuti presso *scuole statali* è però legata a precise valutazioni tecniche: la **parità con le scuole statali** viene accordata alle scuole che ne facciano richiesta, in base alla legge dello Stato che ne fissa «*i diritti e gli obblighi*» (art. 33, comma 4 Cost.).

Collegandosi al dettato costituzionale, la **legge sulla parità scolastica, L. 10 marzo 2000, n. 62** ha istituito, quindi, un *sistema nazionale di istruzione a carattere misto* costituito da **scuole statali** e da scuole gestite da privati o da enti locali col riconoscimento della *parità* (**scuole paritarie**).

Si definiscono **scuole paritarie** a tutti gli effetti (in particolare per quanto riguarda l'abilitazione a rilasciare titoli di studio aventi valore legale), **le istituzioni scolastiche non statali** (comprese quelle degli enti locali) che, a partire dalla scuola per l'infanzia, corrispondono agli ordinamenti generali dell'istruzione, sono coerenti con la domanda formativa delle famiglie e sono caratterizzate da alcuni requisiti di qualità ed efficacia (art. 1, comma 2, L. 62/2000).

Il *riconoscimento della parità scolastica inserisce la scuola paritaria nel sistema nazionale di istruzione* e garantisce l'equiparazione dei diritti e dei doveri degli studenti, le medesime modalità di svolgimento degli esami di Stato, l'assolvimento dell'obbligo di istruzione e l'abilitazione a rilasciare titoli di studio aventi lo stesso valore dei titoli rilasciati da scuole statali.

Al fine di garantire identici standard educativi le **scuole paritarie sono soggette a valutazione e verifica da parte del Ministero**, che accerta il possesso dei requisiti richiesti dalla legge.

Lo Stato, al fine di sostenere la funzione pubblica svolta dalle scuole paritarie nell'ambito del sistema nazionale di istruzione, **può anche erogare contributi alle scuole** dell'infanzia, primarie e secondarie di primo e secondo grado, in **possesso del riconoscimento di parità**.

3.4 Scuole non paritarie e scuole confessionali

Nell'ambito del sistema di istruzione italiano rientrano anche le **scuole non paritarie** che sono scuole non statali che *non intendono chiedere il riconoscimento della parità*. Esse sono iscritte in elenchi regionali che vengono aggiornati ogni anno. La regolare frequenza della scuola non paritaria da parte degli alunni rappresenta assolvimento dell'obbligo di istruzione, tuttavia tali scuole **non possono rilasciare titoli di studio aventi valore legale**.

Per quanto concerne più specificamente le **scuole confessionali**, secondo il Concordato del 1984 «la Repubblica italiana ... garantisce alla Chiesa cattolica il diritto di istituire liberamente scuole di ogni ordine e grado e istituti di educazione».

Il progetto educativo di tali istituti (che possono o meno ottenere la parità) deve indicare l'eventuale indirizzo educativo di carattere culturale o religioso. Non sono, comunque, obbligatorie per gli alunni **attività *extra curriculari*** che presuppongano o esigano l'adesione ad una determinata ideologia o confessione religiosa.

4 Diritto allo studio e libertà di istruzione

Strettamente collegata alla libertà d'insegnamento è la **libertà d'istruzione**, nel senso che al dovere statale di istituire scuole di ogni ordine e grado fa fronte il diritto dei cittadini (compresi gli inabili e i minorati – art. 38 Cost.) ad *accedere liberamente al sistema scolastico* (l'art. 34, primo comma Cost., recita: «*La scuola è aperta a tutti*»).

Il **diritto all'istruzione** si identifica come potere-dovere di ogni cittadino di frequentare i gradi dell'istruzione obbligatoria e gratuita, nonché di accedere ai gradi più alti degli studi, anche se privo di mezzi ma capace e meritevole.

Quest'ultima aspettativa si definisce **diritto allo studio** e si colloca, in una Costituzione garantista e solidarista come la nostra, nel novero dei diritti fondamentali dell'uomo. È, quindi, compito della Repubblica garantire l'estensione *a tutti* dell'offerta d'istruzione, nonché la fruibilità di essa con una serie di provvidenze, elargizioni e aiuti finanziari alle famiglie degli studenti bisognosi (borse di studio, assegni etc.), realizzando così la vera *eguaglianza sociale sancita dall'art. 3 Cost.*

Il **principio di uguaglianza** enunciato nell'art. 3 è uno dei più importanti del nostro ordinamento giuridico. Esso si articola in due forme, riconosciute dai due commi dell'articolo: l'uguaglianza formale (*comma 1 art. 3 Cost.*) e l'uguaglianza sostanziale (*comma 2 art. 3 Cost.*).

Secondo il principio di **uguaglianza formale** tutti i cittadini hanno **pari dignità sociale**. Ciò significa che ciascuno ha diritto di essere trattato e riconosciuto come uomo o come donna, dai suoi pari, in ogni rapporto sociale in cui si viene a trovare, a prescindere da fattori economici, culturali, politici. Lo Stato non può (e nemmeno possono funzionari amministrativi, docenti, Dirigenti scolastici etc.), in nessuna circostanza, emanare provvedimenti che creino distinzioni tra i cittadini per motivi di razza, sesso, religione etc. (l'elenco delle «discriminazioni vietate» dall'art. 3 Cost. è solo *esemplificativo, non tassativo*).

La Costituzione ribadisce questo principio molte volte. L'art. 8 stabilisce l'eguale libertà di **tutte le confessioni religiose**; l'art. 29 sancisce l'uguaglianza morale e giuridica dei **coniugi**; l'art. 37, a parità di lavoro, riconosce l'eguaglianza di diritti e retribuzioni fra **lavoratori e lavoratrici**.

Il sesso, la razza, la lingua, la religione, le opinioni politiche, le condizioni economiche di un individuo non possono, quindi, essere motivo di discriminazione sociale o giuridica di una persona.

Il principio di eguaglianza formale, però, non deve portare a trattare allo stesso modo situazioni obiettivamente differenti, per non correre il rischio di creare discriminazioni nei confronti di quei soggetti che hanno bisogno di una maggiore tutela rispetto ad altri. All'uguaglianza formale deve perciò accompagnarsi un'**uguaglianza sostanziale**. Pensiamo a persone in condizioni economiche disagiate, con un minor grado di istruzione, con handicap fisici o psichici. Se lo Stato non intervenisse con apposite norme per correggere tali disuguaglianze, garantendo, per esempio, a questi soggetti una via preferenziale per accedere al lavoro, alcuni cittadini sarebbero posti in una situazione di inferiorità e impossibilitati a sviluppare pienamente la propria personalità.

Il compito di *diversificare in certi casi le norme* spetta al legislatore, il quale, però, nel valutare la diversità delle situazioni, deve attenersi al **criterio della ragionevolezza delle leggi**: la legge deve, cioè, fornire logiche giustificazioni alla disparità di trattamento fra i cittadini. La legge, ad esempio, non consente alle donne di lavorare in miniera: questa prescrizione apparentemente limita la loro capacità lavorativa, creando una disuguaglianza rispetto ai lavoratori di sesso maschile. In realtà, trova piena e ragionevole giustificazione nella tutela della potenziale maternità, che impedisce di assumere le donne per i lavori considerati insalubri.

5 Diritto-dovere di istruzione e formazione e obbligo scolastico

L'art. 34, comma 1, Cost. stabilisce che «l'istruzione inferiore, impartita per almeno **otto anni**, è **obbligatoria** e gratuita.

In attuazione della cd. Riforma Moratti venne successivamente approvato il **D.Lgs. n. 76 del 15 aprile 2005** per la disciplina degli interventi di orientamento contro la dispersione scolastica e per assicurare la realizzazione del diritto-dovere di istruzione e formazione. Tale decreto partiva dal presupposto che l'**obbligo scolastico** di cui all'art. 34 Cost. poteva essere ridefinito e ampliato come **diritto all'istruzione e formazione e correlativo dovere**, **per almeno dodici anni**. La locuzione utilizzata dal legislatore va intesa nel senso che la fruizione dell'offerta di istruzione e formazione deve costituire per tutti i minori, *compresi quelli stranieri* presenti nel territorio dello Stato, non solo un **diritto soggettivo**, ma anche, ai sensi dell'art. 4, co. 2 della Costituzione, un **dovere sociale**, appositamente sanzionato.

Con la **L. n. 296/2006** (art. 1, co. 622) l'obbligo scolastico previsto dalla Costituzione è stato innalzato di due anni e così portato a **dieci anni**. In tal modo, fino al sedicesimo anno di età è obbligatorio frequentare la scuola; tra i sedici e i diciotto, in base al diritto-dovere di istruzione e formazione, è possibile completare il percorso in una scuola, nella formazione professionale regionale o nell'apprendistato (→ *infra*).

Il legislatore predispone altresì un **meccanismo sanzionatorio** per gli eventuali inadempimenti al dovere di istruzione e formazione. **Responsabili** dell'adempimento vengono considerati i *genitori dei minori* (o coloro che a qualsiasi titolo ne fanno le veci): questi hanno l'obbligo di iscrivere i minori alle istituzioni scolastiche o formative.

Alla **vigilanza** sull'adempimento del dovere di istruzione e formazione devono provvedere:
— il Comune, in particolare il **Sindaco**, in cui hanno la residenza i giovani soggetti all'obbligo di istruzione (D.M. n. 489/2001, art. 2, co. 1, lett. a);

— i **Dirigenti scolastici** o i responsabili, rispettivamente, delle istituzioni del sistema di istruzione (le scuole di ogni ordine e grado) o del sistema di istruzione e formazione professionale presso le quali sono iscritti, ovvero hanno fatto richiesta di iscrizione, gli studenti tenuti ad assolvere al predetto dovere;
— i *servizi per l'impiego*, in relazione alle funzioni di loro competenza a livello territoriale.

Attualmente, dunque, l'**obbligo di istruzione** riguarda la fascia di età compresa tra i 6 e i 16 anni. I genitori hanno quindi il diritto-dovere di iscrivere i propri figli a scuola. Non è invece obbligatoria la frequenza della scuola dell'infanzia.

Diverso dall'obbligo di istruzione è l'**obbligo formativo**, che è il diritto/dovere dei giovani maggiori di anni 16 che hanno assolto l'obbligo scolastico e che non vogliono proseguire gli studi nel sistema dell'istruzione scolastica, di frequentare attività formative fino a 18 anni (frequentando, ad esempio, il sistema della formazione professionale).

Negli ultimi tempi è sempre più acceso il dibattito sull'elevazione dell'obbligo di istruzione a 18 anni.

6 Il diritto allo studio nella Costituzione. Il D.Lgs. n. 63/2017

Diverso dal diritto di istruzione previsto dall'art. 34 Cost., comma 1, è il **diritto allo studio** che, invece, trova il suo fondamento nei commi 3 e 4 dello stesso articolo, nei quali si afferma il **diritto dei capaci e meritevoli**, anche se privi di mezzi economici, di raggiungere i gradi più alti degli studi nonché il dovere della Repubblica a rendere effettivo questo diritto con *borse di studio*, *assegni alle famiglie* ed altre provvidenze da attribuire mediante concorso.

Gli interventi dello Stato per garantire il diritto allo studio concernono sia la **scuola** che l'università. Per quanto riguarda la scuola gli interventi possono essere di vario tipo: *sostegni economici* (borse di studio, fornitura gratuita o semigratuita dei libri di testo, borse di studio per merito, buoni scuola regionali), *servizi* (trasporto scolastico, servizio mensa, misure di accompagnamento per i disabili) e *agevolazioni varie* (ad esempio, il D.Lgs. n. 63/2017 prevede per gli studenti del quarto e del quinto anno della scuola secondaria di secondo grado l'esonero dal pagamento delle tasse scolastiche in base alle fasce ISEE).

Per sostenere il diritto allo studio vi sono interventi finanziari o altre misure di sostegno messe in atto sia a livello nazionale (Ministero dell'istruzione) che territoriale (Regioni ed enti locali).

In particolare, le Regioni e gli enti locali devono assicurare i servizi di trasporto per gli alunni delle scuole primarie e il servizio mensa.

Uno dei più recenti interventi finanziari statali è il **D.Lgs. 13 aprile 2017, n. 63**, di attuazione della Buona scuola, che detta nuove disposizioni in materia di effettività del diritto allo studio e potenziamento della Carta dello studente.

Scopo del decreto è **garantire su tutto il territorio nazionale l'effettività del diritto allo studio** degli alunni del sistema nazionale di istruzione e formazione, statale e paritario, fino al completamento di tutto il percorso di istruzione secondaria di secondo grado.

Il provvedimento, dunque, **riorganizza le prestazioni per il sostegno allo studio** (borse di studio, sussidi didattici per gli alunni con disabilità, comodato d'uso dei libri di testo e dei sussidi digitali, potenziamento della Carta dello studente, servizi per gli alunni ospedalizzati o per i quali è richiesta l'istruzione domiciliare) promuovendo un sistema di welfare studentesco fondato sull'uniformità territoriale dei servizi tesi a garantire il diritto allo studio. A tal fine è istituito il **Fondo unico per il welfare dello studente** e per il diritto allo studio.

Il decreto definisce inoltre le modalità per l'individuazione dei requisiti di eleggibilità per l'accesso alle prestazioni da assicurare sul territorio nazionale e fissa i principi generali per il potenziamento della **Carta dello studente**.

2
La legge n. 107/2015 e i suoi decreti di attuazione

1 Le principali riforme della scuola italiana

Dall'unità d'Italia ad oggi, la scuola italiana è stata oggetto di numerose e radicali riforme, dettate sia dall'evoluzione della normativa di tipo amministrativo nell'ottica di una modernizzazione e maggiore efficacia della P.A., sia dall'evolversi degli studi pedagogici che inevitabilmente influenzano anche la disciplina della didattica.

La prima grande riforma dello Stato unitario è quella definita come *Riforma Gentile*.

Nel percorso istituzionale della scuola italiana occorre considerare con grande attenzione il periodo tra le due grandi guerre, caratterizzato, sul piano culturale, dall'affermarsi dello *spiritualismo* che intendeva riproporre, in campo educativo, i valori della tradizione popolare. Dal punto di vista educativo l'anno decisivo fu il 1923 quando venne promulgata, come già visto, la **Riforma Gentile** dal nome del Ministro, il filosofo e pedagogista Giovanni Gentile (1875-1944), cui il fascismo affidò il compito di «ridisegnare» l'assetto scolastico italiano secondo l'ideologia politica prevalente: è questa la prima radicale innovazione educativa in Italia.

L'apporto neoidealista di Gentile si dimostrò capace di influenzare profondamente la cultura pedagogica del tempo, anche per la grande opera di sensibilizzazione a favore dei problemi dell'educazione. Vennero, infatti, create biblioteche e fondate riviste, si diede impulso a seminari di studio, conferenze, ricerche. Non mancarono motivi di dissenso: venne, ad esempio, rimproverato a Gentile un eccessivo interesse per gli aspetti intellettivi dell'educazione a danno di quelli sociali, o il fatto di privilegiare gli studi umanistici rispetto a quelli scientifici, e ciò in contrasto con gli indirizzi culturali del tempo.

La legge operò una rivisitazione dell'articolazione interna delle materie: al dialetto, considerato vera lingua madre, fu riconosciuta pari dignità educativa, mentre l'educazione morale e civile fu sostituita dall'insegnamento religioso che, con il Testo unico delle leggi della scuola, datato 1929, fu posto alla base degli studi elementari.

La riforma modificò profondamente l'organizzazione scolastica in quanto l'**istruzione elementare** venne articolata in tre gradi:
— il *preparatorio*, triennale, corrispondente all'attuale scuola dell'infanzia;
— l'*inferiore* costituito dalle prime tre classi di scuola elementare;
— il *superiore*, biennale, costituito dalla quarta e dalla quinta classe.

Ciascuno dei due cicli doveva concludersi con un esame.

Gli **anni Sessanta** furono caratterizzati da una serie di importanti passaggi, contestualmente all'emergere di quel movimento studentesco che ha a lungo inciso sulla vita della scuola e della società italiana. Ma è durante gli **anni Settanta** che si assiste a una profonda svolta nella storia della scuola italiana, soprattutto per la promulgazione di una serie di leggi che cambiarono radicalmente l'organizzazione della scuola.

Molti autori considerano la **legge n. 477 del 1973** uno dei provvedimenti normativi più importanti della scuola italiana, in quanto ha rinnovato il sistema di governo della scuola, attraverso ulteriori nuovi organismi. Con tale legge il Parlamento delegò il Governo a emanare ulteriori norme relative allo stato giuridico del personale della scuola e alla creazione degli organi collegiali. Sul piano propositivo la legge-delega n. 477 si ispirava soprattutto al concetto di partecipazione, ossia alla concezione della scuola come *comunità educante*.

Con i suoi provvedimenti attuativi, i **Decreti Delegati del 1974**, furono emanate norme relative all'organizzazione amministrativa delle scuole materne, elementari, secondarie ed artistiche.

Altro importante provvedimento legislativo degli anni Settanta è la **legge n. 517 del 1977** con la quale sono stati introdotti importanti innovazioni nella vita e nell'organizzazione scolastica.

Negli **anni Novanta** del secolo scorso si dà attuazione all'autonomia scolastica, di cui tratteremo ampiamente nei prossimi capitoli. Nel 1997, inizialmente con la bozza elaborata dal Ministro Berlinguer e in seguito con l'art. 21 della **legge n. 59 del 15 Marzo del 1997** (detta **Legge Bassanini**), l'autonomia della scuola approda come sperimentazione nelle scuole di ogni ordine e grado. Nel '99, dopo due anni di sperimentazione nelle scuole, l'autonomia perviene a sistema con il **D.P.R. n. 275/1999** detto «Regolamento dell'autonomia».

L'attribuzione dell'autonomia alle scuole rappresenta una svolta storica riguardo all'articolazione delle competenze in materia di istruzione: l'autonomia delle scuole è parte di un processo di decentramento e semplificazione amministrativa avviato nei primi anni '90, che ha profonde implicazioni sui versanti del rapporto tra cittadini e Stato, sul modello organizzativo della pubblica amministrazione e sulle regole dell'azione amministrativa delle scuole.

L'art. 21 del legge n. 59/1997, che può considerarsi l'atto fondativo dell'autonomia scolastica, conferisce l'autonomia alle istituzioni scolastiche nell'ambito di una **tripartizione di funzioni** tra lo Stato, le autonomie locali e le istituzioni scolastiche autonome, alle quali si riconoscono responsabilità organizzative e didattiche nell'ambito di un quadro fortemente unitario garantito dal ruolo dello Stato.

L'avvio della riforma nella direzione dell'autonomia imprime una profonda rottura al tradizionale modello organizzativo, facendo acquisire al sistema scolastico un impianto di carattere decisamente *policentrico*.

La legge n. 59/1997 prevede, infatti, lo spostamento di numerose competenze verso le Regioni e gli enti locali, in particolare in materia di programmazione scolastica e di supporto al diritto allo studio.

Per dare attuazione al modello autonomista fu poi emanato, come detto, il regolamento dell'autonomia delle istituzioni scolastiche, **D.P.R. n. 275/1999**, in base al quale si provvedeva al trasferimento di funzioni amministrative, prima svolte dall'amministrazione scolastica centrale e periferica, alle singole scuole.

Il 2000, invece, vede l'approvazione di numerose riforme che incidono sugli aspetti ordinamentali della scuola. In particolare, nel 2003 viene approvata la cd. **Riforma Moratti** (L. n. 53/2003) che, tra le altre cose, introduce una nuova articolazione degli studi (scuola dell'infanzia, primo ciclo strutturato in scuola primaria e scuola secondaria di primo grado, e secondo ciclo di istruzione), i nuovi licei (oltre al classico e allo scientifico, ci sono ora quello economico, tecnologico, musicale, linguistico e delle scienze umane) e l'alternanza scuola-lavoro (attualmente rivista e ridenominata *percorsi per le competenze trasversali e l'orientamento* – L. n. 145/2018).

Successivamente alcuni provvedimenti emanati nel 2008, denominati come **Riforma Gelmini**, hanno dato ulteriore attuazione al sistema introdotto dalla Riforma Moratti, apportando alcune importanti modifiche, come l'innalzamento dell'obbligo scolastico a 16 anni, il riordino degli istituti professionali, tecnici e dei licei etc.

Tutti questi provvedimenti verranno analizzati più approfonditamente quando si tratterà degli ordinamenti scolastici.

2 La riforma della «Buona scuola»: legge n. 107/2015

L'ultima grande riforma della scuola, conosciuta anche come **Riforma della Buona Scuola**, è stata approvata con la **legge n. 107 del 13 luglio 2015**, *«Riforma del sistema nazionale di istruzione e formazione e delega per il riordino delle disposizioni legislative vigenti»*. La nuova normativa colloca al centro e rafforza l'autonomia scolastica, riprendendo alcuni punti fondamentali del D.P.R. n. 275/1999 e prevedendo nuovi strumenti gestionali e finanziari per poterli realizzare.

Il documento è costituito da un unico lungo articolo, comprendente **212 commi,** concernenti una serie di norme che riguardano numerosi aspetti del sistema di istruzione e formazione.

Le disposizioni contenute nei commi 1-4 individuano in apertura le finalità complessive della legge:
— affermare il ruolo centrale della scuola nella società della conoscenza;
— innalzare i livelli di istruzione e le competenze degli studenti;
— contrastare le disuguaglianze socio-culturali e territoriali;
— prevenire e recuperare l'abbandono e la dispersione scolastica;
— realizzare una scuola aperta;
— garantire il diritto allo studio e le pari opportunità di successo formativo.

Gli obiettivi che la legge n. 107 intende raggiungere, e di cui si tratterà nel prosieguo del volume, sono perseguiti mediante:
— il Piano triennale dell'offerta formativa;
— l'organico funzionale dell'autonomia;
— il rilancio del ruolo e della formazione dei docenti;
— la nuova leadership del dirigente scolastico.

La legge n. 107/2015 contiene disposizioni immediatamente esecutive, entrate in vigore l'anno successivo, e disposizioni che hanno richiesto l'emanazione di numerosi decreti legislativi attuativi.

I PUNTI FONDAMENTALI DELLA LEGGE N. 107/2015

I commi 1-7 contengono le intenzioni del legislatore fondamentalmente collegate al potenziamento dell'autonomia.	La nuova offerta formativa, così come delineata dalla legge 107, va integrata con **iniziative di potenziamento** e **attività progettuali** per il raggiungimento degli obiettivi formativi, individuati dalle istituzioni scolastiche, tenendo conto di quelli prioritari, indicati nel comma 7: • competenze **linguistiche** anche mediante CLIL; • competenze **matematico-logiche e scientifiche**; • pratica e cultura concernente **musica, arte, cinema**, tecniche e media di produzione e diffusione di immagini e suoni; • competenze di **cittadinanza attiva** e democratica, interculturalità, autoimprenditorialità; • sviluppo di comportamenti sensibili alla **sostenibilità ambientale**, beni paesaggistici, patrimonio culturale; • competenze nell'**uso dei media**; • potenziamento delle **discipline motorie** e sviluppo di una vita sana; • competenze **digitali**, del **pensiero computazionale**, uso critico dei social media e legame con il mondo del lavoro; • potenziamento **metodologie laboratoriali**; • prevenzione e **contrasto dispersione**, politiche di **inclusione** e di attenzione ai **BES**; • valorizzazione della **scuola aperta al territorio**; • **apertura pomeridiana** delle scuole; • incremento dell'**alternanza scuola-lavoro**; • valorizzazione di percorsi formativi individualizzati; • individuazione di percorsi e di sistemi funzionali alla premialità e alla **valorizzazione del merito tra gli studenti**; • potenziamento dell'**italiano come lingua seconda**; • definizione di un sistema di **orientamento**.

I commi 12-19 regolano uno dei più importanti elementi di novità della legge n. 107/2015: il **Piano Triennale dell'Offerta Formativa**	Il **Piano Triennale dell'Offerta Formativa** (PTOF) costituisce il fulcro della riforma, in quanto da esso si dipartono tutte le innovazioni in materia di: organici, curricolo, formazione e valutazione. Il Piano triennale dell'offerta formativa deve prevedere anche la programmazione delle attività formative rivolte al personale docente e amministrativo, tecnico e ausiliare.
I commi 28-62 prevedono il **miglioramento dell'offerta formativa** sempre più declinata in base alle esigenze degli studenti e coerente con la necessità di orientarli al futuro.	Tra le novità principali per gli studenti della scuola secondaria di secondo grado ricordiamo, innanzitutto, la possibilità di scelta, da parte degli studenti, di insegnamenti opzionali. «*Le scuole secondarie di secondo grado introducono* **insegnamenti opzionali** *nel secondo biennio e nel quinto anno anche utilizzando la quota di autonomia e gli spazi di flessibilità*» (comma 28, art. 1, legge n. 107/2015). Il percorso di studi, le competenze acquisite, gli eventuali insegnamenti opzionali scelti, le esperienze culturali, artistiche, di pratiche musicali, sportive, verranno inserite nel **curriculum dello studente**, altra innovazione introdotta dalla Riforma al comma 28. Il curriculum dello studente contiene tutte le informazioni sul percorso scolastico e curriculare ed extracurriculare, comprese le esperienze volontarie e gli insegnamenti opzionali. Il curriculum sarà associato ad un'identità digitale dello studente, ovvero ad un profilo nel Portale unico previsto dal co. 136 L. n. 107/2015. Nei Piani triennali dell'offerta formativa della scuola *secondaria di secondo grado* vanno inclusi anche i **percorsi di alternanza scuola-lavoro** e le *attività di formazione in materia di tutela della salute e della sicurezza nei luoghi di lavoro*. La legge n. 107/2015 amplia la tipologia di enti coinvolti nell'alternanza: *musei, cultura, arte, musica, ambiente e sport*, e ne incrementa la durata. Occorre evidenziare, al riguardo che la Legge di Bilancio 2019 ha introdotto nuove regole sull'alternanza, ridefinita «**percorso per le competenze trasversali e per l'orientamento**» rimodulandone la durata: non più 200 ore nel triennio dei licei e 400 ore nei tecnici e nei professionali, ma 90 ore da distribuire in tre anni al liceo, 150 ore negli istituti tecnici e 180, sempre da svolgere in tre anni, al professionale.

	La L. n. 107/2015 riserva grande rilevanza al potenziamento delle **dotazioni tecnologiche delle scuole**: al fine di *«sviluppare e di migliorare le competenze digitali degli studenti e di rendere la tecnologia digitale uno strumento didattico di costruzione delle competenze in generale, il Ministero dell'istruzione, dell'università e della ricerca adotta il* **Piano nazionale per la scuola digitale***, in sinergia con la programmazione europea e regionale e con il Progetto strategico nazionale per la banda ultralarga»* (co. 56, art. 1, L. n. 107/2015). *«...le istituzioni scolastiche promuovono, all'interno dei piani triennali dell'offerta formativa e in collaborazione con il Ministero dell'Istruzione, azioni coerenti con le finalità, i principi e gli strumenti previsti nel Piano nazionale per la scuola digitale di cui al comma 56»* (comma 57, art.1, legge n. 107/2015). Gli obiettivi del **Piano nazionale per la scuola digitale**, indicati nel comma 58, sono: — realizzare attività volte allo sviluppo delle competenze digitali degli studenti; — potenziare degli strumenti didattici e laboratoriali necessari a migliorare la formazione e i processi di innovazione delle istituzioni scolastiche; — adottare strumenti organizzativi e tecnologici per favorire la governance, la trasparenza e la condivisione di dati; — formare dei docenti per l'innovazione didattica e sviluppo della cultura digitale. Nel POFT dovranno esser inserite anche le **eventuali scelte degli insegnamenti opzionali nelle scuole secondarie di secondo grado** che confluiranno nel curriculum dello studente. Il piano triennale darà, inoltre, **indicazioni delle scelte di flessibilità**, come previste dal DPR n. 275, da adottare per la piena realizzazione del curricolo e il raggiungimento degli obiettivi, la valorizzazione delle potenzialità e degli stili di apprendimento degli studenti.
I commi 63-76 dedicano molta attenzione all'**organico dell'autonomia**.	Le istituzioni scolastiche effettuano le scelte in merito agli insegnamenti e alle attività curriculari, extracurriculari, educative e organizzative, individuando il fabbisogno di posti dell'organico dell'autonomia, che va rapportato all'offerta formativa.

	L'organico dell'autonomia comprende: *i posti comuni; i posti di sostegno; i posti per il potenziamento; i posti di personale ATA.* Gli insegnanti rientranti in tale organico hanno un ruolo funzionale al buon andamento delle attività della scuola; si evidenzia, in particolare, il potenziamento delle funzioni organizzative e di coordinamento dei docenti, identificabili nel sostegno fornito alle istituzioni scolastiche sotto il profilo del funzionamento didattico generale. Si tratta di un'attribuzione che indica la capacità di mettere assieme, di mediare e di dare attuazione a ipotesi di lavoro e progetti, finalizzati al conseguimento dei traguardi formativi cui è preposta l'istituzione scolastica. La **funzione docente** risulta, altresì, potenziata nelle sue funzioni anche con la modifica di alcuni importanti elementi contrattuali apportata dalla legge n. 107, quali: — l'incremento del numero dei docenti che il DS può individuare per essere coadiuvato nelle attività di coordinamento didattico ed organizzativo; — la possibilità per i docenti rientranti nell'organico funzionale di essere utilizzati in relazione alle competenze e ai titoli culturali, anche a prescindere dalla specifica abilitazione.
La legge n. 107/2015 dedica al **Dirigente scolastico** i commi 78-94	Il DS agisce «*nel rispetto delle competenze degli Organi Collegiali*». Pur tuttavia si evidenzia il passaggio dalla collegialità alle scelte del Dirigente scolastico che diviene **responsabile di importanti processi pedagogici e amministrativi**. La riforma, infatti, affida ai Dirigenti scolastici spazi importanti nell'attuazione del POF triennale, nella valutazione dei docenti e nell'individuazione dei docenti cui affidare gli incarichi triennali attuativi del POF. Del tutto nuovo è il comma 93 sulla valutazione dei Dirigenti scolastici. Dopo aver chiarito che essa è effettuata ai sensi dell'art. 25, comma 1, del D.Lgs. n. 165/2001, la norma ne fornisce i criteri generali. La valutazione del Dirigente è affidata ad un *nucleo*, composto di tre dirigenti: un dirigente tecnico, un amministrativo ed un DS, in possesso di alcuni requisiti fissati dal CCNL.

I commi dal 115 al 120 introducono significativi cambiamenti in materia di **anno di formazione e di prova del personale docente**.	Viene in particolare specificato che, dopo la nomina in ruolo, il personale docente effettua un anno di formazione e prova ai fini della conferma in ruolo. La **formazione in servizio** dei docenti di ruolo è ritenuta una leva strategica per il miglioramento. Le attività sono supportate dalle seguenti previsioni: — Formazione in servizio (obbligatoria, permanente e strutturale) — Piano Nazionale di Formazione Docenti (che individua ogni tre anni le priorità) — Carta elettronica (con cui è possibile acquistare una serie di beni e servizi di natura culturale) Le scuole definiscono le attività di formazione in coerenza con il Piano triennale dell'offerta formativa, con i risultati emersi dai piani di miglioramento delle singole scuole (D.P.R. 80/2013), sulla base delle priorità individuate dal Ministero ogni tre anni nel Piano nazionale di formazione.
I commi dal 121 al 125 introducono una **carta elettronica** per sostenere la formazione dei docenti, il cui importo è di 500 euro pro capite per anno scolastico.	Con questa carta è possibile acquistare una serie di beni e servizi di natura culturale (tradizionale o digitale) ed accedere ad istituzioni culturali. La legge n. 107/2015 introduce criteri e modalità di valutazione dei docenti ai fini dell'attribuzione del **bonus premiale** (retribuzione accessoria) e riscrive l'art. 11 del D.Lgs. n. 297/1994 in materia di composizione del Comitato per la valutazione dei docenti.
I commi 136-142 istituiscono il **Portale unico dei dati della scuola**	
I commi 159-179 introducono nuove norme sull'**edilizia scolastica** e la messa in sicurezza degli edifici	

3 Le deleghe della legge n. 107/2015

I commi 180-195 della legge n. 107/2015 contengono **nove deleghe al Governo** che «è *delegato ad adottare, (...) uno o più decreti legislativi al fine di provvedere al riordino, alla semplificazione e alla codificazione delle disposizioni legislative in materia di istruzione*» (co. 180, art. 1, L. n. 107/2015).

Si tratta di previsioni volte ad innovare molti settori dell'istruzione: dal reclutamento dei docenti della scuola secondaria alla riforma dell'istruzione professionale, dall'istituzione del Sistema 0-6 alle nuove norme per l'inclusione scolastica.

Le materie dei decreti legislativi sono indicate nel comma 181:
- riordino delle disposizioni normative in materia di Sistema nazionale di istruzione e formazione e definizione di un nuovo Testo Unico Istruzione (unica delega che non ha ricevuto attuazione);
- formazione iniziale e accesso nei ruoli di docente nella scuola secondaria;
- inclusione e disabilità;
- revisione dei percorsi di istruzione professionale e raccordo con i percorsi di istruzione e formazione professionale;
- istituzione del Sistema integrato di educazione e di istruzione 0/6 anni;
- diritto allo studio;
- cultura umanistica; patrimonio e produzione culturali, musicali, teatrali, coreutici e cinematografici; creatività;
- revisione, riordino e adeguamento della normativa relativa alle istituzioni scolastiche italiane all'estero;
- valutazione e certificazione delle competenze degli studenti e degli esami di Stato.

Analizzeremo brevemente il contenuto dei decreti attuativi nei paragrafi che seguono.

4 Il sistema di formazione iniziale dei docenti e l'accesso al ruolo (D.Lgs. n. 59/2017)

Il **decreto legislativo n. 59/2017**, nel dare attuazione alla delega contenuta nella legge n. 107/2015 in materia di accesso al ruolo di docente nella **scuola secondaria di primo e di secondo grado**, prevede l'introduzione di un **sistema unitario e coordinato di preparazione e accesso alla professione**. Come previsto dall'art. 97 Cost., il **concorso** costituisce l'ordinario metodo di reclutamento dei docenti.

La formazione al ruolo ha inizio sin dal percorso universitario, in quanto il titolo di laurea deve comprendere **24 crediti specifici** per l'insegnamento (**CFU**). La partecipazione al concorso, per qualunque disciplina, richiede, dunque, la personalizzazione del curricolo universitario nella direzione dell'insegnamento. I 24 crediti formativi universitari o accademici vanno acquisiti in forma curricolare, aggiuntiva o extra curricolare nelle *discipline antropo-psico-pedagogiche e nelle metodologie e tecnologie didattiche*, garantendo comunque il possesso di almeno sei crediti in ciascuno di **almeno tre** dei seguenti quattro ambiti disciplinari:
- *pedagogia, pedagogia speciale e didattica dell'inclusione*;
- *psicologia*;
- *antropologia*;
- *metodologie e tecnologie didattiche.*

Ricordiamo che per partecipare ai concorsi per la scuola dell'infanzia e per la scuola primaria è richiesto il conseguimento della laurea magistrale in **Scienze della Formazione** (ovvero il vecchio diploma magistrale se conseguito entro il 2001/2002). In questo caso non è necessario il conseguimento dei 24 CFU in quanto già facenti parte del percorso universitario.

La **legge** n. **145/2018** (Legge di bilancio 2019) ha ridefinito il percorso per l'accesso nei ruoli di docente nella scuola secondaria di primo e di secondo grado, sia per i posti comuni sia per quelli di sostegno, modificando il **D.Lgs. n. 59/2017** che aveva introdotto il sistema coordinato di formazione iniziale e accesso ai ruoli nella scuola secondaria e aveva previsto un *graduale inserimento nella funzione docente*.

In base alla nuova disciplina, il percorso di formazione iniziale e accesso ai ruoli ha inizio con un **concorso pubblico nazionale**, con *cadenza biennale*, bandito su base regionale o interregionale, per titoli ed esami, per la copertura dei posti della scuola secondaria che si prevede si rendano vacanti e disponibili nel primo e nel secondo anno scolastico successivi a quello in cui è previsto l'espletamento delle prove concorsuali. All'esito del concorso si consegue l'*abilitazione all'insegnamento*.

I **requisiti di accesso al concorso** sono:

per i **posti comuni**:
— il possesso dell'**abilitazione** specifica sulla classe di concorso oppure il possesso congiunto di **laurea e 24 CFU** nelle discipline antropo-psico-pedagogiche e nelle metodologie e tecnologie didattiche;
— possono partecipare al concorso, **senza conseguire i 24 CFU**, coloro i quali sono in possesso di abilitazione per altra classe di concorso o per altro grado di istruzione, fermo restando il possesso del titolo di accesso alla classe di concorso ai sensi della normativa vigente;

per i **posti di insegnante tecnico-pratico (ITP)**:
— il possesso dell'**abilitazione** specifica sulla classe di concorso oppure il possesso congiunto di **laurea** o titolo equipollente o equiparato, coerente con le classi di concorso vigenti alla data di indizione del concorso, **e 24 CFU** nelle discipline antropo-psico-pedagogiche e nelle metodologie e tecnologie didattiche;

per i **posti di sostegno**:
— i requisiti previsti per i posti comuni o di insegnante tecnico-pratico **più il titolo di specializzazione** su sostegno.

L'art. 17 e 18 del D.Lgs. n. 59/2017, modificati dal D.L. 29-10-2019, n. 126, convertito con L. n. 159/2019, prevedono poi una disciplina transitoria per il reclutamento del personale docente, oltre che la possibilità di indire concorsi straordinari per l'assunzione dei «precari storici».

5 La valorizzazione del patrimonio artistico e culturale (D.Lgs. n. 60/2017)

Il **decreto legislativo n. 60/2017** si propone la valorizzazione del patrimonio e delle produzioni culturali, musicali, teatrali, coreutiche e cinematografiche e il sostegno della creatività connessa alla sfera estetica, attraverso:

— l'accesso alla *formazione artistica*, nelle sue varie espressioni amatoriali e professionali;

— il potenziamento della *formazione nel settore delle arti nel curricolo delle scuole di ogni ordine e grado, compresa la prima infanzia*;
— l'attivazione, da parte di scuole o reti di scuole di ogni ordine e grado, di accordi e collaborazioni anche con soggetti terzi, accreditati dal Ministero dell'Istruzione e dal Ministero dei beni e delle attività culturali e del turismo.

Per le finalità sopra richiamate, le istituzioni scolastiche, nell'ambito della propria autonomia, prevedono, nel Piano triennale dell'offerta formativa, attività teoriche e pratiche, anche con modalità laboratoriali, di produzione, fruizione e scambio in *ambito artistico, musicale, teatrale, cinematografico, coreutico, architettonico, paesaggistico, linguistico, filosofico, storico, archeologico, storico-artistico, artigianale*. Le scuole possono costituire *reti di scopo* per svolgere alcune attività, quali: coordinare i progetti per i «temi della creatività»; valorizzare le professionalità dei docenti «anche mediante appositi piani di formazione»; condividere risorse strumentali e laboratoriali; stipulare accordi di partenariato con vari soggetti, tra cui anche quelli del terzo settore; organizzare eventi; promuovere la valorizzazione del patrimonio culturale del territorio; attivare percorsi comuni per l'utilizzo delle nuove tecnologie.

Il sistema coordinato per la promozione dei temi della creatività è composto dal Ministero dell'istruzione, il Ministero dei beni e delle attività culturali e del turismo (MIBACT), in collaborazione con l'Istituto nazionale documentazione, innovazione e ricerca educativa (INDIRE), le istituzioni scolastiche organizzate in rete, le istituzioni dell'alta formazione artistica, musicale e coreutica, le università, gli istituti tecnici superiori.

Al fine di sostenere lo sviluppo delle azioni di promozione della creatività, dell'arte e della cultura, è adottato con decreto con cadenza triennale del Presidente del Consiglio dei Ministri il «**Piano delle arti**».

Il Piano delle Arti contiene le seguenti misure:
a) sostegno delle istituzioni scolastiche e delle reti di scuole, per realizzare un modello organizzativo flessibile e innovativo,
b) supporto, nel primo ciclo di istruzione, alla diffusione dei *Poli a orientamento artistico e performativo*, e, nel secondo ciclo, alle reti di scuole impegnate alla realizzazione dei «temi della creatività»;
c) sviluppo delle pratiche didattiche dirette a favorire l'apprendimento degli studenti, valorizzando i talenti attraverso una didattica orientativa;
d) promozione, da parte delle istituzioni scolastiche e di reti di scuole, di Poli ad orientamento artistico e performativo, di partenariati per la co-progettazione e lo sviluppo dei temi della creatività e per la condivisione di risorse laboratoriali, strumentali e professionali anche nell'ambito di accordi quadro nazionali;
e) promozione della partecipazione studentesca a percorsi di conoscenza del patrimonio culturale e ambientale dell'Italia;
f) potenziamento delle competenze pratiche e storico-critiche, relative alla musica, alle arti, al patrimonio culturale, al cinema, alle tecniche e ai media di produzione e di diffusione delle immagini e dei suoni;
g) *agevolazioni* per la fruizione, da parte degli alunni e degli studenti, di musei e altri istituti e luoghi della cultura, mostre, esposizioni, concerti, spettacoli e performance teatrali e musicali;

h) incentivazione di tirocini e stage artistici di studenti all'estero e *promozione internazionale di giovani talenti*, attraverso gemellaggi tra istituzioni formative artistiche italiane e straniere.

La **progettualità delle istituzioni scolastiche**, delineata senza alcuna distinzione tra ordini e gradi di scuola, si realizza mediante percorsi curricolari, in alternanza scuola-lavoro o con specifiche iniziative extrascolastiche, e può essere programmata in rete con altre scuole e attuata con la collaborazione di istituti e luoghi della cultura.

Essa si sviluppa nell'ambito delle componenti del curricolo, anche verticale, denominate «**temi della creatività**», che riguardano le seguenti aree:

a) **musicale-coreutica**, attraverso la conoscenza storico-critica della musica, la pratica musicale, nella più ampia accezione della pratica dello strumento e del canto, la danza e tramite la fruizione consapevole delle suddette arti;
b) **teatrale-performativa**, mediante la conoscenza storico-critica e la pratica dell'arte teatrale o cinematografica o di altre forme di spettacolo artistico-performativo e la fruizione consapevole delle suddette arti;
c) **artistico-visiva**, tramite la conoscenza della storia dell'arte e la pratica della pittura, della scultura, della grafica, delle arti decorative, del design o di altre forme espressive, anche connesse con l'artigianato artistico e con le produzioni creative italiane di qualità e tramite la fruizione consapevole delle espressioni artistiche e visive;
d) **linguistico-creativa**, attraverso il rafforzamento delle competenze logico-linguistiche e argomentative e la conoscenza e la pratica della scrittura creativa, della poesia e di altre forme simili di espressione, della lingua italiana, delle sue radici classiche, delle lingue e dei dialetti parlati in Italia.

Le **istituzioni scolastiche del primo ciclo di istruzione**, che adottano in una o più sezioni curricoli verticali in almeno tre temi della creatività, possono costituirsi in **Poli a orientamento artistico e performativo**, previo riconoscimento da parte dell'Ufficio Scolastico Regionale.

Per quanto riguarda la **scuola secondaria di primo grado**, *le scuole medie ad indirizzo musicale risultano di fatto abrogate*, in quanto il decreto stabilisce che ogni istituzione scolastica secondaria di primo grado può attivare, nell'ambito delle ordinarie sezioni, percorsi a indirizzo musicale, in coerenza con il Piano triennale dell'offerta formativa.

Per quanto riguarda il **secondo ciclo**, il decreto dedica alcuni articoli alla promozione dell'arte e all'armonizzazione dei percorsi formativi della filiera artistico-musicale. In particolare i *Conservatori di musica* possono organizzare corsi propedeutici nell'ambito della formazione ricorrente e permanente, finalizzati alla preparazione alle prove di accesso ai corsi di studio accademici di primo livello.

6 La revisione dei percorsi dell'istruzione professionale (D.Lgs. n. 61/2017)

Si rinvia al par. 12 del Cap. 6 «La revisione ordinamentale degli istituti professionali».

7 Valutazione ed esami di Stato (D.Lgs. n. 62/2017)

La valutazione costituisce uno dei punti nodali attraverso cui si realizza il processo di rinnovamento del sistema di istruzione e formazione. L'adozione di procedure affidabili e attendibili di misurazione costituisce, infatti, lo strumento essenziale per il controllo della qualità dei processi educativi, nonché per l'adozione di strategie efficaci di miglioramento.

D'altra parte nella valutazione emerge la funzione di garanzia del Dirigente Scolastico che deve esercitare sia nei confronti dei principi pedagogici espressi nel PTOF sia verso i principi generali che governano il procedimento amministrativo.

L'abrogazione di gran parte del D.P.R. n. 122/2009, operato dal **D.Lgs. n. 62/2017**, evidenzia l'esigenza di adeguare la valutazione alle istanze di rinnovamento del sistema di istruzione del nostro Paese.

Con la legge n. 107/2015 si pone l'accento sulla valorizzazione dei comportamenti positivi, sulla valenza della condivisione collegiale, sull'attenzione alla problematica generale dell'inclusione e alla garanzia di poter fruire di adeguati contesti e metodiche educative da parte degli alunni in situazione di disagio.

Il D.Lgs. 13 aprile 2017, n. 62 e i successivi decreti ministeriali n. 741 e 742 del 3 ottobre 2017 hanno introdotto nuove disposizioni per la **valutazione e la certificazione delle competenze**, nonché nuove procedure inerenti all'**esame di Stato conclusivo del primo e del secondo ciclo di istruzione**, mettendone in rilievo la funzione formativa e di orientamento (→ Cap. 8).

In continuità con il vecchio regolamento (D.P.R. n. 122/2009), si sottolinea che la valutazione scolastica «*ha finalità formativa ed educativa e concorre al miglioramento degli apprendimenti e al successo formativo degli studenti, documenta lo sviluppo dell'identità personale, promuove l'autovalutazione di ciascuno in relazione alle acquisizioni di conoscenze, abilità e competenze.*

In data 3 ottobre 2017 due Decreti Ministeriali (n. 741 e 742) hanno riportato le indicazioni afferenti ai seguenti ambiti applicativi del decreto legislativo n. 62:

— **D.M. n. 741/2017**: procedure da adottare per gli esami conclusivi del primo ciclo d'istruzione; requisiti di ammissione per i candidati interni e per i privatisti; tipologie e articolazione delle prove d'esame; modalità di valutazione; particolari procedure da adottare per gli alunni con disabilità e disturbi specifici nonché per i candidati in ospedale o istruzione domiciliare;
— **D.M. n. 742/2017:** tempi e modalità di certificazione delle competenze del primo ciclo; modello nazionale di certificazione al termine della scuola primaria e al termine del primo ciclo di istruzione.

Più nello specifico, **nel primo ciclo d'istruzione**, la valutazione descrive le competenze raggiunte e gli apprendimenti acquisiti dagli alunni, preservando il modello dei voti in decimi ma, nel contempo, valorizzandone la finalità educativa generale.

È rafforzata, altresì, la rilevanza della valutazione delle attività svolte nell'ambito dell'insegnamento di Cittadinanza e Costituzione (ora Educazione civica) sottolineandone il carattere trasversale.

Il Decreto n. 62/2017 riforma, altresì, l'**esame di Stato conclusivo dei corsi di scuola secondaria di primo e secondo grado**.

Si rinvia per la trattazione di dettaglio delle nuove norme in materia di valutazione ed esami di Stato al Cap. 8

8 Effettività del diritto allo studio (D.Lgs. n. 63/2017)

Punto di partenza del **D.Lgs. n. 63/2017** è la delega contenuta nella legge n. 107/2015, il cui comma 181 (lett. *f*) che prevedeva l'emanazione di norme finalizzate a:
— garantire, come abbiamo visto, l'**effettività del diritto allo studio** su tutto il territorio nazionale, nel rispetto delle competenze delle Regioni in tale materia, attraverso la definizione dei *livelli essenziali delle prestazioni*;
— potenziare la **Carta dello studente**, al fine rendere possibile l'accesso a programmi e servizi.

La revisione della disciplina in materia di diritto allo studio mira a rafforzare maggiormente l'**uguaglianza sostanziale delle alunne e degli alunni**, attraverso una più specifica definizione delle prestazioni offerte e delle competenze dei diversi soggetti tenuti a garantirle. Il Decreto n. 63/2017 si propone, in particolare, di garantire su tutto il territorio nazionale la reale fruizione di tale diritto fino al completamento del secondo ciclo di istruzione.

Le misure introdotte mirano ad assicurare un maggiore **supporto economico e materiale agli studenti** e a premiare il **conseguimento di requisiti di merito**.

Il Decreto stabilisce che lo Stato, le Regioni e gli Enti locali, nell'ambito delle rispettive competenze e risorse finanziarie, provvedano su tutto il territorio nazionale, in forma gratuita ovvero con contribuzione delle famiglie a copertura dei costi, ad erogare i seguenti servizi: *servizi di trasporto* e forme di agevolazione della mobilità; *servizi di mensa*; *fornitura dei libri di testo* e degli strumenti didattici indispensabili negli specifici corsi di studi; *servizi per gli alunni e gli studenti ricoverati in ospedale*, in case di cura e riabilitazione, nonché per l'*istruzione domiciliare* (art. 2 D.Lgs. n. 63/2017).

In particolare si riconferma la gratuità dei libri di testo per tutti gli alunni delle scuole primarie, nonché degli altri strumenti didattici. Le scuole, attraverso la stipula di convenzioni con gli enti locali, possono promuovere **servizi di comodato d'uso gratuito** per la messa a disposizione di libri di testo e/o dispositivi digitali.

Si contempla, altresì, l'estensione dell'**esonero dalle tasse scolastiche**. Già esistente per i primi tre anni della secondaria di secondo grado, in forza dell'obbligo scolastico fino a 16 anni, è garantito anche agli studenti del quarto anno e del quinto anno dell'istruzione secondaria di secondo grado in base alla situazione economica familiare.

Al fine di contrastare il fenomeno della **dispersione scolastica**, è istituito, inoltre, il **Fondo unico per il welfare dello studente** per sostenere il diritto allo studio, per l'erogazione di borse di studio a favore degli studenti iscritti alle secondarie di secondo grado, per l'acquisto di libri di testo, per la mobilità e il trasporto, nonché per l'accesso a beni e servizi di natura culturale, purché appartenenti a nuclei familiari che abbiano un valore ISEE (Indicatore della Soglia Economica Equivalente) inferiore al limite determinato annualmente tramite decreto.

La **Carta dello Studente «Io Studio»** è una carta nominativa che consente di attestare lo *status* di studente in Italia e all'estero e di usufruire di **vantaggi, agevolazioni** e **sconti** offerti dai partner nazionali e locali aderenti al progetto (cinema, teatri, musei e aree archeologiche, agenzie di viaggio, esercizi commerciali etc.) per l'acquisto di beni e servizi di natura culturale (es. anche acquisto di libri o materiale scolastico) per supportare e garantire il diritto allo studio. Per gli studenti delle scuole secondarie di secondo grado, la Carta («Io Studio-*Postepay*») è integrata con nuovi servizi digitali e, grazie alla collaborazione con Poste Italiane, può essere attivata anche come un **borsellino elettronico** (carta prepagata ricaricabile).

Ai sensi dell'art. 10 del D.Lgs. 63/2017 la Carta dello Studente è destinata agli studenti delle scuole primarie e secondarie di primo e secondo grado. La Carta è attribuita, a richiesta, anche agli studenti frequentanti le Università, gli Istituti per l'alta formazione artistica, musicale e coreutica e i Centri regionali per la formazione professionale.

Al fine di monitorare l'attuazione del decreto sul diritto allo studio e di esprimere proposte sulla materia è istituita presso il Ministero dell'Istruzione la **Conferenza nazionale per il diritto allo studio**.

Essa esprime pareri in materia di diritto allo studio, avanza proposte per il potenziamento della Carta dello studente e per l'integrazione di ulteriori benefici ed agevolazioni a livello delle singole Regioni. Redige, altresì, un rapporto in materia di diritto allo studio, ogni 3 anni.

9 La scuola italiana all'estero (D.Lgs. n. 64/2017)

Il **D.Lgs. n. 64/2017** attua il riordino e l'adeguamento della disciplina vigente in materia di **istituzioni e iniziative scolastiche italiane all'estero**, delineando un'offerta formativa volta a superare la frammentazione esistente e trasferire all'estero il modello formativo del nostro Paese, quale riformato dalla legge n. 107/2015.

Fino all'emanazione del D.Lgs. n. 64/2017 le scuole italiane all'estero sono state regolamentate dal *D.Lgs. n. 297/1994, Parte V*. A tali disposizioni si sono succedute negli ultimi anni elementi innovativi sui profili ordinamentali, nonché norme volte a ridurre il carico economico connesso alle spese per il personale impegnato nelle scuole dei paesi stranieri.

Il sistema delineato dal decreto legislativo n. 64/2017 risponde essenzialmente alla domanda di «formazione italiana nel mondo» e rafforza la *sinergia* Ministero dell'Istruzione-Ministero degli Affari esteri e della Cooperazione Internazionale, attraverso un aggiornamento di precedenti modelli di collaborazione e la partecipazione al sistema della formazione italiana nel mondo di soggetti pubblici e privati.

Alla base delle scelte operate con il decreto, si colloca la consapevolezza che la rete delle istituzioni scolastiche italiane all'estero costituisca una **grande risorsa per la promozione della lingua e della cultura italiana nel mondo**, nonché per il mantenimento dell'identità culturale dei figli dei connazionali all'estero.

La sinergia è ulteriormente rafforzata con l'istituzione di un'apposita «**Cabina di regia**» tra i due Ministeri.

Dal punto di vista didattico, le scuole italiane all'estero **conformano** il proprio ordinamento a quello delle corrispondenti **scuole del sistema scolastico italiano**. (art. 4 D.Lgs. n. 64/2017). Il PTOF è approvato dall'istituzione scolastica e trasmesso al consolato, senza alcuna autorizzazione da parte dell'Ambasciata.

A ciascuna scuola statale all'estero è assegnato un Dirigente scolastico. In caso di assenza o di impedimento dello stesso, le funzioni sono temporaneamente svolte da un docente individuato dal Dirigente stesso, o, in mancanza, dal capo dell'ufficio consolare o della rappresentanza diplomatica.

La *gestione amministrativa e contabile* delle scuole statali all'estero è regolata dalle disposizioni applicabili alle rappresentanze diplomatiche. I poteri attribuiti da dette disposizioni ai commissari amministrativi e ai capi di ufficio all'estero sono rispettivamente esercitati dal Direttore dei servizi generali ed amministrativi (DSGA) e dal Dirigente scolastico.

La creazione del «sistema della formazione italiana nel mondo» crea sinergie fra le scuole italiane all'estero e le altre iniziative formative nazionali presenti al di fuori del Paese. Allo stesso sistema partecipano, nel contempo, altri soggetti pubblici e privati, inclusi gli istituti italiani di cultura e gli enti gestori attivi nella diffusione e promozione della lingua e della cultura italiana nel mondo.

Dirigenti scolastici, docenti e personale amministrativo della scuola a tempo indeterminato possono essere collocati fuori ruolo entro il limite complessivo di **674 unità**, comprensive del personale destinato al sostegno degli alunni con disabilità e delle unità destinate al potenziamento dell'offerta formativa e delle attività progettuali. L'incremento di 10 unità rispetto al limite previgente, si traduce nell'istituzione dell'*organico di potenziamento* anche negli altri Paesi, per garantire l'attuazione degli obiettivi strategici individuati dalla legge n. 107 del 2015.

I Dirigenti scolastici possono essere assegnati a scuole statali all'estero, ad ambasciate o a uffici consolari per promuovere e coordinare le attività scolastiche nell'area geografica determinata dal Ministero degli affari esteri e della cooperazione internazionale, sulla base delle indicazioni del titolare della sede o del funzionario da lui delegato e in raccordo con gli istituti italiani di cultura. I docenti possono essere assegnati ad una o più attività scolastiche all'estero per svolgere percorsi didattici, promuovere la lingua e la cultura italiana e partecipare a progetti, previsti dal piano triennale dell'offerta formativa, finalizzati al miglioramento dell'offerta formativa, all'innalzamento del successo scolastico e formativo ed al superamento del disagio scolastico.

Il decreto disciplina i requisiti necessari per l'assegnazione e la permanenza in servizio presso le istituzioni all'estero. Il personale da destinare a tali compiti e funzioni è scelto tra i dipendenti con contratto a tempo indeterminato che, dopo il periodo di prova, abbiano prestato in Italia **almeno tre anni di effettivo servizio nei ruoli** corrispondenti alle funzioni da svolgere all'estero.

Sono valutati, quali titoli di preferenza, i titoli rilasciati da università o da altri istituti di formazione superiore equiparati, sia italiani sia stranieri, concernenti almeno 60 crediti formativi universitari ovvero almeno un anno accademico svolto, in particolare, nell'ambito delle discipline dell'interculturalità e dell'insegnamento dell'italiano come lingua seconda o lingua straniera.

È modificato il periodo di permanenza all'estero, che passa dai nove anni, ad una permanenza all'estero che non può essere superiore, nell'arco dell'intera carriera, **a due periodi ciascuno dei quali di sei anni scolastici consecutivi**. I due periodi devono essere separati da almeno sei anni scolastici di effettivo servizio nel territorio nazionale. La ragione di tale scelta è, da un lato, assicurare un'adeguata continuità didattica, dall'altro è evitare che il docente perda il contatto con il sistema d'istruzione del paese di riferimento: il personale inviato dall'Italia deve restare espressione del nostro Paese.

Per la prima volta, infine, si introduce un *sistema di valutazione delle scuole all'estero,* al fine di verificare l'efficienza e l'efficacia delle attività svolte.

10 Il Sistema integrato 0-6 anni (D.Lgs. n. 65/2017)

Il **D.Lgs. n. 65/2017** delinea un piano di sviluppo del sistema di istruzione italiano che richiama la prospettiva europeistica e i principi di inclusione, coesione sociale e pari opportunità che chiamano il nostro Paese ad inserirsi in un percorso di buone pratiche educative per tutto l'arco dell'età evolutiva e oltre. Si propone, altresì, di **far uscire i servizi educativi dell'infanzia dalla dimensione assistenziale per ricomprenderli a pieno titolo nella sfera educativa**, garantendo continuità tra il segmento educativo rivolto ai bambini di età da 0-3 anni e quello riservato all'utenza dai 3-6 anni.

L'intento della nuova disciplina è quello di estendere e di qualificare la formazione della primissima infanzia, offrendo alle famiglie strutture e servizi ispirati a *standard* uniformi sull'intero territorio nazionale, organizzati all'interno di un assetto di competenze chiare e ben definite fra le istituzioni coinvolte.

Lo «**zero-sei**» *non istituisce una nuova struttura educativa* ma conferisce unitarietà al **Sistema integrato di educazione e di istruzione** per le bambine e per i bambini in età compresa dalla nascita fino ai sei anni ed è articolato in:

— **nidi e micronidi** che accolgono i bambini tra i tre e i trentasei mesi di età e concorrono con le famiglie alla loro cura, educazione e socializzazione, promuovendone il benessere e lo sviluppo dell'identità, dell'autonomia e delle competenze. Nidi e micronidi presentano modalità organizzative e di funzionamento diversificate

in relazione ai tempi di apertura del servizio e alla capacità ricettiva, assicurando il pasto e il riposo e operando in continuità con la *scuola dell'infanzia* (→ Ca. 6);
— **sezioni primavera**, che accolgono bambini tra i ventiquattro e i trentasei mesi di età e favoriscono la continuità del percorso educativo. Esse rispondono a specifiche funzioni di cura, educazione e istruzione con modalità adeguate ai tempi e agli stili di sviluppo e di apprendimento dei bambini. *Sono aggregate, di norma, alle scuole per l'infanzia statali o paritarie* o inserite nei Poli per l'infanzia;
— **servizi integrativi** che concorrono all'educazione e alla cura delle bambine e dei bambini e soddisfano i bisogni delle famiglie in modo flessibile e diversificato sotto il profilo strutturale ed organizzativo.

I **Poli per l'infanzia** accolgono, in un unico plesso o in edifici vicini, più strutture di educazione e di istruzione per bambini fino a sei anni di età e si caratterizzano quali laboratori permanenti di ricerca, innovazione, partecipazione e apertura al territorio, anche al fine di favorire la massima flessibilità e diversificazione per il miglior utilizzo delle risorse, condividendo servizi generali, spazi collettivi e risorse professionali. I Poli per l'infanzia possono essere costituiti anche presso **Direzioni didattiche o Istituti comprensivi** del sistema nazionale di istruzione e formazione.

La riforma richiede inoltre la *qualificazione universitaria del personale dei servizi educativi per l'infanzia*, ossia il conseguimento della laurea in Scienze dell'educazione e della formazione nella classe L19 ad indirizzo specifico per educatori dei servizi educativi per l'infanzia o della laurea quinquennale a ciclo unico in Scienze della formazione primaria integrata da un corso di specializzazione per complessivi 60 crediti formativi universitari.

Per l'attuazione del presente decreto sono attribuiti specifici compiti a Stato, Regioni ed Enti locali:
— lo Stato promuove e sostiene la qualificazione dell'offerta dei servizi educativi per l'infanzia e delle scuole dell'infanzia mediante il *Piano di azione nazionale pluriennale*;
— le Regioni definiscono gli standard strutturali, organizzativi e qualitativi dei Servizi educativi per l'infanzia, e disciplinano le attività di autorizzazione, accreditamento e vigilanza;
— gli enti locali (in particolare i Comuni) autorizzano i soggetti privati ad istituire i *Servizi educativi per l'infanzia*, vigilano su tali servizi, nel rispetto degli standard strutturali, organizzativi e qualitativi definiti dalle Regioni, delle norme sull'inclusione e dei contratti collettivi nazionali di lavoro di settore. Nei limiti della loro compatibilità finanziaria, gestiscono in maniera diretta o indiretta i propri servizi educativi per l'infanzia e le proprie scuole dell'infanzia, tenendo conto delle regole sulla parità scolastica; realizzano attività di monitoraggio e verifica del funzionamento dei servizi educativi per l'infanzia del proprio territorio, promuovono la formazione in servizio per tutto il personale del sistema integrato di educazione e istruzione.

11 Inclusione scolastica degli studenti con disabilità (D.Lgs. n. 66/2017)

Il **D.Lgs. n. 66/2017** rinnova radicalmente la legge quadro n. 104/1992. A sua volta è stato successivamente modificato dal D.Lgs. n. 96/2019. Di tutti questi provvedimeti si darà conto nei par. 2 e 3 del Cap. 10.

3
Autonomia e decentramento in materia di istruzione

1 L'autonomia scolastica

In ambito giuridico l'**autonomia istituzionale** indica la *facoltà di un ente di autoregolarsi e di amministrarsi liberamente*, senza ingerenze nella sfera delle sue attività e delle sue competenze, sia pure sotto il controllo di organi che debbono garantire la legittimità degli atti posti in essere.

In Italia l'autonomia è un principio culturale e istituzionale che riguarda tutti gli aspetti della vita personale e associata e trova fondamento nella Carta costituzionale. Nell'**art. 5 Cost.** si legge che «*La Repubblica, una e indivisibile, riconosce e promuove le autonomie locali; attua nei servizi che dipendono dallo Stato il più ampio decentramento amministrativo; adegua i principi ed i metodi della sua legislazione alle esigenze dell'autonomia e del decentramento*».

Prima di ricevere il suo riconoscimento formale a livello giuridico, l'idea dell'**autonomia scolastica** si è affermata nel dibattito pedagogico e culturale. Al riguardo una tappa significativa è stata la *Conferenza Nazionale della scuola del 1990*, nel corso della quale, di fronte alla crisi del sistema scolastico, determinata dal rischio di divenire del tutto incapace di interpretare i bisogni della società, cominciò ad essere delineato un paradigma gestionale delle scuole caratterizzato da autonomia funzionale e dalla previsione di una profonda trasformazione, mediata dal graduale trasferimento di poteri e compiti dall'amministrazione centrale alle singole istituzioni scolastiche.

Nel quadro della riorganizzazione dell'intero sistema formativo, il Parlamento italiano, dapprima, nell'ambito della legge n. 537/1993 (Legge finanziaria 1994), attribuì al Governo la delega ad emanare un decreto legislativo sull'autonomia organizzativa, finanziaria, didattica, di ricerca e sviluppo, delineando una decisa frattura rispetto alla configurazione delle scuole quali *organi di amministrazione statale periferica*. La delega venne fatta scadere ma il varco ormai era stato delineato e l'autonomia venne introdotta nell'ordinamento normativo come dimostra la **direttiva n. 133 del 1996** con cui il Ministero dell'Istruzione incentivava il processo di valorizzazione del ruolo delle istituzioni scolastiche quali centri di vita culturale e sociale aperti al territorio.

Successivamente, l'**art. 21 della legge n. 59/1997** (cd. **Legge Bassanini**) **porta a compimento tale processo** conferendo al Governo il potere di emanare regolamenti volti a riorganizzare il servizio scolastico mediante il *potenziamento dell'autonomia*, progressivamente attribuita alle scuole entro e non oltre il 31-12-2000.

L'attribuzione dell'autonomia alle scuole rappresenta una svolta storica riguardo l'articolazione delle competenze in materia di istruzione.

La citata legge concerne, infatti, il più generale trasferimento di funzioni e compiti dello Stato alle Regioni e agli enti locali.

Essa rappresenta il punto di arrivo di norme, come la legge n. 241/1990 ed il D.Lgs. n. 29/1993, che avevano già affrontato la revisione dell'azione amministrativa e del modello gestionale degli uffici della pubblica amministrazione. L'epigrafe della legge delega («*Delega al Governo per il conferimento di funzioni e compiti alle Regioni ed enti locali, per la riforma della pubblica amministrazione e per la semplificazione amministrativa*») conferma che l'*autonomia delle scuole è parte di un più ampio processo di decentramento e semplificazione amministrativa*, con profonde implicazioni sui versanti del rapporto tra cittadini e Stato, del modello organizzativo della pubblica amministrazione e delle regole dell'azione amministrativa delle scuole.

La legge n. 59/1997 ha previsto sia lo spostamento di numerose competenze verso le Regioni e gli enti locali (in particolare in materia di programmazione scolastica e di supporto al diritto allo studio, come stabilito dal D.Lgs. n. 112/1998), sia il conferimento di ambiti di autonomia alle istituzioni scolastiche (poi definiti nel dettaglio dal regolamento **D.P.R. n. 275/1999**).

Si tratta di due processi paralleli, destinati ad incontrarsi in un nuovo modello di «*governance*», completato con l'architettura del nuovo Titolo V della Costituzione (legge cost. n. 3/2001), che ha delineato una prospettiva di lungo periodo per l'evoluzione del sistema educativo.

Il modello di Stato che emerge dalla n. 59/1997 è quello di un'entità che mantiene le funzioni di indirizzo, promozione, coordinamento e controllo, e delega alle istituzioni locali, in quanto vicine ai cittadini ed alle loro istanze, competenze esercitate in passato dalle strutture centrali.

Come si verifica per tutte le leggi delega, le norme in essa contenute non hanno avuto effetti immediati, limitandosi a fissare i principi generali della materia: esse hanno trovato sviluppo nell'attività normativa che il Governo ha svolto successivamente in virtù della delega ricevuta dal Parlamento.

LE NORME CHIAVE DELL'AUTONOMIA SCOLASTICA	
Legge delega n. 59/1997	Delega al Governo per il conferimento delle funzioni e dei compiti alle Regioni e agli enti locali.
D. Lgs. n. 112/1998	Conferimento di funzioni e compiti amministrativi dello Stato alle Regioni e agli enti locali, in attuazione della legge n. 59/1997
D.P.R. n. 233/1998	Regolamento recante norme per il dimensionamento ottimale delle istituzioni scolastiche
D.P.R. 275/1999	Regolamento recante norme in materia di autonomia delle istituzioni scolastiche
D.I. n. 44/2001	Regolamento recante le istruzioni generali sulla gestione amministrativo-contabile delle istituzioni scolastiche (ora abrogato dal decreto interministeriale (D.I.) n. 129/2018.
Legge costituzionale n. 3/2001	Modifiche al Titolo V della Parte seconda della Costituzione

2 L'art. 21 della legge n. 59/1997

L'**art. 21 della legge n. 59/1997** può essere considerato **l'atto giuridico fondativo dell'autonomia scolastica**, in quanto prevede il conferimento alle scuole della *personalità giuridica* (art. 21 comma 4), di alcune funzioni di gestione del servizio prima spettanti all'amministrazione statale, centrale e periferica (art. 21 comma 1) e di rilevanti forme di autonomia sul piano didattico e organizzativo (art. 21 comma 7), pur nel rispetto di standard nazionali.

Il suo primo comma è assolutamente significativo: l'autonomia delle istituzioni scolastiche si muove sul raccordo tra amministrazione statale e amministrazione scolastica. Infatti, esclusi *i livelli unitari e nazionali di fruizione del diritto allo studio, nonché gli elementi comuni all'intero sistema scolastico nazionale pubblico*, si dispone che le funzioni dell'amministrazione scolastica centrale e periferica in materia di gestione del servizio di istruzione siano *progressivamente attribuite alle istituzioni scolastiche*.

Le principali novità introdotte dall'art. 21 della legge n. 59/1997 possono essere così sintetizzate:

— l'attribuzione alle scuole della **gestione del servizio di istruzione**;
— il richiamo a **livelli unitari e nazionali** di fruizione del diritto allo studio e ad elementi comuni in materia di gestione e di programmazione definiti dallo Stato;
— l'attribuzione della **personalità giuridica** che rende l'istituzione scolastica *soggetto autonomo di diritto* nell'ordinamento giuridico generale, consentendo ad essa di *gestire il proprio patrimonio* senza i vincoli che aveva prima quando agiva in qualità di organo dello Stato, privo di distinta soggettività giuridica;
— l'abrogazione di autorizzazioni preventive per l'accettazione da parte delle scuole di donazioni, eredità e legati, con esenzione dalle relative imposte;
— l'assegnazione alle scuole di una **dotazione finanziaria**, attribuita «*senza altro vincolo di destinazione che quello dell'utilizzazione prioritaria per lo svolgimento delle attività di istruzione, formazione e di orientamento proprie di ciascuna tipologia e di ciascun indirizzo di scuola*» (art. 21, co. 5, L. n. 59/1997);
— l'individuazione di specifici **ambiti di attività** nei quali le scuole assumono **determinazioni autonome**;
— il conferimento ai capi d'istituto della **qualifica dirigenziale**.

L'autonomia è riconosciuta alle istituzioni scolastiche di ogni ordine e grado che raggiungono *dimensioni idonee* a garantire l'equilibrio ottimale tra domanda di istruzione e organizzazione dell'offerta formativa; essa presuppone, infatti, *strutture di dimensioni significative*, in grado di esprimere quella pluralità di apporti professionali senza i quali la progettualità e l'arricchimento dell'offerta formativa non possono pienamente realizzarsi.

Il processo innovatore è stato così subordinato alla realizzazione di una condizione iniziale di fattibilità, costituita dal **raggiungimento di requisiti dimensionali ottimali**, anche mediante *unificazioni e aggregazioni di plessi, succursali o scuole*.

Il **D.P.R. n.233/1998** definì così i criteri dei *piani provinciali di dimensionamento della rete scolastica* e i relativi parametri, ai fini dell'attribuzione della personalità giuridica alle singole scuole, nell'intento di garantire la stabilità alle istituzioni presenti sul territorio.

Il parametro dimensionale, indicato dal citato D.P.R. n. 233/1998, era determinato dalla popolazione scolastica, di norma compresa tra *500 e 900 alunni*, consolidata e prevedibilmente stabile almeno per un quinquennio.

Nelle piccole isole, nei comuni montani, nonché nelle aree geografiche contraddistinte da specificità etniche o linguistiche, gli indici di riferimento erano ridotti fino a 300 alunni per gli istituti comprensivi e per gli istituti superiori polispecialistici.

Sulla materia vi sono state recenti disposizioni normative che hanno riscritto la geografia territoriale delle istituzioni scolastiche. Dapprima è intervenuto il **decreto legge n.98/2011**, convertito con modificazioni dalla **legge n. 111/2011**. Tale decreto ha stabilito che alle istituzioni scolastiche sotto i 500/300 alunni (limite indicato dal D.P.R. 233/1998) è assegnato un Dirigente Scolastico di altra istituzione scolastica autonoma non a pieno titolo ma *in reggenza*.

Successivamente la **legge di stabilità n. 183/2011** ha previsto disposizioni più restrittive e immediatamente operative:
— l'istituzione di **istituti comprensivi** con almeno 1.000/1.500 alunni;
— l'elevamento a **600/400 alunni** del limite minimo per l'attribuzione dell'autonomia alle istituzioni scolastiche, con la relativa assegnazione di un Dirigente Scolastico e di un Direttore dei servizi generali ed amministrativi titolari (DSGA).

Agli enti locali è attribuita ogni competenza in materia di soppressione, istituzione, trasferimento di sedi, plessi, unità delle istituzioni scolastiche che abbiano ottenuto la personalità giuridica e l'autonomia.

3 Dal modello verticistico al modello policentrico

L'avvio della riforma nella direzione dell'autonomia imprime una profonda rottura al tradizionale modello organizzativo, facendo acquisire al sistema scolastico un impianto di carattere decisamente **policentrico**.

I primi passi nella direzione del *decentramento amministrativo* si realizzano con il **D.Lgs. n. 112/1998**, emanato ai sensi della legge n. 59/1997, che attua quello che è chiamato *federalismo a Costituzione invariata*) (l'art. 117 Cost. era rimasto fino ad allora ancora invariato).

Con il D.Lgs. n. 112/1998 si delinea, infatti, in materia di istruzione una **tripartizione di compiti**:
— **allo Stato** competono tutti i profili organizzativi del servizio scolastico, il cui fine è legato all'esigenza di fissare standard di qualità dell'offerta formativa uniformi sull'intero territorio nazionale;
— **alla Regione e agli enti locali** competono rispettivamente la definizione dei profili organizzativi strettamente legati alle esigenze di esclusiva pertinenza

territoriale e l'insieme delle funzioni e dei compiti volti a consentire la concreta e continua erogazione del servizio di istruzione;
- **alle scuole** è riservato l'assolvimento di una funzione specifica che si sostanzia nel **Piano dell'Offerta Formativa**, da predisporre con la partecipazione di tutte le componenti, in coerenza con gli obiettivi generali e formativi dei diversi indirizzi di studio determinati a livello nazionale.

In particolare l'art. 137 attribuisce alla **competenza statale** compiti e funzioni concernenti:
- i criteri ed i parametri per l'organizzazione della rete scolastica, previo parere della Conferenza unificata Stato-Regioni;
- le funzioni di valutazione del sistema scolastico e di determinazione e assegnazione delle risorse finanziarie a carico del bilancio dello Stato e del personale alle istituzioni scolastiche;
- le funzioni relative a particolari istituzioni scolastiche (es.: conservatori, accademie etc.).

L'art. 138 disciplina la delega attribuita alle **Regioni** delle funzioni amministrative in numerose materie, tra le quali figurano:
- la programmazione dell'offerta formativa integrata tra istruzione e formazione professionale;
- la programmazione sul piano regionale della rete scolastica, nei limiti delle disponibilità di risorse umane e finanziarie disponibili;
- la suddivisione, sulla base anche delle proposte degli enti locali interessati, del territorio regionale in ambiti funzionali al miglioramento dell'offerta formativa;
- la determinazione del *calendario scolastico regionale*.

L'art. 139 indica le competenze trasferite alle **Province**, per le scuole secondarie di secondo grado, e ai **Comuni**, per le scuole dell'infanzia, primarie e secondarie di primo grado. Si tratta di competenze relative ai seguenti ambiti operativi:
- istituzione, aggregazione, fusione e soppressione di scuole;
- servizi di supporto organizzativo del servizio di istruzione per gli alunni con handicap o in situazione di svantaggio;
- sospensione delle lezioni in casi gravi e urgenti;
- definizione del piano di utilizzazione degli edifici e di uso delle attrezzature, d'intesa con le istituzioni scolastiche.

4 Il Regolamento di attuazione dell'autonomia scolastica (D.P.R. n. 275/1999)

Il **D.P.R. n. 275/1999** reca il regolamento dell'autonomia delle istituzioni scolastiche. L'art. 1 sancisce che le scuole «*sono espressione di* **autonomia funzionale** *e provvedono alla definizione e alla realizzazione dell'offerta formativa, nel rispetto delle funzioni delegate alle Regioni e dei compiti e funzioni trasferiti agli enti locali, ai sensi degli articoli 138 e 139 del decreto legislativo 31 marzo 1998 n. 112*».

In tale disposizione sono individuabili due elementi strutturali: il primo riguarda l'esercizio, da parte delle scuole, di una autonomia che deve mantenersi «non politica»; il secondo riguarda lo svolgimento di funzioni e compiti delle scuole autonome, nel rispetto non solo delle leggi, ma anche delle competenze spettanti a soggetti politico-istituzionali come Stato, Regioni, Province e Comuni. Tra i compiti funzionali della scuola autonoma *non figura alcuna potestà «regolamentare»*, ovvero il potere di autoregolare la propria azione mediante norme proprie che non risentono di indirizzi o direttive ministeriali o regionali.

L'autonomia scolastica però comporta una diversa qualità dei rapporti funzionali instaurati con l'amministrazione centrale e periferica, Ministero dell'Istruzione e Uffici scolastici regionali, *rapporti che da gerarchici diventano direzionali*; la stessa autonomia così come configurata attribuisce alla scuola il carattere di ausiliarietà in quanto assolve al preminente interesse pubblico.

Nello svolgimento della sua funzione, la scuola eroga un **servizio tecnico** (attività di istruzione e formazione) che rientra nella categoria dei **servizi pubblici essenziali** in quanto deve essere erogato in modo continuo per garantire la piena fruizione del diritto all'istruzione tutelato costituzionalmente.

L'autonomia scolastica è definita «funzionale», ovvero delimitata all'assolvimento di una funzione specifica all'interno di un sistema pubblico sottoposto a regole comuni e generali. L'**autonomia funzionale** costituisce un'importante applicazione del **principio di sussidiarietà**, principio in base al quale all'esercizio delle funzioni e dei servizi per la collettività deve essere dislocato al livello di governo in cui può essere meglio attuato nell'interesse del cittadino. Il termine «funzionale», che riassume in un unico concetto le diverse aggettivazioni presenti nell'art. 21 della legge n. 59/1997, fa riferimento al rafforzamento dell'autonoma potestà di ogni scuola non solo dal punto di vista giuridico, ma anche in termini di funzione sociale e di compiti educativi e formativi. L'autonomia funzionale comporta, infatti, la responsabilità di realizzare risultati e obiettivi assegnati dalla legge, *interpretandoli con un'ampia discrezionalità di carattere tecnico-professionale*.

Il D.P.R. n. 275/1999 regolamenta l'autonomia delle istituzioni scolastiche, articolandola in ambiti applicativi concernenti la *didattica*, l'*organizzazione*, la *ricerca*, *la sperimentazione e lo sviluppo*: ambiti che, nel rappresentare le coordinate fondamentali dell'organizzazione della scuola, configurano il piano dell'offerta formativa come il livello strategico della sua gestione unitaria.

4.1 L'autonomia didattica

Quello **didattico** (art. 4 D.P.R. n. 275/1999) costituisce il campo preminente nel quale l'autonomia deve realizzarsi. L'autonomia didattica è finalizzata, infatti, al perseguimento degli obiettivi generali del sistema nazionale di istruzione, nel rispetto della **libertà di insegnamento** e di **scelta educativa da parte delle famiglie**, nonché del **diritto all'educazione e all'istruzione degli studenti**. Essa consiste nella facoltà, riconosciuta ad ogni scuola, di definire *propri percorsi didattici funzionali al successo formativo degli allievi*, nonché di regolare, in maniera flessibile, i tempi di insegnamento e di articolazione delle discipline, nel modo ritenuto più adeguato ai ritmi di apprendimento degli studenti. Occorre evidenziare che essa non comporta la libertà di autodeterminare *discipline* o *quantità orarie* di ciascun percorso formativo in quanto questi costituiscono aspetti ordinamentali che sono, invece, di competenza statale.

Un ambito fondamentale, in cui si sostanzia l'autonomia didattica, è costituito dall'*integrazione dell'offerta formativa con insegnamenti opzionali*, facoltativi o aggiuntivi che devono poter definire le scelte caratterizzanti il piano dell'offerta formativa di ogni scuola (→ Cap. 4). Va evidenziata, inoltre, la possibilità di individuare le *modalità di valutazione degli alunni*, nel rispetto della normativa nazionale e i criteri per la valutazione periodica dei risultati conseguiti rispetto agli obiettivi prefissati. L'autonomia didattica ha nella flessibilità dei gruppi e degli assetti curricolari i suoi punti di forza, che risultano ancorati ad alcuni precisi riferimenti pedagogici, quali il *rispetto dei ritmi di apprendimento degli alunni* e il *principio di individualizzazione*.

La «*Buona Scuola*» aveva come presupposto il miglioramento del sistema scolastico a partire dalla rimozione dell'ostacolo principale: la *precarietà* del personale docente rispetto al cosiddetto *organico di diritto*. Di qui la decisione di rimuovere la «barriera» del precariato attraverso un *piano straordinario di assunzioni*, resosi urgente anche in seguito alla sentenza della Corte di Giustizia UE del 26 novembre 2014, che obbligava l'Italia alla stabilizzazione dei docenti precari inseriti nelle graduatorie ad esaurimento (GAE), perché prassi contraria al diritto dell'Unione europea.

Così, anche al fine di dare piena attuazione all'autonomia, nell'ottica della generale riorganizzazione dell'intero sistema scolastico, la **L. 107/2015** ha istituito l'apposito **organico dell'autonomia**, per l'intera istituzione scolastica e per tutti gli indirizzi degli istituti di secondo grado afferenti la stessa scuola. Esso è *funzionale* alle esigenze formative delle scuole ed è costituito dai posti comuni, dai posti per il sostegno e dai posti per il potenziamento dell'offerta formativa.

I docenti dell'organico dell'autonomia sono individuati dalle istituzioni scolastiche (*rectius*, dal Dirigente scolastico) che fissano il fabbisogno di posti in relazione all'offerta formativa che intendono realizzare, nel rispetto del monte orario degli insegnamenti e tenuto conto della quota di autonomia dei curricoli e degli spazi di flessibilità. Essi concorrono alla realizzazione del **PTOF** con attività di *insegnamento, di potenziamento, di sostegno, di organizzazione, di progettazione e di coordinamento*.

I docenti saranno utilizzati, anche in classi di concorso diverse da quelle per le quali sono abilitati, a discrezione del Dirigente scolastico.

4.2 L'autonomia organizzativa

Con l'attuazione dell'autonomia un profondo e incisivo cambiamento della scuola ha riguardato la necessità, per le singole istituzioni scolastiche, di **darsi un'organizzazione complessiva**, specifica, con caratteri distintivi rispetto ad altre realtà, funzionale ai particolari bisogni educativi e di apprendimento degli allievi e del territorio.

Il **profilo dell'organizzazione** della vita scolastica (art. 5 D.P.R. n. 275/1999) costituisce, infatti, l'altro aspetto essenziale nel quale si concretizza la flessibilità introdotta con il riconoscimento dell'autonomia.

Occorre evidenziare che molte espressioni dell'autonomia didattica possono essere considerate anche dal punto di vita organizzativo. Emerge chiaramente la **strumentalità dell'organizzazione rispetto agli obiettivi didattici**. Le scuole sono impegnate intensamente sul piano organizzativo sia a *livello di macro-organizzazione*, cioè nell'articolazione complessiva dell'offerta formativa, sia a livello di *micro-organizzazione*, ossia nelle scelte riguardanti l'organizzazione della didattica. In particolare, la variabile «tempo» non è più considerata come unità di riferimento uniforme sul piano nazionale, ma diventa un elemento fondamentale della progettazione, affidato alle scelte della scuola che può intervenire in vari modi: prendendo decisioni sulla scansione annuale delle attività didattiche; articolando l'orario delle singole discipline in modo flessibile, anche sulla base di una programmazione plurisettimanale (nel rispetto del monte ore annuale) diversificando le modalità di impiego dei docenti nelle varie classi e sezioni, in funzione delle eventuali scelte metodologiche ed organizzative adottate nel POF; adattando il calendario scolastico alle esigenze formative, nel rispetto delle competenze esercitate dalle Regioni.

Tale ambito di autonomia consente di *superare la rigidità di un quadro orario settimanale*, frammentato nei singoli insegnamenti, nonché di gestire il tempo in maniera funzionale al lavoro per progetti, problemi, aree tematiche, laboratori. L'autonomia organizzativa favorisce, altresì, il coordinamento funzionale con gli enti locali e l'amministrazione scolastica, chiamati a svolgere rispettivamente compiti di programmazione integrata e di coordinamento e funzioni di consulenza e supporto.

In questo quadro l'organizzazione dell'istituzione scolastica diventa un campo di ricerca continua che si traduce nella capacità di gestire la complessità.

Tra gli strumenti che la L. n. 107/2015 pone a disposizione dell'autonomia organizzativa troviamo:
— l'apertura pomeridiana delle scuole;
— la riduzione del numero di alunni e studenti per classi;
— le articolazioni di gruppi di classe, anche con potenziamento del tempo scolastico o rimodulazione del monte orario normale.

4.3 L'autonomia di ricerca, sperimentazione e sviluppo

L'**autonomia di ricerca, sperimentazione e sviluppo** (art. 6) costituisce lo strumento attraverso il quale si fornisce un concreto riscontro alle esigenze sociali, culturali ed economiche. Essa si collega direttamente all'autonomia didattica e organizzativa in quanto è finalizzata: alla crescita dell'autonomia personale, intesa come sviluppo della ricerca didattica, con particolare riguardo alle valenze educative delle nuove tecnologie dell'informazione e della comunicazione; alla crescita della scuola nella direzione dell'innovazione e dello sviluppo di una mentalità scientifica, attraverso la cura della formazione e dell'aggiornamento culturale e professionale del personale scolastico; allo sviluppo della documentazione educativa e alla sua diffusione all'interno della scuola; all'integrazione fra le diverse articolazioni del sistema scolastico e fra i diversi sistemi formativi.

L'autonomia di sperimentazione e sviluppo segna la fine di un lungo periodo dominato dall'istituto della sperimentazione intesa come innovazione assoggettata ad autorizzazione ministeriale: la ricerca sperimentale, infatti, è inserita in modo permanente nella nuova conformazione giuridica delle istituzioni scolastiche che la praticano, nei limiti consentiti, al di fuori del regime autorizzatorio esterno.

L'**art. 7** del Regolamento prevede, inoltre, la possibilità per le scuole di aderire ad **accordi di rete** per il raggiungimento delle proprie finalità istituzionali (attività didattiche, di ricerca, aggiornamento e formazione del personale, amministrazione e contabilità) e di aderire a consorzi pubblici e privati per l'assolvimento di compiti istituzionali previsti nel POF.

L'autonomia delle scuole incontra, però alcuni **vincoli**, ben evidenziati dall'art. 8 del D.P.R. n. 275/1999 in alcuni parametri fissati a livello nazionale, concernenti le competenze che in merito al sistema di istruzione rimangono allo Stato e che sono:
— gli obiettivi generali del processo formativo;
— gli obiettivi specifici di apprendimento relativi alle competenze degli alunni;
— le discipline e le attività costituenti la quota nazionale dei curricoli ed il relativo monte ore annuale;
— l'orario obbligatorio annuale complessivo dei curricoli, comprensivo della quota nazionale obbligatoria e di quella obbligatoria riservata alle scuole (20%);
— i limiti di flessibilità temporale per la compensazione tra discipline nell'ambito del 20%;
— gli indirizzi generali circa la valutazione degli alunni;
— il riconoscimento dei crediti e dei debiti formativi;
— i criteri generali per l'organizzazione dei percorsi formativi nel sistema integrato istruzione, formazione, lavoro.

4.4 L'autonomia contabile e amministrativa

L'autonomia scolastica comporta anche il *trasferimento di funzioni amministrative*, prima svolte dall'amministrazione scolastica centrale e periferica, alle singole scuole.

In **materia amministrativa e contabile** il D.P.R. n. 275/1999 introduce i seguenti importanti principi:
— l'abolizione di tutte le autorizzazioni e le approvazioni da parte di organi esterni alle istituzioni scolastiche;
— l'adozione di tutte le misure amministrative necessarie per garantire il migliore servizio all'utenza;
— l'autonoma allocazione delle risorse finanziarie costituenti la dotazione assegnata a ciascuna scuola, senza alcun vincolo di destinazione;
— la previsione di una più ampia capacità negoziale per la gestione del bilancio e dei beni.

Le **attività amministrative di competenza delle scuole** sono elencate nell'**art. 14** del Regolamento dell'autonomia scolastica e riguardano l'amministrazione e la gestione delle risorse finanziarie, la carriera scolastica degli alunni (compresa l'adozione del *Regolamento di disciplina* a norma dell'art. 4 del D.P.R. n. 249/1998), la proposta o intesa con l'ente locale in materia di soppressione, istituzione trasferimento di sedi dell'istituzione scolastica, lo stato giuridico ed economico del personale con esclusione delle funzioni in materia riservate all'amministrazione centrale e periferica in quanto legate ad ambiti territoriali che travalicano la singola scuola (quali la formazione delle graduatorie permanenti, il reclutamento di tutto il personale scolastico con rapporto di lavoro a tempo indeterminato, mobilità ed utilizzazione, comandi e collocamenti fuori ruolo etc.).

In concreto l'autonomia comporta il decentramento di tutte quelle funzioni che è stato possibile attribuire alle singole istituzioni scolastiche senza snaturare l'identità del sistema educativo nazionale. In particolare alle istituzioni scolastiche sono attribuite le funzioni, già di competenza dell'amministrazione centrale e periferica, relative alla **carriera scolastica** nelle seguenti materie:

— frequenza;
— certificazione;
— documentazione e valutazione del percorso formativo;
— riconoscimento degli studi compiuti in Italia e all'estero ai fini della prosecuzione degli studi;
— valutazione dei debiti e dei crediti formativi;
— partecipazione a progetti territoriali e internazionali;
— scambi educativi internazionali;
— adozione del regolamento di disciplina degli studenti.

Il trasferimento di funzioni inerenti alla **gestione giuridica del personale** riguarda i seguenti ambiti operativi:

— contratti a tempo determinato;
— contratti a tempo indeterminato su delega degli Uffici Scolastici Regionali;
— perfezionamento dell'assunzione in servizio;
— stato matricolare;
— trasformazione del rapporto di lavoro a tempo parziale;
— cessazione dal servizio;
— assenze;
— posizioni e variazioni di stato giuridico (comandi, incarichi, distacchi, ecc.);
— ricostruzioni di carriera;
— adozione di provvedimenti di quiescenza e di previdenza.

L'**art. 16** del D.P.R. n. 275/99, rubicato «Coordinamento delle competenze», evidenzia *la presenza nella struttura scolastica di più soggetti aventi poteri decisionali in merito a particolari materie* e pertanto focalizza l'attenzione sulla necessità del *coordinamento delle diverse competenze* al fine di rendere efficace il servizio scolastico offerto.

Il medesimo articolo individua le funzioni dei diversi soggetti, da un lato gli **organi collegiali** che garantiscono l'efficacia dell'autonomia dell'istituzione scolastica, il **dirigente scolastico** che esercita il ruolo di *leader* dell'apprendimento, nella nuova prospettiva inquadrata dalla Buona scuola, i **docenti** che hanno il compito e la responsabilità della progettazione e dell'attuazione del processo di insegnamento apprendimento, il **DSGA** che assume la direzione dei servizi di segreteria nel quadro dell'unità di conduzione affidata al dirigente scolastico; dall'altro il **personale della scuola**, i **genitori** e gli **studenti** che partecipano al processo di attuazione e sviluppo dell'autonomia assumendo le rispettive responsabilità (→ anche Cap. 5).

Il PTOF è il documento nel quale sono integrati tutti questi ruoli, in quanto è il risultato della progettazione e della pianificazione dell'intera attività della scuola. Ricordiamo che il PTOF è **elaborato dal Collegio dei docenti**, sulla base degli *indirizzi e delle scelte di gestione e amministrazione definiti dal Dirigente scolastico*. Infine, è **approvato dal Consiglio di circolo o di istituto** e pubblicato sul sito della scuola (art. 3 D.P.R. n. 275/1999, come sostituito dall'art. 1, comma 14, L. n. 107/2015).

Per quanto concerne il **profilo finanziario** l'art. 2 comma 5 della legge n. 59/1997 stabilisce che lo Stato attribuisce alle scuole autonome una dotazione finanziaria senza altro vincolo di destinazione che quello dell'utilizzazione prioritaria per lo svolgimento delle attività di istruzione, di formazione e di orientamento.

Al riguardo il **Decreto Interministeriale (D.I.) 1-2-2001, n. 44** conteneva il regolamento concernente le «*Istruzioni generali sulla gestione amministrativo-contabile delle istituzioni scolastiche*», specificando i nuovi compiti e gli strumenti di gestione economica che rendono concreta l'autonomia decisionale in ambito finanziario.

Il D.I. n. 44 è stato abrogato e sostituito dal **D.I. 28 agosto 2018, n. 129** che disciplina le nuove istruzioni generali sulla gestione amministrativo-contabile delle scuole, in attuazione dall'art. 1, co. 143 della legge n. 107/2015.

Le scuole, dotate di una propria identità didattica ed organizzativa, con specifiche competenze amministrative e finanziarie, sono i soggetti protagonisti del processo d'istruzione. L'istituzione scolastica assume, dunque, le connotazioni di un vero e proprio **ente sociale** cui è demandata l'erogazione di un servizio pubblico rispondente alle esigenze e alle richieste del territorio.

5 La scuola italiana nel nuovo quadro istituzionale

Il 2001 segna una profonda svolta nella vita della Repubblica.

L'ampliamento della democrazia e lo sviluppo delle istituzioni rappresentative e decisionali sul territorio nazionale impongono un riordino della Costituzione in modo da *dare concreta applicazione ai principi autonomistici*.

La **revisione del Titolo V della Costituzione**, posta in essere con la **legge costituzionale n. 3/2001**, sposta il baricentro del sistema legislativo verso le *autonomie regionali e locali*. È la stessa natura dello Stato a modificarsi: al centro sta il concetto di Repubblica, «costituita dai Comuni, dalle Province, dalle Città metropolitane, dalle Regioni e dallo Stato», mentre nel testo del 1948 si richiamava la «ripartizione» della Repubblica in Regioni, Province e Comuni.

I vari soggetti costituenti la Repubblica hanno, dunque, pari dignità e, nel procedere nella loro elencazione, il nuovo Titolo V procede dal soggetto più vicino ai cittadini (Comuni, Province, Città metropolitane, Regioni) per risalire fino allo Stato (secondo il principio di sussidiarietà). Risulta così del tutto valorizzato il rapporto con il territorio e le comunità che costituiscono il fulcro del nuovo modello di governo dell'istruzione.

Il nuovo art. 117 Cost. elenca una serie di materie di **competenza esclusiva** dello Stato, un gruppo di materie di competenza concorrente Stato-Regioni e, infine, con una norma a carattere residuale, attribuisce tutte le altre materie non menzionate alla piena potestà regionale.

In particolare **allo Stato è attribuita la potestà legislativa esclusiva in materia di norme generali sull'istruzione**, nonché la funzione di procedere alla «*determinazione dei livelli essenziali delle prestazioni concernenti i diritti civili e sociali che devono essere garantiti su tutto il territorio nazionale*».

Alle Regioni la riforma costituzionale attribuisce:
— **potestà legislativa concorrente** (Stato-Regioni) nella materia dell'istruzione, salva l'autonomia delle istituzioni scolastiche;
— **potestà legislativa esclusiva** (residuale) su quanto non riservato allo Stato.

In questo nuovo quadro, **tutto il settore della istruzione e formazione professionale diviene di esclusiva competenza regionale**.

Sempre all'art. 117 vengono indicate le prerogative di Comuni e Province. Questi enti hanno potestà regolamentare «*in ordine alla disciplina dell'organizzazione e dello svolgimento delle funzioni loro attribuite*» dalla legislazione nazionale e regionale, oltre che rispetto alle funzioni proprie. La potestà regolamentare implica la facoltà di determinare gli obiettivi, i modi e le forme attraverso cui svolgere le varie funzioni, i soggetti da coinvolgere, gli strumenti da utilizzare.

5.1 Dal modello centralizzato alla valorizzazione del territorio

Fino all'entrata in vigore della legge n. 59/1997 la scuola ha mantenuto, in modo pressoché inalterato, una struttura e un'organizzazione di tipo burocratico-amministrativo.

Per molto tempo, infatti, il *carattere centralistico della gestione della scuola italiana* ha determinato la sottovalutazione del ruolo del«territorio» nel processo educativo.

L'azione relazionale delle istituzioni scolastiche, dal punto di vista didattico ed educativo, era prevalentemente limitata al **rapporto intercorrente tra i soggetti coinvolti nel microsistema** della classe ove veniva attuato l'intervento formativo. Di conseguenza non è stata riconosciuta l'influenza che le agenzie extrascolastiche esercitano sul processo di crescita di ogni individuo.

Le innovazioni normative, introdotte a partire dalla legge n. 59/1997 (art. 21), hanno modificato i parametri tradizionali della costruzione progettuale, per la necessità di integrare le risorse professionali disponibili, per dar luogo ad un sistema di conoscenze e di scambio continuo di proposte, idee, competenze.

Non essendo più la scuola un terminale periferico dell'amministrazione centrale, è *necessario costruire una rete di rapporti con le altre istituzioni o agenzie* che contribuiscono a determinare il servizio educativo nel suo complesso.

Il modello di scuola che si va prospettando nel sistema delle autonomie è un modello fortemente **integrato**, in quanto costituito dal raccordo delle istituzioni scolastiche con le altre realtà del territorio. Si può sostenere che è la **logica della reciprocità** ad aver preso il posto della unilateralità professionale, secondo il principio dello *scambio degli interventi* che ciascun docente esercita all'interno della comunità scolastica.

Nella scuola dell'autonomia, dunque, le **modalità cooperative** occupano un posto strategico in quanto la *progettazione* costituisce una vera e propria strategia di interazione e di scambio.

La scuola autonoma è un sistema aperto, cui spetta il compito di acquisire le **informazioni** dal territorio per conoscere il contesto sociale, culturale, economico in cui opera. D'altra parte, la scuola può strategicamente trarre dal territorio le **risorse** necessarie per portare a valido compimento iniziative che richiedano il supporto di tutti i principali «attori» coinvolti nel processo formativo.

L'autonomia, allora, implica la necessità per ogni scuola di dotarsi di una propria strategia formativa, di definire una specifica offerta didattica rappresentata dal PTOF, di muoversi con maggiore intraprendenza sul territorio di riferimento (sia esso un quartiere, una città o una provincia intera).

Il **modello operativo cui si fa riferimento è quello della rete**, nel senso che ciascuna unità professionale, singola o di gruppo, costituisce una risorsa per tutta l'organizzazione.

Secondo Gareth Morgan (1943), economista britannico, il modello della rete è ideale in situazioni che richiedono **flessibilità** e **cambiamento**, garantendo un continuo adattamento alla situazione complessiva, grazie ad una combinazione di legami deboli tra le varie **microrganizzazioni** e di legami interni forti rispetto agli obiettivi condivisi. La differenza tra i due tipi di legami consente la conservazione alla spinte innovative e garantisce un continuo adattamento alla situazione complessiva.

6 Le reti di scuole nel Regolamento dell'autonomia

Numerosi sono gli strumenti del *partenariato giuridico* adottabili in ambito scolastico:
— **accordi di programma**
— **accordi di rete scolastica**
— **convenzioni**
— **consorzi**
— **protocolli d'intesa**
— **associazioni temporanee**.

Gli **accordi di rete**, previsti dalla legge n. 59/1997, sono stati regolamentati dal D.P.R. n. 275/1999 (Regolamento dell'autonomia).

L'art. 7 del citato D.P.R., rubricato «**Reti di scuole**», stabilisce che le istituzioni scolastiche possono promuovere **accordi di rete** o aderire ad essi per il raggiungimento delle proprie finalità istituzionali.

La rete di scuole è un'**associazione di enti pubblici** che non determina la nascita di un nuovo ente con personalità giuridica, innanzitutto perché la personalità giuridica è sempre conferita per legge, inoltre perché la configurazione di una personalità giuridica sarebbe in contrasto con la *ratio* della legge, volta a rendere le scuole sempre più autonome e ad evitare la creazione di sovrastrutture che si sostituiscano ad esse. Ne deriva che l'accordo di rete non dà vita ad un soggetto autonomo rispetto alle scuole facenti parte di esso, ma solo ad un'organizzazione volta a permettere alle scuole di perseguire più agevolmente le proprie finalità istituzionali.

Le reti devono poter tenere insieme più soggetti e «mettere in campo» risorse e funzioni distinte, ma tutte fondamentali, per garantire la migliore qualità dell'offerta formativa e l'ottimizzazione delle risorse umane e materiali.

Le reti si realizzano attraverso **atti negoziali (accordi)**, riservati alle scuole pubbliche, statali o paritarie, con cui si stabiliscono intenti comuni ed impegni reciproci, nel rispetto delle finalità prescritte dal D.P.R. n. 275/1999.

Non richiedono formalità statutarie, ossia la redazione di uno statuto (come invece avviene per le società private o altri enti pubblici).

L'accordo può avere a oggetto **attività didattiche, di ricerca, sperimentazione, di formazione e aggiornamento, attività amministrative e anche economiche**, quali, ad esempio: l'acquisto di beni e servizi in comune o altre attività coerenti con le finalità istituzionali.

Essi possono espressamente prevedere la delega delle relative funzioni di dirigente scolastico della scuola individuata quale «capofila» che per le attività indicate nel singolo accordo assume, nei confronti dei terzi estranei alla P.A., la rappresentanza di tutte le scuole che fanno parte della rete (art. 47 D.I. n. 129/2018).

Gli accordi sono aperti all'adesione di tutte le istituzioni scolastiche che intendano parteciparvi e prevedono iniziative per favorire la partecipazione alla rete delle *scuole* che presentino situazioni di difficoltà.

Nell'ambito delle reti di scuole, possono essere istituiti **laboratori** finalizzati:
— alla ricerca didattica e alla sperimentazione;
— alla documentazione, per la più ampia circolazione, anche attraverso la rete telematica, di ricerche, esperienze, documenti e informazioni;
— alla formazione in servizio del personale scolastico;
— all'orientamento scolastico e professionale.

Il comma 7 dell'art. 7 del D.P.R. n. 275/1999 stabilisce che quando sono istituite reti di scuole, gli organici funzionali di istituto possono essere definiti in modo da consentire l'affidamento di **compiti organizzativi e di raccordo interistituzionale** e di gestione dei laboratori, a personale dotato di specifiche esperienze e competenze.

Al riguardo l'indiscutibile aumento della mole di lavoro in capo alle singole istituzioni scolastiche, rende opportuno il ricorso a strumenti giuridici utili ad una razionalizzazione dell'organizzazione amministrativa delle scuole e ad un'ottimizzazione delle risorse lavorative del personale amministrativo presente nelle singole realtà scolastiche. In tale ambito, appare di fondamentale importanza che le scuole si avvalgano dei negozi di concertazione previsti dalla normativa vigente per svolgere al meglio i propri compiti istituzionali. Ciò deve valere indubbiamente in campo didattico, ma innegabilmente anche nel settore amministrativo-contabile.

In seguito al trasferimento delle funzioni amministrative alle istituzioni scolastiche autonome, previsto dall'art. 14 del D.P.R. n. 275/1999, solo **sfruttando al meglio gli strumenti di partenariato tra scuole si può far fronte ai numerosi adempimenti gestionali di competenza**: senz'altro l'accordo di rete tra scuole è uno di questi. Esso consente di perseguire, altresì, l'obiettivo di far conseguire al personale amministrativo un elevato grado di specializzazione nello svolgimento del lavoro connesso con le mansioni assegnate.

L'accordo di rete, una volta concluso, dovrà inoltre essere *depositato presso le segreterie delle singole scuole* in maniera tale da essere reso conoscibile a tutti gli interessati, i quali, in tal modo, potranno prenderne visione ed estrarne copia, conformemente a quanto disposto dalla legge n. 241/1990 in materia di trasparenza e diritto di accesso agli atti.

Occorre precisare che le reti possono assumere configurazioni anche **informali**, quando danno vita a forme e modi di aggregazione e di condivisione del tutto spontanei.

Questa tipologia di scambio non ha margini temporali né confini spaziali e si realizza senza alcun atto documentale che testimoni accordi o impegni. Esse si sviluppano sulla base di decisioni spontanee tra Dirigente scolastico e docenti e sono rivolte al confronto professionale su attività o problematiche educative o organizzative.

Anche le reti informali presentano caratteristiche di miglioramento delle competenze professionali e si sviluppano nella relazione tra più contesti operativi che comunicano tra loro, utilizzando per lo più il sistema interattivo virtuale.

Le reti maggiormente efficaci sono quelle attraverso cui è possibile condividere risorse professionali, strumentali, finanziarie, nonché professionalità con funzioni distinte ma necessarie per favorire l'integrazione dell'offerta formativa, migliorandone la qualità.

4
Il piano triennale dell'offerta formativa

1 Significato e funzioni della progettazione

La **progettazione**, in ambito scientifico-tecnologico, è una strategia operativa, articolata in alcune fasi e contraddistinta da specifiche attività, finalizzate alla realizzazione di un prodotto finale o di un servizio.

In ambito educativo, indica la scelta e la messa a punto di condizioni metodologiche, strumentali e organizzative, volte alla realizzazione del processo di insegnamento e di apprendimento nella direzione desiderata.

Con l'autonomia è stata superata, come visto, la rigida applicazione di *programmi nazionali*, visti come repertori statici e prescrittivi di contenuti strutturati per discipline/materie di studio, su cui «ritmare» le attività di insegnamento, in un'ottica prettamente trasmissiva. In questo nuovo contesto la scuola, non più mera struttura periferica del sistema d'istruzione, esalta la sua specificità attraverso l'agire per progetti.

Possiamo definire il **progetto** come un *piano di lavoro, ordinato e ben organizzato per realizzare uno o più obiettivi predefiniti*.

Un progetto formativo nasce dal riconoscimento di un bisogno soggettivo e contestuale; ha inizio, quindi, con la *conoscenza dei processi cognitivo-affettivi e relazionali* che si manifestano nelle attività e nei comportamenti degli alunni, con l'*analisi dei fattori e delle variabili sociali, culturali, di apprendimento* ed è definito da uno specifico **ciclo di vita** e da un **insieme di vincoli** in termini di tempi, ambito, costi, qualità.

Si struttura nel:

— riconoscimento delle esigenze formative;
— individuazione di tutte le risorse necessarie per perseguire le finalità definite;
— definizione degli obiettivi e dei risultati attesi;
— ricognizione delle risorse necessarie;
— attenta scelta delle modalità di controllo;
— predisposizione di strumenti di monitoraggio e verifica/valutazione.

Le sue diverse fasi possono essere rappresentate nel seguente schema sinottico:

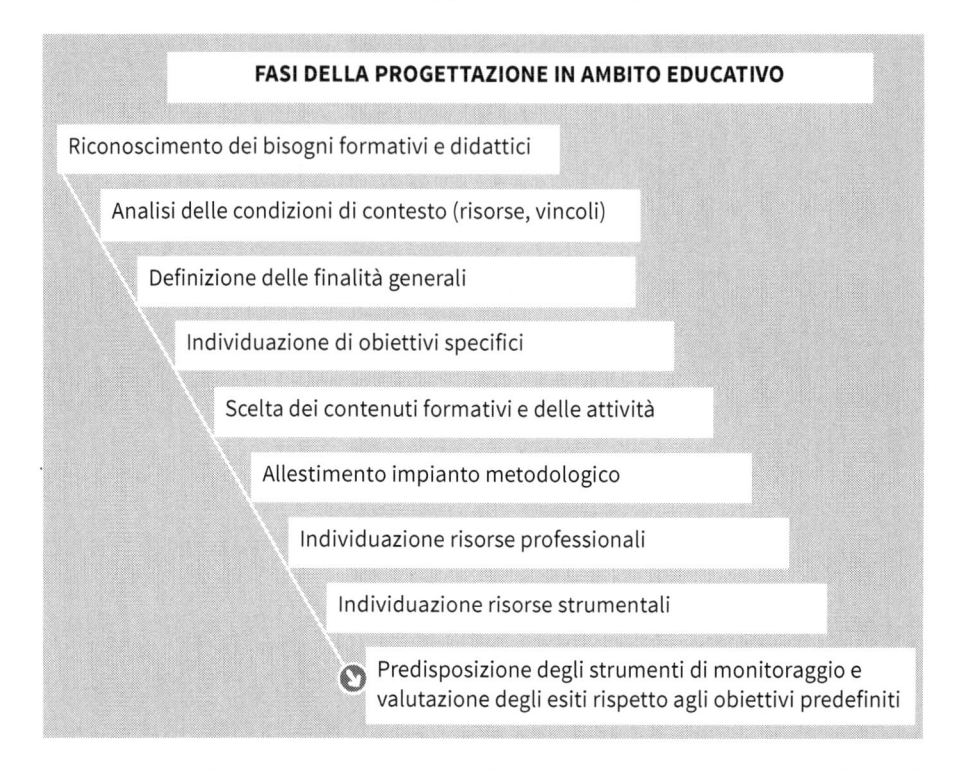

FASI DELLA PROGETTAZIONE IN AMBITO EDUCATIVO

- Riconoscimento dei bisogni formativi e didattici
- Analisi delle condizioni di contesto (risorse, vincoli)
- Definizione delle finalità generali
- Individuazione di obiettivi specifici
- Scelta dei contenuti formativi e delle attività
- Allestimento impianto metodologico
- Individuazione risorse professionali
- Individuazione risorse strumentali
- Predisposizione degli strumenti di monitoraggio e valutazione degli esiti rispetto agli obiettivi predefiniti

La progettazione è stata introdotta nella prassi organizzativa della scuola con il Regolamento dell'autonomia, **D.P.R. n. 275/1999**, che all'art. 3 fa riferimento alla progettazione nelle sue diverse forme e funzioni:

— la **progettazione curricolare** si riferisce al percorso disciplinare. Essa si distingue dalla *programmazione* per due criteri fondamentali: il criterio temporale e il criterio sostanziale. Dal punto di vista temporale la progettazione si attua in un periodo più ampio (un ciclo scolastico) rispetto alla *programmazione curricolare* che ha preminentemente un carattere annuale o quadrimestrale; dal punto di vista sostanziale la progettazione delinea l'identità formativa della scuola, mentre la programmazione illustra scelte didattiche più specifiche, di tipo metodologico e tecnico-organizzativo;
— la **progettazione extracurricolare** costituisce lo strumento con cui può essere ampliata ed arricchita la progettazione curricolare, grazie ad una produttiva interazione tra scuola e ambiente extrascolastico;
— la **progettazione educativa** individua le finalità e i valori educativi fondamentali che la scuola intende porre alla base di ogni esperienza didattica;

— la **progettazione organizzativa** riguarda, infine, le modalità attuative (tempi, spazi, strumenti), scelte dai competenti organi collegiali, per portare a compimento il processo di insegnamento/apprendimento. Essa concorre a garantire l'efficienza al servizio scolastico, in un quadro di attenta definizione e ripartizione dei compiti.

La progettazione scolastica costituisce, dunque, un ampio e articolato processo, che si riferisce al quadro generale dell'identità educativa e formativa che la comunità scolastica intende delineare. Ciò significa che ogni scuola può progettare, proporre innovazioni, realizzare interventi di educazione, istruzione e formazione diretti allo sviluppo della persona, perseguendo finalità proprie attraverso organi e organismi con competenze specifiche.

Essa esclude ogni forma di improvvisazione e deve avere ben presenti i bisogni formativi degli alunni, nonché la diversità delle richieste di formazione provenienti dal territorio.

La progettazione rappresenta il «*filo conduttore*» di tutte le attività formative e richiede l'organizzazione di una scuola come «comunità educativa autonoma» che sappia coinvolgere tutti gli operatori nel favorire la crescita armonica della personalità degli studenti.

I principi fondamentali della progettazione in ambito scolastico sono:

— l'**attenzione al contesto** in cui la scuola opera, agli studenti che accoglie, agli utenti cui si rivolge, all'intera comunità territoriale;
— la **fattibilità**, in quanto le azioni progettuali ed attuative dell'intervento formativo devono essere sostenibili a livello organizzativo, in termini economici, strumentali e professionali.

2 Dal POF al PTOF

Con l'autonomia, l'istituzione scolastica è chiamata a rafforzare la propria capacità progettuale, dovendo predisporre un *formale atto di indirizzo,* impegnativo per tutti i soggetti appartenenti alla comunità scolastica.

L'autonomia implica, infatti, la necessità per ogni istituzione scolastica di dotarsi di una propria strategia formativa, di definire *una specifica offerta didattica* rappresentata dal **Piano dell'offerta formativa (POF)**, in cui sono indicate le finalità generali e le modalità con cui ci si propone di conseguirle. Ogni scuola si trova, quindi, a dover operare scelte fondamentali riguardo ad aspetti che erano prima delegati agli organi centrali: l'impianto educativo e didattico; il profilo e l'impegno degli insegnanti; i rapporti con gli enti locali e il territorio.

Il POF è il mezzo indicato dal legislatore per l'espressione delle specificità di ogni singolo istituto, lo strumento con cui dichiarare le scelte effettuate. Si colloca in un'architettura complessa e flessibile, in virtù della stessa autonomia, pur essendo vincolato ad alcuni elementi che non possono essere disattesi: le risorse disponibili; gli obiettivi educativi e generali perseguiti dai diversi tipi e indirizzi di studi, determinati a livello nazionale e integrati con iniziative di raccordo con il contesto culturale, sociale ed economico della realtà locale, previste dalla programmazione a livello territoriale dell'offerta formativa.

Nella logica dell'autonomia tutti gli aspetti del Piano dell'offerta formativa vanno affrontati con una mentalità progettuale, nel senso che occorre impegnarsi per trovare le soluzioni in grado di risolvere i problemi e migliorare la qualità del servizio.

Il termine «**piano**» va inteso nel senso di *progetto* e comprende un momento finalistico costituito dai risultati in termini educativi, curricolari, formativi e didattici che ci si propone di conseguire:

— nel concetto di «**offerta**» si evidenziano le dimensioni del *presentare*, del *proporre* e *offrire* risorse e strumenti, costituiti dalle scelte didattiche ed organizzative della scuola in una prospettiva di sviluppo;
— il termine «**formativa**» rimanda ad una serie di significati che vanno dal concetto di educazione a quello dell'istruzione, della crescita e dello sviluppo della personalità.

Secondo quanto prescrive il Regolamento dell'autonomia, il POF delinea, quindi, nei tratti essenziali, l'*identità culturale e progettuale della scuola*.

Due sono gli scopi principali del POF:

— definire le caratteristiche specifiche della scuola, fornendo le **necessarie informazioni** alle famiglie, agli enti locali o ad altri soggetti con i quali la scuola opera;
— avviare un **processo di autoanalisi e di miglioramento** all'interno dell'istituzione scolastica nei confronti della realtà esterna.

Per quanto concerne il primo aspetto, il POF deve poter essere un documento fruibile per un'ampia platea di utenti, nel quale la scuola dichiara i suoi impegni, indica i principali traguardi formativi, le modalità operative e i tempi per conseguirli; contiene, inoltre, alcune informazioni utili desunte e disciplinate dalla Carta dei Servizi e dal Regolamento d'Istituto.

Il POF è, infatti, il *principale documento comunicativo di pianificazione* e richiede l'adozione di una serie di strategie operative, quali:

— la **capacità informativa** in quanto deve contenere tutti gli elementi utili alle famiglie e agli studenti per orientarsi;
— la **chiarezza espositiva** in quanto il contenuto deve essere trasmesso in forma chiara e deve essere di facile accesso;
— la **specificità** in quanto l'offerta deve potersi distinguere e connotare in maniera inconfondibile;
— l'**affidabilità** in quanto deve esplicitare la reale offerta formativa della scuola.

Per quanto riguarda la seconda finalità, quella dell'autoanalisi e del miglioramento, il POF promuove il *processo di autovalutazione della qualità*, attraverso l'adozione dei seguenti principi di riferimento:

— il **principio dell'identità** che sottende la definizione di procedure e di decisioni relative all'offerta formativa della scuola, consentendo di individuare gli elementi

che la contraddistinguono ed il livello di sintonia degli operatori e degli utenti sull'immagine più espressiva e autentica che si possa definire;
— il **principio dell'unitarietà**, cui vanno ricondotti i molteplici elementi didattici, organizzativi, educativi e di valutazione che caratterizzano l'offerta formativa, consentendo di leggere le dinamiche interne a livello relazionale, nonché di interpretare il clima cooperativo tra le componenti interne ed esterne alla scuola;
— il **principio della trasparenza** che sottende la qualità dell'informazione, della comunicazione e della condivisione rispetto alle procedure scelte;
— il **principio della legalità** che consente di verificare la corretta interazione con i principi della norma giuridica.

Tale documento, oltre ad avere una **valenza interna** poiché orienta le scelte individuali e collettive del personale scolastico, al fine di garantire l'uguaglianza delle opportunità formative a ciascun alunno, ha una notevole **valenza esterna**, in quanto richiede il coinvolgimento del territorio e la condivisione dell'azione educativa da parte delle famiglie degli alunni.

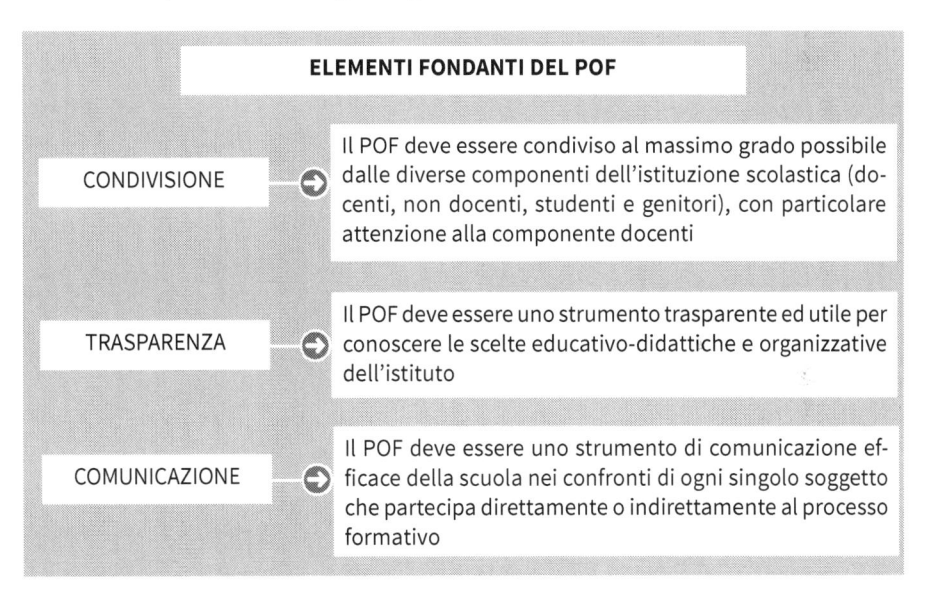

ELEMENTI FONDANTI DEL POF	
CONDIVISIONE	Il POF deve essere condiviso al massimo grado possibile dalle diverse componenti dell'istituzione scolastica (docenti, non docenti, studenti e genitori), con particolare attenzione alla componente docenti
TRASPARENZA	Il POF deve essere uno strumento trasparente ed utile per conoscere le scelte educativo-didattiche e organizzative dell'istituto
COMUNICAZIONE	Il POF deve essere uno strumento di comunicazione efficace della scuola nei confronti di ogni singolo soggetto che partecipa direttamente o indirettamente al processo formativo

3 Il PTOF nella legge n. 107/2015

Uno dei principali elementi di novità della legge n. 107/2015 riguarda il **Piano dell'offerta formativa che diviene triennale** e costituisce il fulcro della riforma, in quanto da esso si dipartono tutte le innovazioni in materia di *organici, curricolo, formazione e valutazione*.

Il comma 2 della legge n. 107 anticipa già parte del contenuto del PTOF: si tratta della programmazione triennale dell'offerta formativa per l'innalzamento dei livelli di istruzione e il potenziamento dei saperi e delle competenze delle studentesse e degli studenti, per la prevenzione dell'abbandono e della dispersione scolastica, per la garanzia del diritto allo studio e per l'apertura della comunità scolastica al territorio, con il pieno coinvolgimento delle istituzioni e delle realtà locali.

Il POF, come detto, già disciplinato dall'art. 3 del D.P.R. n. 275/1999, risulta novellato dal **comma 14 della legge n. 107/2015**.

Il citato comma 14 non riporta sostanziali modifiche in merito alla **natura** del Piano.

«Ogni istituzione scolastica predispone, con la partecipazione di tutte le sue componenti, il Piano dell'Offerta Formativa. Il Piano è il **documento** fondamentale **costitutivo dell'identità culturale e progettuale delle istituzioni scolastiche**; esso esplicita la progettazione curricolare, extracurricolare, educativa ed organizzativa che le singole scuole adottano nell'ambito della loro autonomia».

Il **comma 2 dell'art. 3 D.P.R. n. 275** rimane identico nella parte in cui afferma che: «il piano è coerente con gli obiettivi generali ed educativi dei diversi tipi e indirizzi di studi, determinati a livello nazionale ... e riflette le esigenze del contesto culturale, sociale ed economico della realtà locale, tenendo conto della programmazione territoriale dell'offerta formativa. Esso comprende e riconosce le diverse opzioni metodologiche, anche di gruppi minoritari, valorizza le corrispondenti professionalità».

Ciò che fondamentalmente modifica l'impianto di pianificazione è che il PTOF risulta essere comprensivo **non solo della dimensione educativa e didattica ma anche di altri aspetti, trasformandosi nel progetto generale di scuola per il triennio.**

Esso si aggancia al procedimento di valutazione *ex* art. 6 D.P.R. n. 80 del 2013, al RAV e al relativo Piano di miglioramento (→ Cap. 7 par. 5 e ss.) che si conclude con la rendicontazione sociale, la pubblicazione e diffusione dei dati raggiunti. Le azioni di miglioramento organizzativo e gestionale implementate dalle istituzioni scolastiche vanno, dunque, allegate al Piano.

Le novità riguardano i **contenuti** del POF in cui sono indicate le discipline e i docenti necessari a coprire:

— il fabbisogno dei **posti comuni** e **di sostegno** dell'organico dell'autonomia, sulla base del monte orario degli insegnamenti, con riferimento anche alla quota di autonomia dei curricoli e agli spazi di flessibilità, nonché del numero di alunni con disabilità, ferma restando la possibilità di istituire posti di sostegno in deroga nei limiti delle risorse previste a legislazione vigente;

— il fabbisogno dei **posti per il potenziamento** dell'offerta formativa.

Il PTOF deve, altresì, specificare:

— il fabbisogno relativo ai **posti del personale ATA**;
— il fabbisogno di **infrastrutture** e di **attrezzature materiali**;
— il Piano di miglioramento derivante dalla compilazione del RAV.

È opportuno evidenziare che l'art. 3, come disciplinato dal D.P.R. n. 275/1999, non indicava alcuna scansione temporale per la revisione del Piano, al contrario ora l'articolo 3, modificato dal comma 14 L. n. 107/2015, sottolinea che il piano ha una validità triennale, anche se può essere rivisto annualmente, in genere entro il mese di ottobre.

Cambia anche l'iter di predisposizione del Piano dell'offerta formativa triennale.

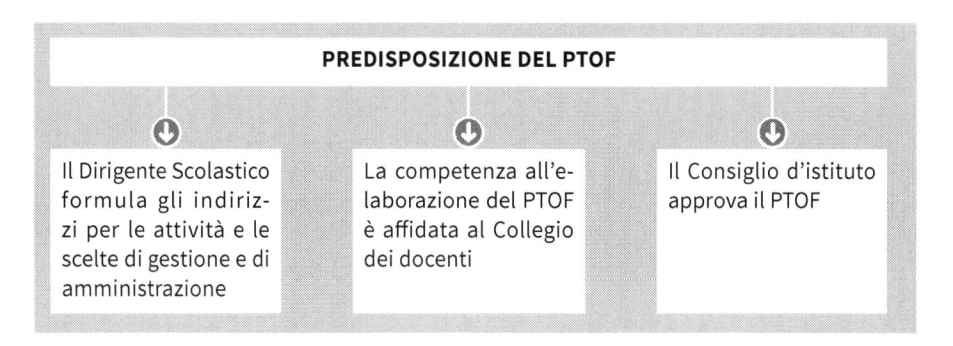

PREDISPOSIZIONE DEL PTOF		
Il Dirigente Scolastico formula gli indirizzi per le attività e le scelte di gestione e di amministrazione	La competenza all'elaborazione del PTOF è affidata al Collegio dei docenti	Il Consiglio d'istituto approva il PTOF

Il Piano, dunque, è elaborato sulla base degli **indirizzi per le attività della scuola e delle scelte di gestione e di amministrazione definiti dal Dirigente scolastico**. *Non è richiesta approvazione formale* da parte del Collegio, perché ciò che produce tale organo non è un documento immediatamente operativo; una delibera *interna* con valore interlocutorio risulta la scelta più opportuna. Il **Consiglio di istituto** è chiamato infine ad approvare il Piano: è questo l'atto conclusivo che rende il POF triennale effettivamente operativo.

Per quanto concerne i **tempi**, il Piano dell'offerta formativa va predisposto entro il mese di ottobre dell'anno scolastico precedente rispetto al triennio di riferimento.

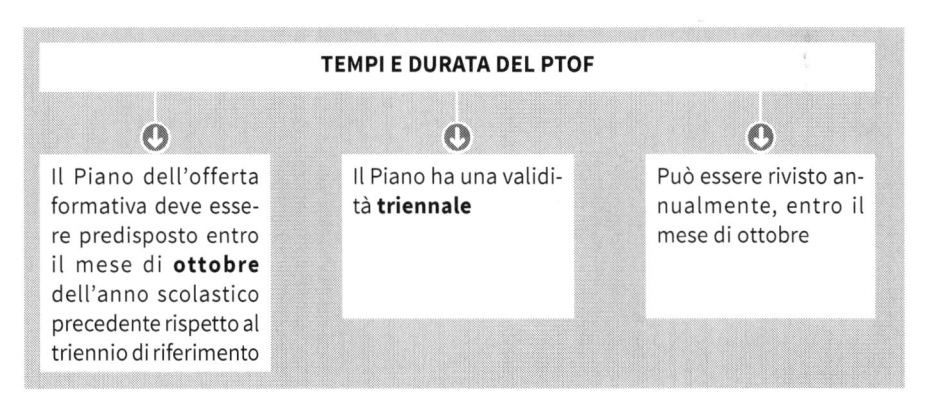

TEMPI E DURATA DEL PTOF		
Il Piano dell'offerta formativa deve essere predisposto entro il mese di **ottobre** dell'anno scolastico precedente rispetto al triennio di riferimento	Il Piano ha una validità **triennale**	Può essere rivisto annualmente, entro il mese di ottobre

Quanto alle pubblicità da dare al PTOF le istituzioni scolastiche, devono assicurare la piena trasparenza e pubblicità dei piani triennali dell'offerta formativa, che sono pubblicati nel Portale Unico. Sono altresì ivi pubblicate tempestivamente eventuali revisioni del piano triennale.

L'**Ufficio Scolastico Regionale verifica** che il PTOF rispetti il limite dell'organico assegnato a ciascuna istituzione scolastica e trasmette al Ministero dell'istruzione gli esiti della verifica.

4 I contenuti del PTOF

Il Piano deve essere coerente con gli *obiettivi generali ed educativi* dei diversi tipi e indirizzi di studi deve essere *determinati a livello nazionale, riflette le esigenze del contesto* culturale, sociale ed economico della realtà locale, tenendo conto della programmazione territoriale dell'offerta formativa, esplicita la **progettazione curricolare, extracurricolare, educativa e organizzativa** che le singole scuole adottano nell'ambito della loro autonomia.

> **Espansione Web**
> *Un modello di PTOF*

L'offerta formativa, così come delineata dalla legge n. 107, va integrata con **iniziative di potenziamento** e **attività progettuali** per il raggiungimento degli obiettivi formativi individuati dalle istituzioni scolastiche, tenendo conto di quelli prioritari indicati nel comma 7:

- competenze **linguistiche** anche mediante CLIL;
- competenze **matematico-logiche e scientifiche**;
- pratica e cultura concernente **musica, arte, cinema**, tecniche e media di produzione e diffusione di immagini e suoni;
- competenze di **cittadinanza attiva** e democratica, interculturalità, autoimprenditorialità;
- sviluppo di comportamenti sensibili alla **sostenibilità ambientale**, beni paesaggistici, patrimonio culturale;
- competenze nell'**uso dei media**;
- potenziamento delle **discipline motorie** e sviluppo di una vita sana;
- competenze **digitali**, del **pensiero computazionale**, uso critico dei social media e legame con il mondo del lavoro;
- potenziamento **metodologie laboratoriali**;
- prevenzione e **contrasto dispersione**, politiche di **inclusione** e di attenzione ai BES;
- valorizzazione della **scuola aperta al territorio**;
- **apertura pomeridiana** delle scuole;
- incremento dell'**alternanza scuola-lavoro**;
- valorizzazione di percorsi formativi individualizzati;
- individuazione di percorsi e di sistemi funzionali alla premialità e alla **valorizzazione del merito tra gli studenti**;
- potenziamento dell'**italiano come lingua seconda**;
- definizione di un sistema di **orientamento**.

Il Piano triennale dell'offerta formativa deve, inoltre, prevedere la programmazione delle **attività formative rivolte al personale docente e amministrativo, tecnico e ausiliario**, alla luce del PTOF e del RAV.

Nei Piani triennali dell'offerta formativa della scuola secondaria di secondo grado vanno inclusi anche i **percorsi di alternanza scuola-lavoro** e le attività di formazione in materia di tutela della salute e della sicurezza nei luoghi di lavoro.

Il Piano può prevedere anche percorsi formativi e iniziative diretti all'orientamento e alla valorizzazione del merito scolastico e dei talenti.

Può altresì promuovere azioni per sviluppare e migliorare **le competenze digitali degli studenti** attraverso il *Piano nazionale per la scuola digitale* i cui obiettivi specifici sono indicati nel comma 58. Nel PTOF dovranno esser inserite anche le **eventuali scelte degli insegnamenti opzionali nelle scuole secondarie di secondo grado** che confluiranno nel curriculum dello studente. Ricordiamo che le scuole secondarie di secondo grado possono introdurre insegnamenti opzionali nel secondo biennio e nell'ultimo anno anche utilizzando la quota di autonomia e gli spazi di flessibilità.

Il piano triennale dà, inoltre, **indicazioni delle scelte di flessibilità** (come previste dal D.P.R. n. 275) da adottare per la piena realizzazione del curricolo e il raggiungimento degli obiettivi, la valorizzazione delle potenzialità e degli stili di apprendimento degli studenti.

5 Organizzazione e strumenti per l'attuazione del PTOF

Il PTOF comporta la successiva adozione di determinazioni decisorie e di comportamenti, destinati a dare concreta attuazione agli obiettivi pianificati.

Agli orientamenti di indirizzo, seguono, infatti, procedimenti organizzativi e strumentali attuativi che coinvolgono direttamente il Dirigente scolastico e presuppongono una corretta e mirata utilizzazione delle risorse umane, finanziarie e strumentali disponibili.

Il modello organizzativo, inteso come insieme delle condizioni gestionali e relazionali che supportano i processi formativi, è delineato dalle indicazioni e dalle prescrizioni date dalle norme che regolano la vita scolastica, nonché dal C.C.N.L. vigente e dalle decisioni assunte dagli organi collegiali dell'istituto.

In particolare, l'**organizzazione strumentale al Piano** costituisce la modalità con cui si progetta l'utilizzo delle risorse umane e strumentali per il raggiungimento degli obiettivi stabiliti. Essa comprende:
— la pianificazione degli impegni degli organi collegiali;
— gli eventuali adattamenti del calendario scolastico;
— l'individuazione delle funzioni di sistema (funzioni strumentali, referenti, coordinatori di classe, commissioni, gruppi di lavoro, dipartimenti) e il conseguente conferimento di incarichi;

- la pianificazione degli incarichi dell'ufficio di segreteria;
- la verifica degli spazi e delle risorse strumentali disponibili;
- l'adozione di adeguate forme di comunicazione interna ed esterna.

La scuola dovrà impegnarsi su due livelli d'intervento: il primo interno alla scuola; il secondo riguardante l'ambiente esterno, finalizzato alla costruzione di un produttivo dialogo interistituzionale.

Le scelte programmatiche del PTOF trovano attuazione in altri documenti programmatici della scuola:
- il **Piano annuale delle attività dei docenti**: predisposto dal Dirigente scolastico prima che abbiano inizio le lezioni e deliberato dal Collegio dei docenti, comprende e definisce gli impegni annuali che i docenti sono tenuti ad adempiere, sia quelli a carattere individuale, sia quelli collegiali, in relazione alla pianificazione approntata ed enunciata nel PTOF. Si tratta di uno strumento flessibile e modificabile per far fronte a nuove e sopravvenute esigenze educative e organizzative;
- il **Piano annuale delle attività del personale ATA**: è predisposto dal Direttore dei servizi generali e amministrativi (DSGA), dopo aver consultato il personale interessato. Il Dirigente scolastico, verificatane la congruenza rispetto al PTOF ed espletate le procedure di contrattazione integrativa a livello di istituto, adotta il piano, la cui successiva attuazione è affidata al DSGA;
- il **Programma annuale** che traduce in termini economici le scelte didattiche e formative contenute nel PTOF. Il Programma annuale è il documento su cui si basa la gestione finanziaria delle istituzioni scolastiche e che registra tutte le entrate e tutte le spese della scuola.

Sul **versante esterno** le scelte programmatiche del PTOF trovano attuazione attraverso:
- *accordi di programma* con gli enti locali sui servizi e su iniziative formative condivise;
- *convenzioni in rete* con altre scuole, anche di ordine e grado diverso, consorzi con associazioni di categoria;
- *protocolli d'intesa con enti culturali e di formazione*;
- *intese di programma su particolari progetti*.

6 Il curricolo della scuola

Nel PTOF le scuole determinano il **curricolo obbligatorio** per i propri alunni (art. 8 D.P.R. n. 275/1999).

Il **curricolo** è il percorso educativo-didattico che la scuola, all'interno del suo PTOF, progetta e segue per garantire il successo formativo degli alunni, ossia per far conseguire gradualmente agli alunni gli obiettivi di apprendimento e le competenze specifiche delle varie discipline.

Il curricolo, **elaborato dal Collegio dei docenti**, in sinergia con le famiglie e le componenti civili e sociali del territorio, si apre presentando il profilo delle competenze a livello generale che deve aver acquisito l'alunno al termine delle scuole dei vari cicli (indicando per ogni singola disciplina *obiettivi di apprendimento e traguardi delle competenze specifiche*). Il curricolo può essere costruito **in verticale** per vedere come si articola gradualmente il percorso per raggiungere le mete che l'istituto propone ai suoi alunni, ma può essere visto anche **in orizzontale** tra le varie discipline per evitare la frammentazione dei saperi.

La scelta del curricolo è a discrezione della scuola che autonomamente può scegliere il percorso da seguire in funzione delle varie esigenze degli alunni che frequentano la scuola, delle competenze messe a disposizione e delle risorse presenti.

Il **curricolo** è, dunque, il **piano di studi della singola scuola** che deve essere elaborato nel rispetto del monte-ore stabilito a livello nazionale. Può contemplare, oltre alle discipline fondamentali, discipline alternative integrative. In tal modo ogni scuola cerca di creare un'offerta formativa diversificata in funzione del tessuto sociale in cui opera.

In ogni curricolo (art. 9 D.P.R. n. 275/1999) c'è una **quota obbligatoria** di attività e discipline stabilite a livello nazionale (e quindi uguale per tutti gli alunni dello stesso ordine di scuola) e una **quota definita autonomamente** (cd. *riservata*) da ogni istituto come **ampliamento dell'offerta formativa** (che comprende le discipline e le attività scelte liberamente dalle scuole).

In ogni caso, nell'integrare la quota nazionale del curricolo con quella riservata alle scuole, deve essere sempre garantito «*il carattere unitario del sistema di istruzione*», così come deve essere valorizzato «*il pluralismo culturale e territoriale*», con la precisazione di dover rispettare le diverse finalità dei diversi gradi di scuola.

Le scuole possono utilizzare la quota oraria loro assegnata per:
— realizzare compensazioni tra le discipline e le attività di insegnamento previste dagli attuali programmi;
— attivare ulteriori insegnamenti finalizzati al raggiungimento degli obiettivi previsti dal PTOF.

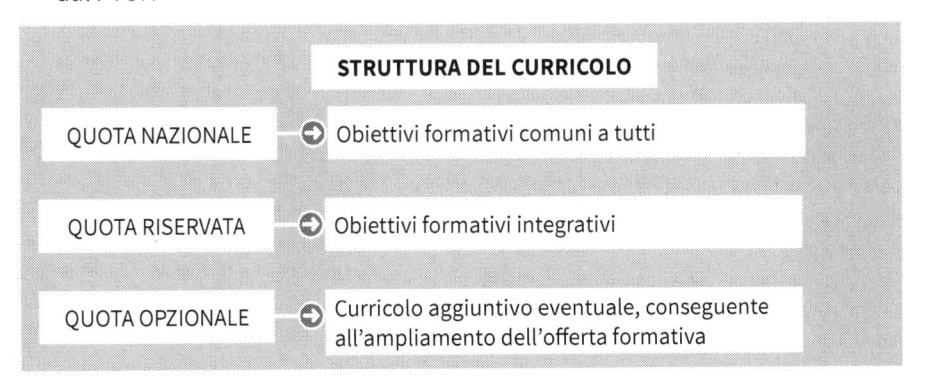

STRUTTURA DEL CURRICOLO	
QUOTA NAZIONALE	Obiettivi formativi comuni a tutti
QUOTA RISERVATA	Obiettivi formativi integrativi
QUOTA OPZIONALE	Curricolo aggiuntivo eventuale, conseguente all'ampliamento dell'offerta formativa

La scuola ha, quindi, la possibilità concreta di realizzare l'autonomia didattica proprio con la predisposizione del curricolo. La possibilità per ogni istituto di **ampliare l'offerta**

formativa con discipline e attività facoltative, per la *realizzazione dei percorsi formativi integrati*, presuppone **accordi** che l'istituzione scolastica programma con gli enti locali, le Regioni e altre istituzioni pubbliche e private. A tale scopo le scuole sono autorizzate ad aderire a *convenzioni*, nonché a stipulare contratti ed accordi con vari enti, anche per la realizzazione di specifici progetti a livello nazionale, regionale o locale.

Possono essere previste attività in favore anche degli adulti, nel cui ambito possono essere promosse iniziative di informazione e formazione per i genitori degli alunni (art. 9, comma 5, D.P.R. n. 275/1999).

Nella **Buona scuola**, grande spazio è dedicato al **potenziamento** (termine sotto il quale si ricomprendono il rafforzamento degli insegnamenti in termini di oggetto di studio e di corrispondenti docenti) importante strumento — non utilizzato sempre nel migliore dei modi — per l'ampliamento dell'offerta formativa delle scuole autonome. Infatti, la L. n. 107/2015 stabilisce che «nell'organico dell'autonomia confluiscono posti comuni, posti per il sostegno e posti per il potenziamento dell'offerta formativa» (comma 63, art. 1 L. n. 107/2015).

Ciò è strumentale soprattutto in relazione al fatto che l'offerta formativa è potenziata «nel rispetto del monte orario degli insegnamenti e tenuto conto della quota di autonomia dei curricoli e degli spazi di flessibilità».

7 L'attività di programmazione nella scuola

Una volta definito il curricolo, l'**attività di programmazione di una scuola** si esplica in tre momenti fondamentali:

— **programmazione d'istituto**, elaborata dal Consiglio di Istituto, che individua le finalità educative generali dopo aver acquisito tutte le informazioni provenienti dal contesto territoriale su cui si insedia la scuola, e le risorse interne a disposizione della stessa.

Ad esempio:
- dotazione della scuola in termini di spazi (presenza di laboratori, spazi da utilizzare per aule speciali, aule per proiezioni a grandi gruppi etc.);
- dotazione della scuola per quanto riguarda il personale docente (indipendentemente dalla titolarità dell'insegnamento: disponibilità di insegnanti per attività integrative, censimento di particolari competenze etc.);
- dotazione della scuola in riferimento ai materiali (consistenza della biblioteca, audiovisivi, materiale di laboratorio, materiale di consumo etc.);
- numero degli alunni per classe; presenza di classi parallele;
- rendimento scolastico complessivo e nelle singole materie;
- provenienza socio-culturale degli alunni, motivazioni, interessi, partecipazione etc.;

— **programmazione educativa**, elaborata dal Collegio dei docenti, la quale progetta i percorsi formativi correlati agli obiettivi e alle finalità nei programmi, della scuola nel suo complesso;

— **programmazione didattica**, elaborata e approvata dal Consiglio di intersezione, di interclasse o di classe, che delinea il percorso formativo della classe e del singolo alunno, adeguando ad essi gli interventi operativi.

Il lavoro del Consiglio d'istituto e del Collegio dei docenti è preposto a quello del **Consiglio di classe**, al quale compete un'analisi più realistica della situazione di partenza degli alunni. Infatti, ogni classe evidenzia caratteristiche, risorse, bisogni diversi, cosicché ciascun Consiglio di classe deve adattare l'attività programmatoria alle esigenze degli allievi.

La prima azione da compiere è la **verifica dei prerequisiti e delle abilità**, dopodiché occorre individuare **interventi didattici mirati**.

In linea generale si può dire che la **programmazione didattica** consista in una serie di operazioni compiute dall'insegnante (o dagli insegnanti) per organizzare il proprio lavoro didattico, in un tempo definito, all'interno della scuola in cui si opera.

A partire dal curricolo d'istituto, parte integrante del PTOF, i docenti, dunque, programmano collegialmente l'attività educativa e didattica, individuando le strategie più idonee per le diverse classi e le esperienze di apprendimento più efficaci.

5
La governance delle istituzioni scolastiche

A monte di tutte le istituzioni scolastiche l'**ente di governo centrale** è il **Ministero dell'Istruzione** che è coadiuvato da altri organismi collegati all'amministrazione centrale. A livello periferico la governance della scuola è invece affidata agli **Uffici scolastici regionali (USR)** che sostituiscono i precedenti Provveditorati agli studi.

Il governo delle singole scuole è, invece, demandato agli **organi collegiali** e al **Dirigente scolastico**.

1 L'ordinamento amministrativo dello Stato: Pubblica amministrazione ed enti locali

Per **ordinamento amministrativo dello Stato** si intende quell'insieme di enti pubblici e di norme che nel loro complesso formano la cd. *pubblica amministrazione*. Nel nostro ordinamento manca una definizione legislativa generale di **pubblica amministrazione**, giacché le singole leggi identificano e definiscono le pubbliche amministrazioni in relazione agli ambiti di applicazione e agli scopi di ogni singola normativa, ma in generale in essa si ricomprendono *tutte le amministrazioni dello Stato, ivi compresi istituti e scuole di ogni ordine e grado e le istituzioni educative*, le aziende e amministrazioni dello Stato ad ordinamento autonomo, le Regioni, le Province, i Comuni, le Comunità montane, le istituzioni universitarie, gli Istituti autonomi case popolari, le Camere di commercio, industria, artigianato e agricoltura, tutti gli enti pubblici non economici nazionali, regionali e locali, le amministrazioni, le aziende e gli enti del Servizio sanitario nazionale, le Autorità garanti etc.

Ai vertici dei vari settori della pubblica amministrazione, vi è il **Ministero** che costituisce l'**amministrazione centrale** da cui dipendono, direttamente, tutti i vari uffici, dipartimenti ed enti pubblici distribuiti sul territorio nazionale. Questi ultimi sono organi delle amministrazioni statali, che hanno **competenza territoriale limitata** e costituiscono l'**amministrazione periferica dello Stato**. Ne sono un esempio le Prefetture (Uffici territoriali del Governo) che hanno compiti di amministrazione generale e di tutela dell'ordine e della sicurezza pubblica e gli **Uffici scolastici regionali**.

2 L'amministrazione centrale della pubblica istruzione: il Ministero dell'Istruzione

Il **Ministero dell'Istruzione**, o organo di amministrazione centrale, è stato riorganizzato nel 2019 (D.P.C.M. 4-4-2019, n. 47) e ancora successivamente con **D.L. 9-1-2020, n. 1**.

L'originario Ministero dell'Istruzione, dell'università e della ricerca (**MIUR**) con il D.L. n. 1/2020 è stato diviso in due Ministeri: **Ministero dell'Istruzione** e **Ministero dell'Università e della ricerca**, cui sono stati attribuiti funzioni e compiti separati. Al Ministero dell'Istruzione spettano ora tutte le funzioni spettanti allo Stato in ordine al sistema educativo di istruzione e formazione.

Il nuovo Ministero dell'Istruzione è suddiviso in **2 Dipartimenti** ed aree, a loro volta suddivisi in numerose **Direzioni generali**:

a) **Dipartimento per il sistema educativo di istruzione e formazione** che si occupa di: definire gli obiettivi formativi nei diversi gradi e tipologie di istruzione; organizzare l'istruzione scolastica, gli ordinamenti, i curriculi e i programmi scolastici; definire lo stato giuridico del personale della scuola; formare i dirigenti scolastici, il personale docente, educativo e il personale amministrativo, tecnico e ausiliario della scuola etc.;
b) *Dipartimento per le risorse umane, finanziarie e strumentali* (assegnato al nuovo Ministero dell'Istruzione in via transitoria).

I dipartimenti costituiscono il nucleo centrale dell'organizzazione ministeriale: ad essi sono attribuiti compiti che concernono grandi materie omogenee, compiti che sono di indirizzo e coordinamento delle Direzioni generali e degli enti ad essi sottordinati, nonché di organizzazione e gestione delle risorse strumentali, finanziarie e umane che sono loro attribuite.

I **capi dei Dipartimenti** svolgono **compiti di coordinamento, direzione e controllo** degli uffici di livello dirigenziale generale compresi nel Dipartimento e sono responsabili dei risultati complessivamente raggiunti in attuazione degli indirizzi del Ministro. Gli **Uffici scolastici regionali**, di livello dirigenziale generale, dipendono *funzionalmente* dai capi Dipartimento, in relazione alle specifiche materie da trattare.

Per lo svolgimento delle proprie funzioni di indirizzo politico-amministrativo, il Ministro si avvale degli *uffici di diretta collaborazione* (riorganizzati con D.P.C.M. 4-4-2019) (chiamati anche «*uffici di staff*») come: l'ufficio di gabinetto; la segreteria del Ministro; l'ufficio legislativo; l'ufficio stampa; le segreterie dei Sottosegretari di Stato; il servizio di controllo interno; la segreteria tecnica.

I *Sottosegretari di Stato* svolgono, in particolare, i compiti e le funzioni espressamente a loro *delegati dal Ministro*.

Il nuovo Ministero dell'Istruzione, in particolare, svolge le funzioni di spettanza statale nelle seguenti *aree funzionali* (art. 50 D.Lgs., n. 300/1999, così come modificato dall'art. 2 D.L. 9-1-2020, n. 1):

— *organizzazione generale dell'istruzione scolastica, ordinamenti e programmi scolastici, stato giuridico del personale*, inclusa la definizione dei percorsi di abilitazione e spe-

cializzazione del personale docente e dei relativi titoli di accesso, sentito il Ministero dell'università e della ricerca;
— definizione dei criteri e dei parametri per l'*organizzazione della rete scolastica*;
— definizione degli obiettivi formativi nei diversi gradi e tipologie di istruzione;
— definizione degli indirizzi per l'organizzazione dei servizi del sistema educativo di istruzione e di formazione nel territorio al fine di *garantire livelli di prestazioni uniformi su tutto il territorio nazionale*;
— valutazione dell'efficienza dell'erogazione dei servizi medesimi nel territorio nazionale;
— definizione dei criteri e parametri per l'attuazione di politiche sociali nella scuola;
— definizione di *interventi a sostegno delle aree depresse* per il riequilibrio territoriale della qualità del servizio scolastico ed educativo;
— *attività connesse alla sicurezza nelle scuole e all'edilizia scolastica*, in raccordo con le competenze delle regioni e degli enti locali;
— *formazione dei dirigenti scolastici, del personale docente, educativo e del personale amministrativo, tecnico e ausiliario della scuola*;
— assetto complessivo e indirizzi per la valutazione dell'intero sistema formativo, anche in materia di istruzione superiore e di formazione tecnica superiore;
— congiuntamente con il Ministero dell'università e della ricerca, funzioni di indirizzo e vigilanza dell'INVALSI e dell'INDIRE;
— promozione dell'internazionalizzazione del sistema educativo di istruzione e formazione; sistema della formazione italiana nel mondo ferme restando le competenze del Ministero degli affari esteri e della cooperazione internazionale stabilite dal decreto legislativo 13 aprile 2017, n. 64;
— *determinazione e assegnazione delle risorse finanziarie a carico del bilancio dello Stato* e del personale alle istituzioni scolastiche autonome;
— ricerca e sperimentazione delle innovazioni funzionali alle esigenze formative;
— *riconoscimento dei titoli di studio e delle certificazioni in ambito europeo e internazionale* e attivazione di politiche dell'educazione comuni ai paesi dell'Unione europea;
— consulenza e supporto all'attività delle istituzioni scolastiche autonome;
— *programmi operativi finanziati dall'Unione europea*;
— altre competenze assegnate dalla legge 13 luglio 2015, n. 107, nonché dalla vigente legislazione.

Entro il 30 giugno 2020 dovranno essere emanati dalla Presidenza del Consiglio dei Ministri i regolamenti di organizzazione dei due nuovi Ministeri istituiti con il D.L. n. 1/2020. Fino all'adozione dei nuovi regolamenti rimangono in vigore i regolamenti approvati con i D.P.C.M. 21-10-2019, n. 140 e 155 che erano da poco stati adottati.

2.1 Altri organismi collegati all'amministrazione centrale

A) Il **Consiglio Superiore della Pubblica Istruzione** (**CSPI**), istituito a partire dall'aprile 2015, è un organo collegiale di supporto tecnico scientifico, composto da 36 membri (rappresentanti delle scuole, esponenti del mondo culturale e dell'arte, etc.), il cui compito principale è *formulare proposte al Ministro* sulle politiche da perseguire in materia di istruzione universitaria, ordinamenti scolastici, programmi scolastici, organizzazione generale dell'istruzione scolastica e stato giuridico del personale. È chiamato in alcuni casi ad esprimere *pareri obbligatori, anche se non vincolanti* per il Ministro.

B) L'**Osservatorio per l'edilizia scolastica** promuove iniziative di studio, di ricerca e di sperimentazione, relativamente alla riqualificazione e manutenzione delle scuole, ai criteri di progettazione, ai costi, alla sicurezza degli edifici scolastici.

C) L'**Istituto nazionale di valutazione del sistema educativo di istruzione e di formazione (INVALSI)** è un ente di ricerca che si occupa tra l'altro di:
  — effettuare **verifiche periodiche** sulle conoscenze e abilità degli studenti e sulla qualità complessiva dell'offerta formativa delle scuole (cd. *prove INVALSI*);
  — studiare le **cause dell'insuccesso e della dispersione scolastica** con riferimento al contesto sociale ed alle tipologie dell'offerta formativa;
  — promuovere **periodiche rilevazioni nazionali** sugli apprendimenti che interessano le istituzioni scolastiche.

D) L'**Istituto nazionale di documentazione, innovazione e ricerca educativa (INDIRE)** è un ente di ricerca che, sappiamo, si occupa di definire e attuare i piani di miglioramento della qualità dell'offerta formativa e dei risultati degli apprendimenti degli studenti che le istituzioni scolastiche autonomamente adottano.

3 Amministrazione scolastica periferica: gli Uffici scolastici regionali (USR)

Quelli fin qui trattati sono enti che rientrano nell'ambito dell'aministrazione centrale statale. A questi, come abbiamo visto, si aggiungono gli organi dell'**amministrazione periferica dello Stato**.

Il Ministero dell'Istruzione è articolato, a livello periferico, in **Uffici scolastici regionali** (che dal 1999 sostituiscono i vecchi *Provveditorati* e le Sovrintendenze scolastiche). In ciascun capoluogo di regione ha sede un Ufficio scolastico regionale (in realtà gli Uffici sono 18, in quanto mancano quelli di Valle d'Aosta e Trentino-Alto Adige che hanno un bacino di popolazione studentesca più basso).

L'Ufficio scolastico regionale si configura alla stregua di un **Ministero regionale con poteri autonomi,** in quanto persegue lo scopo primario di realizzare una pianificazione delle scelte educative e organizzative integrata con la programmazione dell'offerta formativa della Regione, nonché di vigilare sul *rispetto delle norme generali sull'istruzione* e dei livelli essenziali delle prestazioni, sull'**attuazione degli ordinamenti scolastici**, sui livelli di efficacia dell'azione formativa e sull'osservanza degli standard programmati. Inoltre, l'USR cura l'attuazione, nell'ambito territoriale di propria competenza, delle politiche nazionali per gli studenti.

In ciascun Ufficio scolastico regionale operano **due organi collegiali**:
  — un **organo collegiale a composizione mista**, con rappresentanti dello Stato, della Regione e delle autonomie territoriali interessate, cui compete il coordina-

mento delle attività gestionali di tutti i soggetti interessati e la valutazione della realizzazione degli obiettivi programmati;
— il **Consiglio regionale dell'istruzione** con competenze consultive e di supporto all'amministrazione a livello regionale.

Ogni ufficio scolastico regionale è a sua volta organizzato in **ambiti territoriali (AT)** che operano a livello provinciale in supporto alle scuole.

3.1 Gli ambiti territoriali

La Riforma della Buona scuola (L. n. 107/2015) definisce la composizione dell'organico e individua anche il meccanismo per la sua ripartizione fra le *Regioni*, tra *ambiti territoriali*, nonché tra *singole istituzioni scolastiche*.

Il comma 66, infatti, dispone che i ruoli del personale docente sono *regionali*, articolati in **ambiti territoriali**, suddivisi in *sezioni* separate per gradi di istruzione, classi di concorso, tipologie di posti.

Ma in cosa si identificano gli ambiti territoriali? La loro ampiezza è *inferiore alla Provincia o alla Città metropolitana*, avendo considerazione oltre che della **popolazione scolastica**, della **prossimità delle scuole** e delle **caratteristiche del territorio**, anche della specificità delle aree interne e montane e delle piccole isole, della presenza di scuole negli istituti penitenziari, nonché di ulteriori situazioni o esperienze territoriali già in essere.

Gli ambiti territoriali sono definiti dagli USR che li hanno elaborati anche tenendo conto delle osservazioni dei sindacati. In base alle indicazioni del Ministero (Nota 726/2016), gli ambiti:
— devono avere una dimensione sub provinciale e non comprendere scuole di province diverse;
— comprendono scuole sia del primo che del secondo ciclo in modo da garantire un'ampia offerta formativa;
— non possono prevedere una popolazione scolastica superiore a 40.000 alunni né inferiore a 22.000 alunni. Per le aree metropolitane si potrà arrivare fino a 70.000.

Importanti per l'articolazione dei ruoli regionali dell'organico dell'autonomia, perdono gradualmente rilievo, a partire dall'a.s. 2019-2020, a seguito del CCNL Mobilità con il quale si è stabilito che i docenti con incarico triennale sono titolari su scuola e non più su ambito territoriale; mentre i titolari su ambito sono assegnati sulla Provincia. Sparisce così la mobilità su ambito.

4 Gli enti territoriali

Mentre lo Stato, che è l'ente pubblico per eccellenza, ha competenza su tutto il territorio nazionale, numerosi sono gli **enti territoriali** che operano, invece, nell'ambito di un territorio circoscritto, per perseguire fini istituzionali pertinenti in tale territorio. Tra questi vi sono le **Regioni**, le **Province**, i **Comuni** e le **Città metropolitane** (art. 114 Cost.).

4.1 Le Regioni

Nel nostro ordinamento esistono due tipi diversi di Regione: le **Regioni a Statuto ordinario**, disciplinate uniformemente nel Titolo V della Costituzione, e le **Regioni a Statuto speciale** (Sicilia, Sardegna, Trentino-Alto Adige, Valle d'Aosta e Friuli-Venezia Giulia), cui l'art. 116 Cost. assicura *condizioni particolari d'autonomia* secondo Statuti adottati con leggi costituzionali.

Le Regioni, ordinarie e speciali, godono di **autonomia legislativa** (art. 117 Cost.) e ciò pone l'ente Regione in una posizione primaria e sovraordinata rispetto a Province e Comuni.

In materia di istruzione l'art. 117 Cost. prevede **la potestà legislativa esclusiva dello Stato per ciò che riguarda le norme generali**: es. la definizione degli ordinamenti scolastici, gli ordini e i gradi delle istituzioni scolastiche, la durata della scuola dell'obbligo, la disciplina degli esami di Stato, la disciplina che regola lo stato giuridico del docente sono regolati da leggi dello Stato.

L'art. 117 Cost. attribuisce alle Regioni, come visto, la **competenza legislativa esclusiva sul sistema di istruzione** e **formazione professionale**, nel rispetto dei livelli essenziali di prestazione stabiliti dallo Stato e fatti salvi i compiti di raccordo con l'Unione Europea, le cui direttive vengono recepite con legge nazionale. I **livelli essenziali di prestazione** che le Regioni devono garantire comprendono il rispetto degli standard formativi minimi (durata dei corsi, validità nazionale delle certificazioni, attenzione ai criteri nazionali di accreditamento dei soggetti che erogano i corsi).

In materia di **istruzione scolastica** lo Stato e le Regioni hanno, inoltre, **competenza legislativa concorrente**: lo Stato stabilisce i princìpi generali (durata e tipologia dei corsi, esami e certificazioni, valore legale dei titoli, obiettivi di apprendimento, crediti), le Regioni l'organizzazione sul territorio. In particolare è stato demandato alle Regioni il compito di determinare il **calendario scolastico** e programmare l'offerta formativa, integrata tra istruzione e formazione professionale.

4.2 Comuni, Province e Città metropolitane

L'art. 5 Cost. include il riconoscimento e la tutela delle autonomie locali fra i principi fondamentali della Repubblica. In questi ultimi anni, in tema di enti locali si è realizzata una straordinaria produzione normativa e continuano le riforme anche strutturali, soprattutto per venire incontro alla più generale esigenza di contenimento della spesa pubblica (troppi gli enti locali, troppe e costose le strutture, troppo alti i costi di personale ad esse assegnate). Il testo normativo principale di riferimento è il **Testo unico degli enti locali (TUEL) D.Lgs. n. 267/2000**.

Gli enti locali più importanti del nostro ordinamento sono:
a) i **Comuni**. Il Comune è l'ente locale che rappresenta la propria comunità, ne cura gli interessi e ne promuove lo sviluppo in qualità di *ente di governo di prossimità*; gode di autonomia statutaria e normativa (può emanare statuti e regolamenti), organizzativa e amministrativa, nonché di autonomia impositiva (può imporre tasse e tributi) e finanziaria.

Le principali **competenze del Comune in materia di istruzione** riguardano: l'educazione degli adulti, l'orientamento scolastico e professionale; il supporto alle strategie di continuità verticale e orizzontale; l'attuazione delle pari opportunità di istruzione; la prevenzione della dispersione scolastica e l'educazione alla salute. Per quanto riguarda le *scuole dell'infanzia e primaria*: l'istituzione, aggregazione, fusione e soppressione di scuole; i servizi di supporto organizzativo per alunni svantaggiati; i servizi di mensa scolastica; la pianificazione della rete scolastica sul territorio con l'individuazione degli edifici e la fornitura di arredi e attrezzature per le scuole dell'infanzia e del primo ciclo;

b) le **Province**. Sono «enti intermedi» fra i Comuni e le Regioni; alle Province spettano compiti di coordinamento tra i diversi Comuni che la compongono, alcuni compiti amministrativi e la gestione di servizi. Nell'ottica di razionalizzazione del sistema degli enti locali, la Provincia è un organo che, in seguito alla L. n. 56/2014, è destinato a scomparire. **In materia di istruzione hanno competenze** *solo in materia di scuole secondarie*: istituzione, fusione e soppressione delle scuole, fornitura di edifici, arredi e strumenti per le scuole secondarie superiori; cura della rete dei trasporti scolastici; redazione dei piani organizzativi della rete di istruzione; servizi di supporto organizzativo per alunni con disabilità, pianificazione della rete scolastica etc.;

c) le **Città metropolitane** sono speciali tipi di Province istituibili all'interno delle **Aree metropolitane** dal Comune capoluogo e dagli altri Comuni limitrofi. I Comuni che ne fanno parte costituiscono tutti insieme una grande conurbazione caratterizzata dalla continuità del tessuto urbano e dalla comunanza di interessi. Sono città metropolitane: Roma capitale (soggetta a una disciplina a sè stante), Milano, Torino, Genova, Bologna, Venezia, Firenze, Bari, Napoli e Reggio Calabria.

Gli altri enti locali sono: le *Comunità montane*, le *Comunità isolane*, le *Unioni di Comuni*.

5 Gli organi collegiali territoriali

Come sancito dall'art. 3 del T.U. n. 297/1994, l'istituzione in ambito scolastico degli **organi collegiali** soprattutto territoriali risponde all'intento di favorirne *la gestione sociale*, o meglio di non relegare in uno sterile isolamento l'istituzione scolastica e coloro che in essa operano, nel delicato compito di trasmissione della cultura e di elaborazione di essa e nel processo quotidiano di sviluppo della personalità dell'alunno.

È parso, dunque, più che mai necessario il *coinvolgimento nella gestione della scuola di tutte le componenti della società* (famiglie, rappresentanti degli enti locali, organizzazioni sindacali), al fine di consentirne l'adeguamento continuo alle mutevoli e contingenti esigenze sociali.

In particolare sull'onda delle istanze politiche e partecipative sollecitate dai movimenti studenteschi alla fine degli anni Sessanta nacque l'esigenza di dar vita ad organismi rappresentativi degli interessi non solo pedagogici, ma anche più squisitamente politici e sociali di cui si fa portatrice una collettività locale organizzata.

Gli **organi collegiali territoriali**, regolati dal D.Lgs. n. 233/1999, sono:
— a livello centrale, il **Consiglio superiore della pubblica istruzione**, che fu completamente riformato per tutto quanto concerneva il quadro delle competenze, il funzionamento, la struttura e la composizione;
— a livello regionale, i **Consigli regionali dell'istruzione**;
— a livello locale, i **Consigli scolastici locali**.

Il D.Lgs. n. 233/1999 è rimasto però solo un «progetto» in quanto non ha avuto ancora attuazione pratica. Ad eccezione del CSPI, nessuno degli organi sopra citati è stato istituito nel termine del 31 dicembre 2002 originariamente fissato. La **costituzione del CSPI**, avvenuta nell'aprile 2015, è solo un primo passo verso la completa riforma degli organi collegiali territoriali della scuola, auspicata ma ancora di là da venire.

I preesistenti Consigli scolastici distrettuali sono stati però **di fatto aboliti** con la legge finanziaria del 2003 (L. n. 289/2002) e i Consigli scolastici provinciali, come visto, **formalmente abrogati** con il decreto del 1999.

A seguito di una riforma peraltro incompiuta, non c'è stata alcuna ricaduta sostanziale. Dei Consigli scolastici distrettuali e provinciali restano in piedi solo **alcune Commissioni** con alcune competenze.

6 Organi collegiali a livello di circolo e di istituto

La base della struttura partecipativa della scuola prima disegnata dal D.P.R. 416/1974, poi fatta propria dal Testo unico istruzione (D.Lgs. 297/1994), è rappresentata dagli **organi collegiali che operano a livello di circolo e di istituto**.

A norma degli artt. 5 e ss. del T.U. essi sono:
— il **Consiglio di intersezione nella scuola dell'infanzia**;
— il **Consiglio di interclasse nella scuola primaria**;
— il **Consiglio di classe negli istituti di istruzione secondaria**;
— il **Collegio dei docenti**;
— il **Consiglio di circolo o d'istituto e la Giunta esecutiva**;
— il **Comitato per la valutazione del servizio dei docenti**;
— le **assemblee studentesche e dei genitori**.

In caso di *aggregazione di istituti di istruzione secondaria superiore*, anche di diverso ordine e tipo, l'istituzione scolastica unitaria che ne deriva dispone di:
— un unico Collegio dei docenti, articolato in tante sezioni quante sono le scuole aggregate;
— un unico Consiglio di istituto, nel quale è riservato un seggio ad ognuna delle componenti (docenti, genitori, alunni) di ciascuna delle scuole aggregate;
— un unico Comitato per la valutazione del servizio, nel quale è assicurata la rappresentanza dei docenti appartenenti alle diverse tipologie scolastiche dell'aggregazione.

La disciplina degli organi collegiali della scuola è contenuta, come abbiamo visto, nel T.U. in materia di istruzione (D.Lgs. n. 297/1994 al Capo I del Titolo I).

6.1 Il Consiglio di intersezione, di interclasse e di classe

Il **Consiglio di intersezione**, proprio della **scuola dell'infanzia**, è composto dagli insegnanti delle sezioni dello stesso plesso e dai docenti di sostegno, se presenti, nonché da un rappresentante eletto dai genitori degli alunni iscritti; è presieduto dal Dirigente scolastico (o da un docente da lui delegato).

Il **Consiglio di interclasse**, proprio della **scuola primaria**, è composto dai docenti dei gruppi di classi parallele o dello stesso ciclo o dello stesso plesso. Ne fanno inoltre parte un rappresentante eletto dai genitori degli alunni iscritti per ciascuna delle classi interessate, e i docenti di sostegno. È presieduto dal DS.

Il **Consiglio di classe**, proprio della **scuola secondaria**, è composto dai docenti di ogni singola classe (ivi compresi i docenti di sostegno): *si occupa dell'andamento generale della classe*. È presieduto dal Dirigente scolastico.

Siedono nel Consiglio di *classe* pure gli *insegnanti teorico-pratici*, anche nel caso in cui il loro insegnamento si svolga in compresenza. Essi ne fanno parte a pieno titolo e con pienezza di voto deliberativo.

Invece fanno parte del Consiglio di classe *solo a titolo consultivo* gli assistenti addetti alle esercitazioni di laboratorio. Fanno inoltre parte del Consiglio: per la scuola secondaria di primo grado, quattro rappresentanti dei genitori; per la scuola secondaria superiore e artistica, due rappresentanti dei genitori e due rappresentanti degli studenti.

I Consigli di intersezione, di interclasse e di classe hanno il **compito** di *formulare al Collegio dei docenti proposte in ordine all'azione educativa e didattica e ad iniziative di sperimentazione, e di agevolare ed estendere i rapporti reciproci tra docenti, genitori e alunni.*

Le competenze riguardanti il coordinamento didattico, i rapporti interdisciplinari e, nella scuola secondaria e artistica, la valutazione periodica e finale degli alunni spettano ai Consigli in parola con la sola presenza dei docenti (per alcune competenze di carattere strettamente didattico viene dunque esclusa la partecipazione dei genitori e degli alunni). Si tratta, in sostanza, di *organi a composizione differenziata*, in relazione alle varie attribuzioni conferite dalla legge.

Spettano al Consiglio di classe anche **altre competenze** quali:
— le deliberazioni sull'accoglimento delle domande degli alunni che chiedono di trasferirsi all'istituto nel corso dell'anno scolastico;
— le deliberazioni sulla possibilità di iscrizione nell'istituto degli alunni provenienti da scuole italiane all'estero o da scuole estere;
— la formulazione del giudizio analitico sul profitto conseguito dallo studente in ciascuna delle materie studiate nell'ultimo anno di corso; il Consiglio delibera, infatti, a maggioranza l'ammissione agli esami di maturità;

— nella scuola secondaria il Consiglio di classe è competente anche a disporre le **sanzioni disciplinari** agli studenti (fino alla sospensione non superiore ai 15 giorni).

Le altre attribuzioni che possono rientrare fra i compiti di studio e di collaborazione devono ricondursi all'attività tipicamente consultiva, ragion per cui non hanno autonomia e rilevanza esterna.

La durata degli organi in oggetto è di **un anno**, sicché le componenti elettive vanno rinnovate all'inizio di ogni anno scolastico.

6.2 Il Collegio dei docenti

Il **Collegio dei docenti** (art. 7 D.P.R. n. 297/1994) è un **organo collegiale** composto esclusivamente dal personale insegnante, con esclusione di soggetti estranei. La sua formazione è automatica, poiché per rivestire la qualità di membro non è necessario alcun provvedimento di nomina, ma è sufficiente la *qualifica di insegnante di ruolo e non di ruolo in servizio nel circolo o nell'istituto*. Fanno parte del Collegio anche gli assistenti dei licei e degli istituti tecnici, gli insegnanti di arte applicata e gli assistenti dei licei artistici che svolgono attività d'insegnamento nelle classi funzionanti nell'istituto, nonché i docenti di sostegno che *assumono la contitolarità delle classi del circolo o istituto*.

L'organo è *presieduto dal Dirigente scolastico*: il suo voto prevale in caso di parità tra favorevoli e contrari a una deliberazione.

Il Collegio **si insedia all'inizio di ogni anno scolastico** e si riunisce ogni qualvolta che il DS ne ravvisi la necessità, oppure quando un terzo dei componenti ne faccia richiesta, comunque almeno una volta ogni trimestre o quadrimestre. Le riunioni hanno luogo durante l'orario di servizio, in ore non coincidenti con l'orario delle lezioni e compatibilmente con gli impegni di lavoro dei componenti.

Il Collegio esercita:
- **poteri deliberanti**, nel senso che *delibera su tutto quello che riguarda il funzionamento didattico del circolo o dell'istituto*. In particolare, per quanto concerne la programmazione dell'azione educativa, la sua funzione più importante è l'**elaborazione del PTOF** (che viene poi deliberato dal Consiglio di Istituto). Il Collegio dei docenti cura l'adeguamento dei programmi di insegnamento alle specifiche esigenze ambientali, l'*adozione dei libri di testo* e la scelta dei sussidi didattici tenendo conto del parere espresso dal Consiglio di interclasse o di classe, come pure delibera ai fini della valutazione degli alunni e, unitamente per tutte le classi, la suddivisione dell'anno scolastico in due o tre periodi;
- **poteri di proposta**, nei confronti del dirigente per la formazione e la composizione delle classi e l'assegnazione ad esse dei docenti, per la formulazione dell'orario delle lezioni e per lo svolgimento delle altre attività scolastiche, tenuto conto dei criteri generali indicati dal Consiglio di circolo o d'istituto;
- **poteri propulsivi**, in forza dei quali promuove iniziative di innovazione e di aggiornamento dei docenti. Il Collegio *programma e attua le iniziative per il so-*

stegno degli alunni disabili e, nelle scuole dell'obbligo che accolgono alunni figli di lavoratori stranieri residenti in Italia e di lavoratori italiani emigrati, adotta le misure idonee a garantire una valida formazione scolastica;
— **poteri di valutazione**, per mezzo dei quali valuta periodicamente l'andamento complessivo dell'azione didattica, proponendo, ove necessario, opportune misure per il miglioramento dell'attività scolastica;
— **poteri di indagine**, in virtù dei quali esamina gli eventuali casi di scarso profitto o di comportamento irregolare degli alunni segnalati dai docenti di classe, sulla base del parere espresso dagli specialisti che operano nella scuola con compiti medico-socio-psicopedagogici e di orientamento;
— **poteri consultivi**, nel senso che formula pareri al Dirigente in ordine alla sospensione dal servizio e alla sospensione cautelare del personale docente quando ricorrono ragioni di particolare urgenza e si esprime in ordine alle iniziative dirette all'educazione, alla salute e alla prevenzione delle tossicodipendenze.

Al Collegio dei docenti, che rimane comunque sottordinato al Consiglio di istituto, spettano, dunque, **poteri in ambito esclusivamente tecnico-didattico**.

6.3 Il Consiglio di circolo o d'istituto

Ai sensi dell'art. 10 del *T.U. in materia di istruzione* il **Consiglio di circolo** (nella scuola primaria) o **d'istituto** (nella scuola secondaria) è l'organo cui è affidato il **governo economico-finanziario della scuola**.

L'organo è composto da **14 membri** negli istituti con popolazione scolastica fino a 500 alunni e da **19 membri** negli istituti con popolazione scolastica superiore a 500 alunni. Di esso fanno parte i rappresentanti del personale docente e quelli del personale non docente, i rappresentanti dei genitori degli alunni, i rappresentanti degli studenti (negli istituti di istruzione secondaria superiore e artistica), nonché il Dirigente. Possono essere chiamati a partecipare alle riunioni del Consiglio anche gli specialisti che operano in modo continuativo nella scuola con compiti medico-psico-pedagogici e di orientamento, i quali, però, partecipano soltanto a titolo consultivo.

Il Consiglio è presieduto da uno dei suoi membri eletto tra i rappresentanti dei genitori degli alunni, a maggioranza assoluta nella prima votazione e a maggioranza relativa nelle successive; le funzioni di segretario sono affidate dal presidente a un membro del Consiglio stesso. L'organo **dura in carica tre anni scolastici**, nel corso dei quali i membri che perdono i requisiti dell'eleggibilità vengono sostituiti dai primi non eletti nelle rispettive liste; i rappresentanti degli studenti vengono eletti anno per anno.

Il Consiglio di istituto svolge fondamentali funzioni deliberative o di amministrazione attiva e consultiva, **deliberando** sull'organizzazione e la programmazione della vita e dell'attività della scuola. Svolge un **ruolo fondamentale nell'*individuazione degli obiettivi* che la scuola si propone di raggiungere**. In particolare, il Consiglio di istituto:
— **approva il Piano triennale dell'offerta formativa (PTOF)** elaborato dal Collegio dei docenti, sulla base degli indirizzi definiti dal Dirigente scolastico per le attività didattiche e organizzative della scuola;

- **approva il bilancio preventivo e il conto consuntivo** disponendo, altresì, in ordine all'impiego dei mezzi finanziari per quanto concerne il funzionamento amministrativo e didattico del circolo o dell'istituto;
- **adotta il Regolamento di istituto**, che disciplina il complesso delle attività della scuola, l'uso delle attrezzature e delle risorse umane (funzionamento biblioteche, attrezzature didattiche culturali e sportive, vigilanza alunni, visite e viaggi di istruzione, formazione delle classi etc. (→ *infra*);
- delibera sull'acquisto, il rinnovo e la conservazione di attrezzature tecnico-scientifiche, sussidi didattici, dotazioni librarie e materiale occorrente per le esercitazioni;
- **adatta il calendario scolastico** alle specifiche esigenze ambientali;
- determina i criteri per la programmazione o l'attuazione delle attività para, extra e interscolastiche (attività di recupero, di sostegno, viaggi di istruzione, visite guidate etc.), nonché in merito alla partecipazione ad attività culturali, sportive e ricreative di particolare interesse educativo;
- promuove i contatti con altre scuole al fine di realizzare scambi di informazioni e di esperienze e di intraprendere eventuali iniziative di collaborazione;
- adotta le iniziative dirette all'educazione della salute e alla prevenzione delle tossicodipendenze.

Il potere deliberante del Consiglio viene da esso esercitato nel rispetto delle competenze proprie degli altri organi collegiali operanti a livello di circolo o d'istituto. Gli **atti deliberativi** dell'organo, come di tutti gli organi collegiali della scuola, sono atti definitivi impugnabili, non per via gerarchica, ma con ricorso al TAR o con ricorso straordinario al Capo dello Stato.

Per quanto concerne l'**attività consultiva**, il Consiglio esprime *pareri* circa l'andamento generale, didattico e amministrativo del circolo o istituto. Inoltre indica i criteri generali relativi al coordinamento organizzativo dei Consigli di intersezione, di interclasse o di classe, stabilisce i criteri per l'espletamento dei servizi amministrativi ed esercita le competenze in materia di uso delle attrezzature e degli edifici scolastici.

Il Consiglio si riunisce in orario non coincidente con quello delle lezioni e comunque compatibilmente con gli impegni di lavoro dei suoi componenti.

I Consigli di circolo o d'istituto eleggono al proprio interno una **Giunta esecutiva**, della quale fanno parte di diritto il Dirigente che la presiede ed ha la rappresentanza del circolo o dell'istituto, nonché il capo dei servizi di segreteria (DSGA) della scuola che svolge pure le funzioni di segretario della Giunta. Di essa fanno parte anche un docente, un non docente e due genitori, con la precisazione che negli istituti di istruzione secondaria ed artistica la rappresentanza dei genitori si riduce ad un solo membro, con un rappresentante degli studenti chiamato a ricoprire il posto vacante.

La Giunta **resta in carica tre anni** e nei suoi confronti si applicano le disposizioni esaminate per il Consiglio in materia di surroga dei membri cessati per perdita dei requisiti e per il rinnovamento annuale dei rappresentanti degli studenti. Essa svolge compiti preparatori ed esecutivi nei riguardi del Consiglio, predispone il bilancio consuntivo e il conto preventivo, appronta i lavori del Consiglio e cura l'esecuzione delle relative delibere.

6.4 Regolamento di istituto e Regolamento di disciplina

Il Regolamento d'istituto è il documento **emanato dal Consiglio di istituto** che disciplina le attività quotidiane della scuola. Il riferimento normativo è costituito dall'art. 10 D.Lgs. n.297/1994. Inoltre, con l'entrata in vigore dello *Statuto delle studentesse e degli studenti* (D.P.R. n. 249/1998) ogni scuola ha dovuto tenerne conto e modificarlo anche alla sua luce.

Il Regolamento comprende, in particolare, le norme riguardanti:
— la vigilanza sugli alunni;
— il comportamento degli alunni e la regolamentazione di ritardi, uscite, assenze, giustificazioni;
— l'uso degli spazi, dei laboratori e della biblioteca;
— la conservazione delle strutture e delle dotazioni;
— il **regolamento di disciplina** che contiene i **doveri degli studenti** relativi a frequenza regolare dei corsi ed assolvimento assiduo agli impegni di studio; comportamento corretto durante le lezioni; rispetto di tutto il personale della scuola e dei compagni, anche a livello formale; rispetto ed utilizzo in modo corretto delle strutture, del materiale, delle attrezzature e dei sussidi; osservanza delle disposizioni organizzative e di sicurezza dell'istituto, nonché le eventuali sanzioni disciplinari.

Nel Regolamento di istituto sono altresì definite in modo specifico:
— le *modalità di comunicazione* con studenti e genitori con riferimento ad incontri con i docenti, di mattina e di pomeriggio (prefissati e/o per appuntamento);
— le *modalità di convocazione e di svolgimento delle assemblee di classe*, organizzate dalla scuola o richieste da studenti e genitori, del Comitato degli studenti e dei genitori, dei Consigli di intersezione, di interclasse o di classe e del Consiglio di circolo o d'istituto;
— il *calendario di massima* delle riunioni e la pubblicizzazione degli atti;
— le regole relative al *funzionamento degli organi collegiali*.

6.5 Il Comitato per la valutazione degli insegnanti

La **L. 107/2015**, con il comma 129, ha sostituito interamente l'art. 11 D.Lgs. n. 297/1994, in merito al **Comitato per la valutazione dei docenti** che coadiuva il DS nell'assegnazione del «bonus» per il merito ai docenti (→ Cap. 9, par. 10).

In base al nuovo art. 11, il Comitato è *costituito presso ogni istituzione scolastica*, ha durata triennale ed è presieduto dal **Dirigente scolastico**. Il Comitato è composto da:
— **tre docenti**, due scelti dal Collegio docenti e uno dal Consiglio di istituto;
— **due rappresentanti dei genitori** nella scuola dell'infanzia e nel primo ciclo di istruzione; un rappresentante degli studenti e uno dei genitori per il secondo ciclo, scelti dal Consiglio di istituto;
— **un componente esterno** scelto dall'Ufficio scolastico regionale.

Il Comitato (nella composizione prevista al comma 2, lett. a), cioè limitata a tre docenti dei quali due scelti dal Collegio docenti e uno dal Consiglio d'istituto, integrato con il docente che svolge funzioni di tutor) è poi chiamato ad esprimere il proprio parere sul superamento del periodo di formazione e di prova del personale docente ed educativo.

6.6 Assemblee degli studenti e dei genitori

L'art. 12 T.U. dispone che «*gli studenti della scuola secondaria superiore e i genitori degli alunni delle scuole di ogni ordine e grado hanno* **diritto di riunirsi in assemblea nei locali della scuola**».

L'importanza del riconoscimento operato dal predetto articolo si comprende appieno nell'ottica della cd. *istituzionalizzazione dei rapporti tra scuola e famiglia* che segna un ribaltamento nel tradizionale ruolo rivestito dai genitori degli alunni: da meri spettatori dell'azione educativa e titolari di diritti di partecipazione marginale alla vita della scuola (giustificazione delle assenze, colloqui periodici con i professori, presa di visione delle pagelle) ad attori e promotori di un processo formativo più completo, coinvolgente tematiche più complesse e frutto di cooperazione.

Le **assemblee studentesche** possono essere *di classe e d'istituto*.

A norma dell'art. 13 D.Lgs. n. 297/1994 tali assemblee, quali momenti di partecipazione democratica, consentono l'approfondimento dei problemi della scuola e della società, in funzione della formazione culturale e civile degli studenti.

È possibile convocare non più di **una assemblea d'istituto e una di classe al mese**, nel limite, la prima, delle ore di lezione di una giornata e la seconda di due ore. Inoltre, nel mese conclusivo delle lezioni, esse non possono aver luogo, né l'assemblea di classe può essere tenuta sempre nello stesso giorno della settimana durante l'anno scolastico.

Organismo di rappresentanza degli studenti è **il Comitato studentesco d'istituto** che è espresso dai rappresentanti degli studenti nei Consigli di classe. Tale comitato può esprimere pareri o formulare proposte direttamente al Consiglio di istituto.

L'assemblea di istituto è convocata su richiesta della **maggioranza del comitato studentesco o su richiesta almeno del 10% degli studenti**, previa comunicazione al Preside della data di convocazione e dell'ordine del giorno.

Alle assemblee di classe e d'istituto possono assistere il Dirigente scolastico o un suo delegato e gli insegnanti che lo desiderino. Il Dirigente scolastico può intervenire in caso di violazione del regolamento dell'assemblea di istituto o qualora constati l'impossibilità di un ordinato svolgimento della stessa.

Alle assemblee d'istituto svolte durante l'orario scolastico possono partecipare a richiesta degli alunni, previa autorizzazione del Consiglio d'istituto, esperti di problemi sociali, culturali, artistici e scientifici.

Come le assemblee degli studenti, le **assemblee dei genitori** possono essere *di sezione, di classe* e *di istituto*. Alle assemblee di classe partecipano i genitori degli alunni iscritti alla classe; a quelle d'istituto i genitori degli alunni iscritti alla scuola. Entrambe dovranno svolgersi al di fuori dell'orario delle lezioni.

Nelle scuole secondarie è prevista, in relazione al numero dei partecipanti o alla disponibilità dei locali, l'assemblea dei genitori degli alunni di classi parallele.

Le assemblee possono svolgersi **fuori o dentro i locali del circolo o dell'istituto**, anche se qualora siano tenute all'interno è necessario che venga acquisita l'autorizzazione del Dirigente scolastico.

L'assemblea di sezione o di classe è **convocata su richiesta dei genitori eletti** nei Consigli di intersezione, di interclasse o di classe.

L'assemblea d'istituto è convocata:
— su richiesta del Presidente dell'assemblea, ove sia stato eletto;
— dalla maggioranza del Comitato dei genitori, qualora i rappresentanti dei genitori nei Consigli di intersezione, di interclasse e di classe abbiano costituito tale organo;
— da almeno cento, duecento o trecento genitori a seconda che le popolazioni scolastiche siano composte da un numero di alunni fino a 500, a 1000 o oltre 1000.

La convocazione dell'assemblea è **autorizzata dal Dirigente scolastico**, sentita la Giunta esecutiva del Consiglio di circolo o d'istituto e viene portata a conoscenza di tutti i genitori, mediante affissione all'albo (pubblicazione sul sito).

All'assemblea di classe o d'istituto possono partecipare, con diritto di parola, il Dirigente scolastico e gli insegnanti rispettivamente di sezione, di classe e d'istituto.

7 Il Dirigente scolastico

Nell'ambito della governance della scuola finora attribuita prevalentemente agli organi collegiali di cui abbiamo trattato nei precedenti paragrafi, assume soprattutto con la Riforma della Buona scuola, un ruolo determinante il Dirigente scolastico.

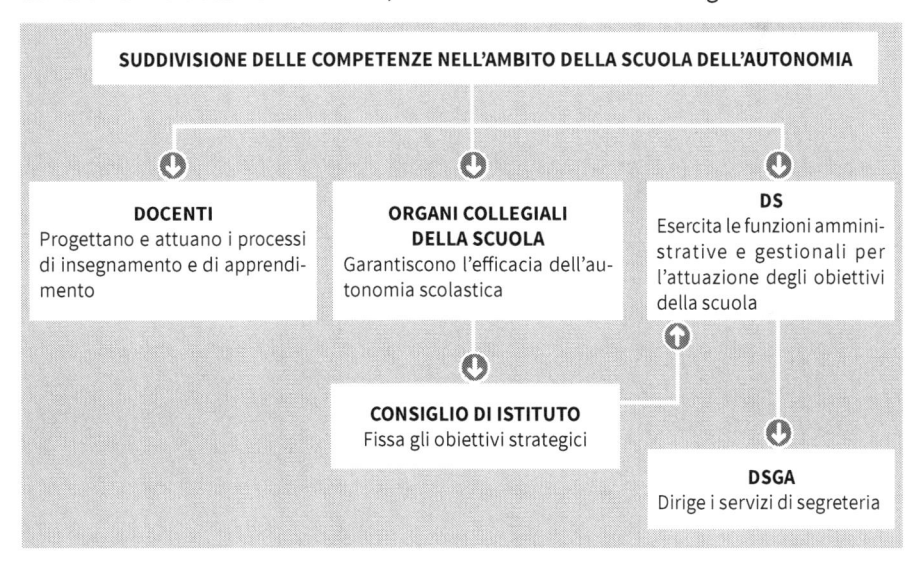

SUDDIVISIONE DELLE COMPETENZE NELL'AMBITO DELLA SCUOLA DELL'AUTONOMIA

DOCENTI
Progettano e attuano i processi di insegnamento e di apprendimento

ORGANI COLLEGIALI DELLA SCUOLA
Garantiscono l'efficacia dell'autonomia scolastica

DS
Esercita le funzioni amministrative e gestionali per l'attuazione degli obiettivi della scuola

CONSIGLIO DI ISTITUTO
Fissa gli obiettivi strategici

DSGA
Dirige i servizi di segreteria

L'art. 25 D.Lgs. n. 165/2001 (Testo Unico sul pubblico impiego) dispone che il Dirigente scolastico assicura la gestione unitaria dell'istituzione (di cui ha la rappresentanza), è responsabile della gestione delle risorse umane, finanziarie e strumentali, organizza l'attività scolastica ed è titolare delle relazioni sindacali.

Il Dirigente scolastico è un **vero e proprio datore di lavoro pubblico**, responsabile della gestione delle risorse umane e della qualità/quantità delle prestazioni poste in essere dai dipendenti. Il Capo di istituto è chiamato ad una **gestione imprenditoriale** delle proprie funzioni, ovvero alla conduzione di una vera e propria azienda: l'**azienda-scuola**.

Ai Dirigenti scolastici compete:
- la **gestione unitaria dell'istituzione scolastica**, finalizzata all'obiettivo della qualità dei processi formativi, mediante la predisposizione degli strumenti attuativi del piano dell'offerta formativa;
- la **rappresentanza legale del circolo** o **dell'istituto**. Spetta tra l'altro al Capo di istituto la difesa dell'istituzione scolastica nei giudizi di primo grado;
- la **presidenza** del Collegio dei docenti, del Consiglio di intersezione, interclasse o di classe, del Comitato per la valutazione del servizio e da ultimo della Giunta esecutiva del Consiglio di circolo o di istituto;
- l'attività di **esecuzione delle delibere** degli organi collegiali predetti;
- il *coordinamento del calendario delle assemblee* nel circolo o istituto;
- il *mantenimento dei rapporti con l'Amministrazione scolastica centrale e periferica*, con gli enti locali che hanno competenze relative al circolo e all'istituto, nonché dei rapporti con gli specialisti che operano sul piano medico-psico-pedagogico;
- la **formazione delle classi**, l'**assegnazione alle stesse dei docenti**, la **formulazione dell'orario** sulla base dei criteri generali stabiliti dal Consiglio di circolo o d'istituto e delle proposte del Collegio dei docenti;
- la **gestione delle risorse umane**: in tal senso l'attribuzione al Capo di istituto della competenza ad adottare i provvedimenti relativi al personale docente, educativo, amministrativo, tecnico ed ausiliario aventi effetto sul trattamento economico, è stata ampliata dall'art. 25 D.Lgs. 165/2001, che conferisce al dirigente scolastico autonomi poteri di direzione, di coordinamento e di valorizzazione del personale nonché la *gestione delle relazioni sindacali*;
- l'adozione dei **provvedimenti disciplinari** necessari per le inadempienze del personale docente e non docente;
- la **gestione delle risorse finanziarie e strumentali** con connesse responsabilità in relazione ai risultati. A tal fine assume le decisioni ed attua le scelte per la promozione e realizzazione del progetto di istituto non solo sotto il profilo didattico-pedagogico, ma anche organizzativo-finanziario.

Nello svolgimento delle proprie funzioni, il dirigente **può avvalersi di docenti da lui individuati**, ai quali possono esser delegati *specifici compiti*; inoltre, egli è coadiuvato dal Direttore dei servizi generali e amministrativi (DSGA) (→ *infra*).

La L. n. 107/2015 prevede anche un sistema di **valutazione dei Dirigenti scolastici**, sottoposti a verifica da parte del *Nucleo per la valutazione*. L'operato dei dirigenti è valutato in base al *miglioramento formativo e scolastico degli studenti*, in base alla *capacità gestione della scuola*, a quelle *organizzative* e alla *valorizzazione dei meriti del personale della scuola*.

8 I docenti collaboratori e il collaboratore vicario

Il Dirigente scolastico ha sempre l'esigenza di farsi affiancare nella gestione dell'istituto da alcuni assistenti; nello svolgimento delle sue funzioni organizzative e amministrative, infatti, può avvalersi di **docenti da lui individuati**, ai quali **delegare compiti specifici** (art. 25, comma 5, D.Lgs. n. 165/2001).

Tali collaborazioni (le mansioni sono molteplici, dal controllo del regolare svolgimento delle attività didattiche, al coordinamento di insegnanti), in base alla contrattazione collettiva, sono in genere riferibili a **due unità** di personale docente, *retribuibili* in sede di *contrattazione di istituto*, con i *finanziamenti a carico del fondo per le attività aggiuntive (FIS)* previste per le collaborazioni con il DS (cfr. l'art. 34 CCNL 2006-2009), oggi *Fondo per il miglioramento dell'offerta formativa*, in base all'**art. 40 CCNL 2016-2018** comparto *Istruzione e ricerca*.

Il Dirigente scolastico può poi scegliere tra i propri collaboratori un docente che esplichi le funzioni vicarie, detto **collaboratore vicario** o anche solo **collaboratore** (il vecchio *vicepreside*), che possa cioè sostituirlo in *caso di assenza o di impedimento per brevi periodi*. L'esercizio della mansione direttiva da parte di quest'ultimo comporta l'assunzione delle *funzioni del Dirigente scolastico* (ivi compresa la presidenza degli organi collegiali): ciò avviene **di diritto** qualora il Dirigente in servizio si *assenti* per ferie, congedo, aspettativa o altri motivi, oppure nel caso in cui venga a trovarsi in una *condizione di impedimento*, ma può avere luogo anche **su delega**.

Il docente che sostituisce il Dirigente scolastico assente, impedito o delegante, benché la sua attività abbia rilevanza esterna, non è titolare di una propria competenza, ovvero non ha altra competenza se non semplicemente quella di esercitare in tutto o in parte i poteri dell'organo primario impossibilitato ad agire. In altri termini, mentre il Dirigente scolastico in carica rappresenta l'ufficio o addirittura si immedesima con l'ufficio stesso, il **docente con funzioni vicarie** è un semplice **preposto all'ufficio** e, pur svolgendo a tutti gli effetti la funzione dirigenziale, non ne diventa titolare. In buona sostanza, **rientra tra i collaboratori del Dirigente**.

8.1 Lo staff di dirigenza

Il citato art. 25, comma 5, del D.Lgs. n. 165/2001, disponendo che, nello svolgimento delle proprie funzioni organizzative e amministrative, il Dirigente scolastico può anche avvalersi di *docenti collaboratori da lui individuati*, ai quali possono essere delegati specifici compiti, ha decretato, in sostanza, la nascita di uno **staff di dirigenza o di presidenza**, a cui partecipano, a pieno titolo, diverse figure professionali, nell'ottica della sinergia e della interazione.

Lo staff di Dirigenza può definirsi come un'**unità funzionale ma informale**, consolidatasi nell'esperienza concreta dei singoli istituti autonomi, per coadiuvare l'azione del dirigente e garantirgli consulenza e supporto in merito alle decisioni più importanti da adottare.

Le sue mansioni, in realtà, sono analoghe a quelle che un tempo spettavano al *Consiglio di presidenza*, che affiancava il capo d'istituto nella gestione della vita scolastica, nella identificazione delle necessità emergenti nell'ambito dell'istituto e nello sviluppo di idee e proposte per il miglioramento della qualità del sistema scolastico ed educativo.

Su tale profilo è intervenuta la legge sulla Buona scuola, L. n. 107/2015 che, al comma 83, ha previsto che il DS possa individuare discrezionalmente, nell'ambito dell'organico dell'autonomia, fino al **10% dei docenti** che **lo coadiuvano** in attività di *supporto organizzativo* e *didattico* dell'istituzione scolastica.

8.2 I docenti incaricati delle funzioni strumentali al PTOF

Le funzioni strumentali corrispondono a quelle che una volta erano le *funzioni obiettivo*: queste ultime erano ben definite a livello nazionale (all'Area 1 corrispondeva la gestione del POF, all'Area 2 il sostegno ai docenti etc.). Le funzioni strumentali, con l'autonomia, sono invece molto più ampie e non più definite a livello nazionale.

Le **funzioni strumentali**, secondo il dettato dell'**art. 33** (**CCNL 2006-2009**), vengono «*identificate con delibera del Collegio dei docenti in coerenza con il Piano dell'offerta formativa che, contestualmente, ne definisce criteri di attribuzione, numero e destinatari*».

8.3 Il Direttore dei servizi generali e amministrativi (DSGA)

Il DSGA «sovrintende, con autonomia operativa e *nell'ambito delle direttive di massima impartite* e degli obiettivi assegnati, ai servizi amministrativi e ai servizi generali della scuola, coordinandone il personale» (art. 25, co. 5, D.Lgs. n. 165/2001).

Si tratta di un organo che non si trova in posizione di sotto-ordinazione rispetto al nucleo operativo, ma lo supporta attraverso procedure tecniche e di analisi: il DSGA, infatti, **ha alle sue dipendenze il personale ATA**.

I suoi **compiti** sono indicati nel contratto per il quadriennio 1998-2001 che ha introdotto tale figura, nel quadro dell'unità di conduzione affidata al Dirigente scolastico, poi confermato dal **CCNL 2006-2009**.

La sua area di competenza si suddivide in:
— **servizi generali**, organizzando il lavoro del personale non docente (collaboratori scolastici, assistenti tecnici) per l'erogazione dei servizi necessari alla quotidianità della vita scolastica;
— **servizi amministrativo-contabili**, erogati dalla segreteria, suddivisi per settori: didattica, contabilità, personale, beni etc.

Egli sovrintende, con autonomia operativa, ai servizi generali amministrativo-contabili e ne cura l'organizzazione, espletando funzioni di coordinamento, promozione delle attività e verifica dei risultati conseguiti rispetto agli obiettivi assegnati e agli indirizzi di massima impartiti. Soprattutto, però, il DSGA *controlla il personale ATA posto alle sue dirette dipendenze*, del quale regola autonomamente l'operato nell'*ambito delle disposizioni del Dirigente scolastico*. All'interno del piano delle attività concordato, attribuisce al medesimo personale mansioni di natura organizzativa e le eventuali prestazioni eccedenti l'orario obbligatorio.

In sintesi, i **principali elementi** riguardanti il profilo del DSGA sono:
— la **rilevanza esterna degli atti di certificazione**;
— la **funzione di consegnatario dei beni mobili**;
— **organizzazione autonoma**, ma sempre in base agli orientamenti suggeriti dal Dirigente scolastico, **delle attività del personale ATA**.

All'inizio di ogni anno scolastico, il DSGA deve infatti predisporre il **piano delle attività del personale ATA**, al fine di ottimizzare l'organizzazione dei servizi in generale, con particolare riferimento a quelli di segreteria. A tale proposito egli, *tenuto conto delle direttive del Dirigente scolastico*, degli obiettivi del PTOF e degli standard di efficienza ed efficacia della *Carta dei servizi* dell'istituzione scolastica di appartenenza, **si occupa dell'organizzazione interna dell'ufficio di segreteria**, avendo cura di individuare le aree tematiche dello stesso (personale, didattica etc.), nonché le persone che saranno impegnate nei vari settori.

GLI ORGANI DELLA SCUOLA

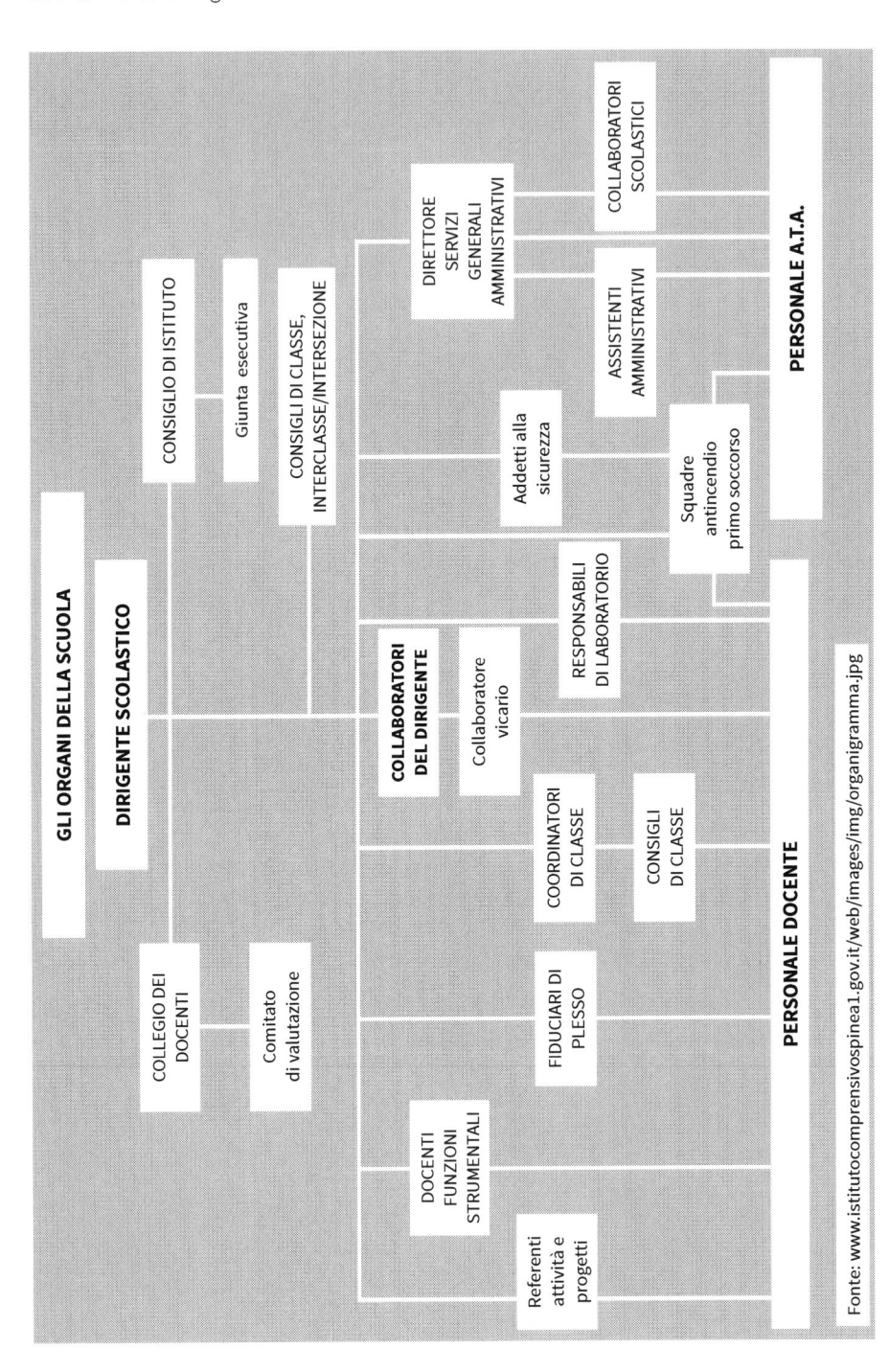

DIRIGENTE SCOLASTICO

- COLLEGIO DEI DOCENTI
- Comitato di valutazione
- CONSIGLIO DI ISTITUTO
  - Giunta esecutiva
- CONSIGLI DI CLASSE, INTERCLASSE/INTERSEZIONE

COLLABORATORI DEL DIRIGENTE
- Collaboratore vicario
- RESPONSABILI DI LABORATORIO

- DIRETTORE SERVIZI GENERALI AMMINISTRATIVI
  - Addetti alla sicurezza
- ASSISTENTI AMMINISTRATIVI
- COLLABORATORI SCOLASTICI
  - Squadre antincendio primo soccorso

PERSONALE A.T.A.

PERSONALE DOCENTE
- COORDINATORI DI CLASSE
- CONSIGLI DI CLASSE
- FIDUCIARI DI PLESSO
- DOCENTI FUNZIONI STRUMENTALI
- Referenti attività e progetti

Fonte: www.istitutocomprensivospinea1.gov.it/web/images/img/organigramma.jpg

6
Gli ordinamenti scolastici

1 L'ordinamento scolastico italiano

Tutti i Paesi del mondo hanno organizzato la scuola con un insieme di leggi, regolamenti, istruzioni e disposizioni varie: questa organizzazione prende nel suo complesso il nome di **ordinamento scolastico**.

L'**ordinamento scolastico in Italia** comprende:
— la **scuola dell'infanzia**, non obbligatoria e destinata ai bambini dall'età di 2½-3 anni all'età di 5½-6 anni circa;
— il **primo ciclo** formato da:
  — **scuola primaria** (5 anni);
  — **scuola secondaria di primo grado** (3 anni);
— il **secondo ciclo**, articolato in:
  — percorsi d'**istruzione nella scuola secondaria di secondo grado** (licei, istituti tecnici, istituti professionali) della durata di 5 anni.
  — percorsi d'**istruzione e formazione professionale regionale** della durata di 3 anni.

2 Dai programmi alle Indicazioni nazionali

Il Regolamento sull'autonomia **D.P.R. n. 275/1999**, come detto, ha previsto per la programmazione delle scuole il Piano dell'offerta formativa. Attraverso il POF ogni scuola propone un *proprio curricolo didattico*. Al fine di garantire il carattere nazionale del sistema di istruzione, sono stati però introdotti *documenti ministeriali capaci di assicurare l'unitarietà sull'intero territorio*: a questa esigenza rispondono le *Indicazioni nazionali per il curricolo*, le *Indicazioni nazionali per i licei* e le *Linee guida per gli istituti tecnici e per quelli professionali*.

Elaborare un **curricolo** vuol dire definire un progetto su misura della propria realtà, nel quale però sono recepite le *indicazioni/linee guida* a garanzia dell'unitarietà del sistema. Le due componenti, quella nazionale e quella locale non vanno viste come parti separate e giustapposte, ma nella loro integrazione, che si esprime in forma necessariamente originale, individuata, diversa da situazione a situazione.

Come visto, l'autonomia delle istituzioni scolastiche «si sostanzia nella progettazione e nella realizzazione di interventi di educazione, formazione, istruzione mirati allo sviluppo della persona umana». Il principio educativo della scuola è, dunque, la *centralità della persona umana, del soggetto che apprende con la sua individualità* e

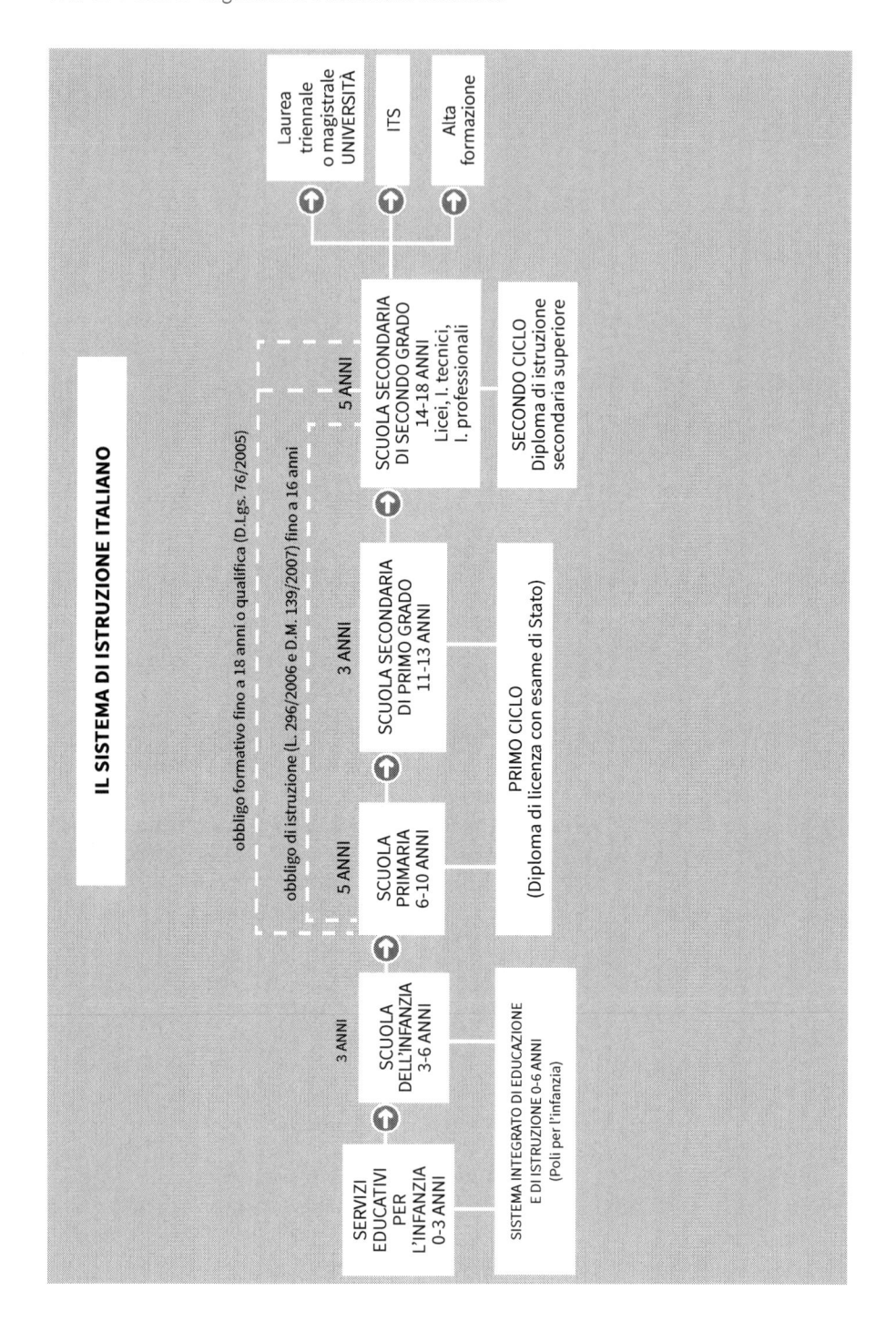

IL SISTEMA DI ISTRUZIONE ITALIANO

obbligo formativo fino a 18 anni o qualifica (D.Lgs. 76/2005)

obbligo di istruzione (L. 296/2006 e D.M. 139/2007) fino a 16 anni

SERVIZI EDUCATIVI PER L'INFANZIA 0-3 ANNI → 3 ANNI → **SCUOLA DELL'INFANZIA 3-6 ANNI** → 5 ANNI → **SCUOLA PRIMARIA 6-10 ANNI** → 5 ANNI → **SCUOLA SECONDARIA DI PRIMO GRADO 11-13 ANNI** → 3 ANNI → **SCUOLA SECONDARIA DI SECONDO GRADO 14-18 ANNI** Licei, I. tecnici, I. professionali → 5 ANNI → **Laurea triennale o magistrale UNIVERSITÀ** / **ITS** / **Alta formazione**

SISTEMA INTEGRATO DI EDUCAZIONE E DI ISTRUZIONE 0-6 ANNI (Poli per l'infanzia)

PRIMO CICLO (Diploma di licenza con esame di Stato)

SECONDO CICLO Diploma di istruzione secondaria superiore

con la sua rete di relazioni, la sua appartenenza sociale, regionale, etnica, culturale. Il riferimento alla centralità della persona giustifica il fatto che gli obiettivi specifici di apprendimento, definiti a livello centrale, *riguardano le competenze più che le discipline*, secondo una logica che rovescia l'impostazione consolidata del predominio della «materia» di studio, ora considerata meramente *mezzo*, strumento di educazione e di crescita.

Il **passaggio dai programmi ministeriali**, che avevano natura prescrittiva, **alle Indicazioni** non è stato facile. Nell'arco temporale di circa 10 anni si è passati dalle *Indicazioni per i Piani di Studio Personalizzati* del Ministro Moratti (2003) alle le *Indicazioni per il curricolo* del Ministro Fioroni (2007), al nuovo documento delle *Indicazioni nazionali per il curricolo* (2012). Parallelamente i programmi ministeriali sono stati sostituiti nei Licei dalle *Indicazioni Nazionali*, negli Istituti tecnici e i professionali dalle *Linee guida*.

3 La Riforma Moratti (L. n. 53/2003)

La **legge n. 53/2003** rappresenta un importante momento di attuazione della riorganizzazione del sistema scolastico italiano. Essa tiene conto di quanto previsto dalla *riforma del Titolo V della Costituzione*, proponendosi di definire le norme generali sull'istruzione e i livelli essenziali di prestazione del sistema di istruzione e formazione professionale.

Anche in questo caso si tratta di una *legge-delega*, ossia di un atto di indirizzo del Parlamento, cui ha fatto seguito una serie di decreti applicativi.

Con la **riforma degli ordinamenti scolastici** si è venuto a realizzare un sistema educativo connotato da equilibri di competenze tra **Stato**, **enti locali** e **istituzioni scolastiche autonome**. In particolare, al **Ministero** è stato attribuito il compito di definire le **norme generali sull'istruzione**, riguardanti l'ordinamento generale del sistema educativo di istruzione e formazione e comprendenti sia le finalità e gli obiettivi generali del processo educativo e formativo, sia le regole generali del funzionamento delle scuole; le **Regioni** hanno competenza legislativa esclusiva in materia di istruzione e formazione professionale; alle **scuole** spettano la realizzazione e la qualificazione dell'offerta formativa.

La legge n. 53/2003 ha così segnato il definitivo passaggio dalla prescrittività dei programmi ministeriali alla **consapevole e partecipata adozione delle «***Indicazioni nazionali***»**, sottolineando il ruolo dell'autonomia delle scuole e valorizzando la professionalità dei docenti. È compito di ogni scuola, infatti, dare efficace attuazione ai principi e alle norme generali, definiti a livello nazionale, secondo modalità e criteri ispirati alla flessibilità, intesa come **capacità di recepire ed interpretare i bisogni degli allievi e delle diverse realtà locali**, attraverso il Piano dell'offerta formativa.

L'art. 2 della legge n. 53/2003 ha definito il sistema educativo di istruzione e formazione, enunciando alcuni fondamentali principi, quali:
— l'importanza dell'apprendimento lungo l'intero arco della vita;

— la garanzia di pari opportunità formative per tutti gli studenti;
— lo sviluppo della coscienza storica e di appartenenza alla comunità locale e nazionale, nonché alla civiltà europea.

La legge n. 53/2003 ha definito anche l'attuale articolazione del sistema scolastico italiano:

— **scuola dell'infanzia**, non obbligatoria, per le bambine e i bambini della fascia di età compresa tra i tre e i cinque anni;
— **primo ciclo**, della durata complessiva di otto anni, comprendente la scuola primaria, di durata quinquennale, e la scuola secondaria di primo grado, di durata triennale;
— **secondo ciclo** d'istruzione, comprendente il sistema dei licei e il sistema dell'istruzione e della formazione tecnica e professionale.

La legge n. 53/2003, nel descrivere la nuova architettura del sistema educativo di istruzione e formazione, ha posto poi l'attenzione sulla realizzazione di un **curricolo verticale**, prevedendo una soluzione strutturale unitaria nella quale, pur confermando le specificità proprie dei due settori, in ragione della differenza dei profili evolutivi degli studenti che li frequentano, sono presenti forti elementi di identità e di **continuità tra scuola primaria e scuola secondaria di primo grado** all'interno dello stesso ciclo di istruzione.

4 Il primo ciclo

Il primo provvedimento legislativo attuativo della riforma Moratti è stato il **D.Lgs. n. 59/2004**, contenente le *Indicazioni nazionali* e le norme di carattere generale relative alla scuola dell'infanzia e al primo ciclo di istruzione. In esso la *scuola elementare* assume la denominazione di **scuola primaria** ed è finalizzata alla promozione dello sviluppo della personalità, delle conoscenze e delle abilità di base dell'alunno, della valorizzazione delle capacità relazionali e dell'educazione ai principi fondamentali della convivenza civile, attraverso l'adozione, rispetto alla legge 148/1990, di un diverso modello organizzativo dell'attività didattica, ancora fondata sulla struttura modulare nella quale viene però inserito il *docente prevalente del team*. Questa scelta, fortemente contestata in più sedi, è stata poi disapplicata a livello contrattuale nel 2006.

Il D.Lgs. n. 59/2004 che contiene negli allegati le *Indicazioni nazionali per i Piani di studio personalizzati*, contiene, come visto, l'importante passaggio dai programmi ministeriali prescrittivi alle Indicazioni nazionali nelle quali i *caratteri di inderogabilità attengono soltanto al rispetto degli obiettivi di apprendimento*; in questa ottica le scuole autonome devono garantire il raggiungimento degli obiettivi generali del processo formativo e degli obiettivi specifici di apprendimento attraverso la *personalizzazione dei piani di studio*.

Il **primo ciclo** ha la durata di **otto anni**, ha carattere unitario, ferma restando la specificità dei due segmenti della **scuola primaria** e della **scuola secondaria di primo grado**, e costituisce la prima fase nella quale si realizza il diritto dovere all'istruzione e alla formazione. L'orario annuale delle lezioni è composto da un *monte* *ore obbligatorio* e da un *monte ore facoltativo* per gli alunni. Il passaggio dalla scuola primaria alla scuola secondaria di primo grado avviene a seguito di valutazione positiva effettuata dai docenti al termine del percorso scolastico primario.

Il **primo ciclo** si conclude con l'*esame di Stato* il cui superamento costituisce titolo di accesso al sistema dei licei ed al sistema dell'istruzione e della formazione professionale.

Le Indicazioni nazionali furono aggiornate dalle successive «Indicazioni per il curricolo della scuola dell'infanzia e del primo ciclo di istruzione», introdotte con il **D.M. 31 luglio 2007**, che tracciano «le linee e i criteri per il conseguimento delle finalità formative e degli obiettivi di apprendimento».

Esse nascono all'interno della cornice culturale delineatasi in quegli ultimi anni e valorizzano i molteplici elementi positivi dell'autonomia scolastica, anche in una prospettiva di *miglioramento continuo*. Stabiliscono, infatti, il principio in base al quale una proposta pedagogica, prima di diventare definitiva, deve *essere messa alla prova dagli insegnanti*.

Il modello didattico educativo presente nelle Indicazioni nazionali per il curricolo aveva l'obiettivo, da un lato, di superare la frammentazione del sapere e, dall'altro, di realizzare l'unitarietà del processo formativo nella prima parte del segmento scolastico obbligatorio. Il primo articolo precisava che si trattava di Indicazioni **definite** «**in via sperimentale**», proposte alle istituzioni scolastiche, affinché potessero adottarle con gradualità.

In seguito, le Indicazioni del 2007 sono state sostituite dalle *Indicazioni nazionali del 2012* (→ *infra*).

4.1 Le successive norme in materia ordinamentale

A partire dal 2008 si sono verificate altre variazioni nel sistema scolastico, incentrate prevalentemente sugli aspetti organizzativi e valutativi degli apprendimenti:
— maestro unico;
— valutazione del comportamento;
— reintroduzione dei voti;
— quadri orari.

In particolare la **legge n. 133/2008** ha introdotto nuove norme in materia ordinamentale (art. 64). Per l'attuazione del piano organizzativo sono stati previsti appositi regolamenti da emanare attenendosi ai seguenti criteri:

- razionalizzazione e **accorpamento delle classi di concorso**;
- **ridefinizione dei curricoli**, dei piani di studio e dei relativi quadri orari;
- **revisione dei criteri di formazione delle classi**;
- rimodulazione dell'**organizzazione didattica della scuola primaria**;
- revisione dei criteri e dei **parametri per gli organici del personale docente e ATA**;
- ridefinizione dell'assetto organizzativo – didattico dei **centri di istruzione per gli adulti**;
- definizione di tempi, criteri e modalità di **ridimensionamento della rete scolastica**.

Con il **D.P.R. n. 89/2009** il Governo ha attuato la delega contenuta nell'articolo 64 della legge n. 133/2008, provvedendo alla revisione dell'assetto ordinamentale, organizzativo e didattico della *scuola dell'infanzia e del primo ciclo di istruzione*.

5 La scuola dell'infanzia

La **scuola dell'infanzia** dura tre anni e la sua frequenza non è obbligatoria.

La scuola dell'infanzia accoglie bambini di età compresa tra i tre e i cinque anni compiuti entro il 31 dicembre dell'anno scolastico di riferimento. Il provvedimento prevede la possibilità di iscrivere alla scuola dell'infanzia le bambine e i bambini che compiono i tre anni di età entro il **30 aprile dell'anno scolastico di riferimento** (*anticipo dell'iscrizione*), indicando le condizioni alle quali è consentito l'inserimento anticipato, e prevede la possibilità di proseguire le iniziative per l'attivazione delle cosiddette «*sezioni primavera*», che possono accogliere bambini di età inferiore ai tre anni.

Al fine di garantire qualità pedagogica, flessibilità e specificità dell'offerta educativa, in coerenza con la particolare fascia di età interessata, l'inserimento dei bambini ammessi alla frequenza anticipata è disposto alle seguenti condizioni:

a) disponibilità dei posti;
b) accertamento dell'avvenuto esaurimento di eventuali liste di attesa;
c) disponibilità di locali e dotazioni idonee sotto il profilo dell'agibilità e funzionalità, tali da rispondere alle diverse esigenze dei bambini di età inferiore a tre anni;
d) valutazione pedagogica e didattica, da parte del collegio dei docenti, dei tempi e delle modalità dell'accoglienza.

Le **sezioni primavera**, introdotte con legge 27-12-2006, n. 296 (*legge finanziaria per il 2007*) a partire dall'anno scolastico 2007-2008, sono definite anche *sezioni ponte* tra il nido e la scuola dell'infanzia: nascono in risposta ad una precisa esigenza sociale cioè alla crescente domanda di servizi educativi per i bambini dai 24 ai 36 mesi di età. I servizi si possono articolare secondo diverse tipologie, con priorità per quelle modalità che si qualificano come sezioni sperimentali *aggregate* alla scuola dell'infanzia, per favorire un'effettiva **continuità** del percorso formativo.

Per la concreta definizione delle modalità di realizzazione dei progetti di sezioni primavera occorre un Accordo in sede di Conferenza unificata Stato-Regioni. I progetti possono essere realizzati da *gestori pubblici e privati*, legittimati alla gestione dei servizi educativi 0-6 anni (amministrazioni comunali, scuole dell'infanzia paritarie, gestori di nidi convenzionati con amministrazioni comunali, istituzioni scolastiche statali) sulla base di indicatori e *standard di funzionamento definiti dalle leggi regionali* (strutture adeguate, contenimento del numero dei bambini da 15 a 20 per sezione, rapporto numerico insegnanti-bambini non superiore ad 1/10, flessibilità degli orari, qualificazione del personale docente ed ausiliario). Il soggetto regolatore dell'offerta socio-educativa per bambini al di sotto dei tre anni è il *Comune*, sulla base della normativa regionale.

Il D.Lgs. n. 65/2017 ha *generalizzato l'accesso* alle sezioni primavera che non sarà più sulla base della domanda individuale ma farà parte del *sistema educativo*, nella prospettiva della continuità verticale che integra il sistema da 0 a 6 anni.

L'**orario di funzionamento** della scuola dell'infanzia è stabilito in 40 ore settimanali, con possibilità di estensione fino a 50 ore. Permane per le famiglie la possibilità di chiedere un *tempo-scuola ridotto* limitato alla sola fascia del mattino, per complessive 25 ore settimanali.

Le istituzioni scolastiche organizzano le attività educative per la scuola dell'infanzia con l'inserimento dei bambini in sezioni distinte a seconda del modello orario scelto dalle famiglie.

La scuola dell'infanzia svolge poi un ruolo strategico nel **Sistema integrato di educazione e istruzione 0-6 anni** (→ Cap. 2, par. 10), operando in maniera contigua con i servizi educativi per l'infanzia: entrambi costituiscono ciascuno in base alle proprie caratteristiche funzionali, la sede primaria dei processi di cura, educazione e istruzione dei bambini più piccoli.

6 La scuola primaria

La scuola primaria, anch'essa regolata dal D.P.R. n. 89/2009, dura cinque anni ed è articolata in un primo anno, che costituisce un *continuum* con la scuola dell'infanzia, e due «bienni». La frequenza è obbligatoria in ottemperanza all'obbligo scolastico disposto dal D.M. n. 139/2007.

Sono iscritti alla scuola primaria le bambine e i bambini che compiono sei anni di età entro il 31 dicembre dell'anno scolastico di riferimento.

Possono, altresì, essere iscritti alla scuola primaria, su richiesta delle famiglie, le bambine e i bambini che compiono sei anni di età entro il 30 aprile dell'anno scolastico di riferimento.

Il regolamento sancisce quanto già attuato in sede di iscrizione degli alunni per l'anno scolastico 2009-2010:
— introduzione del **modello dell'insegnante unico di riferimento** che supera il precedente assetto del modulo e delle compresenze ancora però molto diffuso;
— articolazione del tempo scuola secondo modelli a 24, 27 e 30 ore;
— modello di 40 ore, corrispondente al tempo pieno (in questo caso sono previsti 2 insegnanti titolari sulla stessa classe).

7 La scuola secondaria di primo grado

La **scuola secondaria di primo grado** (*ex* scuola media) dura tre anni ed è obbligatoria per tutti i bambini che hanno concluso il percorso della scuola primaria.

L'orario annuale obbligatorio delle lezioni nella scuola secondaria di 1° grado è di complessive **990 ore**, corrispondente a 29 ore settimanali, che diventano 30 con le 33 ore annuali (1 ora alla settimana) da destinare ad attività di approfondimento riferite agli insegnamenti di materie letterarie.

Le classi a «tempo prolungato» sono autorizzate nei limiti della dotazione organica assegnata a ciascuna Provincia per un orario settimanale di 36 ore. In via eccezionale, può essere autorizzato un orario settimanale fino a un massimo di 40 ore solo in presenza di una richiesta maggioritaria delle famiglie. Le classi funzionanti a «tempo prolungato» sono ricondotte all'orario normale in mancanza di servizi e strutture idonee a consentire lo svolgimento obbligatorio di attività in fasce orarie pomeridiane e nella impossibilità di garantire il funzionamento di un corso intero a tempo prolungato.

8 Le Indicazioni nazionali del 2012

Nel 2009 una commissione di lavoro voluta dall'allora ministro Gelmini inizia il lavoro di revisione e di sintesi di due precedenti norme: le Indicazioni Moratti (2004) e le Indicazioni Fioroni (2007). Il documento, dal titolo «**Indicazioni nazionali per il curricolo della scuola dell'infanzia e del primo ciclo di istruzione**», viene ultimato in bozza il 30 maggio 2012 e sottoposto alle scuole per la formulazione di eventuali osservazioni entro il 30 giugno, termine poi prorogato al 7 luglio 2012.

> **Espansione Web**
> *Indicazioni nazionali 2012*

Per procedere alla revisione, le «Indicazioni per il curricolo» di cui al D.M. 31 luglio 2007 sono state assunte come documento-base per il lavoro di monitoraggio e consolidamento. Le scuole hanno partecipato alla consultazione mediante un questionario a risposte chiuse da compilare on line che ha coinvolto oltre 4500 scuole.

In seguito ad uno scrupoloso esame delle osservazioni raccolte si è proceduto alla stesura di una seconda bozza delle Indicazioni che è stata inviata al CNPI, il quale ha espresso parere favorevole nell'adunanza del 25 luglio 2012.

Il documento ufficiale è stato poi emanato con il Regolamento ministeriale del 16 novembre 2012.

Nel documento si rileva il forte richiamo:
— alla *centralità della persona* che apprende con l'originalità del suo percorso individuale;
— alla *cittadinanza* e alla costruzione di collettività più ampie e composite, siano esse quella nazionale, quella europea, quella mondiale;
— alla *scuola come comunità educante*, in grado di promuovere la condivisione di quei valori che fanno sentire i membri della società come parte di una società integrata e partecipe.

La scuola affianca al compito «dell'insegnare ad apprendere» quello «dell'insegnare a essere».

Di seguito i principali elementi strutturali delle «*Indicazioni nazionali per il curricolo della scuola dell'infanzia e del primo ciclo di istruzione*» ancora oggi vigenti.

a) **La continuità del processo di apprendimento**

Nelle Indicazioni 2012 la continuità del percorso di apprendimento dai 3 ai 14 anni, già presente nel testo delle Indicazioni per il curricolo del 2007 è pienamente confermata, in quanto scuola primaria e scuola secondaria sono considerate un unico percorso: il *primo ciclo*. Solo nel paragrafo dedicato all'«Alfabetizzazione culturale di base» figura una specificazione del carattere proprio di ciascuno dei due gradi di scuola. La *continuità curricolare verticale* tra i diversi ordini di scuola è considerata uno degli elementi di qualità del percorso formativo, per la necessità di costruire itinerari che conducano a un'unica finalità formativa, connessa alla conquista di competenze essenziali e consapevoli.

b) **L'impianto verticale del curricolo**

A sostegno della continuità è scelto un impianto verticale del curricolo che si estende in progressione dai 3 ai 14 anni. Il **raccordo curricolare** tra scuola dell'infanzia, scuola primaria e secondaria di primo grado crea le condizioni operative e formative che consentono una positiva evoluzione delle basi cognitive, affettive, sociali del soggetto, attraverso una formazione di base organica e rivolta alla totalità della persona. Le Indicazioni sottolineano, infatti, il riferimento ad una comune base esperienziale che, nella prospettiva verticale del curricolo, si evolve fino alle prime forme di rappresentazione e di simbolizzazione.

c) **Le competenze-chiave**

L'idea della verticalità, infatti, non comporta unicamente una diversa dislocazione diacronica dei contenuti del curricolo, ma sposta l'attenzione alla dimensione delle **competenze**, cioè ad un'organizzazione progressivamente strutturata dei percorsi di insegnamento/apprendimento.

Rispetto al testo del 2007 le nuove Indicazioni presentano qui alcune significative novità. Innanzitutto sono accolte come parte integrante le **otto Competenze-chiave europee per l'apprendimento permanente**. Il testo declina, infatti, gli obiettivi generali del processo formativo, riportando le competenze-chiave per l'apprendimento permanente definite dal Parlamento Europeo e dal Consiglio dell'Unione con Raccomandazione del 18 dicembre 2006, chiarendo che il possesso delle competenze-chiave costituisce riferimento per il «*cittadino di ogni età*».

d) **Le competenze al termine della scuola dell'infanzia**

Nel documento è stato introdotto un quadro finale di competenze al termine della scuola dell'infanzia.

e) **Reintroduzione del Profilo dello studente**

Le Indicazioni del 2004 si concludevano con un corposo «*Profilo educativo, culturale professionale dello studente alla fine del primo ciclo di istruzione (6-14 anni)*» (**PECUP**). Il testo, di forte spessore educativo e culturale, si soffermava sulle «competenze» che il preadolescente avrebbe dovuto possedere nel «sapere» e nel «fare» per «essere» l'uomo e il cittadino atteso al termine del primo ciclo di istruzione. Il Profilo è assente nelle Indicazioni del 2007.

Le Indicazioni 2012 ripropongono il «*Profilo dello studente al termine del primo ciclo d'istruzione*», attraverso l'indicazione delle competenze comportamentali e cognitive dello studente che, al termine del primo ciclo, deve possedere: *essere in grado di iniziare ad affrontare in autonomia e con responsabilità le situazioni di vita tipiche della propria età, riflettendo ed esprimendo la propria personalità*.

f) **Riferimento a significativi documenti ministeriali**

Riveste notevole importanza il fatto che per l'organizzazione del curricolo sono assunti come fondamentali riferimenti dell'azione educativa e didattica della scuola tre documenti ministeriali particolarmente significativi emanati negli ultimi anni:
— *La via italiana per la scuola interculturale e l'integrazione degli alunni stranieri del 2007*;
— *Le Linee guida per l'integrazione scolastica degli alunni con disabilità del 2009*;
— *Le Linee guida per il diritto allo studio degli alunni e degli studenti con disturbi specifici di apprendimento del 2011*.

g) **Assenza del raggruppamento delle discipline**

Le Indicazioni del 2007 avevano adottato il raggruppamento delle discipline di insegnamento in *tre Aree: linguistico-artistico-espressiva* (lingue e linguaggi non verbali: musica, arte-immagine, corpo-movimento-sport), *storico-geografica*, *matematico-scientifico-tecnologica*.

Il testo del 2012 abbandona la forzatura dell'accorpamento delle discipline in Aree e sottolinea l'opportunità di impostare il curricolo secondo i caratteri dell'unitarietà e della continuità.

Per questa ragione il percorso curricolare deve essere «*elaborato unitariamente*»: il suo luogo naturale è l'**istituto comprensivo**, la cui generalizzazione crea le condizioni perché sia progettato «*un curricolo verticale attento alla continuità del percorso educativo e al raccordo con la scuola secondaria di secondo grado*».

h) **Declinazione dei traguardi e degli obiettivi di apprendimento**

Nel nuovo testo è rimasta, invece, invariata la scansione dei «**Traguardi per lo sviluppo delle competenze**», riferiti:
— al termine della scuola primaria;
— al termine della scuola secondaria di primo grado.

Allo stesso modo, gli **obiettivi di apprendimento** hanno mantenuto la scansione interna alla scuola primaria. Pertanto essi sono scanditi su tre periodi:
— al termine della classe terza della scuola primaria;
— al termine della classe quinta della scuola primaria;
— al termine della classe terza della scuola secondaria di primo grado.

i) **Le nuove tecnologie**

Le nuove Indicazioni abbondano di suggerimenti affinché le nuove tecnologie non siano circoscritte alle specifiche attività di Tecnologia *bensì entrino trasversalmente in tutti gli apprendimenti*, a partire dalla scuola primaria.

Nella scuola primaria, ad esempio, l'apprendimento linguistico include la comprensione di brevi testi multimediali, la consultazione di dizionari *online*, l'elaborazione di testi per il *sito web* scuola; viene richiesto di «*sperimentare, anche con l'utilizzo del computer, diverse forme di scrittura*».

Al termine del primo ciclo le competenze richieste sono più avanzate: l'utilizzo della videoscrittura, la capacità di scrivere testi digitali, presentazioni al computer etc.

l) **Nuovi scenari e nuovo umanesimo**

L'impegno dei docenti deve essere indirizzato, nel rispetto delle differenze di tutti e dell'identità di ciascun alunno, alla piena attuazione del riconoscimento e della garanzia della libertà e dell'uguaglianza (artt. 2 e 3 Costituzione) per far sì che ognuno possa «*svolgere, secondo le proprie possibilità e la propria scelta, un'attività o una funzione che concorra al progresso materiale e spirituale della società*» (art. 4 Cost.), garantendo la promozione della dignità e dell'uguaglianza di ogni studente senza distinzioni di sesso, razza, lingua, opinioni politiche, condizioni personali e sociali ma impegnandosi a rimuovere gli ostacoli che si pongono al pieno sviluppo della persona umana.

La scuola, infatti, realizza appieno la propria funzione pubblica impegnandosi per il successo scolastico di tutti gli studenti, con particolare attenzione al sostegno alle varie forme di diversità, di disabilità o di svantaggio (**La scuola nel nuovo scenario**).

Le finalità della scuola devono essere definite a partire dalla persona che apprende. Lo studente è al centro dell'azione educativa in tutti i suoi aspetti: affettivi, relazionali, corporei, estetici, etici, spirituali e religiosi.

La scuola deve porre le basi del percorso formativo dei bambini e degli adolescenti sapendo che esso proseguirà nelle fasi successive della vita (**Centralità della persona**).

Tutto ciò che accade nel mondo influenza la persona e viceversa, la scuola deve educare a questa consapevolezza e a questa responsabilità. Bisogna ricercare una nuova alleanza fra: scienza, storia, discipline umanistiche, arti e tecnologia in grado di delineare la prospettiva di un **nuovo umanesimo**.

Ne deriva la necessità di costruire percorsi curricolari su specifici paradigmi culturali:
— la **flessibilità**, in quanto il percorso va rivisto continuamente, in relazione al mutare delle condizioni di insegnamento/apprendimento;
— la **controllabilità**, che consente di rivedere il progetto curricolare, attivando eventuali azioni correttive;
— la **collegialità**, intesa come confronto e condivisione.

Le Indicazioni nazionali del 2012 sono state rilette e **integrate** con la Nota MIUR n. 3645/2018 che ha emanato il documento «*Indicazioni nazionali e nuovi scenari*» che intendono potenziare le **competenze chiave di cittadinanza**, in linea con gli altri Paesi dell'UE: si pensi all'obiettivo della *cittadinanza globale consapevole* previsto dall'*Agenda ONU 2030*

> **Espansione Web**
> *Indicazioni nazionali e nuovi scenari*

per lo sviluppo sostenibile (firmata nel 2015). Le Indicazioni nazionali 2018 non riscrivono le Indicazioni del 2012, né aggiungono nuovi insegnamenti ma propongono di calibrare quelli esistenti per rispondere all'esigenza di uno sviluppo orientato alla sostenibilità, in tutte le dimensioni con l'acquisizione dei contenuti dell'Agenda 2030.

Tutte le Indicazioni 2012 dovranno essere, quindi, rilette nella prospettiva dello sviluppo di competenze per la cittadinanza attiva e la sostenibilità.

8.1 Il curricolo della scuola dell'infanzia

Le Indicazioni per il curricolo 2012 riservano una sezione alla scuola dell'infanzia e ai relativi campi di esperienza ed un'altra sezione al primo ciclo. Ciascuna di esse è introdotta da una presentazione in cui sono evidenziate le possibili dimensioni del curricolo: quella specifica di ogni disciplina e quelle trasversali di collegamento con le altre aree.

Acquista un peculiare rilievo nel documento la definizione dei **traguardi per lo sviluppo delle competenze** che indicano le competenze disciplinari relative al primo ciclo e, per la scuola dell'infanzia, le finalità relative ai campi di esperienza.

Gli **obiettivi di apprendimento** esplicitano le abilità e le conoscenze ritenute strategiche per il conseguimento dei traguardi individuati dal Ministero e gli **obiettivi formativi** definiti da ciascuna istituzione scolastica.

Il percorso educativo realizzato dalla scuola dell'infanzia si propone di affiancare le esperienze che il bambino realizza in altri contesti di vita e di conferire significato alle diverse situazioni, riducendo la frammentarietà degli stimoli nei quali è immerso. Fondamentale è l'accento posto sulla **pedagogia attiva e sulla capacità degli insegnanti di curare l'ambiente**, nonché di dare ascolto e di riservare attenzione a ciascun bambino, accompagnandolo verso l'apprendimento di comportamenti fondamentali e di conoscenze iniziali utili per acquisire le competenze successive e per rapportarsi con la società.

Il curricolo della scuola dell'infanzia prevede la realizzazione di attività nell'ambito di **cinque campi di esperienza**:

— **Il sé e l'altro** (le grandi domande, il senso morale, il vivere insieme);
— **Il corpo e il movimento** (l'identità, l'autonomia, la salute);
— **Immagini, suoni, colori** (la gestualità, l'arte, la musica, la multimedialità);
— **I discorsi e le parole** (comunicazione, lingua, cultura);
— **La conoscenza del mondo** (ordine, misura, spazio, tempo).

Con la locuzione «*campi di esperienza*» si indicano i diversi **ambiti del fare e dell'agire**, che caratterizzano e qualificano il curricolo della prima scuola del bambino e richiedono l'azione di orientamento consapevole ed esperta degli insegnanti. Si tratta di settori specifici di competenze nei quali il bambino conferisce significato alle sue molteplici attività.

Per ciascun campo di esperienza le Indicazioni individuano i traguardi di sviluppo delle competenze da conseguire al termine della scuola dell'infanzia, che rappresentano finalità fondamentali utili per la definizione dei percorsi educativi, nonché per orientare l'azione formativa allo sviluppo integrale di ciascun bambino.

Alla scuola dell'infanzia viene, in particolare, attribuito il compito di promuovere la formazione integrale della personalità dell'alunno attraverso il conseguimento di specifiche finalità, quali:

— Consolidare l'identità;
— Sviluppare l'autonomia;
— Acquisire competenze;
— Vivere le prime esperienze di cittadinanza.

Il **consolidamento dell'identità** riguarda sia il profilo corporeo sia quello intellettivo e psicodinamico, poiché tende a far acquisire al bambino sicurezza e fiducia in sé e nelle sue potenzialità cognitive. Il progressivo **sviluppo dell'autonomia** rende i bambini capaci di compiere scelte autonome e di scoprire gradualmente l'ambiente naturale e sociale che li circonda. L'**acquisizione delle competenze** si riferisce al potenziamento delle capacità percettive, intellettive, motorie, facendo leva sull'attitudine a porre domande, a riflettere e a confrontare i significati. Il **senso della cittadinanza** conduce alla scoperta degli altri, dei loro bisogni, attraverso il dialogo, le relazioni, lo scambio e le prime forme di convivenza responsabile, in un contesto educativo fondato sul rispetto delle persone e della natura.

8.2 Il curricolo del primo ciclo

La finalità del primo ciclo, comprendente la **scuola primaria** e la **scuola secondaria di primo grado**, è l'acquisizione delle conoscenze e della abilità fondamentali per sviluppare le competenze culturali di base, nella prospettiva del pieno sviluppo della persona.

Per il conseguimento di tale finalità la scuola concorre a rimuovere ogni ostacolo alla frequenza:

— favorendo l'accesso per gli alunni con disabilità;
— prevenendo l'evasione dell'obbligo scolastico e contrastando la dispersione;
— valorizzando il talento e le inclinazioni di ciascuno;
— perseguendo con ogni mezzo il miglioramento della qualità del sistema scolastico.

Le Indicazioni per il curricolo evidenziano l'importanza di fornire all'alunno, fin dai primi anni del percorso formativo, le occasioni per capire se stesso, per sviluppare la consapevolezza delle proprie potenzialità, per progettare obiettivi e perseguirli.

Le **discipline** del primo ciclo di istruzione non sono più raggruppate in *aree disciplinari* come previsto dalle Indicazioni del 2007 in quanto tale possibilità è lasciata all'autonomia didattica di ogni scuola. Il documento evidenzia, invece, la possibilità di *promuovere diverse connessioni tra i saperi* e forme di collaborazione tra i docenti. Ogni scuola, dunque, ha il compito di predisporre specifici *ambienti di apprendimento*, elaborando adeguate scelte relative agli spazi, ai tempi, ai contenuti, alle metodologie, all'organizzazione e agli strumenti di valutazione ed esprimendo nel migliore dei modi l'autonomia funzionale di cui dispone.

Le Indicazioni nazionali per il curricolo pongono in evidenza il compito specifico del primo ciclo: la promozione dell'**alfabetizzazione culturale di base**, da conseguire attraverso l'acquisizione dei linguaggi e dei codici che caratterizzano la cultura italiana, in un quadro di riferimento che tenga conto delle altre culture e della diffusione dei nuovi media. Le *discipline* risultano così esplicitate:

— Italiano;
— Lingua inglese e seconda lingua comunitaria (per l'insegnamento dell'Inglese nella primaria è diventata obbligatoria la formazione linguistica dei docenti);
— Storia;
— Geografia;
— Cittadinanza e Costituzione, inserita nell'area storico-giuridica (ora sostituita dall'Educazione civica);
— Matematica;
— Scienze;
— Musica;
— Arte e immagine;
— Educazione fisica;
— Tecnologia.

Inoltre per gli alunni che se ne avvalgono, è previsto l'insegnamento della **religione cattolica** per due ore settimanali.

Per ogni disciplina sono indicati:

— i **traguardi per lo sviluppo delle competenze**, *ossia indicatori di riferimento che segnalano gli elementi essenziali necessari all'acquisizione della competenza e hanno un valore strategico di orientamento per una progettazione coerente con gli obiettivi*. Essi vengono indicati con riferimento al termine della scuola primaria e della scuola secondaria di primo grado, al fine di indirizzare l'azione educativa allo sviluppo integrale dell'alunno;
— gli **obiettivi di apprendimento** che indicano le *conoscenze* (il sapere) e le *abilità* (il saper fare) che tutte le scuole, nei diversi periodi didattici devono organizzare in attività educative e didattiche per l'acquisizione delle competenze. Essi sono definiti per ogni disciplina in relazione al termine del terzo e del quinto anno della scuola primaria e al termine del terzo anno della scuola secondaria di primo grado.

In particolare, la **scuola primaria** è finalizzata all'acquisizione degli apprendimenti di base, attraverso gli alfabeti di ciascuna disciplina. La scuola primaria rappresenta un segmento fondamentale del sistema educativo, in quanto gli allievi passano gradualmente da un'impostazione pre-disciplinare all'acquisizione delle conoscenze declinate nelle diverse discipline di studio, consolidando l'**alfabetizzazione culturale di base**. La scuola primaria, potenziando ed ampliando le esperienze realizzate nella

scuola dell'infanzia, ha il compito di promuovere lo sviluppo delle dimensioni cognitive, emotive, affettive, sociali, etiche, corporee della personalità del bambino, attraverso:
— l'educazione ai principi della convivenza civile;
— l'acquisizione degli alfabeti delle discipline, inclusi quelli afferenti ad almeno una lingua dell'Unione Europea;
— l'utilizzo di metodologie scientifiche utili per lo studio del mondo naturale;
— la valorizzazione delle capacità di orientamento spazio-temporale;
— lo sviluppo delle basi per l'esercizio della cittadinanza attiva.

La **scuola secondaria di primo grado** realizza l'accesso alle discipline intese come modalità di conoscenza e di interpretazione della realtà.

Negli anni della **scuola secondaria di primo grado** emerge sempre più consapevolmente, attraverso le attività di ricerca e di riflessione, la nozione di disciplina, intesa come strumento di indagine che dispone di metodi, linguaggi, concetti specifici, nella prospettiva dell'elaborazione di un sapere integrato, a livello sia disciplinare sia interdisciplinare.

A *livello disciplinare* è necessario acquisire modelli di spiegazione di fenomeni ed esperienze capaci di conferire un significato alle singole informazioni, all'interno di un ben definito campo d'indagine.

A *livello pluridisciplinare* vanno individuati le interazioni delle discipline ed il valore dell'integrazione dei diversi apporti conoscitivi. L'interdisciplinarità si configura, infatti, come sapere di sintesi nonché come modalità di soluzione di problemi complessi.

Risulta fondamentale l'organizzazione di conoscenze anche attraverso l'utilizzo delle *tecnologie informatiche*, la valorizzazione delle competenze e delle attitudini degli allievi, la costruzione di strumenti necessari per la prosecuzione degli studi.

La **valutazione** accompagna e segue i percorsi curricolari, regolando le azioni intraprese e fornendo utili indicazioni per gli interventi da realizzare. Essa assume una preminente *funzione formativa*, nonché di accompagnamento dei processi di apprendimento, oltre che di accertamento dei risultati conseguiti. Agli insegnanti competono la responsabilità della valutazione e la scelta dei relativi strumenti.

9 Il secondo ciclo

La **legge n. 53/2003** finalizzava il secondo ciclo di istruzione alla crescita educativa, culturale e professionale dei giovani, attraverso il sapere, il fare e l'agire e la riflessione critica su di essi.

Il **secondo ciclo** con la legge n. 53/2003 di riforma dell'intero sistema scolastico, era strutturato su un modello fondato sulla *separazione del sistema dei licei da quello dell'istruzione e formazione professionale*, pur prevedendo la possibilità di passare da un sistema all'altro.

I licei si concludevano con l'esame di Stato, mentre alla conclusione dei percorsi di istruzione e formazione professionale si acquisivano qualifiche di differente livello. In ogni caso, gli studenti in possesso di una qualifica al termine di un percorso di durata almeno quadriennale potevano sostenere l'esame di Stato, previa frequenza di un apposito corso annuale.

Il D.Lgs. n. 226/2005, emanato ai sensi dell'art. 2 della legge n. 53/2003, conteneva le norme generali e i livelli essenziali delle prestazioni del secondo ciclo del sistema educativo di istruzione e formazione, prevedendo l'articolazione del sistema dei licei in *otto indirizzi*: artistico, classico, linguistico, musicale-coreutico, scientifico, delle scienze umane, economico e tecnologico.

Gli ultimi due indirizzi rappresentavano i settori liceali corrispondenti alla soppressa istruzione tecnica, in quanto l'intero sistema era strutturato in due uniche parti, da un lato l'istruzione di tipo liceale e dall'altra quella di tipo professionale strettamente legata all'acquisizione di competenze operative ed organizzata a livello regionale.

La riforma del secondo ciclo prevista dalla legge n. 53/2003 ha subito, prima di essere definitivamente varata, modifiche sostanziali tra cui:

— l'**innalzamento a 10 anni dell'obbligo scolastico**, stabilito nel comma 605 dell'art. 1 della legge n. 296/2006 (finanziaria 2007) ha determinato una revisione del concetto di diritto-dovere all'istruzione così come trattato nella legge n. 53;
— la strutturazione, stabilita dal D.M. applicativo n. 139/2007, del percorso del primo biennio obbligatorio del secondo ciclo secondo **assi culturali e competenze in uscita** declinate in armonia con le competenze chiave di cittadinanza definite a livello europeo;
— la riunificazione, prevista dalla legge n. 40/2007, all'interno del sistema generale di istruzione, dell'istruzione tecnica e professionale insieme a quella liceale, con la conseguente **soppressione dei licei economico e tecnologico**.

Il **15 marzo 2010** sono stati poi emanati i *Regolamenti di riordino di tutti i settori, liceali, tecnico e professionale, dell'istruzione secondaria di secondo grado*, rispettivamente D.P.R. nn. 89, 88 e 87 del 2010 e successivamente **le Indicazioni nazionali per i licei e le Linee guida per il primo biennio dell'istruzione tecnica e dell'istruzione professionale**. Il Regolamento n. 87/2010 che riordina gli istituti professionali è ora abrogato e sostituito dal D.Lgs. n. 61/2017, di attuazione della L. 107/2015, ma resta in vigore per le classi già istituite prima del 2018, dunque, fino al completamento dell'a.s. 2022-2023.

Nei Regolamenti vengono richiamate le *Raccomandazioni del Parlamento europeo* per l'acquisizione delle competenze chiave e per l'apprendimento permanente, nonché il *Quadro europeo delle qualifiche*, realizzando la drastica riduzione degli indirizzi e dei corsi sperimentali, presenti prima della riforma.

I tre Regolamenti, pur con alcune diversità, sono strutturati nel modo seguente:
- Identità del settore scolastico;
- Organizzazione interna del percorso;
- Articolazione del settore con la descrizione dei relativi indirizzi di studio;
- Organizzazione oraria delle attività educative e didattiche, flessibilità;
- Organizzazione strutturale del collegio dei docenti e costituzione del comitato scientifico;

- Potenziamento dell'offerta formativa;
- Valutazione e titoli di studio;
- Monitoraggio e passaggio al nuovo ordinamento.

I tre Regolamenti contengono inoltre i seguenti allegati:
— il profilo culturale, educativo e professionale al termine del percorso di studi;
— il piano degli studi o indirizzi e quadri orari;
— le tabelle di corrispondenza tra i vecchi e i nuovi ordinamenti e quelle di confluenza.

I percorsi di tutti i settori hanno una **durata quinquennale** e si concludono con l'**esame di Stato**, che permette di acquisire un diploma di istruzione secondaria superiore in relazione al settore e all'eventuale indirizzo di studi nel quale esso è articolato.

I percorsi del secondo ciclo si strutturano in **due periodi biennali** e in un **quinto anno** che completa l'iter didattico; il primo biennio è finalizzato all'iniziale sviluppo delle conoscenze e competenze caratterizzanti il percorso nonché all'assolvimento dell'obbligo scolastico ai sensi del D.M. 139/2007; il secondo biennio è finalizzato all'ulteriore approfondimento delle conoscenze e competenze specifiche del percorso didattico mentre *nel quinto anno si realizza pienamente il profilo educativo culturale e professionale*, con il raggiungimento degli obiettivi specifici di apprendimento.

Gli istituti tecnici e gli istituti professionali sono strutturati in un'area di istruzione generale comune a tutti i percorsi e in aree di indirizzo, il carico orario degli insegnamenti di indirizzo cresce, passando dal primo biennio al quinto anno, rispetto al carico orario delle discipline di istruzione generale in corrispondenza all'acquisizione di competenze specifiche dell'indirizzo.

Gli allegati di ogni Regolamento contenenti il **profilo educativo, culturale e professionale** al termine del percorso di studi liceale, tecnico e professionale, sono strutturati in una parte comune a tutti i percorsi di ogni settore e in una parte nella quale sono declinati i risultati di apprendimento di ciascun indirizzo.

IL PECUP NEL SISTEMA NAZIONALE DI ISTRUZIONE

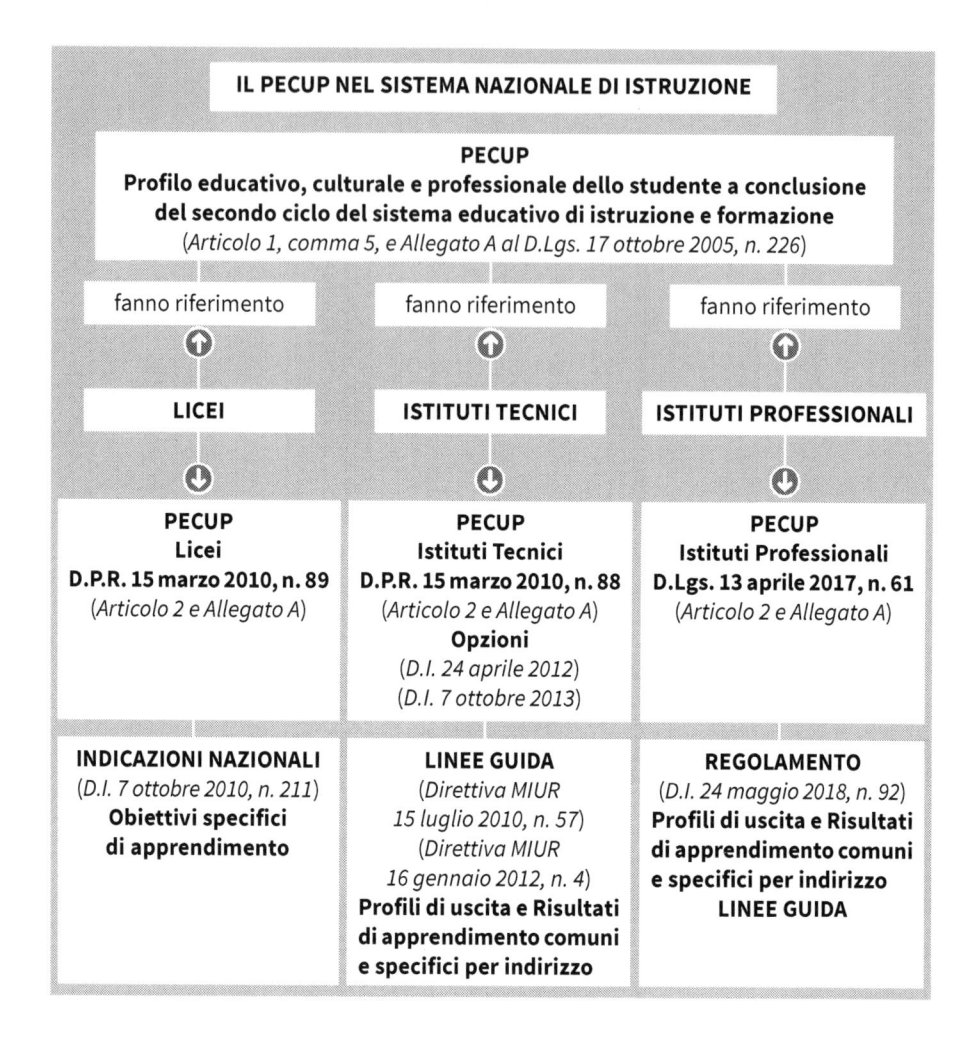

PECUP
Profilo educativo, culturale e professionale dello studente a conclusione del secondo ciclo del sistema educativo di istruzione e formazione
(Articolo 1, comma 5, e Allegato A al D.Lgs. 17 ottobre 2005, n. 226)

fanno riferimento ⇩ | fanno riferimento ⇩ | fanno riferimento ⇩

LICEI	ISTITUTI TECNICI	ISTITUTI PROFESSIONALI
PECUP Licei D.P.R. 15 marzo 2010, n. 89 *(Articolo 2 e Allegato A)*	**PECUP** Istituti Tecnici D.P.R. 15 marzo 2010, n. 88 *(Articolo 2 e Allegato A)* **Opzioni** *(D.I. 24 aprile 2012) (D.I. 7 ottobre 2013)*	**PECUP** Istituti Professionali D.Lgs. 13 aprile 2017, n. 61 *(Articolo 2 e Allegato A)*
INDICAZIONI NAZIONALI *(D.I. 7 ottobre 2010, n. 211)* **Obiettivi specifici di apprendimento**	**LINEE GUIDA** *(Direttiva MIUR 15 luglio 2010, n. 57)* *(Direttiva MIUR 16 gennaio 2012, n. 4)* **Profili di uscita e Risultati di apprendimento comuni e specifici per indirizzo**	**REGOLAMENTO** *(D.I. 24 maggio 2018, n. 92)* **Profili di uscita e Risultati di apprendimento comuni e specifici per indirizzo LINEE GUIDA**

10 L'ordinamento dei licei

La revisione dell'assetto ordinamentale, organizzativo e didattico dei **licei** è stata definita con il **Regolamento D.P.R. n. 89/2010** che stabilisce gli aspetti curricolari e operativi di seguito evidenziati:

a) **Identità**

I licei sono finalizzati al conseguimento di un *diploma di istruzione secondaria superiore*.

I percorsi liceali, volti alla realizzazione del profilo educativo, culturale e professionale al termine del secondo ciclo di istruzione, forniscono allo studente gli strumenti culturali e metodologici per una comprensione approfondita della realtà, affinché egli si ponga, con atteggiamento razionale, creativo, progettuale e critico, di fronte alle situazioni, ai fenomeni e ai problemi, e acquisisca conoscenze, abilità e competenze coerenti con le capacità e le scelte personali e *adeguate al proseguimento degli studi di ordine superiore*, all'*inserimento nella vita sociale e nel mondo del lavoro*.

b) **Organizzazione dei percorsi**

I percorsi liceali hanno una **durata quinquennale** e si sviluppano in *due periodi biennali* e in un *quinto anno* che completa il percorso didattico secondo il piano degli studi stabilito per ciascun indirizzo di articolazione dei licei.

Il **primo biennio** è finalizzato all'iniziale approfondimento e sviluppo delle conoscenze, abilità e competenze caratterizzanti i percorsi liceali nonché all'assolvimento dell'obbligo scolastico ai sensi del D.M. 139/2007.

Il **secondo biennio** è finalizzato all'ulteriore approfondimento e sviluppo delle conoscenze, abilità e competenze caratterizzanti il percorso liceale.

Nel **quinto anno** si realizza in pieno il PECUP e si raggiungono gli obiettivi specifici di apprendimento delle Indicazioni nazionali. Le scuole, a partire dal secondo biennio, possono realizzare percorsi in *alternanza scuola lavoro* (ora *Percorsi per le competenze trasversali e l'orientamento*).

c) **Articolazione del sistema dei licei**

Il sistema dei licei comprende le seguenti tipologie:
- il **liceo artistico**, subarticolato, dal secondo biennio, in indirizzi (arti figurative; architettura e ambiente; design; audiovisivo e multimediale; grafica; scenografia)
- il **liceo classico**;
- il **liceo linguistico**;
- il **liceo musicale e coreutico**, articolato nelle sezioni musicale e coreutica
- il **liceo scientifico** con anche l'opzione delle *Scienze applicate* (recentemente è stato previsto anche l'*indirizzo sportivo*);
- il **liceo delle scienze umane** avente l'opzione economico sociale.

d) **Organizzazione oraria delle attività didattiche**

L'orario annuale è articolato secondo quanto previsto dal regolamento dell'autonomia ed è diverso a seconda del liceo.

La quota dei piani di studio rimessa alle singole istituzioni scolastiche, nei limiti del contingente di organico assegnato, non può essere superiore al 20% del monte ore complessivo nel primo biennio e nel quinto anno, al 30% nel secondo biennio, fermo restando che l'orario previsto per ogni disciplina non può essere ridotto in misura superiore ad un terzo nell'arco dei cinque anni e che non possono essere soppresse le discipline previste nell'ultimo anno di corso.

L'utilizzo di tale quota non dovrà determinare esuberi di personale.

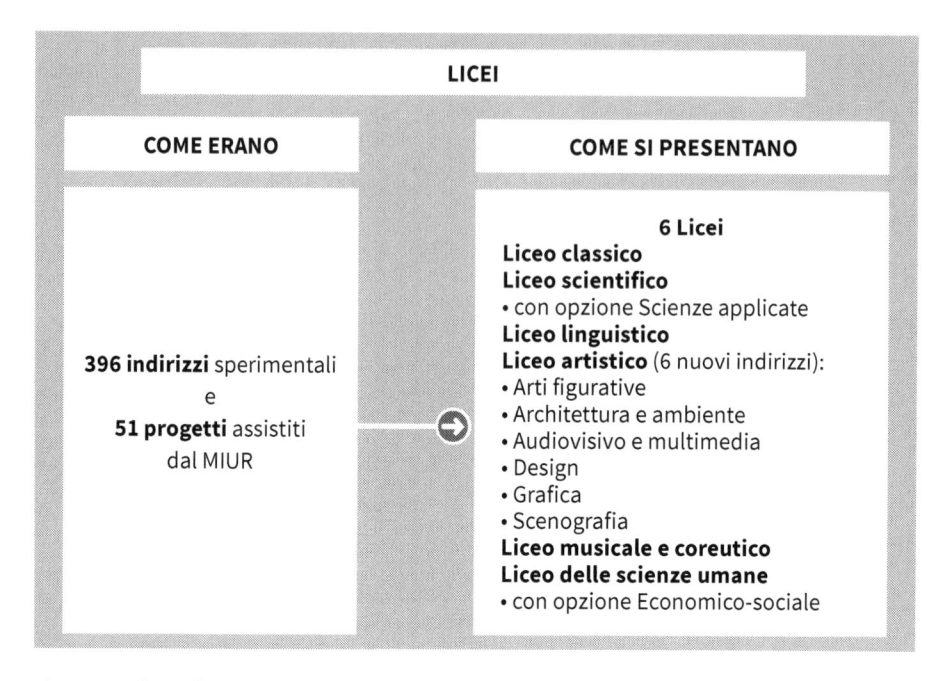

LICEI	
COME ERANO	**COME SI PRESENTANO**
396 indirizzi sperimentali e 51 progetti assistiti dal MIUR	**6 Licei** **Liceo classico** **Liceo scientifico** • con opzione Scienze applicate **Liceo linguistico** **Liceo artistico** (6 nuovi indirizzi): • Arti figurative • Architettura e ambiente • Audiovisivo e multimedia • Design • Grafica • Scenografia **Liceo musicale e coreutico** **Liceo delle scienze umane** • con opzione Economico-sociale

e) **Organizzazione strutturale**

Le scuole possono istituire **Dipartimenti** quali articolazioni funzionali del Collegio dei docenti.

Le scuole possono, inoltre, dotarsi di un *Comitato scientifico*, composto da docenti, esperti del mondo del lavoro, delle professioni, della ricerca, dell'università e delle istituzioni di alta formazione artistica, musicale e coreutica, con funzioni consultive e propositive per l'organizzazione e l'utilizzazione degli spazi di autonomia e di flessibilità.

f) **Potenziamento dell'offerta formativa**

Le scuole possono, nei limiti delle proprie disponibilità di bilancio, **introdurre insegnamenti facoltativi** per gli studenti che siano coerenti con il PECUP.

L'eventuale *potenziamento degli insegnamenti obbligatori* deciso dalla *scuola*, o l'*introduzione di ulteriori insegnamenti* finalizzati al raggiungimento degli obiettivi previsti nel PTOF può essere sostenuto da un contingente di organico aggiuntivo, subordinatamente alla verifica delle compatibilità finanziarie. Gli insegnamenti aggiuntivi devono essere scelti tra quelli riportati in un elenco allegato al regolamento.

Nell'ambito del curricolo obbligatorio, nel quinto anno, è previsto l'insegnamento in lingua straniera di una disciplina obbligatoria non linguistica (**CLIL** → *infra*).

g) **Valutazione e titoli finali**

La valutazione periodica e finale degli apprendimenti è effettuata secondo quanto previsto dal D.P.R. n. 122/2009. I percorsi dei licei si concludono con l'*esame di Stato* secondo le vigenti disposizioni (→ Cap. 8).

Al superamento di detto esame è rilasciato il titolo di **diploma liceale**, indicante la tipologia di liceo e l'eventuale indirizzo, opzione o sezione. Il diploma consente l'accesso all'università, agli istituti di alta formazione artistica, musicale e coreutica e agli istituti tecnici superiori.

h) **Monitoraggio e passaggio al nuovo ordinamento**

Le confluenze dai vecchi ai nuovi indirizzi hanno avuto luogo secondo le tabelle di confluenza, con alcune criticità derivanti dalla presenza di numerosi ed articolatissimi indirizzi sperimentali per i quali la confluenza nel nuovo ordinamento non è stata immediata.

Il **PECUP dei licei**, riportato in allegato al Regolamento, è strutturato in una parte comune a tutti gli indirizzi liceali e in una seconda parte nella quale sono declinati i risultati di apprendimento per ciascuno degli indirizzi liceali. Nella parte comune si indicano alcuni punti ritenuti fondamentali per una pratica didattica efficace e si articolano i risultati di apprendimento comuni a tutti i percorsi liceali nelle seguenti aree:

- Area metodologica riferita al metodo di studio;
- Area logico argomentativa riferita al ragionamento e alla comunicazione espressi con rigore logico;
- Area linguistica comunicativa riferita al padroneggiamento della lingua in diversi contesti;
- Area storico umanistica;
- Area scientifica, matematica e tecnologica.

I provvedimenti di riforma sono stati poi accompagnati, per quanto riguarda i cinque anni dei percorsi liceali, dalle **Indicazioni nazionali degli obiettivi specifici di apprendimento**, sui quali si costruisce il curricolo che deve condurre all'acquisizione delle competenze declinate nell'ambito del profilo culturale, educativo e professionale.

Le Indicazioni nazionali hanno tenuto conto delle strategie suggerite nelle sedi europee ai fini della costruzione della «società della conoscenza», recependo le Raccomandazioni di Lisbona per l'apprendimento permanente e hanno indicato, in sintonia con il profilo educativo, culturale e professionale, anche aspetti metodologici dell'azione didattica ritenuti idonei all'acquisizione di competenze.

Espansione Web
Indicazioni nazionali per il sistema dei licei

Nel **curricolo dei nuovi licei** è introdotto l'insegnamento di una lingua straniera nell'intero quinquennio ed è potenziata l'area scientifica e matematica, in linea con le indicazioni dell'Ocse.

In particolare nel **liceo scientifico**, la nuova opzione delle «scienze applicate» raccoglie l'eredità della sperimentazione «scientifico-tecnologica». Il **liceo linguistico** prevede l'insegnamento di tre lingue straniere sin dal primo anno; dal terzo, un insegnamento non linguistico verrà impartito in lingua straniera.

Nelle premesse alle Indicazioni nazionali riguardanti gli **obiettivi specifici di apprendimento per i licei**, si rileva che la strada prescelta nella formulazione delle Indicazioni è stata quella di *operare in continuità con le Indicazioni nazionali per il curricolo del primo ciclo*, redigendo, per ogni disciplina del piano di studi, linee generali che comprendono una descrizione delle competenze attese alla fine del percorso didattico, seguite dagli obiettivi specifici di apprendimento articolati per nuclei disciplinari relativi a ciascun biennio e al quinto anno. È stato altresì determinato un *raccordo con le Linee guida dell'istruzione tecnica e professionale* attraverso l'individuazione di alcune discipline cardine (lingua e letteratura italiana, lingua straniera, matematica, storia, scienze) e di alcuni nuclei comuni, relativi non solo al primo biennio dell'obbligo ma anche agli anni successivi, che consentono di raggiungere conoscenze e competenze comuni, favorendo il passaggio da un percorso all'altro al fine di diminuire la dispersione scolastica e potenziare il successo formativo.

11 L'ordinamento degli istituti tecnici

Il nuovo Regolamento concernente il riordino degli istituti tecnici (**D.P.R. 88/2010**) ha dettato il nuovo ordinamento degli istituti tecnici, stabilendone gli aspetti curricolari e operativi che analizziamo di seguito.

a) **Identità**

Gli **istituti tecnici** si caratterizzano *per una solida base culturale di carattere scientifico e tecnologico in linea* con le indicazioni dell'Unione Europea, costruita attraverso lo studio, l'approfondimento e l'applicazione di linguaggi e metodologie di carattere generale e specifico e si articolano in un *limitato numero di ampi indirizzi correlati a settori fondamentali per lo sviluppo economico e produttivo del Paese*, con l'obiettivo di far acquisire agli studenti, in relazione all'esercizio di professioni tecniche, saperi e competenze necessari per un *rapido inserimento nel mondo del lavoro e per l'accesso all'università e all'istruzione e formazione tecnica superiore*.

Gli istituti tecnici hanno **durata quinquennale** e si concludono con l'**esame di Stato**, permettendo agli studenti l'acquisizione di un diploma di istruzione secondaria superiore in relazione ai settori e agli indirizzi di articolazione dell'istruzione tecnica e professionale.

I nuovi istituti tecnici sono distinti in:

- **2 settori** (economico e tecnologico) e
- **11 indirizzi**

ISTITUTI TECNICI

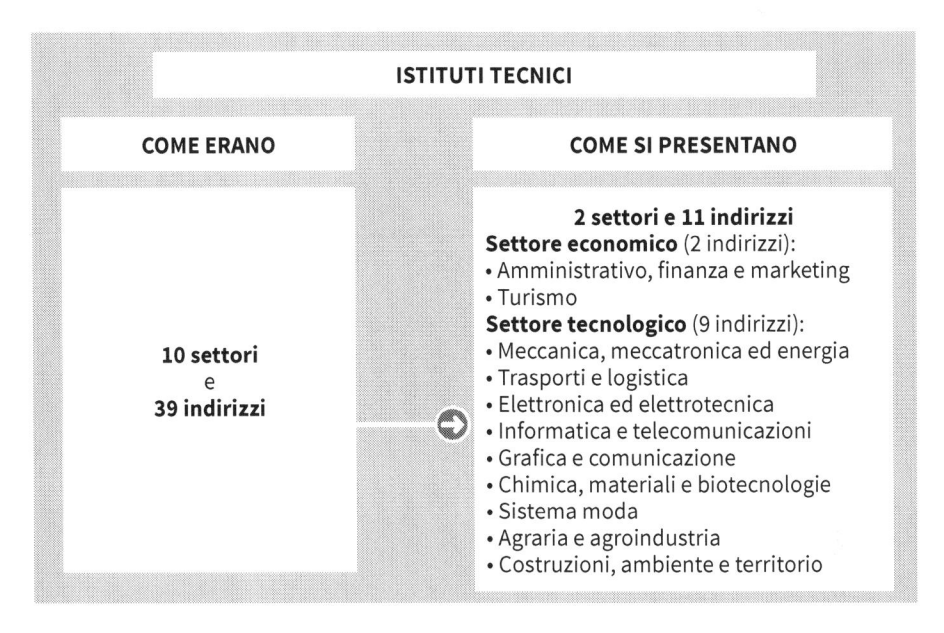

COME ERANO	COME SI PRESENTANO
10 settori e 39 indirizzi	**2 settori e 11 indirizzi** **Settore economico** (2 indirizzi): • Amministrativo, finanza e marketing • Turismo **Settore tecnologico** (9 indirizzi): • Meccanica, meccatronica ed energia • Trasporti e logistica • Elettronica ed elettrotecnica • Informatica e telecomunicazioni • Grafica e comunicazione • Chimica, materiali e biotecnologie • Sistema moda • Agraria e agroindustria • Costruzioni, ambiente e territorio

La declinazione dei risultati di apprendimento per l'istruzione tecnica in competenze, abilità e conoscenze è effettuata dalle istituzioni scolastiche sulla base delle **Linee guida** emanate dal Ministero (→ *infra*).

I percorsi sono articolati, come nel caso dei licei, in *due periodi biennali* ed in un *quinto anno* e comprendono insegnamenti di istruzione generale ed insegnamenti di indirizzo.

Il carico orario degli insegnamenti di indirizzo cresce, passando dal primo biennio al quinto anno, rispetto al carico orario delle discipline di istruzione generale, in corrispondenza dell'acquisizione di competenze specifiche dell'indirizzo stesso.

L'orario complessivo annuale è di **1056 ore**, corrispondenti a 32 ore settimanali di lezione.

Il curricolo dei nuovi istituti tecnici è caratterizzato da un'**area di istruzione generale comune** a entrambi i percorsi (660 ore nel primo biennio e 495 nel secondo biennio e quinto anno) e da distinte **aree di indirizzo** (396 ore primo biennio e 561 ore secondo biennio e quinto anno) che possono essere articolate in opzioni legate al mondo del lavoro, delle professioni e del territorio.

Il percorso didattico degli istituti tecnici è strutturato, come detto, in:
— un **primo biennio**, dedicato all'acquisizione dei saperi e delle competenze previsti per l'*assolvimento dell'obbligo di istruzione* e di apprendimenti che introducono *progressivamente agli indirizzi in funzione orientativa*;
— un **secondo biennio** e un **quinto anno**, che costituiscono un complessivo triennio in cui gli *indirizzi possono articolarsi nelle opzioni* richieste dal territorio e dal mondo del lavoro e delle professioni;
— il **quinto anno** si conclude con l'**esame di Stato**.

Il D.P.R. 31 luglio 2017, n. 134 fissa i criteri per la definizione dell'orario complessivo annuale degli istituti tecnici.

I nuovi istituti tecnici sono caratterizzati da un'**area di istruzione generale** comune e in **distinte aree di indirizzo** che possono essere articolate, sulla base di un **elenco nazionale** continuamente aggiornato nel confronto con le Regioni e le Parti sociali, in un numero definito di **opzioni legate al mondo del lavoro, delle professioni e del territorio**. Per questo, gli istituti tecnici hanno a disposizione ampi **spazi di flessibilità** (30% nel secondo biennio e 35% nel quinto anno) all'interno dell'orario annuale delle lezioni dell'area di indirizzo. Questi spazi di flessibilità si aggiungono alla quota del 20% di autonomia rispetto al monte ore complessivo delle lezioni di cui possono fruire tutte le scuole. In questo modo, possono essere recuperati e valorizzati settori produttivi strategici per l'economia del Paese.

Il Regolamento prevede l'incremento delle ore di lingua inglese e la diffusione di **stage, tirocini ed esperienze di scuola-lavoro**. Il Regolamento prevede, altresì, lo sviluppo di metodologie innovative basate sulla **didattica laboratoriale**, cioè su una metodologia che considera il laboratorio un modo efficace di fare scuola in tutti gli ambiti disciplinari.

Le norme introdotte con il D.P.R. n. 88/2010 riorganizzano e potenziano gli istituti tecnici, come scuole dell'innovazione. «Il rilancio della cultura tecnica è la migliore risposta della scuola alla crisi, perché **favorisce la formazione del capitale umano** necessario per il rilancio economico e perché consente una **pluralità di scelte formative** integrate, in contrasto con i rischi di dispersione scolastica».

12 La revisione ordinamentale degli istituti professionali

La profonda riforma degli istituti professionali, prefigurata dai commi 180, 181 e 184 dell'art. 1 della legge n. 107/2015, è stata regolamentata dal **D.Lgs. n. 61/2017** che segna un'altra importante riforma, quella *ex* D.P.R. n. 87/2010 (provvedimento destinato ad essere progressivamente abrogato entro l'anno scolastico 2022/2023).

Il decreto interviene a riqualificare gli Istituti professionali pensati come «scuole territoriali dell'innovazione» con funzioni di *cerniera tra i sistemi di istruzione e di formazione e il mondo del lavoro*. Supera la sovrapposizione dell'istruzione professionale rispetto all'istruzione tecnica e ai percorsi di Istruzione e di Formazione Professionale di competenza delle Regioni (IeFP), attraverso la ridefinizione degli indirizzi e il potenziamento delle attività didattiche laboratoriali.

La finalità dei nuovi istituti professionali è quanto mai pragmatica, in quanto concerne la formazione degli studenti ad arti, mestieri e professioni strategici per l'economia del Paese, «*per un saper fare di qualità comunemente denominato Made in Italy*» nonché per una facile transizione nel mondo del lavoro.

Il decreto riafferma e rafforza la specifica identità degli istituti professionali attraverso una **maggiore articolazione dei percorsi**, per rispondere alle esigenze delle filiere produttive del territorio e incrementare la loro autonomia didattica e gestionale.

Ai fini dell'assolvimento del diritto-dovere all'istruzione e alla formazione, che prescrive il conseguimento entro il diciottesimo anno di età di almeno una *qualifica*

professionale triennale, lo studente, in possesso del titolo conclusivo del primo ciclo di istruzione, può scegliere:
- *i percorsi di istruzione professionale per il conseguimento di diplomi quinquennali, realizzati da scuole statali o da scuole paritarie*;
- *i percorsi di istruzione e formazione professionale per il conseguimento di qualifiche triennali e di diplomi professionali quadriennali, realizzati dalle istituzioni formative accreditate dalle Regioni*.

Rispetto all'attuale configurazione dell'istruzione professionale, gli indirizzi di studio risultano così ridefiniti:

RIFORMA GELMINI D.P.R. n. 87/2010	D.LGS. n. 61/2017
2 settori e 6 indirizzi	11 indirizzi
• **Settore dei servizi** (4 indirizzi) — Servizi per l'agricoltura e lo sviluppo rurale — Servizio socio-sanitari — Servizi per l'enogastronomia e l'ospitalità alberghiera — Servizi commerciali • **Settore industria e artigianato** (2 indirizzi) — Produzioni artigianali e industriali — Servizi per la manutenzione e l'assistenza tecnica	a) Agricoltura, sviluppo rurale, valorizzazione dei prodotti del territorio e gestione delle risorse forestali e montane; b) Pesca commerciale e produzioni ittiche; c) Industria e artigianato per il Made in Italy; d) Manutenzione e assistenza tecnica; e) Gestione delle acque e risanamento ambientale; f) Servizi commerciali; g) Enogastronomia e ospitalità alberghiera; h) Servizi culturali e dello spettacolo; i) Servizi per la sanità e l'assistenza sociale; j) Arti ausiliarie delle professioni sanitarie: odontotecnico; m) Arti ausiliarie delle professioni sanitarie: ottico.

Il biennio dei percorsi dell'istruzione professionale comprende **2112 ore complessive** (1056 ore l'anno) articolate in **1188 ore di attività e insegnamenti di istruzione generale** e in **924 ore di attività e insegnamenti di indirizzo**, comprensive del tempo da destinare al potenziamento dei laboratori.

Il rafforzamento dell'autonomia degli istituti professionali si realizza con:
— la quota del 20%, sia nel biennio sia nel triennio per **potenziare gli insegnamenti obbligatori con specifico riguardo alle attività di laboratorio**;
— la quota di flessibilità del 40% dell'orario complessivo per il terzo, quarto e quinto anno per **articolare gli indirizzi del triennio in profili formativi**.

Ulteriori strumenti per l'attuazione dell'autonomia sono: la stipula di contratti d'opera con esperti del mondo del lavoro e delle professioni e l'attivazione di partenariati per il miglioramento dell'offerta formativa.

Nell'ambito delle 2.112 ore, una quota, non superiore a 264 ore, è destinata alla **personalizzazione degli apprendimenti**, alla realizzazione del **Progetto formativo individuale** che viene redatto dal Consiglio di classe entro il **31 gennaio** del primo anno di frequenza e aggiornato durante l'intero percorso scolastico. Il Progetto formativo individuale si basa su un bilancio personale che evidenzia i saperi e le competenze acquisiti da ciascun alunno, anche in modo non formale e informale, idoneo a rilevare le potenzialità e le carenze riscontrate, al fine di orientare la progressiva costruzione del percorso formativo e lavorativo. Il Dirigente scolastico, sentito il Consiglio di classe, individua, all'interno di quest'ultimo, i docenti che assumono la funzione di tutor per sostenere gli studenti nell'attuazione e nello sviluppo del Progetto formativo individuale.

Al fine di realizzare l'ampliamento e l'integrazione dei percorsi formativi, in relazione alle esigenze territoriali, oltre al tradizionale assetto organizzativo, caratterizzato da una **struttura quinquennale** articolata in un biennio e in un successivo triennio, le istituzioni scolastiche che offrono percorsi di istruzione professionale possono attivare, in via sussidiaria, previo accreditamento regionale, **percorsi di istruzione e di formazione** per il rilascio della qualifica triennale e del diploma professionale quadriennale, da realizzare nel rispetto degli standards formativi definiti da ciascuna Regione. Risultano necessarie a tale scopo una pluralità di attività didattiche di laboratorio in misura crescente dal terzo al quinto anno in maniera preponderante nell'alternanza scuola-lavoro.

Dal punto di vista didattico, nel biennio le discipline sono aggregate all'interno degli **assi culturali** (asse dei linguaggi, matematico, scientifico-tecnologico, storico-sociale). Essi raccolgono insegnamenti fra loro omogenei per consentire di acquisire le **competenze chiave di cittadinanza rientranti nell'obbligo scolastico**.

Nel decreto si legge che i percorsi di istruzione professionale si qualificano quali *laboratori permanenti di ricerca e sperimentazione che garantiscono il diritto allo studio, le pari opportunità e l'istruzione permanente*. A tale riguardo il raccordo tra gli istituti che offrono istruzione e formazione professionale diventa strutturale attraverso la costituzione di una «**Rete nazionale delle scuole professionali**», di cui fanno parte le istituzioni scolastiche statali e paritarie e le istituzioni formative accreditate che offrono percorsi IeFp.

Finalità della «Rete» sono:
— **rafforzare** gli interventi di supporto alla transizione dalla scuola al lavoro;
— **diffondere e sostenere** il sistema duale realizzato in alternanza scuola-lavoro e in apprendistato.

Il Decreto disciplina, altresì, i passaggi tra i percorsi dell'istruzione professionale e l'istruzione e formazione professionale. Essi sono finalizzati a consentire allo studente di seguire un percorso personale di crescita, di apprendimento e di orientamento progressivo, adeguato alle proprie potenzialità, attitudini e interessi.

Dal punto di vista organizzativo è confermata, rispetto ai precedenti ordinamenti, la struttura quinquennale dei percorsi. Gli aspetti innovativi riguardano l'articolazione, sia in termini di gestione complessiva degli orari, sia di gestione e costruzione dei periodi didattici e dei gruppi di classe. Si supera l'attuale classificazione primo biennio unico, ed il successivo triennio, con distinte annualità del terzo, quarto e quinto anno.

Articolazione quadri orari degli istituti professionali

QUADRO ORARIO	AREA DI ISTRUZIONE GENERALE	AREA DI INDIRIZZO		MONTE ORE COMPLESSIVO
Biennio	1188 ore complessive	924 ore complessive (di cui 396 ore in compresenza con ITP)		2.112
	di cui 264 ore di personalizzazione educativa			
Terzo anno	462	594	monte ore di compresenza diversificato in relazione all'indirizzo di studio	1056
Quarto anno	462	594		1056
Quinto anno	462	594		1056

13 Le Linee guida degli istituti tecnici e professionali

I provvedimenti di riforma sono stati accompagnati per quanto riguarda l'istruzione tecnica e l'istruzione professionale, dalle **Linee guida** per il passaggio dal vecchio al nuovo ordinamento.

Dopo l'emanazione nel 2010 delle **Linee guida per il primo biennio** degli istituti tecnici e professionali, secondo quanto già previsto dal D.P.R. n. 87 e dal D.P.R. n. 88 del 15 marzo 2010, sono

> **Espansione Web**
> *Le Linee guida degli istituti tecnici e professionali*

state divulgate le **Linee Guida del triennio degli istituti tecnici** (Direttiva n. 4 del 16 gennaio 2012) e **degli istituti professionali** (Direttiva n. 5 del 16 gennaio 2012). A seguito del riordino degli istituti professionali conseguente al D.P.R. n. 61/2017 sono state emanate le nuove *Linee guida per favorire e sostenere l'assetto didattico e organizzativo dei percorsi di istruzione professionale 2019* (D.M. n. 92/2018). Esse costituiscono il **punto di riferimento** fondamentale per la progettazione e realizzazione dei **percorsi formativi** di questi due ordini della scuola secondaria di II grado.

Le Linee guida richiamano alcuni importanti documenti dell'Unione Europea, tra cui occorre segnalare la Comunicazione della Commissione al Parlamento Europeo intitolata «**Competenze chiave per un mondo in trasformazione**» del 2009, in cui si sottolinea il maggior peso assegnato nei nuovi programmi scolastici alle *competenze trasversali*. In particolare, per quanto concerne l'istruzione e la formazione professionale, viene sottolineata la necessità di tener conto delle *competenze chiave*, la cui applicazione garantisce un livello di qualità e di coinvolgimento più elevato e consente di soddisfare in maniera più efficace le richieste del mondo del lavoro.

Le istituzioni scolastiche devono pertanto realizzare percorsi con modalità didattiche flessibili e atte a riconoscere anche i saperi e le competenze comunque già acquisite dagli studenti.

Il nuovo ordinamento degli istituti tecnici e professionali indirizza l'attenzione dei docenti sulle **metodologie didattiche** «**attive**», finalizzate a sviluppare competenze, con particolare riguardo alle attività e agli insegnamenti di indirizzo dei diversi percorsi di studio, basate sullo sviluppo di una rinnovata didattica laboratoriale, sull'analisi e la soluzione dei problemi, sulla integrazione delle discipline.

Le recenti stagioni riformatrici dell'istruzione tecnica e professionale, infatti, hanno posto al centro il tema della **occupabilità** come elemento finalizzato a far coincidere i talenti e le competenze degli studenti con le reali opportunità offerte dal mondo del lavoro.

Per gli istituti professionali è prevista una maggiore *autonomia* delle scuole nella progettazione del curricolo, al fine di offrire una proposta educativa che possa più facilmente rispondere alle esigenze del mondo del lavoro e delle professioni.

Si tratta, dunque, di un curricolo caratterizzato da un approccio **per competenze**, in linea con il modello europeo dei risultati di apprendimento previsti dal Quadro europeo dei titoli e delle qualifiche, nonché con la certificazione dell'assolvimento dell'obbligo, emanata con D.M. n. 9/2010.

Con **Decreto Direttoriale (D.D.) n. 1400 del 25 settembre 2019** sono state pubblicate le «*Linee guida per favorire e sostenere l'adozione del nuovo assetto didattico e organizzativo dei percorsi di istruzione professionale*», la cui emanazione era stata prevista dal D.Lgs. n. 92/2018, al fine di sostenere gli istituti professionali nell'adozione del nuovo assetto didattico ed organizzativo dei percorsi di cui al D.Lgs. n. 61/2017.

Il documento si colloca in uno scenario socio-culturale decisamente complesso che chiama l'istruzione professionale ad effettuare scelte didattiche ed organizzative per rispondere adeguatamente «*al mutamento profondo del sistema economico e professionale nazionale trainato dalla competizione globalizzata e dall'evoluzione cognitiva crescente del lavoro conseguente alla trasformazione digitale (rivoluzione industriale 4.0) che richiede competenze sempre più elevate anche nelle figure intermedie inserite nelle strutture organizzative, alle richieste del mercato del lavoro a valorizzare gli apprendimenti che si realizzano in tutti i contesti, anche non formali e informali per produrre un vero cambiamento*».

Le linee guida sono articolare in **due parti**: la prima delinea il quadro di riferimento normativo, culturale e metodologico, soffermandosi su tra ambiti di riferimento: la personalizzazione degli apprendimenti; la progettazione dell'offerta formativa, la valutazione.

L'impianto del nuovo ordinamento dell'istruzione professionale affida alle istituzioni scolastiche il compito strategico di costruire *stabili alleanze formative con il sistema produttivo*.

Per consolidare il legame strutturale con il mondo del lavoro e delle professioni, ciascuno degli undici indirizzi di studio in cui è articolata l'istruzione professionale è correlato ad una o più delle attività economiche referenziate ai codici ATECO (AT-tività ECO-nomiche).

In quest'ottica, il rinnovamento della didattica in chiave metodologica si realizza a partire dal coinvolgimento attivo degli studenti e dall'espressione dei loro talenti e stili cognitivi.

La seconda parte delle Linee guida illustra la declinazione dei *traguardi intermedi di apprendimento nel quinquennio*, distinti per area generale e area di indirizzo.

La declinazione dei risultati intermedi è strutturata in tre allegati: Allegato A (Risultati di apprendimento intermedi del profilo di uscita dei percorsi di istruzione professionale per le attività e gli insegnamenti di area generale); Allegato B (Risultati di apprendimento intermedi del profilo di uscita dei percorsi di istruzione professionale per le attività e gli insegnamenti di area generale riferiti ai livelli QNQ e agli assi culturali); Allegato C (Schede riepilogative dei risultati di apprendimento intermedi relativi ai vari indirizzi di studi).

SINTESI DELLE INNOVAZIONI ORDINAMENTALI DEI LICEI, DEGLI ISTITUTI TECNICI E DEI PROFESSIONALI INTRODOTTE DALLA RIFORMA GELMINI	
Gli insegnamenti dei bienni	Gli insegnamenti dei bienni, aggregabili attorno ai quattro assi culturali strategici, dei *linguaggi*, *matematico*, *scientifico-tecnologico*, *storico-sociale*, costituiscono la base contenutistica pluridisciplinare e metodologica per lo sviluppo di **competenze trasversali**. Queste ultime costituiscono la trama su cui si individuano e si definiscono quelle competenze chiave per la cittadinanza attiva, richiamate dalla *Raccomandazione europea*, che devono essere raggiunte al termine dell'obbligo di istruzione.
I nuovi organismi	Al fine di sostenere il ruolo delle scuole come centri di innovazione, è prevista l'introduzione nei licei e negli istituti tecnici e professionali di nuovi organismi: — **I DIPARTIMENTI,** che costituiscono articolazioni funzionali del collegio dei docenti, hanno il compito di favorire un maggiore raccordo tra i vari ambiti disciplinari e contribuire alla definizione del curricolo d'Istituto; — il **COMITATO TECNICO-SCIENTIFICO** con composizione paritetica di docenti e di esperti del mondo del lavoro, delle professioni, dell'università e della ricerca svolge compiti di consulenza nei processi decisionali mirati alla progettazione degli spazi di autonomia e di flessibilità delle aree di indirizzo con funzioni consultive e propositive per l'organizzazione e l'utilizzazione degli spazi di autonomia e flessibilità; esso è finalizzato a rafforzare il raccordo sinergico tra gli obiettivi della scuola, le innovazioni della ricerca scientifica e tecnologica e le esigenze del territorio; — l'**UFFICIO TECNICO** svolge il compito di organizzare in maniera funzionale i laboratori e della ricerca.

(Segue)

SINTESI DELLE INNOVAZIONI ORDINAMENTALI DEI LICEI, DEGLI ISTITUTI TECNICI E DEI PROFESSIONALI INTRODOTTE DALLA RIFORMA GELMINI	
Il raccordo con il mondo del lavoro	Le norme introdotte, soprattutto per istituti tecnici e professionali, hanno come obiettivo la creazione di un raccordo più stretto con il mondo del lavoro e delle professioni, compreso il volontariato e il privato sociale, attraverso la più ampia diffusione di stage, tirocini, alternanza scuola-lavoro.
L'insegnamento delle lingue	Sono state incrementate le ore dello studio della lingua inglese ed è stata prevista la possibilità di introdurre lo studio di altre lingue straniere. In tutti i percorsi liceali e degli istituti tecnici è previsto che, nel quinto anno di corso, una disciplina non linguistica sia studiata in lingua straniera secondo la modalità CLIL.
L'insegnamento di scienze integrate	È previsto l'insegnamento di scienze integrate, al quale concorrono, nella loro autonomia, le discipline di «Scienze della Terra e Biologia», di «Fisica» e di «Chimica», con l'obiettivo di **potenziare la cultura scientifica** secondo una visione sistemica.
Più ore di laboratorio	I documenti riordino prevedono, inoltre, lo sviluppo di metodologie innovative basate sulla didattica laboratoriale, ovvero su una metodologia che considera il laboratorio un modo efficace di fare scuola in tutti gli ambiti disciplinari, compresi gli insegnamenti di cultura generale (per esempio Italiano e Storia).
I PECUP	Nelle Indicazioni Nazionali e nelle Linee Guida è presente il **PECUP** (Profilo educativo culturale e professionale) che definisce in modo specifico per i licei, per gli istituti tecnici e per i professionali le competenze, le abilità e le abilità e le conoscenze dei risultati di apprendendo anche con riferimento all'**EQF** (Quadro Europeo delle Qualifiche per l'apprendimento permanente) sia comuni sia specifici di indirizzo.
La valutazione	Alla fine di ciascun ciclo d'istruzione occorre il superamento dell'esame di Stato, che prevede anche la somministrazione di prove predisposte e gestite dall'**Istituto nazionale per la valutazione del sistema d'istruzione** nel primo ciclo e organizzate dalla Commissione d'esame al termine del secondo ciclo.
Gli spazi di flessibilità	La profonda diversificazione tra i licei e gli istituti tecnici e gli istituti professionali, oltre a quella relativa al profilo in uscita e in coerenza con detto profilo, riguarda l'organizzazione oraria delle attività educative e didattiche. Infatti, ferma restando la quota del 20% di autonomia di cui godono le scuole come stabilito previsto dal Regolamento dell'autonomia, la quota dei piani di studio rimessa alle singole istituzioni scolastiche degli indirizzi liceali non può essere superiore al 20% o al 30% del monte ore complessivo del curricolo, rispettivamente, nel primo biennio e nel quinto anno, o nel secondo biennio.

(Segue)

SINTESI DELLE INNOVAZIONI ORDINAMENTALI DEI LICEI, DEGLI ISTITUTI TECNICI E DEI PROFESSIONALI INTRODOTTE DALLA RIFORMA GELMINI	
Gli spazi di flessibilità	In ogni caso, l'orario previsto nel piano di studi per ogni singola disciplina non può essere ridotto in misura superiore a un terzo nell'arco dei cinque anni e non possono essere soppresse le discipline previste nel curricolo dell'ultimo anno di corso. Per gli istituti professionali, gli ulteriori spazi di flessibilità riguardano l'articolazione in opzioni delle aree di indirizzo per una quota entro il 35% dell'orario annuale delle lezioni nel secondo biennio ed entro il 40% nell'ultimo anno. Mentre negli istituti tecnici nel primo biennio non è prevista alcuna quota di flessibilità, nei professionali anche il primo biennio può essere interessato all'utilizzo di spazi di flessibilità entro il 25% dell'orario annuale delle lezioni, per svolgere il ruolo complementare e integrativo, assegnato dalla riforma all'istruzione professionale, rispetto al sistema dell'istruzione e formazione professionale, per la costruzione dei percorsi didattico formativi che conducono all'acquisizione di qualifiche professionali.

Resta confermata la possibilità per tutti i settori di potenziare, nell'ambito della quota di autonomia, gli insegnamenti obbligatori, o di introdurre ulteriori insegnamenti coerenti con gli obiettivi indicati nel PTOF e questa possibilità, per quanto riguarda i licei, viene circoscritta a una serie di discipline elencate in un allegato al Regolamento di riordino.

L'offerta formativa dell'istruzione tecnica e di quella professionale è caratterizzata dall'integrazione tra una solida base di istruzione generale e la cultura tecnica o professionale specifica del settore e dell'indirizzo considerato che consente agli studenti di sviluppare saperi e competenze necessarie ad assumere ruoli tecnici o tecnico operativi nei settori produttivi e dei servizi di riferimento.

In questo quadro si individuano quali metodologie didattiche atte a raggiungere gli obiettivi prima indicati, quelle fondate sull'**attività laboratoriale** e che privilegiano il **raccordo tra scuola e mondo delle professioni e del lavoro**.

14 Le innovazioni curricolari introdotte dalla legge n. 107/2015

La legge n. 107/2015 prevede il miglioramento dell'offerta formativa sempre più declinata in base alle esigenze degli studenti e coerente con la necessità di orientarli al futuro.

A tal fine il percorso curriculare dello studente è notevolmente arricchito con:

— **Discipline potenziate**

È previsto innanzitutto il **potenziamento delle lingue**, a partire dall'italiano, dell'italiano per gli studenti stranieri, della lingua inglese e delle altre lingue dell'Unione Europea, anche mediante l'utilizzo della metodologia **Content language integrated learning** (CLIL).

Sono potenziate anche la matematica, la logica, le scienze e, inoltre, la musica, la storia dell'arte e il cinema.

Anche gli *insegnamenti giuridici ed economico-finanziari* dovranno essere potenziati, insieme all'**educazione all'auto-imprenditorialità**. L'Educazione civica (→ *infra*) ritorna centrale per l'educazione alla pace, al rispetto e al dialogo tra le culture. Entrano anche le nuove tecnologie nell'educazione civica, con la lotta contro il cyberbullismo e l'uso consapevole e critico dei social network e dei new media in generale. Potenziate anche le discipline motorie: in particolare viene dato più spazio all'educazione ai corretti stili di vita. Sono introdotti anche elementi concernenti la conoscenza dei diritti e dei doveri, nonché la tutela dei beni comuni.

— **Insegnamenti opzionali**

Come abbiamo visto, la Buona Scuola presenta, per gli studenti della scuola secondaria di secondo grado, importanti novità volte ad innovare la didattica e a orientare e facilitare il loro inserimento in ambito lavorativo. Tra le novità principali ricordiamo, innanzitutto, la possibilità di scelta, da parte degli studenti, di **insegnamenti opzionali**. Il comma 28 della legge 107/2015 stabilisce che: «*Le scuole secondarie di secondo grado introducono insegnamenti opzionali nel secondo biennio e nel quinto anno anche utilizzando la quota di autonomia e gli spazi di flessibilità*».

Si tratta di quello che viene definito il **terzo livello di curricolo**, dopo il curricolo nazionale e quello delle istituzioni scolastiche che, ai sensi del D.P.R. 275/99 e del D.M. 47/2006, possono realizzare, utilizzando il 20% del monte ore annuale delle discipline per potenziare gli insegnamenti obbligatori o attivare ulteriori insegnamenti.

Gli insegnamenti opzionali, se ben ponderati e progettati, possono avere una duplice valenza: far acquisire agli studenti competenze nuove, spendibili nel territorio di residenza e nel complesso mondo del lavoro contemporaneo e, allo stesso tempo, possono costituire un anello di congiunzione tra studenti e scuola, due mondi spesso distanti tra loro che, grazie a insegnamenti extracurricolari scelti dagli alunni medesimi, potrebbero notevolmente avvicinarsi.

Un ruolo di primo piano lo hanno i *Collegi dei docenti*, che devono avere la capacità di inserire nel PTOF insegnamenti validi sul piano della spendibilità delle competenze acquisite e, allo stesso tempo, concilianti con le attitudini degli studenti.

— **Incremento dell'alternanza scuola-lavoro**

Altre novità di rilevante importanza ed efficacia è il rafforzamento dell'**alternanza scuola-lavoro**, disciplinata dal D.Lgs. n. 77/2005, ma per il regime attuale vedi par. 18.

— **Piano Nazionale per la Scuola Digitale**

Il *Piano Nazionale per la Scuola Digitale* (→ anche Parte I, Cap. 11, par. 6.1) persegue i seguenti obiettivi:
a) realizzazione di attività volte allo sviluppo delle competenze digitali degli studenti;
b) potenziamento degli strumenti didattici e laboratoriali necessari a migliorare la formazione e i processi di innovazione delle istituzioni scolastiche;
c) adozione di strumenti organizzativi e tecnologici per favorire la governance, la trasparenza e la condivisione di dati, nonché lo scambio di informazioni tra dirigenti, docenti e studenti e tra istituzioni scolastiche e Ministero dell'Istruzione;

d) formazione dei docenti per l'innovazione didattica e sviluppo della cultura digitale per l'insegnamento e l'apprendimento delle competenze lavorative, cognitive e sociali degli studenti.

— **Il curriculum digitale dello studente**

Il percorso di studi, le competenze acquisite, gli eventuali insegnamenti opzionali scelti, le esperienze culturali, artistiche, di pratiche musicali, sportive, vengono inserite nel **curriculum dello studente**, altra innovazione introdotta dalla Riforma al comma 28 della legge n. 107/2015.

15 L'insegnamento dell'Educazione civica

Nel settembre del 2019 è entrata in vigore la **L. 20 agosto 2019, n. 92** che introduce l'*insegnamento dell'Educazione civica*, **dall'anno scolastico 2020-2021**. La materia rappresenta un *continuum* rispetto a «Cittadinanza e Costituzione», introdotta dal D.L. n. 137/2008, conv. in L. n. 169/2008.

Il suo insegnamento è *trasversale* e si esplica nel **primo e nel secondo ciclo di istruzione**.

Alla base dell'Educazione civica c'è la **conoscenza della Costituzione italiana**, alla quale gli alunni sono introdotti, a partire dalla scuola dell'infanzia, per sviluppare competenze ispirate ai valori della responsabilità, legalità, partecipazione e solidarietà. Essa rientra tra le *competenze di cittadinanza* che tutti gli studenti, in ogni percorso di istruzione e formazione devono conseguire. Il primo approccio ai principi contenuti nella Carta costituzionale deve avvenire già a partire dalla scuola dell'infanzia, per la quale sono avviate iniziative di *sensibilizzazione alla cittadinanza responsabile*.

In concreto, tutte le scuole devono prevedere nel loro *curricolo* di istituto l'insegnamento di Educazione civica, specificando l'orario per ciascun anno di corso, per non meno di **33 ore** in un anno scolastico, da svolgersi nel monte ore obbligatorio. Per raggiungere tale obiettivo, le scuole possono far ricorso alla quota di autonomia per modificare il curricolo.

In particolare, l'insegnamento è affidato nelle **scuole del primo ciclo** ai docenti in *contitolarità*; nelle **scuole del secondo ciclo** ai docenti delle discipline *giuridiche ed economiche* ove disponibili nell'ambito dell'*organico dell'autonomia*.

Per ogni classe viene poi individuato un **docente coordinatore**; nella valutazione degli apprendimenti, a lui compete la proposta di **voto** in decimi, risultante dagli elementi acquisiti dagli altri docenti a cui è affidato l'insegnamento. L'insegnamento, infatti, è oggetto di **valutazioni** periodiche e finali, come stabilito dal D.Lgs. n. 62/2017 e dal D.P.R. n. 122/2009.

Al **Dirigente scolastico** compete, invece, la **verifica** della piena attuazione dell'insegnamento e la coerenza con il PTOF.

L'insegnamento dell'Educazione civica può anche essere integrato con *esperienze extra-scolastiche,* attraverso la costituzione di reti di scuole, o con soggetti apartenenti al volontariato o al terzo settore, che siano impegnati nella promozione della cittadinanza attiva.

Gli **obiettivi specifici di apprendimento** per l'Educazione civica sono individuati con apposite *Linee guida da emanarsi* con decreto ministeriale, e che concernono: Costituzione italiana; istituzioni nazionali, dell'Unione europea e degli organismi internazionali; Agenda 2030 per lo sviluppo sostenibile; educazione alla cittadinanza digitale in riferimento a bullismo e *cyberbullismo*; elementi fondamentali di diritto, con particolare riferimento al diritto del lavoro; educazione ambientale; educazione alla legalità; educazione stradale, alla salute e al benessere, al volontariato e alla cittadinanza attiva.

Molte sono le iniziative attivabili dalle autonomie locali al fine di promuovere la conoscenza del *pluralismo istituzionale*, per lo studio dei diritti e degli istituti di partecipazione a livello statale e territoriale.

16 L'insegnamento della Religione cattolica

I genitori (o direttamente gli studenti della scuola secondaria di secondo grado), possono scegliere, al momento dell'iscrizione, di avvalersi o meno dell'**insegnamento della religione cattolica (IRC)**, che è disciplinato da un accordo tra lo Stato italiano e la Santa Sede del 1985 (L. n. 121/1985). L'IRC è impartito da insegnanti in possesso di una qualificazione professionale di idoneità dell'autorità ecclesiastica.

La collocazione dell'IRC nell'orario delle lezioni è effettuata dal **Dirigente scolastico** sulla base delle proposte del Collegio dei docenti, secondo il normale criterio di equilibrata distribuzione delle diverse discipline nella giornata e nella settimana, nell'ambito della scuola e per ciascuna classe.

Per chi non si avvale dell'insegnamento della religione cattolica devono essere previste delle **attività alternative**, disciplinate dalla C.M. 28-10-1987 n. 316 e dalla C.M. 10-1-2014, n. 28, che possono essere distinte in:
— attività didattiche e formative;
— attività di studio e/o di ricerca individuali con assistenza di personale docente;
— libera attività di studio e/o di ricerca individuale senza assistenza di personale docente (per studenti delle istituzioni scolastiche di istruzione secondaria di secondo grado);
— non frequenza della scuola nelle ore di insegnamento della religione cattolica.

Quanto ai **docenti di religione cattolica**, essi fanno parte, come tutti i docenti, del Consiglio di classe e partecipano a pieno titolo alla valutazione finale degli alunni che si sono avvalsi dell'insegnamento di religione. Così come partecipano anche i docenti delle attività alternative che si esprimono sull'interesse manifestato e sul profitto dell'alunno che ha seguito tali attività.

17 Il CLIL nelle scuole secondarie di secondo grado

Il termine CLIL è l'acronimo di *Content and language integrated learning*, apprendimento integrato di contenuto e lingua. Si tratta di una metodologia innovativa, introdotta obbligatoriamente negli ordinamenti dei licei e degli istituti tecnici italiani con la riforma Gelmini.

Tale metodologia prevede l'**insegnamento di una disciplina non linguistica (DNL)**, appartenente all'area degli apprendimenti obbligatori, in **lingua straniera veicolare**. In concreto, uno o più **discipline non linguistiche** (storia, geografia, scienze, arte etc.) vengono insegnate e apprese servendosi di una seconda lingua diversa da quella materna degli alunni.

L'insegnamento di una disciplina con il CLIL è previsto nell'ultimo anno dei licei e degli istituti tecnici (non è previsto espressamente per i professionali), mentre nei *licei linguistici* è previsto già dal terzo anno e dal quarto anno in poi le discipline non linguistiche per le quali è previsto il CLIL sono due.

Il docente CLIL deve possedere, quindi, competenze linguistiche e comunicative nella lingua straniera di **livello C1**, oltre a competenze metodologico-didattiche acquisite al termine di un corso di perfezionamento universitario del valore di 60 CFU per i docenti in formazione iniziale e di 20 CFU per i docenti in servizio (D.M. 30-9-2011 e Decreto Direttoriale 16-4-2012, n. 6).

Nell'ambito dell'autonomia organizzativa delle istituzioni scolastiche, i percorsi CLIL possono essere attivati con la **condivisione delle conoscenze** tra i docenti, l'utilizzo di **tecnologie multimediali** e di **tecniche comunicative multimodali**, il supporto di libri di testo corredati di materiali e schede didattiche in lingua veicolare etc.

Possono anche essere promossi incontri tra scuole o reti di scuole, sia in presenza, sia a distanza, allo scopo di condividere competenze ed esperienze. Nella Nota del MIUR n. 4969 del 25 luglio 2014, vengono citate, ad esempio, la **didattica a classi aperte** (il coinvolgimento di più classi o gruppi classe) e l'utilizzo di **insegnamenti a distanza** (lezioni condotte da docenti esperti anche di altre scuole italiane o straniere), che possono rappresentare utili strategie organizzative, funzionali all'ampliamento di percorsi formativi CLIL all'interno della scuola.

Quanto alla scelta della disciplina da insegnare con metodologia CLIL, essa è **demandata agli istituti scolastici**, fermo restando l'obiettivo di arrivare a coprire il 50% delle ore in tutti gli indirizzi in maniera graduale e in base alle competenze e alle necessità delle singole scuole.

Nel testo della Nota n. 4969 viene, poi, precisato che, laddove ci fosse una **totale assenza di docenti di DNL** in possesso delle necessarie competenze linguistiche e metodologiche all'interno dell'organico dell'istituzione scolastica, «*si raccomanda lo sviluppo di progetti interdisciplinari in lingua straniera nell'ambito del Piano dell'Offerta Formativa, che si avvalgano di strategie di collaborazione e cooperazione all'interno del Consiglio di classe, organizzati con la sinergia tra docenti di disciplina non linguistica, il docente di lingua straniera e, ove presenti, il conversatore di lingua straniera e eventuali assistenti linguistici. Resta inteso che gli aspetti formali correlati alla valutazione rimangono di competenza del docente di disciplina non linguistica*».

18 Alternanza scuola-lavoro e percorsi per le competenze trasversali e l'orientamento

Come già visto, gli studenti della scuola secondaria la **riforma Moratti** (art. 4 L. n. 53/2003) ha riconosciuto la possibilità di realizzare i corsi del secondo ciclo in

alternanza scuola/lavoro, in collaborazione con le imprese, al fine di assicurare ai giovani, oltre alle conoscenze di base, l'acquisizione di **competenze spendibili nel mercato del lavoro**.

Per la concreta definizione dell'alternanza scuola/lavoro il Governo ha emanato un apposito decreto legislativo (**D.Lgs. 15 aprile 2005, n. 77**) che:

— fissa le modalità per svolgere la formazione **dai 15 ai 18 anni**, attraverso l'alternanza di periodi di studio e di lavoro, sotto la responsabilità dell'istituzione scolastica, sulla base di **convenzioni con imprese** o con le rispettive associazioni di rappresentanza o con le Camere di commercio o con enti pubblici e privati, ivi inclusi quelli del terzo settore, che siano disponibili ad *accogliere gli studenti per periodi di tirocinio. Tali periodi di tirocinio non costituiscono rapporto individuale di lavoro*;
— fornisce le indicazioni generali per il reperimento e l'assegnazione delle risorse finanziarie necessarie alla realizzazione dei percorsi di alternanza, ivi compresi gli incentivi per le imprese, la valorizzazione delle imprese come luogo formativo e l'assistenza tutoriale.

Successivamente i percorsi dell'alternanza scuola-lavoro sono stati richiamati nei Regolamenti nella «**Riforma Gelmini**», D.P.R. nn. 87, 88 e 89 del 15-3-2010, come metodo da introdurre nella didattica curriculare.

Il rapporto scuola-lavoro comprende una pluralità di **opportunità educative** che valorizzano la componente formativa dell'esperienza pratica, integrando lo studio prevalentemente teorico con **esperienze di apprendimento**, quali:

— **visite aziendali**, che rappresentano un mezzo efficace per avvicinare gli studenti alle professioni osservate nei loro contesti operativi reali. Interagendo con i professionisti sui luoghi di lavoro, i giovani possono assumere informazioni dirette e approfondire interessi e motivazioni personali;
— **stage** progettati e realizzati soprattutto nell'ambito dell'area di professionalizzazione dei corsi dell'istruzione professionale e nell'area di progetto dell'istruzione tecnica. Le scuole, nell'esercizio della propria autonomia didattica e organizzativa, possono programmarli nel corso dell'anno scolastico;
— **tirocini**, intesi sia come **tirocini orientativi**, il cui obiettivo principale è quello di supportare il tirocinante nelle proprie scelte professionali, sia come **tirocini formativi**, che consentono al tirocinante un diretto coinvolgimento nelle attività concrete dell'azienda, finalizzato all'acquisizione di pratiche lavorative. Le modalità di svolgimento dei tirocini sono varie e spesso non c'è una netta distinzione fra le due tipologie, che in molti casi, infatti, sviluppano entrambi gli aspetti;
— **tirocini estivi**, promossi appunto durante le vacanze estive. Anche queste esperienze agevolano gli studenti nelle scelte professionali, permettendo loro di orientarsi e di acquisire competenze spendibili nel mondo del lavoro. Hanno una durata non superiore a tre mesi e si svolgono nel periodo compreso tra la fine dell'anno scolastico e l'inizio di quello successivo;

— **imprese formative simulate**. In questo caso le istituzioni scolastiche, sostenute dal Ministero, costituiscono, con il supporto di un'impresa reale e di un tutor aziendale, un'*azienda-laboratorio* in cui è possibile rappresentare e vivere le funzioni proprie dell'azienda. Le imprese simulate comunicano tra loro e realizzano transazioni in una rete telematica, rispettando la normativa come le aziende reali.

Il **D.Lgs. n. 81/2015**, cd. *jobs act* prevede, inoltre, la possibilità di assumere con contratto di **apprendistato** gli studenti iscritti negli istituti professionali, negli istituti tecnici e nei licei dal secondo anno del corso di studi, nonché gli studenti iscritti a percorsi di istruzione per gli adulti di secondo livello. Ricordiamo che le imprese che assumono apprendisti godono di numerosi benefici retributivi e contributivi.

La materia dell'alternanza scuola-lavoro trova spazio in più punti della **L. n. 107/2015**; il suo incremento, infatti, è uno degli obiettivi prioritari della Riforma.

Nella *legge di bilancio 2019* (**L. n. 145/2018**), si prevede, a decorrere dall'anno scolastico 2018/2019, la riduzione delle ore di ASL, che resta **obbligatoria** in base alla Buona scuola, ma che ora viene denominata «**percorsi per le competenze trasversali e l'orientamento**», per una durata complessiva: non inferiore a **210 ore** nel triennio terminale del percorso di studi degli istituti professionali; non inferiore a **150 ore** nel secondo biennio e nell'ultimo anno del percorso di studi degli istituti tecnici; non inferiore a **90 ore** nel secondo biennio e nel quinto anno dei licei.

Tra i soggetti menzionati nella Buona Scuola, presso i quali è possibile effettuare l'alternanza, vengono inseriti gli **ordini professionali e i musei e gli altri istituti pubblici e privati** operanti nei settori del **patrimonio e delle attività culturali, artistiche e musicali**, nonché con enti che svolgono attività afferenti al **patrimonio ambientale**.

È stata definita anche la «*Carta dei diritti e dei doveri delle studentesse e degli studenti in alternanza*» (sentite le organizzazioni studentesche) (D.I. n. 195/2017).

La Carta garantisce agli studenti il diritto dell'informazione chiara, trasparente e puntuale sulle attività che andranno a svolgere o quello al riconoscimento degli apprendimenti conseguiti nelle fasi formative teoriche e pratiche; definisce anche i loro doveri, tra i quali il rispetto del Patto formativo e delle regole di comportamento.

Ai sensi del comma 41, L. n. 107/2015, è istituito presso le *Camere di commercio*, il **Registro nazionale per l'alternanza scuola-lavoro** che contiene l'elenco delle imprese e degli enti pubblici e privati disponibili a svolgere i percorsi di alternanza scuola-lavoro tra i quali il Dirigente scolastico può individuare quelli con cui stipulare convenzioni.

L'alternanza si realizza con attività sia dentro la scuola (orientamento, incontri con consulenti esterni etc.) sia fuori dalla scuola (anche all'estero purché durante la sospensione delle attività didattiche). Al termine del percorso vengono rilasciati attestati di frequenza, certificati di competenze e crediti scolastici/formativi.

Importanti istruzioni per la realizzazione dei percorsi per le competenze trasversali e l'orientamento (PCTO) sono dettate nelle **Linee guida 2019** (allegate al decreto n. 774 del 4-9-2019), applicabili alle scuole secondarie di secondo grado a partire dall'a.s. 2019-2020.

I nuovi percorsi si fondano su due dimensioni: quella *orientativa* e quella delle *competenze trasversali* e «contribuiscono ad esaltare la valenza formativa dell'orientamento *in itinere*» sulla base di una sempre maggiore consapevolezza delle proprie vocazioni. Essi sono finalizzati all'acquisizione delle *competenze trasversali*: personale, sociale e capacità di imparare a imparare; in materia di cittadinanza; imprenditoriale; in materia di consapevolezza ed espressione culturali.

7
La valutazione delle istituzioni scolastiche

1 La valutazione scolastica

La **valutazione** rappresenta l'**elemento** *fondante dell'autonomia scolastica*. Al sistema scolastico autonomo, infatti, non vengono date prescrizioni da seguire, ma *obiettivi e standard di cui occorre verificare il conseguimento*, lasciando alle scuole ampi margini di decisione dal punto di vista didattico e organizzativo. In tal modo l'autonomia si configura come concreto strumento di realizzazione della **qualità del servizio scolastico**, potendo operare un cambiamento significativo delle conoscenze, dei comportamenti e attraverso l'assunzione di specifiche responsabilità da parte di tutti coloro che operano nella scuola.

La valutazione costituisce uno strumento fondamentale di governo e gestione della scuola in quanto svolge le seguenti funzioni **interne ed esterne**:
— **interne**:
   — *conoscere;*
   — *controllare;*
   — *governare le priorità;*
   — *migliorare;*
— **esterne**:
   — *confrontare;*
   — *rendere conto dei risultati.*

In via preliminare è necessario però delimitare il campo della valutazione. Possiamo così rintracciare i diversi profili di una valutazione strettamente **didattica** (rivolta ad apprezzare i processi e gli esiti dell'apprendimento), una **di istituto** (volta a rilevare le caratteristiche del servizio erogato da una sede scolastica), una valutazione **di sistema**, orientata a cogliere le grandi tendenze, il rapporto costi/benefici, i macro-indicatori, il peso delle variabili geografiche e territoriali.

La valutazione tende a misurare, quindi, la qualità del servizio scolastico.

Il concetto di **qualità** comprende, innanzitutto, il rapporto tra **prodotto**, inteso come erogazione del servizio, e **soddisfazione dell'utente**, nonché il rapporto tra **costi sostenuti** e **risultati conseguiti**. In questo senso, la «qualità» può essere intesa come sintesi di **efficacia** e di **efficienza**, tendendo a garantire il raggiungimento delle finalità educative e a soddisfare le attese dell'utenza, attraverso l'adeguato utilizzo delle risorse disponibili.

La qualità, perciò, richiede l'allestimento di un rigoroso sistema di rilevazione che comprenda momenti di **valutazione interna** e momenti di **valutazione esterna**.

1.1 Valutazione interna ed esterna

La **valutazione interna** è un'azione volta ad apprezzare il *raggiungimento di obiettivi* specifici, legati ad un preciso contesto operativo; affidata a personale dell'istituzione scolastica, si traduce nei *processi di autovalutazione*.

In un sistema scolastico e formativo moderno ed efficace la valutazione interna si configura come strumento insostituibile di costruzione delle decisioni e come fulcro delle azioni necessarie per governare il funzionamento a tutti i livelli di responsabilità, per adeguarlo dinamicamente alle necessità consolidate.

Nella *self evaluation* (**autovalutazione**) si fondono due scopi principali: il miglioramento del funzionamento e del servizio offerto; il controllo esterno sui risultati raggiunti, mediante la pubblicizzazione dei dati emersi dall'analisi. A questo scopo risulta funzionale la definizione di un *sistema di standard di qualità del servizio scolastico e di controllo e valutazione continua* degli stessi, in base al quale impostare le strategie generali e gli interventi locali.

La **valutazione esterna**, condotta da agenti esterni (enti specializzati, INVALSI etc.) vuole «testare» il raggiungimento di obiettivi definiti a livello generale (*elementi di sistema*).

La valutazione esterna è dettata:
— dall'esigenza di *trasparenza sul valore dei titoli e delle certificazioni*;
— dall'apertura dei confini e dalla conseguente necessità di *favorire la mobilità della forza di lavoro* e il riconoscimento internazionale delle qualificazioni ai vari livelli (EQF).

Occorre mantenere un forte intreccio tra valutazione interna ed esterna. Se l'obiettivo è quello di agire per il miglioramento delle prestazioni e dei risultati, risulta opportuno allestire un *sistema di valutazione* fortemente interattivo, in cui i momenti di valutazione esterna si accompagnino ad una sistematica azione di valutazione interna.

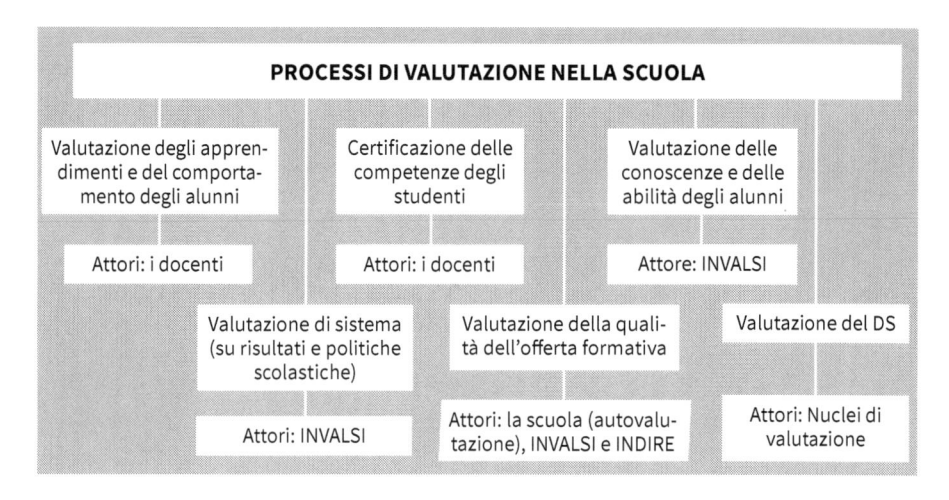

PROCESSI DI VALUTAZIONE NELLA SCUOLA

Valutazione degli apprendimenti e del comportamento degli alunni	Certificazione delle competenze degli studenti	Valutazione delle conoscenze e delle abilità degli alunni
Attori: i docenti	Attori: i docenti	Attore: INVALSI
Valutazione di sistema (su risultati e politiche scolastiche)	Valutazione della qualità dell'offerta formativa	Valutazione del DS
Attori: INVALSI	Attori: la scuola (autovalutazione), INVALSI e INDIRE	Attori: Nuclei di valutazione

2 Le tendenze internazionali e le indagini OCSE - PISA

Da alcuni anni lo sviluppo a livello internazione della qualità dei processi di insegnamento e di apprendimento ha determinato:
— la partecipazione dei singoli Paesi a *progetti internazionali* di misurazione degli apprendimenti;
— la valutazione dei risultati degli alunni in *alcune fasce di età*;
— l'individuazione di *aree chiave del curricolo* da presidiare, valutare e certificare;
— il focus sull'acquisizione da parte degli alunni di *competenze funzionali*;
— la relazione tra *situazioni virtuose e aree di problematicità*, al fine di sperimentare processi di partecipazione e collaborazione tra scuole;
— l'impulso all'innovazione didattica e alla *diffusione di modelli di buone pratiche*.

Il **Progetto PISA** (Programma per la valutazione internazionale dello studente), promosso nel 1997 da parte dei Paesi aderenti all'OCSE (Organizzazione per la cooperazione e lo sviluppo economico), testimonia l'impegno a monitorare l'efficacia dei sistemi scolastici, vagliandone con periodicità i risultati in termini di apprendimento degli studenti quindicenni scolarizzati, all'interno di un quadro di riferimento condiviso a livello internazionale. In particolare, il progetto PISA mira a verificare in che misura i giovani, prossimi all'uscita dalla scuola dell'obbligo, abbiano acquisito competenze giudicate essenziali per svolgere un ruolo consapevole ed attivo nella società e per continuare ad apprendere.

Il progetto PISA **si svolge** con periodicità triennale (prima indagine 2000), utilizzando prove scritte strutturate e coniuga la valutazione delle competenze negli ambiti disciplinari della *lettura, matematica e scienze*, con quella riferita ad importanti *competenze trasversali*, arricchite dalla valutazione delle prestazioni di «problem solving».

La focalizzazione dell'indagine viene posta a rotazione su una delle tre aree, che costituisce l'ambito principale della valutazione al quale sono dedicati i due terzi delle prove di rilevazione.

I risultati sono messi in relazione con i dati raccolti attraverso questionari rivolti a studenti, genitori e Dirigenti scolastici, relativi a fattori di contesto riguardanti gli stessi studenti, le loro famiglie e le istituzioni scolastiche, con lo scopo di esaminare *l'interazione tra tali fattori e le competenze rilevate negli ambiti disciplinari* nonché le possibili implicazioni che ne possono derivare sul piano delle politiche scolastiche dei singoli Paesi aderenti al progetto.

Le competenze negli ambiti disciplinari devono essere accompagnate da abilità di carattere generale, di tipo comunicativo, di adattabilità, flessibilità, capacità di risolvere problemi e utilizzare le tecnologie dell'informazione, che si sviluppano in modo trasversale rispetto ai curricola e alle discipline e richiedono pertanto un *approccio interdisciplinare*. Il programma PISA fornisce tre principali tipi di risultato:
— gli *indicatori di base* che consentono di costruire un profilo di riferimento delle competenze dei quindicenni di ogni Paese nelle aree disciplinari prima indicate;

— gli *indicatori di contesto* che mostrano come tali competenze siano in relazione con importanti variabili di carattere demografico, socio economico e relative alla struttura del sistema di istruzione;
— gli *indicatori di tendenza* derivanti dal carattere ciclico della rilevazione che permette di analizzare le variazioni temporali dei risultati.

3 La valutazione delle scuole italiane

Fino alla prima metà degli anni Novanta l'attenzione ai risultati e quindi alla qualità scolastica è stata nulla o scarsa.

Fino agli anni Settanta si può riscontrare un'assenza di controlli sui risultati sull'assunto che *investimenti + insegnamenti = miglioramento*.

Negli anni Ottanta si riscontra una maggiore attenzione ai processi e all'autoanalisi nell'ipotesi che *valutazione dei processi = miglioramento*.

Dalla metà degli anni Novanta si hanno i primi provvedimenti che destano attenzione ai risultati; nell'ipotesi di *misurazione degli apprendimenti con indicatori di processo ritenuti significativi (tempo di insegnamento procedure e metodologie utilizzate, presenza di strumenti etc.) = miglioramento*.

Il concetto di qualità è per la prima volta introdotto nell'ordinamento scolastico italiano dall'art.603 del **Testo Unico n. 297/1994**, in riferimento al perseguimento dell'attuazione del diritto allo studio e ai livelli generali dell'istruzione.

La norma assegna al Ministero il compito di individuare metodi adeguati di rilevamento dei processi e dei risultati del servizio scolastico soprattutto in uno specifico ambito: *il graduale superamento dell'evasione scolastica, della ripetenza, dell'abbandono o ritardo nel corso degli studi, in particolare nelle aree di forte disagio*.

La proposta relativa all'istituzione di un **Servizio nazionale di valutazione** suscitò notevole interesse già nel corso dei lavori della **Conferenza nazionale sulla scuola**, tenutasi a Roma nel 1990, al fine di comparare i risultati del servizio scolastico, nonché di monitorare le attività di progettazione e programmazione educativa e didattica nella loro capacità di incidere sul successo scolastico a livello sia di classe sia di istituto. Scopo fondamentale di un Servizio Nazionale di Valutazione è quello di valutare lo stato di efficienza del sistema formativo, al fine di supportare adeguatamente le decisioni e gli interventi per l'innovazione dei contesti educativi e dei comportamenti professionali, anche attraverso il confronto con situazioni comparabili di altri Paesi.

L'**art. 21 della legge 15 marzo 1997, n. 59** che istituisce l'autonomia delle istituzioni scolastiche, al comma 9 prevede per le medesime «*l'obbligo di adottare procedure e strumenti di verifica e valutazione della produttività scolastica e del raggiungimento degli obiettivi*».

Non si tratta di una novità, in quanto sin dai primi anni Novanta si sviluppa in tutti i settori della Pubblica Amministrazione un'azione di *riqualificazione all'insegna della qualità e della trasparenza*, finalizzata a stabilire un rapporto di fiducia tra i soggetti che hanno la funzione di erogare pubblici servizi e i fruitori dei medesimi.

La logica della valutazione complessiva è quella di rendere la Pubblica Amministrazione un'organizzazione responsabile, non più regolata dal solo principio di legalità astratta e puramente formale, ma finalizzata ad offrire ai cittadini i servizi migliori possibili con l'utilizzazione ottimale delle risorse a disposizione e soggetta a trasparenza e rendicontazione.

In Italia dal 1997, con la **Direttiva n. 307/1997** venne, inoltre, istituito, presso il CEDE (il Centro Europeo dell'Educazione istituito dal D.P.R. n. 419/1974), il **Servizio Nazionale per la Qualità dell'istruzione**.

Il tema della qualità dell'educazione diviene «oggetto d'attualità politica nel momento in cui si è cominciato a prendere coscienza del peso sempre più rilevante dalla variabile «educazione» nel *processo di sviluppo economico e sociale*». L'itinerario normativo, che ha condotto alla realizzazione di strutture e sistemi finalizzati ad effettuare valutazioni di qualità in ambito scolastico, registra una tappa molto importante con il **D.Lgs. n. 258/1999** che opera la trasformazione del CEDE in **Istituto Nazionale per la Valutazione del Sistema dell'Istruzione (INVALSI)**, prevedendone un notevole ampliamento delle funzioni e delle finalità, coerentemente con l'innovazione dell'ordinamento scolastico.

La **legge n. 53/2003** introduce successivamente la valutazione sistematica e periodica degli apprendimenti e della qualità complessiva del servizio scolastico. Rilevante al riguardo è la disposizione dell'art.3 della legge n.53/2003 che affida all'INVALSI il compito di **effettuare verifiche periodiche sulle conoscenze e abilità degli studenti e sulla qualità complessiva dell'offerta formativa**. L'intento è quello di dar vita ad una riorganizzazione efficiente del sistema di valutazione, non limitata a teorie e studi docimologici, né a rilevazioni statistiche, ma consistente in analisi sul campo, e nella definizione di utili indicatori per le scelte di indirizzo e di governo del sistema di istruzione e formazione.

Nel novembre 2004 con il **D.Lgs. n. 286** viene definitivamente istituito il **Servizio Nazionale di Valutazione** e sono attribuiti all'INVALSI i compiti della valutazione del sistema educativo di istruzione e di formazione con l'obiettivo di valutarne l'efficienza e l'efficacia, inquadrando la valutazione nel contesto internazionale.

4 Il Sistema nazionale di valutazione (SNV)

Il Regolamento sul Sistema Nazionale di Valutazione (D.P.R. n. 80/2013) disciplina il **Sistema nazionale di valutazione (SNV)** delle scuole pubbliche e delle istituzioni formative accreditate dalle Regioni. L'Italia si allinea così agli altri Paesi europei sul versante della valutazione dei sistemi formativi pubblici, e risponde agli impegni assunti nel 2011 con l'Unione europea, in vista della programmazione dei fondi strutturali 2014/2020.

Il Sistema Nazionale di Valutazione ha lo scopo di:
— dare al Paese un servizio fondamentale per poter **aiutare ogni scuola a tenere sotto controllo gli indicatori di efficacia e di efficienza** della sua offerta formativa ed impegnarsi nel miglioramento;

- fornire all'amministrazione scolastica e agli uffici competenti, le informazioni utili a **progettare azioni di sostegno per le scuole in difficoltà;**
- **valutare i Dirigenti scolastici** e offrire alla società civile e ai decisori politici la dovuta rendicontazione sulla effettiva identità del sistema di istruzione e formazione.

Il Ministro, con periodicità almeno triennale, individua le **priorità strategiche** della valutazione del sistema educativo di istruzione, che costituiscono il riferimento per le funzioni di coordinamento svolte dall'INVALSI, nonché i criteri generali per assicurare la valorizzazione del ruolo delle scuole nel processo di autovalutazione.

Il SNV si avvale dell'**INVALSI** che predispone tutti gli adempimenti necessari per l'autovalutazione e la valutazione esterna delle scuole, dell'**INDIRE**, che può supportare le scuole nei Piani di miglioramento, e di un contingente di **Ispettori** definito dal Ministro che ha il compito di guidare i *nuclei di valutazione esterna*.

4.1 Compiti specifici dell'INVALSI

L'**INVALSI** (Istituto nazionale per la valutazione del sistema di istruzione e formazione):

- propone i protocolli di valutazione e il programma delle visite alle istituzioni scolastiche da parte dei *nuclei di valutazione esterna*;
- definisce gli indicatori di efficienza e di efficacia in base ai quali il SNV individua le istituzioni scolastiche che necessitano di supporto e da sottoporre prioritariamente a valutazione esterna;
- mette a disposizione delle singole istituzioni scolastiche strumenti relativi al procedimento di valutazione;
- definisce gli indicatori per la valutazione dei Dirigenti scolastici;
- cura la selezione, la formazione e l'inserimento in un apposito elenco degli esperti dei nuclei per la valutazione esterna;
- cura la formazione degli ispettori che partecipano ai citati nuclei;
- redige le relazioni al Ministro e i rapporti sul sistema scolastico e formativo, in modo tale da consentire anche una comparazione su base internazionale;
- partecipa alle indagini internazionali e alle altre iniziative in materia di valutazione, in rappresentanza dell'Italia.

All'INVALSI compete anche il coordinamento funzionale dell'SNV nonché la definizione delle modalità tecnico-scientifiche della valutazione, sulla base degli standard vigenti in ambito europeo e internazionale.

4.2 Compiti specifici dell'INDIRE

L'**INDIRE** (Istituto nazionale di documentazione, innovazione e ricerca educativa) concorre a realizzare gli obiettivi del SNV attraverso il supporto alle istituzioni scolastiche nella definizione e attuazione dei *piani di miglioramento della qualità* *dell'offerta formativa* e dei risultati degli apprendimenti degli studenti, autonomamente adottati dalle stesse (→ *infra*).

A tale fine, cura il sostegno ai processi di innovazione centrati sulla diffusione e sull'utilizzo delle nuove tecnologie, attivando progetti di ricerca tesi al miglioramento della didattica, nonché interventi di consulenza e di formazione in servizio del personale docente, amministrativo, tecnico e ausiliario e dei Dirigenti scolastici, anche sulla base di richieste specifiche delle istituzioni scolastiche.

5 Il procedimento di valutazione delle scuole

Il procedimento di valutazione si snoda attraverso **quattro fasi** essenziali:

a) **Autovalutazione delle istituzioni scolastiche**

Le scuole procedono all'analisi e verifica del proprio servizio sulla base dei dati resi disponibili dal sistema informativo del Ministero, delle rilevazioni sugli apprendimenti e delle elaborazioni sul valore aggiunto restituite dall'INVALSI, oltre a ulteriori elementi significativi integrati dalla stessa scuola.

Procedono, quindi, all'elaborazione di un **rapporto di autovalutazione** in formato elettronico, secondo un quadro di riferimento predisposto dall'INVALSI, e alla formulazione di un **piano di miglioramento** (→ *infra*).

I piani di miglioramento, con i risultati conseguiti dalle singole istituzioni scolastiche, sono comunicati al direttore generale del competente Ufficio scolastico regionale, che ne tiene conto ai fini della individuazione degli obiettivi da assegnare al Dirigente scolastico in sede di conferimento del successivo incarico e della valutazione dirigenziale.

b) **Valutazione esterna**

È compito dell'INVALSI individuare le situazioni da sottoporre a verifica, sulla base di indicatori di efficienza ed efficacia previamente definiti dall'INVALSI medesimo; seguiranno le **visite dei nuclei di valutazione**, composti da un dirigente tecnico e da due esperti, e la ridefinizione da parte delle istituzioni scolastiche dei piani di miglioramento in base agli esiti dell'analisi effettuata dai citati nuclei.

c) **Azioni di miglioramento**

Le istituzioni scolastiche procedono alla definizione e attuazione degli interventi migliorativi anche con il supporto dell'INDIRE o attraverso la collaborazione con Università, enti di ricerca, associazioni professionali e culturali. Le azioni di miglioramento sono dirette anche a evidenziare le aree di miglioramento organizzativo e gestionale delle istituzioni scolastiche direttamente riconducibili al dirigente scolastico, ai fini della valutazione dei risultati della sua azione dirigenziale.

d) **Rendicontazione sociale**

È prevista la pubblicazione e diffusione dei risultati raggiunti, attraverso indicatori e dati comparabili, sia in una dimensione di trasparenza sia in una dimensione di condivisione e promozione del miglioramento del servizio con la comunità di appartenenza.

6 Il Rapporto di valutazione (RAV)

> **Espansione Web**
> *Modello di RAV*

L'**autovalutazione è un processo continuo di analisi dell'operato della scuola**. È il primo stadio di valutazione integrata e raccordo tra autovalutazione e valutazione esterna. Permette l'acquisizione di elementi utili per avviare processi di miglioramento importanti anche all'esterno (stakeholder).

Il **Rapporto di valutazione** (RAV) raccoglie informazioni sul funzionamento della scuola e viene compilato dal Dirigente con il supporto del *Nucleo interno di miglioramento* (NIV).

Il RAV è un documento articolato in 5 sezioni che prevede:

— definizione di 49 indicatori (attraverso i quali le scuole potranno scattare la loro «fotografia»);
— individuazione dei punti di forza e di debolezza (confrontati con dati nazionali e internazionali);
— elaborazione di strategie per rafforzare la propria azione educativa.

La redazione si articola in quattro fasi:

— descrittivo-orientativa (contesto e risorse);
— valutativa (esiti e processi);
— metodologico/riflessiva (descrizione e valutazione dei percorsi di autovalutazione);
— proattiva (individuazione di priorità, obiettivi di processo e traguardi di lungo periodo).

Le informazioni fornite vengono sintetizzate dall'INVALSI in indicatori ed elaborate nel confronto con le situazioni di altre scuole (*media nazionale*).

Ad ogni scuola viene poi restituito un «Rapporto» in cui compaiono il valore attribuito ad ogni indicatore (in forma di percentuale o scala di livelli) ed i valori degli indicatori per le altre scuole, per permettere di leggere i dati in un'ottica valutativa più ampia.

Gli esiti del procedimento di valutazione non hanno l'obiettivo di *sanzionare o premiare*, ma intendono rendere pubblico il rendimento della scuola in termini di **efficacia formativa**.

La Direttiva n. 11 del 18-9-2014 ha stabilito che a partire dal 2014-15 tutte le scuole devono effettuare l'autovalutazione mediante la redazione del Rapporto di autovalutazione in formato elettronico contenente gli obiettivi di miglioramento.

7 Il Piano di miglioramento (PDM)

Una volta chiuso e pubblicato il RAV, la fase successiva prevede la formulazione e l'attuazione del **Piano di miglioramento** (**PDM**) (art. 6, comma 2, D.P.R. n. 80/2013), che indica il percorso che la scuola intende affrontare per raggiungere i traguardi relativi alle priorità indicate nel RAV. Il PDM è curato, come il RAV, dal Dirigente scolastico e dal NIV costituito per la compilazione del RAV.

Fondamentale per l'attuazione del PDM è il coinvolgimento di tutta la comunità scolastica che deve essere resa partecipe degli obiettivi e dei traguardi che la scuola si è prefissata. È compito del NIV stabilire le modalità di tale coinvolgimento attraverso delle strategie di condivisione che devono essere esplicitate nel documento.

L'INDIRE fornisce un modello di PDM basato su due tipi di interventi: le **pratiche educative e didattiche** e le **pratiche gestionali ed organizzative**.

Esso è suddiviso in *quattro sezioni*:
1) scelta degli obiettivi di processo più utili alle priorità individuate nel RAV (opzionale);
2) individuazione delle azioni da mettere in atto per raggiungere gli obiettivi prefissati (opzionale);
3) pianificazione degli obiettivi di processo (obbligatoria);
4) valutazione, condivisione e diffusione del lavoro svolto dal NIV (obbligatoria).

Come per la compilazione del RAV anche quella del PDM è facilitata dalla presenza di domande guida.

Attualmente si deve ritenere, in linea con la previsione dell'offerta formativa **triennale**, che anche il Piano di miglioramento debba essere sviluppato in questo lasso temporale; per la sua compilazione non è prevista però alcuna scadenza ed esso è sempre modificabile.

8 Le certificazioni di qualità

Sono sempre più numerose le istituzioni scolastiche che decidono di affidarsi ad una valutazione di terzi, ossia di un soggetto esterno o ente certificatore che deve verificare la corrispondenza tra la modalità di funzionamento della scuola e gli standard stabiliti dalle norme di riferimento.

In questo caso viene adottata una formalizzazione accurata delle procedure e delle azioni per ottenere la certificazione di conformità alle **norme internazionali ISO** (International Organization for Standardization).

Una delle modalità che ha avuto larga diffusione nelle scuole di ogni ordine e grado è la **certificazione di qualità ISO 9001**, giunta alla versione 2015. Tale strumento specifica i requisiti di un sistema di gestione quando un'organizzazione ha l'esigenza di dimostrare la sua capacità di fornire, con regolarità, servizi che soddisfino le esigenze degli utenti e intende accrescere tale soddisfazione.

Tra gli strumenti accreditati di valutazione delle organizzazioni complesse particolare rilievo assume anche il **Common Assessment Framework** (**CAF**), dispositivo di Total Quality Management (EFQ).

Il CAF è stato progettato per essere utilizzato in tutte le aree del settore pubblico, utilizzando alcuni concetti fondamentali di eccellenza che sono:

— orientamento ai risultati;
— focalizzazione sul cliente;
— leadership e fermezza di propositi;
— gestione per processi e per obiettivi;
— coinvolgimento del personale;
— miglioramento continuo e innovazione;
— partnership e responsabilità sociale.

8
Verifica e valutazione degli apprendimenti

La valutazione contraddistingue l'intero processo educativo ed è correlata alla *realizzazione degli obiettivi formativi*, non solo da un punto di vista culturale ma anche per la dimensione personale e sociale di ciascun alunno. La valutazione ha anche una fondamentale *valenza didattica* in quanto si propone di accertare la validità dei metodi e dei percorsi utilizzati al fine di attivare eventuali processi di miglioramento.

1 I tempi e i tipi di valutazione

La verifica del processo di insegnamento-apprendimento può essere effettuata in tre principali momenti: *iniziale*, *intermedio* e *finale*:

— la **valutazione iniziale ha una funzione diagnostica**, in quanto consente di raccogliere informazioni, dati, elementi utili, per conoscere la situazione di partenza degli alunni, considerati singolarmente e nel contesto della classe, e per procedere alla *definizione della programmazione curricolare*. Tale valutazione svolge anche un'importante funzione ai fini dell'orientamento scolastico, soprattutto in riferimento alle attitudini che potranno supportare gli studenti nel corso degli studi da intraprendere;

— la **valutazione in itinere** consiste nell'accertamento continuo delle singole parti in cui si articola ogni unità didattica; essa svolge una **funzione formativa** in quanto orienta i docenti e prevede una serie di decisioni relative al lavoro di regolazione dei procedimenti, dei metodi e dei contenuti, così da favorire l'adozione di eventuali correttivi alla metodologia utilizzata. La sequenza degli esiti delle verifiche formative consente al docente di valutare, a scopo «autoregolativo», l'efficacia dei metodi e la congruità degli obiettivi previsti dalla programmazione didattica;

— la **valutazione finale o sommativa** si prefigge di valutare l'insieme delle conoscenze e delle capacità degli allievi e di certificare le conoscenze disciplinari e delle competenze acquisite dagli alunni nel corso o al termine degli studi.

La valutazione scolastica costituisce un lavoro complesso e difficile, in cui è possibile avvalersi di due fondamentali strumenti: le *tassonomie cognitivo/comportamentali* e gli *standard valutativi predisposti dal Ministero*.

Per quanto concerne le **tassonomie**, esse consistono in rappresentazioni lineari di obiettivi, ordinati secondo le regole dell'interdipendenza e della gradualità. Le tassonomie sono utili per programmare gli obiettivi educativi e didattici nonché per definire i descrittori da utilizzare nelle verifiche.

La definizione degli **standard e degli obiettivi della valutazione** è, invece, di competenza del Ministero dell'Istruzione. I docenti hanno il compito di adattarli al contesto educativo, nel quadro dell'autonomia didattica, individuando gli strumenti più adatti per l'applicazione. In particolare il Ministero ha stabilito:

— gli **obiettivi di apprendimento al termine del terzo e del quinto anno della scuola primaria e del terzo anno della scuola secondaria di primo grado** (Indicazioni Nazionali per il curricolo);
— le misure per la valutazione e la certificazione dei percorsi, in relazione all'attuazione dell'**obbligo di istruzione** (Linee guida – D.M. n. 139/2007);
— gli **obiettivi specifici di apprendimento** (**OSA**) per ciascuna disciplina e le competenze dello studente al termine del secondo ciclo del sistema di istruzione e di formazione (Indicazioni nazionali dei Licei – Linee guida dei Tecnici e dei Professionali).

I **Profili Educativi, Culturali e Professionali** dello studente al termine dei percorsi scolastici vengono aggiornati periodicamente in relazione agli sviluppi culturali e alle esigenze sociali, del mondo del lavoro e delle professioni.

1.1 La docimologia

Gli studi condotti nell'ambito della valutazione in campo educativo hanno determinato la nascita di una vera e propria scienza: la **docimologia,** che studia i mezzi atti a rendere oggettivamente valida ed attendibile qualunque pratica valutativa. In particolare alcuni studiosi hanno formulato soluzioni oggettive (*prove vero-falso, corrispondenze, completamenti, con risposte a scelta multipla*), mettendo in evidenza il pericolo della valutazione fondata sull'interrogazione, sugli esami e sull'attribuzione dei voti, e descrivendo gli effetti di tipo *alone* che influiscono sulla valutazione.

La docimologia ha mosso i primi passi nella prima metà del Novecento, con l'applicazione alla valutazione scolastica degli studi di psicometria, al fine di limitare la discrezionalità dei valutatori e la difformità nell'assegnazione dei voti.

1.2 Quadro giuridico della valutazione

Il processo di rinnovamento, verificatosi nella scuola negli ultimi trent'anni, ha determinato la nascita di nuovi modelli educativi e didattici; la valutazione ha, quindi, assunto un ruolo via via sempre più importante all'**interno** del processo di insegnamento-apprendimento, come aspetto strutturale dell'intervento formativo ed indicatore principale per misurare l'efficacia di ogni sequenza della programmazione.

QUADRO GIURIDICO DELLA VALUTAZIONE	
D.P.R. n. 416/1974	Attribuisce al *Collegio dei docenti* il compito di elaborare la programmazione dell'azione educativa di cui la **valutazione** rappresenta il filo conduttore, implicando un processo ininterrotto di acquisizione di dati, di individuazione di strumenti e di criteri, in riferimento agli obiettivi proposti, alle difficoltà incontrate e ai risultati conseguiti.
L. n. 517/1977	Introduce un sostanziale rinnovamento della **pratica valutativa** nella scuola dell'obbligo, conferendo agli insegnanti il compito di compilare e di tenere aggiornata la **scheda personale dell'alunno**, oltre che richiamando l'attenzione sul processo di apprendimento e sui livelli di maturazione raggiunti dagli allievi
D.L. n. 253/1995 conv. con L. n. 332/1995	Abolisce gli **esami di riparazione** e attiva i **corsi di recupero**. Con l'**Ordinanza ministeriale n. 266/1997** vengono disciplinati gli **scrutini** e gli **esami** ed è esplicitato il concetto di **debito formativo**, ossia di mancato raggiungimento degli obiettivi minimi proposti.
L. n. 425/1997	È riformato l'esame di Stato conclusivo dell'istruzione secondaria di secondo grado ed è introdotto il **concetto di credito**, come testimonianza di qualità del curricolo dello studente.
D.P.R. n. 275/1999	Attribuisce alle scuole il compito di assicurare la realizzazione di **iniziative di recupero e sostegno**, collocando il riconoscimento ed il recupero di insufficienze in una o più discipline nella più ampia dimensione del successo formativo.
L. n. 53/2003	Stabilisce che la valutazione, periodica ed annuale, del percorso di apprendimento e del comportamento degli alunni è affidata ai docenti che hanno il compito di verificare gli esiti di ciascun «periodo didattico» al fine del passaggio al periodo successivo. L'art. 3 della legge affida ai **docenti** la valutazione periodica ed annuale degli apprendimenti e dei comportamenti degli alunni nonché la certificazione delle competenze acquisite. In assenza di standard nazionali di prestazione, le singole istituzioni scolastiche sono chiamate alla **definizione di prestazioni attese e di livelli**, sul modello utilizzato per la certificazione dell'assolvimento dell'obbligo scolastico, adottando ventagli di prove, da quelle strutturate a quelle destrutturate alle quali vengono fatte corrispondere diverse abilità e competenze.
D.Lgs. n. 59/2004	Riforma la scuola dell'infanzia e il primo ciclo di istruzione. Introduce per la prima volta nella scuola italiana il **portfolio delle competenze**, uno strumento di documentazione dei processi educativi di tutti gli alunni. Il Portfolio prevede una sezione dedicata all'orientamento e una dedicata alla valutazione dell'allievo (vi rientra anche la valutazione del comportamento).

D.L. n. 137/2008 conv. con L. n. 169/2008	Il Decreto Gelmini introduce in sede di scrutinio intermedio e finale la **valutazione del comportamento**, espresso con voto numerico in decimi, anche in relazione alla partecipazione dello studente alle attività ed agli interventi educativi realizzati dalle istituzioni. Nella scuola primaria la valutazione periodica ed annuale degli apprendimenti degli alunni (ricondotta al voto espresso in decimi) e la certificazione delle competenze da essi acquisite sono effettuati mediante l'attribuzione di voti espressi in decimi e illustrate con giudizio analitico sul livello globale di maturazione raggiunto dall'alunno.
D.P.R. n. 122/2009	Il Regolamento sulla valutazione degli studenti raccoglie in un unico provvedimento tutte le norme in materia di valutazione degli apprendimenti e del comportamento degli alunni, nonché quelle relative alla certificazione delle competenze. Il D.P.R. n. 122/2009 è stato quasi del tutto abrogato dal D.Lgs. n. 62/2017.
D.M. n. 254/2012	Il «*Regolamento recante indicazioni nazionali per il curricolo della scuola dell'infanzia e del primo ciclo d'istruzione a norma dell'articolo 1, comma 4, del D.P.R. n. 89/2009*» fornisce indicazioni anche sulla valutazione, che «precede, accompagna e segue i percorsi curricolari. Attiva le azioni da intraprendere, regola quelle avviate, promuove il bilancio critico su quelle condotte a termine. Assume una preminente funzione formativa, di accompagnamento dei processi di apprendimento e di stimolo al miglioramento continuo».
D. Lgs. n. 62/2017	Il D.Lgs. n. 62/2017 di attuazione della L. 107/2015, e i successivi D.M. nn. 741 e 742, introducono nuove disposizioni per la valutazione e certificazione delle competenze, nonché nuove procedure inerenti l'esame di Stato al termine del primo e del secondo ciclo di istruzione.
D.M. n. 741/2017	Decreto Ministeriale 3 ottobre 2017 «*Svolgimento degli esami di stato conclusivi del primo ciclo, in attuazione dell'art. 8 del decreto legislativo 62/2017*».
D.M. n. 742/2017	Decreto Ministeriale 3 ottobre 2017 «*Certificazione delle competenze del Primo Ciclo di Istruzione ai sensi dell'art. 9, comma 3, del decreto legislativo 62/2017*».

2 Il D.P.R. n. 122/2009 e il D.Lgs. n. 62/2017

Il Regolamento di coordinamento delle norme di valutazione, emanato con il **D.P.R. n. 122/2009**, raccoglieva le norme vigenti in materia di valutazione degli apprendimenti e del comportamento degli alunni nonché quelle relative alla certificazione delle competenze acquisite, i cui indirizzi generali e specifici erano rinvenibili nel Testo Unico sull'istruzione, D.Lgs. n. 297/1994, nella legge n. 53/2003 e nel D.Lgs. n. 59/2004, oltre che nel Regolamento dell'autonomia scolastica, D.P.R. n. 275/1999, e nella legge n. 169/2008.

La disciplina della valutazione degli alunni è oggi contenuta nel **D.Lgs. 13-4-2017, n. 62**, attuativo della Buona scuola.

Il decreto riordina e coordina in un unico testo le disposizioni previgenti, incidendo sulla **valutazione degli apprendimenti**, sulle prove degli **esami di Stato** e sulla **certificazione delle competenze** in un'ottica di maggiore equilibrio delle prove d'esame, soprattutto in relazione a quelle previste per il secondo ciclo, e di trasparenza nella comunicazione sugli effettivi livelli di apprendimento raggiunti.

L'art. 1 del D.P.R. n. 122/2009 declinava i principi che informano tutti i provvedimenti normativi di questi ultimi anni e che sono confermati dal D.Lgs. n. 62/2017, quali:

- la **centralità dell'alunno** e del suo itinerario di apprendimento finalizzato alla formazione del cittadino;
- l'**integrazione** di tutti gli alunni;
- l'opportunità di un **percorso formativo continuo**, contrassegnato da verifiche periodiche e sistematiche atte ad individuare le potenzialità e le carenze di ogni studente con il fine di migliorare i livelli di apprendimento e raggiungere il successo formativo.

Il Regolamento **collegava l'autonomia didattica dell'istituzione scolastica** in materia di valutazione, sia nella dimensione individuale della professionalità docente sia nella forma collegiale, al **rispetto delle norme previste dallo Statuto delle studentesse e degli studenti** (D.P.R. n. 249/1998) per quanto riguarda il diritto dell'alunno ad una **valutazione trasparente e tempestiva** (art. 2, comma 4), e stabiliva che le verifiche intermedie e le valutazioni periodiche e finali sul rendimento scolastico dovessero essere coerenti con gli obiettivi di apprendimento previsti nel POF. Il Regolamento sottolineava come il tema della valutazione degli apprendimenti e del comportamento degli alunni rappresentasse un cruciale nodo dell'intero processo di insegnamento/apprendimento e dovesse essere affrontato e regolato dall'organo tecnico didattico della scuola autonoma, il *Collegio dei docenti* che, nell'elaborazione e stesura del POF, doveva indicare le modalità ed i criteri definiti per assicurare omogeneità, equità e trasparenza alla valutazione.

Ciò è ribadito anche nel **D.Lgs. n. 62/2017** che, all'art. 1 (Principi. Oggetto e finalità della valutazione e della certificazione), sancisce:

— la valutazione ha per oggetto il processo formativo e i risultati di apprendimento di alunni e studenti, **ha finalità formativa ed educativa** e concorre al miglioramento degli apprendimenti e al successo formativo degli stessi, documenta lo sviluppo dell'identità personale e promuove l'autovalutazione di ciascuno in relazione alle acquisizioni di conoscenze, abilità e competenze;
— la valutazione deve essere coerente con l'offerta formativa delle istituzioni scolastiche, con la personalizzazione dei percorsi e con le Indicazioni Nazionali per il curricolo e le Linee guida di cui ai D.P.R. 15 marzo 2010, n. 87, n. 88 e n. 89; è effettuata dai docenti nell'esercizio della propria autonomia professionale, in conformità con i criteri e le modalità definiti dal Collegio dei docenti e inseriti nel PTOF;

— la **valutazione del comportamento** si riferisce allo sviluppo delle **competenze di cittadinanza**. Lo Statuto delle studentesse e degli studenti, il Patto educativo di corresponsabilità e i regolamenti approvati dalle istituzioni scolastiche ne costituiscono i riferimenti essenziali.

Ciascuna istituzione scolastica può autonomamente determinare, anche in sede di elaborazione del PTOF, iniziative finalizzate alla promozione e alla valorizzazione dei comportamenti positivi delle alunne e degli alunni, delle studentesse e degli studenti, al coinvolgimento attivo dei genitori e degli studenti, in coerenza con quanto previsto dal Regolamento di istituto, dal Patto educativo di corresponsabilità e dalle specifiche esigenze della comunità scolastica e del territorio.

L'istituzione scolastica certifica l'acquisizione delle competenze progressivamente raggiunte anche al fine di favorire l'orientamento per la prosecuzione degli studi.

L'azione orientativa della certificazione, già contenuta nel D.P.R. n. 122/2009 si realizza nella misura in cui la certificazione stessa viene declinata in termini di competenze acquisite e permette al soggetto di compiere scelte formative e lavorative successive coerenti con il suo bagaglio culturale e professionale, premessa necessaria seppur non sufficiente, per un inserimento connotato da successo nel sistema dell'istruzione e formazione o del lavoro.

3 Le prove INVALSI

Le principali funzioni ed attività dell'INVALSI, come già detto, consistono:
a. nella *valutazione di sistema*, con la predisposizione di un rapporto annuale sulla scuola contenente indicatori sulla domanda di istruzione, di indicatori sull'analisi di esiti quantitativi riguardanti gli alunni e di esiti qualitativi rilevabili dalle indagini nazionali, internazionali e dalle prove nazionali degli esami di Stato;
b. nella *valutazione delle scuole* attraverso un modello di rilevazione degli assetti organizzativi e delle pratiche didattiche correlate al miglioramento dei livelli di apprendimento degli alunni;
c. nella *rilevazione degli apprendimenti degli studenti* nelle fasi di ingresso e di uscita dai diversi ordini e gradi di scuola;
d. nella *diffusione della cultura della valutazione* con particolare riferimento alle azioni di formazione del personale dirigente e docente.

Le istituzioni scolastiche sono soggette a **periodiche rilevazioni nazionali sugli apprendimenti** e sulle competenze degli studenti, predisposte e organizzate dall'INVALSI anche in raccordo alle analoghe iniziative internazionali. Tali rilevazioni sono effettuate su base censuaria nelle classi seconda e quinta della scuola primaria, prima e terza della scuola secondaria di primo grado, seconda e ultima della scuola secondaria di secondo grado.

Il modello di valutazione proposto dall'INVALSI è noto con l'acronimo **CIPP**, che individua quattro elementi fondamentali del sistema d'istruzione:
— Contesto;
— Input;

— Processi;
— Prodotti (risultati ottenuti, sia a breve termine: percentuali di promossi, votazioni conseguite agli esami di Stato, livelli degli apprendimenti rilevati con prove standardizzate; sia nel medio e nel lungo periodo: accesso all'Università e asl mondo al lavoro).

Le prove INVALSI sono strutturate su modelli che richiamano le prove PISA OCSE e sono coerentemente tese a valutare le conoscenze e l'uso delle stesse in contesti problematici reali con il corredo delle relative capacità. Gli esiti nazionali resi noti dall'INVALSI e gli esiti disarticolati a livello territoriale sino a giungere alle singole scuole hanno permesso, da un lato, di sviluppare riflessioni sullo stato delle competenze degli alunni del sistema nazionale di istruzione al termine del primo ciclo, soprattutto nelle discipline di Italiano e Matematica, considerate essenziali per lo sviluppo formativo, dall'altro hanno costituito un punto di partenza, per le scuole, per riflettere sulle difficoltà emerse e per riprogrammare l'azione didattica con l'obiettivo del loro superamento.

Le prove periodiche sono effettuate contestualmente su tutto il territorio nazionale nelle stesse date stabilite dal Ministero; l'INVALSI restituisce il risultato alle singole scuole, con dati disaggregati a livello nazionale, regionale e con le analisi dei risultati a livello di prova e di singola domanda.

L'INVALSI provvede anche alla stesura di un **Rapporto annuale sugli apprendimenti**.

4 La valutazione degli alunni nel primo ciclo di istruzione (D.Lgs. 62/2017)

4.1 La valutazione degli apprendimenti

La valutazione degli apprendimenti delle alunne e degli alunni frequentanti la scuola primaria e secondaria di primo grado è di competenza dei *docenti della classe*.

Essa viene effettuata attraverso l'attribuzione di un **voto in decimi**, ma va corredata della esplicitazione dei *livelli di apprendimento raggiunti* dall'alunno. La valutazione, infatti, ha un'importante *funzione formativa*, cioè di accompagnamento dei processi di apprendimento, e di stimolo al miglioramento continuo, in modo da finalizzare i percorsi didattici all'acquisizione di competenze disciplinari, personali e sociali.

La valutazione degli alunni, periodica e finale, compete dunque ai docenti contitolari della classe (nella scuola primaria) ovvero al Consiglio di classe: è **collegiale** (è necessaria la presenza di tutti i componenti, lo scrutinio è palese e non ci si può astenere); partecipano alla valutazione di tutti gli alunni anche gli *insegnanti di sostegno*, in quanto contitolari della classe.

L'**ammissione alla classe successiva** degli alunni del primo ciclo è così regolata:
— gli alunni della *scuola primaria* sono ammessi alla classe successiva **anche in presenza di livelli di apprendimento parzialmente raggiunti** o in via di pri-

ma acquisizione. La **non ammissione** alla classe successiva è possibile **in casi eccezionali** e deve essere deliberata all'*unanimità* e comprovata da *specifica motivazione* dei docenti contitolari (come già previsto nella normativa precedente, D.Lgs. n. 59/2004);
— gli alunni della *scuola secondaria di primo grado* sono ammessi alla classe successiva o all'esame di Stato, con delibera del Consiglio di classe, anche in caso di parziale o mancata acquisizione dei livelli di apprendimento, dunque **anche in caso di attribuzione di voti inferiori a sei decimi**. In caso di alunni che non abbiano, totalmente o parzialmente, acquisito i necessari livelli di apprendimento in una o più discipline, il Consiglio di classe può deliberare, con *adeguata motivazione* e a maggioranza, la **non ammissione** alla classe successiva o all'esame conclusivo del primo ciclo.

Il decreto n. 62 del 2017 introduce, a tal proposito, per tutto il primo ciclo, l'attivazione, da parte dell'istituzione scolastica, di specifiche *strategie per il miglioramento* dei livelli di apprendimento parzialmente raggiunti o in via di prima acquisizione.

In buona sostanza, diventa difficile una «**bocciatura**», se non in casi eccezionali, poiché l'ammissione diviene la regola generale se la scuola avrà messo a punto, ben prima del termine dell'anno scolastico, i percorsi di supporto per colmare le lacune nei livelli di apprendimento.

La **verbalizzazione** degli scrutini è importante ai fini di *autotutela* della scuola, e deve riportare esiti numerici e favorevoli o contrari alle ammissioni. Le operazioni di scrutinio devono essere presiedute dal Dirigente scolastico o da un suo delegato.

4.2 Le prove INVALSI

Le rilevazioni nazionali predisposte dall'INVALSI si svolgono, in modalità cartacea, nelle **classi seconda e quinta della primaria** e sono dirette ad accertare il livello degli apprendimenti in *italiano, matematica,* e *nella classe quinta, anche inglese* (materia quest'ultima introdotta dal decreto n. 62), in coerenza con il Quadro comune di riferimento europeo per le lingue.

Le prove INVALSI nella **scuola secondaria di primo grado**, invece, si svolgono solo al **terzo anno** attraverso prove standardizzate *computer based* e sono anch'esse effettuate per accertare i livelli di apprendimento in italiano, matematica e inglese. Le prove INVALSI devono essere svolte entro il mese di aprile e non fanno più parte dell'esame finale del primo ciclo, come in precedenza, ma costituiscono, a partire dal 2017-2018, **requisito per l'ammissione** all'esame.

Le rilevazioni nazionali degli apprendimenti delle prove INVALSI costituiscono **attività ordinarie di istituto** e contribuiscono al processo di **autovalutazione** delle istituzioni. Con il D.Lgs. n. 62/2017 le prove INVALSI diventano, dunque, **obbligatorie**.

È prevista, inoltre, la restituzione individuale alle famiglie, attraverso un giudizio in forma descrittiva, del livello di apprendimento raggiunto in italiano, matematica e inglese.

4.3 La valutazione del comportamento

La valutazione del comportamento delle alunne e degli alunni del primo ciclo di istruzione viene espressa collegialmente dai docenti con un **giudizio sintetico riportato nel documento di valutazione** (art. 2 D.Lgs. n. 62/2017). Scompare, quindi, come nella scuola primaria, la valutazione del comportamento in decimi.

Di conseguenza, il giudizio negativo di comportamento risulta *neutrale* rispetto all'ammissione alla classe successiva. Inoltre, il criterio di valutazione deve essere riferito «allo sviluppo delle *competenze di cittadinanza*».

Ne costituiscono riferimenti essenziali lo Statuto delle studentesse e degli studenti (per il secondo ciclo), il *Patto educativo di corresponsabilità* (esteso alla scuola primaria con **L. n. 92/2019**) e i regolamenti scolastici.

Ciascuna istituzione scolastica, poi, può determinare autonomamente iniziative rivolte alla promozione e alla valorizzazione dei comportamenti positivi delle alunne e degli alunni, anche in sede di predisposizione del PTOF (art. 1).

4.4 La valutazione delle assenze

Nella **scuola secondaria di primo grado**, le assenze vengono valutate ai fini della validità dell'anno scolastico, per la quale è necessaria la frequenza minima di almeno **tre quarti del monte ore annuale** personalizzato. Nel monte ore rientrano tutte le attività oggetto di valutazione periodica e finale da parte del Consiglio di classe (art. 5 D.Lgs. n. 62/2017). Resta dunque ferma la disciplina prevista dall'art. 14, comma 7, D.P.R. n. 122/2009, fatte salve le eventuali deroghe definite dal Collegio dei docenti (già previste dalla C.M. 4-3-2011, n. 20). Le scuole, infatti, possono porre **deroghe** al limite dei tre quarti di presenza minima necessaria, *in casi eccezionali* (assenze continuative) e documentati: è il Collegio dei docenti che delibera la deroga purché la frequenza effettuata consenta al Consiglio di classe di procedere alla valutazione sulla base di elementi sufficienti.

Nel caso in cui non sia possibile procedere alla valutazione, il Consiglio di classe delibera la **non ammissione** dell'alunno.

4.5 L'esame di Stato

A partire dall'anno scolastico 2017-2018, l'esame finale del primo ciclo risulta disciplinato dal **D.Lgs. n. 62/2017**, dal **D.M. 3 ottobre 2017, n. 741** che ha regolamentato specificamente le operazioni connesse e della **Nota n. 1865** del **10 ottobre 2017** sulla valutazione, certificazione delle competenze ed esami di Stato.

Il **voto di ammissione** all'esame conclusivo del primo ciclo è espresso dal Consiglio di classe **in decimi**, e deve tener conto del percorso scolastico compiuto dall'alunno.

> **Espansione Web**
> *D.M. n. 741/2017: Esame di Stato conclusivo del primo ciclo di istruzione*

L'art. 8 D.Lgs. n. 62/2017 disciplina e modifica il contenuto delle prove dell'esame conclusivo del primo ciclo, in particolare, «semplificandolo» rispetto alla normativa previgente. Esso prevede: **tre prove scritte** (italiano, matematica e lingua straniera articolata in sezioni per ciascuna delle lingue seguite) cui si aggiunge un **colloquio** per valutare le conoscenze descritte nel profilo finale dello studente e per accertare le competenze trasversali, quali la capacità di argomentazione, di risoluzione di problemi, di pensiero critico e riflessivo, nonché il livello di padronanza delle competenze di cittadinanza e delle competenze nelle lingue straniere.

La **Commissione d'esame predispone le prove d'esame** e i criteri per la correzione e la valutazione. Un'ulteriore innovazione riguarda la *composizione* della Commissione medesima, per la quale è prevista l'attribuzione della **presidenza** al **Dirigente scolastico** della scuola oppure ad un docente collaboratore in caso di sua assenza (scuole in reggenza) o impedimento.

Le prove scritte, finalizzate a rilevare le competenze definite nel profilo finale dello studente secondo le Indicazioni nazionali per il curricolo, sono: prova scritta di italiano o della lingua nella quale si svolge l'insegnamento, intesa ad accertare la padronanza della stessa lingua; prova scritta relativa alle competenze logico matematiche; prova scritta, relativa alle competenze acquisite, articolata in una sezione per ciascuna delle lingue straniere studiate.

Il colloquio si pone la finalità di valutare il livello delle conoscenze, abilità e competenze descritte nel profilo finale dello studente secondo le Indicazioni nazionali. Viene condotto collegialmente dalla sottocommissione, ponendo particolare attenzione alle capacità di argomentazione, di risoluzione di problemi, di pensiero critico e riflessivo, di collegamento organico e riflessivo tra le varie discipline di studio. Il colloquio tiene conto anche del livello di padronanza delle competenze di cittadinanza e di quelle nelle lingue straniere.

L'esame si intende superato se il candidato consegue una votazione finale non inferiore a **sei decimi**. La votazione di dieci decimi può essere accompagnata dalla **lode** se deliberata all'unanimità dalla Commissione.

Il voto finale dell'esame, espresso in decimi, deriva dalla media aritmetica, arrotondata all'unità superiore per frazioni pari o superiori a 0,5, tra il voto di ammissione e la media dei voti delle prove e del colloquio (prima il voto finale derivava dalla media tra il voto di ammissione e quello delle singole prove d'esame).

L'esito dell'esame di Stato, con l'indicazione della votazione complessiva conseguita, è **pubblicato** per tutti i candidati nell'albo della scuola sede della commissione d'esame ed è consultabile anche sul sito web della scuola.

4.6 La certificazione delle competenze

La **certificazione delle competenze**, per il primo ciclo di istruzione, consiste nella descrizione e certificazione delle *competenze chiave* nonché delle competenze di cittadinanza acquisite dall'alunno. Si tratta di un documento *per livelli* (avanzato, intermedio, base e iniziale) *e non per voti*: deve essere scritto in maniera semplice in quanto si rivolge alle famiglie. La certificazione delle competenze si affianca alla pagella ma non la sostituisce.

Essa infatti non è sostitutiva delle attuali modalità di valutazione e attestazione giuridica dei risultati scolastici (ammissione alla classe successiva, rilascio di un titolo di studio finale etc.), ma accompagna e integra tali strumenti normativi, accentuandone il carattere informativo e descrittivo del quadro delle competenze acquisite dagli allievi.

La certificazione delle competenze viene **rilasciata al termine della scuola primaria e del primo ciclo di istruzione** (art. 9, comma 2, del **D.Lgs. n. 62/2017**).

La maggior parte delle scuole già in precedenza compilava la scheda della certificazione delle competenze, ciascuna in base ad un proprio modello differente, ma solo con la **C.M. n. 3/2015**, contenente le *Linee guida per la certificazione delle competenze nel primo ciclo di istruzione*, è stato adottato un **modello nazionale** uniforme, che è stato oggetto di **sperimentazione** da parte delle scuole negli anni scolastici 2014-2015 e 2015-2016.

L'adozione della certificazione delle competenze era stata prevista già dalla legge che istituiva l'autonomia scolastica (D.P.R. n. 275/1999, art. 10). Il Comitato tecnico per le Indicazioni nazionali per il curricolo, nel 2015, ha definito i due modelli per la certificazione (uno per le classi quinte della primaria e l'altro per le classi terze delle medie) *armonizzandoli con le competenze chiave dell'Unione europea e con le Indicazioni nazionali* (D.M. n. 254/2012).

Nel 2017 sono state emanate le nuove **Linee guida per la certificazione delle competenze nel primo ciclo di istruzione** (con la **Nota n. 2000/2017**) che estende la sperimentazione anche all'anno scolastico 2016-2017 e propone

> **Espansione Web**
> *Linee guida Certificazione delle competenze per il primo ciclo 2017*

un modello semplificato frutto dell'esperienza delle scuole che hanno già sperimentato negli anni passati la certificazione. Ad esempio, esse ricalcano in maniera più evidente le *otto competenze chiave per l'apprendimento permanente* (→ Parte I, Cap. 10, par. 3 e 4) stabilite nel 2006 dal Parlamento europeo e dal Consiglio d'Europa, in seguito rinnovate nel **2018**, con una **nuova Raccomandazione**.

I livelli da attribuire a ciascuna competenza sono stati confermati.
Essi sono:

A – *Avanzato*: L'alunno/a svolge compiti e risolve problemi complessi, mostrando padronanza nell'uso delle conoscenze e delle abilità; propone e sostiene le proprie opinioni e assume in modo responsabile decisioni consapevoli.

B – *Intermedio*: L'alunno/a svolge compiti e risolve problemi in situazioni nuove, compie scelte consapevoli, mostrando di saper utilizzare le conoscenze e le abilità acquisite.

C – *Base*: L'alunno/a svolge compiti semplici anche in situazioni nuove, mostrando di possedere conoscenze e abilità fondamentali e di saper applicare basilari regole e procedure apprese.

D – *Iniziale*: L'alunno/a, se opportunamente guidato/a, svolge compiti semplici in situazioni note.

Il Ministero ha emanato con il **decreto n. 742 del 3 ottobre 2017**, «*Finalità della certificazione delle competenze*» i **due modelli** di certificazione delle competenze da compilare, a cura delle scuole, al termine della scuola primaria e al termine del primo ciclo di istruzione, stabilendo che: le istituzioni scolastiche statali e paritarie del primo ciclo di istruzione certificano l'acquisizione delle competenze acquisite progressivamente dalle alunne e dagli alunni.

Anche per il 2018/2019, le scuole hanno utilizzato il modello allegato al D.M. 742/2017, in attesa della ridefinizione del profilo dello studente individuato nelle Indicazioni, in coerenza con le nuove competenze chiave europee del 2018 (**Nota Miur 4-4-2019, n. 5772**).

Per la **scuola primaria** il documento di certificazione delle competenze, a firma del Dirigente scolastico, è redatto dagli insegnanti a conclusione dello scrutinio finale della classe quinta.

Relativamente alla **secondaria di primo grado**, viene redatto dal Consiglio di classe in sede di scrutinio finale solo per gli studenti ammessi all'esame di Stato e consegnato alle famiglie degli alunni che abbiano sostenuto l'esame stesso con esito positivo.

5 La valutazione degli studenti nel secondo ciclo di istruzione

5.1 La valutazione degli apprendimenti e le assenze

La materia rimane regolata dall'**art. 4** del **D.P.R. n. 122/2009** che va integrato con il **D.Lgs. n. 62/2017**, di riorganizzazione della normativa sulla valutazione e sugli esami di Stato.

La valutazione *periodica e finale* degli apprendimenti, anche qui espressa in *decimi*, è effettuata dal **Consiglio di classe**, presieduto dal Dirigente scolastico o da suo delegato, con deliberazione assunta, ove necessario, *a maggioranza*. I docenti *di sostegno*, contitolari della classe, partecipano alla valutazione di tutti gli alunni, e qualora un alunno con disabilità sia affidato a più docenti di sostegno, essi si esprimono con un unico voto.

Per poter valutare lo studente è richiesta la frequenza di almeno **tre quarti dell'orario annuale** (art. 5 D.Lgs. n. 62/2017). Se le **assenze** superano questo limite massimo, lo studente è escluso dallo scrutinio finale, con conseguente **non ammissione** alla classe successiva o all'esame finale. Il Collegio dei docenti può però consentire in casi eccezionali, delle deroghe al limite dei tre quarti di presenza del monte ore annuale (art. 14 D.P.R. n. 122/2009 e art. 5 D.Lgs. n. 62/2017).

Sono **ammessi** alla classe successiva gli alunni che in sede di scrutinio finale conseguono un voto di comportamento non inferiore a sei decimi e una votazione

non inferiore a sei decimi in ciascuna disciplina o gruppo di discipline valutate con l'attribuzione di un unico voto.

Nello scrutinio finale il Consiglio di classe **sospende il giudizio** *degli alunni che non hanno conseguito la sufficienza in una o più discipline*, senza riportare immediatamente un giudizio di non promozione (cd. **debiti formativi**). A conclusione dello scrutinio, l'esito relativo a tutte le discipline è comunicato alle famiglie.

5.2 Il recupero dei debiti formativi

L'abolizione degli esami di riparazione negli istituti e scuole di istruzione secondaria superiore è stata disposta dal D.L. n. 253/1995, conv. in **L. n. 352/1995**, che, al loro posto, prevede l'attivazione di **interventi** *ad hoc* per l'efficace inserimento nella programmazione di classe di alunni il cui profitto, nel corso dell'anno scolastico, sia risultato insufficiente in una o più materie.

Tali interventi si attuano nella forma di **corsi** *di sostegno* o *di recupero delle carenze* (cd. **debiti**) (più propriamente detti «**IDEI**», ovvero *interventi didattici-educativi integrativi*) dei quali il D.M. n. 42/2007 e il D.M. n. 80/2007 indicano modalità, strumenti e risorse.

Questi i **punti cardine** della normativa ministeriale:
— le scuole organizzano, subito dopo gli *scrutini intermedi*, **interventi didattico-educativi di** *recupero* per gli studenti che abbiano presentato insufficienze;
— è competenza dei *Consigli di classe* decidere come organizzare i corsi di recupero, che possono essere tenuti dagli insegnanti della scuola o con la collaborazione di soggetti esterni;
— dopo i corsi di recupero, che si svolgono nel corso dell'anno scolastico, gli studenti devono affrontare delle *verifiche intermedie* per dimostrare di aver superato il debito;
— all'esito degli scrutini di fine anno scolastico, il Consiglio di classe comunica alle famiglie le carenze scolastiche degli studenti che abbiano riportato voti insufficienti in una o più materie, rimandando la *decisione di promuoverli a dopo il 31 agosto*, in occasione della verifica finale del superamento dei debiti;
— dopo lo scrutinio finale, la scuola organizza ulteriori **corsi di recupero**, che si svolgono durante l'estate, per gli studenti che non hanno ottenuto la sufficienza in una o più discipline;
— entro il 31 agosto di ogni anno si *concludono le iniziative di recupero* e subito dopo, ma non oltre la data di inizio delle lezioni dell'anno successivo, si effettuano le verifiche finali sulla base delle quali si conclude lo scrutinio con il giudizio definitivo: **promozione o bocciatura**. All'avvio dell'anno scolastico tutti gli alunni sono a parità di condizioni, in modo tale che i docenti possano sviluppare il programma dell'anno regolarmente.

Per ciò che concerne lo scrutinio degli esami di recupero, il Consiglio di classe deve obbligatoriamente mantenere la **medesima composizione di quello che ha proceduto alle operazioni di scrutinio di fine anno** (O.M. n. 92/2007), anche nei casi di conclusione delle operazioni di scrutinio dopo il 31 agosto (C.M. prot. n. 6163/2008).

Per i docenti **non sussiste però alcun obbligo di servizio**, essendo possibile anche il rifiuto di alcuni componenti del Consiglio di classe di partecipare alle operazioni finali (nota MIUR n. 7783/2008); pertanto, il Dirigente scolastico dovrà necessariamente operare nello stesso modo in cui opera per i regolari scrutini di fine anno procedendo alla nomina dei **sostituti**.

«L'eventuale assenza di un componente del Consiglio di classe [...] dà luogo alla nomina di altro docente della stessa disciplina secondo la normativa vigente» (O.M. n. 92/2007).

È possibile utilizzare personale di ruolo interno alla scuola per le sostituzioni, purché si tratti di docenti della medesima disciplina di insegnamento.

5.3 La valutazione del comportamento

Per il regolamento (D.P.R. n. 122/2009 art. 7) «la valutazione del comportamento degli alunni nelle scuole secondarie di primo e di secondo grado si propone di favorire l'acquisizione di una coscienza civile basata sulla consapevolezza che la libertà personale si realizza nell'adempimento dei propri doveri, nella conoscenza e nell'esercizio dei propri diritti, nel rispetto dei diritti altrui e delle regole che governano la convivenza civile in generale e la vita scolastica in particolare».

Ricordiamo che l'art. 7 del D.P.R. n. 122/2009 cessa di avere efficacia a partire dal 1°-9-2017 solo per il primo ciclo, per effetto del D.Lgs. n. 62/2017.

La valutazione periodica e finale del **comportamento** degli alunni è espressa in **decimi** ed il voto numerico è riportato anche in lettere nel documento di valutazione.

La valutazione del comportamento concorre alla determinazione dei **crediti scolastici**.

La valutazione del comportamento **con voto inferiore a sei decimi** in sede di scrutinio finale comporta la non ammissione alla classe successiva o all'esame finale del ciclo e può essere decisa dal Consiglio di classe solo nei confronti dell'alunno cui sia stata precedentemente irrogata una *sanzione disciplinare*. La valutazione del comportamento con voto inferiore a sei decimi deve essere **motivata** e deve essere **verbalizzata** in sede di scrutinio intermedio e finale.

5.4 I crediti scolastici

Istituito con l'art. 11 D.P.R. n. 323/1998 il **credito scolastico** è un **punteggio** riconosciuto agli alunni in base al merito, per l'andamento degli studi durante il triennio della scuola secondaria di secondo grado, punteggio che viene sommato al punteggio ottenuto alle prove scritte e orali ai fini della determinazione del voto di maturità.

Il Consiglio di classe, negli scrutini di fine anno del triennio, calcola il credito per ciascun alunno tenendo conto dei seguenti parametri:
— la media dei voti;
— la frequenza scolastica delle attività curricolari e dei progetti;
— la partecipazione al dialogo educativo;
— l'interesse alle attività complementari e integrative;
— eventuali **crediti formativi documentati** (attività ed esperienze coerenti con gli obiettivi formativi dell'indirizzo: attività teatrali, artistiche, ricreative che siano certificate, anche se acquisite fuori della scuola di appartenenza o all'estero).

L'art. 15 del D.Lgs. n. 62/2017 fissa il punteggio attribuibile nel secondo biennio e nell'ultimo anno in un **massimo di 40 punti** (prima erano 25 punti), di cui 12 per il terzo anno, 13 per il quarto e 15 per il quinto, delineando i punteggi per fasce nella tabella A allegata al D.Lgs.; quest'ultima prevede anche la conversione del credito per gli anni precedenti al nuovo regime, disciplinando così il periodo transitorio.

Il **D.Lgs. n. 62/2017** introduce un **nuovo esame di maturità**, in cui è stata eliminata la terza prova, sono stati ridotti i punti da assegnare all'esame orale ed è stato dato maggior peso alla carriera scolastica (proprio tramite l'aumento del punteggio dei crediti scolastici) (→ *infra*).

5.5 La certificazione delle competenze nel secondo ciclo di istruzione

La **certificazione delle competenze** è prevista anche al termine del secondo anno della scuola secondaria di secondo grado (ossia al completamento dell'obbligo scolastico), per *attestare appunto l'assolvimento dell'obbligo di istruzione*, come previsto dal **D.M. n. 139/2007**.

A tal fine, la certificazione è rilasciata nei confronti di quegli alunni che nel corso dell'anno solare di riferimento, hanno compiuto 16 anni e, in sede di scrutinio di giugno, sono stati ammessi alla frequenza della classe terza. Il Dirigente scolastico, previa delibera del Consiglio di classe, rilascia a richiesta dell'interessato il *Certificato delle competenze di base acquisite nell'assolvimento dell'obbligo d'istruzione*, secondo il modello allegato al **D.M. n. 9/2010**.

Il D.Lgs. 13/2013 ha istituito il *Sistema nazionale di certificazione delle competenze* e prevede che «In linea con gli indirizzi dell'Unione europea, sono oggetto di individuazione e validazione e certificazione le competenze acquisite dalla persona in contesti formali, non formali o informali, il cui possesso risulti comprovabile attraverso riscontri e prove definiti nel rispetto delle linee guida...».

Dunque, sussiste anche un obbligo di certificazione delle competenze acquisite *al termine del secondo ciclo di istruzione*, previo superamento dell'esame finale, ma al momento si attende ancora l'emanazione di un modello ministeriale.

5.6 Il nuovo esame di Stato

Il **D.Lgs. n. 62/2017**, riordinando e coordinando in un unico testo le disposizioni in materia (D.P.R. n. 122/2009, L. n. 425/1997, D.P.R. n. 323/1998, L. n. 176/2007), ha inciso anche sull'assetto dell'esame di Stato conclusivo del secondo ciclo di istruzione. Le nuove disposizioni si applicano a partire dall'a.s. 2018/2019.

Sono **ammessi** all'esame di Stato, con delibera del Consiglio di classe, gli studenti che siano in possesso dei seguenti **requisiti**:

— la frequenza di almeno tre quarti del monte ore annuale personalizzato dell'ultimo anno, salve le deroghe previste dall'art. 14, comma 7, D.P.R. n. 122/2009;
— la partecipazione, durante l'ultimo anno, alle prove INVALSI;

— lo svolgimento dell'alternanza scuola-lavoro (ora percorsi per le competenze trasversali e l'orientamento), coerentemente con la L. n. 107/2015;
— la **votazione non inferiore ai sei decimi** in ogni disciplina e un voto di comportamento non inferiore a sei decimi. Nel caso di votazione inferiore a sei decimi in una disciplina, il Consiglio di classe può deliberare, con *motivazione adeguata*, l'ammissione all'esame finale.

Con **D.L. n. 91/2018**, conv. in **L. n. 108/2018** i requisiti delle prove Invalsi e Alternanza scuola-lavoro previsti per l'ammissione all'esame conclusivo sono differiti al **1° settembre 2019**. Con **D.M. n. 769/2018** sono stati definiti anche quadri di riferimento e griglie di valutazione; con **D.M. n. 37/2019** sono state individuate le *materie* oggetto della seconda prova scritta; inoltre, il Ministero ha emanato degli *esempi* di prova e previsto lo svolgimento di *simulazioni* delle prove, al fine di consentire alle scuole e agli studenti di adeguarsi alle nuove regole degli esami.

La disciplina per l'ammissione dei **candidati esterni** è contenuta nell'art. 14 D.Lgs. n. 62/2017, mentre quella per la partecipazione diretta all'esame degli studenti che hanno ottenuto *votazioni eccellenti nella penultima classe* resta invariata.

Possono sostenere nella sessione *del penultimo anno*, il corrispondente esame di Stato (**abbreviazione per merito**), gli studenti iscritti alle penultime classi:
a) che, nello scrutinio finale per la promozione all'ultima classe, hanno riportato non meno di **otto decimi in ciascuna disciplina** e non meno di otto decimi nel comportamento (nella pratica questi studenti vengono chiamati infatti «*ottisti*»);
b) che hanno seguito un regolare corso di studi di istruzione secondaria di secondo grado;
c) che hanno riportato una votazione non inferiore a **sette decimi in ciascuna disciplina** o gruppo di discipline e non inferiore a otto decimi nel comportamento negli scrutini finali dei **due anni antecedenti il penultimo**, senza essere incorsi in ripetenze nei due anni predetti.

Dunque, ai sensi dell'art. 6, co. 2, D.P.R. n. 122/2009 gli alunni del 4° anno particolarmente meritevoli possono essere ammessi, **su loro espressa domanda**, agli esami di Stato. È una norma volta a premiare i più meritevoli.

Le **Commissioni** di esame sono costituite una ogni due classi, sono presiedute da un *presidente esterno* e composte da tre membri esterni e, per ciascuna delle due classi, da tre membri interni. È comunque assicurata la presenza dei commissari delle materie oggetto della prima e seconda prova scritta.

I commissari e il presidente sono nominati dall'Ufficio scolastico regionale in base a criteri definiti a livello nazionale con decreto del Ministro dell'istruzione. Presso l'USR sono istituiti elenchi di presidenti cui i Dirigenti scolastici e i docenti di scuola secondaria di secondo grado in possesso dei requisiti possono accedere.

Le **prove** dell'esame di Stato conclusivo del secondo ciclo di istruzione non sono più quattro ma, in base all'art. 17 D.Lgs. n. 62/2017, diventano tre: due prove a carattere nazionale scritte e un colloquio:
— la **prima prova scritta** è intesa ad accertare la padronanza della lingua italiana o della lingua nella quale si svolge l'insegnamento, nonché le capacità espressive,

logico-linguistiche e critiche del candidato. Sono previste tre tipologie: **A**, analisi e interpretazione di un testo letterario italiano; **B**, analisi e produzione di un testo argomentativo; **C**, riflessione critica di carattere espositivo-argomentativo su tematiche di attualità. Almeno una delle tracce di tipo B deve riguardare l'**ambito storico** (D.M. n. 1095/2019);
— la **seconda prova**, che può essere scritta o anche grafica o scrittografica, pratica, compositivo/esecutiva, musicale e coreutica, ha per oggetto una delle materie caratterizzanti il corso di studio.

> Al fine di uniformare i criteri di valutazione tra le diverse Commissioni di esame, con appositi **decreti** sono stati definiti:
> — i quadri di riferimento per la redazione e lo svolgimento delle prove (D.M. 769/2018);
> — le griglie di valutazione per l'attribuzione dei punteggi per la prima e la seconda prova (D.M. n. 769/2018);
> — le discipline oggetto della seconda prova e le modalità organizzative per lo svolgimento del colloquio (D.M. n. 37/2019);

— il **colloquio** è diretto ad accertare il conseguimento del *profilo culturale, educativo e professionale* dello studente. A tale scopo la Commissione prepara i materiali al fine di valutare la capacità del candidato di analizzare testi, documenti, esperienze, progetti, problemi per verificare l'acquisizione dei contenuti e dei metodi propri delle singole discipline, la capacità di utilizzare le conoscenze acquisite e di collegarle per argomentare in maniera critica e personale anche utilizzando la lingua straniera. Lo studente inoltre espone attraverso una breve relazione e/o un elaborato multimediale, l'esperienza di **alternanza scuola-lavoro** svolta nel percorso di studi.

Durante il colloquio, infine, si valutano le conoscenze e competenze maturate dal candidato nell'ambito delle attività relative a «*Cittadinanza e Costituzione*».

L'**esito** dell'esame resta espresso in **centesimi**, risultato della somma dei punteggi delle varie prove e dei punti acquisiti per il credito scolastico per un massimo, come visto, di 40 punti.

Un'ulteriore novità contenuta nel decreto è rappresentata dal fatto che, a differenza della disposizione della L. n. 425/1997, ora la prima e la seconda prova scritta ed il colloquio hanno ciascuno un peso di massimo **20 punti** nell'attribuzione del punteggio finale.

Il voto minimo per superare l'esame è di **sessanta centesimi**.

> La Commissione può deliberare motivatamente di **integrare** il punteggio di 5 punti se il minimo del credito è di trenta punti e il risultato delle prove è pari ad almeno 50 punti; inoltre, la Commissione all'unanimità può decidere motivatamente di attribuire la **lode** a chi ha conseguito un punteggio di cento punti purché si sia conseguito il credito scolastico massimo con voto unanime del Consiglio di classe e punteggio massimo nelle prove.

5.7 Le prove INVALSI

Ai sensi dell'art. 19 D.Lgs. n. 62/2017 gli studenti dell'ultimo anno della scuola secondaria devono sostenere la **prova INVALSI**, *computer based*, in italiano, matematica ed inglese.

Lo svolgimento obbligatorio di questa prova costituisce **requisito per l'ammissione all'esame**, a partire dal **1° settembre 2019** (**D.L. n. 91/2018**, conv. in **L. n. 108/2018**); il suo esito viene riportato all'esame finale ma non confluisce nel voto finale.

Ricordiamo che le prove INVALSI sono previste anche al secondo anno delle superiori.

5.8 Il curriculum dello studente

Il diploma di istruzione secondaria di secondo grado, rilasciato all'esito dell'esame di Stato, attesta l'indirizzo, la durata del corso tenuto e il voto. Ad esso è allegato il **curriculum dello studente**.

Una delle più importanti novità della Buona Scuola (art. 1, comma 28, L. n. 107/2015) è il cd. **curriculum dello studente**, una sorta di *portfolio* in cui devono confluire tutti i dati relativi al percorso di studi e alle competenze acquisite dallo studente. Dal momento che le scuole secondarie di secondo grado possono introdurre **insegnamenti opzionali** nel secondo biennio e nell'ultimo anno, tali insegnamenti diventano parte del percorso dello studente e vanno inseriti nel suo *curriculum* (tra questi insegnamenti molte scuole hanno inserito corsi di giornalismo, laboratori di fotografia, laboratori di meccanica e robotica, di economia e finanza etc.).

Il *curriculum* dello studente raccoglie tutti i dati utili: insegnamenti opzionali, esperienze formative anche in alternanza scuola lavoro, crediti scolastici e formativi, attività di volontariato, livelli di apprendimento conseguiti con le prove INVALSI.

Dunque, al diploma è allegato il *curriculum,* in cui sono indicate le discipline con il relativo monte ore; sono inoltre **certificate** le abilità di **comprensione** e **uso** della **lingua inglese**, nei test INVALSI; **indicate le competenze e conoscenze e abilità professionali** acquisite, ad esempio in alternanza scuola-lavoro (art. 21, D.Lgs. n. 62/2017).

Il *curriculum* dello studente va associato ad una *identità digitale* che dovrà essere regolata con un decreto ministeriale. Anche il modello del *curriculum* viene fornito dal Ministero.

5.9 Il riconoscimento delle eccellenze

Tra i compiti fondamentali dell'istruzione vi è quello di **favorire lo sviluppo dei talenti e delle vocazioni di ogni singolo studente**, nello spirito della Costituzione, che, all'art. 34, prevede che «*i capaci e meritevoli, anche se privi di mezzi, hanno diritto di raggiungere i gradi più alti degli studi*».

Il D.Lgs. n. 262/2007 prevede l'**incentivazione delle eccellenze** (art. 1) al fine di valorizzare la qualità dei percorsi compiuti dagli studenti frequentanti i corsi di istruzione superiore delle scuole statali e paritarie e di riconoscerne i risultati elevati. È una misura per innalzare il livello di apprendimento degli studenti, incoraggiando il proseguimento del percorso di istruzione nei licei, negli istituti tecnici e professionali e nella formazione tecnica superiore. Il **risultato raggiunto nei percorsi di «eccellenza»** è riconosciuto e certificato e garantisce l'**acquisizione di crediti formativi** e varie forme di premiazione.

Varie forme di incentivo sono individuate come ulteriore sostegno all'eccellenza e possono tradursi, per i *vincitori di gare o competizioni in ambito culturale o artistico*, in **premi e riconoscimenti** (viaggi di istruzione, accessi a musei e biblioteche etc.).

Con il **D.M. n. 182 del 2015** è stato definito il *Programma nazionale di valorizzazione delle eccellenze* che rientra nell'azione di promozione della cultura del merito e della qualità degli apprendimenti.

Vengono premiati gli studenti che hanno conseguito 100 e lode all'esame di Stato conclusivo del secondo ciclo, e gli studenti vincitori delle competizioni nazionali e internazionali riconosciute nel Programma.

Gli studenti meritevoli sono inseriti nell'**Albo Nazionale delle Eccellenze** pubblicato sul sito dell'INDIRE.

9
Lo stato giuridico del docente

L'espressione «**stato giuridico**» indica l'insieme delle norme che definiscono i diritti e i doveri del personale inquadrato in un ben definito comparto di lavoro.

Per delineare lo **stato giuridico del personale della scuola**, occorre fare riferimento a **fonti di vario genere, giuridiche e contrattuali**, succedutesi nel corso degli anni, che hanno definito i principali contenuti del rapporto di lavoro e ovviamente le norme relative all'assunzione e alla prestazione del servizio, nonché alla cessazione da esso.

Le numerose leggi di riforma del rapporto di pubblico impiego hanno ovviamente delineato nuove disposizioni anche per il personale della scuola, assoggettandolo al *regime giuridico privatistico*.

Nella normativa di rango primario sono definiti con chiarezza la figura ed il ruolo del personale docente di ogni ordine e grado di scuola e le materie concernenti la formazione, il reclutamento, l'aggiornamento e lo stato giuridico. Viene in primo luogo definita la *funzione docente*.

1 La funzione docente nella normativa di rango primario

La **funzione docente** partecipa al processo di formazione degli studenti, in un quadro di intese con i genitori e con gli altri operatori scolastici, nell'ambito di un contesto educativo in cui si attuano la trasmissione della cultura e il continuo processo di elaborazione della conoscenza.

Tale funzione è stata ben delineata dalla legge delega n. 477/1973 e dai successivi decreti delegati del 1974, poi confluiti nel **Testo Unico istruzione, D.Lgs. n. 297/1994**. In particolare l'art. 1 del D.P.R. n. 417/1974 stabilisce che, nel rispetto dell'art. 33 della Carta costituzionale, *ai docenti è garantita la libertà d'insegnamento, al fine di promuovere, grazie al continuo confronto di posizioni culturali, la piena formazione della personalità degli alunni*.

L'**art. 395** del D.Lgs. n. 297/1994 esplicita che è compito dei docenti dare impulso alla partecipazione delle nuove generazioni all'elaborazione della cultura e alla formazione umana e critica della loro personalità.

I docenti, pertanto, hanno il *compito di aggiornare costantemente la propria formazione culturale e professionale*, di *partecipare alla gestione della scuola* grazie alle attività degli organi collegiali e di *stabilire positivi rapporti con le famiglie degli alunni*.

La legge sull'autonomia scolastica (L. n. 59/1997) ha comportato il progressivo riconoscimento di un'articolazione delle competenze dei docenti, la definizione di nuove funzioni, l'attribuzione di maggiori responsabilità. La nuova cultura professionale ha determinato l'abbandono della logica che si muoveva in un'ottica autoreferenziale, per farsi carico dei processi attivati a livello collegiale, dei risultati conseguiti, per avviare un'interazione costruttiva e creativa nell' «ambiente scuola» finalizzata all'innalzamento della qualità del sistema formativo.

L'art. 1 del D.P.R. n. 275/1999 sottolinea il compito delle istituzioni scolastiche nel garantire la libertà di insegnamento che trova negli ambiti di affermazione dell'autonomia scolastica il luogo per la sua piena realizzazione. La **libertà di insegnamento** (art. 33 Cost.) è, dunque, il valore di fondo dell'autonomia didattica che si esercita proprio grazie alla capacità di rispondere in maniera adeguata alle esigenze, alle peculiarità, ai bisogni del contesto in cui si opera, consentendo al singolo docente di mettere la libertà e la competenza individuali al servizio di un progetto collettivo, che deve essere condiviso e compartecipato.

Il successivo art. 4 del D.P.R. n. 275/1999 delinea il sistema di contestualizzazione degli obiettivi nazionali in percorsi formativi funzionali alla realizzazione del diritto ad apprendere e alla crescita educativa di tutti gli alunni.

Al fine di garantire ad ogni alunno il miglior successo formativo, i docenti adattano gli aspetti didattici ed educativi del piano dell'offerta formativa alle specifiche esigenze degli allievi, tenendo conto del contesto socio-culturale ed economico in cui operano.

1.1 La funzione docente nel CCNL

Gli aspetti della funzione docente vengono ripresi nell'art. 26 del CCNL Scuola 2006-2009, con una maggiore attenzione allo sviluppo umano, culturale, civile e professionale degli allievi: «*La funzione docente realizza il processo di insegnamento/apprendimento volto a promuovere lo sviluppo umano, culturale, civile e professionale degli alunni, sulla base delle finalità e degli obiettivi previsti dagli ordinamenti scolastici definiti per i vari ordini e gradi dell'istruzione*».

Il profilo professionale dei docenti è costituito da *competenze disciplinari, informatiche, linguistiche, psicopedagogiche, metodologico-didattiche, organizzativo-relazionali, di orientamento e di ricerca, documentazione e valutazione* tra loro correlate ed interagenti, che si sviluppano col maturare dell'esperienza didattica, l'attività di studio e di sistematizzazione della pratica didattica. *I contenuti della prestazione professionale del personale docente si definiscono nel quadro degli obiettivi generali perseguiti dal sistema nazionale di istruzione e nel rispetto degli indirizzi delineati nel PTOF* (art. 27 CCNL 2016-2018).

La dimensione culturale della professione docente comprende la padronanza della **struttura epistemologica delle discipline** oggetto di insegnamento, cioè delle conoscenze essenziali, dei quadri concettuali, della connessione di informazioni riferibili a specifici contenuti disciplinari.

L'**area metodologico/didattica** comprende la **competenza tecnica** di generare apprendimento, utilizzando strategie e strumenti adeguati. È legata alla padronanza di repertori diversificati di metodi e tecniche e alla capacità di utilizzarli con successo, in riferimento a specifici e altrettanto diversificati contesti.

L'**area relazionale** è fondata sulla capacità di porsi in ascolto degli altri, riconoscendone bisogni, di dialogare instaurando un clima positivo nella promozione di apprendimenti, di collaborare con i colleghi e aprirsi al mondo esterno alla scuola.

L'**area organizzativa** è incentrata sulla capacità di gestire le risorse disponibili (spazio, tempo, strumenti) per raggiungere gli obiettivi predefiniti e di **progettare in team**, assicurando contributi personali al sistema-scuola.

2 Le competenze del docente

La norma sull'autonomia scolastica prende in considerazione l'**aspetto dinamico della prestazione professionale** del personale docente.

Il docente è, infatti, parte integrante dell'organizzazione scolastica, in costante interazione con le altre risorse professionali; egli è non solo realizzatore della progettazione ma anche:
— agente di controllo degli esiti e dei processi;
— agente di cambiamento.

Il docente in classe gioca, dunque, la sua professione in tre ambiti diversi:
1. la **conoscenza della disciplina** di insegnamento;
2. la **competenza tecnica** di generare apprendimento utilizzando strategie e strumenti adeguati;
3. la **capacità relazionale** di conoscere e gestire i rapporti personali.

Tale impianto non è stato modificato dalla legge n. 107/2015 che, istituendo l'organico dell'autonomia, sostiene il ruolo centrale dei docenti quali **esecutori del PTOF**.

I docenti dell'organico dell'autonomia concorrono alla realizzazione del piano triennale dell'offerta formativa con attività di insegnamento, di potenziamento, di sostegno, di organizzazione, di progettazione, di coordinamento (art. 1, comma 5).

Gli insegnanti rientranti in tale organico hanno un ruolo funzionale al buon andamento delle attività della scuola; si evidenzia, in particolare, il **potenziamento delle funzioni organizzative e di coordinamento dei docenti**, identificabili nel sostegno fornito alle istituzioni scolastiche sotto il profilo del funzionamento didattico generale.

La funzione docente risulta, altresì, potenziata anche da alcuni importanti elementi introdotti dalla legge n. 107/2015:
— è **incrementato il numero dei docenti** che il DS può individuare per essere coadiuvato nelle attività di coordinamento didattico ed organizzativo;
— è introdotta la possibilità per i docenti rientranti nell'organico funzionale di essere **utilizzati in relazione alle competenze e ai titoli culturali**, anche a prescindere dalla specifica abilitazione;

- la **premialità per merito** comporta una valutazione delle prestazioni professionali e viene attribuita annualmente ad una quota ristretta di insegnanti. Tale riconoscimento economico del merito professionale «bonus premiale» costituisce una novità assoluta della riforma;
- la **formazione in servizio** con la legge n. 107/2015 diviene *attività obbligatoria*, strutturale e permanente per i docenti di ruolo. Le attività di formazione sono collegate al Piano triennale dell'offerta formativa e agli obiettivi di miglioramento individuati nel RAV.

3 I doveri e i diritti del docente

3.1 Doveri

Il **dovere** costituisce il rispetto di un comportamento prescritto da una norma.

Per il personale docente i doveri sono rappresentati dagli obblighi di lavoro e sono correlati e funzionali alle esigenze di servizio. Essi sono articolati in:
- attività di insegnamento;
- attività funzionali alla prestazione di insegnamento.

L'**attività d'insegnamento** è finalizzata alla promozione dello sviluppo umano, culturale, civile e sociale degli alunni. Nell'ambito del calendario scolastico delle lezioni, definito a livello regionale, l'attività di insegnamento si svolge in **25 ore settimanali** nella scuola dell'infanzia, in **22 ore settimanali** nella scuola primaria e in **18 ore settimanali** nelle scuole e istituti d'istruzione secondaria ed artistica, distribuite in non meno di cinque giornate settimanali. Alle 22 ore settimanali di insegnamento stabilite per gli insegnanti della scuola primaria, vanno aggiunte **2 ore** da dedicare, anche in modo flessibile e su base plurisettimanale, alla programmazione didattica, da attuarsi in incontri collegiali dei docenti interessati, in tempi non coincidenti con l'orario delle lezioni.

Ricordiamo che per assicurare l'accoglienza e la vigilanza degli alunni, gli insegnanti sono tenuti a trovarsi in classe **5 minuti** prima dell'inizio delle lezioni e ad assistere all'uscita degli alunni medesimi.

Per **attività funzionale all'insegnamento** s'intende ogni impegno, inerente alla funzione docente, previsto dai diversi ordinamenti scolastici. Essa comprende tutte le attività, anche a carattere collegiale, di programmazione, progettazione, ricerca, valutazione, documentazione, aggiornamento e formazione, incluse la preparazione dei lavori degli organi collegiali, la partecipazione alle riunioni e l'attuazione delle delibere adottate dai predetti organi.

Tra le attività funzionali all'insegnamento rientrano le attività relative:
a) alla preparazione delle lezioni e delle esercitazioni;
b) alla correzione degli elaborati;
c) ai rapporti individuali con le famiglie.

Le **attività di carattere collegiale** riguardanti tutti i docenti sono costituite da:
a) *partecipazione alle riunioni del Collegio dei docenti*, ivi compresa l'attività di programmazione e verifica di inizio e fine anno e l'informazione alle famiglie sui risultati degli scrutini trimestrali, quadrimestrali e finali e sull'andamento delle attività educative nelle scuole dell'infanzia e nelle istituzioni educative, **fino a 40 ore annue**;
b) la partecipazione alle *attività collegiali dei Consigli di classe, di interclasse, di intersezione*. Gli obblighi relativi a queste attività sono programmati secondo criteri stabiliti dal Collegio dei docenti; nella predetta programmazione occorrerà tener conto degli oneri di servizio degli insegnanti con un numero di classi superiore a sei, in modo da prevedere un impegno **fino a 40 ore annue**;
c) lo *svolgimento degli scrutini e degli esami*, compresa la compilazione degli atti relativi alla valutazione.

Per assicurare un rapporto efficace con le famiglie e gli studenti, in relazione alle diverse modalità organizzative del servizio, il Consiglio d'istituto, sulla base delle proposte del Collegio dei docenti, definisce le modalità e i criteri per lo svolgimento dei **rapporti con le famiglie e gli studenti**, assicurando la concreta accessibilità al servizio, pur compatibilmente con le esigenze di funzionamento dell'istituto e prevedendo idonei strumenti di comunicazione tra istituto e famiglie.

Vengono svolte, inoltre, **attività aggiuntive** d'insegnamento e funzionali ad esso. Esse non costituiscono un obbligo contrattuale.

Le **attività aggiuntive di insegnamento** sono volte alla realizzazione di interventi didattici integrativi, finalizzati all'arricchimento dell'offerta formativa. Esse possono consistere in attività sia relative a progetti svolti all'interno della scuola o in raccordo con altre scuole sia di sperimentazione, anche in collaborazione con gli enti locali.

Le attività **aggiuntive funzionali all'insegnamento** si esplicitano in: compiti di collaborazione e supporto organizzativo al Dirigente Scolastico; coordinamento di gruppi di lavoro, per la realizzazione di specifici progetti; percorsi di formazione iniziale in servizio e di aggiornamento.

3.2 Diritti

I diritti del personale docente sono di seguito brevemente specificati.

a) **Diritto alla funzione**

Si estrinseca nella libertà didattica e culturale, quale presupposto per la creazione delle condizioni più favorevoli alla formazione critica dell'alunno e alla migliore fruizione del suo diritto allo studio nel rispetto della sua personalità.

b) **Diritto alla mensa**

La fruizione del servizio di mensa gratuita è riservata al personale docente in servizio in ciascuna classe o sezione durante la refezione.

c) **Diritto alla retribuzione**

Costituisce il corrispettivo economico che la Pubblica Amministrazione riconosce ad ogni suo dipendente per il lavoro svolto.

d) **Diritto alla progressione economica**

Tale diritto consiste nel passaggio da una classe stipendiale all'altra nel corso della carriera.

e) **Diritti sindacali**

Ogni dipendente può iscriversi ad un sindacato di propria scelta, può partecipare a riunioni o assemblee sindacali durante l'orario di servizio, fino ad un massimo di 10 ore annue, scegliere un RSU e ha diritto a scioperare.

f) **Diritto ad assentarsi**

I principali tipi di assenza del personale docente con contratto a tempo indeterminato, la durata e la relativa retribuzione sono illustrati nella seguente tabella.

TIPO DI ASSENZA	DURATA	RETRIBUZIONE
Ferie	30 giorni ad anno scolastico per i primi 3 anni di servizio. 32 giorni ad anno scolastico a partire dal 4° anno di servizio.	Retribuzione intera
Festività soppresse	4 giorni ad anno scolastico.	Retribuzione intera
Malattia	Per 18 mesi si ha diritto alla conservazione del posto, si contano i giorni di malattia effettuati nel triennio precedente. In caso di superamento del limite, su richiesta del dipendente, può essere concessa una proroga senza retribuzione dopo accertamento sanitario che verifichi la sussistenza di eventuali inidoneità permanenti e assolute.	Primi 9 mesi al 100% 3 mesi successivi 90% 6 mesi successivi 50% in caso di proroga senza retribuzione
Permessi per partecipazione ad esami e concorsi	8 giorni compreso l'eventuale viaggio.	Retribuzione intera
Permessi per motivi personali o familiari	Tre giorni da documentare, anche mediante autocertificazione (quando la legge lo consente). Per gli stessi motivi documentati possono essere chiesti sei giorni di ferie prescindendo dalle sostituzioni.	Retribuzione intera

Permessi retribuiti per lutto	Tre giorni retribuiti per evento anche non continuativi. Sono richiesti a domanda e documentati mediante autocertificazione. Sono concessi per il coniuge e per i parenti: — di I grado genitori e figli — di II grado fratelli, nonni, nipoti e gli affini: — di I grado suoceri, nuore, generi — II grado fratelli, nonni e nipoti del coniuge	Retribuzione intera
Permessi per matrimonio	15 giorni consecutivi con decorrenza indicata dal lavoratore che può essere da una settimana prima del matrimonio fino ad un massimo di 60 giorni dopo.	Retribuzione intera
Permessi orari brevi	Compatibilmente con le esigenze di servizio e con la possibilità di sostituzione possono essere concessi permessi orari per esigenze personali per non più della metà dell'orario giornaliero e comunque non più di due ore di lezione	Devono essere recuperati entro 60 giorni dall'utilizzo, altrimenti viene trattenuta la somma corrispondente dallo stipendio
Permesso per la formazione in servizio	Cinque giorni: ne hanno diritto tutti di docenti in qualità di discenti e/o formatori per corsi organizzati dall'amministrazione, dalle istituzioni scolastiche o da enti accreditati. Ne hanno diritto anche i docenti di strumento musicale o materie artistiche (se in servizio negli istituti di istruzione artistica) per lo svolgimento di attività artistiche.	Retribuzione intera

4 Il CCNL 2016-2018 per il comparto Istruzione e ricerca

In conseguenza della nuova definizione dei comparti di contrattazione collettiva del 13 luglio 2016, le organizzazioni sindacali e l'ARAN, il 19 febbraio 2018, hanno firmato il primo contratto collettivo nazionale di lavoro relativo al personale del nuovo comparto «Istruzione e ricerca» valido per il **triennio 2016-2018**, sia per la parte economica che giuridica.

Il testo si applica a tutto il personale con rapporto di lavoro a tempo indeterminato e a tempo determinato delle istituzioni scolastiche ed educative (scuole statali dell'infanzia, primarie e secondarie, istituzioni educative etc.).

> **Espansione Web**
> «Raccolta CCNL Scuola»

Il contratto rinnova il precedente CCNL del 2006-2009, non attraverso la sua riscrittura, ma *integrandolo con parti nuove*; ciò comporta che molte norme del vecchio CCNL sono ancora valide.

Il CCNL è strutturato in Parti: una parte comune a tutti i settori e poi singole Sezioni per ogni settore.

Per la Sezione Scuola, in particolare per il personale docente e gli organi collegiali, il nuovo contratto conferma la normativa contenuta nel CCNL del 2007, circa le attività di insegnamento e funzionali all'insegnamento, al ruolo degli organi collegiali, al diritto alla malattia, alle ferie e ai permessi. Anche la formazione dei docenti resta concepita come un diritto e non un obbligo.

Emerge però il concetto di scuola come «**comunità educante** *di dialogo, di ricerca, di esperienza sociale, informata ai valori democratici e volta alla crescita della persona in tutte le sue dimensioni*» (art. 24), il cui valore è determinato anche dal lavoro degli **organi collegiali**, cui il contratto restituisce importanza e funzioni. Infatti, il Collegio dei docenti si conferma sovrano dell'ambito della progettazione educativa e didattica, che viene definita con il Piano dell'offerta formativa, ma anche con il Piano annuale delle attività e di formazione, come previsto dal vecchio contratto.

5 Il contratto di lavoro

Il rapporto di lavoro del docente è regolato contrattualmente, come ormai tutti i contratti di lavoro nell'ambito della P.A.: dopo il superamento del concorso, l'instaurazione del rapporto di lavoro del personale docente avviene, dunque, con la stipula, in **forma scritta**, di un **contratto individuale di lavoro**, a tempo pieno o a tempo parziale, nel quale sono indicati:

— tipologia del rapporto di lavoro;
— data d'inizio;
— data di cessazione del rapporto di lavoro per il personale a tempo determinato, salvo risoluzione automatica del rapporto, senza preavviso, in caso di rientro anticipato del titolare;
— qualifica di inquadramento professionale e livello retributivo iniziale;
— compiti e mansioni corrispondenti alla qualifica di assunzione;
— durata del periodo di prova, per il personale a tempo indeterminato;
— sede di prima destinazione, ancorché provvisoria, dell'attività lavorativa;
— condizioni risolutive del rapporto di lavoro.

Sul presupposto che «*l'assunzione nelle amministrazioni pubbliche avviene con contratto individuale di lavoro*» (art. 35, comma 1, D.Lgs. n. 165/2001) il Dirigente scolastico provvede alla **stipula** e alla **sottoscrizione dei contratti per l'assunzione di personale di ruolo e non di ruolo** (sul periodo di prova, vedi *infra*).

Si può dunque affermare, in estrema sintesi, che **il Dirigente scolastico è datore di lavoro nella gestione del personale**, nelle fasi che vanno dalla costituzione fino alla risoluzione del rapporto lavorativo.

Prima di stipulare un contratto di lavoro che preveda lo svolgimento di attività professionali a stretto contatto con i minori, il datore di lavoro è, infatti, tenuto obbligatoriamente a richiedere un certificato anti pedofilia. Si tratta di un certificato penale, diretto ad accertare che il soggetto da impiegare non sia stato in precedenza condannato per reati contro i minori (D.Lgs. n. 39/2014).

5.1 Il periodo di formazione e prova

Ogni pubblico dipendente, quindi anche il personale della scuola, è sottoposto ad un periodo di prova e di formazione iniziali.

Per i docenti, la disciplina sulla formazione è stata profondamente innovata dalla legge sulla Buona scuola, L. n. 107/2015, che ha previsto uno specifico *iter* sia di *formazione in ingresso* sia di *formazione in servizio*.

Per quanto concerne la formazione in ingresso, il personale docente ed educativo si intende **confermato in servizio** ed **immesso in ruolo** solo all'esito del superamento del periodo di formazione e prova, subordinato allo svolgimento del servizio effettivamente prestato per un periodo di almeno **180 giorni**, di cui **120** in attività didattiche (commi 115 e ss. L. n. 107/2015 e D.M. n. 850/2015).

Il Dirigente scolastico affida ogni neo-assunto ad un altro docente al quale sono attribuite funzioni di «*tutor*» (art. 1, co. 117, L. n. 107/2015) nell'attività di formazione.

Al termine dell'anno di formazione e prova, nel periodo intercorrente tra la fine delle attività didattiche e la conclusione dell'anno scolastico, il Dirigente scolastico, sentito il parere del *Comitato di valutazione* (obbligatorio ma non vincolante), esprime la valutazione, positiva o negativa, sul periodo di formazione e prova:

a) in caso di **valutazione positiva**, il DS emette provvedimento motivato di conferma in ruolo;
b) in caso di **valutazione negativa**, il personale docente ed educativo è sottoposto ad **un secondo periodo di formazione e di prova**, che però non è rinnovabile (art. 1, co. 119, L. n. 107/2015) individua, inoltre, i criteri per valutare i docenti in prova.

5.2 La mobilità

La **mobilità** è la procedura tramite la quale, superato il periodo di formazione e prova, il neo-docente è assegnato all'organico di un'istituzione scolastica.

La **L. n. 107/2015** ha introdotto delle novità, in particolare l'**assegnazione agli ambiti territoriali** prevedendo, però, anche una disciplina giuridica transitoria.

Si noti che prima era il docente, vincitore di concorso o nominato nella Gae, a scegliere la sede; con la L. 107/2015, invece, è la scuola che seleziona il docente.

Con l'entrata in vigore della **L. n. 107/2015**, i ruoli del personale docente sono regionali, articolati in **ambiti territoriali**, suddivisi in sezioni separate per gradi d'istruzione, classi di concorso, tipologie di posti (art. 1, commi 66 e ss., L. 107/2015). Il docente viene assegnato ad una **specifica scuola** in seguito alla **proposta** di incarico in coerenza con il PTOF, da parte del DS.

A seguito del **CCNL Mobilità**, a partire dall'a.s. **2019-2020**, i docenti con incarico triennale saranno **titolari su scuola**, non più su ambito territoriale.

6 La formazione in servizio

Nell'ottica dei programmi di *lifelong learning*, anche per i docenti è previsto l'obbligo della *formazione continua* (cd. formazione in servizio).

La **formazione in servizio** consiste nel **dovere** dell'insegnante di sviluppare e migliorare la propria professionalità e rientra, come accennato, nelle attività funzionali all'insegnamento.

L'art. 282 T.U. Istruzione sancisce che «l'aggiornamento è un **diritto-dovere** del personale ispettivo, direttivo e docente». La doverosità dell'aggiornamento professionale è ribadita in generale dall'art. 7 T.U. pubblico impiego (D.Lgs. n. 165/2001) valido per tutti i dipendenti pubblici. Il CCNL Scuola vede, invece, nell'aggiornamento professionale del personale scolastico solo un «*diritto*».

La formazione del docente ha rappresentato nella Buona scuola un passaggio importante, in quanto strettamente legato alla qualità dell'insegnamento e, di conseguenza, al merito del docente.

In primo luogo, per il comma 124 dell'art. 1 della L. n. 107/2015, questo tipo di formazione è **obbligatoria, permanente e strutturale**; inoltre, a differenza della formazione in ingresso, si svolge *fuori dall'orario d'insegnamento*. Tuttavia, il personale docente può usufruire di 5 giorni per anno scolastico per la partecipazione ad iniziative di aggiornamento riconosciute dall'amministrazione.

Ogni scuola a tal fine deve dotarsi di un **Piano di aggiornamento e formazione**.

In secondo luogo, l'art. 1, co. 121, della legge n. 107 ha previsto l'istituzione della **Carta elettronica per l'aggiornamento e la formazione del docente**, del valore nominale di 500 euro all'anno, che può essere utilizzata per l'acquisto di libri e testi, anche digitali e di supporti informatici, e per corsi di aggiornamento e per iniziative coerenti con il Piano triennale dell'offerta formativa, nel rispetto del **Piano per la formazione del personale docente**, previsto dal co. 124 L. n. 107/2015 e approvato dal Ministero dell'Istruzione per il triennio 2016/2019.

Il Piano intende rendere strutturale la formazione e lo sviluppo professionale del docente, in sintonia anche con gli obiettivi europei di Lisbona 2020.

Nel Piano, che manca ancora delle disposizioni attuative, si prevede l'istituzione di un servizio online nel quale ogni docente a tempo indeterminato (sono esclusi dal PNF i precari) potrà documentare la propria storia formativa e professionale e costruire il proprio **Portfolio**

professionale. Sulla base di un'analisi dei propri bisogni formativi, è prevista poi la realizzazione di un **Piano individuale di sviluppo professionale** che ciascun docente aggiornerà periodicamente e in cui indicherà esigenze e proposte di crescita professionale in riferimento alle Aree di sviluppo su cui si basa il Piano (Area didattica, professionale, organizzativa etc.).

LA NUOVA FORMAZIONE DEI DOCENTI

MINISTERO
- Definisce le priorità strategiche
- Emana il **Piano nazionale per la formazione**
- Definisce gli standard di qualità

UFFICIO SCOLASTICO REGIONALE
- Promuove la costituzione di reti di scuole per progettare la formazione
- Monitora la formazione dei docenti

SCUOLA
- Progetta in rete la formazione dei docenti
- Redige il **piano di formazione triennale** dell'istituto

DOCENTI
- Esprimono i propri bisogni attraverso il **Piano di sviluppo professionale**
- Partecipano alla formazione e la valutano
- Usano i fondi annuali della Carta elettronica del docente

7 I diritti sindacali e il diritto di sciopero

Il docente ha il diritto di partecipare, durante l'orario lavorativo (e senza perdere la retribuzione), alle **assemblee sindacali**, concordate con il datore di lavoro: in un anno scolastico, per ciascun docente, il numero totale è di **10 ore** (2 ore per ogni assemblea).

Assemblee e permessi sindacali sono disciplinati dalla contrattazione integrativa di istituto e dall'art. 8 CCNL.

Il docente medesimo, inoltre, ha il **diritto di sciopero** (art. 40 Cost.) fatti salvi i **servizi pubblici essenziali** (L. n. 146/1990, modif. dalla L. n. 83/2000) che devono essere sempre assicurati.

In particolare, in ambito scolastico, è necessario che sia assicurata la **continuità** di alcune prestazioni indispensabili come, ad esempio, le attività relative alla *refezione scolastica*, le attività attinenti a scrutini ed esami, soprattutto *finali*; le attività riguardanti il *pagamento degli stipendi* oppure quelle attinenti alla *vigilanza sul funzionamento di apparecchiature*, in mancanza della quale sia possibile il verificarsi di danni a persone ecc.

Non sono possibili scioperi a tempo interminato; in ogni caso, gli scioperi medesimi, con particolare riferimento alle attività d'insegnamento e a quelle relative al funzionamento in generale della scuola, non possono avere una durata superiore a:
— 8 giorni per ciascun anno scolastico (40 ore individuali): nelle scuole materne ed elementari;
— 12 giorni di anno scolastico (60 ore individuali) nelle altre scuole o negli altri istituti d'istruzione;
— due giorni consecutivi.

> **Espansione web**:
> Attuazione della
> L. n. 146/1990

La regolamentazione dello sciopero nella scuola è contenuta nell'appendice «*Attuazione della legge n. 146/90*» del CCNL del 1998-2001 (art. 3 Appendice).

8 La cessazione del rapporto d'impiego

Il rapporto d'impiego del personale docente della scuola cessa a seguito di:
— **collocamento a riposo per limiti di età**: il servizio da considerare ai fini del computo dell'anzianità massima o minima è, in primo luogo, il *servizio di ruolo agli effetti giuridici*. A questo si aggiunge: il servizio militare; il periodo degli studi universitari per il personale direttivo e docente di scuola secondaria, per il quale sia stato emesso provvedimento di riscatto o computo registrato alla Corte dei conti; i servizi non di ruolo da computare senza oneri, se sono coperti da contribuzioni; da riscattare negli altri casi; i servizi resi alle dipendenze di enti pubblici e quelli comunque prestati con iscrizione ad istituti di previdenza dei quali l'interessato abbia chiesto la ricongiunzione; servizi coperti da contribuzioni resi alle dipendenze di privati mediante ricongiunzione; servizi prestati nelle scuole legalmente riconosciute o parificate per i periodi in cui i servizi siano stati retribuiti e per i quali sia stato emesso provvedimento di riscatto;
— **risoluzione consensuale**: la risoluzione consensuale avviene con la presentazione delle *dimissioni*, che decorrono normalmente dal primo settembre successivo a quello in cui sono state presentate;
— **decadenza**: può essere disposta nei casi di *mancata cessazione della situazione di incompatibilità* trascorsi 15 giorni dalla diffida; *mancata assunzione o riassunzione in servizio*, senza giustificato motivo nel termine prefissato; *assenze ingiustificate* dal servizio per un periodo non inferiore a 15 giorni; conseguimento dell'impiego mediante *produzione di documenti falsi o viziati* da invalidità non sanabile; *perdita della cittadinanza italiana*; *accettazione di incarichi* o missione all'estero *senza autorizzazione*;
— **dispensa dal servizio**, che può essere pronunciata per inidoneità fisica, incapacità persistente, insufficiente rendimento.

Si tenga presente, tuttavia, che il personale cessato dal servizio per dimissioni, per collocamento a riposo o per decadenza dall'impiego, può essere **riammesso in servizio** con provvedimento del dirigente scolastico regionale: la riammissione è subordinata alla disponibilità del posto o della cattedra e ha decorrenza dall'anno scolastico successivo a quello in cui viene emesso il relativo provvedimento; non può avere luogo se la cessazione dal servizio sia avvenuta in applicazione di disposizioni di carattere transitorio o speciale.

Il personale riammesso in servizio assume nel ruolo la *stessa posizione giuridica* ed economica che vi occupava all'atto della cessazione del rapporto di servizio.

9 Le supplenze del personale docente

Nel caso in cui non sia possibile assegnare alle cattedre e ai posti disponibili personale di ruolo, le istituzioni scolastiche provvedono ad individuare i docenti per le classi ricorrendo all'istituto delle **supplenze**.

La disciplina delle supplenze è dettata da un apposito Regolamento (**D.M. n. 131/2007**) che indica quali posti coprire con le supplenze che durano fino al 31 agosto (cd. **supplenze annuali**) e quali con le **supplenze fino al 30 giugno**, cioè fino al termine delle attività didattiche.

Le **supplenze annuali** coprono il periodo che va dal 1° settembre al 31 agosto e sono utilizzate per la copertura delle cattedre e dei posti vacanti, cioè privi di titolare, che rimangono, ad esempio, dai trasferimenti.

I **contratti fino al 30 giugno** vengono utilizzati **per la copertura delle cattedre e dei posti non vacanti**, cioè coperti da titolari in servizio altrove (ad esempio, in comando, assegnazione provvisoria, utilizzazione o in aspettativa per mandato parlamentare, amministrativo, esonero sindacale, per coniuge all'estero, dottorato di ricerca etc.) ma comunque per tutta la durata dell'anno scolastico, fino al 30 giugno, cioè fino alla fine delle attività didattiche, nonché per la copertura delle cattedre e dei posti costituitisi per aumento del numero delle classi e degli alunni.

La **differenza** tra una **supplenza annuale** ed un **contratto fino al 30 giugno** è in primo luogo di tipo economico; un'altra differenza è data dalla monetizzazione delle ferie (le ferie dei supplenti con contratto fino al 30 giugno sono monetizzabili nella misura data dai giorni maturati detratti quelli di sospensione delle lezioni comprese nel contratto).

Con il contratto fino al termine delle attività didattiche, inoltre, si riceve entro i 6 mesi successivi alla cessazione del contratto, il trattamento di fine rapporto (TFR); con una supplenza annuale, se decorre un nuovo contratto dal successivo primo settembre, il TFR verrà accantonato e liquidato a fine carriera.

Per l'attribuzione delle **supplenze annuali**, si utilizzano le **graduatorie ad esaurimento** (gli elenchi provinciali di docenti abilitati che si sono formati nel corso degli anni, ancora valide fino al loro definitivo esaurimento).

Gli incarichi su tutti i posti vacanti o di fatto disponibili entro la data del 31 dicembre e fino al termine dell'anno scolastico (supplenze annuali e fino al 30 giugno), sono conferiti dall'**Ufficio Scolastico Territoriale** competente (Ambito territoriale provinciale – ATP o scuole polo, se individuate dall'Ufficio scolastico regionale) utilizzando le graduatorie ad esaurimento di cui all'art. 2 del D.M. n. 131/2007.

Ribadiamo, si tratta di sole supplenze su posti vacanti e disponibili, ovvero quelli sui quali è possibile autorizzare le immissioni in ruolo in quanto privi di titolare.

Tuttavia, può accadere che i posti non siano coperti dall'Ufficio Scolastico Territoriale a causa dell'esaurimento delle corrispondenti graduatorie.

In questo caso, cioè, se scorrendo la graduatoria ad esaurimento la cattedra continua ad essere scoperta, si può ricorrere alle **graduatorie di istituto**: qui la competenza passa ai **Dirigenti scolastici** i quali per la copertura di tali posti dovranno utilizzare le graduatorie di istituto (a partire dalla prima fascia) della scuola ove si verifica la disponibilità.

La scadenza della supplenza rimane comunque immutata (31-8 o 30-6).

Le **graduatorie di istituto** sono elenchi costituiti presso ogni istituto scolastico e hanno **validità triennale** (l'aggiornamento avviene su domanda dei docenti e l'ultimo è stato previsto per il triennio 2017-2020 con il D.M. n. 374/2017). Le graduatorie di istituto sono articolate in **tre fasce**:

— la **prima fascia** comprende i docenti iscritti nelle graduatorie ad esaurimento per il medesimo posto o classe di concorso cui si riferisce la graduatoria di istituto;
— la **seconda fascia** comprende i docenti in possesso di abilitazione ma non iscritti nelle graduatorie ad esaurimento;
— la **terza fascia** comprende gli aspiranti docenti di scuola secondaria di primo e secondo grado non abilitati, in possesso del titolo di studio valido per l'accesso all'insegnamento.

Il Dirigente scolastico quindi può attingere dalle graduatorie di istituto per le **supplenze annuali** e **per le supplenze fino al termine delle attività didattiche** per posti che non sia stato possibile coprire con il personale incluso nelle graduatorie ad esaurimento.

È importante sottolineare che è possibile stipulare contratti di supplenza su tali posti **solo per 36 mesi**, anche non continuativi, a decorrere dal 1° settembre 2016 (**art. 1, comma 131, L. n. 107/2015**).

Oltre tale limite, il docente non potrà più avere incarichi su questa tipologia di supplenza.

Inoltre, dalle graduatorie di istituto vengono assegnate anche le **supplenze brevi** per far fronte alla sostituzione del titolare assente ad esempio, per malattia, per maternità e così via, oppure per posti che si sono resi disponibili dopo il 31 dicembre (ad esempio, per sostituzione del titolare assente per aspettativa, dottorato di ricerca, decesso etc.).

L'art. 7, comma 3, del D.M. n. 131/2007, infatti, dispone che per la sostituzione dei docenti temporaneamente assenti, il Dirigente scolastico provvede al conferimento delle relative supplenze esclusivamente per il periodo di permanenza delle «esigenze di servizio», cioè l'effettiva esigenza che la scuola ha di tenere in servizio il supplente in sostituzione del titolare assente.

Il Dirigente scolastico ha la possibilità di sostituire il titolare assente per brevi periodi con la nomina di un supplente nominato dalle graduatorie di istituto, a partire dal secondo giorno di assenza (comma 333, L. 23/2014, che ha stabilito il divieto per il primo giorno di assenza).

Ma il Dirigente scolastico ha anche un'altra possibilità: con il comma 85, art. 1, della L. n. 107/2015, si è previsto che il Dirigente scolastico possa effettuare sostituzioni di docenti assenti per la copertura di supplenze temporanee *fino a dieci giorni* con personale dell'**organico dell'autonomia** che, ove impiegato in gradi di istruzione inferiore, conserva il trattamento stipendiale del grado di istruzione di appartenenza.

La sostituzione tramite un docente dell'organico dell'autonomia di un collega temporaneamente assente, però, incontra il limite temporale dei dieci giorni: a partire dall'undicesimo giorno si deve fare ricorso alla supplenza.

10 Retribuzione e bonus docenti

La **retribuzione** è la corresponsione dello stipendio come controprestazione della prestazione di lavoro effettuata. Essa è composta da un **trattamento fondamentale** (lo stipendio tabellare fissato dai CCNL integrato da eventuali assegni *ad personam* (es. assegni familiari) e da un **trattamento accessorio** (come compensi e indennità retribuiti con il fondo d'istituto, *bonus* di merito etc.).

I Dirigenti scolastici, in quanto *datori di lavoro*, **operano un'attività di valutazione sul personale docente**: in questa prospettiva, la Buona scuola introduce l'assegnazione del **bonus ai docenti** da parte del Dirigente scolastico.

Si tratta di una forma di **retribuzione accessoria** (dunque sottoposta alla corrispondente tassazione) *mirata a valorizzare il merito dei docenti di ruolo* delle scuole di ogni ordine e grado, da attingere dall'apposito fondo predisposto dalla L. n. 107 medesima.

Per la valorizzazione del merito del personale docente, la legge n. 107/2015 prevede l'istituzione, presso il Ministero dell'Istruzione, di un apposito fondo (circa 24.000 euro per ogni scuola) dal quale il singolo Dirigente scolastico potrà attingere annualmente al fine di erogare «premi» ai docenti sulla base dei criteri di valutazione individuati dal Comitato.

Il Dirigente scolastico, sulla base dei criteri individuati dal **Comitato per la valutazione dei docenti** (→ Cap. 5, par. 6.5), assegna annualmente al personale docente una somma (bonus) del fondo destinato alla valorizzazione del merito del personale docente istituito presso il Ministero (comma 127, L. n. 107/2015).

Il Comitato individua i **criteri** facendo riferimento a:
— qualità dell'insegnamento e del miglioramento apportato alla scuola, anche in base al successo formativo degli studenti;
— risultati ottenuti dai docenti in relazione al potenziamento delle competenze degli alunni e dell'innovazione didattica e della collaborazione alla ricerca;
— responsabilità assunte nel coordinamento organizzativo.

In base ai suddetti criteri e con *motivata valutazione* il Dirigente scolastico individuerà *discrezionalmente* i docenti cui attribuire il premio.

11 Il Codice di comportamento dei dipendenti del Ministero dell'Istruzione

L'attività svolta dal personale della scuola si svolge entro le regole sancite dall'ordinamento amministrativo e didattico che definiscono le attribuzioni e gli obblighi di servizio per tutti i dipendenti, nonché entro quelle contenute nel **Codice di comportamento**.

Il **Codice di condotta dei dipendenti delle pubbliche amministrazioni** fu introdotto per la prima volta, in concertazione con le organizzazioni sindacali, con decreto del Ministro della Funzione Pubblica del 31 marzo 1994, in attuazione della previsione normativa contenuta dall'art. 58 bis, comma 1, del D. Lgs. n. 29/1993.

Con il D.P.R. n. 62/2013 è stato poi emanato il **Codice di comportamento dei dipendenti pubblici**, in cui vengono richiamati gli obblighi alla *diligenza, lealtà, imparzialità*, nonché il rapporto di fiducia e di collaborazione che il dipendente deve stabilire con l'utenza. Nel Codice si afferma che, nell'espletamento dei propri compiti, il dipendente deve anteporre il rispetto della legge e l'interesse pubblico agli interessi privati personali ed altrui, ispirando, perciò, il proprio comportamento alla cura e all'interesse pubblico che gli vengono affidati.

Con il D.M. 30 giugno 2014, n. 525 è stato poi approvato il **Codice di comportamento dei dipendenti del MIUR** che integra e specifica il Codice di comportamento del 2013 valido per tutti i dipendenti pubblici.

Nel Codice di comportamento vengono richiamati i **doveri minimi di buona condotta** che i pubblici dipendenti sono tenuti ad osservare, in quanto qualificano il corretto adempimento della prestazione (art. 1).

Il dipendente deve in primo luogo conformare la sua condotta ai principi costituzionali sanciti negli artt. 97 e 98 della Costituzione. Il pubblico dipendente deve, dunque, conformarsi ai principi di **buon andamento** e **imparzialità** (art. 97 Cost.). L'impiegato al riparo da interferenze è un impiegato **indipendente**, infatti il pubblico impiegato è al servizio esclusivo della Nazione (art. 98 Cost.).

Il dipendente deve rispettare, altresì, *i principi di integrità, correttezza, buona fede, proporzionalità, obiettività, trasparenza, equità e ragionevolezza* e agire in posizione di indipendenza e imparzialità, astenendosi in caso di **conflitto di interessi**.

Il dipendente **non deve usare a fini privati le informazioni** di cui dispone per ragioni di ufficio, e deve evitare situazioni e comportamenti che possano ostacolare il corretto adempimento dei compiti o nuocere agli interessi o all'immagine della Pubblica Amministrazione. Il dipendente esercita i propri compiti orientando l'azione amministrativa alla massima **economicità, efficienza** ed **efficacia**.

Nei rapporti con i destinatari dell'azione amministrativa, il dipendente deve assicurare la **piena parità di trattamento** a parità di condizioni, astenendosi da azioni arbitrarie che abbiano effetti negativi sui destinatari dell'azione amministrativa o che comportino discriminazioni basate su sesso, nazionalità, origine etnica, caratteristiche genetiche, lingua, religione o credo, convinzioni personali o politiche, disabilità, condizioni sociali o di salute, età e orientamento sessuale o su altri diversi fattori.

Il dipendente deve dimostrare la massima disponibilità e collaborazione nei rapporti con le altre pubbliche amministrazioni, assicurando lo scambio e la **trasmissione delle informazioni** e dei dati in qualsiasi forma anche **telematica**, nel rispetto della normativa vigente (art. 3).

Il dipendente non può accettare, per sé o per altri, **regali o altre utilità**, salvo quelli d'uso di modico valore, effettuati occasionalmente nell'ambito delle normali relazioni di cortesia e nell'ambito delle consuetudini internazionali. In ogni caso, il dipendente non chiede, per sé o per altri, regali o altre utilità, a titolo di corrispettivo per compiere o per aver compiuto un atto del proprio ufficio da soggetti che possano trarre benefici da decisioni o attività inerenti all'ufficio, né da soggetti nei cui confronti è, o sta per essere, chiamato a svolgere o a esercitare attività o potestà proprie dell'ufficio ricoperto.

Il dipendente non può accettare incarichi di collaborazione da soggetti privati che abbiano, o abbiano avuto, nel **biennio precedente**, un interesse economico significativo in decisioni o attività inerenti all'ufficio di appartenenza (art. 4).

Nel rispetto della disciplina vigente del diritto di associazione, il dipendente deve comunicare tempestivamente al responsabile dell'ufficio di appartenenza la propria adesione o appartenenza ad **associazioni** od **organizzazioni**, i cui ambiti di interesse possano interferire con lo svolgimento dell'attività dell'ufficio. La disposizione non si applica, però, all'adesione a partiti politici o a sindacati.

Il pubblico dipendente non costringe altri dipendenti ad aderire ad associazioni od organizzazioni, né esercita pressioni a tale fine, promettendo vantaggi o prospettando svantaggi di carriera (art. 5).

Nei rapporti privati, comprese le relazioni extralavorative con pubblici ufficiali nell'esercizio delle loro funzioni, il dipendente non deve sfruttare la posizione che ricopre nell'amministrazione per ottenere utilità che non gli spettino e non assume nessun altro comportamento che possa nuocere all'immagine dell'amministrazione (art. 10).

Per quanto concerne il comportamento in servizio (art. 11) il dipendente, salvo giustificato motivo, **non ritarda** né adotta comportamenti tali da far ricadere su altri dipendenti il compimento di attività di propria spettanza.

Il dipendente può **utilizzare il materiale o le attrezzature** di cui dispone **per ragioni di ufficio** e i servizi telematici e telefonici dell'ufficio nel rispetto dei vincoli posti dall'amministrazione. Il dipendente utilizza i mezzi di trasporto dell'amministrazione a sua disposizione soltanto per lo svolgimento dei compiti d'ufficio, astenendosi dal trasportare terzi, se non per motivi d'ufficio.

Nei rapporti con il pubblico (art. 12) il dipendente si fa riconoscere attraverso l'**esposizione in modo visibile del badge od altro supporto identificativo** messo a disposizione dall'amministrazione.

Opera con spirito di servizio, correttezza, cortesia e disponibilità e, nel rispondere alla corrispondenza, a chiamate telefoniche e ai messaggi di posta elettronica, opera nella maniera più completa e accurata possibile.

Salvo il diritto di esprimere valutazioni e diffondere informazioni a tutela dei diritti sindacali, il dipendente si astiene da dichiarazioni pubbliche offensive nei confronti dell'amministrazione.

Il Codice di comportamento è pubblicato sul sito internet istituzionale dell'Amministrazione e nella rete intranet, nonché trasmettendolo tramite e-mail a tutti i propri dipendenti e ai titolari di contratti di consulenza o collaborazione a qualsiasi titolo, nonché ai collaboratori a qualsiasi titolo, anche professionale, alle imprese fornitrici di servizi in favore dell'amministrazione.

La violazione degli obblighi previsti dal Codice integra comportamenti contrari ai doveri d'ufficio. Ferme restando le ipotesi in cui la violazione delle disposizioni dà luogo anche a responsabilità penale, civile, amministrativa o contabile del pubblico dipendente, essa è fonte di **responsabilità disciplinare** (→ *infra*) accertata all'esito di un procedimento disciplinare.

12 La responsabilità del docente

Per **responsabilità**, in generale, si intende l'assoggettabilità ad una sanzione che consegue ad un **comportamento antigiuridico**. In particolare, per i **pubblici dipendenti**, l'**art. 28 Cost.** recita: «*I funzionari e i dipendenti dello Stato e degli enti pubblici sono direttamente responsabili, secondo le leggi penali, civili e amministrative degli atti compiuti in violazione dei diritti*».

In altre parole, l'azione (o omissione) causa di danno all'Amministrazione posta in essere dal dipendente, compreso quello che opera nelle istituzioni scolastiche, può dar luogo, a:
— *responsabilità civile verso terzi;*
— *responsabilità penale;*
— *responsabilità amministrativa e contabile;*
— *responsabilità disciplinare.*

12.1 La responsabilità civile dei docenti

Il nostro ordinamento prevede **due forme di responsabilità civile**, a seconda che il soggetto violi un obbligo contenuto in un contratto (cd. *responsabilità contrattuale*) oppure non rispetti il dovere generale, che incombe su chiunque, di non arrecare danno ad altri (cd. *responsabilità extracontrattuale*). Ad esempio, è contrattuale la responsabilità di chi acquista una casa e poi non paga il prezzo. È, invece, extracontrattuale la responsabilità dell'automobilista che investe un pedone.

Entrambe le forme di responsabilità comportano l'obbligo del **risarcimento del danno**.

Generalmente *l'obbligo di risarcire il danno incombe su chi ha commesso il fatto illecito*. Tuttavia per rafforzare la tutela del danneggiato in alcuni casi è prevista, oltre alla responsabilità dell'autore del fatto, quella di un altro soggetto: si tratta delle ipotesi di **responsabilità indiretta** o **per fatto altrui**, tra le quali rientra anche la responsabilità degli **insegnanti per i fatti illeciti commessi dagli alunni** (art. **2048 c.c.**). In tali casi, *la responsabilità è esclusa se gli interessati provano di non aver potuto impedire il fatto*.

In particolare **il personale docente e non docente ha un obbligo giuridico di sorveglianza e di vigilanza nei confronti degli alunni**, affinché gli stessi non subiscano lesioni o non incorrano in pericoli o *non causino danni ad altri* durante la loro permanenza all'interno della struttura scolastica o, comunque, *durante il periodo in cui sono affidati alla scuola*. Pertanto, la mancata osservanza di tale obbligo (*culpa in vigilando*) fa sorgere una *responsabilità per omissione* (ad esempio, viola il dovere di vigilanza il docente che si allontana dall'aula durante l'orario di lezione).

Il **dovere di vigilanza** del docente deve essere commisurato all'età e al grado di maturazione psichica e fisica degli alunni (ad esempio, la sorveglianza deve essere di massimo grado per i bambini della scuola dell'infanzia o per gli alunni con disabilità) e presuppone, in ogni caso, la minore età degli allievi (art. 2048 c.c.).

Altro fattore da considerare è il **contesto ambientale** nel quale la scuola si trova ad operare (l'ubicazione dell'edificio, il traffico nella zona ecc.).

L'**obbligo di vigilanza si estende all'attività scolastica in genere**, dal momento dell'ingresso degli allievi nei locali della scuola a quello della loro uscita (cfr. Cass. 5-9-1986, n. 5424), compresi il periodo destinato alla ricreazione (cfr. Cass. 28-7-1972, n. 2590; Cass. 7-6-1977, n. 2342), le uscite didattiche, i viaggi di istruzione e ogni altra attività che si svolga nei locali scolastici o in quelli di pertinenza.

12.2 Il Patto educativo di corresponsabilità

Ai sensi dell'art. **2048, co. 1, c.c.** sono responsabili dei fatti illeciti compiuti dal minorenne anche i genitori o il tutore. Ai genitori è imposto non solo un **dovere di vigilanza** sui figli (quando non sono a scuola) ma anche un generale **dovere di educazione**: lo sanciscono l'art. 30 Cost. e gli artt. 147 e 315bis c.c.

Ribadisce implicitamente la responsabilità *in educando* dei genitori, la disciplina istitutiva del patto educativo di corresponsabilità. L'art. 5bis D.P.R. n. 249/1998 stabilisce, infatti, che contestualmente all'iscrizione dell'alunno a scuola è richiesta l'adesione, da parte dei genitori e degli studenti, al **patto educativo di corresponsabilità**, finalizzato a definire in maniera dettagliata e condivisa diritti e doveri nel rapporto tra istituzione scolastica autonoma, studenti e famiglie.

Il regolamento di istituto disciplina le procedure di sottoscrizione nonché di elaborazione e revisione condivisa del patto.

L'obiettivo del patto educativo, in sostanza, è quello di **impegnare le famiglie, fin dal momento dell'iscrizione, a condividere con la scuola i nuclei fondanti dell'azione educativa** (→ anche Cap. 11, par. 3.2.).

La scuola dell'autonomia può svolgere, infatti, efficacemente la sua funzione educativa soltanto se è in grado di instaurare una sinergia virtuosa, oltre che con il territorio, tra i soggetti che compongono la comunità scolastica: il Dirigente scolastico, il personale della scuola, i docenti, gli studenti ed i genitori. L'introduzione del patto di corresponsabilità è orientata a porre in evidenza il **ruolo strategico che può essere svolto dalle famiglie** nell'ambito di un'alleanza educativa che coinvolga la scuola, gli studenti ed i loro genitori, ciascuno secondo i rispettivi ruoli e responsabilità. Il «patto» vuole essere, dunque, uno strumento innovativo attraverso il quale declinare i reciproci rapporti, i diritti e i doveri che intercorrono tra l'istituzione scolastica e le famiglie (Nota ministeriale n. 3602/P0/2008).

12.3 La responsabilità penale dei docenti

L'analisi sulla responsabilità penale dei docenti non può che partire dall'**art. 27 Cost.** che sancisce il principio in base al quale **la responsabilità penale è personale**, poiché solo colui che ha materialmente commesso il fatto può essere sottoposto a sanzione penale. Dunque, nel caso di illecito penale, non vi può essere responsabilità della scuola ma solo della persona considerata responsabile del reato. L'Amministrazione scolastica sarà eventualmente *responsabile dal punto di vista amministrativo per il comportamento illecito del suo dipendente*.

I profili di responsabilità penale degli operatori scolastici sono inquadrabili in due grandi categorie:

— **reati contro la pubblica amministrazione**: sono i reati commessi da un pubblico dipendente in quanto tale, connotati da un abuso o comunque da un uso distorto della pubblica funzione che diventa oggetto di scambio (come nel caso della *corruzione*) o di vessazione per estorcere utilità al cittadino (come nel caso della *concussione*). In quanto pubblico ufficiale il docente può così incorrere nel reato di *rifiuto o omissione di atti d'ufficio* (art. 328 c.p.) (se, per esempio, a fronte di ripetute richieste da parte dei colleghi o del DS, ometta di consegnare i compiti svolti in aula dagli alunni delle sue classi); nel *reato di peculato* (art. 314 c.p.) (se si appropria del denaro raccolto per una gita degli alunni); nel *reato di concussione* (art. 317 c.p.) (se, abusando della sua qualità, costringe delle studentesse maggiorenni a promettergli prestazioni sessuali, in cambio di un buon voto nelle interrogazioni); nel *reato di corruzione* (se, in cambio di particolari favori, accetta da parte dei genitori un regalo molto costoso e sicuramente difforme dalle tradizionali piccole regalie d'uso che, invece, sono generalmente ammesse) etc.
— **reati contro l'integrità fisica, morale e/o sessuale dei minori affidati alle cure scolastiche** (come abuso di mezzi di correzione, maltrattamenti, percosse etc.).

12.4 La responsabilità erariale del dipendente della scuola

Per i pubblici dipendenti la responsabilità collegata agli effetti del proprio operato si estende oltre i limiti che le leggi civili e penali determinano per il comune cittadino. Gli impiegati pubblici, infatti, rispondono del loro operato non soltanto sul piano *civile, penale* e *disciplinare,* ma anche su quello «*patrimoniale*», essendo tenuti a **risarcire i danni da essi causati all'amministrazione**. Dunque, tutti i dipendenti pubblici, civili e militari, che cagionino danno allo Stato **nell'esercizio delle loro funzioni**, sono tenuti a risarcirlo.

Tale forma di responsabilità è oggi definita **responsabilità patrimoniale o responsabilità erariale** (ossia per danni all'Erario).

In generale possiamo dire che la **responsabilità patrimoniale per danni all'Erario**, ossia alle finanze dello Stato, sorge in tutti i casi in cui quest'ultimo o un altro ente pubblico subisce una *deminutio patrimonii* a causa del comportamento di un pubblico agente nell'esercizio delle proprie funzioni o per la violazione degli obblighi di servizio. In questi casi il soggetto che ha causato il danno erariale è tenuto a risarcirlo. Il **danno erariale** è, dunque, il danno sofferto dallo Stato o da un altro ente pubblico a causa dell'azione o dell'omissione di un dipendente pubblico. Esso può comprendere non solo il risarcimento del danno effettivamente subito ma anche, ad esempio, il **danno all'immagine della P.A.**

Si pensi al caso in cui l'amministrazione scolastica abbia dovuto risarcire il danno per un infortunio ad un allievo causato da una grave forma di negligenza o sconsideratezza del docente: in questo caso la P.A. potrà ottenere dal docente responsabile di *culpa in vigilando,* quanto ha pagato a titolo di risarcimento del danno al ragazzo, ma anche il risarcimento del danno causato all'immagine della scuola, per la pubblicità negativa derivante dai fatti avvenuti (danno all'immagine della P.A.).

12.5 La responsabilità disciplinare

Il dipendente pubblico ha l'obbligo di osservare le norme comportamentali che regolano il suo rapporto di lavoro: la responsabilità disciplinare attiene, infatti, alla **violazione dei doveri d'ufficio** e può sussistere anche in assenza di rilevanza penale o di uno specifico danno alla P.A.

Per quanto riguarda la responsabilità disciplinare dei docenti questa è disciplinata dal **T.U. istruzione** (D.Lgs. n. 297/1994) che rappresenta la **fonte principale** per le sanzioni disciplinari irrogabili al **personale docente**, e solo in parte dal Contratto collettivo di lavoro.

Titolare del potere disciplinare nei confronti dei docenti è il Dirigente scolastico, per le infrazioni di minore gravità, e l'Ufficio procedimenti disciplinari (**UPD**), incardinato presso le Direzioni Regionali, per le sanzioni più gravi.

Le sanzioni disciplinari per il personale docente sono individuate, come anticipato, dal T.U. istruzione, D.Lgs. n. 297/1994, agli artt. 492 ss. Esse sono:

— **censura**: è una *dichiarazione di biasimo scritta e motivata*, che viene inflitta per mancanze non gravi riguardanti i doveri inerenti alla funzione docente o i doveri di ufficio (art. 493);
— **sospensione dall'insegnamento o dall'ufficio**: consiste *nel divieto di esercitare la funzione docente*, con la perdita del trattamento economico ordinario.
— **sospensione dall'insegnamento o dall'ufficio per un periodo di sei mesi** e utilizzazione, dopo che sia trascorso il tempo di sospensione, nello *svolgimento di compiti diversi* da quelli inerenti alla funzione docente (art. 496).
— **destituzione**: comporta la cessazione dal rapporto d'impiego (art. 498).

10
Inclusione a scuola

Parlando di disabilità, DSA e BES spesso il termine inclusione viene considerato sinonimo anche di *integrazione*.

In realtà, sintetizzando al massimo, quello di **integrazione** è un concetto ormai superato: fa riferimento a un modello risalente agli anni '70 (e innovatore rispetto all'impostazione originaria che riteneva che i disabili dovessero seguire percorsi di istruzione slegati da quelli ordinari), in cui si incentivava l'inserimento del disabile in una classe comunque, in una classe però pensata per alunni normodotati.

Dal 2009 in seguito ad alcuni interventi normativi che vedremo in seguito, si è passati al concetto di **inclusione**: non è l'alunno con problemi che deve integrarsi all'interno di una classe di normodotati, ma è la scuola, la classe che deve includerlo, «accoglierlo», rimodellando il suo stesso approccio didattico e valorizzando la diversità che diventa risorsa anche per il gruppo.

1 La macroarea dei bisogni educativi speciali (BES)

L'attenzione verso i **bisogni educativi speciali (BES)** si è sviluppata nel nostro Paese all'indomani della **Direttiva ministeriale del 27 dicembre 2012** «*Strumenti di intervento per alunni con bisogni educativi speciali e organizzazione territoriale per l'inclusione scolastica*» ed è proseguita con l'importante **circolare ministeriale n. 8/2013**. Attraverso questo documento, la scuola italiana ha recepito l'apporto fornito dal modello diagnostico ICF (*International Classification of Functioning*) dell'OMS, che ha permesso di individuare i cosiddetti BES a carico dell'alunno.

Nel testo della Direttiva si legge: «In ogni classe ci sono alunni che presentano una **richiesta di speciale attenzione** per una varietà di ragioni: svantaggio sociale e culturale, disturbi specifici di apprendimento e/o disturbi evolutivi specifici, difficoltà derivanti dalla non conoscenza della cultura e della lingua italiana perché appartenenti a culture diverse. Nel variegato panorama delle nostre scuole la complessità delle classi diviene sempre più evidente».

Quest'*ampia area dello svantaggio scolastico*, che ricomprende le problematiche più diverse, viene indicata come **area dei bisogni educativi speciali**. Vi sono comprese *tre grandi sotto-categorie*:
— quella della **disabilità** (L. n. 104/1992 e D.Lgs. n. 66/2017);
— quella dei **disturbi evolutivi specifici**;
— quella dello **svantaggio socioeconomico, linguistico, culturale**.

I bisogni educativi speciali (che in altri paesi europei vengono definiti come *Special Educational Needs*) non sono, dunque, necessariamente relativi a condizioni permanenti più o meno invalidanti, ma spesso sono conseguenza di stati che un alunno attraversa, con continuità o per determinati periodi, per ragioni fisiche, fisiologiche o anche di natura psico-sociale, e che richiedono adeguata e personalizzata risposta.

La Direttiva ministeriale del 2012 definisce più in particolare come **disturbi evolutivi specifici**:
— i *disturbi specifici dell'apprendimento* (DSA);
— i *deficit del linguaggio*;
— i *deficit delle abilità non verbali*;
— i *deficit della coordinazione motoria*;
— i *deficit dell'attenzione* e i *deficit dell'iperattività* (DDAI o ADHD).

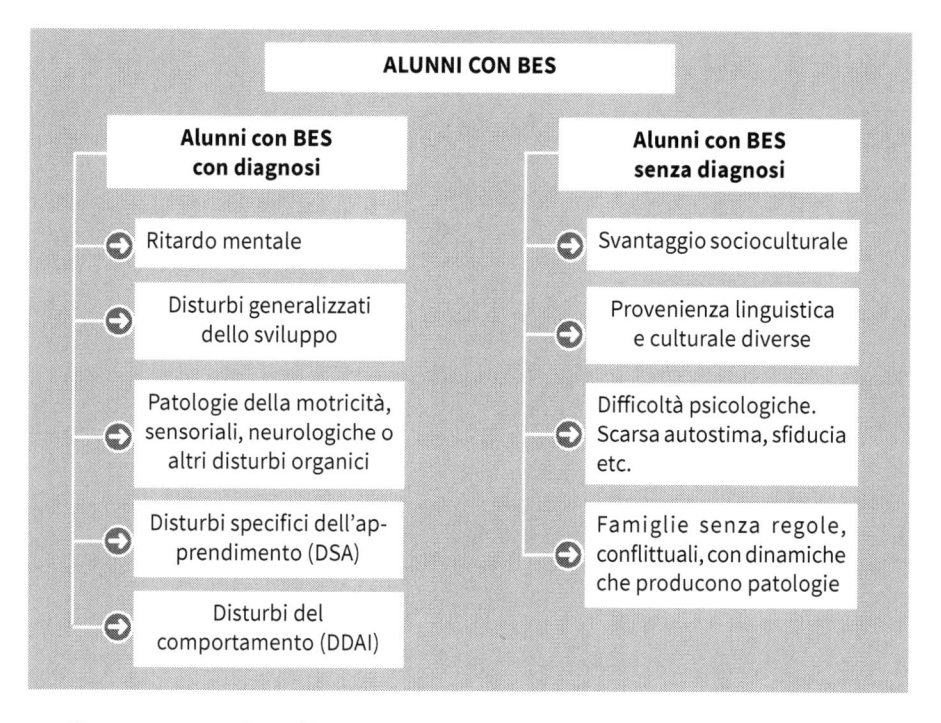

ALUNNI CON BES

Alunni con BES con diagnosi	Alunni con BES senza diagnosi
Ritardo mentale	Svantaggio socioculturale
Disturbi generalizzati dello sviluppo	Provenienza linguistica e culturale diverse
Patologie della motricità, sensoriali, neurologiche o altri disturbi organici	Difficoltà psicologiche. Scarsa autostima, sfiducia etc.
Disturbi specifici dell'apprendimento (DSA)	Famiglie senza regole, conflittuali, con dinamiche che producono patologie
Disturbi del comportamento (DDAI)	

Si tratta spesso di problematiche che, non certificabili come di disabilità dalla L. n. 104/1992, **non determinano** per l'alunno il diritto all'**insegnante di sostegno**.

Ciononostante, la normativa prevede che le scuole — con determinazioni assunte dai **Consigli di classe**, in seguito all'esame della documentazione clinica presentata dalle famiglie e sulla base di considerazioni di carattere psicopedagogico e didattico — possono avvalersi per tutti gli alunni con bisogni educativi speciali degli **strumenti compensativi** e delle **misure dispensative** previsti dalle disposizioni attuative della L. n. 170/2010 che analizzeremo più avanti. Ciò significa che tali strumenti e misure possono e devono essere messi in campo *anche in assenza di una certificazione me-*

dica rilasciata dal servizio sanitario. In assenza di diagnosi o certificazione clinica, la normativa prevede che il Consiglio di classe o il team docenti motivino, verbalizzandole, le decisioni prese, *condividendole con la famiglia.* Tra i passaggi necessari al conseguimento del successo formativo, infatti, figura quello di accompagnare l'alunno e i suoi familiari nel processo di presa d'atto delle difficoltà rilevate a scuola.

Oggi l'attenzione verso i bisogni educativi speciali è quanto mai viva da parte delle istituzioni, che orientano il proprio intervento verso la *formazione dei docenti e degli operatori del settore* affinché le competenze in materia di inclusività divengano a tutti gli effetti componenti imprescindibili della professione educativa.

È importante soprattutto che la scuola abbia consapevolezza del **proprio grado di inclusività**, monitorando i risultati del lavoro svolto in relazione agli obiettivi che erano stati fissati. Questo processo ha lo scopo di ottenere dati utili all'impostazione di *piani di miglioramento* sia organizzativo che culturale.

Non è compito della scuola certificare gli alunni con BES, ma è suo compito individuare quelli per i quali è opportuna e necessaria l'adozione di particolari strategie didattiche.

È opportuno ribadire che l'attenzione del gruppo docente deve essere focalizzata sui bisogni formativi di ciascuno, sui singoli stili cognitivi e di apprendimento, allo scopo di poter rispondere in maniera adeguata ed efficace alle diverse istanze poste dagli studenti.

In sintesi, una scuola può definirsi inclusiva quando:
— riesce a **valorizzare le differenze** e coinvolgere l'intera platea scolastica nel processo educativo;
— **coinvolge in maniera efficace i diversi attori presenti sul territorio**, quali le famiglie, gli enti istituzionali, le ASL, le associazioni;
— è in grado di **rimuovere gli ostacoli** alla realizzazione dei processi di apprendimento e valutazione per tutti gli studenti;
— permette a ciascuno studente di **sentirsi parte integrante del gruppo**, valorizzato e sostenuto nelle sue difficoltà.

2 Le principali tappe dell'integrazione scolastica dei disabili

Il diritto allo studio di tutte le persone, comprese quelle con disabilità, è garantito dalla lettura integrata degli artt. 3 e 34 della Costituzione, allorché si stabilisce che *la scuola è aperta a tutti* (art. 34) e che, in base al *principio di uguaglianza formale e sostanziale*, la Repubblica è tenuta a rimuovere gli ostacoli di ordine economico e sociale, i quali, limitando tale uguaglianza, impediscono il pieno sviluppo della persona umana e l'effettiva partecipazione alla vita del Paese (art. 3). Nella stessa Costituzione la problematica della disabilità viene affrontata integrando interventi di più soggetti istituzionali aventi diverse responsabilità ma il comune obiettivo dell'*integrazione scolastica, sociale e lavorativa delle persone in situazione di handicap*. Gli articoli 3 e 34 vanno dunque connessi al diritto alla salute (art. 32) e al diritto all'assistenza sociale (art. 38).

Con l'affermazione di tali principi, nasce in Italia un **nuovo concetto di assistenza** sul piano economico, sanitario e lavorativo, che determina effetti di grande rilevanza sociale in quanto:
— vengono emanate precise disposizioni di legge a favore di gruppi di handicap (sordi, ciechi, altre categorie);
— si stabiliscono provvidenze economiche in risposta ai bisogni e alle esigenze della famiglia con soggetto disabile;
— si verifica una **crescita di scuole speciali**, sia pure in una logica di separazione e di frammentarietà di interventi;
— si procede a una categorizzazione dell'handicap nel senso che i soggetti disabili vengono distribuiti in categorie distinte, in base al tipo di handicap o alla causa che lo ha determinato.

Con la **legge n. 1859 del 1962**, istitutiva della scuola media unica, è possibile parlare di istituzione ufficiale delle **classi differenziali**. Alla logica della separazione, che isolava la categoria dei cosiddetti «anormali» in scuole speciali, segue, dunque, la logica dell'*inserimento* che prevede l'iscrizione dei portatori di handicap nelle scuole comuni, ma siamo ancora ben lontani dal processo di vera integrazione.

A partire dagli anni '70 vari studi condotti in campo psico-pedagogico, forniscono approfondite definizioni del termine *handicap*. In particolare viene chiarito il significato dei termini: *menomazione, disabilità, handicap*:
— la **minorazione** o **menomazione** è detta anche **deficit**. Si tratta di un'anomalia a carico di strutture o funzioni fisiologiche o psicologiche, transitoria o permanente;
— la **disabilità** è la conseguenza *individuale* della menomazione, cioè la *riduzione della capacità* di svolgere una determinata attività;
— l'**handicap**, invece, è la *conseguenza sociale* della menomazione e della disabilità.

Con la **legge n. 118/1971**, art. 28, si attua una parziale modifica della situazione precedente, in quanto si stabilisce di *inserire gli alunni con disabilità in età di obbligo scolastico nelle classi normali della scuola pubblica*, assicurando loro il trasporto, l'accesso agli edifici scolastici con l'abbattimento delle barriere architettoniche e l'assistenza durante l'orario scolastico per i casi più gravi.

Il concetto di **inserimento** derivante dalle norme della legge n. 118/1971 mostra, però, i suoi profondi limiti in quanto non consente di realizzare il principio costituzionale di uguaglianza sostanziale tra le persone, per la cui attuazione si rendono necessari ulteriori interventi.

È con la **legge del 4 agosto 1977, n. 517**, «*Norme sulla valutazione degli alunni e sull'abolizione degli esami di riparazione nonché altre norme di modifica dell'ordina-*

mento scolastico», che **nasce il concetto di integrazione**. Questa legge rappresenta il punto di riferimento più importante per la legittimazione del diritto a frequentare le scuole comuni da parte dei disabili.

I punti salienti si possono così sintetizzare:
— abolizione delle classi differenziali;
— assegnazione alle scuole di docenti «specializzati»;
— introduzione di innovazioni sul piano metodologico e didattico;
— introduzione dell'integrazione specialistica attraverso il servizio socio-psico-pedagogico;

INSERIMENTO/INTEGRAZIONE	
Sul piano terminologico occorre distinguere il principio di **inserimento**, puramente empirico ed esteriore, da *quello di integrazione*, che dà vita ad una vera e propria partecipazione alla vita della classe e, più in generale, della scuola.	Il carattere specifico dell'**integrazione** scolastica va decisamente a comprendere non solo i processi e gli strumenti che garantiscono l'accoglienza, la frequenza ed il percorso formativo rivolto agli alunni diversamente abili, ma soprattutto i principi, i fini generali e le metodologie applicative volte ad una finalità meta-culturale: favorire una visione ampia delle diverse condizioni e culture, sviluppando atteggiamenti di solidarietà, di disponibilità, di confronto produttivo.

Le leggi **n. 517/1977** per la scuola elementare e media e n. **270/1982** per la scuola materna delineano per la prima volta gli elementi giuridici necessari per un intervento finalizzato all'*integrazione educativa*, avvalendosi anche di specialisti esterni.

Il percorso normativo dell'integrazione viene sostenuto dalla sentenza della Corte Costituzionale **n. 215/1987** che afferma il pieno diritto di qualsiasi studente in situazione di handicap di poter frequentare non solo le scuole materne e dell'obbligo, ma *anche le scuole secondarie di II grado*, per non interrompere il processo di apprendimento e quindi gli interventi educativi rivolti al recupero, al sostegno e al potenziamento delle capacità dell'adolescente handicappato, garantendone il percorso formativo nelle scuole superiori.

Nell'ambito della legislazione socio–sanitaria si impone, poi, per l'organicità degli interventi che rende obbligatori, la **legge 5 febbraio 1992, n. 104**, cioè la «**legge quadro per l'assistenza, l'integrazione sociale e i diritti delle persone handicappate**», la quale recepisce tutti i più recenti orientamenti delle discipline psico - pedagogiche e mediche, ribadendo la responsabilità sociale nell'assicurare a tutti i cittadini lo sviluppo completo e la massima autonomia, per svolgere un ruolo attivo e responsabile. Ancora oggi, essa rappresenta un riferimento fondamentale dell'integrazione, in ambito scolastico e sociale in quanto dispone e rende obbligatoria la cultura interistituzionale per attuare gli interventi di integrazione, che non costituiscono più solo un problema educativo.

3 Gli strumenti dell'integrazione degli alunni disabili

Il testo normativo principale in materia di disabilità rimane ancora oggi, come visto, la **legge-quadro n. 104/1992**, la quale regola la materia dell'integrazione, assistenza e superamento dell'emarginazione del disabile, tutela le pari dignità, opportunità e libertà di ciascuno, detta norme in favore della prevenzione e rimozione delle condizioni invalidanti per lo sviluppo sociale della persona disabile.

Il diritto all'istruzione e all'integrazione scolastica dei disabili è basato su **due principali strumenti organizzativi**:
1. l'elaborazione di una **documentazione specifica** che coinvolge diverse istituzioni, finalizzata a *interventi individualizzati*;
2. la nomina di **docenti specializzati** (*docenti di sostegno*) cioè in possesso di particolari titoli culturali e professionali già fissati nel D.P.R. del 31 ottobre 1975, n. 970 (*Norme in materia di scuole aventi particolari finalità*).

La L. n. 104/1992, con le sue numerose modifiche normative (da ultimo il **D.Lgs. n. 66/2017, D.Lgs. n. 96/2019**), prevede una particolare **cura educativa** nei confronti degli alunni con disabilità che si esplica, come abbiamo visto, in un *percorso formativo individualizzato*, anche attraverso la realizzazione e la verifica *in itinere* di documenti importanti quali:
— *certificato medico diagnostico-funzionale*, a cura della ASL ;
— *profilo di funzionamento*, a cura dell'Unità di valutazione multidisciplinare (SSN);
— **piano educativo individualizzato (PEI)**, redatto dal gruppo di lavoro operativo della scuola.

I documenti descritti possono confluire nel più ampio **progetto individuale** (L. 328/2000), predisposto dall'ente locale di competenza, qualora venga richiesto dai genitori.

Volendo sintetizzare, la nuova **procedura per l'inclusione** dell'alunno disabile nella scuola che, in buona sostanza, *solleva la famiglia da numerosi adempimenti burocratici* rimessi al medico di base e alla scuola, può essere suddivisa nelle seguenti fasi:
— la presentazione all'INPS da parte del medico e su richiesta dei genitori, della **domanda di accertamento della condizione di disabilità**;
— l'accertamento della condizione di disabilità da parte della Commissione sanitaria e la redazione del **profilo di funzionamento**;
— la trasmissione dei documenti dei genitori alla scuola e all'ente locale competente ai fini della elaborazione del piano educativo individualizzato e del progetto individuale, ove richiesto dai genitori;
— l'elaborazione del **progetto individuale** da parte dell'ente locale e trasmissione all'istituzione scolastica;

— la trasmissione, a cura del Dirigente scolastico al gruppo territoriale per l'inclusione (GIT) (→ *infra*) per la proposta delle risorse per il sostegno, di tutta la documentazione;
— l'elaborazione del **piano educativo individualizzato (PEI)** da parte dell'istituzione scolastica.

3.1 La procedura di accertamento e la certificazione della disabilità

L'accertamento della disabilità è disciplinato nella normativa dalla legge quadro n. 104/1992 modificata da ultimo dal decreto n. 96 del 2019.

La procedura di accertamento della disabilità ha inizio con la domanda per l'accertamento e si conclude con la sua certificazione necessaria ai fini dell'inclusione scolastica.

L'**accertamento della condizione di disabilità** in età evolutiva è *propedeutico* alla redazione del **Profilo di funzionamento** che è redatto secondo i criteri del modello bio-psico-sociale della Classificazione internazionale ICF, adottata dall'Organizzazione Mondiale della Sanità (OMS).

Il *Profilo di funzionamento*, previsto dall'art. 12, comma 5, L. n. 104/1992, ricomprende la *diagnosi funzionale* e il *profilo dinamico-funzionale*, ossia i documenti richiesti dalla precedente normativa, ed è redatto da un'**Unità di valutazione multidisciplinare** del Servizio sanitario nazionale; contiene indicazioni relative anche alle competenze professionali e alla *tipologia delle misure di sostegno* e delle risorse strutturali utili ai fini dell'inclusione.

Alla sua redazione *collaborano i genitori* dell'alunno, nonché nel rispetto del *diritto di autodeterminazione* anche dello studente con disabilità, con la partecipazione del Dirigente scolastico oppure di un docente specializzato sul sostegno didattico della scuola. Esso viene aggiornato ad ogni passaggio di grado di istruzione e in caso di sopravvenute condizioni di funzionamento della persona.

I genitori dell'alunno/a disabile inviano il Profilo di funzionamento alla **scuola** ai fini della predisposizione del **Piano educativo individualizzato** (PEI) e all'*ente locale* di competenza per la predisposizione del **Progetto individuale**, qualora venga richiesto.

Il Progetto individuale di cui il PEI fa parte è redatto dall'ente locale di competenza, d'intesa con la ASL, sulla base del Profilo di funzionamento, su richiesta e con la *collaborazione* dei genitori.

3.2 Il Piano educativo individualizzato (PEI)

Il **Piano educativo individualizzato** rappresenta il progetto di vita scolastica di ogni alunno con disabilità: vi sono esplicitati i diversi interventi didattico-educativi, riabilitativi, di socializzazione e integrazione predisposti in favore dell'alunno.

Il PEI, di cui tratta l'art. 12 della L. n. 104/1992 (modificato dall'art. 7 D.Lgs. n. 66/2017 e dal decreto n. 96/2019), individua *obiettivi educativi e didattici, strumenti, strategie e modalità per realizzare un ambiente di apprendimento* nelle dimensioni della relazione, della socializzazione, della comunicazione, dell'interazione, dell'orientamento, anche sulla base degli interventi di corresponsabilità educativa intrapresi dall'intera comunità scolastica per il soddisfacimento dei bisogni educativi individuati.

All'interno del PEI sono esplicitate le *modalità di sostegno didattico*, compresa la proposta del **numero di ore di sostegno alla classe**, le modalità di verifica, i criteri di valutazione, nonché gli interventi di assistenza igienica e di base, svolti dal personale ausiliario nell'ambito del plesso scolastico. L'inclusione, infatti, in base all'art. 1 del decreto n. 96, costituisce «impegno fondamentale di *tutte le componenti della comunità scolastica*».

Il documento viene *elaborato e approvato* all'inizio di ciascun anno scolastico dal **Gruppo di Lavoro Operativo per l'inclusione** (GLHO), composto dal *team* dei docenti contitolari o dal Consiglio di classe, con la partecipazione dei genitori dell'alunno con disabilità, delle figure professionali specifiche, interne ed esterne all'istituzione scolastica che interagiscono con l'alunno stesso, nonché con il supporto dell'Unità di valutazione multidisciplinare. Inoltre, all'interno del Gruppo di lavoro è assicurata la partecipazione attiva dell'alunno disabile nel rispetto del *principio di autodeterminazione*.

Nella redazione del PEI occorre tenere conto dell'accertamento della condizione di disabilità e del Profilo di funzionamento; inoltre, il documento indica le modalità di coordinamento degli interventi in esso previsti e il modo in cui questi si intersecano con il Progetto individuale.

Il PEI è redatto a partire dalla scuola dell'infanzia ed è aggiornato in presenza di nuove e sopravvenute condizioni di funzionamento della persona e, nei passaggi di grado di istruzione e nei casi di trasferimento, è assicurata l'interlocuzione tra i docenti della scuola di provenienza e quelli della scuola di destinazione.

Sulla base dei singoli PEI di ogni bambino, infine, ogni scuola, nell'ambito del Piano triennale dell'offerta formativa (PTOF) predispone il **Piano per l'inclusione** nel quale sono definite le modalità per l'utilizzo coordinato delle risorse, *delle misure di sostegno* al fine del superamento delle barriere e dell'individuazione dei facilitatori del contesto di riferimento, nonché per il miglioramento della qualità dell'inclusione (art. 8 D.Lgs. n. 96/2019).

La progettazione del PEI per l'alunno con difficoltà di apprendimento si inserisce all'interno della programmazione della classe e segue le stesse regole progettuali della programmazione, con la sola differenza di essere rivolta al singolo e non al gruppo classe.

Le operazioni progettuali coinvolgono, quindi, tutto il Consiglio di classe. La tipologia di programmazione che seguirà l'alunno disabile:

— è riferita agli **obiettivi della classe**;
— procede per **obiettivi minimi semplificati**;
— è una **programmazione differenziata**.

Dunque, nell'ottica di una *scuola inclusiva*, la relativa progettazione è esercitata dai docenti contitolari o dal Consiglio di classe che individuano, insieme al *docente di sostegno* e con il supporto dell'*unità di valutazione multidisciplinare*, le strategie di apprendimento e le modalità didattiche per il successo formativo della persona.

Il *Piano Educativo Individualizzato* (PEI), dunque, *diviene parte integrante* del *Progetto individuale*, potenziandolo poiché non è più inteso quale mero documento burocratico, ma l'occasione fondamentale per la realizzazione del *progetto di vita scolastica* degli alunni e degli studenti con disabilità. Infatti, esso, nell'ambito della *progettazione integrata*, è elaborato con la partecipazione delle famiglie e di tutti gli operatori assegnati alla classe in supporto alla disabilità.

3.3 Il Piano per l'inclusione

Ai fini della programmazione e progettazione, il decreto n. 66/2017 (art. 8) prevede che ciascuna scuola predisponga il **Piano per l'inclusione (PI)**, il principale documento programmatico in materia, con il quale sono definite le modalità per l'utilizzo coordinato delle risorse e gli interventi di miglioramento della qualità dell'inclusione scolastica.

Il Piano viene predisposto ogni anno (entro giugno) da ciascuna scuola nell'ambito della definizione del PTOF, costituendone *parte integrante* e comprende l'utilizzo delle misure di sostegno sulla base dei singoli PEI di ogni bimba o bimbo, alunna e alunno, studente e studentessa, nel rispetto del principio di *accomodamento ragionevole*.

Il Collegio dei docenti definisce il PI sulla base della programmazione, proposta e supporto del Gruppo di lavoro per l'inclusione (GLI).

Il Piano poi viene attuato dallo stesso GLI, con il supporto di *studenti, genitori e associazioni*.

Esso è diverso dal *Piano annuale per l'inclusività*, previsto dalla direttiva BES del 27-12-2012 e dalla C.M. n. 8/2013 (chiamato PAI).

3.4 I gruppi per l'inclusione

Con l'approvazione del D.Lgs. n. 66/2017 e le modifiche del D.Lgs. n. 96/2019, è stato riscritto l'art. 15 L. n. 104/1992 e sono istituiti **nuovi Gruppi per l'inclusione scolastica**.

Nel nuovo art. 15 sono disciplinati il:

— **Gruppo di lavoro interistituzionale regionale (GLIR)**, istituito presso ogni USR; esso ha compiti di consulenza e proposta all'Ufficio scolastico regionale per la definizione, l'attuazione e la verifica degli accordi di programma; è presieduto dal dirigente preposto all'USR o da un suo delegato; vi partecipano i rappresentanti delle Regioni, degli enti locali e delle associazioni delle persone con disabilità maggiormente rappresentative a livello regionale nel campo dell'inclusione scolastica;
— **Gruppo per l'inclusione territoriale (GIT)** istituito *per ogni ambito territoriale*; tale organo ha il compito di confermare o esprimere parere difforme sulla proposta di risorse per il sostegno didattico effettuata dal Dirigente scolastico all'USR competente per territorio;
— **Gruppo di lavoro per l'inclusione (GLI)**, istituito presso ciascuna istituzione scolastica, è composto da docenti curricolari, docenti di sostegno ed eventualmente *personale ATA*, nonché specialisti della Azienda sanitaria locale; è nominato e **presieduto dal Dirigente scolastico**; ha il compito di supportare il Collegio dei docenti nella definizione e realizza-

zione del **Piano per l'inclusione**, e i docenti contitolari e i Consigli di classe nell'attuazione dei Piani educativi individualizzati (PEI). Sostituisce il vecchio GLHI
In sede di definizione e attuazione del Piano di inclusione, il GLI si avvale della consulenza e del supporto degli studenti, dei genitori e delle associazioni delle persone con disabilità maggiormente rappresentative del territorio nel campo dell'inclusione scolastica.
Al fine di realizzare il Piano di inclusione e il PEI, il GLI collabora con il GIT e con le istituzioni pubbliche e private presenti sul territorio;

— **Gruppo di lavoro operativo per l'inclusione** (**GLHO**) (art. 9 D.Lgs. n. 66/2017, modif. dal D.Lgs. n. 96/2019) è costituito presso ogni istituzione scolastica, per definire il PEI e per la verifica del processo di inclusione, compresa la proposta di quantificazione di ore di sostegno e delle altre misure di sostegno, tenuto conto del profilo di funzionamento. Ciascun GLHO è composto dal *team* dei docenti contitolari o dal Consiglio di classe, con la partecipazione dei genitori del soggetto con disabilità, delle figure professionali specifiche, interne ed esterne all'istituzione scolastica che interagiscono con la classe e con il disabile. All'interno del GLHO è assicurata la partecipazione attiva degli studenti con accertata condizione di disabilità in età evolutiva ai fini dell'inclusione scolastica, nel rispetto del principio di autodeterminazione.

Ciascun gruppo per l'inclusione scolastica (GLIR – GIT – GLI) ha dunque una sfera di azione diversa, con competenze e funzioni che sono strettamente connesse tra di loro, per porre in essere una sinergia funzionale agli obiettivi da raggiungere: massima tutela della disabilità e integrazione e inclusione scolastica degli studenti con disabilità che hanno bisogno del docente di sostegno.

Un ulteriore **Gruppo di lavoro per l'inclusione** (GLI) è stato istituito anche dalla Direttiva ministeriale del 27-12-2012 e disciplinato con la Circolare n. 8/2013. Esso ha competenze estese a tutti gli studenti **con qualunque tipo di Bisogno educativo speciale**.

3.5 L'insegnante di sostegno

Il **docente di sostegno specializzato** è la risorsa fondamentale attraverso cui si concretizza l'integrazione dell'alunno disabile.

L'**insegnante di sostegno** è un docente in possesso di specializzazione per le attività di sostegno che viene **assegnato alla classe** (L. n. 104/1992) in cui è stato inserito *almeno un alunno con disabilità*, per promuovere l'integrazione al suo interno. Pertanto, deve disporre del titolo conseguito mediante un percorso formativo adeguato.

Le Università attivano corsi di specializzazione per il sostegno cui possono accedere docenti già *abilitati all'insegnamento,* dopo aver superato *una prova di selezione* (comunemente chiamato **TFA sostegno**). Al termine del percorso formativo che ha la durata di un anno accademico, e al superamento della relativa prova finale, gli specializzati conseguiranno un titolo polivalente, grazie al quale potranno iscriversi in appositi elenchi e potranno sostenere il concorso a cattedre per conseguire il ruolo per il sostegno.

Il **numero complessivo di ore di sostegno**, tranne casi particolari, è stabilito nei documenti per la richiesta del sostegno didattico elaborati dal Consiglio di classe, e può essere, su base settimanale, di diciotto ore (rapporto 1 a 1), nove ore (rapporto 1 a 2), sei ore (rapporto 1 a 3), oppure quattro ore e mezza (rapporto 1 a 4).

Il docente di sostegno delle scuole secondarie di secondo grado, nel delicato momento della pianificazione delle attività, deve proporre al Consiglio di classe una particolare programmazione per l'alunno disabile: un'opzione (il **PEI semplificato**) porta al rilascio di un diploma a tutti gli effetti, l'altra (il **PEI differenziato**) si conclude con un semplice attestato di frequenza. Pertanto è rimessa al **Consiglio di classe** la scelta del tipo di percorso da seguire, ossia una programmazione differenziata (*PEI differenziato*) o curricolare per obiettivi minimi (*PEI semplificato*), va fatta dopo un'attenta e scrupolosa analisi dei prerequisiti e delle potenzialità a lungo termine del ragazzo, e deve scaturire da motivazioni legate esclusivamente alle reali potenzialità dell'alunno (fermo restando che è la famiglia a dare il consenso sull'uno o sull'altro tipo di programmazione).

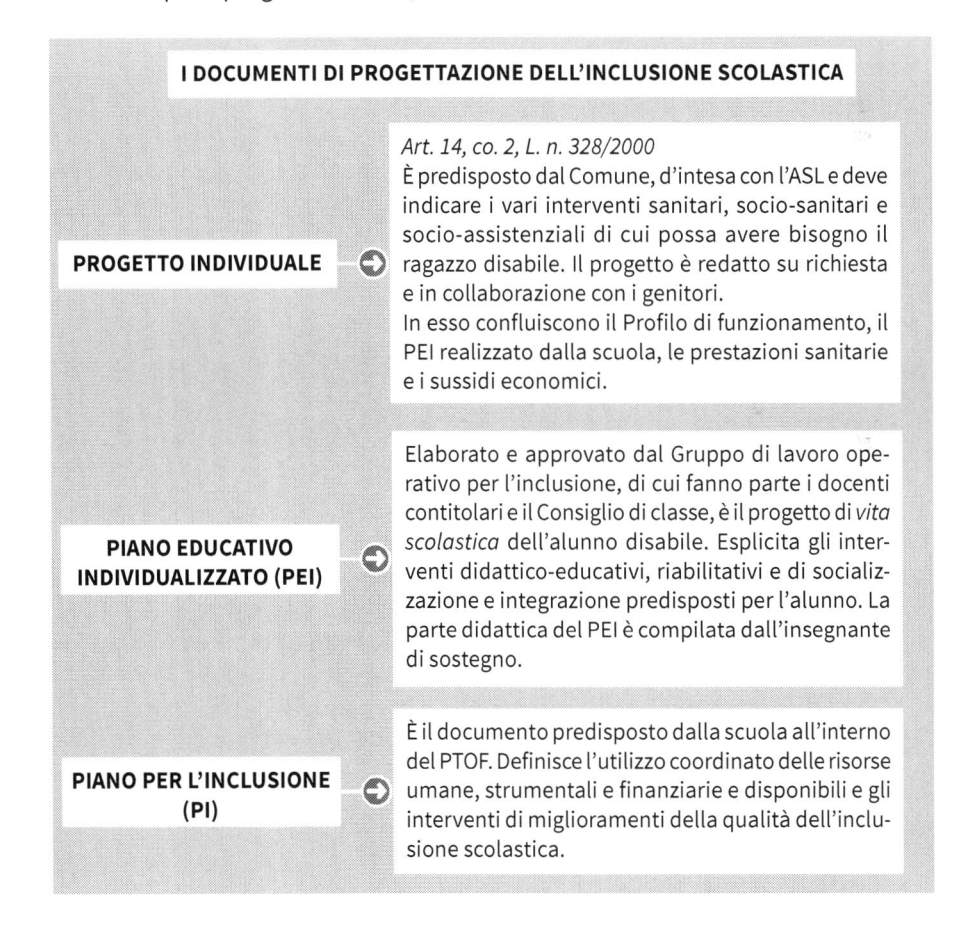

I DOCUMENTI DI PROGETTAZIONE DELL'INCLUSIONE SCOLASTICA

PROGETTO INDIVIDUALE	*Art. 14, co. 2, L. n. 328/2000* È predisposto dal Comune, d'intesa con l'ASL e deve indicare i vari interventi sanitari, socio-sanitari e socio-assistenziali di cui possa avere bisogno il ragazzo disabile. Il progetto è redatto su richiesta e in collaborazione con i genitori. In esso confluiscono il Profilo di funzionamento, il PEI realizzato dalla scuola, le prestazioni sanitarie e i sussidi economici.
PIANO EDUCATIVO INDIVIDUALIZZATO (PEI)	Elaborato e approvato dal Gruppo di lavoro operativo per l'inclusione, di cui fanno parte i docenti contitolari e il Consiglio di classe, è il progetto di *vita scolastica* dell'alunno disabile. Esplicita gli interventi didattico-educativi, riabilitativi e di socializzazione e integrazione predisposti per l'alunno. La parte didattica del PEI è compilata dall'insegnante di sostegno.
PIANO PER L'INCLUSIONE (PI)	È il documento predisposto dalla scuola all'interno del PTOF. Definisce l'utilizzo coordinato delle risorse umane, strumentali e finanziarie e disponibili e gli interventi di miglioramenti della qualità dell'inclusione scolastica.

3.6 La valutazione degli alunni disabili

Il provvedimento normativo di riferimento è il **D.Lgs. n. 62/2017**: all'art. 11 prevede che la valutazione degli alunni disabili del **primo ciclo** è **espressa in decimi** e si riferisce al *comportamento*, alle *discipline* e alle *attività* svolte sulla base del *PEI*.

Per il resto, le norme sulla valutazione sono quelle applicabili agli alunni del primo ciclo in generale (→ Cap. 8).

Gli alunni/e partecipano agli INVALSI per i quali si prevede che il Consiglio di classe possa ricorrere all'utilizzo di **misure compensative o dispensative**, specifici adattamenti o l'esonero.

Durante l'esame di Stato si può ricorrere a **prove differenziate** con valore equivalente.

La **certificazione delle competenze** deve essere coerente con il PEI dell'alunno/a.

Per il **secondo grado**, il D.Lgs. n. 62/2017 conferma la sostanza delle disposizioni previgenti (D.Lgs. n. 122/2009 e L. n. 104/1992) in materia di valutazione: gli studenti disabili sono valutati da tutti i docenti in base al PEI, e possono essere svolte **prove equipollenti** con tempi più lunghi.

Disabilità gravi che abbiano portato a **PEI differenziato** conducono ad una valutazione differenziata del percorso diverso dalle linee guida ministeriali e non consentità il rilascio di un titolo di studio (occorre l'approvazione della famiglia).

Per l'esame di Stato è dettata la specifica disciplina all'art. 20, D.Lgs. n. 62/2017, mentre per l'ammissione, ciò che è previsto all'art. 13 vale per gli alunni in generale, dunque anche per gli alunni con disabilità.

4 Strategie didattiche e strumenti dispensativi e compensativi per disabili

Gli strumenti dispensativi e compensativi sono misure che aiutano l'alunno disabile (ma anche con DSA o con altri BES) a ridurre gli effetti del suo disturbo, predisponendo una **modalità di apprendimento più adatta alle sue caratteristiche**.

— Gli **strumenti compensativi** permettono appunto di compensare la debolezza funzionale derivante dalla disabilità. Sono strumenti didattici e tecnologici che sostituiscono o facilitano la prestazione richiesta nell'abilità deficitaria, come ad esempio tempo aggiuntivo per le svolgimento delle prove (anche quelle INVALSI), sintetizzatore vocale per ascolto individuale in audio-cuffia, calcolatrice, dizionario, ingrandimento, adattamento prova per alunni sordi, formato Braille.

Gli *strumenti tecnologici* compensativi (sia hardware che software) consentono al soggetto con disabilità di acquisire sempre maggiore autonomia nello svolgimento delle proprie attività, migliorandone le opportunità di apprendimento. Tra questi strumenti ricordiamo:

— software di sintesi vocale;

- software di riconoscimento del parlato;
- software di interfaccia vocale;
- software di predizione della parola;
- tastiere allargate;
- videoingranditori;
- registrazioni di testi in formato MP3 o WMA;
- scansione di testi in formato TXT 7;
- testi in formato digitale.

— Le **misure dispensative** dispensano invece l'alunno disabile **da alcune prestazioni** (lettura ad alta voce, prendere appunti…), concedono **tempi personalizzati** per la realizzazione di certe attività, consentono interrogazioni programmate.

Gli alunni con disabilità sostengono le prove finalizzate alla valutazione del rendimento scolastico e allo svolgimento degli esami con l'uso degli ausili loro necessari: possono anche essere esonerati in sede di esame da una o più prove (per le lingue straniere esonero anche solo da una delle due parti della prova, es. reading e listening). Può essere loro data la possibilità di:

- realizzare una prova equipollente (es. orale anziché scritta);
- dividere la prova in più parti da svolgere in momenti successivi;
- disporre di tempi aggiuntivi;
- effettuare una riduzione quantitativa (e non qualitativa) della prova;
- avvalersi della presenza dell'insegnante di sostegno;
- avvalersi di ausili e strumenti tecnici in relazione alla tipologia di disabilità.

Allo studente disabile è affiancato un **insegnante di sostegno** specializzato, ma è ormai convinzione consolidata che non si dà vita ad una scuola inclusiva se al suo interno non si avvera una **corresponsabilità educativa diffusa** e non si possiede una competenza didattica adeguata ad impostare una fruttuosa relazione educativa anche con alunni con disabilità (*Linee guida per l'integrazione degli alunni con disabilità 2009*).

La progettazione degli interventi da adottare riguarda **tutti gli insegnanti** perché l'intera comunità scolastica è chiamata ad organizzare i curricoli in funzione dei diversi stili o delle diverse attitudini cognitive, a gestire in modo alternativo le attività d'aula, a favorire e potenziare gli apprendimenti e ad adottare i materiali e le strategie didattiche in relazione ai bisogni degli alunni.

Tutti gli insegnanti devono, dunque, assumere comportamenti non discriminatori, essere attenti ai bisogni di ciascuno, accettare le diversità presentate dagli alunni disabili e valorizzarle come arricchimento per l'intera classe, favorire la strutturazione del senso di appartenenza, costruire relazioni socio-affettive positive, creando quindi un **buon clima nella classe**.

Quanto alle strategie didattiche da adottare da parte del corpo docente, la progettualità didattica orientata all'inclusione comporta l'adozione di **strategie e metodologie favorenti**

l'inclusione, quali l'apprendimento cooperativo, il lavoro di gruppo e/o a coppie, il tutoring, l'apprendimento per scoperta, la suddivisione del tempo in tempi, l'utilizzo di mediatori didattici, di attrezzature e ausili informatici, di software e sussidi specifici. Da menzionare la necessità che i docenti predispongano i documenti per lo studio o per i compiti a casa in formato elettronico, affinché essi possano risultare facilmente accessibili agli alunni che utilizzano ausili e computer per svolgere le proprie attività di apprendimento.

Un sistema inclusivo considera l'alunno protagonista dell'apprendimento qualunque siano le sue capacità, le sue potenzialità e i suoi limiti. Va favorita, pertanto, la **costruzione attiva della conoscenza**, attivando le personali strategie di approccio al «sapere», rispettando i ritmi e gli stili di apprendimento e «assecondando» i meccanismi di autoregolazione, ricorrendo anche alla metodologia dell'apprendimento cooperativo.

5 I disturbi specifici di apprendimento (DSA)

Con l'acronimo **DSA** si indicano i **disturbi specifici dell'apprendimento** di alcune abilità specifiche che, soprattutto a livello scolastico, determinano molteplici difficoltà nell'acquisizione di competenze necessarie nella lettura, nella scrittura e/o nel far di conto.

La caratteristica di questi disturbi è che sono **presenti in soggetti di intelligenza nella norma**, le cui caratteristiche fisiche e mentali non sono compromesse.

Si tratta di disturbi dettati da una differenza, che oggi viene definita **neurodiversità**, che non è una malattia, né una lesione, né una patologia bensì uno **sviluppo neurobiologico atipico**.

I soggetti affetti da tali disturbi hanno anche una buona capacità di imparare, ma presentano limiti in aree specifiche di apprendimento con conseguenti disagio personale e penalizzazioni scolastiche. Nel corso degli anni l'elaborazione teorica, le riflessioni e la raccolta di dati esperienziali ha sufficientemente delineato quello che può essere il ventaglio dei provvedimenti e delle strategie da applicare per rendere il percorso di istruzione e formazione dei ragazzi con DSA meno sofferto e più efficace.

Sulle cause dei DSA si è molto discusso in questi ultimi anni. Le ricerche più recenti sull'argomento confermano l'ipotesi di una **base genetica e biologica** che dà la predisposizione al disturbo, anche se ancora non ne sono stati precisati i meccanismi esatti. Su di essa contribuisce in modo significativo l'**ambiente** (inteso anche come contesto affettivo e socio-culturale), nell'amplificare o contenere il disturbo. In particolare i momenti di maggior rischio risultano essere **i passaggi da un ordine di scuola all'altro**, quando il bambino deve adattarsi a contesti diversi.

I disturbi specifici di apprendimento più noti sono:
— **dislessia**;
— **disgrafia**;
— **disortografia**;
— **discalculia**;

La denominazione «disturbo specifico dell'apprendimento» è dovuta al fatto che tali problematiche riguardano «**uno specifico dominio di abilità, in modo significativo ma circoscritto, lasciando inalterato il funzionamento intellettivo generale**».

Nella maggior parte dei casi, questi disturbi *sono associati*, cioè un bambino che generalmente fatica a leggere, presenta difficoltà anche nella scrittura, nel calcolo, nella comprensione del testo, caratterizzando quello che viene definito «**disturbo misto di apprendimento**».

A partire dal 2004 sono state emanate alcune note di indirizzo da parte del Ministero, dapprima con carattere di indicazioni, poi nelle ultime formulazioni assai più prescrittive.

La legge più importante in materia di DSA è però la legge sui disturbi specifici di apprendimento, **legge n. 170 del 8-10-2010**, un documento sicuramente innovativo che ha determinato un radicale cambiamento del contesto operativo per la gestione dei DSA nella scuola italiana.

La legge è giunta ad approvazione dopo un iter lungo e controverso in quanto è cresciuta gradualmente la consapevolezza sociale dell'importanza dei DSA, dell'inadeguatezza della situazione italiana rispetto a quella degli altri Paesi europei e della necessità di un cambiamento di prospettiva che investa in particolare la scuola, in quanto se i DSA richiedono l'intervento degli operatori sanitari per stabilirne la presenza (diagnosi, trattamenti riabilitativi) è *nel contesto scolastico che si realizza l'intervento educativo*, mediante la messa in campo di competenze didattiche e pedagogiche specifiche ad opera dei docenti.

5.1 La gestione dei DSA

La **L. n. 170/2010** (*Nuove norme in materia di disturbi specifici di apprendimento in ambito scolastico*) che ha riconosciuto la **dislessia**, la **disortografia**, la **disgrafia** e la **discalculia** come disturbi specifici di apprendimento, sottolinea che le difficoltà di apprendimento non sono legati necessariamente a una menomazione fisica che i problemi di integrazione, emarginazione e disadattamento possono nascere anche da *difficoltà di apprendimento non riconducibili a patologie neurologiche*. La legge in questione considera così i disturbi dovuti a dislessia, disgrafia, disortografia e discalculia come disturbi che «possono costituire una limitazione importante per alcune attività della vita quotidiana» (art. 1, comma 1).

Il riconoscimento di difficoltà cognitive nella lettura, nella scrittura o nel calcolo quali specifici disturbi dell'apprendimento è un'importante **conquista** per il mondo della pedagogia, poiché consente ai docenti curriculari e di riconoscere negli alunni le vere cause di un insuccesso scolastico, per nulla imputabile a incapacità e/o negligenza, e di intervenire in maniera consequenziale attivando efficaci e sperimentate metodiche personalizzate. La succitata legge, infatti, al comma 3 dell'art. 3, recita: «*È compito delle scuole di ogni ordine e grado, comprese le scuole dell'infanzia, attivare, previa apposita comunicazione alle famiglie interessate, interventi tempestivi, idonei ad individuare i casi sospetti di DSA degli studenti, sulla base dei protocolli regionali*».

La L. n. 170/2010 tutela il diritto allo studio in maniera diversa dalla L. n. 104/1992, concentrando l'attenzione su *interventi didattici personalizzati* e su **strumenti compensativi**, su **misure dispensative** e su adeguate forme di verifica e valutazione.

Il **D.M. 12-7-2011, n. 5669** ha dettato, poi, le norme attuative della L. n. 170/2010. L'art. 3 conferma la previsione di legge secondo la quale le istituzioni scolastiche devono attivare percorsi di *didattica individualizzata e personalizzata*, basata su *misure dispensative* e *strumenti compensativi*.

Per ciò che concerne la **diagnosi di DSA**, essa può essere formulata con certezza soltanto alla fine della **seconda classe della scuola primaria**.

La **certificazione della diagnosi** da parte del Servizio sanitario nazionale (art. 3) consente di intraprendere l'iter riabilitativo, in modo da mettere a disposizione di chi è affetto da DSA adeguate misure didattiche ed educative.

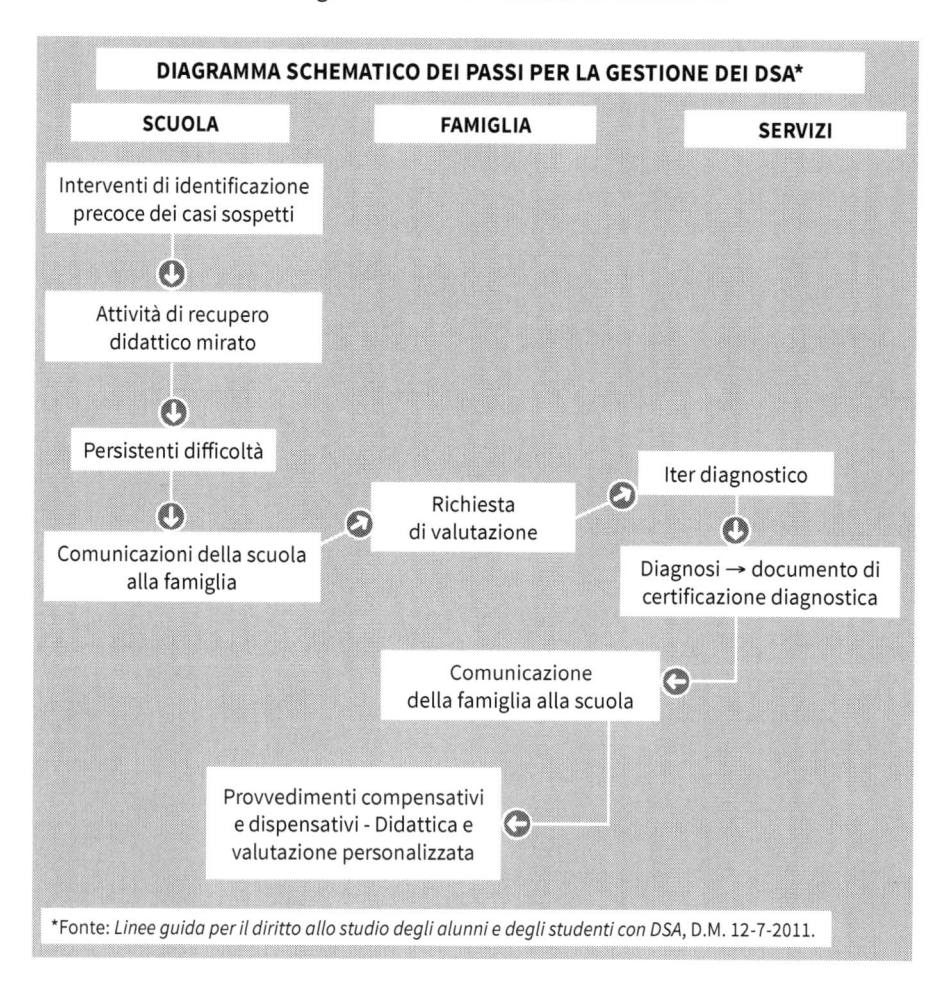

DIAGRAMMA SCHEMATICO DEI PASSI PER LA GESTIONE DEI DSA*

SCUOLA	FAMIGLIA	SERVIZI
Interventi di identificazione precoce dei casi sospetti		
↓		
Attività di recupero didattico mirato		
↓		
Persistenti difficoltà		
↓	Richiesta di valutazione →	Iter diagnostico
Comunicazioni della scuola alla famiglia →		↓
		Diagnosi → documento di certificazione diagnostica
	Comunicazione della famiglia alla scuola ←	
Provvedimenti compensativi e dispensativi - Didattica e valutazione personalizzata ←		

*Fonte: *Linee guida per il diritto allo studio degli alunni e degli studenti con DSA*, D.M. 12-7-2011.

5.2 Gli strumenti compensativi per DSA e il PDP

Il **D.M. n. 5669/2011** contiene le *Linee Guida per il diritto allo studio di alunni e studenti con DSA*. Si tratta di un documento che chiarisce, come già anticipato, le indicazioni espresse nella legge riguardo alle modalità di **formazione dei dirigenti scolastici e dei docenti**, alle **misure didattiche di supporto**, all'uso degli **strumenti compensativi e dispensativi** e alle forme di **verifica e di valutazione** previste per assicurare il diritto allo studio degli alunni e degli studenti con diagnosi di DSA.

> **Espansione Web**
> Linee guida per il diritto allo studio degli alunni con DSA

«L'obiettivo di tali misure e strumenti è quello di porre l'alunno con disturbo specifico di apprendimento sullo stesso piano dei suoi compagni» (G. STELLA). I programmi, infatti, sono gli stessi per tutti gli studenti e *gli obiettivi sono comuni alla classe*, a prescindere dal disturbo che va in ogni caso compensato.

Sul piano operativo, gli strumenti di intervento previsti dall'art. 5 della L. n. 170/2010 comprendono:

a) l'uso di una **didattica individualizzata e personalizzata**, con forme efficaci e flessibili di lavoro scolastico che tengano conto anche di caratteristiche peculiari dei soggetti, quali il bilinguismo, adottando una metodologia e una strategia educativa adeguate». Le istituzioni scolastiche possono esplicare le attività didattiche anche attraverso un **piano didattico personalizzato (PDP)**;

> Il Piano didattico personalizzato consiste in una programmazione e progettazione del lavoro in classe che viene personalizzata, cioè *diversificata* nelle metodologie, nei tempi e negli strumenti, e applicata agli alunni con DSA che hanno **difficoltà non nell'apprendimento, ma nell'utilizzo degli strumenti** ordinariamente destinati all'apprendimento (per esempio il libro di testo).
> Esso, in realtà, indica un *percorso diverso* per raggiungere i *medesimi obiettivi* di apprendimento.
> Il piano didattico deve essere, infatti, **personalizzato** per metodologie, tempi, strategie didattiche e strumenti compensativi e misure dispensative, ma **non per obiettivi** che devono essere gli stessi del gruppo classe; a tal fine, al piano andrà allegata la programmazione disciplinare e il quadro con gli obiettivi educativi stabilito durante i Consigli di classe di inizio anno. Il PDP è redatto dal team dei docenti di classe e va consegnato alla famiglia che dovrà partecipare alla sua realizzazione: **per i DSA non è previsto il supporto di un docente di sostegno**.

b) l'**introduzione di strumenti compensativi**, compresi i mezzi di apprendimento alternativi e le tecnologie informatiche, nonché **misure dispensative** da alcune prestazioni non essenziali ai fini della qualità dei concetti da apprendere.

Gli **strumenti compensativi** per gli alunni con DSA sono strumenti didattici e tecnologici che sostituiscono o facilitano la prestazione richiesta nell'abilità deficitaria. Servono a compensare la debolezza funzionale derivante dallo specifico disturbo, senza però costituire un *vantaggio* cognitivo che agevolerebbe lo studente rispetto ai compagni di classe. Tra gli strumenti compensativi figurano:

— software con **sintesi vocale**, che consente di «tradurre» un compito di lettura in un compito di ascolto;
— la **registrazione**, che evita allo studente l'onere di scrivere appunti;
— computer con videoscrittura, fogli di calcolo e stampante;
— i **programmi di videoscrittura** con correttore ortografico che agevolano la rilettura e il lavoro di correzione degli errori;
— la **calcolatrice**, che facilita le operazioni di calcolo;
— risorse audio associate ai testi scolastici;
— libri digitali o audiolibri;
— letture ad alta voce delle consegne delle verifiche in classe;
— software didattici specifici;
— altri strumenti tecnologicamente meno evoluti quali **tabelle, formulari, mappe concettuali**, etc.

Per **misure dispensative** si intendono, invece, quegli interventi che consentono allo studente di non svolgere alcune prestazioni che, a causa del disturbo, risultano particolarmente difficoltose e che non migliorano l'apprendimento. Per esempio, non è utile far leggere a un alunno con dislessia un lungo brano, in quanto l'esercizio, per via del disturbo, non migliora la sua prestazione nella lettura. Piuttosto, si può concedere allo studente un tempo più lungo per lo svolgimento di una prova (in genere il 30% di tempo in più è sufficiente), o fornire testi più sintetici che presentino, in misura ridotta, gli stessi elementi didattici offerti al gruppo classe.

Si può così dispensare l'alunno DSA dal:

— copiare lunghi testi dalla lavagna;
— leggere ad alta voce;
— prendere appunti o ricopiare;
— eseguire compiti e verifiche in tempi rigidi prestabiliti e standardizzati;
— disegno tecnico (che può essere sostituito da un software tipo CAD);
— suonare uno strumento musicale;
— studiare mnemonicamente poesie o formule.

L'art. 5, comma 2, lett. c) prescrive, poi, «per l'**insegnamento delle lingue straniere**, l'uso di strumenti compensativi che favoriscano la comunicazione verbale e che assicurino ritmi graduali di apprendimento, prevedendo anche, ove risulti utile, la possibilità dell'esonero».

L'art. 5, comma 4, stabilisce che «agli studenti con DSA sono garantite, durante il percorso di istruzione e di formazione scolastica e universitaria, adeguate forme di verifica e di valutazione, anche per quanto concerne gli esami di Stato e di ammissione all'Università nonché gli esami universitari».

5.3 La valutazione degli alunni con DSA

La valutazione fa parte dell'intero processo educativo ed è correlata alla realizzazione degli obiettivi formativi, non solo dal punto di vista culturale ma anche per la dimensione personale e sociale di ciascun alunno. La valutazione ha anche lo scopo della verifica dell'efficacia dell'intervento didattico educativo al fine dell'attivazione di eventuali processi di miglioramento.

Dal punto di vista didattico, **nella valutazione degli allievi con DSA è necessario partire dalla programmazione del curricolo**, cioè dal Piano Didattico Personalizzato. Come ogni programmazione educativa, il Piano Didattico Personalizzato per un allievo con DSA deve contenere, essenzialmente, i seguenti elementi: *analisi della situazione dell'alunno, livello degli apprendimenti; obiettivi e contenuti di apprendimento;* m*etodologie;* m*isure e strumenti compensativi e dispensativi;* v*alutazione formativa e valutazione finale;* r*apporti con la famiglia*. La valutazione è parte integrante del Piano Didattico Personalizzato; perciò se si parla di piano personalizzato, anche la valutazione deve essere personalizzata. All'atto della valutazione di un alunno con DSA occorre fare una «*valutazione ponderata*», cioè individuare che cosa deve incidere sulla valutazione e/o quanto deve incidere. La verifica degli apprendimenti deve essere definita da un'ottica di trasparenza e di collaborazione autentica tra chi deve valutare e chi deve essere valutato.

Dal punto di vista normativo, il **D.P.R. n. 275/99** «Regolamento recante norme in materia di autonomia delle Istituzioni Scolastiche» stabilisce che le istituzioni didattiche **riconoscono e valorizzano le diversità**, promuovono le potenzialità di ciascuno, adottando tutte le iniziative utili al raggiungimento del successo formativo. Le istituzioni scolastiche, a tal fine, regolano i tempi dell'insegnamento e dello svolgimento delle singole discipline e attività nel modo più adeguato al tipo di studi e ai ritmi di apprendimento.

Possono adottare, pertanto, tutte le forme di flessibilità che ritengono opportune, nonché percorsi didattici individualizzati. Il **D.P.R. n. 122 del 22 giugno 2009,** «Schema di regolamento concernente il coordinamento delle norme vigenti per la valutazione degli alunni e ulteriori modalità applicative in materia», ha previsto che la valutazione degli alunni con difficoltà specifica di apprendimento (DSA) adeguatamente certificata, compresa quella effettuata in sede di esame conclusivo dei cicli, deve tenere conto delle specifiche situazioni soggettive di tali alunni; a questo scopo, nello svolgimento dell'attività didattica e delle prove d'esame, sono adottati gli strumenti compensativi e dispensativi ritenuti più idonei.

La **Legge n. 170/2010**, concernente le «*Linee guida sui D.S.A. e i piani didattici personalizzati*» stabilisce che agli studenti con DSA sono garantite, durante il percorso di istruzione e di formazione scolastica e universitaria, adeguate forme di verifica e di valutazione, anche per quanto concerne gli esami di Stato. In materia di valutazione le istituzioni scolastiche adottano modalità valutative che consentono all'alunno o allo studente con DSA di dimostrare effettivamente il livello di apprendimento raggiunto, mediante l'applicazione di misure che determinino le condizioni ottimali per l'espletamento della prestazione da valutare — relativamente ai tempi di effettuazione e alle modalità di strutturazione delle prove — riservando particolare attenzione alla padronanza dei contenuti disciplinari, a prescindere dagli aspetti legati all'abilità deficitaria.

Oggi la normativa, all'art. 11 del D.Lgs. n. 62/2017, stabilisce che la **valutazione degli apprendimenti** sia **coerente con il PDP** dell'alunno con DSA, predisposto dai docenti contitolari nella scuola primaria e dal consiglio di classe nella secondaria di primo grado, di cui tiene anche conto la commissione dell'**esame di Stato**, sia nel primo che nel secondo ciclo.

Le prove possono essere svolte con *tempi più lunghi* e *strumenti compensativi*.

Per le lingue straniere è previsto l'**esonero** dallo studio o la *dispensa dalla prova scritta*: nel primo ciclo, è ininfluente il ricorso alle prove differenziate, anche in caso di esonero; nel **secondo ciclo**, le prove differenziate per l'esonero consentono il rilascio solo di **crediti formativi**.

Gli alunni e le alunne con DSA partecipano alle prove INVALSI, per lo svolgimento delle quali il Consiglio di classe può disporre adeguati strumenti compensativi coerenti con il PDP.

6 Il disturbo da deficit dell'attenzione/iperattività

Il **Disturbo da Deficit di Attenzione/Iperattività (DDAI, ADHD)** è un disturbo evolutivo dell'autocontrollo. Esso comporta difficoltà di attenzione e concentrazione soprattutto durante attività ripetitive o noiose, difficoltà di controllo degli impulsi e del livello di attività, deficit nel controllo morale e eccessiva vivacità e distruttività. Riconosciuto nel *Manuale diagnostico dei disturbi mentali* solo nel 1980, il DDAI, diventato la sindrome infantile più studiata nel mondo, è un disturbo psichiatrico infantile frequentemente diagnosticato nei Paesi di area anglosassone: in Italia invece ancora oggi stenta ad essere riconosciuto nella pratica clinica italiana (spesso è riconosciuto in comorbilità con i DSA).

Caratteristica fondamentale di questo disturbo è una *persistente disattenzione, associata o meno a iperattività e a impulsività*, più frequente e più grave (secondo un criterio sia qualitativo che quantitativo) di quanto si osserva normalmente in soggetti con un livello di sviluppo equivalente. Ciò interferisce con il funzionamento o lo sviluppo in vari ambiti (sociale, scolastico etc.).

Il DDAI, che può protrarsi anche in età adulta, può rappresentare non solo un ostacolo al conseguimento degli obiettivi personali dell'alunno (a scuola si manifestano evidenti difficoltà nel prestare attenzione ai dettagli, i lavori risultano incompleti e disordinati ecc.) ma spesso diventa un problema che crea sconforto e stress anche nei genitori e negli insegnanti i quali si trovano impreparati nella gestione del comportamento del bambino.

I primi sintomi si manifestano all'età di tre anni con una evidente **iperattività**; le difficoltà aumentano con l'ingresso alla scuola primaria, dove al bambino si richiede il rispetto di regole e prestazioni cognitive (qui si manifesta più evidente la difficoltà di attenzione); verso gli ultimi anni della scuola primaria l'iperattività motoria si attenua mentre può persistere l'**impulsività** e la **disattenzione**.

Con l'ingresso alla scuola secondaria di I grado, alcuni bambini con DDAI sviluppano strategie di compensazione con cui riescono a colmare le difficoltà, sebbene rimangano le difficoltà di concentrazione e di modulazione del comportamento. In età adolescenziale e dunque, nella scuola secondaria di secondo grado si attenua ancora di più la componente iperattiva, ma possono perdurare **difficoltà nelle relazioni sociali** e un senso di «irrequietezza» interna con crescente compromissione emotiva (depressivoansiosa) e sociale.

Per i DDAI, come per gli altri disturbi evolutivi specifici diversi dai DSA e classificati dalla Direttiva MIUR 27 dicembre 2012 (*Strumenti d'intervento per alunni con BES e organizzazione territoriale per l'inclusione scolastica*) **ad essi non si applica la legge n. 170/2010** (che disciplina i DSA) ma la stessa Direttiva evidenzia «la necessità di elaborare un percorso individualizzato e personalizzato per alunni e studenti con bisogni educativi speciali, anche attraverso la redazione di un **Piano Didattico Personalizzato**, individuale o anche riferito a tutti i bambini della classe con BES, ma articolato, che serva come strumento di lavoro in itinere per gli insegnanti ed abbia la funzione di documentare alle famiglie le strategie di intervento programmate. Le scuole — con determinazioni assunte dai Consigli di classe, risultanti dall'esame della documentazione clinica presentata dalle famiglie e sulla base di considerazioni di carattere psicopedagogico e didattico — possono avvalersi per tutti gli alunni con bisogni educativi speciali degli strumenti compensativi e delle misure dispensative previste dalle disposizioni attuative della legge n. 170/2010 (D.M. n. 5669/2011)».

7 Lo svantaggio socio-economico, linguistico e culturale

In qualsiasi momento della vita possono capitare delle difficoltà di varia natura che, intervenendo nel processo di crescita, determinano un impedimento, trasformando il bisogno educativo normale in un **bisogno educativo speciale**.

In tal caso occorrono interventi «tagliati» su misura, di tipo sia tecnico sia informale, attraverso un insegnamento personalizzato cioè sensibile alle differenze e ai bisogni.

In una classe, gli alunni con diagnosi medica rappresentano solo la «punta di un iceberg» la cui base, sommersa, nasconde ben altri bisogni, non visibili nell'immediatezza, ma che comunque agiscono in forme diverse.

Il **bisogno educativo speciale** rappresenta perciò, come visto, una categoria molto ampia, comprensiva di tutte le forme di difficoltà di apprendimento, difficoltà psicologiche, comportamentali e relazionali, ma anche lo *svantaggio sociale* e varie problematiche linguistiche e culturali.

La Direttiva MIUR 27-12-2012, concernente «*Strumenti d'intervento per alunni con BES e organizzazione territoriale per l'inclusione scolastica*», ridefinisce e completa il tradizionale approccio all'integrazione scolastica, basato sulla certificazione della disabilità, estendendo il campo di intervento e di responsabilità di tutta la comunità educante all'intera area dei bisogni educativi speciali (BES), comprendente: «svantaggio sociale e culturale, disturbi specifici di apprendimento e/o disturbi evolutivi specifici, difficoltà derivanti dalla non conoscenza della cultura e della lingua italiana per l'appartenenza a culture diverse».

L'area dei BES comprendente lo **svantaggio socio-economico, linguistico e culturale** costituisce una categoria molto ampia e meno definita rispetto a quelle di disabili e DSA precedentemente considerate, sul piano sia normativo sia didatticoeducativo, include disagi di natura emozionale, relazionale/comportamentale, motivazionale, traumatica. Comprende, inoltre, difficoltà legate all'ambito sociale ed economico (povertà, situazioni precarie di vita, deprivazione culturale) e difficoltà di natura linguistica e culturale (stranieri di recente immigrazione).

I BES appartenenti a tale terza tipologia devono essere individuati sulla base di elementi oggettivi (segnalazione degli operatori dei servizi sociali e ben fondate considerazioni pedagogico-didattiche da parte dei docenti).

Di fronte a questi alunni con bisogni speciali, l'orientamento ministeriale è quello di elaborare **percorsi specifici** (la **C.M. n. 8/2013** estende a tutti gli studenti in difficoltà il diritto alla *personalizzazione* dell'apprendimento, richiamandosi alle norme di principio della L. n. 53/2003) con la **possibilità** per la scuola, *qualora lo ritenga necessario*, di stilare un **piano didattico personalizzato** (**PDP**) allo scopo di definire, monitorare e documentare le strategie di intervento più adatte e, allo stesso tempo, fissare i criteri di valutazione degli apprendimenti.

Mediante il PDP, la scuola definisce gli interventi che si propone di attuare nei confronti degli alunni con esigenze didattiche particolari ma non riconducibili alla disabilità.

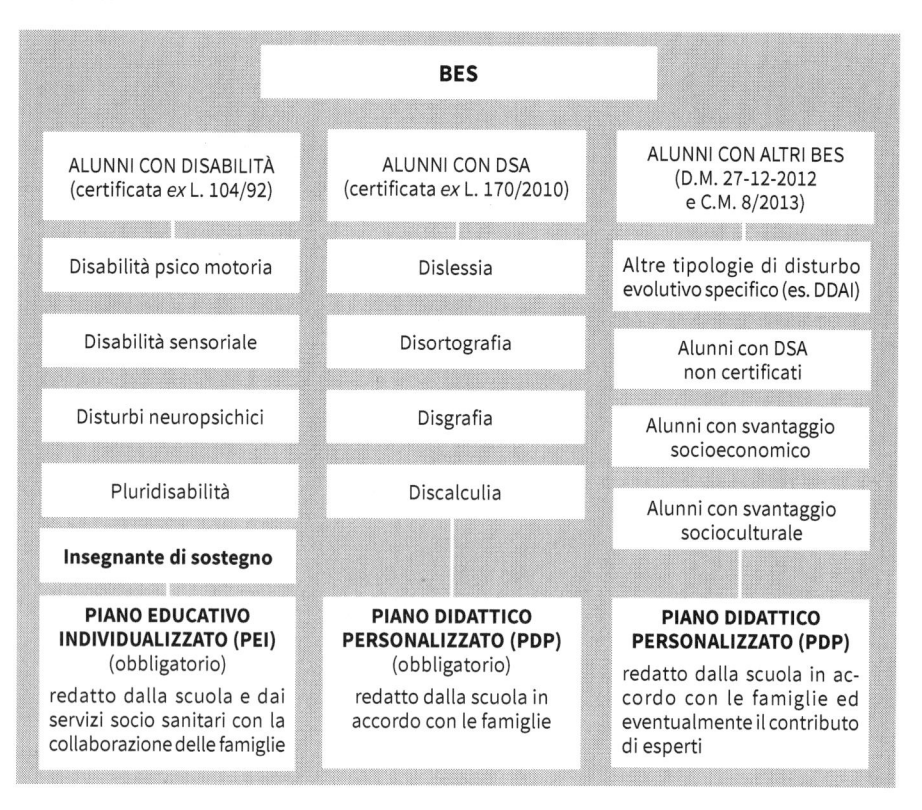

BES		
ALUNNI CON DISABILITÀ (certificata *ex* L. 104/92)	ALUNNI CON DSA (certificata *ex* L. 170/2010)	ALUNNI CON ALTRI BES (D.M. 27-12-2012 e C.M. 8/2013)
Disabilità psico motoria	Dislessia	Altre tipologie di disturbo evolutivo specifico (es. DDAI)
Disabilità sensoriale	Disortografia	Alunni con DSA non certificati
Disturbi neuropsichici	Disgrafia	Alunni con svantaggio socioeconomico
Pluridisabilità	Discalculia	Alunni con svantaggio socioculturale
Insegnante di sostegno		
PIANO EDUCATIVO INDIVIDUALIZZATO (PEI) (obbligatorio) redatto dalla scuola e dai servizi socio sanitari con la collaborazione delle famiglie	**PIANO DIDATTICO PERSONALIZZATO (PDP)** (obbligatorio) redatto dalla scuola in accordo con le famiglie	**PIANO DIDATTICO PERSONALIZZATO (PDP)** redatto dalla scuola in accordo con le famiglie ed eventualmente il contributo di esperti

8 La normativa sugli alunni di nazionalità non italiana

Il nostro Paese, come gli altri Stati europei, affronta, ormai da diversi anni, il complesso problema dell'immigrazione massiccia di gruppi extracomunitari e tutte le sue difficili conseguenze di natura economica e sociale. Il luogo da cui deve partire un serio discorso di **educazione interculturale** è sicuramente la scuola, istituzionalmente deputata non solo all'istruzione, ma anche alla trasmissione di modelli di comportamento e soprattutto alla formazione complessiva del soggetto come essere sociale.

Il tema dell'inserimento degli alunni di nazionalità non italiana nelle istituzioni scolastiche va in primo luogo affrontato in riferimento al **quadro normativo** internazionale e nazionale.

Sul **piano internazionale** i riferimenti principali sono: la *Dichiarazione Universale dei Diritti Umani (1948)* e la *Convenzione sui Diritti dell'Infanzia*, approvata dall'Assemblea Generale delle Nazioni Unite nel 1989. Il principio fondamentale che anima tali documenti internazionali, e l'ordinamento italiano che ad essi si riferisce, stabilisce che i fanciulli abbiano un fondamentale e inalienabile *diritto all'istruzione*, del tutto indipendente dal fatto che essi godano o meno dei diritti legati alla cittadinanza.

Sul **piano nazionale**, fino alla fine degli anni Ottanta le tematiche dell'interculturalità erano essenzialmente compensative, finalizzate cioè al tema specifico dell'inserimento dell'alunno straniero e delle misure necessarie per garantirlo.

La principale norma che ha trattato in maniera organica il problema dell'istruzione degli stranieri è il **D.Lgs. n. 286/1998** (*Testo unico delle disposizioni concernenti la disciplina dell'immigrazione e norma sulla condizione dello straniero*) che, insieme al relativo regolamento di attuazione, contenuto nel **D.P.R. n. 394/1999**, contiene previsioni specifiche in materia di istruzione dei minori stranieri. Nel decreto n. 286 si afferma che *tutti i minori presenti sul territorio nazionale sono soggetti all'obbligo scolastico* (art. 38 D.Lgs. n. 286/1998). Il citato Regolamento attuativo fissa ulteriori previsioni che portano a specifiche conseguenze: innanzitutto l'iscrizione di alunni stranieri a scuola non è soggetta a termini temporali e può avvenire, su richiesta dell'interessato, in qualsiasi momento dell'anno.

Per l'iscrizione non è necessaria l'esibizione dei documenti che attestino la regolarità del soggiorno in Italia, in quanto la norma esclude esplicitamente che per l'accesso alle prestazioni scolastiche obbligatorie si debba verificare detta regolarità (art. 45 D.P.R. n. 394/1999). Analogamente, con riferimento a minori tanto italiani quanto stranieri, sussistono in capo ai Dirigenti scolastici gli obblighi di denunciare all'autorità giudiziaria fatti e situazioni che li coinvolgano, con particolare riguardo ai casi in cui si debba prendere atto della presenza nella scuola di minori che versino in *stato di abbandono*.

Quanto alla *validità dei titoli rilasciati da scuole non italiane*, occorre fare riferimento alla disciplina italiana sul riconoscimento dei titoli di studio stranieri che si inserisce nell'ordinamento dell'Unione Europea, a sua volta da ricondurre all'ambito del diritto internazionale.

Strettamente legato al momento dell'iscrizione è quello dell'**inserimento nel percorso scolastico** mediante l'assegnazione ad un determinato anno di corso e a una specifica classe. In proposito il regolamento prevede che l'alunno debba essere *inserito con riferimento all'età anagrafica*: tuttavia attribuisce al Collegio dei docenti la possibilità di un inserimento anticipato o posticipato di un anno. È opportuno che le indicazioni della citata norma siano preventivamente declinate in via generale dai Collegi docenti che individuano le modalità di assegnazione alle classi e le modalità di eventuali *accertamenti sulla conoscenza della lingua italiana*.

8.1 Le Linee guida n. 4233/2014

Nell'ambito del richiamato quadro normativo si inseriscono le **Linee guida per l'accoglienza e l'integrazione degli alunni stranieri**, emanate dal MIUR nel 2014 (nota MIUR n. 4233/2014). Il documento ha lo scopo di individuare alcuni punti fermi sul piano normativo e di dare alcuni suggerimenti di carattere organizzativo e didattico al fine di favorire l'integrazione e la riuscita scolastica e formativa degli alunni stranieri, ferma restando l'autonomia delle istituzioni scolastiche e la loro responsabilità in materia. La normativa, infatti, lascia ampi margini di *autonomia ai Collegi dei docenti* che hanno il compito di adottare procedure e criteri generali relativi all'integrazione inserendoli nel Piano dell'offerta formativa o nei Regolamenti di istituto.

Con riferimento alla **formazione delle classi** è opportuno ricordare che il Ministero, con la **Circolare n. 2/2010** ripresa nelle Linee guida, fissa di norma al **30%** il tetto massimo di presenze di alunni non italiani per classe, come misura finalizzata a coniugare l'obiettivo dell'inclusione con quello della qualità dell'offerta formativa. Coerentemente con tale obiettivo e sulla base del presupposto che non è la mancanza di cittadinanza italiana a rendere più complesso il lavoro della classe, bensì le difficoltà connesse al lavoro con un gruppo nel quale un numero elevato di alunni non possiede adeguate competenze in lingua italiana, la richiamata nota prevede che i Dirigenti scolastici possano chiedere deroga al Direttore Generale dell'Ufficio Scolastico Regionale a fronte della presenza di alunni stranieri già in possesso delle adeguate competenze linguistiche. Il limite del 30% è entrato in vigore a partire dall'anno scolastico 2010/2011 in modo graduale, a partire dal primo anno della scuola dell'infanzia e dalle classi prime sia della scuola primaria sia della scuola secondaria di primo e di secondo grado.

È poi di enorme importanza predisporre percorsi per gli alunni stranieri che tengano conto della primaria necessità di procedere ad una **prima alfabetizzazione** attraverso corsi e attività specifiche che si svolgeranno anche fuori dal contesto classe alla quale l'alunno dovrà continuare a riferirsi per la necessaria socializzazione. Ogni scelta didattica è effettuata dal Consiglio di classe/interclasse lungo tutto il percorso scolastico degli alunni anche successivamente alla prima fase di inserimento e deve essere contenuta nel Piano didattico personalizzato che costituisce il punto di riferimento essenziale per la valutazione dell'alunno straniero. In particolare si ricorda che oltre alla *personalizzazione di specifici obiettivi nelle singole discipline*, i percorsi scolastici potranno essere resi maggiormente flessibili prevedendo che le ore di seconda lingua comunitaria nelle scuole secondarie di primo grado possano essere utilizzate al fine di favorire l'apprendimento dell'italiano; *possono essere anche adottati strumenti compensativi e misure dispensative.*

Si noti che la C.M. n. 8/2013 ha chiarito che gli alunni stranieri necessitano di interventi didattici relativi all'apprendimento della lingua italiana, ma solo in via eccezionale di un *piano didattico personalizzato* (PDP).

Per quanto riguarda i **percorsi personalizzati** e le **procedure di valutazione** riferite agli alunni stranieri occorre considerare alcune norme generali che danno indicazioni di flessibilità ed attenzione ai percorsi personali dei singoli alunni, quali il citato **D.P.R. n. 394/1999** (*il Collegio dei docenti definisce, in relazione al livello di competenza dei singoli alunni stranieri, il necessario adattamento dei programmi di insegnamento; allo scopo possono essere adottati specifici interventi individualizzati o per gruppi di alunni per facilitare l'apprendimento della lingua italiana, utilizzando, ove possibile, le risorse professionali della scuola* (art. 45 co. 4 D.P.R. n. 394/1999). Merita un'attenzione puntuale il regolamento sulla valutazione, **D.Lgs. n. 62/2017** che all'art. 1 afferma che i minori con cittadinanza non italiana sono valutati nelle forme e nei modi previsti per i cittadini italiani.

Al riguardo già le Linee guida per l'accoglienza e l'integrazione degli alunni stranieri (febbraio 2006) raccomandavano di privilegiare la **valutazione formativa** rispetto a quella certificativa, prendendo in considerazione il percorso dell'alunno, i passi realizzati, la motivazione, l'impegno e soprattutto le potenzialità dimostrate.

I docenti dovranno rilevare le *competenze in ingresso*, attraverso colloqui, somministrazione di *prove in ingresso*, con l'eventuale intervento di mediatori culturali.

Il livello di partenza è funzionale alla definizione del percorso educativo personalizzato; non sempre, infatti è necessario un *piano didattico personalizzato*: se è necessario rimuovere ostacoli determinati all'apprendimento, il Collegio individuerà gli specifici bisogni sui quali intervenire.

Durante gli esami, secondo le Linee guida (nota MIUR n. 4233/2014) non sono ammesse prove differenziate; per l'**esame del primo ciclo**, è ammessa la presenza di mediatori linguistici; nell'**esame del secondo ciclo** sono crediti formativi gli eventuali percorsi di miglioramento della lingua d'origine.

8.2 Gli alunni stranieri adottati (nota MIUR n. 7443/2014)

Una particolare categoria di alunni stranieri è rappresentata dai *bambini adottati*. Il fenomeno dell'**adozione internazionale** — cioè l'adozione di un minore di nazionalità straniera da parte di una famiglia italiana — è crescente nel nostro paese, al punto che il tema del loro inserimento nel tessuto scolastico nazionale, è stato oggetto di un apposito documento ministeriale: la **nota MIUR n. 7443 del 18 dicembre 2014** (Linee di indirizzo per favorire il diritto allo studio degli alunni adottati).

Tale documento, pur partendo dal presupposto che non necessariamente gli alunni stranieri adottati presentano delle difficoltà di inserimento, evidenzia alcune **aree critiche** peculiari di questa categoria di minori, su cui deve concentrarsi l'intervento della scuola.

Occorre partire dal **presupposto** che questi minori possono presentare difficoltà maggiori rispetto agli alunni stranieri che arrivano in Italia con la loro famiglia di origine, e ciò sostanzialmente per due ordini di motivi:
— essi spesso arrivano da *esperienze particolarmente sfavorevoli* nel periodo antecedente all'adozione: abbandono in età precoce, inserimenti in orfanotrofi nel paese di origine, mancanza di figure affettive di riferimento, situazioni che possono portare il bambino a costruire una rappresentazione di sé come soggetto indesiderabile;
— essi subiscono un distacco più traumatico dal paese d'origine, dalle loro abitudini linguistiche, culturali, alimentari: a differenza dei minori immigrati con la famiglia, che mantengono un rapporto vitale con la cultura e la lingua d'origine, il bambino adottato è inserito in un ambiente familiare italiano, perdendo velocemente la lingua d'origine, le abitudini, gli stili di vita originari e ciò può comportare un'accentuata ambivalenza verso la cultura di provenienza, con alternanza di momenti di nostalgia/orgoglio e momenti di rimozione/rifiuto.

Ciò detto, le **aree critiche d'intervento** individuate dalla Nota MIUR del 2014, sono le seguenti:
— *Bambini con difficoltà di apprendimento,* deficit nella concentrazione, nell'attenzione, nella memorizzazione, nella produzione verbale e scritta, in alcune funzioni logiche.
— *Bambini con difficoltà psico-emotive,* incapacità di controllare ed esprimere le proprie emozioni, assenza di adeguate relazioni di attaccamento, senso d'insicurezza rispetto al proprio valore e di vulnerabilità nel rapporto con gli altri, timore di essere rifiutati e nuovamente abbandonati, rabbia e dolore per quanto subìto;
— *Scolarizzazione nei Paesi d'origine.* I bambini adottati possono provenire da Paesi prevalentemente rurali, con strutture sociali fragili, con alto tasso di analfabetismo e/o di abbandono scolastico. Va inoltre considerato che in molti dei Paesi di provenienza (ad esempio in Brasile, Bulgaria, Etiopia, Federazione Russa, Lituania, Polonia, Ucraina, Ungheria) il percorso scolastico, differentemente da quello italiano, inizia a *sette anni.* Per i bambini in arrivo in Italia per adozione internazionale, quindi, quella dei sei anni è sovente ancora l'età della scuola dell'infanzia;
— *Bambini con bisogni speciali o particolari (special needs adoption)*: rientrano in questa categoria le adozioni di due o più minori nello stesso contesto familiare; l'adozione di bambini di sette o più anni di età, di bambini con significative problematiche di salute o di disabilità;
— *Età presunta,* in diversi Paesi di provenienza i bambini non sono iscritti all'anagrafe al momento della nascita. Di conseguenza, può capitare che a molti bambini che saranno poi adottati sia attribuita una data di nascita e, quindi un'età presunte, ai soli fini della registrazione anagrafica, e solo al momento dell'ingresso in istituto, o quando è formalizzato l'abbinamento con la famiglia adottiva;

- *Preadolescenza e adolescenza:* molti bambini e ragazzi arrivano in Italia dopo i 10 anni, in un'età complessa di per sé in cui la formazione dei legami affettivi e familiari si scontra con la naturale necessità di crescita e di indipendenza;
- *Italiano come L2*: a differenza degli altri alunni stranieri la modalità di apprendimento della lingua non è «additiva» (la nuova lingua si aggiunge alla precedente), bensì «sottrattiva» (l'italiano quindi dovrebbe sostituire la lingua madre), e implica pertanto maggiori difficoltà; i bambini in alcuni momenti possono sentirsi «privi di vocaboli per esprimersi»;
- *Identità etnica*: vi è la necessità di integrare l'originaria appartenenza etnico-culturale con quella della famiglia adottiva e del nuovo contesto di vita. Si tratta di un compito impegnativo che può assorbire molte energie cognitive ed emotive.

Rispetto a tali aree critiche, la Nota MIUR n. 7443, allo scopo di facilitare l'inserimento di tali alunni svantaggiati, individua tre fondamentali **ambiti d'intervento**:

- *ambito amministrativo-burocratico*, prevedendo facilitazioni per le famiglie interessate nella fase delle iscrizioni, nei tempi e nei modi di presentazione della documentazione per l'iscrizione, nella scelta delle classi di ingresso che in casi particolari può consentire di *inserire il minore in una classe inferiore di un anno a quella corrispondente all'età anagrafica*;
- *ambito comunicativo-relazionale*, con individuazione dell'insegnante referente, scelta di strategie adeguate di prima accoglienza (attraverso la preventiva raccolta di una serie di informazioni), possibilità di prevedere prolungamenti di orari, maggiore frequenza degli incontri scuola-famiglia, nomina di un «facilitatore linguistico» (un docente abilitato di Italiano L2 specificatamente incaricato del percorso formativo sulla lingua italiana);
- *continuità,* nel senso che il percorso formativo individualizzato deve proseguire lungo tutta la carriera scolastica dell'alunno straniero.

Sempre secondo la Nota MIUR del 2014, nella **scuola dell'infanzia e primaria** è auspicabile inserire nel gruppo classe un alunno adottato internazionalmente **non prima di dodici settimane** dal suo arrivo in Italia, mentre nella **scuola secondaria** non prima di **quattro/sei settimane**.

Infine, alcuni degli argomenti e delle attività che si svolgono usualmente a scuola richiedono di essere affrontati con particolare cautela e sensibilità quando si hanno in classe alunni adottati: come *l'approccio alla storia personale* specie riguardo tutti quei momenti che hanno a che fare direttamente con un pensiero storico su di sé (progetti sulla nascita, sulla storia personale e famigliare, sulla raccolta dei dati che permettono una storicizzazione); o come il riferimento alle *famiglie di oggi* impostato sullo stereotipo di una coppia con uno o più figli biologici: i progetti di educazione interculturale devono evitare di innescare, proprio negli alunni adottati, percezioni di estraneità rispetto al contesto in cui sono inseriti.

8.3 Problematiche relative agli alunni di nazionalità non italiana

L'**educazione interculturale** evidenzia l'importante prospettiva dell'intreccio fra culture e condizioni socio-economiche e sollecita a ricercare e sviluppare contenuti d'insegnamento, programmi, metodologie didattiche nuove.

L'intercultura, quindi, assume di diritto una valenza pedagogica trasversale a tutti i campi di esperienza e a tutte le discipline, per cui la Scuola deve assumere la consapevolezza che il suo compito non è solo quello di far conoscere e comprendere le culture ma di ricercare valori da condividere, di **formare alla convivenza civile e responsabile** persone diverse. L'obiettivo primario si concretizza nella promozione delle capacità di convivenza costruttiva, in un tessuto culturale e sociale multiforme. Esso comporta non solo l'accettazione ed il rispetto del «diverso», ma anche il riconoscimento della sua identità culturale, nella quotidiana ricerca di dialogo, di comprensione e di collaborazione, in una prospettiva di reciproco arricchimento.

La prospettiva progettuale e didattica della scuola di oggi si è, dunque, modificata: l'educazione interculturale si intreccia con l'educazione ai valori costitutivi della democrazia, quali **il diritto alla cittadinanza**, il rispetto dei diritti umani, il rispetto della dignità della persona.

In un'ottica interculturale la scuola ha il compito di favorire negli alunni l'instaurarsi di un atteggiamento mentale aperto al cambiamento, pronto ad accogliere nuovi schemi culturali senza preclusioni pregiudiziali.

Gli alunni stranieri hanno le stesse e, al tempo stesso, diverse necessità rispetto ai loro coetanei: gli stessi compiti di sviluppo, i timori e i desideri di tutti i bambini e ragazzi, ma anche urgenze e difficili sfide di apprendimento linguistico, di adattamento e riorientamento rispetto alle regole esplicite ed implicite del nuovo ambiente ed al conseguente radicamento all'interno di un riferimento culturale diverso.

L'allievo proveniente da altre culture può evidenziare *manifestazioni disadattive* di vario tipo e, soprattutto, *difficoltà nel socializzare*, nello stabilire positivi rapporti con le altre persone e nell'adattarsi all'ambiente scolastico. La scuola, infatti, rappresenta per i bambini stranieri ed i loro genitori un'occasione importante d'incontro con la cultura e la popolazione che accoglie.

Per tale motivo è opportuno creare all'interno dell'istituzione scolastica un clima di partecipazione e di motivazione alla vita comunitaria, nel quale possano instaurarsi intensi e sistematici rapporti di collaborazione, confronto e reciprocità, attraverso cui realizzare un processo di valorizzazione delle diversità.

Le criticità del percorso formativo e le eventuali difficoltà di apprendimento degli alunni stranieri finiscono inevitabilmente col riverberarsi sul processo di crescita e di apprendimento dell'intero gruppo in cui essi si trovano inseriti e sull'organizzazione scolastica. Per questo il fenomeno migratorio, in continua crescita, deve essere affiancato da metodologie educative, strumenti e contributi professionali adeguati alle nuove esigenze.

Assumere le differenze e le diversità come categorie storico-culturali includendole all'interno della scuola significa valorizzare i processi di decentramento rispetto alle logiche formative omogeneizzanti, ripensando i tempi, gli spazi, le modalità organizzative, riadattando i percorsi curricolari alla luce dei differenti bisogni educativi (speciali e non) degli alunni, allo scopo di garantire un'uguaglianza di opportunità formative che si realizzi nelle pratiche della differenziazione, individualizzazione e personalizzazione educativo-didattica.

Il primo strumento operativo mediante il quale si compie la personalizzazione è il **Piano dell'offerta formativa** che costituisce il documento con cui vengono esplicitate le finalità educative generali, in relazione alle esigenze di educazione e di apprendimento dell'utenza. Altro aspetto da non trascurare riguarda la **comunicazione**: sicuramente l'uso di una lingua diversa e la non conoscenza della lingua italiana può costituire, soprattutto nei primi tempi, un ostacolo difficile da superare. Ne deriva l'opportunità di promuovere all'interno del PTOF percorsi finalizzati allo scambio culturale, volti all'acquisizione e all'utilizzo di **molteplici linguaggi, verbali e non verbali**, da realizzare attraverso metodologie di gruppo e di laboratorio che concorrano allo sviluppo armonico delle specifiche forme di intelligenza dei singoli allievi e alla loro continua integrazione con la parte più viva della cultura di appartenenza.

Sono perciò necessari interventi mirati ed attenzioni pedagogiche affinché l'inserimento degli alunni stranieri divenga il primo passo per l'integrazione e lo scambio interculturale: nel nome dell'accoglienza, dell'attenzione allo sviluppo linguistico, e dell'approccio interculturale.

In conclusione un progetto di educazione interculturale, che voglia rispondere in maniera efficace alle sfide poste dalla convivenza nella pluralità, deve potersi articolare in tre direzioni:
— l'**integrazione** per accogliere consapevolmente tutti i bambini;
— l'**interazione**, per lo sviluppo di un clima di curiosità reciproca, di apertura e di amicizia;
— il **riconoscimento** e il **rispetto della diversità**.

8.4 L'insegnamento dell'italiano come lingua seconda (L2)

In questi anni di pratiche ed esperienze d'inserimento scolastico degli alunni stranieri, inizialmente inseriti quasi sempre in classe subito dopo il loro arrivo, le scuole e gli insegnanti hanno cercato di mettere a punto modalità organizzative d'intervento, materiali didattici, tracce di programmazione per rispondere in maniera sempre più efficace soprattutto ai bisogni linguistici più immediati propri di chi si trova a dover imparare l'italiano come una seconda lingua. In tale prospettiva appare decisiva soprattutto nelle classi della scuola secondaria l'apprendimento dell'**italiano come L2**, diventato cruciale ai fini dell'inserimento positivo e di una storia di buona integrazione.

Per rispondere ai bisogni linguistici degli alunni stranieri non italofoni l'esperienza consolidata ci dice che sono necessari tempi, strumenti, risorse di qualità, docenti specializzati. In particolare, nella prima fase, un intervento efficace dovrebbe prevedere circa 8-10 ore settimanali dedicate all'italiano L2 (circa due ore al giorno) per una durata di 3-4 mesi. I moduli intensivi iniziali possono raggruppare gli alunni non italofoni di classi diverse e possono essere organizzati grazie alla collaborazione con gli enti locali e con progetti mirati.

Lo strumento essenziale per realizzare una partecipazione attiva è costituito dai **laboratori linguistici** che restano l'anello decisivo di tutto il sistema dell'integrazione. Tali laboratori possono anche essere collocati entro moduli di apprendimento da ricavare all'interno della scuola stessa, grazie all'apertura di un «tempo dedicato» entro le prospettive di apertura pomeridiana o nel corso delle mattine. L'esperienza mostra inoltre che è da favorire un insegnamento mirato per piccoli gruppi.

Gli obiettivi di questa prima fase sono:
— la capacità di ascolto e produzione orale;
— l'acquisizione delle strutture linguistiche di base;
— la capacità tecnica di letto/scrittura.

Il modello prevalente in Europa di insegnamento delle seconde lingue agli alunni alloglotti, e considerato positivo ed efficace, è quello *integrato*. Gli alunni acquisiscono la lingua per comunicare in maniera più rapida ed efficace soprattutto nelle interazioni quotidiane con i pari. Inoltre, una parte degli alunni stranieri, chi proviene da un'adeguata scolarizzazione nel Paese d'origine, riesce abbastanza precocemente a seguire alcuni contenuti del curricolo comune e ambiti disciplinari (ad es.: matematica, geografia ...) se questi sono proposti anche attraverso **supporti non verbali**. Anzi, alcuni alunni possono aver acquisito in determinate discipline competenze e conoscenze pari o superiori rispetto al livello della classe.

Per la definizione dei livelli, degli obiettivi e della programmazione, è importante fare riferimento al *Quadro comune europeo di riferimento per le lingue* (→ Parte I, Cap. 12), che dà indicazioni utili per la conoscenza degli allievi, la rilevazione dei bisogni, la programmazione delle attività, la valutazione.

9 Identità di genere e pari opportunità

Prima di parlare di *identità di genere* bisogna chiarire il significato di questi termini.

Il **genere** non si identifica con i caratteri di differenziazione tra femmine e maschi. Nella costruzione delle condizioni sociali, differenze fisiologiche quali il sesso, il grado di sviluppo e il colore della pelle sono caratteristiche piuttosto grossolane che non producono le classi sociali relative al genere, all'età e alla razza; queste sono invece costruite attentamente attraverso processi di apprendimento, emulazione e rafforzamento. Il genere è, dunque, frutto di una *costruzione sociale costantemente ricreata attraverso l'interazione tra gli individui*, e che addirittura costituisce il tessuto e l'ordine della stessa vita sociale. Questo processo definisce, rappresenta e incentiva comportamenti connessi con le aspettative sociali legate allo status di uomo o donna e rinforza socialmente e culturalmente le differenze biologiche che esistono tra i due sessi.

L'essere donna e l'essere uomo sono, quindi, anche il prodotto di un *processo storico* che ha attraversato le diverse culture e società, all'interno delle quali sono stati diversamente definiti il maschile e il femminile, creando specifiche **identità** collettive e individuali attraverso modelli che includono comportamenti, responsabilità e aspettative connessi alla condizione femminile o maschile.

Le *relazioni quotidiane* esercitano un valore molto rilevante nella costruzione dell'**identità di genere**: tale processo vede la congiunta partecipazione di tutte le agenzie formative, famiglia, sistema scolastico, gruppo dei coetanei, mezzi di comunicazione di massa, esperienze lavorative, associative, religiose, politiche ecc. Attraverso le interazioni quotidiane gli adulti trasmettono a bambini e bambine il sistema di ruoli, valori e regole che è necessario rispettare, pena la non accettazione sociale: tale atteggiamento di genitori, familiari ed insegnanti è conseguente ai precisi modelli di genere che hanno in mente e a cui i bambini e le bambine devono adeguarsi.

Secondo alcuni autori l'identità di genere si costituisce come *processo conscio* e inconscio, lentamente e gradualmente a partire dal diciottesimo mese di vita e si stabilizza intorno ai tre anni. Ma è solo a partire da terzo anno di vita che si costruisce la vera identità di genere, cioè i bambini sono in grado di riconoscere quali sono i comportamenti maschili e quali quelli femminili. È opportuno, dunque, sin dalla scuola dell'infanzia avviare un percorso di riflessione e di dialogo appropriato, in quanto rifiutare la discussione o reprimere interrogativi connessi all'identità può significare inviare implicitamente messaggi contraddittori o ambigui; stimolare, al contrario, un confronto pacato e il più possibile sereno in queste situazioni, aiuta ciascun/a bambino a vivere il processo di definizione di se stessi come naturale e soggetto a progressive tappe e cambiamenti. Sono questi i presupposti su cui andranno costruiti gli interventi successivi, mediante iniziative, approfondimenti, attività progettuali mirate, volte a trattare **il tema delle pari opportunità e differenze di genere** per porre le basi per una cittadinanza piena, consapevole e attiva.

In particolare, attraverso lo sviluppo di attività, laboratori e percorsi di sensibilizzazione sulle **pari opportunità di genere** e l'**educazione ai diritti** (integrità fisica e psichica, salute, educazione e pieno sviluppo della personalità) degli alunni italiani e stranieri, si possono riconoscere le diversità culturali e di genere favorendo e promuovendo, allo stesso tempo, una cultura dell'accoglienza e dell'integrazione, nella quale siano protagonisti oltre agli alunni anche i loro genitori. I percorsi educativi dovranno valorizzare le differenze di cui ciascun genere è portatore, filtrando gli stereotipi culturali legati al genere che spesso influenzano le scelte dell'uno e dell'altro sesso.

Si noti che ai sensi dell'art. 1 comma 16 L. n. 107/2015 sono state emanate nel 2015 le **Linee guida** *Educare al rispetto: per la parità tra i sessi, la prevenzione della violenza di genere e di tutte le forme di discriminazione*. Si tratta di un documento finalizzato alla promozione nelle scuole dell'educazione alla parità di genere per radicare i valori insiti nell'art. 3 della Costituzione che sancisce il principio di uguaglianza.

10 Il contrasto al bullismo

Il fenomeno della devianza giovanile è purtroppo in grande espansione.

Gli indicatori più vistosi della condizione di crisi in cui versa il mondo giovanile sono costituiti dal crescente numero di atti di violenza attuati o subiti, dall'abbandono scolastico, dal reclutamento sempre più precoce in gruppi criminali e dall'aumento di comportamenti generalmente antisociali e a rischio.

Alla base della devianza giovanile vi è una **molteplicità di fattori**: ambiente di sviluppo, contesto familiare, «gruppo» di amici (il *gruppo dei pari*, che spesso degenera in *branco*, e che, soprattutto nella preadolescenza, ha un ruolo determinante).

Secondo molti, l'espressione in **forme di aggressività** e **violenza fisica**, a sua volta, dipende anche da una serie di modelli propagati dai mass-media, spesso proposti come vincenti e come valida alternativa al dialogo. Senza contare il ruolo assunto dai *social media* (Facebook, Instagram, Youtube etc), *forum, chat*. Accade così che condizioni di povertà di dialogo e di isolamento portino molti giovani a individuare nella violenza la compensazione del proprio disagio e una via di affermazione della propria personalità.

In determinati casi la devianza prende la forma del **bullismo**, fino a degenerare in vere e proprie forme di **delinquenza minorile**.

Nella maggior parte dei casi, alla base della delinquenza minorile vi è una storia di disagio: bambini cresciuti in strutture socio-assistenziali anziché in famiglia, carenze di scolarizzazione (spesso con abbandoni prima della fine dell'obbligo), emarginazione sociale e culturale, disgregazione familiare: tutte condizioni che implicano anche una notevole responsabilizzazione educativa.

Con il termine di origine anglosassone «**bullismo**» si indica, secondo la definizione fornita dal Consiglio d'Europa nelle Linee guida del 2009, un **comportamento aggressivo ripetuto** nel tempo contro un individuo con l'intenzione di ferirlo fisicamente o moralmente. È caratterizzato da certe forme di **abuso** con le quali una persona tenta di esercitare un **potere** su un'altra persona. Può manifestarsi con l'uso di soprannomi offensivi, di *insulti verbali o scritti*, *escludendo* la vittima da certe attività, da certe forme di vita sociale, con *aggressioni fisiche o angherie*. I cosiddetti bulli possono talvolta agire in questo modo per rendersi popolari o per essere considerati dei «duri» o per attirare l'attenzione. Il cd. bullo può anche essere spinto dalla gelosia o agire in questo modo perché è a sua volta vittima di bullismo. Quindi un soggetto vittima di bullismo può essere, fuori da quel contesto, bullo a sua volta.

Possiamo distinguere due forme di bullismo:
— un *bullismo diretto* in cui sono evidenti le prepotenze fisiche (scherzi di cattivo gusto, spintoni, calci, schiaffi etc.) e/o verbali (offese, attribuzioni di soprannomi ridicoli o volgari, turpiloquio) e che è più facilmente individuabile;
— un *bullismo indiretto*, in cui il bullo (e il suo gruppo di seguaci) non affronta direttamente la vittima ma agisce diffondendo dicerie sul conto della stessa, escludendola dal gruppo dei pari (dalle feste, dai luoghi di ritrovo e aggregazione) dalle chat, diffondendo calunnie e pettegolezzi, isolandolo quindi socialmente (si parla a questo proposito anche di *bullismo relazionale*).

Gli **atti di bullismo** possono essere di varia natura: *fisica*, *verbale* (ingiurie, minacce, pettegolezzi pesanti) o *psicologica* e in generale hanno tutti lo stesso obiettivo isolare la vittima, escluderla dal gruppo, indebolirla dal punto di vista psicologico.

10.1 Le Linee guida del 2015

La scuola è chiamata in prima linea a contrastare ogni forma di bullismo: già le **Linee di orientamento per il contrasto al bullismo (nota MIUR n. 2519, aprile**

2015) impongono alla scuola di adottare misure atte a prevenire e combattere tali fenomeni, in collaborazione con le famiglie (che devono non solo educare i propri figli ma soprattutto vigilare sui loro comportamenti), rafforzando e valorizzando il *Patto di correspondabilità educativa* previsto dallo Statuto delle studentesse e degli studenti della scuola secondaria.

In particolare le Linee di orientamento prendono in considerazione anche situazioni di debolezza già di base, come i bambini *autistici*, richiamano l'attenzione delle istituzioni scolastiche e dei docenti sull'importanza dei *comportamenti corretti in rete* dei cd. «nativi digitali», gettando le basi per quella che sarà poi la legge sul *cyberbullismo* del 2017.

La scuola non è lasciata sola in quest'opera di prevenzione: insieme alla collaborazione delle famiglie, sono previsti **Centri Territoriali di Supporto (CTS)**, istituiti nell'ambito del Progetto «Nuove Tecnologie e Disabilità» dagli Uffici Scolastici Regionali in accordo con il Ministero e collocati, a livello provinciale, presso scuole Polo sia nelle loro articolazioni territoriali.

La strategia di contrasto dei fenomeni del bullismo dovrebbe essere costituita, quindi, **già a partire dalle scuole primarie**, da un insieme di misure di prevenzione rivolte agli studenti di varia tipologia.

Ogni istituzione scolastica, anche in rete con altre scuole, sulla base delle risorse umane e finanziarie disponibili e in collaborazione con enti e associazioni territoriali in un'ottica di sinergia interistituzionale, è chiamata a mettere in campo le necessarie azioni preventive e gli accorgimenti tecnici e organizzativi.

È importante anche che i **docenti** sappiano essere pronti e preparati, dunque **formati** in ingresso e in servizio, per fornire una risposta adeguata alle esigenze formative ed educative degli studenti.

10.2 Il cyberbullismo

Il cyberbullismo è una forma di *bullismo indiretto*, in costante aumento, la cui diffusione va di pari passo con la diffusione delle nuove tecnologie. È un particolare tipo di aggressività intenzionale che si manifesta attraverso i **social network** (Facebook, Instagram, Youtube etc.), forum, chat (Whatsapp etc.). Costituisce una forma di prevaricazione particolarmente insidiosa perché non solo non consente a chi la subisce di sfuggire o nascondersi, ma perché ha un'immediatezza e una capacità di diffusione di cui spesso lo stesso bullo non ha contezza (si pensi alle foto o ai video hard che fatti da un telefonino in privato possono essere messi in rete e diffusi in poco tempo tra migliaia, a volte milioni, di persone).

«La tecnologia consente infatti ai bulli di infiltrarsi nelle case e nella vita delle vittime, di materializzarsi in ogni momento, perseguitandole con messaggi, immagini, video offensivi o pubblicati sui siti web» (nota MIUR n. 2519). La garanzia dell'*anonimato* poi, in molti casi, fa cadere nel bullo i pochi freni inibitori che gli rimangono, favorendo atteggiamenti ancora più aggressivi e violenti.

Peraltro con il diffondersi dei cellulari tra i bambini della primaria, fenomeni di cyberbullismo incominciano a registrarsi anche in tenerissima età.

In seguito, in attuazione della **L. n. 71/2017** il Ministero ha adottato le **Linee di orientamento per la prevenzione e il contrasto del cyberbullismo** dell'ottobre 2017.

Il documento, che si pone in continuità con le Linee guida già emanate nell'aprile del 2015, apportando le integrazioni e le modifiche necessarie coerenti con le nuove disposizioni normative, ha l'obiettivo di prevenire e contrastare il cyberbullismo nelle scuole.

In esso si ribadisce il ruolo centrale che riveste la scuola, chiamata a realizzare azioni che prevedano «*la formazione del personale, la partecipazione di un proprio referente per ogni autonomia scolastica, la promozione di un ruolo attivo degli studenti, nonché di ex studenti che abbiano già operato all'interno dell'istituto scolastico in attività di peer education, la previsione di misure di sostegno e di rieducazione dei minori coinvolti*».

La figura del **docente referente**, infatti, risulta **centrale**: la scuola lo individua preferibilmente tra i docenti che posseggano competenze specifiche ed abbiano manifestato l'interesse ad avviare un percorso di formazione specifico.

Il **docente referente di istituto** ha il compito di coordinare le iniziative di prevenzione e di contrasto del cyberbullismo e svolge un importante compito di supporto al DS per la revisione/stesura del Regolamento di istituto, nonché di atti e documenti come PTOF, PdM e RAV.

Per coordinare le iniziative di prevenzione e di contrasto del cyberbullismo, il docente referente può anche avvalersi della collaborazione delle Forze di polizia nonché delle associazioni e dei centri di aggregazione giovanile presenti sul territorio e raccogliere e diffondere buone pratiche educative, organizzative e azioni di monitoraggio, favorendo così l'elaborazione di un modello di e-policy d'istituto.

In particolare la **L. 29 maggio 2017, n. 71**, *Disposizioni a tutela dei minori per la prevenzione ed il contrasto del fenomeno del cyberbullismo*, impone a tutte le scuole il compito di promuovere l'educazione all'uso consapevole della rete Internet. In particolare, essa è diretta:
— ai docenti e al personale scolastico, in quanto principalmente attraverso l'osservazione quotidiana dei comportamenti degli alunni e degli studenti si possono individuare e prevenire gli atti di bullismo e cyberbullismo;
— ai Dirigenti scolastici, che devono agire in caso di incidenti ed episodi violenti che possono verificarsi nelle scuole.

La **legge n.71/2017** prevede che:
— ciascun minore ultraquattordicenne (o i suoi genitori o il tutore) che sia stato vittima di cyberbullismo può **inoltrare al titolare del trattamento, al gestore del sito internet o del social un'istanza** per *l'oscuramento, la rimozione o il blocco dei contenuti diffusi* nella rete. Se entro 24 ore il gestore del sito non provvede, l'interessato può rivolgere analoga richiesta al *Garante per la protezione dei dati personali*, che rimuoverà i contenuti entro 48 ore;

— il Dirigente scolastico che venga a conoscenza di atti di cyberbullismo **deve informare tempestivamente i genitori dei minori coinvolti**. I Regolamenti scolastici e il Patto educativo di corresponsabilità dovranno prevedere **esplicite sanzioni disciplinari** (di carattere educativo e non punitivo), commisurate alla gravità degli atti compiuti.
— i servizi territoriali, con l'ausilio delle associazioni e degli altri enti che perseguono le finalità della legge, sono incaricati di promuovere **progetti personalizzati per sostenere le vittime** di cyberbullismo e di **rieducare**, anche attraverso l'esercizio di attività riparatorie o di utilità sociale, i minori autori di cyberbullismo.

11
Continuità educativa e orientamento

1 Il principio della continuità

La **continuità didattica** mira alla conoscenza approfondita dell'alunno, così che il team docente possa programmare le attività educative e didattiche, scegliere i metodi e i materiali e stabilire i tempi più adeguati alle esigenze di tutti gli alunni del gruppo classe. In questo modo il percorso formativo viene visto in una *logica di sviluppo progressivo* teso a valorizzare le competenze acquisite e le specificità dell'alunno e della scuola. La continuità ha, infatti, ad oggetto il *bambino che apprende*, considerato nella sua complessità e unicità, valorizzandone lo sviluppo progressivo secondo potenzialità umane, culturali e sociali.

Nelle istituzioni scolastiche la continuità educativa si realizza attraverso due linee parallele, ma che talvolta si attraversano reciprocamente:
— la *continuità verticale* (passaggio tra le diverse istituzioni educative);
— la *continuità orizzontale* (continuum tra servizio, scuola, contesto familiare e territoriale).

La **continuità verticale** è finalizzata al raccordo tra i diversi ordini di scuola e tra classi dello stesso istituto. L'obiettivo è quello di costruire un percorso unitario che eviti frammentazioni, soprattutto alla luce di un'evidente discontinuità tra i tre segmenti educativi del primo ciclo d'istruzione sorti in tempi molto diversi.

La continuità **orizzontale** fa leva, invece, sulla comunicazione e sullo scambio tra le diverse agenzie educative coinvolte nel processo formativo: scuola, istituzioni, famiglia, territorio.

Sul piano educativo i **fini** della continuità possono così essere sintetizzati:
— prevenire la *dispersione scolastica* che in Italia raggiunge sempre percentuali allarmanti;
— garantire agli alunni un *percorso formativo coerente organico* e completo;
— consolidare un'attitudine degli insegnanti alla continuità, ossia a *collaborare anche con docenti esterni alla scuola*, a scambiarsi metodologie e strategie educative, condividere esperienze didattiche.

2 La continuità verticale

La scuola dell'infanzia, la scuola primaria, la scuola secondaria di I° grado sono nate in periodi storici e culturali molto differenti (scuola elementare 1861, scuola media

1962 e scuola materna statale 1968). Per molto tempo allo scarso, se non inesistente, rapporto tra i tre segmenti dell'istruzione è corrisposta anche la mancata volontà di stabilire una continuità, tanto che sono stati a lungo in un rapporto di subordinazione gerarchica e non di pari dignità; alla scuola elementare e media venivano attribuiti obiettivi culturali e cognitivi, alla scuola dell'infanzia fini ludici e ricreativi.

A partire dai documenti programmatici degli anni '80-'90 del secolo scorso — gli Orientamenti per la scuola dell'infanzia (1991), i Programmi (1985), gli Ordinamenti per la scuola elementare (1990), i Programmi del 1979 della scuola media — è stata accolta la richiesta di creare un raccordo pedagogico, curricolare e organizzativo tra i tre gradi di scuola nell'intento comune della formazione dell'uomo e del cittadino. Raccordo che è stato poi definitivamente sancito con l'istituzione del **primo ciclo d'istruzione**, che comprende la scuola primaria e secondaria di primo grado e che porta avanti un *progetto formativo continuo* strutturato nelle Indicazioni nazionali per il curricolo del 2012.

In tale assetto la «prima scuola» si configura come scuola della **simbolizzazione**; la primaria procede verso i sistemi simbolico-culturali, giungendo **dal predisciplinare alle discipline**; la scuola secondaria di I° grado è **scuola disciplinare** per eccellenza. In questa logica, il sistema di scuole si caratterizza come un insieme di esperienze che favorisce la formazione armonica della persona attraverso l'**alfabetizzazione culturale**.

Continuità, allora, significa creare le condizioni operative ed educative per un positivo sviluppo della persona nella conoscenza e nella formazione. Continuità non vuol dire, infatti, prosecuzione meccanica, quanto piuttosto *successione non traumatica di esperienze diverse*. Il processo educativo si realizza nella continuità, ma anche nella diversità.

La scuola che precede non prepara alla successiva; al contrario, è quest'ultima che si deve *raccordare* e proseguire nella formazione per raggiungere obiettivi superiori, congruenti con l'età dell'allievo, con itinerari di apprendimento progettati e progressivi.

Quando inizia a frequentare la scuola dell'infanzia il bambino ha raggiunto maturazioni importanti: coordina i movimenti, cammina con sicurezza, corre, salta, usa gli oggetti con padronanza, ha una vivace capacità rappresentativa, sa ricordare, immaginare il futuro, sviluppa la capacità cognitiva che, pur dominata dall'affettività, con limiti incerti tra realtà e fantasia, gli consente di comprendere la realtà. Prende coscienza della propria individualità e tende ad affermarla, inizia gradualmente a interagire e collaborare con i coetanei.

Se proviene dal **nido**, potranno essere sviluppati dei progetti di continuità per permettere al bambino di familiarizzare con l'ambiente della scuola dell'infanzia. La recente **Riforma 0-6 anni** (D.Lgs. n. 65/2017) è tesa, come abbiamo visto, proprio a favorire sempre più la coerenza educativa tra nido e scuola dell'infanzia valorizzando fortemente anche il ruolo delle **sezioni primavera** che da sperimentali diventano realtà ordinarie.

3 La continuità orizzontale

Come detto, la **continuità orizzontale** si realizza attraverso la costruzione di rapporti tra scuola, famiglia, enti e istituzioni territoriali (compresi musei, biblioteche, beni culturali, ambientali etc.), cioè tra i diversi ambienti di vita e formazione dell'alunno.

Ai sensi delle Indicazioni nazionali del primo ciclo del 2012, «l'azione della scuola si esplica attraverso la collaborazione con la **famiglia** (art. 30 Cost.), nel reciproco rispetto dei diversi ruoli e ambiti educativi nonché con le **altre formazioni sociali** ove si svolge la personalità di ciascuno».

«La scuola perseguirà costantemente l'obiettivo di costruire un'**alleanza educativa con i genitori**. Non si tratta di rapporti da stringere solo in momenti critici, ma di *relazioni costanti* che riconoscano i reciproci ruoli e che si supportino vicendevolmente nelle comuni finalità educative».

«Ogni bambino è, in sé, diverso ed unico e riflette anche la diversità degli ambienti di provenienza che oggi conoscono una straordinaria differenziazione di modelli antropologici ed educativi, che comprendono famiglie equilibrate e ricche di proposte educative accanto ad altre più fragili e precarie.

3.1 Continuità scuola-famiglia

La *continuità orizzontale* costituisce un principio cardine del progetto educativo, che si fonda in buona parte proprio sull'assunto che la *relazione sia un momento di crescita profonda*. Per un armonico sviluppo della personalità del bambino occorre, infatti, che si stabiliscano buoni rapporti tra gli adulti che si occupano di lui, dal momento che il contesto familiare e quello scolastico sono gli ambiti in cui si gettano le basi della sua formazione e hanno un ruolo fondamentale per la sua crescita. Per conoscere adeguatamente il bambino, l'educatore deve avere un'idea del tipo di contesto di provenienza, dal momento che il suo benessere non riguarda solo la famiglia o solo il nido, ma l'intero ambito sociale in cui è inserito.

La continuità orizzontale riguarda essenzialmente tre fattori:

— gli *stili relazionali*: l'educatore di riferimento, analizzando la relazione esistente tra il bambino e la figura parentale, troverà più facilmente la via per entrare a farne parte, soprattutto per la buona riuscita dell'inserimento;
— lo *spazio* e i *materiali*: è fondamentale che il bambino si senta a suo agio nell'ambiente scolastico; a tale scopo, può essere utile portare con sé un oggetto a cui è particolarmente legato;
— la *gestione delle routine*: è opportuno che l'insegnante conosca le abitudini di ciascun bambino, ad esempio le modalità in cui mangia o si addormenta. Il fine non è semplicemente quello di adottare le stesse metodologie, ma di comprendere più agevolmente il comportamento del bambino di fronte a determinate situazioni.

Tra scuola dell'infanzia, primaria e famiglia deve dunque realizzarsi un vero e proprio **patto educativo**, in cui vengano dichiarati gli obiettivi comuni di crescita e di benessere dei più piccoli.

Condividere comuni intenti educativi con la famiglia non è sempre facile, è una sfida che va raccolta perché con il dialogo la comunità possa crescere sul piano della convivenza democratica.

3.2 Il Patto educativo di corresponsabilità

Il **Patto educativo di corresponsabilità** è una forma di «contratto formativo», sottoscritto dalla scuola e dalla famiglia, che risponde alla necessità di assumere **impegni reciproci** finalizzati al miglioramento della qualità della vita a scuola.

Questo documento è divenuto *obbligatorio, per la scuola secondaria di primo e secondo grado*, con il D.P.R. n. 235/2007 che modificava il D.P.R. 249/1998, contenente lo *Statuto delle studentesse e degli studenti della scuola secondaria*, in risposta ad un'esigenza di gestione dell'emergenza educativa per gli studenti delle scuole secondarie.

Pur non essendo obbligatorio per la scuola dell'infanzia e per la scuola primaria, molte sono le scuole che «stringono» un Patto con le **famiglie**, alla luce del fatto che la loro azione è determinante nella formazione dei bambini.

Contestualmente all'iscrizione dell'alunno a scuola, a inizio anno scolastico, è richiesta, dunque, l'**adesione** da parte dei genitori e degli studenti, al *Patto educativo di corresponsabilità*, finalizzato a definire in maniera dettagliata e condivisa *diritti e doveri* nel rapporto tra istituzione scolastica e famiglie (art. 5bis, D.P.R. 249/1998).

Tale documento, infatti, indica e sottolinea la necessità di una **profonda condivisione** e di una sorta di alleanza tra le due istituzioni sociali a cui è affidato il delicato compito di educare e formare i giovani, appunto, a partire dai primi gradi dell'istruzione.

La scuola e la famiglia pertanto condividono un modello educativo basato sul rispetto della Costituzione, dell'ordinamento giuridico in vigore, dei Regolamenti scolastici e della Convenzione internazionale sui diritti dell'Infanzia.

La piena e auspicata condivisione avviene quando sia gli insegnanti che i genitori, «nonostante la diversità dei ruoli e la separazione dei contesti di azione, condividono sia i *destinatari* del loro agire, i figli/alunni, sia le *finalità* dell'agire stesso, ovvero l'educazione e l'istruzione in cui scuola e famiglia operano insieme per un progetto educativo comune» (*Linee di indirizzo 2012 «Partecipazione dei genitori e corresponsabilità educativa»* - MIUR).

La condivisione delle regole può avvenire solo con un'efficace e fattiva collaborazione con la famiglia, attraverso l'instaurarsi di **relazioni costanti** che riconoscano i reciproci ruoli.

I singoli Regolamenti di istituto disciplinano poi, nel concreto, le procedure di sottoscrizione nonché di elaborazione e revisione condivisa del Patto.

Il Patto spesso viene assimilato al **Regolamento d'istituto**, ma i due documenti sono distinti per finalità e contenuto: il primo è un patto condiviso tra scuola e famiglia sulle priorità educative ed è *vincolante* con la sua sottoscrizione; il secondo è, invece, un *atto unilaterale* della scuola verso i propri utenti, teso a fornire loro la specificazione dei comportamenti consentiti o vietati, vincolante con la sua adozione e pubblicazione.

Nell'ambito delle prime due settimane di inizio delle attività didattiche, ciascuna istituzione scolastica pone, dunque, in essere le *iniziative* più idonee per le opportune attività di accoglienza degli alunni, per la presentazione e la condivisione del Piano dell'offerta formativa, dei Regolamenti di istituto e del Patto educativo di corresponsabilità, con l'obiettivo di *impegnare* le famiglie, fin dal momento dell'iscrizione, a condividere con la scuola i nuclei fondanti dell'azione educativa.

Questo percorso **impegna tutti i soggetti** della comunità scolastica: il Dirigente scolastico, il personale della scuola, i docenti, gli alunni ed i genitori, e pone in evidenza il ruolo *strategico* che può essere svolto dalle famiglie nell'ambito di un'alleanza educativa che coinvolga ciascuno secondo i rispettivi ruoli e responsabilità.

3.3 Continuità scuola-territorio

Parlare di scuola, cultura e territorio significa affrontare i nodi politici, culturali e organizzativi oggetto dei provvedimenti legislativi, assunti non solo sul versante scolastico ma anche su quello amministrativo e istituzionale per una migliore organizzazione dei servizi del Paese e per un nuovo patto con i cittadini. Infatti nel nostro Paese è in atto da tempo un processo di snellimento dell'amministrazione, di decentramento di ruoli e compiti e di sviluppo di azioni di controllo e valutazione della qualità dei servizi.

Anche il sistema scolastico italiano è andato in questa direzione.

Il sistema non è più caratterizzato da un centro che opera scelte di indirizzo e indica criteri di gestione dei processi educativi, ma è un sistema che si va articolando piuttosto in una **rete di soggetti**: il Ministero e i suoi organi periferici, le scuole, il sistema delle autonomie locali, un insieme di soggetti pubblici e privati, in un'unica parola il **territorio**.

Il territorio è concepito come «*laboratorio*» *potenziale*, come luogo di dialettica locale costituita di flussi di domande e risposte che s'intreccino all'interno di progetti reali.

Il territorio è, altresì, il luogo dove si concretizzano le *forme di convivenza* che riproducono la specificità del tessuto culturale; è il luogo della *multietnia* che dà forma alla nuova composizione sociale.

Il nostro tempo è il tempo della cultura globale. Mentre si va costruendo la piattaforma di una realtà economica politica transnazionale, l'impulso verso l'autonomia e il guardare alla **microregione** o al cerchio ristretto del territorio comunale potrebbero apparire un controsenso. In realtà oggi assistiamo all'ibridazione tra *cultura locale*, che attiene a specificità definite, e *cultura globale,* che mira, invece, alla standardizzazione, prima del modo di intendere, poi del linguaggio e, infine, dell'operare. Tra le due culture c'è un rapporto che è un continuo adattamento e una perenne contaminazione.

Tra le due culture si colloca la **scuola**, che è **mediatrice**, promotrice del nuovo e tutela di ciò che ci identifica, produttrice di «curricoli» che devono essere adattati alla realtà territoriale e, contemporaneamente, devono essere globalizzati.

Un **progetto di continuità scuola/territorio** delinea, quindi, nuovi modi di essere:
— all'interno della scuola, sia sul versante della ricerca e della proposta formativa, sia su quello organizzativo;
— sul piano dei rapporti scuola ed enti locali per coniugare le esigenze di dimensionamento e razionalizzazione con quelle della qualità del servizio e garanzia dei presidi culturali sul territorio;
— sul versante dei servizi scolastici per il contenimento delle dispersioni scolastiche, per il raggiungimento di repertori culturali e formativi adeguati a ciascun studente, per potenziare l'efficacia delle comunità locali nei confronti del disagio, delle vecchie e nuove marginalità, delle nuove fragilità.

4 L'orientamento

Nel passaggio dalla scuola del primo ciclo a quella del secondo ciclo, la continuità verticale si identifica con attività di **orientamento**.

L'orientamento, in realtà, oggi è considerato un **diritto del cittadino in ogni età** e in ogni situazione intendendosi tutte quelle attività tese a mettere un *individuo in grado di gestire e pianificare il proprio apprendimento e le proprie esperienze di lavoro in coerenza con i personali obiettivi di vita*, in modo da sfruttare appieno le competenze e gli interessi individuali, per poter *raggiungere un pieno soddisfacimento personale*.

L'orientamento non riguarda un breve periodo dell'esistenza, ma deve essere un'attività che accompagna ogni persona lungo l'intero arco della vita (**lifelong learning**), in quanto la complessità della società attuale riguarda tutti i campi, da quello sociale a quello del lavoro, ed è soprattutto determinata dalla continua variabilità delle situazioni.

L'orientamento può avere **varie sfaccettature**, a seconda dell'aspetto che si vuole prendere in considerazione:
— **orientamento educativo**: serve per spingere gli individui alla conoscenza di sé attraverso la consapevolezza delle proprie attitudini e la somministrazione di test che fanno emergere gli interessi personali;
— **orientamento formativo**: serve per sviluppare le competenze orientative di base quali, per esempio, l'analisi del contesto, la ricerca autonoma delle fonti di informazione, le strategie che servono per prendere decisioni, le tecniche di risoluzione di problemi (*problem solving*), la capacità di elaborare progetti;

— **orientamento informativo**: è quello più diffuso e praticato e che si concretizza con la distribuzione di materiali informativi, con le informazioni fornite da insegnanti ed esperti, con le visite a strutture di vario genere (scuole, istituzioni, aziende, mostre, fiere etc.);
— **orientamento personale**: è quello che aiuta nelle scelte individuali attraverso uno stretto rapporto interpersonale fra chi richiede un aiuto e un esperto. Si tratta, in pratica, di un rapporto a due nel quale ci si rivolge a qualcuno di cui si ha fiducia (non necessariamente un insegnante o una figura istituzionale) per condividere le proprie incertezze e per ottenere un aiuto che a volte può risolversi in un semplice scambio di idee.

L'orientamento, quindi, non si esaurisce con la scelta di un percorso scolastico, né con l'avviamento dei giovani al mondo del lavoro, ma deve rappresentare la **centralità della fase formativa** a qualunque età.

L'orientamento finalizzato alle scelte dei percorsi successivi ai vari cicli in cui la scuola è organizzata, è nella scuola dell'infanzia e primaria inesistente in quanto la strada è automaticamente segnata dal passaggio, rispettivamente, alla scuola primaria e alla scuola secondaria di primo grado, e quindi esula dalla nostra trattazione.

4.1 Le Linee guida nazionali per l'orientamento permanente (nota MIUR 4232/2014)

Per **orientamento permanente** si intende l'insieme degli **interventi strategici** attuati sulla **formazione dei cittadini** atti a favorire non solo *la transizione fra scuola, formazione e lavoro* ma ad assumere un «valore permanente» nella vita di ogni individuo *garantendone lo sviluppo e il sostegno in tutti i processi di scelta e di decisione*.

L'orientamento permanente, pertanto, ha lo scopo non solo di ridurre la dispersione scolastica e l'insuccesso formativo, ma anche di favorire l'occupazione attiva, la crescita economica e l'inclusione sociale. Esso è, dunque, finalizzato a dare a ogni individuo tutti gli strumenti necessari per fare consapevolmente le migliori scelte per il suo sviluppo e la sua realizzazione.

Con **nota MIUR n. 4232 del 19-2-2014** sono state dettate le **Linee guida nazionali per l'orientamento permanente** che costituiscono un documento di impegno, a vari livelli, affinché l'intervento orientativo assuma un ruolo strategico per tutta la società.

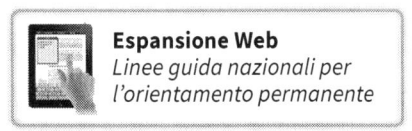

> **Espansione Web**
> *Linee guida nazionali per l'orientamento permanente*

L'orientamento permanente comincia dalla **scuola** che, anche nel documento del 2014, riafferma il suo ruolo di soggetto promotore del *lifelong learning (insegnamento permanente)*, del *lifelong guidance* (guida per la vita) e del *career guidance* (guida per la carriera).

In ambito scolastico, come abbiamo visto, occorre distinguere **due attività di orientamento**:

— *orientamento formativo o didattica orientativa/orientante*, per lo sviluppo delle competenze orientative di base comuni a tutti (acquisizione dei saperi di base, abilità cognitive, logiche e metodologiche etc.);

— *attività di accompagnamento e di consulenza orientativa*, di sostegno alla progettualità individuale, che si realizzano in esperienze non strettamente curriculari, con connessioni al mondo del lavoro e con progetti di mini-imprenditorialità, rispondendo a bisogni e istanze specifici dei singoli o di gruppi ristretti assecondando le proprie inclinazioni.

Per realizzare concretamente i percorsi di orientamento formativo la scuola è chiamata a individuare al suo interno, fin dalla scuola primaria, specifiche **figure di sistema** capaci di:
— *organizzare/coordinare le attività di orientamento interno e relazionarsi con il gruppo di docenti dedicati;*
— *organizzare/coordinare attività di orientamento mirate sia per studenti disagiati sia per studenti plusdotati;*
— *interfacciarsi con continuità con tutti gli altri attori della rete di orientamento del territorio.*

Per creare una «*comunità orientativa educante*» le Linee guida richiamano alla condivisione di responsabilità fra i vari soggetti. Alle scuole, in particolare, si assegna il compito di realizzare azioni volte a:
— potenziare la collaborazione con il mondo del lavoro, dell'associazionismo, del terzo settore sia in ambito di progettazione che di valutazione;
— sviluppare esperienze imprenditoriali anche come *start up* sostenute da un sistema tutoriale;
— creare laboratori di «*career management skills*» ossia di promozione di specifiche abilità di gestione della propria carriera professionale;
— comparare, selezionare e condividere modelli di certificazione;
— sviluppare stage e tirocini come modalità strutturalmente presenti nelle scuole;
— promuovere la diffusione dell'apprendistato;
— individuare le migliori pratiche sperimentate.

Affinché l'orientamento permanente diventi parte integrante del curricolo di ogni insegnante, è auspicabile, secondo la nota MIUR n. 4232, che ogni docente svolga **attività di formazione**.

Particolare attenzione è poi riservata – dallo stesso documento – ad **azioni di sensibilizzazione e formazione dei genitori** da prevedere all'interno del Patto di corresponsabilità educativa fra scuola, famiglia e studenti. Si propongono inoltre strumenti per l'integrazione dei sistemi, ipotizzando la costruzione di «**Centri interistituzionali per l'orientamento permanente**» operanti come multi-agency di orientamento.

Le Linee guida infine dedicano una apposita sezione alla diffusione delle **Tecnologie dell'Informazione e Comunicazione (TIC)** ed alle potenzialità che l'impatto di tali tecnologie ha sia sui processi di apprendimento sia sul mercato del lavoro. Presupposto perché le TIC siano funzionali ad azioni di orientamento è il garantire la possibilità di accesso a tutti gli studenti al web e alle tecnologie, superando il *digital divide*, formando docenti, operatori e dirigenti scolastici sul tema, migliorando strumenti di orientamento e comunicazione in ottica di trasparenza, inclusività ed efficacia.

12
La scuola italiana nell'ambito del contesto europeo

1 Istruzione e formazione in Europa

L'Italia fa parte dell'Unione europea e quindi è soggetta alle indicazioni che l'Unione dà in materia di istruzione e formazione. I settori di istruzione e formazione non sono di competenza dell'Unione europea ma questa **fissa alcuni obiettivi comuni** a tutti gli Stati membri, al fine di garantire un livello di ricerca e istruzione uniforme per tutti. Gli Stati, quindi, rimangono sovrani in materia di istruzione e formazione e l'Unione svolge prevalentemente un *ruolo di sostegno delle politiche nazionali*.

L'azione dell'Unione europea nel settore dell'istruzione e della cultura va ricollegata al preciso obiettivo di **valorizzare il patrimonio culturale europeo**, contribuendo alla sua conoscenza. L'intento primario in tale ambito consiste nella realizzazione di **un'unione culturale europea** che affianchi e impregni di sé sia l'unione economica e monetaria, sia la prospettiva dell'unione politica. In tal senso, l'Unione opera su diversi fronti:

— nell'ambito dell'**istruzione**, incentiva la cooperazione fra istituti di insegnamento, favorisce la *mobilità degli studenti e degli insegnanti*, incoraggia lo scambio di informazioni ed esperienze e promuove l'apprendimento di altre lingue europee;
— nell'ambito della **cultura**, favorisce la conoscenza e la diffusione tra i cittadini del patrimonio culturale europeo, attraverso diverse azioni (restauro architettonico, promozione dei libri e della lettura, incentivi alla diffusione di opere d'arte);
— nel settore delle **telecomunicazioni** e dell'**audiovisivo**, incentiva una maggiore apertura e favorisce la cooperazione tra diversi operatori europei.

La politica dell'istruzione ha trovato una specifica base giuridica solo con il Trattato di Maastricht; in precedenza la sua disciplina era dettata dalle disposizioni relative alla formazione professionale, e l'istruzione era considerata solo in ragione della sua incidenza sul mercato; essa, cioè, assumeva rilevanza per il diritto comunitario, in quanto comportava l'acquisizione di competenze che agevolavano l'accesso dei giovani nel mondo del lavoro.

Attualmente, la promozione dell'istruzione in ambito europeo trova il suo fondamento giuridico nell'**art. 165 TFUE** (*Trattato sul Funzionamento dell'Unione Europea*). Lo stesso, in considerazione del ruolo determinante che assume lo studio nella valorizzazione del patrimonio culturale e nell'affermazione di un'economia basata sulla conoscenza, prevede che l'Unione contribuisca allo **sviluppo di un'istruzione**

di qualità nel pieno rispetto delle diversità linguistiche e culturali degli Stati membri, al di là della prospettiva di un'attività lavorativa.

Tale intervento mira al perseguimento dei seguenti obiettivi:

— *sviluppare la dimensione europea dell'istruzione*, con particolare riguardo all'apprendimento e alla diffusione delle lingue degli Stati membri;
— *incoraggiare la mobilità degli studenti e degli insegnanti*, anche attraverso la promozione del riconoscimento accademico delle lauree e dei diplomi;
— *favorire la cooperazione fra gli istituti di insegnamento*;
— *agevolare lo scambio di informazioni e di esperienze fra gli Stati membri sui problemi inerenti i sistemi di insegnamento*;
— *sostenere lo sviluppo dell'istruzione a distanza*;
— *sviluppare la dimensione europea dello sport, promuovendo l'equità e l'apertura nelle competizioni sportive e la cooperazione tra gli organismi responsabili dello sport e proteggendo l'integrità fisica e morale degli sportivi, in particolare dei più giovani tra di essi.*

2 I programmi di scambi/mobilità di docenti e studenti: Erasmus+

Sebbene nella versione dei Trattati istitutivi precedente al Trattato di Maastricht mancassero specifiche disposizioni relative all'istruzione, già nel 1976 erano stati istituiti i primi strumenti di azione in questo settore: *Eurydice* e *Arion*, cui ne sono seguiti anche altri.

Dal 2014 i suddetti programmi sono stati riuniti nel nuovo «**Erasmus +**», *il programma dell'Unione per l'istruzione, la formazione, la gioventù e lo sport (2014-2020)*, adottato con il reg. (UE) 1288/2013 dell'11 dicembre 2013, che ha posto fine alla frammentazione dei programmi di cooperazione internazionale nell'ambito dell'istruzione superiore. A tale scopo è stato, infatti, emanato il nuovo programma, incentrato sull'accessibilità dei finanziamenti e sulla trasparenza delle procedure amministrative e finanziarie. Lo snellimento e la semplificazione a livello organizzativo e gestionale nonché una costante attenzione alla riduzione delle spese amministrative sono anch'essi elementi essenziali.

Secondo l'UE i settori dell'istruzione, della formazione, della gioventù e dello sport possono fornire un prezioso contributo per aiutare ad affrontare i cambiamenti socioeconomici, ovvero le sfide chiave di cui l'Europa si sta già occupando e che la attendono nel prossimo decennio e per sostenere l'attuazione dell'Agenda politica europea per la crescita, l'occupazione, l'equità e l'inclusione sociale. *Combattere i crescenti livelli di disoccupazione*, specialmente tra i giovani, è diventato uno degli obiettivi più urgenti per i governi europei.

Troppi giovani abbandonano la scuola prematuramente e corrono il rischio di rimanere disoccupati e socialmente emarginati. Lo stesso rischio minaccia l'elevato numero di adulti poco qualificati. Le tecnologie cambiano rapidamente il modo di operare della società e occorre garantire che siano utilizzate nel migliore dei modi. Le imprese dell'Unione europea devono quindi diventare più competitive attraverso il talento e l'innovazione.

Inoltre, esiste la necessità di offrire **opportunità di formazione e cooperazione alle organizzazioni e agli operatori** della scuola, al fine di sviluppare la loro professionalità e la dimensione europea dell'animazione socioeducativa.
Il Programma Erasmus+ è concepito per sostenere tutto questo.

Grazie all'adesione a questo programma le scuole, di ogni ordine e grado possono ottenere **finanziamenti** per partecipare ad attività di respiro internazionale che coinvolgono *studenti, tirocinanti, apprendisti, alunni, discenti adulti, giovani, volontari o professori, insegnanti, formatori, animatori giovanili, professionisti* nel settore dell'istruzione, della formazione, della gioventù e dello sport etc.

Ogni anno le organizzazioni scolastiche di tutta Europa presentano migliaia di progetti per ricevere un sostegno finanziario e portare avanti attività quali:
— la **mobilità del personale** che consente ai docenti (compresi i tirocinanti) e ad altro personale scolastico di *partecipare ad attività di formazione in un altro paese o di tenere lezioni presso una scuola all'estero*;
— i **partenariati strategici** che consentono alle scuole di collaborare con altri istituti e organizzazioni al fine di migliorare l'insegnamento e la didattica, nonché la qualità e la rilevanza dell'istruzione e della formazione, ciò al fine di favorire la cooperazione per innovare i sistemi di istruzione;
— **eTwinning**, una *comunità online dedicata alle scuole*. Grazie a questa piattaforma, il personale scolastico e gli alunni possono collaborare a livello transnazionale, sia nell'ambito di altre iniziative legate a Erasmus+ sia indipendentemente da esse.

3 Il Quadro Europeo delle Qualifiche (EQF) per l'apprendimento permanente (Racc. 23 aprile 2008 e Racc. 22 maggio 2017)

L'Unione Europea comprende 28 Stati (anche se è in corso l'uscita della Gran Bretagna, cd. *Brexit*) e quindi esiste sul territorio comunitario una grande varietà di sistemi di istruzione e formazione spesso molto diversi tra loro: ad esempio, il «baccalaureato generale» francese o il «certificato generale di istruzione secondaria» in vigore in Inghilterra, Galles e Irlanda del Nord possono considerarsi equipollenti al diploma professionale in Germania e Austria o al nostro diploma rilasciato in seguito all'esame di maturità?
Per garantire un raffronto in qualche modo uniforme dei livelli di istruzione e formazione di tutti i cittadini comunitari, l'Unione europea ha approvato il 23 aprile 2008 una raccomandazione del Parlamento europeo e del Consiglio, concernente l'istituzione di un **Quadro europeo delle qualifiche per l'apprendimento permanente** (**European Qualification Framework EQF**) con l'obiettivo primario di promuovere la mobilità geografica e lavorativa nonché l'apprendimento permanente. In particolare, i sistemi di istruzione e formazione in Europa differiscono al punto che è necessario spostare l'attenzione sui **risultati dell'apprendimento** (piuttosto

che sugli input, quali la durata del periodo di studi) perché sia possibile effettuare raffronti e dare vita a una cooperazione fra Paesi.

Con **Raccomandazione 22 maggio 2017** si è proceduto alla revisione dell'EQF, recepito nel nostro ordinamento con **D.M. 8 gennaio 2018** (*Istituzione del Quadro nazionale delle qualificazioni rilasciate nell'ambito del Sistema nazionale di certificazione delle competenze di cui al D.Lgs. 13/2013*). È una sorta di approfondimento dell'EQF al fine di migliorare la trasparenza, la comparabilità e la trasferibilità delle qualifiche dei cittadini.

L'EQF collega i quadri e i sistemi nazionali di qualificazione di vari paesi basandosi su un riferimento comune europeo: **otto livelli**, confermati nella Racc. 2017, che prendono in considerazione l'intera gamma di qualifiche previste, da un livello di base (Livello 1, ad esempio uscita dall'istruzione primaria) ai livelli più avanzati (Livello 8, ad esempio i dottorati).

La nuova Raccomandazione 2017 introduce concetti e istituti nuovi come la «**qualifica internazionale**» rilasciata da un Organismo internazionale, utilizzabile in più Paesi, che comprenda i risultati dell'apprendimento.

In qualità di strumento per la promozione dell'*apprendimento permanente*, l'EQF include tutti i livelli delle qualifiche acquisite nell'ambito dell'istruzione generale, professionale e accademica nonché della formazione professionale, occupandosi inoltre delle qualifiche acquisite nell'ambito dell'istruzione e della formazione iniziale e continua. L'adozione di un quadro di riferimento comune basato sui risultati dell'apprendimento agevola, dunque, il raffronto e il (potenziale) collegamento fra le qualifiche tradizionali rilasciate dalle autorità nazionali e le qualifiche rilasciate da altri soggetti.

> **Espansione web**:
> *I livelli delle qualifiche EQF (D.I. 8-1-2018)*

Il nucleo del quadro consiste, come detto, di **8 livelli di qualifiche** descritti in base ai risultati dell'apprendimento (*conoscenze, abilità, responsabilità e autonomia*) (**Racc. 2017**), che coprono tutti i titoli, da quelli dell'istruzione obbligatoria scolastica, a quelli professionali, e a quelli dei livelli più alti di istruzione (laurea, dottorato di ricerca etc.). Quei Paesi che hanno deciso di adeguarsi all'EQF (si tratta di un processo volontario), lo hanno fatto in due fasi: nella prima, completata entro il 2010, i livelli nazionali delle qualifiche sono stati rapportati all'EQF; nella seconda, completata entro il 2012, in tutti i nuovi certificati di qualifica viene introdotto un riferimento all'EQF, rafforzando gli attuali strumenti per la mobilità europea, quali Europass, Erasmus ed ECTS.

L'EQF, una volta entrato a regime, promuove una **mobilità più elevata di studenti e lavoratori**, consentendo loro di descrivere con maggiore facilità il proprio ampio livello di competenze ai potenziali datori di lavoro di altri Paesi. Ciò aiuta i datori di lavoro a interpretare le qualifiche dei candidati, sostenendo quindi la mobilità del mercato del lavoro in Europa.

3.1 Apprendimento permanente nell'ordinamento italiano (D.Lgs. n. 13/2013)

Con il **D.Lgs. 16-1-2013, n. 13**, in attuazione della *Raccomandazione del Consiglio dell'Unione europea del 20-12-2012 di convalida dell'apprendimento non formale e informale* che ha invitato gli Stati membri ad adeguarsi istituendo entro il 2018 **modalità** per la convalida dell'apprendimento, sono state definite le norme generali e i livelli essenziali delle prestazioni per individuare e convalidare l'apprendimento non formale e informale e gli standard minimi di servizio del sistema nazionale di certificazione delle competenze.

Il decreto ribadisce, inoltre, che l'**apprendimento permanente** non è una prestazione ulteriore cui il lavoratore è tenuto, ma un **diritto della persona**, all'interno del quale si colloca la *formazione continua*. Esso fa riferimento anche ai criteri di referenziazione ai codici statistici ADECO delle categorie economiche, alle unità professionali CP ISTAT, al quadro europeo delle qualificazioni EQF.

Nello specifico:
— sono stati definiti in maniera condivisa gli *standard* minimi di riferimento per la regolamentazione e l'erogazione dei servizi di validazione e *certificazione delle competenze*;
— è stato istituito il *repertorio nazionale* dei titoli di istruzione e formazione e delle qualificazioni professionali (accessibile anche per via telematica);
— sono stati anche definiti gli *standard* degli attestati e dei certificati spendibili a livello europeo;
— è stato introdotto un sistema di *monitoraggio* e valutazione dell'attuazione di quanto previsto nel decreto legislativo.

In buona sostanza si tratta di riconoscere le competenze in ogni modo acquisite e di darvi il giusto valore.

Glossario essenziale

Glossario essenziale

Abilità
Le capacità di applicare conoscenze e di utilizzare know-how per portare a termine compiti e risolvere problemi. Nel contesto del Quadro europeo delle qualifiche le abilità sono descritte come *cognitive* (comprendenti l'uso del pensiero logico, intuitivo e creativo) o *pratiche* (comprendenti l'abilità manuale e l'uso di metodi, materiali, strumenti) (Racc. UE 23 aprile 2008).

Abrogazione della legge
Si definisce **abrogazione** quel fenomeno giuridico in base al quale una norma o una disposizione viene revocata per porre fine alla sua vigenza.

In base all'articolo 15 disp. prel. c.c. (disposizioni preliminari al Codice civile), l'**abrogazione** può essere:

— **espressa**, quando è lo stesso legislatore a disporlo («è abrogata la disposizione X»);
— **tacita**, quando la disciplina successiva è *incompatibile* con la precedente oppure regola in modo diverso l'intera materia, per cui non è possibile la contemporanea vigenza di entrambe;
— **innominata**, quando il legislatore prevede l'abrogazione, ma non specifica quali norme ne siano oggetto («sono abrogate tutte le norme incompatibili con la presente legge»).

Accoglienza
L'accoglienza rappresenta il primo fondamentale momento dell'azione educativa realizzata dalle istituzioni scolastiche. L'ingresso dell'alunno a scuola può determinare problematiche di adattamento e forme di disorientamento che incidono sulla sua serenità emotiva e sugli esiti del percorso didattico. Per tale motivo è opportuno progettare adeguate iniziative e modalità organizzative volte a favorire la costruzione di una positiva relazione educativa. L'accoglienza riveste un ruolo fondamentale nel caso di alunni con bisogni educativi speciali.

Adattamento del diritto italiano al diritto dell'Unione europea
È il procedimento attraverso il quale il *diritto dell'Unione europea* entra a far parte dell'ordinamento giuridico italiano, divenendo obbligatorio alla stregua delle norme giuridiche nazionali (→ anche *Regolamenti e Direttive UE*).

ADHD (Attention deficit hyperactivity disorder)
Noto anche come **Disturbo da deficit dell'attenzione e iperattività (DDAI)**, è caratterizzato da un livello di attenzione scarso, inadeguato per lo sviluppo, o da aspetti di iperattività e impulsività inappropriati all'età o da entrambi, che compaiono prima dei 7 anni di età. Presente nel 3-5% dei bambini della scuola elementare, è imputabile a fattori genetici, a danni cerebrali minimi, disfunzioni del sistema neurologico, carenza emozionale.

Alternanza scuola-lavoro
L'alternanza scuola-lavoro è una modalità didattica realizzata attraverso esperienze in contesti lavorativi. Nasce, infatti, dal superamento della separazione tra il momento formativo e quello applicativo e si basa sull'idea che educazione formale, informale ed esperienza di

lavoro debbano fondersi in un unico progetto formativo, utilizzando strumenti nei quali si possano mettere in gioco abilità teoriche e pratiche.

Apprendimento

L'apprendimento è un processo attraverso il quale il soggetto, elaborando le proprie esperienze, modifica il comportamento e le conoscenze di cui è in possesso per adattarsi in maniera autonoma alle sollecitazioni provenienti dal suo stato personale e dall'ambiente. L'apprendimento riguarda sia l'acquisizione di risposte completamente nuove, sia il variare della frequenza con cui si manifesta un'azione già compresa nel repertorio di un soggetto. Molteplici sono i fattori, innati e acquisiti, che incidono sull'apprendimento individuale.

Le teorie sull'apprendimento distinguono:
a) un *apprendimento associativo*, fondato sulla *relazione stimolo-risposta* che provoca il formarsi di abitudini. Nel condizionamento classico, ad esempio, l'apprendimento è considerato il risultato della contiguità di eventi ambientali: quando più eventi si verifichino in modo sincrono, tanto più vi sarà la tendenza ad associarli. Nel modello di condizionamento operante l'apprendimento è considerato il prodotto delle proprie azioni e del loro effetto sull'ambiente circostante;
b) un *apprendimento cognitivo o complesso*, che si ha quando il ruolo della percezione e della conoscenza è maggiore e la comprensione non avviene per somma di attività frammentarie, ma implica il cogliere le relazioni essenziali e il significato dell'esperienza;
c) la teoria dell'*apprendimento sociale* incorpora sia il modello di apprendimento classico sia quello operante, ma considera l'importanza di una reciproca interazione fra il soggetto e l'ambiente che lo circonda. I processi cognitivi sono considerati importanti fattori di modulazione delle risposte individuali agli eventi ambientali.

Apprendimento attivo

Termine generico per indicare tutte le metodologie didattiche che si basano su attività condotte dagli alunni in prima persona.

Apprendimento in contesto formale

Apprendimento che si realizza in un contesto organizzato e strutturato (per esempio, in un istituto d'istruzione, o di formazione o sul lavoro), appositamente progettato come tale (in termini di obiettivi di apprendimento e tempi o risorse per l'apprendimento). L'apprendimento formale è intenzionale dal punto di vista del discente e di norma sfocia in una convalida e/o in una certificazione.

Apprendimento in contesto informale

Apprendimento risultante dalle attività della vita quotidiana legate al lavoro, alla famiglia o al tempo libero. Non è strutturato (in termini di obiettivi di apprendimento, di tempi o di risorse) e di norma non sfocia in una certificazione. L'apprendimento informale può essere intenzionale, ma nella maggior parte dei casi non lo è (ovvero è «fortuito» o casuale).

Apprendimento in contesto non formale

Apprendimento che si realizza nell'ambito di attività pianificate non specificamente concepite come apprendimento (in termini di obiettivi, di tempi o di sostegno all'apprendimento).

L'apprendimento non formale non sfocia di norma in una certificazione. L'apprendimento non formale, a volte denominato «apprendimento semi-strutturato», è intenzionale dal punto di vista del discente.

Apprendimento permanente
Qualsiasi attività di apprendimento intrapresa nelle varie fasi della vita al fine di migliorare le conoscenze, le capacità e le competenze in una prospettiva personale, civica, sociale e/o occupazionale.

Apprendimento significativo
L'apprendimento significativo si realizza quando l'alunno collega le nuove acquisizioni alle strutture cognitive di cui è in possesso. Esso consente la graduale costruzione delle conoscenze, in forma stabile e consapevole. Per tali motivi si contrappone all'apprendimento meccanico che si basa su procedimenti meramente ripetitivi e mnemonici.

Apprendimento tra pari
È un tipo di apprendimento in cui gli alunni si supportano reciprocamente nell'apprendimento. Rientrano nell'apprendimento tra pari il *peer tutoring* e il *cooperative learning*.

Asse culturale
Gli assi culturali costituiscono il «tessuto» per la costruzione di percorsi di apprendimento orientati all'acquisizione delle competenze chiave che preparino i giovani alla vita adulta e che costituiscano la base per consolidare e accrescere saperi e competenze in un processo di apprendimento permanente, anche ai fini della futura vita lavorativa.
Gli assi culturali che caratterizzano l'obbligo di istruzione sono quattro: asse dei linguaggi, matematico, scientifico-tecnologico, storico-sociale.

Atti aventi valore di legge
Sono atti che, pur non avendo la forma di una *legge ordinaria* (→ *legge*), sono comunque capaci di innovare l'ordinamento giuridico e, in particolare, sono capaci di abrogare norme di legge. Nel nostro ordinamento gli atti aventi valore di legge sono atti *legislativi eccezionali* approvati dal Governo: il *decreto legge* [→] e il *decreto legislativo* [→].

Attività funzionali all'insegnamento
Per attività funzionale all'insegnamento s'intende ogni impegno, inerente alla funzione docente, previsto dal Contratto collettivo nazionale di lavoro. Essa comprende tutte le attività, anche a carattere collegiale, di programmazione, progettazione, ricerca, valutazione, documentazione, aggiornamento e formazione, incluse la preparazione dei lavori degli organi collegiali, la partecipazione alle riunioni e l'attuazione delle delibere adottate dai predetti organi. Tra gli adempimenti individuali rientrano le attività relative alla preparazione delle lezioni e delle esercitazioni, alla correzione degli elaborati e i rapporti individuali con le famiglie.

Autonomia scolastica
Il conferimento dell'autonomia alle istituzioni scolastiche, così come declinato nell'art. 21 della legge 59/97, rappresenta una svolta storica in materia di competenze tra Stato e

scuole del territorio nazionale per quanto concerne l'istruzione e la formazione. Tale legge riguarda il più generale trasferimento di funzioni e compiti dallo Stato a Regioni ed Enti locali e contiene importanti elementi di novità in ambito amministrativo, recependo gli elementi fondamentali della legge n. 241/90.

Autonomia didattica
L'autonomia didattica riconosce alle scuole la possibilità di adottare, per la promozione delle potenzialità di ciascun alunno, forme di flessibilità che prevedano l'articolazione modulare del monte ore annuale di ciascuna disciplina e la definizione di unità di insegnamento non coincidenti con l'unità oraria di lezione. Consente, altresì, di utilizzare, nell'ambito del curricolo obbligatorio, spazi orari per la realizzazione di percorsi didattici individualizzati e di operare un'articolazione modulare di gruppi di alunni provenienti dalla stessa classe o da classi diverse.

Autonomia funzionale
L'autonomia scolastica è funzionale, ovvero delimitata all'assolvimento di una funzione specifica all'interno del sistema pubblico sottoposto a regole comuni e generali. Essa si ricollega al trasferimento alle autonomie locali di competenze in materia di istruzione, con il fine di assegnare al territorio e, dunque, al luogo più vicino ai cittadini, il compito di soddisfare le esigenze dell'utenza in materia di istruzione, attraverso l'apporto di diversi soggetti (Stato, Enti locali ed Istituzioni scolastiche autonome).

Autonomia organizzativa
Uno degli strumenti di cui le scuole dispongono per rendere più efficace l'azione educativa e didattica è rappresentato dall'autonomia organizzativa, regolamentata dall'art. 5 del D.P.R. n. 275/99. Con l'autonomia organizzativa le scuole autonome possono adattare il calendario scolastico alle esigenze derivanti dal PTOF, nel rispetto delle funzioni in materia esercitate dalle Regioni che fissano l'inizio, il termine ed il numero dei giorni di lezione, possono altresì organizzare flessibilmente l'orario del curricolo e delle singole discipline e delle attività, nel rispetto del monte ore annuale obbligatorio.

Autonomie locali
Collettività cui lo Stato riconosce la *qualità di enti autonomi* ed il diritto e la capacità di regolamentare ed amministrare, sotto la propria responsabilità e a favore delle rispettive comunità, una parte rilevante degli affari pubblici.
La Costituzione pone le autonomie locali alla base del sistema amministrativo ed organizzativo dello Stato.
L'art. 5 Cost. stabilisce il principio del rispetto delle autonomie locali, disponendo che «*La Repubblica, una e indivisibile, riconosce e promuove le autonomie locali*».

Autovalutazione d'istituto
Una tematica di grande attualità è quella dell'autovalutazione di istituto, ossia della rendicontazione dei risultati annualmente raggiunti dall'istituzione scolastica autonoma in ordine agli obiettivi predefiniti. Si tratta di un processo teso a coinvolgere tutti i soggetti che partecipano al processo di educazione, di istruzione, di formazione, allo scopo di migliorarlo.

Bilancio dello Stato

Documento contabile nel quale sono separatamente indicate *entrate e spese dello Stato* relative ad un determinato lasso di tempo (*anno finanziario*).
Le Camere sono obbligate ad approvare ogni anno (*principio dell'annualit*à) il *rendiconto consuntivo* e il bilancio presentato dal Governo.
Le leggi di bilancio assicurano l'equilibrio tra entrate e spesse per garantire il corretto andamento dei conti pubblici e distribuiscono le risorse finanziarie da destinare ai diversi Ministeri e alle diverse funzioni dello Stato (per es. la scuola).

Bisogni educativi speciali (BES)

I bisogni educativi speciali costituiscono esigenze formative prioritarie, cui l'istituzione scolastica deve poter rispondere utilizzando tempi e strumenti adeguati. Gli alunni con bisogni educativi speciali, pur non essendo in possesso di una diagnosi medica o psicologica, presentano difficoltà tali da richiedere un intervento specifico. Si tratta molto spesso di problematiche di varia natura che, intervenendo sul processo di crescita, determinano un impedimento e trasformano il normale bisogno educativo in un bisogno speciale. Cause di BES possono essere malattie, disagio economico-sociale, difficoltà di apprendimento non certificabili (DSA), immigrazione, separazione dei genitori, crisi affettive ecc.

Brainstorming

Con questo termine inglese (letteralmente «tempesta cerebrale») si indica una tecnica di gruppo ideata dal pubblicitario statunitense Alex F. Osborn negli anni Trenta, finalizzata alla produzione di nuove idee e alla risoluzione dei problemi in modo creativo. Il brainstorming oggi viene inserito tra le metodologie didattiche innovative al fine di favorire il pensiero creativo. Può essere impiegato anche come fase preliminare di un lavoro che prosegue, utilizzando altre metodologie didattiche. Il principio su cui si basa il brainstorming consiste nel ritenere che le idee si colleghino l'una alle altre in libere associazioni e che le idee degli altri possano stimolare la produzione creativa delle proprie.

Bullismo

Il bullismo, nel contesto scolastico, rappresenta una particolare forma di comportamento scorretto e deviante i cui tratti salienti sono in sintesi: l'intenzionalità delle molestie; la loro reiterazione; l'asimmetria di potere, interna alla relazione bullo-vittima. Le scuole di ogni ordine e grado hanno il compito di adottare iniziative di prevenzione, favorendo la diffusione della cultura della legalità e della cittadinanza attiva e consapevole.

Buona amministrazione [PRINCIPIO DI]

Principio costituzionalmente garantito dall'art. 97 Cost. secondo cui l'*azione amministrativa* deve essere esplicata in modo *pronto, efficiente ed appropriato* affinché l'interesse pubblico sia perseguito secondo criteri di *speditezza*, *efficacia*, *economicità*, *pubblicità* e *trasparenza*, col minor sacrificio degli interessi particolari dei privati.
In virtù di tale criterio la pubblica amministrazione è tenuta non solo ad *autorganizzarsi* in modo da esplicare con prontezza, semplicità ed economia di mezzi la propria attività, ma anche ad aggiornarsi e razionalizzare i propri servizi per raggiungere al meglio i propri obbiettivi.

Campi di esperienza

Con la locuzione «campi di esperienza» si indicano i diversi ambiti del fare e dell'agire, che caratterizzano e qualificano il curricolo della scuola dell'infanzia e richiedono l'azione di orientamento consapevole ed esperta degli insegnanti. Si tratta di settori specifici di competenze nei quali il bambino conferisce significato alle sue molteplici attività. Per ciascun campo di esperienza le Indicazioni nazionali per il curricolo individuano i traguardi di sviluppo delle competenze da conseguire al termine della scuola dell'infanzia che rappresentano finalità fondamentali, utili per la definizione dei percorsi educativi, nonché per orientare l'azione formativa dell'insegnante.

CEFR (→ QCER)

Certificazione delle competenze

La fase della certificazione delle competenze rappresenta il processo mediante il quale il soggetto abilitato (il Consiglio di classe nella scuola secondaria di I e II grado e il Consiglio d'interclasse nella scuola primaria) rilascia, a seguito della valutazione, un attestato formale relativo al possesso, da parte dell'alunno, di determinate competenze. Si tratta di una fase che segue il processo valutativo mediante il quale si procede a verificare gli esiti dell'azione educativo-didattica realizzata, nel rispetto delle indicazioni contenute nei documenti di riordino del curricolo.

Certificazione dei risultati di apprendimento

Rilascio di un certificato, un diploma o un titolo che attesta formalmente che un ente competente ha accertato e convalidato un insieme di risultati dell'apprendimento (conoscenze, know-how, abilità e/o competenze) conseguiti da un individuo rispetto a uno standard prestabilito.
La certificazione può convalidare i risultati dell'apprendimento conseguiti in contesti formali, non formali o informali.

CLIL (Content and language Integrated Learning)

Approccio metodologico che prevede l'insegnamento di una disciplina non linguistica, in lingua straniera veicolare al fine di integrare l'apprendimento della lingua e l'acquisizione di contenuti disciplinari, creando ambienti di apprendimento che favoriscano atteggiamenti plurilingui e sviluppino la consapevolezza multiculturale.

Competenza

Le competenze, acquisite dagli studenti nei diversi segmenti del percorso formativo, grazie alle esperienze realizzate dentro e fuori l'istituzione scolastica, rendono possibile la continua valorizzazione del soggetto e della sua storia formativa e professionale, in quanto permettono di indirizzare in maniera autonoma la formazione personale per tutto l'arco della vita, in interazione e collaborazione con gli altri, operando scelte, elaborando progetti e affrontando l'incertezza che caratterizza la realtà contemporanea.
Secondo la Racc. UE del 23 aprile 2008, per competenza si intende la comprovata capacità di utilizzare conoscenze, abilità e capacità personali, sociali e/o metodologiche, in situazioni di lavoro o di studio e nello sviluppo professionale e personale. Nel contesto del Quadro Europeo delle Qualifiche le competenze sono descritte in termini di responsabilità e autonomia.

Competenze chiave di cittadinanza
Le otto Competenze-chiave per l'apprendimento permanente sono state definite per la prima volta dal Parlamento Europeo e dal Consiglio dell'Unione Europea il 18 dicembre 2006. Esse costituiscono un fondamentale riferimento nel campo dell'educazione e dell'istruzione per il cittadino di ogni età. Alle Competenze chiave di cittadinanza si ispirano i vigenti documenti in materia ordinamentale.

Competenze chiave per l'apprendimento permanente
Combinazione di conoscenze, abilità e attitudini appropriate al contesto. Le competenze chiave sono quelle di cui tutti hanno bisogno per la realizzazione e lo sviluppo personale, la cittadinanza attiva, l'inclusione sociale e l'occupazione.

Concorso pubblico
La Costituzione, all'art. 97, prevede che agli impieghi presso le *pubbliche amministrazioni* si accede mediante concorso pubblico, salvi i casi stabiliti dalla legge.

Il concorso pubblico è, infatti, una *procedura formalizzata mirante all'accertamento tecnico della preparazione dei candidati*, nell'ambito di una pubblica e trasparente competizione.

Esso si caratterizza:

a) per la sua strumentalità alla selezione, acquisizione e valorizzazione delle migliori professionalità (*principio meritocratico*);
b) per la pubblicità, cioè per la sua apertura a tutti i potenziali interessati in possesso dei requisiti minimi richiesti (*casualità*).

L'assunzione nelle amministrazioni pubbliche può aversi (art. 35 D.Lgs. n. 165/2001):

— tramite *procedure selettive* volte all'accertamento della professionalità richiesta;
— mediante *avviamento degli iscritti nelle liste di collocamento*.

Sono poi fatte salve le *assunzioni obbligatorie* dei soggetti appartenenti a categorie protette (*ex lege* n. 68/1999).

Le *procedure di reclutamento* nelle pubbliche amministrazioni devono svolgersi nel rispetto di alcuni principi fondamentali. Tra questi ricordiamo:

a) l'*adeguata pubblicità della selezione* e la predisposizione di modalità di svolgimento che garantiscano l'imparzialità e assicurino economicità e celerità di espletamento, ricorrendo, ove opportuno, all'ausilio di sistemi automatizzati, diretti anche a realizzare forme di preselezione;
b) l'adozione di *meccanismi oggettivi e trasparenti*, idonei a verificare il possesso dei requisiti attitudinali e professionali richiesti in relazione alla posizione da ricoprire;
c) il rispetto delle *pari opportunità tra lavoratrici e lavoratori*;
d) il *decentramento* delle procedure medesime;
e) la composizione delle commissioni esclusivamente con *esperti di provata competenza* nelle materie di concorso, scelti tra funzionari delle amministrazioni, docenti ed estranei alle stesse, che non siano componenti dell'organo di direzione politica dell'amministrazione, che non ricoprano cariche politiche e che non siano rappresentanti sindacali o designati dalle confederazioni ed organizzazioni sindacali o dalle associazioni professionali.

Conoscenze
Risultato dell'assimilazione di informazioni attraverso l'apprendimento. Le conoscenze sono un insieme di fatti, principi, teorie e pratiche relative ad un settore di lavoro o di studio. Nel contesto del Quadro europeo delle qualifiche le conoscenze sono descritte come teoriche e/o pratiche (Racc. UE 23 aprile 2008).

Continuità orizzontale
La continuità orizzontale risponde all'esigenza di accogliere ed interpretare la complessità delle esperienze vitali dei bambini e ragazzi, svolgendo una funzione di filtro, di arricchimento e di valorizzazione nei riguardi delle esperienze extrascolastiche. Essa si fonda sulla necessità di costruire un'alleanza educativa tra scuola, famiglia, agenzie educative ed enti locali presenti e operanti nel territorio, tra ambienti di vita e di formazione, formali e informali, nell'ottica della creazione di un progetto condiviso e fortemente integrato.

Continuità verticale
La continuità verticale si concretizza nel legame stretto tra il soggetto in formazione e gli impianti metodologici e didattici dei tre ordini di scuola, atti a creare occasioni per organizzare e strutturare le competenze. Trova massima espressione negli istituti comprensivi. Al riguardo è necessario progettare azioni positive che garantiscano il raccordo all'interno del percorso scolastico, utilizzando strategie che si pongano in sintonia con le modalità che lo studente utilizza per la costruzione del suo sapere.

Conv. (→ *Conversione dei decreti legge*)

Conversione dei decreti legge
Procedimento con cui le Camere si assumono la *responsabilità politica* degli atti di decretazione d'urgenza di iniziativa governativa (→ *Decreto legge*) che, prima della conversione, posseggono solo *efficacia provvisoria*.

La Costituzione, a garanzia del corretto uso della funzione legislativa, in particolare, stabilisce che:

— il *Governo* è tenuto a presentare il decreto-legge *nello stesso giorno* in cui è emanato dal Presidente della Repubblica (art. 87 Cost.), alle Camere per la conversione (art. 77 c. 2 Cost.);
— le *Camere*, anche se sciolte sono tenute a riunirsi entro *5 giorni* per la conversione (art. 77 c. 2) da effettuarsi entro e non oltre *60 giorni* dalla pubblicazione dei decreti.

In sede di conversione è possibile che la legge del Parlamento apporti modifiche, talvolta anche rilevanti, al testo originario del decreto legge.
La mancata conversione fa perdere al decreto-legge *efficacia* sin dal momento della sua emanazione (*ex tunc*). Pertanto, il decreto privo della conversione si considera come mai emanato: sono fatte salve solo le possibilità di regolare e sanare *per legge* eventuali rapporti giuridici sorti sulla base del decreto non convertito.
I decreti legge (D.L.) convertiti vengono quindi citati sempre indicando anche la legge di conversione: es. D.L. n. 126/2019, conv. in L. n. 159/2019.

Costituzione (Cost.)

È la legge fondamentale dello Stato e contiene le *norme* e i *principi generali* relativi all'*organizzazione* dell'ordinamento costituzionale, nonché le norme riguardanti i diritti e i doveri fondamentali dei cittadini.

Secondo quanto sostenuto da BIN-PITRUZZELLA il termine Costituzione può essere analizzato in tre accezioni diverse:

— in **senso descrittivo**, indica i tratti strutturali e le modalità di funzionamento di un determinato sistema politico. In questo senso è possibile individuare una Costituzione in qualsiasi sistema, sia esso vicino o lontano nel tempo, dotato o meno di un documento scritto;
— nel **senso di manifesto** politico, ovvero intesa come programma ideale che dovrà segnare il perseguimento futuro di determinati obiettivi democratici;
— nel **senso di testo normativo**, che attribuisce diritti e doveri e disciplina la distribuzione dei poteri e le modalità del loro esercizio.

Infine, c'è da ricordare come la dottrina pressoché unanime distingua fra Costituzione formale e Costituzione materiale, intendendo con la prima il documento normativo che si inserisce nel sistema delle fonti a livello più alto, con la seconda il complesso di principi e norme effettivamente regolanti la società statale in un dato momento storico, in quanto conforme all'ideologia del gruppo dominante (MORTATI).

Culpa in vigilando

Per *culpa in vigilando* s'intende la situazione colposa generata nel caso in cui sia stato omesso il necessario e fondamentale dovere di sorveglianza nei confronti degli studenti. L'affidamento del minore alla custodia di terzi, infatti, solleva i genitori da tale forma di responsabilità che si sposta sugli operatori scolastici.

Curricolo

Il curricolo è l'insieme degli obiettivi formativi, dei contenuti, delle attività, delle strategie e metodologie, dei sistemi di verifica e valutazione che caratterizza un grado di scuola. Con il D.P.R. n. 275/99 la costruzione del curricolo costituisce il fattore strategico dell'istituzione scolastica autonoma. Ad ogni scuola si chiede di tradurre gli obiettivi nazionali in percorsi formativi significativi e funzionali alla realizzazione del diritto allo studio e all'apprendimento di tutti gli alunni.

Curricolo per competenze

Il curricolo per competenze si propone di sviluppare conoscenze profonde, abilità padroneggiate in contesti nuovi e diversi, capacità comprovate e comportamenti esperti. Richiede una forte coerenza tra progettazione, realizzazione, valutazione e determina una spinta motivazionale negli alunni che diventano protagonisti nella costruzione dei propri percorsi di formazione. Dal punto di vista didattico, il curricolo per competenze rappresenta uno strumento utile per l'elaborazione di un percorso pedagogico coerente con le nuove esigenze formative e con la complessità dei saperi.

Curricolo verticale

L'elemento più rilevante dei documenti di riordino del sistema d'istruzione riguarda la scelta della verticalità dell'impianto curricolare che si estende progressivamente nel corso del processo di crescita dell'alunno. La continuità curricolare tra i diversi ordini di scuola è considerata uno degli elementi di qualità del percorso formativo, per la necessità di costruire itinerari che conducano ad un'unica finalità formativa connessa alla conquista di competenze essenziali e consapevoli. L'idea della verticalità, infatti, non comporta unicamente una diversa dislocazione diacronica dei contenuti del curricolo ma sposta l'attenzione alla dimensione delle competenze, cioè ad un'organizzazione progressivamente strutturata dei percorsi di insegnamento /apprendimento.

DDAI (Deficit dell'attenzione e iperattività) (→ ADHD)

Debito formativo
Il debito formativo viene assegnato dal Consiglio di classe nello scrutinio finale allo studente promosso alla classe successiva con delle insufficienze lievi in alcune materie (di norma non più di tre). La norma vigente prevede l'istituzione di corsi di recupero per aiutare gli studenti a «saldare», durante l'anno, le lacune formative.
Le scelte organizzative relative alle modalità di recupero, quali ad esempio la durata dei corsi, l'utilizzo dei docenti e i modelli di intervento, sono lasciate all'autonomia di ogni singola scuola.

Decentramento
Il decentramento è un **principio di organizzazione** in base al quale una struttura riparte *attribuzioni*, *poteri* e *responsabilità* fra *uffici centrali* e uffici *periferici* in modo che i secondi siano titolari delle funzioni di *amministrazione attiva*, mentre ai primi residuino solo *funzioni di supporto* e di *direzione* e può essere riferito ad ogni *ente pubblico*, non solo allo *Stato*.
A tal proposito si suole distinguere fra decentramento:
— **legislativo**, che si è realizzato con l'attribuzione alle Regioni di *potestà legislativa*;
— **giurisdizionale**, con l'istituzione dei *T.A.R.* quali organi di primo grado di giustizia amministrativa a livello regionale;
— **politico o costituzionale**, che consiste nella devoluzione di poteri e funzioni dallo Stato ad enti dotati di autonomo *indirizzo politico-amministrativo*, come le Regioni e gli altri enti indicati dall'art. 114 Cost., così come modificato dalla L. cost. 3/2001 (Comuni, Province, Città metropolitane);
— **amministrativo**, che consiste nella cessione di funzioni amministrative degli organi centrali dello Stato ad organi periferici o ad altri enti pubblici.

Decreto-legge (D.L.)
È un *atto normativo* che *può essere adottato dal Governo per far fronte a situazioni imprevedibili* (l'art. 77 Cost. parla di «necessità e urgenza») che impongono di intervenire con un provvedimento avente valore di legge che trovi immediata applicazione.
Il decreto legge viene deliberato dal Consiglio dei Ministri ed emanato con *decreto del Presidente della Repubblica*. Deve contenere la menzione delle *circostanze straordinarie di necessità e di urgenza* che hanno determinato l'emanazione. I decreti-legge sono pubblicati nella *Gazzetta Ufficiale* immediatamente dopo la loro emanazione ed *entrano in vigore il giorno stesso della pubblicazione*.
L'art. 77 della Costituzione sancisce che essi devono essere *presentati* alle Camere, per la *conversione dei decreti legge* (→) in legge, nel *giorno stesso* della loro pubblicazione; entro

cinque giorni da tale data le Camere, anche se sciolte, si devono riunire per l'esame del decreto.
La *conversione dei decreti in legge deve avvenire entro 60 giorni*, ad opera delle Camere; qualora non siano convertiti i decreti perdono efficacia ed è come se non fossero mai stati approvati.

Decreto legislativo [o decreto delegato]
Atto con efficacia di legge [→] *formale* emanato dal Governo in base ad una *delega legislativa* (e nei limiti di questa) del Parlamento.
Il Parlamento può quindi delegare con legge al Governo la sua funzione legislativa. La delega legislativa è normalmente conferita dal Parlamento nei casi di particolare *complessità della materia* sulla quale legiferare ovvero dell'*iter formativo della legge*. Solitamente i codici e i testi unici che hanno il carattere di raccolte normative assumono la veste giuridica di decreto legislativo.
La legge di delega deve definire gli *oggetti* su cui il Governo potrà esercitare la delega.
La delega deve essere, inoltre, esercitata in un *termine* prefissato e nel rispetto di *principi e criteri direttivi* indicati nella legge.

Decreto ministeriale
È un *atto normativo di rango secondario*, adottato dai singoli Ministri, in virtù di una legge che espressamente disponga in ordine a tale potere, nell'ambito dei rispettivi settori di competenza.
Il Ministro che emana un decreto ministeriale deve prima della sua adozione darne comunicazione al *Presidente del Consiglio dei Ministri*.
Nei casi in cui i decreti ministeriali assumono la denominazione di *regolamenti* sono assoggettati ad un procedimento di formazione più complesso di cui entrano a far parte il parere del *Consiglio di Stato*, il controllo della *Corte dei conti* e la pubblicazione nella *Gazzetta Ufficiale*.

Decreto del Presidente della Repubblica
Provvedimento con cui il Presidente della Repubblica emana gli atti previsti dalla Costituzione o dalle norme costituzionali, quelli relativi all'organizzazione del personale del Segretariato della Presidenza della Repubblica, nonché tutti gli atti espressamente elencati dalla legge n. 13/1991 (es.: nomina dei sottosegretari di Stato; decisione dei ricorsi straordinari; concessione della cittadinanza italiana; scioglimento dei consigli comunali e provinciali).

Delega legislativa (→ *Decreto legislativo*)

Didattica individualizzata
Nell'ambito dei BES, consiste nelle attività di recupero individuale che può svolgere l'alunno per potenziare determinate abilità o per acquisire specifiche competenze, anche nell'ambito delle strategie compensative e del metodo di studio; tali attività individualizzate possono essere realizzate nelle fasi di lavoro individuale in classe o in momenti ad esse dedicati, secondo tutte le forme di flessibilità del lavoro scolastico consentite dalla normativa vigente.

Didattica laboratoriale
La didattica laboratoriale consente di coniugare teoria e prassi in un contesto di ricerca e progettazione di soluzioni. Dal punto di vista educativo, facilita l'inclusione nel gruppo

classe, stimola la socializzazione e le modalità di apprendimento cooperativo. Fondamentale è il ruolo del docente che deve approntare con cura il materiale, prevedere gli eventi possibili, organizzare la discussione, offrire suggerimenti ma non soluzioni.

Direttiva dell'Unione europea
È un atto vincolante delle istituzioni dell'Unione europea: la direttiva UE vincola lo Stato membro cui si rivolge per quanto riguarda il risultato da raggiungere lasciando il singolo Stato libero di decidere in che modo attuare la direttiva. Le direttive possono essere *generali* se indirizzate a tutti gli Stati membri o *particolari* se indirizzate ad uno o ad alcuno di essi.
Le direttive devono essere motivate e devono indicare un termine per la loro attuazione; non hanno efficacia diretta, cioè non producono diritti ed obblighi che i giudici nazionali devono far osservare, ma hanno un'efficacia mediata attraverso i provvedimenti che gli Stati adottano per dare loro attuazione.

Diritti inviolabili dell'uomo
Diritti e libertà considerati essenziali, in quanto innate dalla natura dell'uomo e caratterizzanti la forma dello Stato democratico (art. 2 Cost.).
I diritti inviolabili sono riconosciuti all'uomo:
— sia come *singolo*: il diritto al *nome*, all'*onore*, alla *libera manifestazione del proprio pensiero*;
— sia come membro di *formazioni sociali*: come, ad esempio, il *diritto di associazione* e di *riunione* e *tutti i diritti* relativi alle *attività svolte dalle associazioni* (culturali, sportive, politiche etc.).

Disabilità certificata
Tutte le disabilità che sono accertate da apposita certificazione rilasciata da una commissione medica (L. n. 104/1992).

Disegno di legge
Nella prassi costituzionale sono definiti disegni di legge i progetti di legge divisi in articoli elaborati dagli organi ministeriali e approvati dal Consiglio dei Ministri. Con la presentazione dei disegni di legge si esplica il potere di iniziativa legislativa del Governo. Si differenziano dalle *proposte* o *progetti di legge* (ad iniziativa di parlamentari etc.) in quanto, rispetto a questi sono più completi, contenendo tutti gli elementi e le informazioni necessarie. Essi, inoltre, sono in grado di indicare la copertura delle eventuali nuove spese e rispondono in pieno all'indirizzo politico di maggioranza.

Dispersione scolastica
La dispersione scolastica è un fenomeno molto complesso, che non riguarda solo l'abbandono degli studi prima del loro compimento, ma anche i mancati ingressi, gli esiti scadenti, le non ammissioni, le pluri-ripetenze, la frequenza irregolare e tutto ciò che evidenzia limiti e difficoltà nel processo di istruzione-formazione. Ciò significa che il fenomeno della dispersione scolastica coinvolge l'intera problematica del diritto allo studio e alla formazione e, conseguentemente, del più vasto diritto alla cittadinanza.

Disturbi specifici di apprendimento (D.S.A.)
I disturbi specifici di apprendimento sono presenti in soggetti di intelligenza nella norma, le cui caratteristiche fisiche e mentali non sono compromesse, sebbene determinino, a livello scolastico, molteplici difficoltà nell'acquisizione di competenze necessarie nella lettura, nella scrittura e/o nel far di conto. Sono DSA la dislessia, la disgrafia, la disortografia e la discalculia.

D.L. (→ *Decreto legge*)

D.Lgs. (→ *Decreto legislativo*)

D.M. (→ *Decreto ministeriale*)

Documento del 15 maggio
I Consigli delle classi quinte della scuola secondaria di secondo grado, entro il 15 maggio di ciascun anno scolastico, elaborano il documento della classe, in vista dell'esame di Stato, che deve contenere una relazione, predisposta dal medesimo organo collegiale. Tale strumento mette in evidenza il percorso svolto dalla scolaresca durante tutto il percorso di studi, in particolare negli anni di frequenza dell'indirizzo, le finalità e gli obiettivi comuni, le diverse attività e iniziative realizzate dalla classe ad integrazione e supporto della didattica curricolare.

D.P.R. (→ *Decreto del Presidente della Repubblica*)

Empatia
L'empatia è la capacità di riconoscere le emozioni e i sentimenti negli altri, riuscendo a comprenderne i punti di vista, gli interessi e le difficoltà interiori.
L'empatia è un atteggiamento caratterizzato da un impegno di comprensione delle persone con cui si stabiliscono contatti e relazioni, escludendo ogni attitudine affettiva personale e ogni giudizio morale. Essa implica anche la capacità di mettersi nei panni degli altri, di comprendere a fondo i loro pensieri e sentimenti, al di là di ciò che viene espresso verbalmente. Dal punto di vista educativo, costituisce una risorsa fondamentale per il docente, al fine della costruzione di una relazione fondata sulla partecipazione fattiva e consapevole dell'alunno.

Entrata in vigore della legge
Una legge dello Stato acquista efficacia, normalmente, 15 giorni dopo la sua pubblicazione sulla Gazzetta Ufficiale: il periodo che intercorre tra la data di pubblicazione e quella di entrata in vigore è denominato *vacatio legis*.
I *decreti-legge*, invece, acquistano efficacia il giorno stesso della loro pubblicazione.
Il termine dei 15 giorni non è tassativo, in quanto la stessa legge può stabilire un termine diverso (più breve o più lungo) per la sua entrata in vigore.

EQF (European Qualification Framework) (→ *Quadro europeo delle qualifiche per l'apprendimento permanente*)

Famiglia

La famiglia costituisce la principale formazione sociale intermedia tra lo Stato ed il singolo cittadino, la prima cellula della società. La nostra Costituzione garantisce ampiamente le formazioni sociali, in quanto sono considerate l'ambito entro cui può trovare piena espressione la personalità individuale.
I *diritti* della famiglia, come quelli dell'uomo, sono intangibili e di essi la Costituzione tratta negli artt. 29-31.

Flessibilità

Nel sistema scolastico, la flessibilità è intesa come strumento in grado di superare la rigidità del curricolo, recependo e interpretando i bisogni degli allievi e delle diverse realtà locali, attraverso il Piano dell'offerta formativa triennale. In particolare il D.P.R. n. 275/1999 ha esplicitato gli ambiti di attuazione della flessibilità che possono essere ricondotti a tre grandi categorie: flessibilità del curricolo; flessibilità dell'organizzazione didattica; flessibilità nell'impiego delle risorse professionali. I documenti di riordino del curricolo, della scuola secondaria di secondo grado hanno previsto maggiori spazi di flessibilità del curricolo in particolare negli istituti tecnici e professionali, in modo da articolare le aree di indirizzo in opzioni e introdurre insegnamenti alternativi. La legge n. 107/2015 ha previsto anche modalità più flessibili di utilizzo del personale docente all'interno dell'organico funzionale di ogni scuola.

Forza di legge

La forza di legge è l'attitudine di un atto ad *innovare* l'ordinamento giuridico, subordinatamente alla Costituzione intesa come fonte superiore, abrogando o modificando atti equiparati o di rango inferiore. Questa definizione ha anche un altro risvolto: la forza di legge è, infatti, la *capacità di resistere* all'abrogazione o modifica di atti che non siano dotati della medesima forza. All'interno della nostra Costituzione l'espressione è impiegata nell'art. 77, al fine di individuare gli atti del governo equiparati alla legge del Parlamento e, soprattutto, nell'art. 134, laddove è prevista la competenza della *Corte costituzionale* a giudicare le *leggi e gli atti aventi forza di legge*.

Gioco

Il gioco è la più importante delle esperienze infantili, prevalentemente legato alle esperienze sensoriali e motorie che il bambino stesso può provocare: il muovere, il far cadere, il toccare, il far rumore. Nel corso della crescita si assiste ad una variabilità continua di temi, di percorsi narrativi, di significati attribuiti agli oggetti impiegati, mentre la qualità emotiva delle esperienze realizzate è caratterizzata dal totale assorbimento nel gioco. L'insieme di tali considerazioni rende evidente il ruolo positivo del gioco in tutte le dimensioni dello sviluppo infantile e anche adolescenziale. Ciò chiama in causa la scuola e i docenti che vi operano, impegnati a organizzare il contesto educativo e a predisporre tutte quelle occasioni formative idonee a promuovere molteplici occasioni di didattica ludica, opportunamente organizzate.

Inclusione

Il termine «inclusione», in campo educativo, indica la disponibilità ad accogliere adeguatamente tutte le diversità, riformulando le scelte organizzative, progettuali, metodologiche e didattiche che la scuola intende adottare. Costituisce, dunque, lo sfondo valoriale che rende possibili le strategie di integrazione rivolte a tutte le molteplici situazioni individuali. Essa impegna la scuola e richiede collaborazioni ed alleanze tra scuola, famiglia, servizi e istituzioni del territorio.

Individualizzazione dell'insegnamento
L'individualizzazione del processo di insegnamento-apprendimento si propone di rispettare i tempi e i modi di apprendere degli allievi, in funzione delle possibilità cognitive individuali. L'intervento del docente deve poter garantire, di volta in volta, la scelta di metodologie e strumenti didattici che rispondano maggiormente al percorso che ogni alunno sta realizzando, attivando le capacità di autorganizzazione delle esperienze e delle conoscenze.

Insegnamento [LIBERTÀ DI]
Per libertà d'insegnamento deve intendersi qualunque manifestazione del proprio pensiero, anche isolata, che, riguardando l'arte e la scienza, abbia in sé la forza di illuminare altri nello sviluppo della cultura e della ricerca scientifica e tecnica. Si sostanzia: nella *libertà di manifestare il proprio pensiero* (art. 21 Cost.) con ogni mezzo possibile di diffusione; nella *libertà di professare qualunque tesi o teoria* si ritenga degna di accettazione e nella *libertà di svolgere* il proprio insegnamento secondo il *metodo* che appaia *opportuno* adottare.

Intelligenza
Numerose sono le definizioni attribuite dagli studiosi della psicologia dello sviluppo all'intelligenza. Per J. Bruner è concepita come insieme di strategie e procedure utilizzate dall'individuo per risolvere problemi, per compiere decisioni, per analizzare e selezionare le informazioni di cui dispone.

Intelligenze multiple
Le intelligenze multiple costituiscono il campo della ricerca condotta dallo psicologo statunitense H. Gardner. Si tratta di una teoria multidimensionale dell'intelligenza, concepita come un insieme differenziato di competenze, ciascuna autonoma e con basi neurofisiologiche specifiche presenti nel bambino sin dalla nascita.

Interculturalità
L'interculturalità costituisce una categoria pedagogica e culturale fondata sul concetto di scambio interattivo tra culture diverse. Si tratta di una nuova prospettiva dello scambio e del confronto tra popoli che richiede il rispetto, la disponibilità allo scambio e al confronto, mediante uno sforzo di comprensione profonda dei significati che il singolo attribuisce agli elementi della sua cultura: valori, costumi, credenze, abitudini.

International Classification of Functioning, Disability and Health (ICF)
L'ICF costituisce la Classificazione internazionale del funzionamento, della disabilità e della salute approvata nel 2001 dall'Organizzazione mondiale della Sanità. Recepisce il modello sociale della disabilità, considerando la persona non soltanto dal punto di vista «sanitario», ma promuovendone un approccio globale, attento alle potenzialità complessive, alle varie risorse di cui dispone, tenendo ben presente che il contesto personale, naturale, sociale e culturale incide decisamente sulla possibilità che tali risorse hanno di esprimersi.

Istruzione e Formazione Tecnica Superiore (IFTS)
L'Istruzione e Formazione Tecnica Superiore è stata istituita dalla legge n. 144/1999. Tale legge ha posto le basi per lo sviluppo nel nostro Paese di un canale formativo di livello post-secondario, parallelo ai percorsi accademici, strettamente collegato al sistema produttivo e al mercato del lavoro, capace, dunque, di rispondere alla domanda di tecnici specializzati proveniente dai settori portanti dell'economia, interessati dall'innovazione tecnologica e dall'internazionalizzazione dei mercati.

Lifelong learning programme
L'insegnamento permanente ha subito un'evoluzione culturale e normativa indotta dalla trasformazione del mercato del lavoro e dal progressivo allineamento dell'Italia alle direttive europee in materia di istruzione. Al riguardo la Commissione europea, nella comunicazione intitolata «Europa 2020 - Una strategia per una crescita intelligente, sostenibile e inclusiva», ha proposto ai paesi membri cinque obiettivi da realizzare entro il 2020, finalizzati al rilancio dell'economia europea e all'incremento dell'occupazione. Tra questi si ribadisce il ruolo fondamentale svolto, all'interno del sistema formativo, dall'educazione permanente.

Lavoro di gruppo
Una strategia didattica molto potenziata con l'autonomia organizzativa e didattica è costituita dal lavoro di gruppo, ossia da attività che si organizzano in gruppi, costituiti da alunni di una stessa classe o anche di due o più classi. Il gruppo moltiplica le occasioni di confronto e di scambio e costituisce anche un contesto flessibile in quanto la sua struttura si compone e si ricompone a seconda delle attività e degli argomenti da realizzare.

Legge
Il termine legge in generale designa sia la *norma giuridica* che la *fonte di produzione* della norma stessa.
- **(—) cornice o quadro**

È (—) cornice dello Stato quella contenente i *principi fondamentali* di disciplina di singole materie, ai quali le Regioni a statuto ordinario si devono attenere nell'esercizio della *potestà legislativa concorrente* (art. 117 Cost.).
- **(—) costituzionale** *art. 138 Cost.*

Trattasi di una legge contenente norme che si aggiungono a quelle della Costituzione o che le abrogano o modificano.
La legge costituzionale ha la stessa forza giuridica della Costituzione. Tuttavia anche la legge costituzionale è vincolata al rispetto dei *principi supremi dell'ordinamento costituzionale*.
- **(—) delegata**

(→ *Decreto legislativo*).
- **(—) di conversione**

(→ *Conversione dei decreti-legge*).
- **(—) di delegazione**

(→ *Decreto legislativo*).
- **(—) ordinaria**

È la legge deliberata dal Parlamento secondo il procedimento disciplinato, nelle sue linee essenziali, dagli artt. 70 ss. Cost. e, più ampiamente, dai regolamenti parlamentari.

- **(—) regionale**
Nel nostro ordinamento, le Regioni, nonché le Province autonome di Trento e Bolzano, sono titolari di *potestà normativa* che si estrinseca attraverso l'*emanazione di atti* che, sotto il profilo *formale* e *procedurale*, sono assimilabili alle *leggi formali* dello Stato.

Livelli EQF
Il quadro europeo delle qualifiche e dei titoli EQF definisce otto livelli articolati in conoscenze, abilità e competenze. Ciascuno degli 8 livelli è definito da una serie di descrittori che indicano i risultati dell'apprendimento relativi alle qualifiche a tale livello in qualsiasi sistema delle qualifiche.
Le competenze sono progressivamente differenziate in relazione all'acquisizione, da parte dello studente, di gradi diversi di autonomia e responsabilità (Racc. UE 23 aprile 2008).

Mappa concettuale
La mappa concettuale è una rappresentazione grafica della conoscenza, nonché uno strumento utile per far emergere i significati insiti nei materiali da apprendere e per evidenziare la rete di informazioni riguardanti la struttura della conoscenza. Il presupposto teorico va rilevato negli studi condotti da Ausubel sull'apprendimento significativo.

Mediatori didattici
Il docente che mira al successo formativo di tutti i suoi alunni deve integrare le esperienze che intende proporre utilizzando mediatori didattici, ossia strumenti e situazioni che possano concorrere a stabilire un forte collegamento tra le capacità del singolo e l'obiettivo che si intende conseguire. Si tratta di supporti di vario tipo, non solo simbolici e linguistici (tavole auto-correttive, mappe, schemi), ma anche di tipo attivo, iconico e analogico (giochi di autoefficacia e di psicomotricità, software, forme di apprendimento collaborativo).

Metacognizione
La metacognizione è la capacità di costruire la conoscenza attraverso il ragionamento, cioè utilizzando un percorso mentale che elevi il livello di consapevolezza dell'alunno e migliori le sue prestazioni. È caratterizzata dalla partecipazione attiva alla costruzione della conoscenza, dalla ricerca di soluzioni, dallo sviluppo della capacità di autoregolazione dell'apprendimento e di gestione adeguata del tempo e delle risorse disponibili.

Misure dispensative
Per gli alunni affetti da disturbi specifici di apprendimento, le istituzioni scolastiche hanno il compito di garantire, in maniera commisurata alle necessità individuali e all'entità del disturbo di apprendimento, la dispensa da alcune attività, quali, ad esempio: la lettura a voce alta, la scrittura veloce sotto dettatura, la copia dalla lavagna, l'uso del vocabolario, l'apprendimento mnemonico delle tabelline, lo studio delle lingue straniere in forma scritta. Le scelte sono adottate dal Consiglio di classe/interclasse.

Motivazione
La motivazione viene concepita come l'insieme dei motivi che spingono il singolo individuo ad agire per perseguire interessi e obiettivi personali. Secondo molti autori, la motivazione

contribuisce a determinare l'inizio e l'intensità del comportamento nella direzione prescelta. In campo educativo la motivazione rappresenta il momento iniziale di qualunque percorso didattico, affinché sia svolto con un buon livello di partecipazione e di coinvolgimento. Elementi importanti affinché possa essere favorita la motivazione degli alunni sono: la loro partecipazione alla definizione degli obiettivi da raggiungere; l'adozione di metodologie meta-cognitive.

Obbligo di istruzione
Nel quadro degli impegni assunti a livello europeo in merito alle competenze chiave per l'apprendimento permanente, indicate dall'UE il 18/12/2006, in Italia è stato emanato il Regolamento in materia di adempimento dell'obbligo di istruzione, D.M. n. 139/2007, che ha introdotto l'istruzione obbligatoria per almeno dieci anni. Le finalità declinate nel documento riguardano il contributo che l'obbligo scolastico, quale strumento normativo, può fornire alla lotta alla dispersione scolastica e al disagio giovanile, con il conseguimento di un titolo di studio di scuola secondaria superiore o di una qualifica professionale entro il 18° anno di età. Il modello dell'obbligo scolastico in Italia ha struttura tripartita, in quanto l'istruzione obbligatoria si realizza a livello della scuola primaria, della secondaria di primo grado e del primo biennio della scuola secondaria di secondo grado.

Ordinamenti scolastici
In ambito scolastico, gli ordinamenti costituiscono l'insieme degli elementi normativi che definiscono il curricolo dei diversi ordini e gradi dell'istruzione. In Italia gli Ordinamenti riguardano i due distinti cicli: il primo ciclo, comprendente la scuola primaria e la scuola secondaria di primo grado, disciplinato dal D.P.R. n. 89/2009; il secondo ciclo ossia la scuola secondaria di secondo grado, regolamentato con tre distinti decreti, n. 87, 88 e 89 del 10 marzo 2010 relativi rispettivamente all'istruzione professionale, all'istruzione tecnica e a quella liceale. Recentemente, con D.Lgs. n. 61/2017 è stata operata la revisione dei percorsi dell'istruzione professionale come previsto dalla legge delega n. 10//2015.

Orientamento
L'orientamento ha il compito di accompagnare la persona nel proprio progetto di vita, promuovendo e valorizzando le sue risorse interne ed esterne; rappresenta, dunque, una componente strutturale dei processi educativi e non un'attività marginale da proporre occasionalmente nei periodi immediatamente precedenti il momento della scelta. L'obiettivo principale è mettere in condizione lo studente di riflettere sui suoi interessi, sulle sue attitudini, sui suoi valori e sulle propensioni professionali. L'orientamento va, dunque, strutturato come intervento formativo longitudinale durante tutto l'arco dei diversi ordini e gradi d'istruzione.

Pedagogia
Termine derivante dal greco *país* (fanciullo) e *agoghé* (azione del condurre), originariamente indicava la funzione dello schiavo incaricato di accompagnare il fanciullo a scuola e di assisterlo nelle occupazioni del tempo libero. Con Platone acquisì il senso figurato di *educazione*, mantenuto fino ad oggi. Occorre precisare però che ogni volta che si distingue opportunamente il termine pedagogia da quello di educazione, lo si fa per indicare con «pe-

dagogia» una qualche *forma di riflessione sulla concreta esperienza educativa*. La presenza e lo sviluppo di un discorso pedagogico hanno sempre richiesto uno sforzo per la realizzazione di una sorta di *coscienza critica* sull'esperienza educativa, ovvero di una sempre maggiore comprensione di quella particolare esperienza umana. Oggi la *pedagogia viene impiegata per la crescita della scienza dell'educazione* e in questo senso non si identifica più con la filosofia, in quanto una tale identificazione condurrebbe ad un discorso troppo astratto per avere validità scientifica. La pedagogia contemporanea pone l'attenzione sul soggetto in formazione, spaziando dunque in tutti gli ambiti che caratterizzano tale formazione; quindi, *non viene considerata come una scienza unitaria*, ma come una molteplicità di branche separate di altre scienze (biologia pedagogica, psicologia pedagogica, sociologia pedagogica etc.).

Personalizzazione
Il principio di personalizzazione si fonda sulla centralità della persona che apprende e delinea un modello di didattica che fa leva su obiettivi, strumenti e contenuti adatti ai ritmi evolutivi di ciascun allievo. La didattica personalizzata tende a sviluppare le potenzialità cognitive individuali, incoraggiando le prime manifestazioni attitudinali e la progressiva strutturazione del progetto personale di vita.

Potestà legislativa
Facoltà attribuita dalla Costituzione a determinati soggetti pubblici di emanare atti normativi primari: le *leggi*.
La caratteristica più importante dell'ordinamento italiano è l'attribuzione della potestà legislativa oltre che allo Stato, anche alle Regioni.
L'art. 117 Cost., infatti, opera una distinzione tra:

- (—) **esclusiva dello Stato**. Si tratta dei settori indicati nel co. 2 e nei quali gli atti normativi devono essere approvati esclusivamente dallo Stato;
- (—) **concorrente**. Si tratta dei settori individuati nel co. 3 e nei quali si assiste ad una suddivisione dei compiti tra lo Stato e le Regioni: al primo spetta il compito di «*determinare i principi fondamentali*» (attraverso le *leggi cornice o quadro*), mentre alla Regioni spetta il compito di emanare la legislazione specifica di settore;
- (—) **residuale, o piena, delle Regioni**. I settori che rientrano in tale ambito non sono definiti nel testo costituzionale, ma vanno ricavati per esclusione; il co. 4, infatti, dispone che «*spetta alle Regioni la (—) in riferimento ad ogni materia non espressamente riservata alla legislazione dello Stato*».

Progettazione
La *progettazione* costituisce un processo ampio e articolato che delinea il quadro generale dell'identità educativa e formativa dell'istituzione scolastica autonoma. È basata sulla capacità di pensare strategicamente, correlando fattori complessi dell'insegnamento e dell'apprendimento, consentendo di scegliere le priorità, gli strumenti, di verificare i risultati. Attraverso la progettazione possono essere costruite situazioni di apprendimento capaci di conciliare le risorse disponibili con le esigenze individuali.

Progetto formativo
Il progetto, in campo educativo, nasce dal riconoscimento di un bisogno formativo, soggettivo, contestuale; esso, quindi, ha inizio con la conoscenza dei processi cognitivo-affettivi e relazionali che si manifestano nelle attività e nei comportamenti degli alunni e con l'analisi dei fattori e delle variabili sociali, culturali, di apprendimento. Di conseguenza, un progetto formativo è il frutto di un processo interpretativo che trasforma una situazione in un problema o bisogno, rispetto al quale si opera per la risoluzione o il soddisfacimento.

Psicologia dell'età evolutiva
Settore della psicologia, anche definito «psicologia genetica», che si occupa del progressivo sviluppo delle strutture psichiche dell'individuo e della loro organizzazione, dalla nascita sino alla soglia dell'età adulta, stabilita convenzionalmente a 25 anni. Dal suo esordio nella seconda metà dell'Ottocento, in seguito a un articolo di Darwin (1877) relativo all'osservazione diretta di un bambino, sino a oggi, in cui è divenuta la scienza dello sviluppo psichico, il campo di azione della psicologia dell'età evolutiva si estende a diversi ambiti, dallo studio delle caratteristiche che assimilano e di quelle che distinguono il bambino dall'adulto, all'individuazione dei fattori ereditari rispetto a quelli ambientali responsabili dello sviluppo psichico, oltre all'analisi dell'evoluzione delle strutture psichiche più semplici in strutture psichiche più complesse.

Qualifica
Risultato formale di un processo di valutazione e convalida, acquisito quando l'autorità competente stabilisce che i risultati dell'apprendimento di una persona corrispondono a standard definiti (Racc. Parl. europ. 23 aprile 2008).

Regolamenti
Il termine regolamento, senza ulteriori precisazioni, può indicare vari tipi di atti normativi, che si collocano nella gerarchia delle fonti a livelli diversi: (—) *dell'Unione europea* (→), regolamenti *parlamentari* e di altri organi costituzionali, regolamenti regionali o locali.
- **(—) degli enti locali**
Sono previsti, in via generale, dall'art. 7 del D.Lgs. n. 267/2000 (Testo unico degli enti locali) in base al quale i Comuni e le Province, «nel rispetto dei principi fissati dalla legge e dello statuto, adottano regolamenti nelle materie di propria competenza ed in particolare per l'organizzazione e il funzionamento delle istituzioni e degli organismi di partecipazione, per il funzionamento degli organi e degli uffici e per l'esercizio delle funzioni». Dalla norma in esame si evince che i regolamenti costituiscono una **fonte secondaria del diritto**, in quanto devono rispettare sia le prescrizioni dello statuto sia i principi fissati dalle leggi dello Stato.
- **(—) dell'esecutivo**
Sono quelli che promanano dall'esecutivo (il Governo nel suo complesso, i Ministri e le autorità ad esso soggette) e nel sistema delle fonti, si collocano al di sotto della legge (sono perciò dette fonti secondarie). Essi sono atti solo formalmente (o soggettivamente) amministrativi; sostanzialmente, però, si configurano come atti normativi che innovano l'ordinamento giuridico nei limiti previsti dalla legge.
- **(—) regionali**
La potestà regolamentare delle Regioni è espressamente prevista dall'art. 117[6], Cost. e *può estendersi a tutte le materie in cui non vi è una competenza legislativa esclusiva dello Stato*.

Anche in queste ultime materie, tuttavia, la potestà regolamentare può essere delegata dallo Stato alle Regioni.
L'art. 123 Cost. prevede che le disposizioni relative alla pubblicazione dei regolamenti regionali siano fissate nei rispettivi statuti regionali.

Regolamenti dell'Unione europea
Si tratta di atti normativi delle dell'Unione Europea emanati, a seconda delle diverse disposizioni dei trattati istitutivi, dal Parlamento europeo congiuntamente con il Consiglio, dal solo Consiglio o dalla sola Commissione.
Caratteristiche principali dei regolamenti sono: la *portata generale*, nel senso che i destinatari devono appartenere a categorie determinate astrattamente e obiettivamente; l'*astrattezza*, nel senso che prescindono dal caso concreto e possono applicarsi a qualsiasi fattispecie rientrante nella previsione; l'*obbligatorietà* in tutti i loro elementi; la *diretta applicabilità* in ogni Stato membro, a prescindere da un intervento del potere normativo nazionale (in ciò si distinguono dalle direttive UE che necessitano di attuazione).

Relazione educativa
Particolare tipo di legame tra educatore ed educando che si instaura spontaneamente o che viene costruito intenzionalmente dall'educatore, tramite il quale avviene il processo di socializzazione, di trasferimento delle conoscenze e di trasformazione del sapere in competenze. Caratterizzata da componenti affettivi (affiliazione, adozione, eros, dipendenza, controdipendenza, accettazione, rifiuto) e sociali (asimmetria, autorità e autorevolezza, reciprocità o unidirezionalità), la relazione educativa dovrebbe essere uno dei principali luoghi di attenzione pedagogica. La capacità di costruire una relazione educativa pedagogicamente fondata, in cui le dimensioni affettive e sociali siano commisurate ai bisogni, alle caratteristiche del singolo allievo, agli obiettivi dell'intervento educativo, flessibili alle circostanze e ai cambiamenti che via via la relazione stessa produce nell'allievo, è parte integrante della competenza professionale dell'educatore.

Responsabilità
Nel diritto si intende per responsabilità la situazione nella quale un soggetto giuridico è chiamato a rispondere della violazione colposa o dolosa di un obbligo. Diversi sono i tipi di responsabilità connessi all'esercizio delle diverse funzioni svolte dal personale docente.
In particolare la *responsabilità civile* è riferita all'infrazione di regole di protezione di situazioni giuridiche tutelate per tutti i consociati. La *responsabilità penale* concerne tutti i comportamenti che contrastano con il Codice Penale e che si estrinsecano in un reato. La *responsabilità amministrativa o patrimoniale* si delinea in caso di comportamenti illeciti e conseguenti danni patrimoniali per l'Amministrazione. La *responsabilità disciplinare* è connessa a comportamenti difformi rispetto all'assolvimento dei doveri professionali.

Reti di scuole
Secondo molti studiosi delle organizzazioni complesse, il modello della rete è ideale in situazioni che richiedono flessibilità e cambiamento, garantendo un continuo adattamento alle nuove esigenze, grazie a legami interni forti rispetto ad obiettivi condivisi. Le reti di scuole si fondano su una progettualità di tipo interistituzionale, coinvolgendo scuole di

ordini e gradi diversi, per il perseguimento di finalità opportunamente predefinite e mediante l'utilizzazione di risorse condivise.

Risultati dell'apprendimento
Descrizione di ciò che un discente conosce, capisce ed è in grado di realizzare al termine di un processo di apprendimento. I risultati sono definiti in termini di conoscenze, abilità e competenze.

Sciopero
È uno *strumento di lotta* sindacale che assurge al rango di *diritto costituzionalmente garantito* e *la cui titolarità spetta al singolo lavoratore*. L'art. 40 Cost. riconosce il diritto di sciopero, consentendone l'esercizio *nell'ambito delle leggi che lo regolano*.
Nella sua forma tipica, esso consiste nell'*astensione totale e concertata dal lavoro* da parte di più lavoratori subordinati per la tutela dei loro interessi collettivi.
Attualmente, salvo quanto previsto dalla L. 146/1990 per i **servizi pubblici essenziali**, l'esercizio del diritto di sciopero non incontra particolari limitazioni ed anzi si può affermare che sono legittime tutte le forme di sciopero e tutte le finalità, anche non contrattuali, perseguibili purché si operi nel rispetto dei principi fondamentali del nostro ordinamento e non si ledano beni costituzionalmente protetti. Consentiti perciò sono i fini *politici* di *protesta* o di *solidarietà*.

Sfondo integratore
Lo «sfondo integratore» è la trama su cui costruire itinerari didattici integrati. Si tratta di uno strumento metodologico la cui origine può essere ricondotta agli studi di Winnicott, secondo cui l'ambiente sostiene l'apprendimento e i significati condivisi servono da mediazione all'apprendimento dell'alunno. L'obiettivo è costruire uno sfondo che attivi l'auto-organizzazione cognitiva degli studenti.

Stato giuridico
L'espressione «stato giuridico» indica l'insieme delle norme che definiscono i diritti e i doveri del personale inquadrato in un ben definito comparto di lavoro. Per delineare lo stato giuridico del personale della scuola, occorre fare riferimento a fonti di vario genere, giuridiche e contrattuali, succedutesi nel corso degli anni, che hanno definito i principali contenuti del rapporto di lavoro e, quindi, le norme relative all'assunzione e alla prestazione del servizio, nonché alla cessazione da esso.

Stili di apprendimento
Gli stili di apprendimento indicano le modalità con cui viene elaborata un'informazione; si collegano alla tendenza di ciascun individuo ad adottare strategie mentali per acquisire conoscenze. Gli stili di apprendimento, pur essendo molto vari da individuo a individuo, presentano una dimensione abbastanza comune che riguarda il livello superficiale o profondo di elaborazione dei contenuti di studio e delle conoscenze. Uno stile superficiale tende ad un'acquisizione meccanica dei contenuti, basata sulla semplice memorizzazione; uno stile di apprendimento profondo, invece, tende a cogliere il massimo significato nei contenuti, provando per essi un reale interesse e una certa motivazione.

È molto importante per il docente scoprire lo stile di apprendimento personale di ciascun alunno, per migliorarlo e potenziarlo, per individuare in metodo più opportuno e gli strumenti didattici di cui avvalersi.

Studio [DIRITTO E DOVERE ALLO]

La Costituzione, che qualifica il nostro uno *Stato di cultura* (art. 9 Cost.), per rendere effettivo il diritto di eguaglianza anche nella carriera scolastica afferma il principio del **libero accesso per tutti all'istruzione scolastica** (art. 34 Cost.), che deve realizzarsi senza alcuna discriminazione; inoltre *rende effettivo* tale diritto a favore di coloro che sono privi di mezzi, purché capaci e meritevoli, mediante la concessione di *borse di studio*, assegni familiari ed altre provvidenze.

Il diritto allo studio è, inoltre, per la scuola dell'obbligo sancito come *dovere per tutti* e conserva il carattere della *gratuità*.

Strumenti compensativi

Per gli alunni con disturbi specifici di apprendimento le istituzioni scolastiche hanno il compito di garantire l'adozione di adeguati strumenti compensativi che favoriscano la comunicazione e assicurino ritmi graduali di apprendimento. I principali strumenti che consentono di compensare difficoltà nell'esecuzione di compiti derivanti da una disabilità specifica, sono: registratori audio o lettore MP3; il vocabolario multimediale; i software interattivi; l'audiolibro; il pc; la LIM.

Sussidiarietà [PRINCIPIO DI]

Principio di ripartizione di compiti e funzioni, accolto dal nostro ordinamento.

La L. n. 59/1997 nell'ottica di un *conferimento di funzioni amministrative* dallo Stato alle Regioni e agli enti locali, ha attribuito la generalità delle funzioni e dei compiti amministrativi a Regioni, Comuni, Province e Comunità montane, secondo le rispettive dimensioni territoriali e associative, con esclusione delle sole funzioni incompatibili con le dimensioni medesime. In questo modo le responsabilità pubbliche sono state dislocate presso le autorità amministrative più vicine ai cittadini interessati, consentendo un controllo più efficace sull'operato dei pubblici poteri.

Il principio di sussidiarietà è stato quindi accolto dalla stessa carta costituzionale, in occasione della riforma del Titolo V della parte seconda della Costituzione del 2001. Il nuovo art. 118 Cost. stabilisce pertanto che «le funzioni amministrative sono attribuite ai Comuni salvo che, per assicurarne l'esercizio unitario, siano conferite a Province, Città metropolitane, Regioni e Stato, sulla base dei principi di sussidiarietà, differenziazione ed adeguatezza».

In base al *principio di adeguatezza*, l'amministrazione ricevente deve possedere una struttura organizzativa idonea a garantire, anche in forma associata, l'esercizio di tali funzioni; in base al *principio di differenziazione*, l'allocazione delle funzioni deve prendere in considerazione le diverse caratteristiche, anche territoriali e strutturali, degli enti riceventi.

Testo Unico

Il termine indica un atto che **svolge funzione di raccolta, selezione e coordinamento della legislazione vigente**. Se ne distinguono due categorie: quelli *innovativi* e quelli *compilativi*. I primi vengono adottati dal Governo sulla base di una delega del Parlamento che lo autorizza a raccogliere ed a coordinare le disposizioni vigenti in una determinata materia, eventualmente abrogando quelle superflue: anche se il Testo Unico non dichiara l'abrogazione espressa di una norma, la sua mera emanazione comporta comunque una riforma dell'intera materia, e ciò ha indotto la dottrina a ritenere che esso abroghi in ogni caso tutte le norme precedentemente in vigore. I T.U. compilativi sono raccolte di legge disposte dagli uffici amministrativi per ragioni di comodità. Essi sono fonti di cognizione, a differenza dei T.U. innovativi che sono invece fonti di produzione del diritto per la loro capacità di innovare al diritto oggettivo.

T.U. (→ *Testo Unico*)

Valutazione degli alunni
La valutazione del processo di insegnamento/apprendimento svolge funzioni fondamentali: regolazione continua dei processi di insegnamento/apprendimento (funzione dinamica); adeguamento di strumenti e percorsi alle caratteristiche individuali (funzione di personalizzazione); attenzione alla qualità dei processi formativi attivi (funzione di controllo); trasparenza dei giudizi (funzione comunicativa).

Valutazione autentica
La valutazione autentica consente di esprimere un giudizio più esteso dell'apprendimento, vale a dire della capacità di pensiero critico, di soluzione dei problemi, di meta-cognizione, di efficienza nelle prove, di lavoro in gruppo, di ragionamento e di apprendimento permanente. L'intento della valutazione autentica è quello di coinvolgere gli studenti in compiti che richiedono di applicare le conoscenze nelle esperienze del mondo reale per verificare non solo ciò che uno studente sa, ma ciò che sa fare utilizzando gli strumenti logici, cognitivi e operativi di cui dispone.

Valutazione formativa
La letteratura psico-pedagogica ha sottolineato l'importanza della valutazione formativa come risorsa a disposizione del sistema scolastico per favorire il miglioramento di pratiche e contenuti necessari, per rendere gli interventi educativi e didattici più adeguati alle esigenze individuali.
La valutazione formativa, infatti, si collega strettamente alla programmazione in quanto rende possibile un costante adeguamento di obiettivi, contenuti, metodologie, strumenti alle reali necessità, all'ottimizzazione delle risorse, alla maturazione di un concetto realistico del sé. In particolare offre spunti significativi per l'orientamento, indicando attitudini, interessi, favorendo la capacità di auto-orientarsi e di prendere decisioni consapevoli in merito alle scelte successive.

Valutazione sommativa
La valutazione sommativa si colloca alla fine del percorso formativo e si prefigge di valutare l'insieme delle conoscenze, delle capacità e delle competenze acquisite degli allievi, constatando, nel contempo, la validità e la funzionalità delle strategie operative adottate. Si avvale di strumenti di rilevazione predefiniti in sede di progettazione curricolare.

Vigilanza alunni
L'esercizio della vigilanza sugli alunni compete a tutti gli operatori scolastici e, in particolare, agli insegnanti e integra una problematica piuttosto dibattuta in considerazione dei profili di responsabilità ad essa correlati per culpa in vigilando. Tale problematica va affrontata dal docente con adeguate misure organizzative da porre in essere nei momenti più complessi dell'attività scolastica: vigilanza durante le lezioni e nel corso degli intervalli tra le lezioni; custodia delle attrezzature e delle strumentazioni didattiche.

Indici

Indice analitico

A

Abilità, 381
Abrogazione della legge, 381
Accoglienza, 381
Accomodamento, 13
Accordi di rete, 201 ss.
ADHD, 330, 348, 381
Adolescenza, 32, 42 ss.
Adozione internazionale, 353
Affettività,
— e apprendimento, 57,
— e cognizione, 67 ss.,
— regolazione affettiva, 72
— vedi anche *Insegnante affettivo* e *Relazione educativa*
Agazzi (sorelle), 49
Ainsworth M., 35 ss.
Aiuto reciproco, 118
Albo nazionale delle eccellenze, 305
Alfabetizzazione emozionale, 57
Alfabetizzazione mediatica e digitale, 142
Alternanza scuola lavoro, 270, 273 ss., 381
Ambiente,
— ruolo nella socializzazione, 93
— sviluppo e apprendimento, 11, 24 ss., 30, 78, 98,
Ambito territoriale, 223, 315
Amministrazione
— centrale, 219, 220, 221,
— periferica, 219, 222
Apprendimento, 8 ss., 37 ss., 382,
— attivo, 17, 48, 50, 382,
— come processo attivo, 17,
— competenze chiave, 127 ss.
— complesso o cognitivo, 8, 11 ss.,
— cooperativo, 105, 112 ss.,
— di concetti, 38 ss.,
— di principi e regole, 39,
— differenziato, 121,
— e neuroscienze, 61 ss.,
— e sviluppo psicologico, 37 ss.,
— elementare, 8, 38,
— iconico, 37,
— in contesto formale, 382,
— in contesto informale, 382,
— in contesto non formale, 382,
— meccanico, 20,
— modulare, 23,
— multilinguistico, 156,
— per discriminazione, 37,
— per la padronanza, 116,
— per ricezione, 20,
— per scoperta, 20,
— permanente, 375, 377, 383
— pratico, 37,
— *problem solving*, 40,
— processo di, 8 ss.,
— risultati, 402,
— significativo, 19 ss., 84, 383,
— simbolico, 37,
— socio-emotivo, 123,
— teorie dell', 9 ss., 24,
— tra pari, 383,
Apprendistato, 275
Area metropolitana, 225
Ascolto attivo, 78, 87, 89
Asse culturale, 383
Assemblee
— degli studenti, 226, 232,
— dei genitori, 226, 232
Assenze (valutazione delle), 295, 298
Assimilazione, 13
AT, 223
Attaccamento (teoria dell'), 33 ss., 35,
— modelli di, 34
Attivismo pedagogico, 48, 50
Attività funzionali all'insegnamento, 383
Atto avente valore di legge, 383
Aula decentrata, 122

A

Ausubel D., 19
Autonomia scolastica, 189 ss., 383
— contabile e ammnistrativa, 197
— di ricerca, sperimentazione e sviluppo, 196,
— didattica, 164, 194, 384
— funzionale, 194, 384
— normativa chiave, 190,
— organico della, 195,
— organizzativa, 195, 384
— regolamento di attuazione D.P.R. n. 275/1999, 193 ss.,
Autonomie locali, 384
Autovalutazione
— delle scuole, 283
— di istituto, 384
— nell'apprendimento, 26
Azioni di miglioramento, 283

B

Bauman Z., 78
Bertalanffy L., 78
BES, 329 ss., 349, 385
Bilancio dello Stato, 385
Bisogni educativi speciali, 329 ss., 349, 385
Bocciatura, 294
Bonus docenti, 321
Bowlby J., 33
Brainstorming, 385
Bronfenbrenner U., 78
Bruner J., 16 ss., 50
Bullismo, 144, 359 ss., 385
— Linee guida 2015, 360,
— cyberbullismo, 361 ss.,
— docente referente di istituto, 362
Buona amministrazione (principio di), 385

C

CAF, 286
Calendario scolastico, 230
Campi di esperienza, 250, 386
Canale sensoriale nell'apprendimento, 54
Caregiver, 33

Carta dello studente, 170, 184 ss.
CCNL Scuola, 308, 313 ss.
CEFR, 154
Censura, 327
Certificazione dei risultati di apprendimento, 386
Certificazione delle competenze, 183, 386,
— nel primo ciclo, 296,
— nel secondo ciclo, 301
Certificazioni di qualità, 285
CFU, 179
Circle time, 115
Città metropolitana, 224
Cittadinanza,
— competenze chiave di, 128,
— e Costituzione, 271
— europea, 132 ss., 153
Classe, 103,
— aperta, 112,
— capovolta, 121,
— virtuale, 149
Classificazione, 15
CLIL, 269, 272 ss., 386
Codice di comportamento dei dipendenti del MIUR, 322 ss.
Coding, 144
Cognitivismo, 12 ss., 24, 64 ss.
Collaboratore vicario, 235
Collegio dei docenti, 226, 228 ss.,
— poteri, 228
Comitato per la valutazione degli insegnanti, 226, 231, 321
Competenza di lingua straniera dell'insegnante, 153 ss., 157,
— programmi di formazione, 157
Competenze,
— certificazione delle, 183,
— chiave per l'apprendimento permanente, 126 ss., 247, 387
— definizione, 125 ss., 386,
— di cittadinanza, 387
— didattica per, 107,
— digitale, 142
— trasversali, 267, 275
Comportamentismo, 24, 11 ss.

Comportamento (valutazione del), 290, 292, 295, 300
Comune, 224
Comunicazione, 77,
— intersoggettiva docente allievo, 87 ss.,
— multimediale, 149
— vedi anche *Relazione educativa*
Concatenazione motoria o verbale, 37
Concorso pubblico, 179 ss., 387
Condizionamento,
— classico, 9,
— strumentale o operante, 10 ss.
Conoscenze, 388
Conscio, 29
Consigli regionali dell'istruzione, 226
Consigli scolastici locali, 226
Consiglio della pubblica istruzione, 226
Consiglio di circolo o d'istituto, 226, 229 ss.
Consiglio di classe, 226, 227 ss.
Consiglio di interclasse, 226, 227 ss.
Consiglio di intersezione, 226, 227 ss.
Consiglio superiore della Pubblica istruzione, 221
Contesto sociale (influenza sull'apprendimento), 24
— vedi anche *Ambiente*
Continuità
— curricolare, 246,
— educativa, 365 ss.,
— orizzontale, 365, 367 ss., 388,
— scuola-famiglia, 367,
— scuola-territorio, 369
— verticale, 365 ss., 388
Contratto di lavoro del personale docente, 314
Cooperative learning, 112 ss.
Costituzione italiana, 161 ss., 389,
— principi fondamentali, 161 ss.
Costrutti mentali, 23
Costruttivismo, 22 ss., 24
Credito scolastico, 300
CSPI, 221, 226
Culpa in educando, 325
Culpa in vigilando, 325, 389
Culturalismo, 18
Curricolo, 239, 389,

— della scuola, 214,
— per competenze, 389
— quota nazionale, riservata, opzionale, 214,
— verticale, 242, 246 ss., 389
Curriculum dello studente, 304
Curriculum digitale dello studente, 271
Cyberbullismo, 361

D

Danno erariale, 327
Darwin C., 69
DDAI, 330, 348
Debito formativo, 390
— recupero, 299
Decentramento amministrativo, 192, 390
Decreti delegati del 1974, 172
Decreto del Presidente della Repubblica, 391
Decreto delegato, 391
Decreto legge, 390
— conversione, 388
Decreto legislativo, 391
Decreto ministeriale, 391
Deficit
— del linguaggio, 330,
— dell'attenzione e iperattività, 330, 348, 381
— della coordinazione motoria, 330,
— delle abilità non verbali, 330,
Delega legislativa, 391
Delinquenza minorile, 360
Destituzione, 327
Dewey J., 49
Didattica,
— del laboratorio, 115,
— dell'aula decentrata, 122,
— epistemologia, 101 ss.,
— individualizzata, 105, 391,
— laboratoriale, 262, 391
— ludica, 31,
— metacognitiva, 105,
— modulare, 109,
— motivazionale, 104,
— multimediale, 147
— per competenze, 107,

— per concetti, 110,
— per scoperta, 119,
— strumenti e tecnologie, 135 ss.,
Dipartimenti disciplinari, 267
Dipartimenti ministeriali, 220
Direttiva UE, 392
Direttore dei servizi generali e amministrativi, 236
Direzioni generali, 220
Dirigente scolastico, 233,
— competenze, 234,
— valutazione, 234
Diritti inviolabili dell'uomo, 392
Diritti sindacali, 317
Disabili, 329,
— certificazione della disabilità, 335, 392
— evoluzione normativa, 331 ss.,
— integrazione, 33 ss.,
— legge quadro n. 104, 333,
— misure dispensative e compensative, 340
— piano educativo individualizzato, 334,
— procedura di accertamento, 335,
— Progetto individuale, 334,
— sostegno didattico, 336,
— strategie didattiche, 340,
— valutazione, 340,
Disabilità, 329
— certificata, 392
Discalculia, 342
Discipline di insegnamento, 251
Disegno di legge, 392
Disgrafia, 342
Dislessia, 342
Disortografia, 342
Dispersione scolastica, 392
Disturbi evolutivi specifici, 330
Disturbi specifici dell'apprendimento, 342 ss.
Disturbo da deficit dell'attenzione/iperattività, 348 ss., 348, 381
DNL, 273
Docente,
— assenze, 312,
— attività aggiuntive, 311,
— attività collegiali, 311,
— attività di insegnamento, 311,
— autorevolezza, 81,

— cessazione dal rapporto di impiego, 318,
— collaboratori, 235,
— competenza emotiva, 67 ss., 73,
— competenze, 309,
— comunicazione, 81, 82,
— concorso, 179 ss.
— contratto di lavoro, 314,
— diritti e doveri, 310,
— facilitatore dell'apprendimento, 26, 84, 102
— funzione docente, 307,
— incaricati delle funzioni strumentali al PTOF
— responsabilità del, 324 ss.,
— retribuzione, 312, 321 ss.
— stato giuridico del, 307 ss.,
— vedi anche *Insegnante* e *Relazione educativa*
Docimologia, 288
Documento del 15 maggio, 393
Dovere di vigilanza, 325 ss.
DSA, 330, 342,
— diagnosi, 344,
— gestione dei, 343,
— piano didattico personalizzato, 345
— strumenti compensativi, 345,
DSGA, 236

E

Eccellenze (riconoscimento delle), 304
Educatore come facilitatore, 26, 84
Educazione, 46
Educazione civica, 271 ss.
EFQ, 286
Ekman P., 72
Elementare (scuola), 171
Emozione, 69,
— apprese, 72,
— primarie, 72,
— regolazione delle, 73
— secondarie, 72,
— sviluppo delle, 71,
Empatia, 68, 70 ss. , 87, 393
Enti territoriali, 223
Entrata in vigore della legge, 393

Entropatia, 71
EQF (livelli), 375, 397
Erasmus+, 374
Erikson E., 31,
— stadi dello sviluppo psico-sociale, 33
Esame di Stato,
— primo ciclo, 295,
— secondo ciclo, 301
Etologia, 33
Europa 2020, 127
Extrascuola, 99

F

Fake news, 144
Famiglia, 92, 95, 325, 394,
— continuità scuola famiglia, 367
— modelli educativi, 95,
— rapporti con gli insegnanti, 96,
Federalismo a Costituzione invariata, 192
Flavell J., 26
Flessiblità, 394
Flipped classroom, 121
Focus group, 117
Fondo unico per il welfare dello studente, 170, 185
Formazione, 46
— artistica, 180
Formazione dei docenti, 317,
— e prova, 315,
— in servizio, 316,
— Piano di aggiornamento e formazione, 316
Forza di legge, 394
Freud A., 30
Freud S., 29, 70
Frobel F., 47
Funzione docente, 307 ss.

G

Gaming disorder, 144
Gardner H., 18, 57, 67
Gehlen A., 62
Genitori,
— dovere di educazione, 325,

— rapporti con gli insegnanti, 96
— vedi anche *Famiglia*
Gentile G., 47
— Riforma Gentile, 46, 171
Gestalt, 11
Personale della scuola, 198
— vedi anche *Docente*
Giardino di infanzia, 47
Gioco, 14, 31, 394
GIT, 337
Giunta esecutiva, 226, 230
GLHI, 338
GLHO, 336, 338
GLI, 337, 338
GLIR, 337
Goleman D., 57
Governance delle istituzioni scolastiche, 219 ss.
Graduatorie,
— di istituto, 320,
— ad esaurimento, 319
Gramsci A., 48
Gruppi per l'inclusione, 337
Gruppo classe, 90,
— gestione del, 102,
— lavoro di gruppo, 111 ss.
Gruppo dei pari, 97, 359
Gruppo di lavoro operativo per l'inclusione, 336

H

Hate speech, 144
Husserl E., 71

I

ICF, 396
IDEI, 299
Identità di genere, 358
IeFP, 262
IFTS, 396
Impresa formativa simulata, 275
Inclusione scolastica, 329 ss., 395
Inconscio, 29
Indagini OCSE-PISA, 279

Indicazioni nazionali 2012, 239 ss., 246
Indicazioni nazionali e nuovi scenari 2018, 249
Indicazioni nazionali per i licei, 252
INDIRE, 222, 282
Individualizzazione, 105, 110, 395
Inglese (lingua obbligatoria), 157
Innovative design, 123
Insegnamento,
— affettivo, 89,
— centrato sullo studente, 83 ss.,
— individualizzazione, 105, 110, 395
— libertà di, 163, 164 ss., 195, 395
— metodi, 58 ss.
— personalizzazione, 105,
Insegnante
— affettivo, 58, 74, 89
— di sostegno, 336, 341, 338, concorso, 180
— facilitatore delle relazioni, 102,
— riflessivo, 85 ss.
— unico di riferimento, 245
— vedi anche *Docente* e *Relazione educativa*
Integrazione scolastica, 329
Intelligenza, 12, 395
— artificiale, 63,
— emotiva, 57 ss., 67 ss.,
— forme 18 ss., 56,
— interpersonale, 68,
— intrapersonale, 68,
— intuitiva, 14,
— multiple, 18 ss., 148, 395
— sensomotoria, 13,
Interculturalità, 351 ss., 355, 395
Internet, 150
INVALSI, 222, 282,
— prove, 292 ss., 294, 304
Invarianza o conservazione, 15
Iperattività, 348
IRC, 272
Ispettori ministeriali, 282
Istituti professionali,
— Linee guida, 265
— ordinamento, 262 ss.,
— percorsi, 262,
— progetto formativo individuale, 264,
— quadro orario, 265,
— settori e indirizzi, 263,
Istituti tecnici,
— Linee guida, 261, 265,
— orario, 261
— ordinamento, 260 ss.,
— settori e indirizzi, 260,
Istituto comprensivo, 188, 248
Istruzione, 46
— diritto, 167
— diritto-dovere di, 164, 168 ss.
— formale, 99,
— fra pari, 118,
— libertà, 167,
— nella Costituzione, 163,
— obbligo di, 164
— programmata, 10, 108
— scolastica, 163,
— tecnica superiore, 396
Italiano come seconda lingua (L2), 357

K

Kelly G.A., 23
Kindergarten, 47

L

L2, 156, 357
Laboratorio,
— didattica laboratoriale, 115
Lavagna interattiva multimediale, 150 ss.
Lavoro di gruppo, 23, 396
Learning object, 149
Legge, 396,
— Bassanini, 172, 189
— cornice o quadro, 396,
— costituzionale, 396,
— delegata, 396,
— di bilancio, 385,
— di conversione, 397,
— di delegazione, 397,
— ordinaria, 397,
— regionale, 397,
Lezione
— dialogata o socratica, 60,
— frontale, 46, 58 ss.,

— partecipata, 61
Libro di testo, 135 ss.,
— adozione, 135,
— consigliato, 136,
— digitale o misto, 136,
— tetto di spesa, 136
Licei,
— articolazione, 257,
— curricolo, 259
— diploma finale, 259,
— Indicazioni nazionali, 259,
— insegnamenti facoltativi, 258,
— orario, 257,
— ordinamento, 256 ss.,
— organizzazione dei percorsi, 257,
Lifelong learning, 51, 370, 396
LIM, 150 ss.
Linee guida degli istituti tecnici e professionali, 265
Linee guida per l'istruzione tecnica e professionale, 254
Lingua straniera,
— apprendimento multilinguistico, 156,
— competenze del docente, 153 ss.,
— seconda lingua (L2), 156
LO, 149

M

Macchine per insegnare, 10, 148
Makarinko S., 48
Mappa concettuale, 110 ss., 397
Maritain J., 48
Marx K., 48
Maslow A., 25, 26, piramide dei bisogni, 27
Mastery learning, 11, 116
Mayer J.D., 67
Mediatori didattici, 397
Metacognizione, 26, 105, 397
Metodologie didattiche, 82, 101 ss., 107
Micronido, 187
Ministero dell'Istruzione, 219 ss.,
— organizzazione, 220,
— funzioni, 221
Ministero dell'Università e della ricerca, 220
Misure dispensative, 397

MIUR, vedi *Ministero dell'istruzione*
Mobilità, 315
Modelli didattici, 107
Modelli educativi
— e strategie di relazione, 80,
— familiari, 95 ss.
Modello ecologico, 78
Modulo didattico, 109
Montessori M., 49
Morin E., 79, 84
Motivazione, 26 ss., 29 ss., 52,
— nella didattica, 104
— primaria e secondaria, 26,
Motivazione, 398
Multimedialità a scuola, 138

N

Neisser U., 64
Neoidealismo, 47
Net reputation, 143
Neuroscienze, 61 ss.
New media per la didattica, 137 ss., 140,
— alfabetizzazione mediatica, 137 ss.,
— come attivatori mentali, 140
Nido, 187
Niesser U., 12
Nucleo di valutazione esterna, 282, 283

O

Obbligo di istruzione, 398
Obbligo formativo, 169
Obbligo scolastico, 168
Obiettivi di apprendimento, 248, 252, 260,
— personalizzati, 106
Obiettivi specifici di apprendimento, 288
Offerta formativa, 208
Oggetto transizionale, 31
Olismo, 78
Open space technology, 124
Ordinamento scolastico, 239 ss., 398
Organi collegiali a livello di istituto, 226 ss.
Organi collegiali territoriali, 225 ss.
Organi della scuola, 238
Organico dell'autonomia, 195, 321

Orientamento, 370, 398
— Linee guida per l'orientamento permanente, 371
OSA, 288
Osservatorio per l'edilizia scolastica, 222

P

Pari opportunità, 358
Parità scolastica, 166 ss.
Patrimonio artistico e culturale 180 ss.
Patto educativo di corresponsabilità, 325, 368
Pavlov I.P., 9
PCTO, 275
PDM, 283, 285
PDP, 345, 349, 350,
— misure dispensative, 345,
— valutazione, 346 ss.
PECUP, 126, 247, 256, 259, 288
Pedagogia, 45 ss., 399,
— classica, 46,
— del Novecento, 49,
— del Settecento, 47,
— dell'Ottocento, 47 ss.,
— evoluzione storica dei modelli educativi, 46 ss.,
— sperimentale, 49
Peer tutoring, 118
PEI, 334, 335 ss., 337,
— differenziato, 339, 340,
— semplificato, 339
Pensiero complesso, 79 ss.
Pensiero ipotetico, 15
Percorsi per le competenze trasversali e l'orientamento, 273 ss., 275
Personale ATA, 236
Personalizzazione educativa, 105, 399
Pestalozzi J.H., 47
Piaget J., 12 ss., 67,
— stadi dello sviluppo cognitivo, 13
Piano annuale delle attività dei docenti, 214
Piano annuale delle attività del personale ATA, 214
Piano delle arti, 181
Piano di aggiornamento e formazione, 316

Piano di miglioramento, 283, 285
Piano didattico personalizzato, 345
Piano educativo individualizzato per disabili, 334, 335 ss., 339
Piano nazionale della scuola digitale, 146 ss., 270
Piano per l'inclusione, 336, 337, 339
Piano per la formazione del personale docente, 316
Piano triennale dell'offerta formativa,
— vedi PTOF
Pizzigoni G., 49
POF, 207
Poli per l'infanzia, 188
Portfolio professionale del docente, 317
Potestà legislativa in materia di istruzione, 200, 399
Pressey S., 148
Primo ciclo di istruzione, 242 ss.,
— certificazione delle competenze, 296
— curricolo, 251 ss.,
— valutazione deli alunni, 293 ss.,
Problem solving, 40, 117
Professioni educative, 85
Profilo delle studente, 247
Profilo di funzionamento, 334
Progammi di scambi/mobilità europei, 374
Progettazione in ambito educativo, 205 ss.,
— curricolare, 206,
— educativa, 206,
— extracurricolare, 206
— organizzativa, 207
Progettazione, 399,
— modulare, 110
Progetto formativo, 400
Progetto individuale per disabili, 334, 339
Progetto PISA, 279
Programma annuale, 214
Programma ministeriale, 239
Programmazione,
— d'istituto, 216,
— didattica, 216
— educativa, 216,
Provincia, 224
Psicanalisi,
— dell'età evolutiva, 400

— infantile, 30
— teorie psicoanalitiche dello sviluppo, 29 ss.,
Psicologia,
— cognitiva, 61,
— della forma, 11,
— dello sviluppo, 7 ss.,
— umanista, 25
PSND, 146
PTOF, 199, 205 ss., 209 ss., 229,
— contenuti, 212 ss.,
— durata, 211,
— funzioni strumentali al, 236
— organizzazione e strumenti per l'attuazione, 213 ss.,
— predisposizione, 211,
— tempi, 211,
Pubblica amministrazione, 219
Puerocentrismo, 48, 80

Q

QCER, 154
Quadro comune europeo di riferimento per le lingue, 154 ss.,
— livelli, 155 ss.
Quadro europeo delle qualifiche per l'apprendimento permanente, 375
Qualifica, 400

R

Raccomandazione UE sulla promozione di valori comuni europei del 2018, 132
Raccomandazione UE sulle competenze chiave apprendimento permanente 2006 e 2018, 127 ss.
Rapporto di autovalutazione, 283, 284 ss.
RAV, 283, 284 ss.
Reati contro la P.A., 326
Regione, 224,
— potestà legislativa, 224
Registro nazionale per l'alternanza scuola lavoro, 275
Regolamenti, 400,
— degli enti locali, 400,
— dell'esecutivo, 400,
— dell'UE, 401
— regionali, 401,
Regolamento di disciplina, 231
Regolamento di istituto, 230, 231
Regolazione affettiva, 72 ss.
Relazione educativa, 26, 71, 74, 77 ss., 401
— asimmetria, 82
— caratteristiche, 81,
— comunicazione, 77, 81 ss.,
— vedi anche Insegnante affettivo e Comunicazione
Religione cattolica, 252, 272
Rendicontazione sociale, 283
Responsabilità, 401
— civile, 324,
— contrattuale, 324,
— disciplinare, 327
— erariale, 326,
— extracontrattuale, 324,
— penale, 326,
Rete nazionale delle scuole professionali, 264
Reti di scuole, 201 ss., 402
Reversibilità, 14
Ricerca azione, 120
Ridondanza, 88
Riflessività, 86
Riforma della Buona scuola, 173,
— decreti delegati di attuazione, 178 ss.
— punti fondamentali, 174,
Riforma Gelmini, 173, 263, 267 ss., 274
Riforma Gentile, 171, 46
Riforma Moratti, 173, 241, 273
Riforme scolastiche, 171 ss.
Rinforzo, 9, 10
Risarcimento del danno, 325
Rogers C., 25 ss., 71, 83 ss.
Role playing, 120
Role taking, 36
Rousseau J.J., 47, 67

S

Salovey P., 67
Scienze dell'educazione, 49
Sciopero, 317, 402

418 Indice analitico

Scuola attiva, 102,
— vedi *Attivismo*
Scuola dell'infanzia, 242, 244 ss.,
— orario, 244,
— curricolo, 250
Scuola elementare, 171
Scuola italiana all'estero, 185 ss.
Scuola materna,
— vedi *Scuola dell'Infanzia*
Scuola primaria, 242, 245,
— curricolo, 251
Scuola secondaria di primo grado, 245 ss.,
— curricolo, 251
— orario, 245,
Scuola,
— agenzia di socializzazione, 94 ss.,
— confessionale, 165
— digitale, 145 ss.,
— ed extrascuola, 99
— non statale, 165,
— paritaria, 165,
— privata, 164,
— ruolo nel processo di socializzazione, 92,
— statale, 165,
Secondo ciclo di istruzione, 242, 253 ss.,
— del comportamento, 300
— valutazione degli studenti, 298 ss.,
Selman R., 36
Sentimento, 69
Seriazione, 15
Servizi educativi per l'infanzia, 188
Servizio nazionale di valutazione, 280
Sessualita (sviluppo), 30
Sezioni primavera, 188, 244
Sfondo integratore, 119, 402
Sistema integrato 0-6 anni, 187 ss., 245
Sistema nazionale di valutazione, 281 s.
Sistemismo, 78
Skinner B., 10
SNV, 281
Social emotional learning, 123
Social network, 361
Socializzazione, 15, 91,
— agenzie di, 94 ss.
Sociocostruttivismo, 23
Sociologia, 91

Sospensione dall'insegnamento, 327
Spiritualismo, 48
S-R (stimolo-risposta), 37
Staff di dirigenza, 235
Stage, 274
Stato d'animo, 69
Stato giuridico del docente, 307 ss., 402
Statuto delle studentesse e degli studenti, 231
Stile cognitivo, 51 ss., tipi, 55 ss.
Stile comunicativo del docente, 28
Stile di insegnamento, 51 ss.
Stile intellettivo, 56 ss.
Stili di apprendimento, 51 ss., 402,
— canali sensoriali e, 54
Storytelling, 122
Strange situation procedure, 35
Stranieri (alunni), 351 ss.,
— alunni stranieri adottati, 353 ss.
— formazione delle classi, 352,
— inserimento a scuola, 352,
— Linee guida per l'accoglienza, 352 ss.,
Strumenti compensativi, 403
Strumenti didattici, 135 ss.
Strutturalismo pedagogico, 16 ss.
Studio (diritto allo), 167 ss., 169,
— Conferenza nazionale per, 185
— contributi economici, 184,
— garanzia di effettività, 169, 184 ss.,
Studio (diritto-dovere), 403
Supplenze del personale docente, 319 ss.,
— annuali, 319 ss.,
— brevi, 320
Sussidiarietà (principio di), 194, 403
Svantaggio socio-economico, linguistico e culturale, 349 ss., 329
Sviluppo cognitivo, stadi di Piaget, 13 ss.
Sviluppo psicologico in età scolare, 41 ss.
Sviluppo psicosociale, 31 ss.

T

Tassonomie, 287
Tecnologie dell'informazione e comunicazione, 137 ss., 141 ss., 248, 372
Tecnologie didattiche, 10

— informatiche, 137 ss., 141 ss., 248
Televisione, 138,
— alfabetizzazione televisiva, 139
Territorio (ruolo nella socializzazione), 93
Testo unico, 404
TFA sostegno, 338
Thun F.S., 87
TIC, 372
Tirocini, 274
Traguardi per lo sviluppo delle competenze, 248, 250, 252
TUEL, 224
Tutoring, 105, 118

U

Ufficio procedimenti disciplinari, 327
Ufficio scolastico regionale, 222
Uguaglianza (principio di), 167
Unione europea, 373 ss.
Unità di apprendimento, 109
UPD, 327
USR, 222

V

Valutazione degli studenti
— autentica, 404,
— certificazione delle competenze, 296, 301,
— degli apprendimenti, 183, 287 ss., 404
— del comportamento, 290, 292, 295, 300
— delle assenze, 295, 298
— finale, 287, 404
— formativa, 287, 291, 404
— in itinere, 287,
— iniziale, 287,
— nel primo ciclo, 293 ss.,
— nel secondo ciclo, 298 ss.
— prove INVALSI, 292, 294,
— quadro giuridico, 288 ss.,
— sommativa, 287, 404
Valutazione delle scuole, 277 ss., 280 ss.,
— procedimento, 283 ss.,
— esterna, 277 ss., 283
— interna, 277 ss., 283
Vicepreside, 235
Vigilanza sugli alunni, 405
Visite aziendali, 274
Voto, 293
Vygotskij L., 22, 24 ss.

W

Watson J., 11
Watzlawick P., 77
Wertheimer M., 11
Winnicott, 30 ss.

Z

Zona di sviluppo prossimale, 22, 25

Indice generale

Parte I — Fondamenti della psicologia dello sviluppo, della psicologia dell'apprendimento e metodologie didattiche

Capitolo 1 Teorie della psicologia dello sviluppo e dell'apprendimento

1 La psicologia dello sviluppo	Pag.	7
2 Il processo di apprendimento: principali teorie	»	8
3 Il condizionamento classico	»	9
4 Il condizionamento strumentale o operante	»	10
5 Il comportamentismo	»	11
6 La teoria dell'apprendimento complesso o cognitivo	»	11
7 Il cognitivismo	»	12
8 Jean Piaget	»	12
9 Jerome Bruner e lo strutturalismo pedagogico	»	16
10 Howard Gardner	»	18
11 L'apprendimento significativo di Ausubel	»	19
12 Il costruttivismo	»	22
13 Ambiente e sviluppo secondo Vygotskij	»	24
14 Linee essenziali della psicologia umanistica	»	25
14.1 Il pensiero di Carl Rogers	»	26
14.2 Il ruolo della motivazione e la teoria di Maslow	»	26

Capitolo 2 Le teorie psicoanalitiche dello sviluppo

1 L'approccio psicoanalitico di S. Freud e A. Freud	»	29
2 Winnicott: dalla psicoanalisi infantile al concetto di Sé	»	30
3 Lo sviluppo psico-sociale di Erikson	»	31
4 La teoria dell'attaccamento di Bowlby	»	33
5 Ainsworth e la *Strange Situation Procedure*	»	35
6 Selman e il role-taking	»	36

Capitolo 3 Sviluppo psicologico e apprendimento

1 Età evolutiva e apprendimento	»	37
1.1 L'apprendimento di concetti	»	38
1.2 L'apprendimento di principi (o regole)	»	39
1.3 Il problem solving	»	40
2 Lo sviluppo psicologico in età scolare	»	41
3 L'adolescenza	»	42

Capitolo 4 Pedagogia e modelli educativi

1 Il campo di studio della pedagogia	»	45
2 Evoluzione storica dei principali modelli educativi	»	46

2.1 La pedagogia classica .... Pag. 46
2.2 La pedagogia del Settecento .... » 47
2.3 La pedagogia dell'Ottocento .... » 47
2.4 La Pedagogia del Neoidealismo .... » 47
3 L'attivismo pedagogico .... » 48
4 La pedagogia del Novecento .... » 49

Capitolo 5 Stili di apprendimento e di insegnamento

1 Stile di apprendimento, stile cognitivo, stile di insegnamento..... » 51
  1.1 Canali sensoriali e stili di apprendimento .... » 54
2 I diversi stili cognitivi .... » 55
3 Gli stili intellettivi e le diverse forme di intelligenza .... » 56
4 Metodi di insegnamento e tipi di lezione .... » 58
  4.1 La lezione frontale .... » 58
  4.2 La lezione dialogata o socratica .... » 60
  4.3 La lezione partecipata .... » 61
5 Neuroscienze e apprendimento .... » 61
6 Neuroscienze e cognitivismo .... » 64
  6.1 Conclusioni .... » 65

Capitolo 6 La competenza emotiva del docente

1 L'intelligenza emotiva .... » 67
2 Emozioni, stati d'animo, sentimenti .... » 69
3 L'empatia .... » 70
4 Lo sviluppo delle emozioni .... » 71
5 La regolazione degli stati emotivi .... » 72
6 La competenza emotiva del docente .... » 73

Capitolo 7 La relazione educativa

1 La capacità relazionale dell'uomo .... » 77
  1.1 Watzlawick e Bauman .... » 77
2 L'approccio sistemico .... » 78
  2.1 Il modello ecologico di Bronfenbrenner .... » 78
3 Il pensiero complesso teorizzato da Morin .... » 79
4 Modelli educativi e strategie di relazione .... » 80
5 La relazione insegnante-allievo .... » 81
  5.1 Caratteristiche della relazione educativa .... » 81
6 L'insegnamento centrato sullo studente di Rogers .... » 83
7 Le professioni educative .... » 85
  7.1 L'insegnante riflessivo .... » 85
8 La comunicazione intersoggettiva docente-allievo .... » 87
9 L'insegnante affettivo e la relazione educativa .... » 88

Capitolo 8 La relazione scuola-famiglia e le agenzie educative

1 Educazione e socializzazione .... » 91

1.1	Il ruolo della famiglia	Pag.	92
1.2	La funzione della scuola	»	92
1.3	Il ruolo della città e del territorio	»	93
1.4	Le ricadute sulla formazione	»	93
2	La scuola come agenzia di socializzazione	»	94
3	La famiglia e i suoi modelli educativi	»	95
4	I rapporti tra genitori e insegnanti	»	96
5	Scuola e rapporti tra «pari»	»	97
6	Il contesto ambientale	»	98
7	Scuola ed extrascuola	»	99

Capitolo 9 Didattica e metodologie

1	Epistemologia della didattica	»	101
2	La gestione del gruppo classe	»	102
3	La didattica motivazionale	»	104
4	L'individualizzazione dell'insegnamento	»	105
5	La personalizzazione educativa	»	105
6	La didattica per competenze	»	107
7	Metodologie e modelli didattici	»	107
8	L'istruzione programmata	»	108
9	La didattica modulare	»	109
10	La didattica per concetti	»	110
	10.1 La mappa concettuale	»	111
11	Il lavoro di gruppo	»	111
	11.1 Il *cooperative learning* (apprendimento cooperativo)	»	112
	11.2 Il *circle time*	»	115
12	La didattica del laboratorio	»	115
13	Il mastery learning	»	116
14	Il problem solving	»	117
	14.1 Il *focus group*	»	117
15	Tutoring e relazione d'aiuto	»	118
	15.1 Il *peer tutoring*	»	118
16	Lo sfondo integratore	»	119
17	La didattica per scoperta	»	119
18	La ricerca-azione	»	120
19	Il role playing	»	120
20	La metodologia della «classe capovolta»	»	121
21	Altre metodologie di didattica attiva	»	121
	21.1 L'apprendimento differenziato	»	121
	21.2 La didattica dell'aula decentrata	»	122
	21.3 Lo storytelling	»	122
	21.4 Innovative design	»	123
	21.5 L'apprendimento socio-emotivo (S.E.L. – *Social emotional learning*)	»	123
	21.6 Open space technology (OST)	»	124

Capitolo 10 Scuola delle competenze e documenti europei in materia educativa

1 Il concetto di competenza	Pag. 125
2 Le competenze nel contesto scolastico italiano	» 125
3 Le competenze chiave per l'apprendimento permanente (Racc. 18 dicembre 2006)	» 126
3.1 Le competenze chiave di cittadinanza	» 128
4 La Raccomandazione sulle competenze chiave per l'apprendimento permanente del 2018	» 129
La Raccomandazione UE sulle competenze chiave 2018	*online*
4.1 Le nuove Competenze chiave	» 131
5 La Raccomandazione sulla promozione di valori comuni europei del 2018	» 132

Capitolo 11 Strumenti e tecnologie per la didattica

1 I libri di testo	» 135
2 New media, tecnologie e svolte didattiche	» 137
3 I media a scuola	» 138
3.1 Scuola e televisione	» 138
3.2 Scuola e nuovi media	» 140
3.3 I media come attivatori mentali	» 140
4 Tecnologie e strumenti didattici	» 141
5 L'alfabetizzazione mediatica e digitale	» 142
5.1 Il coding a scuola	» 144
6 La scuola digitale	» 145
6.1 Il Piano nazionale della Scuola Digitale (PSND)	» 146
7 La didattica multimediale	» 147
Il Piano nazionale per la scuola digitale 2015	*online*
7.1 La reticolarità della comunicazione multimediale	» 149
8 La Lavagna Interattiva Multimediale (LIM)	» 150

Capitolo 12 Le competenze di lingua straniera degli insegnanti

1 Cittadinanza europea e conoscenza delle lingue	» 153
2 Il Quadro Comune Europeo di Riferimento (QCER)	» 154
3 L'apprendimento multilinguistico nella scuola italiana	» 156
4 Le competenze linguistiche dei docenti	» 157

Parte II Legislazione e normativa scolastica

Capitolo 1 Costituzione e scuola

1 La Costituzione italiana	» 161
La Costituzione italiana	*online*
2 Il ruolo dell'istruzione e della scuola nella Costituzione	» 163
3 Libertà di insegnamento	» 164

3.1 Autonomia didattica	Pag.	164
3.2 Libertà della scuola: scuole non statali, paritarie e confessionali	»	165
3.3 La disciplina giuridica della parità scolastica	»	166
3.4 Scuole non paritarie e scuole confessionali	»	166
4 Diritto allo studio e libertà di istruzione	»	167
5 Diritto-dovere di istruzione e formazione e obbligo scolastico	»	168
6 Il diritto allo studio nella Costituzione. Il D.Lgs. n. 63/2017	»	169

Capitolo 2   La legge n. 107/2015 e i suoi decreti di attuazione

1 Le principali riforme della scuola italiana	»	171
2 La riforma della «Buona scuola»: legge n. 107/2015	»	173
3 Le deleghe della legge n. 107/2015	»	178
4 Il sistema di formazione iniziale dei docenti e l'accesso al ruolo (D.Lgs. n. 59/2017)	»	179
5 La valorizzazione del patrimonio artistico e culturale (D.Lgs. n. 60/2017)	»	180
6 La revisione dei percorsi dell'istruzione professionale (D.Lgs. n. 61/2017)	»	183
7 Valutazione ed esami di Stato (D.Lgs. n. 62/2017)	»	183
8 Effettività del diritto allo studio (D.Lgs. n. 63/2017)	»	184
9 La scuola italiana all'estero (D.Lgs. n. 64/2017)	»	185
10 Il Sistema integrato 0-6 anni (D.Lgs. n. 65/2017)	»	187
11 Inclusione scolastica degli studenti con disabilità (D.Lgs. n. 66/2017)	»	188

Capitolo 3   Autonomia e decentramento in materia di istruzione

1 L'autonomia scolastica	»	189
2 L'art. 21 della legge n. 59/1997	»	191
3 Dal modello verticistico al modello policentrico	»	192
4 Il Regolamento di attuazione dell'autonomia scolastica (D.P.R. n. 275/1999)	»	193
4.1 L'autonomia didattica	»	194
4.2 L'autonomia organizzativa	»	195
4.3 L'autonomia di ricerca, sperimentazione e sviluppo	»	196
4.4 L'autonomia contabile e amministrativa	»	197
5 La scuola italiana nel nuovo quadro istituzionale	»	199
5.1 Dal modello centralizzato alla valorizzazione del territorio	»	200
6 Le reti di scuole nel Regolamento dell'autonomia	»	201

Capitolo 4   Il piano triennale dell'offerta formativa

1 Significato e funzioni della progettazione	»	205
2 Dal POF al PTOF	»	207
3 Il PTOF nella legge n. 107/2015	»	209
Un modello di PTOF		*online*
4 I contenuti del PTOF	»	212
5 Organizzazione e strumenti per l'attuazione del PTOF	»	213
6 Il curricolo della scuola	»	214
7 L'attività di programmazione nella scuola	»	216

Capitolo 5 La governance delle istituzioni scolastiche

1 L'ordinamento amministrativo dello Stato: Pubblica amministrazione ed enti locali .... Pag. 219
2 L'amministrazione centrale della pubblica istruzione: il Ministero dell'Istruzione... » 220
    2.1 Altri organismi collegati all'amministrazione centrale .... » 221
3 Amministrazione scolastica periferica: gli Uffici scolastici regionali (USR) .... » 222
    3.1 Gli ambiti territoriali .... » 223
4 Gli enti territoriali .... » 223
    4.1 Le Regioni .... » 224
    4.2 Comuni, Province e Città metropolitane .... » 224
5 Gli organi collegiali territoriali .... » 225
6 Organi collegiali a livello di circolo e di istituto .... » 226
    6.1 Il Consiglio di intersezione, di interclasse e di classe .... » 227
    6.2 Il Collegio dei docenti .... » 228
    6.3 Il Consiglio di circolo o d'istituto .... » 229
    6.4 Regolamento di istituto e Regolamento di disciplina .... » 231
    6.5 Il Comitato per la valutazione degli insegnanti .... » 231
    6.6 Assemblee degli studenti e dei genitori .... » 232
7 Il Dirigente scolastico .... » 233
8 I docenti collaboratori e il collaboratore vicario .... » 235
    8.1 Lo staff di dirigenza .... » 235
    8.2 I docenti incaricati delle funzioni strumentali al PTOF .... » 236
    8.3 Il Direttore dei servizi generali e amministrativi (DSGA) .... » 236

Capitolo 6 Gli ordinamenti scolastici

1 L'ordinamento scolastico italiano .... » 239
2 Dai programmi alle Indicazioni nazionali .... » 239
3 La Riforma Moratti (L. n. 53/2003) .... » 241
4 Il primo ciclo .... » 242
    4.1 Le successive norme in materia ordinamentale .... » 243
5 La scuola dell'infanzia .... » 244
6 La scuola primaria .... » 245
7 La scuola secondaria di primo grado .... » 245
    Indicazioni nazionali 2012 .... *online*
8 Le Indicazioni nazionali del 2012 .... » 246
    Indicazioni nazionali e nuovi scenari .... *online*
    8.1 Il curricolo della scuola dell'infanzia .... » 250
    8.2 Il curricolo del primo ciclo .... » 251
9 Il secondo ciclo .... » 253
10 L'ordinamento dei licei .... » 256
    Indicazioni nazionali per il sistema dei licei .... *online*
11 L'ordinamento degli istituti tecnici .... » 260
12 La revisione ordinamentale degli istituti professionali .... » 262

13	Le Linee guida degli istituti tecnici e professionali	Pag.	265
	Le Linee guida degli istituti tecnici e professionali		*online*
14	Le innovazioni curricolari introdotte dalla legge n. 107/2015	»	269
15	L'insegnamento dell'Educazione civica	»	271
16	L'insegnamento della Religione cattolica	»	272
17	Il CLIL nelle scuole secondarie di secondo grado	»	272
18	Alternanza scuola-lavoro e percorsi per le competenze trasversali e l'orientamento	»	273

Capitolo 7 La valutazione delle istituzioni scolastiche

1	La valutazione scolastica	»	277
	1.1 Valutazione interna ed esterna	»	278
2	Le tendenze internazionali e le indagini OCSE - PISA	»	279
3	La valutazione delle scuole italiane	»	280
4	Il Sistema nazionale di valutazione (SNV)	»	281
	4.1 Compiti specifici dell'INVALSI	»	282
	4.2 Compiti specifici dell'INDIRE	»	282
5	Il procedimento di valutazione delle scuole	»	283
	Modello di RAV		*online*
6	Il Rapporto di valutazione (RAV)	»	284
7	Il Piano di miglioramento (PDM)	»	285
8	Le certificazioni di qualità	»	285

Capitolo 8 Verifica e valutazione degli apprendimenti

1	I tempi e i tipi di valutazione	»	287
	1.1 La docimologia	»	288
	1.2 Quadro giuridico della valutazione	»	288
2	Il D.P.R. n. 122/2009 e il D.Lgs. n. 62/2017	»	290
3	Le prove INVALSI	»	292
4	La valutazione degli alunni nel primo ciclo di istruzione (D.Lgs. 62/2017)	»	293
	4.1 La valutazione degli apprendimenti	»	293
	4.2 Le prove INVALSI	»	294
	4.3 La valutazione del comportamento	»	295
	4.4 La valutazione delle assenze	»	295
	4.5 L'esame di Stato	»	295
	D.M. n. 741/2017: Esame di Stato conclusivo del primo ciclo di istruzione		*online*
	4.6 La certificazione delle competenze	»	296
	Linee guida Certificazione delle competenze per il primo ciclo 2017		*online*
5	La valutazione degli studenti nel secondo ciclo di istruzione	»	298
	5.1 La valutazione degli apprendimenti e le assenze	»	298
	5.2 Il recupero dei debiti formativi	»	299
	5.3 La valutazione del comportamento	»	300
	5.4 I crediti scolastici	»	300

5.5 La certificazione delle competenze nel secondo ciclo di istruzione .... Pag. 301
5.6 Il nuovo esame di Stato .... » 301
5.7 Le prove INVALSI .... » 304
5.8 Il curriculum dello studente .... » 304
5.9 Il riconoscimento delle eccellenze .... » 304

Capitolo 9 Lo stato giuridico del docente

1 La funzione docente nella normativa di rango primario .... » 307
   1.1 La funzione docente nel CCNL .... » 308
2 Le competenze del docente .... » 309
3 I doveri e i diritti del docente .... » 310
   3.1 Doveri .... » 310
   3.2 Diritti .... » 311
4 Il CCNL 2016-2018 per il comparto Istruzione e ricerca .... » 313
   «Raccolta CCNL Scuola» .... online
5 Il contratto di lavoro .... » 314
   5.1 Il periodo di formazione e prova .... » 315
   5.2 La mobilità .... » 315
6 La formazione in servizio .... » 316
7 I diritti sindacali e il diritto di sciopero .... » 317
   Attuazione della L. n. 146/1990 .... online
8 La cessazione del rapporto d'impiego .... » 318
9 Le supplenze del personale docente .... » 319
10 Retribuzione e bonus docenti .... » 321
11 Il Codice di comportamento dei dipendenti del Ministero dell'Istruzione ...... » 322
12 La responsabilità del docente .... » 324
   12.1 La responsabilità civile dei docenti .... » 324
   12.2 Il Patto educativo di corresponsabilità .... » 325
   12.3 La responsabilità penale dei docenti .... » 326
   12.4 La responsabilità erariale del dipendente della scuola .... » 326
   12.5 La responsabilità disciplinare .... » 327

Capitolo 10 Inclusione a scuola

1 La macroarea dei bisogni educativi speciali (BES) .... » 329
2 Le principali tappe dell'integrazione scolastica dei disabili .... » 331
3 Gli strumenti dell'integrazione degli alunni disabili .... » 334
   3.1 La procedura di accertamento e la certificazione della disabilità .... » 335
   3.2 Il Piano educativo individualizzato (PEI) .... » 335
   3.3 Il Piano per l'inclusione .... » 337
   3.4 I gruppi per l'inclusione .... » 337
   3.5 L'insegnante di sostegno .... » 338
   3.6 La valutazione degli alunni disabili .... » 340
4 Strategie didattiche e strumenti dispensativi e compensativi per disabili ...... » 340
5 I disturbi specifici di apprendimento (DSA) .... » 342

5.1 La gestione dei DSA .... Pag. 343
5.2 Gli strumenti compensativi per DSA e il PDP .... » 345
Linee guida per il diritto allo studio degli alunni con DSA.. online
5.3 La valutazione degli alunni con DSA.. » 346
6 Il disturbo da deficit dell'attenzione/iperattività.. » 348
7 Lo svantaggio socio-economico, linguistico e culturale .... » 349
8 La normativa sugli alunni di nazionalità non italiana .... » 351
   8.1 Le Linee guida n. 4233/2014.. » 352
   8.2 Gli alunni stranieri adottati (nota MIUR n. 7443/2014)..................................... » 353
   8.3 Problematiche relative agli alunni di nazionalità non italiana .... » 355
   8.4 L'insegnamento dell'italiano come lingua seconda (L2) .... » 357
9 Identità di genere e pari opportunità .... » 358
10 Il contrasto al bullismo .... » 359
   10.1 Le Linee guida del 2015... » 360
   10.2 Il cyberbullismo.. » 361

Capitolo 11 Continuità educativa e orientamento

1 Il principio della continuità .... » 365
2 La continuità verticale .... » 365
3 La continuità orizzontale... » 367
   3.1 Continuità scuola-famiglia... » 367
   3.2 Il Patto educativo di corresponsabilità .... » 368
   3.3 Continuità scuola-territorio .... » 369
4 L'orientamento... » 370
   4.1 Le Linee guida nazionali per l'orientamento permanente (nota MIUR 4232/2014)... » 371
   Linee guida nazionali per l'orientamento permanente .... *online*

Capitolo 12 La scuola italiana nell'ambito del contesto europeo

1 Istruzione e formazione in Europa.. » 373
2 I programmi di scambi/mobilità di docenti e studenti: Erasmus+ .... » 374
3 Il Quadro Europeo delle Qualifiche (EQF) per l'apprendimento permanente (Racc. 23 aprile 2008 e Racc. 22 maggio 2017) .... » 375
   I livelli delle qualifiche EQF (D.I. 8-1-2018)... *online*
   3.1 Apprendimento permanente nell'ordinamento italiano (D.Lgs. n. 13/2013) » 377

Glossario essenziale .... » 379

PER APPROFONDIRE LA PREPARAZIONE CONSIGLIAMO ANCHE:

- **526/AG** • Avvertenze Generali: *Tomo I*: Metodologie e tecnologie didattiche
  Tomo II: Legislazione scolastica
- **526/AG1** • La prova scritta del concorso straordinario - Quiz commentati sulle Avvertenze Generali
- **526/B** • Manuale delle Metodologie e Tecnologie Didattiche
- **526/CF** • Concorso a Cattedra - Manuale per la Seconda Prova Scritta
- **510** • Il Nuovo Codice delle Leggi della Scuola

Le curatrici

Anna Maria Di Nocera, Pedagogista e Dirigente scolastico, è stata docente dei diversi ordini di scuola e ha diretto istituzioni scolastiche di ogni ordine e grado. Ha svolto attività di ricerca presso l'IRRE Campania e ha coordinato azioni finalizzate al miglioramento degli apprendimenti. Attualmente è componente del Nucleo USR Campania di supporto all'autonomia scolastica e coordina, a livello regionale, azioni di formazione per il personale della scuola. Svolge da oltre vent'anni attività di formazione su aree tematiche relative alla funzione docente e al profilo dirigenziale, realizzando materiali didattici, strumenti, modelli e testi per l'approfondimento tematico. È autrice di pubblicazioni sulla progettazione partecipata e sulle più recenti innovazioni metodologiche per la formazione dei docenti.

Iolanda Pepe, direttore editoriale dell'Area Concorsi e Abilitazioni delle Edizioni Simone, si occupa da anni della realizzazione di manuali e supporti didattici per la preparazione ai concorsi, in particolare quelli nella scuola. É autrice e curatrice di numerose pubblicazioni giuridiche e di carattere pedagogico didattico, tra cui *Insegnare discipline giuridiche ed economiche*, il *Manuale completo di preparazione Concorso Dirigente scolastico* (insieme a G. Strano), il *Compendio per il concorso per Dirigente scolastico*, il *Manuale per il Concorso Scuola dell'Infanzia e Primaria* e il *Manuale delle Metodologie e tecnologie didattiche* (insieme a L. Gallo).

Printed in Poland
by Amazon Fulfillment
Poland Sp. z o.o., Wrocław